武田氏滅亡

平山優

角川選書
580

武田氏滅亡

目次

凡例（本文中の史料出典略記号は以下の通り）

『愛知県史』→愛＋巻数＋文書番号、『越佐史料』→越佐＋巻数＋頁数、『上杉家御年譜』→『年譜』、『小田原市史』史料編中世Ⅲ小田原北条2→小田原＋文書番号、『小田原北条氏文書補遺』→戦北補遺＋文書番号、『甲斐国志』→『国志』、『景勝一代略記』→『略記』、『寛永諸家系図伝』→『寛永伝』、『寛政重修諸家譜』→『寛政譜』、『記録御用書本古文書』→御用＋文書番号、『群馬県史』→群＋巻数＋史料番号、『甲陽軍鑑』→『軍鑑』、『静岡県史』→静＋巻数＋文書番号、『静岡県史料』→静県史料＋巻数＋頁数、『信濃史料』→信＋巻数＋頁数、『信濃史料』補遺編上巻→信濃補上＋頁数、『上越市史』別編1・2上杉氏文書集一・二→上越＋文書番号、『新編甲州古文書』→新甲＋文書番号、『新編埼玉県史』→埼＋巻数＋史料番号、『新修徳川家康文書の研究』第一輯・第二輯→新修徳川＋輯数＋頁数、『新訂徳川家康文書の研究』上巻→家康＋頁数、『戦国遺文今川氏編』→戦今＋文書番号『戦国遺文古河公方編』→戦古＋文書番号、『戦国遺文武田氏編』→戦武＋文書番号、『戦国遺文武田氏編』補遺→戦武補遺＋文書番号、『戦国遺文後北条氏編』→戦北＋文書番号、『戦国遺文房総編』→房総＋文書番号、『増訂織田信長文書の研究』→信長＋文書番号・信長補遺＋文書番号、『千葉県の歴史』→千葉＋巻数＋頁数、『朝野旧聞裒藁』→『朝野』、『新潟県史』資料編5中世3→新潟＋文書番号、『武徳編年集成』→『集成』、『本川根町史』資料編1古代中世→本川根＋史料番号、『山梨県史』資料編4中世1県内文書→県内＋文書番号、『山梨県史』資料編6中世3上県内記録→県内記録＋文書番号、『山梨県史』資料編6中世3下県外記録→県外記録＋文書番号

図表作成／小林美和子

序章　諏方勝頼から武田勝頼へ

諏方勝頼の誕生

武田《たけだ》勝頼《かつより》は、甲斐国《かいのくに》の戦国大名武田信玄《しんげん》の四男として、天文十五年（一五四六）に誕生した。生母は、信玄の側室諏方《すわ》頼重《よりしげ》息女（乾福寺殿）である。残念なことにその月日と生誕地は明らかでない。恐らく、甲府で誕生したと推定されている。ところで信玄の息子は、諸記録を勘案すると、太郎義信《よしのぶ》、次郎信親《のぶちか》（龍宝、御聖導《おしょうどう》）、三郎信之《のぶゆき》、四郎勝頼、五郎盛信《もりのぶ》（仁科《にしな》五郎）、十郎信貞《のぶさだ》（葛山《かずらやま》十郎）、信清《のぶきよ》（安田三郎）の七人が確認される。しかし、四男勝頼だけは、諱《いみな》に武田氏の通字「信」ではなく、諏方氏の通字「頼」が冠せられていた。なぜならば、勝頼は、生まれながらにして信濃国《しなののくに》諏方郡の有力国衆諏方氏を継ぐべき人物と見なされていたからである。

そもそも武田信玄は、なぜ諏方頼重息女を側室に迎えたのか。また彼女との間に生まれた男子を、諏方家を相続すべき人物とあらかじめ決めておかねばならなかったのか。その理由は、信玄の信濃侵攻の緒戦となった諏方攻略とその戦後処理問題にあった。

天文十年六月、父武田信虎《のぶとら》を駿河《するが》今川氏のもとへ追放した信玄は、翌十一年六月、諏方へ侵攻を開始した。武田氏と諏方頼重とは、当時同盟関係にあった（信玄の妹禰々《ねね》御料人《ごりょうにん》が頼重のもとへ嫁ぎ、嫡子寅王丸が誕生していた）。だが諏方頼重は、天文十年七月、信濃国佐久・小県《ちいさがた》郡に侵攻してきた関東管領《かんれい》上杉憲政《のりまさ》と単独講和を結び、領土分割協定をも実施した。このことを、信玄は重大な同盟違反と捉《とら》えていたと考えられる。なぜならば、当時佐久・小県郡は、武田・諏方・村上義清《よしきよ》（埴科《はにしな》郡葛尾《かつらお》城主）の三氏により、分割統治されていたからであり、その成果は、天文十年五月に、三氏が共同出兵を実施し、海野《うんの》棟綱《むねつな》を盟主とする滋野《しげの》一族を撃破、追放した結果のものだったからである。ところが頼重は、滋野一族を擁護する上杉氏の出兵に際し、武田・村上両氏の了解を取り付けることなく、和睦《わぼく》したばかりか、領土協定をも結んでしまった。このことに、武田・村上両氏は不満を募らせていた。

　信玄の諏方侵攻は、その報復を口実としていたとみられる。すでに信玄は、頼重と対立していた諏方高遠頼継《たかとおよりつぐ》（伊那《いな》郡高遠城主、諏方一族）、諏方大社上社禰宜《ねぎ》大夫矢島満清、諏方西方衆らを調略して、頼重を孤立させており、七月、あっけなく諏方頼重を降伏させ、甲府東光寺で自刃させたのである。諏方頼重は享年二十七。彼の実弟頼高《よりたか》（当時諏方大社上社大祝《おおほうり》）もともに死に追いやられた（享年十五）。かくて、諏方惣領《そうりょう》家は事実上滅亡した。

　だが諏方惣領家を滅ぼした結果、信玄は、諏方一族や諏方衆の処遇と、関係改善をどう実現するかという課題に直面する。頼重の死により惣領家が、頼高の死により大祝職が空位となり、惣領の空位は諏方衆の処遇や指揮系統の、大祝職の空位は諏方大社の祭礼や運営に支障を来す問題であった。そこで信玄は、大祝職に諏方満隣《みつちか》（頼重叔父）の子伊勢《いせ》宮丸《みやまる》（後の諏方頼忠）を据え、また頼重の後継には、彼の嫡男寅王丸をゆくゆくは擁立することとした。

　いっぽうで信玄は、頼重息女（当時十四歳）を天文十四年に側室とした。この結果、諏方衆は武田氏に相次いで人質を出し、従属を誓約したといわれる（『軍鑑』）。こうした経緯の結果、翌天文十五年、勝頼は誕生したのである。

勝頼誕生の波紋

信玄は、勝頼が誕生すると、我が子を諏方惣領家の当主に据えようとした。だが、これは頼重滅亡後、信玄が諏方衆との公約を反故《ほご》にすることを意味した。信玄は、頼重遺児寅王丸の擁立を約束することで、諏方衆を味方に動員し、諏方・伊那郡の攻略を実現させていたのである。そのためか、勝頼が誕生した天文十五年八月二十八日、諏方薩摩守満隆《さつまのかみみつたか》（頼重の叔父、諏方一族の有力者）が謀叛《むほん》を企て、信玄に切腹を命じられた（『神使御頭之日記』他）。まだ確証はないが、諏方満隆謀叛は、勝頼誕生に伴う寅王丸（当時は千代宮丸と改名）廃嫡によるものではなかろうか。すでに寅王丸を庇護《ひご》すべき生母禰々御料人も、天文十二年正月十九日に、十六歳の若さで死去しており（『高野山武田家過去帳』）、後ろ楯《だて》をもたぬ幼い寅王丸は仏門に入れられることとなったらしい。寅王丸は、甲府一蓮寺（時宗）の僧侶《そうりよ》となり、長笈と称したという。後に長笈は、信玄暗殺を企てて失敗し、誅殺《ちゆうさつ》されたと伝わる（『寛永伝』『寛政譜』『諏方系図』他）。

こうした事情が背景にあるのか、勝頼は、諏方物領家の拠点である上原城に居住することも、また諏方大社上社大祝職に就任することもなかった。そういった意味で、勝頼は極めて変則的な諏方家惣領だったといえる。恐らく信玄は、勝頼を諏方上原城に在城させたり、大祝職に就

図1　武田勝頼関係略系図

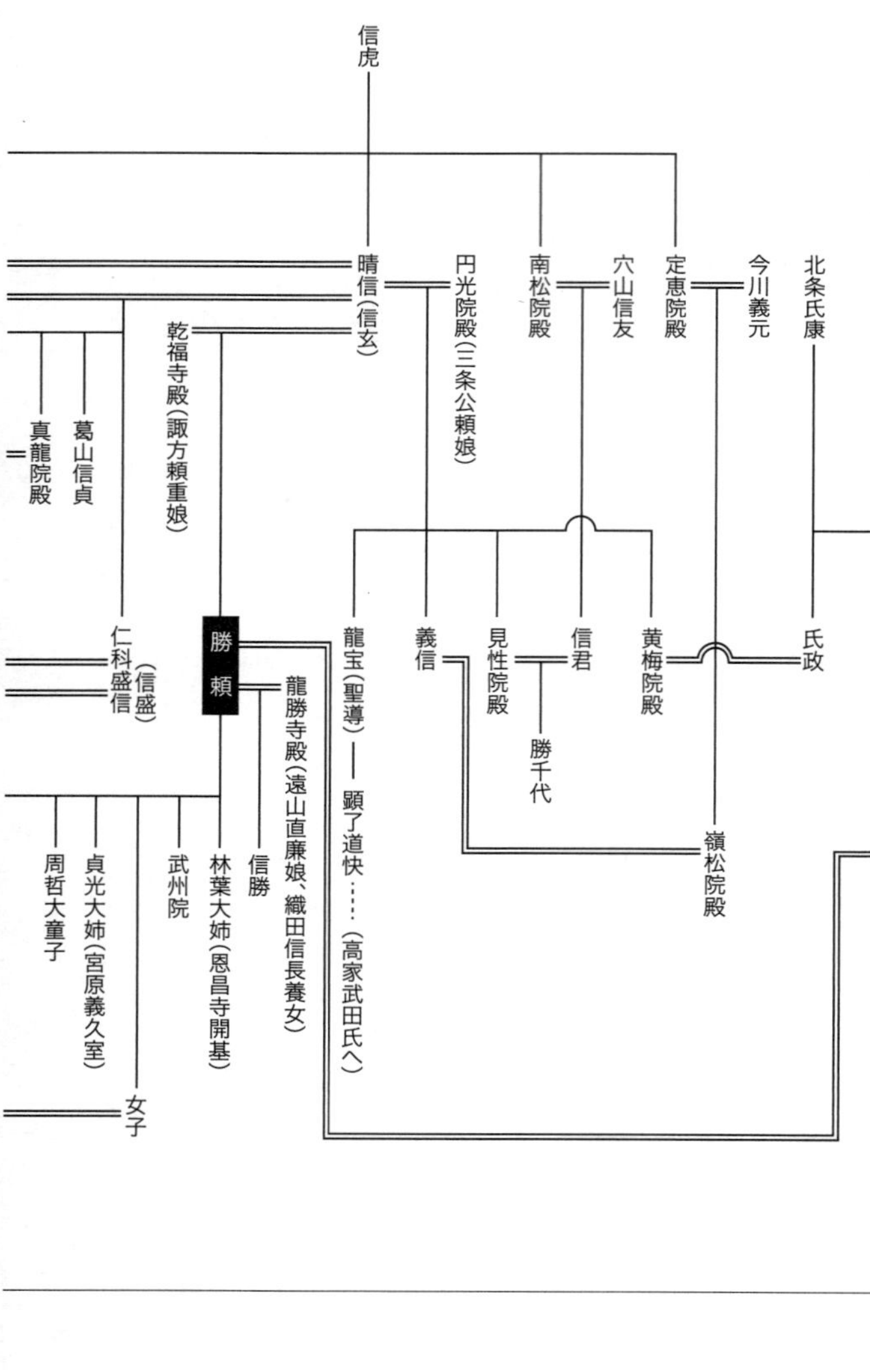

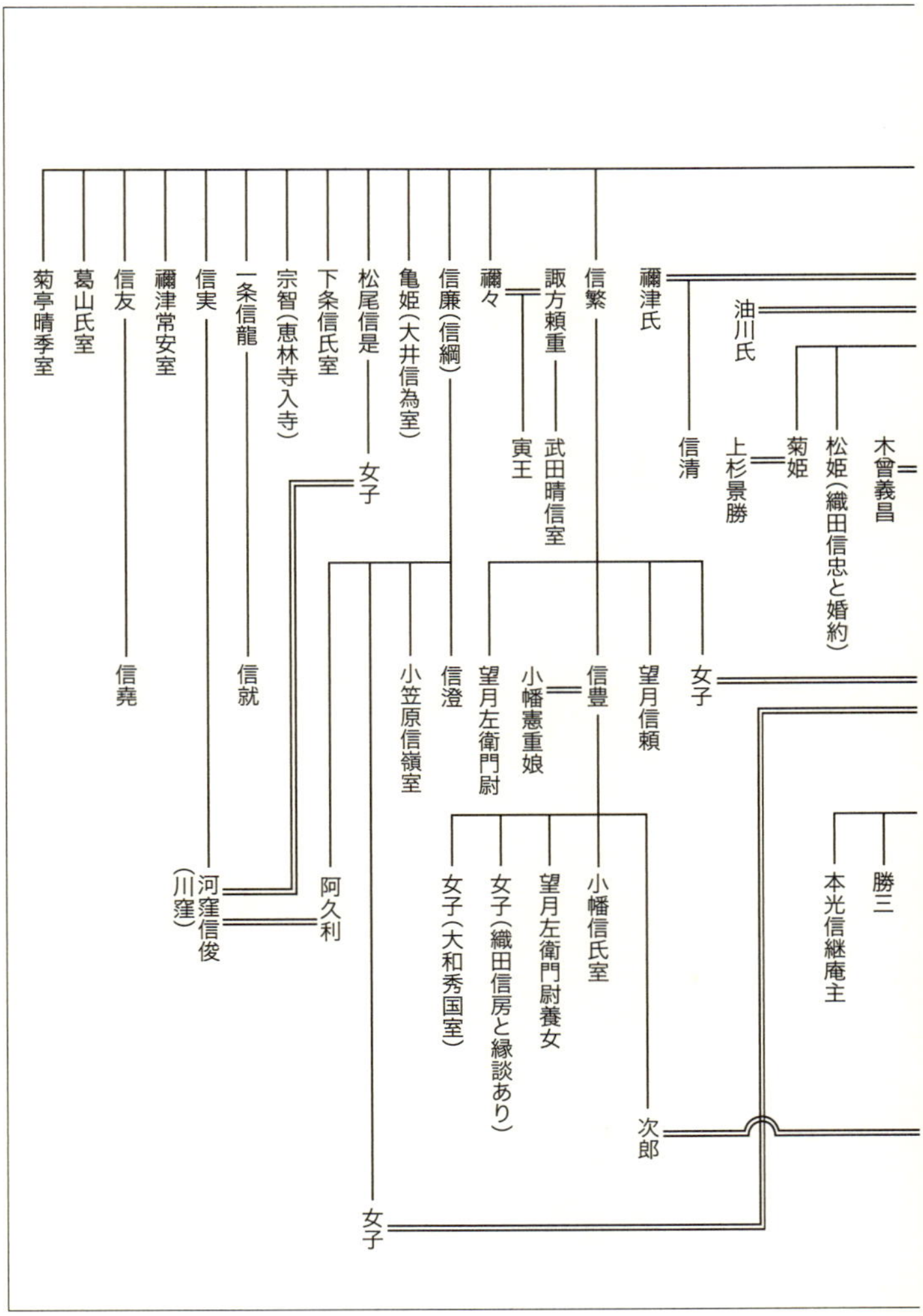
禰津氏
油川氏
木曾義昌
松姫（織田信忠と婚約）
菊姫
上杉景勝
信清
信繁
諏方頼重
武田晴信室
寅王
禰々
信廉（信綱）
亀姫（大井信為室）
松尾信是
女子
下条信氏室
宗智（恵林寺入寺）
一条信龍
信実
禰津常安室
信友
葛山氏室
菊亭晴季室
女子
望月信頼
信豊
小幡憲重娘
望月左衛門尉
信澄
小笠原信嶺室
信就
信堯
勝三
本光信継庵主
小幡信氏室
望月左衛門尉養女
女子（織田信房と縁談あり）
女子（大和秀国室）
阿久利
河窪信俊（川窪）
次郎
女子

任させたりせぬことで、諏方衆との対立を回避しようとしたのだろう。

　永禄五年（一五六二）、十七歳になった諏方勝頼が父信玄から在城を命じられたのは、伊那郡高遠城であった。そして勝頼が相続したのは、諏方一族の諏方高遠頼継の跡目であったといわれている。勝頼は、高遠城と高遠領・箕輪《みのわ》領（箕輪〈福与〉城主藤沢頼親《よりちか》の旧領）を統治し、高遠諏方氏の家臣を率いることとなった。この他に信玄は、跡部《あとべ》・安倍らを勝頼の家臣として派遣している。勝頼が、諏方惣領家を正式に相続していたかどうかは、残念ながら確証がなく、相続していたとしても名目上だけのことであろう。なぜなら、勝頼は諏方郡の統治にも、諏方大社の祭祀《さいし》にも、諏方勝頼としては一切関与していないからである。

　かくて勝頼は、十七歳で高遠城主に就任し、諏方四郎神勝頼と称した。いっぽうで、北条氏などからは、「伊《い》奈《な》四郎」と呼ばれており、諏方氏の人物と見なされていない。いずれにせよ、勝頼はそのまま高遠で諏方勝頼として生き、父信玄・惣領義信を支える武田御一門衆の一人として一生を過ごすはずだったことだけは間違いない。だがそれにしても、勝頼は、武田氏、諏方氏双方にとっても実に中途半端な立場と扱いを結果的に受けていたことに気づかされる。

　諏方勝頼の統治権は、高遠・箕輪領のみで、諏方郡にまったく実在せず、さらに諏方勝頼を名乗りながら、他国から「伊奈四郎」と呼ばれていたのは、武田・諏方両氏の中で明確に位置づけられることのなかった、勝頼の立場を象徴するものといってよかろう。ただ一つ確かなことは、諏方勝頼が、兄義信に次ぐ地位を保持し、武田典廏《てんきゅう》家、武田逍遙軒《しょうようけん》家、穴山武田家という武田御一門衆よりも上位に位置づけられ、信濃の有力国衆諏方氏の当主でもあり、さらに家督継承権を保持する信玄の子息として認知されていたということである〈平山・二〇一四年①〉。

武田信玄の路線転換

永禄十一年十二月六日、武田信玄は大軍を率いて甲府を出陣すると、富士川沿いを一気に南下して駿河国に侵入した。信玄は、天文二十三年（一五五四）以来、武田氏の発展を支えてきた駿河今川氏との同盟を破棄して、駿河侵攻に踏みきったのである。この時、信玄は四十八歳であった。信玄がかつての同盟国今川氏真《うじざね》を攻めたのは、氏真が宿敵上杉謙信《けんしん》と武田氏を共通の敵とする軍事同盟締結に向けた秘密交渉の事実を察知したからである。

信玄は同盟破棄と駿河侵攻の直前に、同じく同盟を結んでいた北条氏康《うじやす》に事情を説明し、今川攻めに対する北条氏の理解と了承を求めていた。その際に信玄は、それまでの同盟を破棄してまで今川氏を攻める決断に至った理由を「駿・越が示し合わせ、信玄滅亡の企てをしたことを確認したので、このたび手切れに及んだのだ」と説明していたが、北条氏はこれを「表向きの理由にすぎない」と判断しており、あくまで信玄の野望が同盟破棄の真相だと考えていたようだ〈戦北一一二七号〉。

この結果、それまで東国戦国史を規定し大きな影響を与えていた武田・北条・今川三氏の甲相駿三国同盟は完全に崩壊したのである。

それでは、信玄はなぜ今川攻めに踏み切ったのであろうか。信玄が対外路線について再考を迫られたのは、私見では永禄六年ごろのことと推測される。その契機は、永禄六年に遠江国《とおとうみのくに》引間城《ひくま》、頭陀寺城《ずだじ》を拠点とする飯尾豊前守《ぶぜんのかみ》（連龍）を中心とする遠江国衆が今川氏に反旗を翻した大規模な叛乱《はんらん》（遠州忩劇《そうげき》）である。

この叛乱は同年十二月に勃発《ぼっぱつ》し、天野（周智郡《しゅうち》犬居《いぬい》）・村松（同郡宇刈《うがり》）・高橋（長上郡蒲御厨《かばのみくりや》）・匂坂《さぎさか》（豊田郡匂坂）・松井（同郡二俣《ふたまた》）・堀越（同郡見付《みつけ》）・幡鎌《はたかま》（佐野郡幡鎌）・三和《みわ》（山名郡於保《おほ》）・江馬《えま》（引間）ら遠江国衆のほとんどが一族内部で親今川・反今川方に分裂し争う事態となるなど、東海戦国史に大きな影響を与えた事件であった。

飯尾氏は三河一向一揆《いっき》平定直後の徳川家康とも結んでいたといわれる。叛乱そのものは、飯尾豊前守が永禄八年十二月に今川氏によって成敗されたものの、遠江国衆が家を分裂させて争っていたがゆえに、その後も余燼《よじん》が燻《くすぶ》り続け、最終的には永禄九年十月までには今川氏によってようやく鎮圧され終息を迎えた。

このように遠州忩劇は、三年に及ぶ内乱となり、氏真は桶狭間《おけはざま》合戦以来の危機を乗り切った。しかしそれは、今川領国崩壊のわずか二年前のことであった。

永禄六年閏《うるう》十二月六日、信玄は、北条氏康とともに上杉謙信と対戦していた上野国《こうずけのくに》で、今川氏真に対する遠江国衆の大反乱の情報に接した。そこで信玄は、今川領国と境界を接する武田一族穴山信君《のぶただ》の重臣佐野主税助泰光《ちからのすけやすみつ》に書状を送り、遠州忩劇の情報収集に努め、もし氏真が敗北して駿河の過半が反乱軍に奪取される情勢に至ったならすぐ知らせるよう指示した（戦武八五三号）。

信玄はこの書状のなかで、氏真が敗退するようならただちに上野国から撤兵し、駿河に侵攻する意志を明確にしていた。ただし、もし駿河衆が氏真に忠節を尽くし、三河・遠江の情勢が安定するようならば関東での在陣を継続するとも記していた。つまり信玄は、叛乱に直面した氏真の器量を注視していたのであり、情勢次第では氏真支援を名目に今川領国の混乱に介入して、勢力拡大を目論《もくろ》んでいたのであろう。

しかも注目されるのは、この書状のなかで氏真に叛乱を起こした遠江国衆（飯尾氏ら）に対し、穴山信君を通じて書状を送ったと記されていることである。同盟を結ぶ今川氏真を支援する姿勢を見せつつも、反乱軍たる遠江国衆との連絡を忘れぬ信玄の老獪《ろうかい》さが垣間《かいまみ》見える。

じつは徳川方の記録である『武徳編年集成』『浜松御在城記』などには、飯尾氏を中心とする遠州忩劇は、信玄の使嗾《しそう》によるものだと記されている。その真相は確認できないが、信玄が反乱軍と書状の遣《や》り取《と》りをしていたのは確かであり、噂の域を出ないがその火種が実在したことは事実といえよう。

遠州忩劇の余波

遠州忩劇という今川領国の深刻な内乱を知った信玄は、氏真に対する今川家当主としての器量に不安と不信感を抱いたものと推測される。遠州忩劇の鎮圧から五年後の元亀二年（一五七一）、信玄は駿河深沢城主北条綱成《つなしげ》（当時）に向けた降伏勧告状（いわゆる「深沢城の矢文」）において、「この氏真の行跡を伝え聞くに、天道を恐れず、仁義を専らにせず、文なく武なく、ただ酒宴・遊興を専らにし、士民の悲しみを知らず、諸人の嘲《あざけ》りを恥じず、恣《ほしいまま》に我意に任せらるるの条、何をもって国家を保つべき人に候哉」と述べ、氏真の戦国大名当主としての「器量」のなさを徹底的にこきおろしていた（戦武一六三九号）。

つまり、「国家」（戦国大名領国と家）の安定を保つには、領国民のために我意を捨て、文武ともに優れた資質（器量）を持つ、大名当主が不可欠であり、それが実現できない者は、除かれても仕方がないと信玄は考えていたわけである。信玄が氏真の器量のなさを痛感したのは、遠州忩劇が契機ではなかろうか。遠州忩劇に直面した氏真をみて、信玄はリスクの大きい上杉攻めを追求するよりも、今川氏を攻めるのが得策と考えたのではあるまいか。

そう考えるもう一つの根拠は、信玄の対外路線の軌跡を追うことで浮き彫りになってくる。そして信玄が手を結ぶ相手とした人物こそ、尾張国《おわりのくに》を統一する勢いを示し、さらに着々と隣国美濃《みの》に触手を伸ばしていた織田信長である。信長は、破竹の勢いで尾張の敵勢力を掃討しつつ、ほぼ並行して美濃国井口《いのくち》（稲葉山城、のちの岐阜城）の斎藤龍興《たつおき》との抗争を展開していた。信長は永禄八年七月に犬山城を攻略して織田信清を追放し尾張統一を成し遂げ、以後は本格的な美濃攻略戦に移行する。

同じころ、信玄は永禄七年に飛騨《ひだ》侵攻を開始し、三木良頼《みつきよしより》・江馬輝盛《えまてるもり》ら上杉方国衆を攻略して越中の一向宗と連携する戦略を実施しようとしていた。これを知った上杉謙信は、武田軍を牽制《けんせい》すべく信濃川中島に出陣した（第五次川中島合戦）。この時信玄は、東美濃の国衆遠山景任《かげとう》（岩村城主）・直廉《なおかど》（苗木《なえぎ》城主）兄弟に書状を出し、景任には参陣を要請している（直廉は美濃の織田・斎藤両氏の争乱監視のため免除。戦武八九九号）。

遠山氏は天文二十四年以来武田氏とは昵懇《じっこん》の間柄で、しかもこの時には織田信長とも誼《よしみ》を通じていた。注目されるのは、信玄が遠山氏に与えた書状のなかで、遠山氏が信長と友好関係を構築したことを容認しつつ、それが実現して「安堵《あんど》」したと表現していたことである。これは小笠原春香氏が指摘するように、信玄は信長の勢力拡大が美濃を超えて信濃に及ぶことを警戒しており、当時武田・織田両属の立場を堅持することを選択した遠山氏の動向を容認することで、織田信長の信濃侵攻を未然に防ごうとしたのであろう（小笠原春香・二〇一一年）。

いっぽうの信長も、信玄の飛驒侵攻や東美濃への影響力拡大は極めて大きな脅威であった。そこで信長は、信玄の進出を未然に防ぐべく、謙信と友好関係を結び、信長自身は信玄とは敵対しないが、謙信の信濃・飛驒侵攻を容認し、むしろ武田・上杉両氏の抗争が引き続き信越国境、関東方面などで展開されることを期待していたようだ。なぜなら謙信との抗争が激化すればするほど、信玄の飛驒・東美濃方面への勢力拡大の鉾先《ほこさき》が鈍るからである。

しかし軍事衝突の回避を意図する武田・織田両氏の思惑は、信長が美濃への勢力拡大が着々と侵攻することで微妙な狂いが生じ始め、ついに永禄八年三月、東美濃で武田・織田双方の軍勢が神篦口《こうのぐち》（現岐阜県瑞浪《みずなみ》市）で衝突を起こした（『軍鑑』『信長公記』）。これに対し信玄は秋山虎繁《とらしげ》らを、信長は森可成《もりよしなり》らを派遣したが、戦闘はそれ以上エスカレートすることはなかった。双方とも自重したとみられる。

事態を憂慮した信長は、美濃と信濃が国境を接している以上、自身の美濃制圧が武田氏との合戦を招く結果にならぬよう、信玄との和睦・同盟を望むようになるのである。これは信玄も同じであり、和睦交渉は三月以後断続的に行われたとみてよかろう。

その過程で合意の条件が整ったので、信長は永禄八年九月に織田忠寛《ただひろ》を使者として甲府に派遣し、婚姻を基盤とした同盟締結を正式に申し入れたとみられる。それは高遠城主諏方勝頼のもとへ、信長の養女（遠山直廉息女、信長の姪《めい》）を輿入《こしい》れさせるというものであった。信玄は、上杉謙信との抗争が止まぬなか、信濃・美濃国境での懸念を解消させることに大きな意義を認め、信長との同盟締結を受諾するのである（甲尾同盟の成立）。

この外交路線の選択は、信長を仇敵《きゅうてき》とする同盟国今川氏真との関係を微妙なものとする可能性があった。だが信玄がこのときすでに今川攻略を意図し始めていたというのは早計であろう。しかし信玄が同盟国今川氏への配慮よりも、自国の安全保障と戦略を優先したことは間違いない。それはもし信玄が織田氏と戦端を開いた場合に、武田氏は果たして同盟国として今川氏を当てにできるのかということを懸念していたのではあるまいか。織田氏との同盟成立は、今川氏との関係悪化を招く虞《おそれ》が十分にあったにもかかわらず、信玄があえて信濃国境問題と今川氏との関係悪化を熟慮し、結果として前者を優先させたことは、氏真の器量に確信が持てなかったことが背景にあると考えられるのではなかろうか。

しかし織田信長との同盟という信玄の政治決断は、今川氏との関係悪化を招くよりも早く、武田家中での紛争を引き起こすのである。

義信事件と今川氏

武田家中での紛争とは、信玄と嫡男太郎義信の対立として現出した。信玄と義信父子の対立がいつから起こったかについては判然としないが、第五回川中島合戦が終了したころであることは間違いなかろう。『甲陽軍鑑』によれば、すでに永禄四年の川中島の激戦直後から、作戦をめぐって信玄と義信との対立が起こり、これが長く続く父子の不和のもととなったとされている。また、義信は異母弟諏方勝頼が高遠城主に就任することにも不満をもっていたとあり、部屋住みから一城の主となる異母弟勝頼のことを快く思っていなかったという。

この対立は、信玄が信長との同盟（甲尾同盟）締結に踏み切ったことで決定的となったといわれる。『甲陽軍鑑』によれば、武田氏と今川氏との関係を予想通り悪化させたらしい。信玄は今川氏真に、今川義元《よしもと》への弔い合戦として、共同で徳川家康の領国である三河国へ侵攻することと作戦成功時の領土分割を提案したが、氏真は信玄が今川氏の仇敵信長と婚姻関係を結んだことでもはや信玄も半敵対勢力だと述べてこれを拒否したという。『甲陽軍鑑』はこれを永禄十一年五月のことと記すが事実かどうかは確認できない。しかし甲尾同盟が今川氏との関係を悪化させた可能性は高い。

そして武田・今川両氏の関係悪化が、信玄と義信父子の不仲を増幅させ、ついに義信は重臣飯富《おぶ》虎昌《とらまさ》らとともに信玄暗殺のクーデターを計画したとされている。ところで義信の謀叛は、信玄による対今川外交路線の転換が背景にあったというのが通説であったが、それを直接示す史料があったわけでなく、あくまで状況証拠の積み重ねによる推定という傾向が強かった。

ところが、近年丸島和洋氏が紹介した弘治元年（一五五五）と推定される七月十六日付、武田晴信書状に「義信は今川家のため父子の関係を忘れ困惑している」と明記されている（戦武補遺一五号）。この書状は宛所が欠落しているが、「密書」と記された当時の最高機密文書であり、信玄は今川義元の意見に同調し父の意向に逆らう義信に困惑していたことがわかる。弘治元年七月といえば、信玄は第二次川中島合戦の渦中にあり、犀川《さいがわ》を挟んで長尾景虎《かげとら》（上杉謙信）と対陣すること二百日に及ぶ苦しい状況におかれていた。信玄と義信がなぜこの時期に今川氏のことで対立したのかについて、残念ながら密書は多くの手がかりを残していない。

しかしながら信玄は結局、今川義元の仲介で景虎と和睦する。想像をたくましくすれば、この時に義元が提示した和睦条件が信玄の意向に必ずしも沿うものではなく、信玄はこの受諾に難色を示していたのではなかろうか。これに対し、今川義元の立場を汲《く》んだ義信が、父信玄に仲介の条件を呑《の》むよう強く迫り、両者の対立がのっぴきならぬ事態に至っていたのではないか。実際に信玄の密書には「爰元《ここもと》（武田陣中）では（謙信との）和睦交渉を一時中断するつもりである」とあるので、こうした推測も可能ではなかろうか。

なお、密書の宛先は定かでないが、信玄が相当信頼する武田一族であることは間違いなく、その人物に義信との対立の事実と心中を吐露し、意見や相談を求めるほどの事態が、弘治元年の段階で確認されるのは重要である。義信は早くから間違いなく、武田家中における今川派の中心であったことが了解されよう。

筆を戻そう。義信は、永禄八年三月以降、信長と和睦交渉を実施する父信玄の動きに不信と不満を抱き、このままでは今川氏との関係悪化、断絶になりかねないと焦慮した結果、ついに父信玄暗殺を企てたのであろう（義信が父信玄暗殺を企てていたと明記した史料は『軍鑑』しか存在しない。ここではその記述に従っておく）。

だが義信謀叛の動きを永禄八年七月に御目付が察知し、ついに十月初旬に謀叛を企図した義信方の飯富虎昌・曾根《そね》周防《すおう》らは捕縛され、十月十五日に飯富虎昌が処刑され、クーデターは未然に鎮圧された。さらに少なからぬ家臣が追放処分となった。このクーデターは、甲尾同盟成立（九月）と、諏方勝頼と信長養女遠山氏との婚礼が実施される（十一月）、ちょうど中間に位置する十月に発生しているので、義信がなんとしても阻止したかったのは、やはり信長と信玄との同盟であったことは間違いない。

では、義信がなぜ、それほどまでに織田との同盟を拒否したかったのか。それは、義信の妻が今川氏真の妹であったことや、義信の生母で、信玄の正室三条夫人が今川氏の仲介で輿入れしてきたことなど、母子ともに今川氏との関係が深かったことが背景にあると考えられる。義信は、武田家中における今川派の巨頭であったのである。義信は、信長との同盟が、今川氏との敵対関係を必然化し、武田と今川との衝突を不可避とすると考えていたのであろう。そして義信は、武田氏の家運隆盛はあくまで三国同盟堅持にあると認識していたのであろう。このように、信玄と義信との対立は、信玄派（領土拡大派）と義信派（三国同盟維持派）との対立であったと考えられる。

今川氏と関係悪化

同盟国今川氏との外交問題および信長との同盟問題をめぐって対立していた信玄と義信父子の関係は、ついに修復されることなく、義信は甲府東光寺に幽閉された。その間、恵林寺《えりんじ》の快川紹喜《かいせんじょうき》・長禅寺春国光新《しゅんごくこうしん》・東光寺藍田恵青《らんでんけいせん》をはじめ、周囲の人びとが懸命になって、義信と信玄両者の調停に乗りだすが、父子の関係は結局好転せず（県外記録一四二号）、義信は、永禄十年に幽閉先の甲府東光寺で死去した。享年三十。

義信が死去した永禄十年の五月に、信玄は上野国惣社《そうじゃ》城を攻略して以後まったく対外戦争を停止している。それどころか、武田氏がなにをしていたのかすら、ほとんどわかっていない。それは義信事件が最終段階を迎えたことや、駿河今川氏真との関係が急速に悪化したためであろう。

そして信玄は、永禄十年八月七日に甲斐・信濃・上野の家臣二百三十七人から、起請文《きしょうもん》を提出させ、信玄に忠節を尽くし、二心のないことなどを誓約させた。そしてこの起請文を信濃国小県郡生島足島《いくしまたるしま》神社（下之郷大明神）に納めたのである（永禄十年の起請文を俗に「下之郷起請文」と呼ぶ）。この起請文には、信濃衆はもちろん、甲斐・西上野衆などのものにも「当国諏方上下大明神」との文言があることから、信濃のどこかに信玄が軍勢を集結させ、その上で書かせて提出させたことが明らかである。

じつは、この時期、謙信が北信濃飯山城に在城し、同城の大規模な普請を実施しているのである（上越五七九号）。信玄は、謙信が上野で軍事展開を行う武田軍の背後を牽制すべく北信濃に出陣してきたものとみなし、小県郡塩田平に駐留して情勢次第では川中島へも上野へもすぐに即応できる態勢を取っていたのであろう。その間にこの起請文を提出させたとみられる。作成場所は、塩田廃城後、武田氏の拠点的城郭として築かれた岡城（長野県上田市）であろう。

ところで起請文作成の意味は、武田信玄の家中引き締めにあることは間違いないが、問題はなぜこの時期に、わざわざ甲駿国境、信遠国境の国衆（穴山信君・木曾義昌《よしまさ》・下条信氏《しもじょうのぶうじ》ら）を除いたほぼ全軍を信濃に集結させ、作成と提出をさせたかである。通説によれば、信玄への起請文提出が、義信の廃嫡および処断の通達と連動していたからであり、義信廃嫡を家中に布告し、同時に切腹させることもあわせて知らせ、動揺する家臣団を抑え込み、家中を結束させるためとされている。

これを知った今川氏真は、八月十七日に武田領国への塩留めを実施する（静⑦三四一〇号）。氏真のこの塩留めが武田家臣団の起請文提出時期と符合しているのは、起請文提出に氏真が危機感を覚えたからであろう。そして、その二ヵ月後にあたる十月十九日に義信は東光寺で自害する。

氏真は翌十一月に信玄に要請して、義信未亡人（氏真妹）を駿府《すんぷ》へ引き取ることを求めた。人質の送還は、手切れ（同盟破棄）を意味することとなる。そこで信玄は氏真の起請文提出と引き換えに駿府へ送り届けることを約束し、十一月十九日に義信未亡人は駿府に帰った（『集成』）。信玄が氏真に求めた起請文とは、義信未亡人の送還が武田・今川両氏の同盟破棄を意味しないことを確認させるものであったろう。表向きは信玄も氏真も同盟継続を確認することで一致した。

しかしながら今川氏真は、義信の死によって武田信玄の駿河侵攻が現実性を帯びてきたと考えたのであろう。義信未亡人を引き取った直後の十二月に秘《ひそ》かに謙信との同盟交渉に入るのである。

孤立する武田信玄

信玄は、駿河侵攻に際して、織田信長とその同盟国徳川家康と密約を結んでいた。それは今川氏真が上杉謙信との和睦交渉を開始した時期と重なる。

武田氏と織田・徳川氏との交渉は、永禄十一年二月のことである。そしてその交渉の過程で、三氏は今川氏真を共通の敵と認定し、武田・徳川両氏による駿河・遠江侵攻について合意に達した。信長は信玄と家康が今川領国を攻略したのちに分割することを了承した。

信長が信玄と今川領国について協議し合意に至ったのは、彼が足利義昭《よしあき》を奉じて上洛《じょうらく》する意向であったからにほかならない。しかし信長にとって最大の懸念は、駿河今川氏であった。信長が上洛戦を展開すべく尾張・美濃を留守にしている間に、三河・尾張に氏真が侵攻してくることが唯一の懸念材料であったからである。そこで信長・家康は共通の敵今川氏の打倒を信玄にもちかけたのであろう。信玄もまた、ここで今川攻めの決断を最終的に下したとみられる。

すでに義信の死（永禄十年十月）、義信未亡人の駿府帰還（同年十一月）で、武田・今川両氏を結ぶ紐帯《ちゅうたい》は完全に断たれ、同盟関係は有名無実となっていた。信玄は、織田・徳川両氏と合意に至ったことで、今川氏攻略へと舵《かじ》を切ったのである。

この時、信玄と家康は、今川領国を東西より共同で挟撃することと、今川氏滅亡後は、大井川を境界に東部を武田領、西部を徳川領にするとの密約を結んだといわれていたが（『三河物語』ほか）、実際には「川切」（河川を境界とする）による自力次第であった可能性が指摘されており、この「川切」をどこにするかでのちに信玄と家康は対立することとなる。

駿河侵攻開始直後、信玄は駿府をあっけなく占領し、信濃から北遠江を経て別働隊秋山虎繁の軍勢を見付に展開させた。武田氏は遠江の切り取りをも目論んだのである。これが徳川家康の怒りと不信を買うこととなり、両者の関係は急速に悪化した。また信玄の駿河侵攻に激怒した北条氏康は、武田氏との同盟を破棄して駿河に出陣し、武田軍の背後を封じようとした。

かくて信玄は、絶体絶命の危機に陥った。駿河に在陣していた信玄にとって、最大の懸念は、越後上杉謙信の動向であった。信玄と断交した北条氏康は、永禄十一年十二月十九日に、上杉氏に使者を派遣し、積年の対立を超えて、武田氏を打倒すべく同盟を打診していた（上越六二八号）。謙信も興味を示し、翌永禄十二年一月十三日に受諾を表明し、越相一和が成立した（同六四〇号）。このままでは上杉・北条両氏の挟撃を受けることとなる。これを恐れた信玄は、なんと宿敵上杉謙信との和睦（甲越和与）に向けて動き出すのである。

信玄は同盟国織田信長を通じて将軍足利義昭に上杉謙信への和睦斡旋《あっせん》を依頼した。そこで義昭と信長は、永禄十二年二月、謙信に甲越和与を命じる御内書を発給した（上越六五五・六号）。信玄にも三月には、御内書が届けられ、信玄はこれを受諾すると即答している（戦武一三七六号）。そして五月にはほぼ和与の条件が整い、七月下旬には甲越和与が成立した。これによって、信玄は上杉氏の信濃・西上野侵攻という最大の懸念から解放されたのである。

甲越和与の成立は、じつに越相同盟に先だって成立したのである。謙信が宿敵信玄との和与に応じたのは、外交戦で北条氏に揺さぶりをかけようという狙いがあったものと考えられる。実際に謙信はこれ以後、武田氏とは甲越和与を持ちかけられているので、信濃への攻撃はできないと北条氏に通告し、関東において氏康・氏政父子の譲歩を迫ったのである。

だが信玄の危機はなおも続いた。信玄に不信感を抱いていた徳川家康も、永禄十二年二月には謙信に接近を試みていた。これを察知していた信玄は、家康の同盟国織田信長に家康の説諭を依頼していたが、その努力の甲斐なく、元亀元年十月、家康は信玄に手切れを通告し、上杉謙信と同盟を結ぶこととなった。その際に家康は、謙信に対して同盟国信長が信玄と盟約を結んでいることに言及し、信長を説得して信玄との同盟を破棄するよう進言することや、武田・織田の婚礼（信玄息女松姫と信長嫡男信忠の縁談）を破談に導く努力をすると約束した（上越九四二号）。これを知った信玄は、信長に対する家康の工作を「佞者之讒言《ねいしゃのざんげん》」と激しく批判し、信長に家康を見放すよう熟慮を求めた（戦武一七七五号）。信玄は信長に家康との同盟を破棄させ、場合によっては三河に侵攻しようと考えていたのであろう。

これに対し信長は、信玄との同盟を破棄することはせず、いっぽうで謙信と同盟を結んだ家康の動きも黙認し、双方の顔を立て中立の立場を堅持した。信玄は信長に家康への説諭と圧力を依頼しつつ、北条・上杉・徳川三氏による武田包囲網を打開すべく、北関東の佐竹義重《よししげ》・結《ゆう》城《き》晴朝《はるとも》・小山秀綱《おやまひでつな》・宇都宮国綱《くにつな》らと結んで北条氏を挟撃する作戦に打って出た。永禄十二年から元亀二年にかけて、信玄は北条領国各地を侵攻し、永禄十二年十月には小田原城下にまで迫り、その帰途に三増《みませ》峠の合戦で北条氏照《うじてる》・氏邦《うじくに》兄弟、北条綱成らが率いる軍勢を撃破した。武田軍に本拠地小田原を攻められた北条氏の衝撃は大きく、氏康・氏政父子は、その後小田原城の大修築に着手するのである。

信玄が三氏に包囲されつつも、戦局を優位に進めることができたのは、上杉謙信との間に甲越和与が成立していたことと、家康も信玄と敵対には至っていたが信長の要請もあって武田領への軍事行動を控えざるをえなかったことが大きな要因である。その結果、もっとも割を食ったのが北条氏であった。

信玄と謙信の甲越和与は、結局、元亀元年七月、越相同盟の強化を決意した謙信によって破棄されるが〈同年四月、北条氏は三郎〈のちの上杉景虎〉を人質として謙信のもとへ送っている〉、そのころには情勢は武田氏の優位が動かぬ事態になっていたのである。信玄は元亀元年には駿河をほぼ制圧し、翌二年一月に駿東《すんとう》郡深沢城を開城させて北条氏の勢力を完全に駆逐することに成功した。信玄は自身が抱いていた「滅亡」の危機を辛くも切り抜けたのである。

信玄、打倒信長を企図す

勝頼は、元亀二年に信玄から甲府に迎え入れられた。信玄の後継者となるためである。ここに、諏方勝頼は武田勝頼になったのである。信玄は、勝頼を義信に代わる後継者として、家臣や周辺諸国に認知させるべく、駿河侵攻作戦に帯同し、勝頼は以後信玄とともに行動する。

かくて武田勝頼は、本格的に表舞台に登場したのであった。信玄もまた、勝頼の武勇を自慢し、後継者として積極的に宣伝するようになる。しかしこの元亀二年が、勝頼のその後の命運を決定づける武田氏の対外路線が始動する画期となった。

さて、武田氏と断交した北条氏は、越相同盟にもとづき謙信に武田領国への出兵を何度も要請したが結局一度も実現しなかった。そのため、北条氏、とりわけ氏政は不信感を募らせていた。元亀元年八月、氏康が発病しその政治力が失われると、氏政は武田氏との再同盟を模索するようになる。そして氏康の死去（元亀二年十月三日）から二ヵ月後の、元亀二年十二月に、氏政は武田信玄との再同盟締結に踏み切った。これにより信玄は、北条氏からの圧力を顧慮する必要性から解放され、上杉・徳川両氏を睨《にら》んだ作戦の立案に移るのである。

信玄は、甲尾同盟が継続しているなかにあって、秘かに織田信長打倒に向けて動き出していた。信玄が信長打倒を企図したのがいつからなのかは残念ながら定かでないが、元亀三年をさかのぼること三ヵ年以前、すなわち元亀元年以来であろうとみられる。それは元亀三年に信玄が織田・徳川両氏を攻撃すべき遠江・三河に出兵した際に、その理由を「三ヶ年之鬱憤」を散じるためだと述べているからである（戦武一九七六号）。この時期の武田氏の外交を分析した柴裕之氏によれば、信玄が家康を深く恨み、また信長に不満を募らせていたのは、元亀元年十月に家康が武田氏との同盟を破棄し、宿敵上杉謙信との同盟を締結させたことにあった（柴裕之・二〇〇七年）。

さらに家康は、自身が仲介役となって信長と謙信に手を結ばせることも強調していた（上越九四二号）。信玄はこの情報を察知しており、家康に憎しみを募らせていた。そして信玄がしばしばこうした家康の動向を押さえることを要請していたにもかかわらず、これを黙認しなんらの影響力を行使することをしなかった織田信長にも不信感を抱いていた。そればかりか、信長自身も上杉謙信との友好を望み、元亀二年三月以来、贈答品の交換を通じて外交交渉の回路を持ち始めていた（同一〇三六号他、ただし謙信と信長の交流は元亀元年に開始されたらしい）。ただそれは、将軍足利義昭と上杉謙信との交渉を補完するという立場上のものも多かったが、これらが信玄には面白くなかったのであろう。

しかし信玄は、北条氏や上杉氏と敵対している間は、信長との甲尾同盟を堅持し、西からの脅威を取り除くことに専念した。武田氏を敵視し、謙信と同盟を結んだ家康が、絶好の機会であったにもかかわらず、武田領に侵攻しなかったのは、やはり信長が家康を押さえていたとみるのが自然であろう。だが元亀二年十二月に北条氏との甲相同盟が復活した以上、信玄は次なる軍事路線を西に向けることを決意し、その対象を織田・徳川両氏に絞り込んだのである。

信玄の「鬱憤」、信長の「遺恨」

武田信玄は、織田信長に攻められていた石山本願寺や、越前朝倉義景《よしかげ》との同盟を成立させ、その要請に応えて元亀三年九月に軍勢を招集し、同二十九日には山県昌景《やまがたまさかげ》を先発させ、十月三日には信玄自身が甲府を出陣した。当時、信玄が上杉謙信を攻めるという噂がしきりで、謙信もその情報に神経を尖《とが》らせており、実際に武田軍が信越国境に姿を見せたという未確認情報が飛び交っていた（上越一一二二・一一三号）。しかも謙信は、信玄の所在を完全に見失っており、甲府にいるのかそれともほかのどこかを確認するよう指示を出していた。

いっぽうで信玄は、織田信長に将軍足利義昭とともに、謙信と信玄の和睦（越甲一和、越甲和与）実現の斡旋を依頼していた。信長もこれを了承し、義昭とともに謙信への説得につとめ、謙信もこれを受諾する意向を固めていた（同一一二六・一三一号他）。

この時信長は、信玄に対し謙信との和睦を実現するためには、越後出兵を思いとどまるべきだと要請していた。そこで信玄はこれを了承すると返事を出し、信越国境に展開する軍勢を退かせたらしく、十月五日付の書状で信長はこれを喜んでいた（戦武四〇三九号）。これこそ謙信が未確認ながら信越国境で見られたという武田の軍勢であろう。ところがこれらは、謙信や信長の眼を眩《くら》ます信玄の謀略であったらしい。

実際には、信長が書状を認《したた》めた十月五日、武田軍は徳川領国の三河・遠江に向けて進軍中であった。そして武田軍は、徳川方の諸城を相次いで攻め、家康の居城浜松城を牽制しつつ、二俣城を包囲したのである。これを知った信長は激怒し、謙信への書状（十一月二十日付）で甲越和与のために義昭とともに努力していたのに、信玄の所行は前代未聞の無道さであり、侍の義理を知らぬことだと吐きすて、今後は未来永劫《えいごう》、信玄とは二度と手を結ぶことはないと述べ、信玄への憎悪を「幾重も遺恨更不可休候」と強い文言でぶちまけた（上越一一三一号）。いっぽうの信玄も、今度の軍事行動は「三ヶ年之鬱憤」を散じることにあると述べ、家康と信長をともに打倒することを高らかに宣言した。こうして信玄と信長の甲尾同盟は瓦解《がかい》したのである。

しかしこの当時、情勢は、美濃国郡上《ぐじょう》郡の国衆遠藤胤基《たねもと》・慶隆《よしたか》が武田方に靡《なび》き、近江国《おうみのくに》日野城主蒲生賢秀《がもうたかひで》（もと六角《ろっかく》氏家臣）も、朝倉義景に内通の意思を明らかにしたほか、伊勢長島の一向一揆や三河一向宗門徒も武田軍に協力する意向を示すなど、信玄に有利であった。武田軍は、二俣城を開城させ、元亀三年十二月二十二日に徳川家康軍と信長援軍を三方原《みかたがはら》の合戦で撃破した。武田軍の戦勝に、本願寺、浅井氏、朝倉氏をはじめとする反信長陣営は大いに勢いづき、将軍足利義昭は、信長と断交し信玄・本願寺・朝倉ら反信長陣営と結んで挙兵した（柴裕之・二〇一六年）。ところが、その後武田軍の行動は緩慢になり、明けて元亀四年二月に三河野田城を降伏させると、長篠《ながしの》城に入ったまま動きを停止させた。これは信玄が病気であったからだと推定されている。

謙信の予言と信玄の死

織田信長より信玄の三河・遠江侵攻と甲尾同盟の瓦解を知らされた上杉謙信は、家臣河田重親《しげちか》に宛てた書状（元亀三年十月十八日付）で、信玄が謙信だけでなく織田・徳川両氏をも敵にまわしたことについて「且つうはあてがいなきか、且つうは信玄運の極みか」と述べた（上越一一三〇号）。そして、そんな重要な決断を下したのは、信玄の認識不足だと指摘し、「上杉家の弓矢（軍事行動）が活発となる瑞相《ずいそう》だ」と喜んだ。

さらに謙信は不気味な予言を書き残した。それは信玄が、織田・徳川両氏と敵対したということは、あたかも蜂の巣に手を突っ込んだようなもので、せずともよいことを始めてしまった（なにもしなければそれでよかったのに、蜂の巣を突《つつ》くような大事を自ら引き起こした）というものである。謙信は、武田氏が織田・徳川両氏と戦端を開いたことは、信玄が困難な道をあえて選んだと考えていたのであり、それはいかに老獪で百戦錬磨の武田信玄であっても、これを収拾するのは容易ではないと認識していたのである。

しかし信玄は、織田・徳川両氏を打倒し事態を収拾するどころか、蜂の巣を突き、大きな情勢を作り出した直後の元亀四年四月十二日に病没してしまうのである。享年五十三。そして蜂の巣を突いたが如き大乱の収拾という課題は、後継者の武田勝頼が引き継ぐこととなったのである。

第一章　長篠合戦への道

一、武田勝頼の家督相続

勝頼、信玄の死を秘す

元亀四年（一五七三）四月十二日、武田信玄は病没した。死に臨んで信玄は、勝頼や家臣たちに自分の死を三年間秘密にし、対外戦争を積極的に仕掛けることなく内政に専念して情勢を見定めること、織田・徳川氏が侵攻してきたら、険阻な山岳地帯である武田領国の地の利を活かし、信長は境目を固めて持久戦に持ち込むこと、家康は駿河《するが》に誘い込んで撃破することなどを遺言した（『軍鑑』）。

家督を相続することとなった武田勝頼は、父の遺言に従い信玄は病気のため隠居することとなり、自らはその跡を受けて当主になったことを内外に宣伝した。勝頼は、四月から六月にかけて信玄の署名で書状を作成し、あたかも信玄が存命のように装い、家督交替を通知したり、外交交渉を実施したりしている。そのことは、家督交替を祝う書状を届けてきた石山本願寺に対して信玄の署名で返書を送ったことや（戦武二一二三号）、将軍足利義昭《よしあき》に忠節を誓う信玄の起請文を届けていること（同四〇四九号）、大和国《やまとのくに》松永久秀《ひさひで》家臣岡周防守《おかすおうのかみ》に対し、信長を打倒するため将軍足利義昭と連携するよう求め、信玄自身も上洛《じょうらく》する予定であると記した信玄書状を届けていること（同一七一〇号）、北条氏より派遣された援軍として武田軍に加わり、遠江二俣《とおとうみふたまた》城攻防戦で戦死した北条家臣大藤式部丞政信《だいとうしきぶのじょうまさのぶ》の子与七に弔意を示す書状を送ったこと（同二一二八・二一九号）などにより証明できる。

『甲陽軍鑑』によると、死期を悟った信玄は自分の死を秘匿する策として、自分の花押だけを書いた白紙（判紙）をあらかじめ八百枚用意しており、これで外交文書を作成するよう遺言したとあるが、この話は事実なのかも知れない。

だが信玄死去の噂は広まりをみせ、織田信長・徳川家康・上杉謙信は事実関係の掌握に努めた。すでに信玄死去の十三日後には、飛騨国《ひだのくに》衆江馬輝盛《えまてるもり》の家臣河上富信《かわかみとみのぶ》が上杉謙信に対して、武田領国では、信玄は病気療養中だ、いや死去したのだとの風聞が交錯していると伝え（上越一一六一号）、信長も七月には信玄死去を確信している。家康や謙信もまた、五月には信玄の死去を確実視したようだ。それは家康が五月上旬、駿府や遠江国井伊谷《いいのや》に相次いで侵攻したことが契機である（上越一一六一号、戦武二一二〇号）。この合戦で武田方はほとんど有効な反撃を行わなかった。信玄存命中であれば、ありえぬ対応であることから家康は信玄の死を確信し、これを伝え聞いた謙信もまたこれに同意している（上越一一六一号）。

しかし勝頼は、父の遺言に従い信玄が存命であることを取り繕うのに必死だった。それは同盟国石山本願寺、将軍足利義昭、松永久秀、北条氏政《うじまさ》らにも秘匿されていた。また、これらの同盟国も、信玄の生死を確認するにはあまりにも遠方であった。だが巷間《こうかん》伝えるところによると、隣国の北条氏政だけは、信玄の生死を見極めるべく重臣板部《いたべ》岡江雪斎《おかこうせっさい》を甲府に派遣したという。病気見舞いの正使を拒むことは難しかったため、困惑した勝頼は信玄に容貌《ようぼう》がそっくりであった叔父逍遙軒《しょうようけん》信綱《しんこう》を病床に寝かせ、薄暗い部屋で板部岡と対面させ、事なきを得たという。板部岡は信玄の生存を信じ、そのように氏政に復命したとされる。これは『北条記』などの後世の軍記物などにみられるもので、事実かどうかは定かでない。

だが氏政は、七月十四日までには新当主武田勝頼と起請文の取り交わしを行い、当主交替後も、甲相同盟の継続を確認している（戦武四〇七四号）。また九月二十九日に勝頼は、飛驒国鍋山豊後守《ぶんごのかみ》に、父信玄との連署形式で書状を送り、元亀三年十月から実施された武田氏の三河・遠江・美濃侵攻に際して味方となっていた姉小路《あねがこうじ》（三木）自綱《よりつな》が離叛《りはん》したことに「遺恨不浅候」と激しく批判し、来春雪が消え次第、飛驒に侵攻して自綱を討ち果たすことを宣言した（同一九六二号、なお人名比定は、岡村守彦・一九七九年の考証に拠《よ》った）。

また十月一日には、上杉謙信の攻勢で劣勢に立たされていた越中一向宗の様子を心配し、勝頼は同じく信玄と連署形式で書状を勝興寺に出し、戦局を問うている。このなかで勝頼は、越中一向宗を支援するため越後侵攻の計画を立てていたが、三河・遠江作戦を優先せざるをえなくなったことを詫《わ》び、「信玄煩平元之願候」と述べ、信玄がまだ病気で本復していないと記し、必ず謙信を攻め越中の後詰をすべく「無二父子可令出馬候」と伝えた（戦武一九六六号）。

飛騨鍋山氏、越中勝興寺に送った書状には、ともに信玄の署名と花押が据えられている。勝頼は、信玄の花押を偽造し、自らと連署とすることで、信玄がまだ病気であるが、花押を書けるまでになったことをアピールしようとしたのであろう（天正元年〈一五七三〉四月から六月の信玄書状には、花押ではなく「晴信」朱印が捺《お》されているものがある。これは信玄が病気で花押を書くことができず、花押の代用として朱印を用いたと装ったと推察される）。

不安定だった新当主勝頼の地位

父信玄の死を懸命に秘匿しながら、勝頼は武田家の新当主として出発することとなった。だが勝頼の権力基盤は当初から不安定だった様子がうかがわれる。その代表的な事例として、信玄死去からわずか十一日後の四月二十三日付で、重臣内藤修理亮昌秀《しゆりのすけまさひで》（上野国箕輪《みのわ》城代）に宛てた三ヵ条に及ぶ起請文がある（戦武二一二三号）。

この起請文《きしようもん》はつとに有名で、その内容などから、勝頼と信玄子飼いの重臣層との対立が早くも顕在化したことを示すものであるといわれてきた。内藤のことで勝頼のもとへ「佞人《ねいじん》」による讒言《ざんげん》があった場合は善処するとあるように、これが作成された背景には、勝頼の家督相続に伴い側近として登用された家臣らと、信玄以来の重臣層との軋轢《あつれき》があるとする説（上野晴朗・一九七八年、柴辻俊六・二〇〇三年）、さらに踏み込んで勝頼に粛清されることを怖れた内藤昌秀が、信玄死去直後に機敏に行動を起こし、勝頼に忠節を誓うことを約束する誓詞を提出し、勝頼からも起請文の発給を望んだと推測する説（鴨川達夫・二〇〇七年）などがある。

いずれにせよ文中に「これよりとりわけ（勝頼に対し内藤昌秀が）奉公するということなので、懇切に扱うことにする。努々《ゆめゆめ》心中で疎略に扱うことはしない」「国法や勝頼のためを思って異見をするのであればちゃんと耳を傾けるようにし、処罰することはしない」「たとえこれ以前より（勝頼より）疎略に扱われていた人であっても、これからとりわけ（勝頼と）入魂にするということであれば無視したりしない」とあることは重要である。この文言から、かねてより、家督相続以前の勝頼と不仲だったグループがいたことは間違いなく、その一員が内藤昌秀だったとみてよかろう。そしてそれらは、上野晴朗氏がかつて指摘したように山県《やまがた》・馬場・原ら信玄以来の重臣層を指すと考えられる。

ところで、戦国大名の当主が交替した際に、家臣に起請文の提出を求めることや、また新当主も誓詞を与えるという起請文交換の事例そのものは決して珍しいことではない。しかし、勝頼が起請文を内藤昌秀に与えた契機が、「佞人」の言い分を信用しないし、彼らを用いることもないことであるのは、尋常なことではない。勝頼と信玄以来の重臣層との関係がしっくりいっていなかった可能性は高い。

こうした起請文が、内藤のほかにも出されていたかどうかは定かでないが（『軍鑑』は、勝頼の家督相続直後に、内藤と跡部《あとべ》勝資《かつすけ》・長坂釣閑斎《ながさかちょうかんさい》の喧嘩があったと伝えており、上野晴朗氏はこれと勝頼起請文が内容的にも符合すると主張している）、この起請文がきっかけとなって、勝頼と内藤ら信玄以来の重臣層との関係修復が図られたのであろう。しかしこのことは、勝頼の権力基盤の脆弱性《ぜいじやくせい》を示してあまりある。

勝頼の権力基盤の脆弱性は、恐らく彼の出生そのものに事情があったと考えられる。彼は「諏方《すわ》四郎勝頼」（俗に「伊奈《いな》四郎」）なのであって、武田勝頼ではなかった。勝頼は生まれながらにして諏方家の通字「頼」を頂く、諏方氏の家筋の人物として遇されていたのであり（信玄の息子たちのなかで、武田氏の通字「信」を頂いていないのは勝頼だけである）、長じて伊那郡高遠《たかとお》城主に就任したのも伊那の統治に勝頼を登用することでその地域の安定が期待できると、信玄が考えたためであろう。

ところが義信《よしのぶ》事件の結果、諏方勝頼が武田家の家督を相続することが新たな信玄の路線となったことは極めて重要である。それは南北朝動乱期に、南朝方となった武田政綱《まさつな》（石和《いさわ》流武田氏）が没落して以後、武田信武《のぶたけ》（安芸守護）以来、甲斐守護武田氏の家督を連綿と継承してきた信時流武田氏の家系が、初めて他国の一国衆出身の男子によって継承されることを意味したからである。

武田氏はそれまで、甲斐源氏の支流、傍流を問わず、家督の簒奪《さんだつ》を目論《もくろ》む勢力（逸見《いつみ》・今井・油川《あぶらかわ》氏など）と激しく戦い、それらを排除することで家系を維持してきた。ところが今回、武田氏にとってかつての宿敵諏方氏の当主を、信玄の男子とはいえ惣領《そうりよう》として迎え入れることになったわけであり、それは諏方の家系による争いなき武田惣領家の簒奪を意味するともいえる事態になったのである。このように考えなければ、武田信玄の遺言の意味を理解することはできないであろう。その内容は『甲陽軍鑑』に詳しいが、既述のように信玄の死を三年間秘匿することなどは事実と認められる。では、そのほかの遺言にはなにがあったのだろうか。

信玄が勝頼と家臣らに言い置いた遺言には、①勝頼は嫡男武王丸信勝《のぶかつ》が成人したら速やかに家督を譲ること（勝頼はそれまでの陣代〈中継ぎ〉である）、②勝頼が武田軍を率いる時には、「武田家代々ノ旗」「孫子ノ旗」など武田家当主を象徴する一切の事物の使用を禁じる、勝頼はこれまでも彼が使用していた「大」の文字をあしらった旗（長篠合戦図屏風などでよく知られる旌旗《せいき》）のみを掲げるようにせよ、③ただし諏方法性の兜《かぶと》の着用は認める、というものが続いていた。

①、②において勝頼は武田家の当主とはほんらい認められる人物ではないということが明確に指摘され、③と「大」の旌旗のみが許されたのは勝頼が諏方氏の出身であるということに尽きた（勝頼の旌旗「大」は「諏方大明神」を意味する）。この遺言は、信玄が諏方家出身という勝頼の立場を慮《おもんぱか》り、一族や家臣との軋轢を回避すべく命じた処世術だったのかも知れない。成人した信勝への速やかな家督禅譲は、新当主信勝の父として勝頼の権力と権威を温存させることができるばかりか、武田家惣領の地位を諏方氏から武田氏の家系に戻すという二つの意図を実現する最良の方策と信玄は考えたのではあるまいか。

しかしそれにしても、この遺言は勝頼に政治的に大きな打撃を与えることとなったといえるであろう。それは信玄の意図を越えて、一族、家臣たちのなかに、勝頼はあくまで信勝家督までの陣代に過ぎないという認識を不動のものにしてしまった可能性が高いからである。

なお『甲陽軍鑑』には、勝頼の家督相続直後、信玄の寄合衆をつとめた安左衛門なる人物が、諏方大社に百日間籠もり、勝頼の武運長久を祈願していたところ霊夢を見たといい、そのなかで「諏方明神たへ《(絶)》る武田の子と生レ　世をつぎ《(継)》てこそ　家をうしな《(失)》ふ」という歌を聞かされたという記述がある。これが史実かどうかは定かでないが、武田家当主の地位を諏方氏の勝頼が継いだことに対し、複雑な心情をとりわけ甲斐衆が持っていたことは事実なのではなかろうか。

相次ぐ国衆の離叛と同盟国の滅亡

天正元年四月から六月にかけて、この時期の武田氏は、信玄の死と勝頼家督をめぐる重臣層との対立など様々な問題に直面しており、ほぼ軍事行動を停止させていた。織田信長と徳川家康は、これを見逃しはしなかった。

まず家康は、五月には駿府を攻撃し、さらに遠江井伊谷に攻め込んだ。いっぽうの信長は、武田軍が三河から撤退すると、東からの危機は去ったものとみて干戈《かんか》を動かし、七月には山城《やましろの》国《くに》から将軍足利義昭を追放し、室町幕府を滅亡させた。さらには八月には越前に侵攻し、同二十日には朝倉義景《よしかげ》を滅亡させた。そして孤立無援となった近江浅井《あざい》長政《ながまさ》を、八月二十八日に滅ぼした（『信長公記』他）。

この間、家康は七月に信濃国衆室賀《むろが》信俊《のぶとし》・小笠原信嶺《のぶみね》らが守る三河国長篠城を包囲した。勝頼は、ただちに援軍を派遣したが（戦武二一四三号）、ほぼ並行して家康は奥三河の山家《やまが》三方《さんぽう》衆《しゅう》（田《だ》峯《みね》菅沼《すがぬま》氏、長篠菅沼氏、作手《つくで》奥平《おくだいら》氏）のうち、作手城主奥平定能《さだよし》・信昌《のぶまさ》父子に調略を進めていた。やがてそれは成功し、定能・信昌父子は武田氏より離叛する。

ところで、奥平定能・信昌父子が武田氏から離叛した理由は、信玄が死去したという噂に接し、武田氏の前途を見限ったことにあると巷間流布されているが、それはまったくの誤りである。実際には、山家三方衆内部での所領争いがこじれた結果であることが指摘されている（柴裕之・二〇〇六年、平山・二〇一四年①）。

それらによると、元亀三年十月の信玄による三河・遠江侵攻に際して、山家三方衆は武田氏に従属する道を選び、徳川氏から離叛した。だが、まもなく田峯菅沼刑部丞《ぎょうぶのじょう》と、作手奥平定能が三河国牛久保領をめぐって相論を起こした。家督相続したばかりの武田勝頼は、六月晦日付で菅沼右近助《うこんのすけ》（長篠菅沼氏）、菅沼刑部丞（田峯菅沼氏）、奥平定能（作手奥平氏）三人に対し、所領問題は山家三方衆内部の談合で解決するよう命じた（戦武二一三二号）。

だが問題は山家三方衆内部でついにまとまらなかったため、奥平定能は武田氏に上訴したが、七月七日に勝頼側近長坂釣閑斎光堅《こうけん》より奥平氏の意向に沿わないことであっても不服を申し立てせず、ただちに問題を決着させるよう指示された（戦武二一三九号）。奥平定能の訴えは、長坂釣閑斎によって事実上門前払いされたのである。この約一ヵ月半後の八月二十日、奥平定能・信昌父子は、徳川家康と起請文を取り交わし、武田氏から離叛する決断を下した（愛⑪九〇一号）。そしてその直後（時期は定かでない）、奥平定能・信昌父子は作手城から脱走し、徳川方へ転じた。これは武田方が長篠城を包囲する徳川軍への警戒を強めていた間隙《かんげき》を衝《つ》いたものであった。奥平父子は、宮崎（愛知県岡崎市）の滝山《たきやま》（亀穴城《かめあな》）に移って抗戦を続け、しばしば田原坂で武田方と交戦しこれを撃退したという（『当代記』）。

その間、長篠城は九月七日に開城してしまったため、武田軍は全軍を糾合して家康を撃破する計画であったが、それは失敗に終わった（『当代記』）。武田方は、九月二十一日に人質として確保していた奥平定能の息子仙千代丸らを鳳来寺山麓で処刑し（愛⑪九〇八号他）、作手城（亀山城）の防衛を固めさせている（戦武二一七三号）。また同じころ、飛驒国の姉小路自綱が武田方から離叛した。これを知った勝頼は、必ず遺恨を晴らすべく天正二年春には出陣すると宣言している。さらに元亀三年末から天正元年初頭にかけて、武田信玄に従属し織田信長を攻める意向を示していた美濃国郡上郡の遠藤氏も、武田氏との接触を絶ち、天正元年八月には信長に従って越前朝倉氏攻めに参戦している（「遠藤家旧記」）。

このように、勝頼が家督を相続した天正元年四月から八月にかけて、従属していた境目の国衆が相次いで離叛し、浅井・朝倉氏らの同盟国が滅亡するなど、武田氏を取り巻く環境は激変したのである。勝頼は、わずか四ヵ月ほどの間に、信玄在世時とはまったく異なる政治・軍事情勢下に立たされた。

二、長篠合戦

勝頼の攻勢

織田・徳川方の攻勢に対し、それまで一貫して受け身の立場にあった武田勝頼は、明けて天正二年（一五七四）一月、東美濃に向けて軍事行動を展開した。武田軍は、美濃国岩村城を拠点に二月までには明知《あけち》城をはじめ、串原《くしはら》・神篦《こうの》・今見《いまみ》・苗木《なえぎ》・馬籠《まごめ》・飯狭間《いいはざま》城など十八城を攻略したという（『信長公記』『当代記』『軍鑑』他）。

　武田軍の侵攻を知った信長は、軍勢を率いてただちに後詰に出て神篦口（岐阜県瑞浪《みずなみ》市）に布陣したが、山岳地帯の難所に展開する武田軍に迂闊に手が出せないまま、明知城が飯狭間右衛門尉の謀叛によって陥落すると、神篦と小里《おり》にそれぞれ城普請を実施させた。この時普請させたのは、神篦は肥田《ひだ》城、小里は小里城（以上、瑞浪市）を指すと推察される。信長は神篦の城（肥田城か）に河尻秀隆《かわじりひでたか》を、小里城に池田恒興を配備して岐阜に帰還した（『信長公記』）。

　勝頼が陥落させた諸城は信濃・美濃国境の要所に位置し、信濃から岐阜へ抜ける関門にあたるばかりか、元亀三年（一五七二）末に従属させた奥三河の諸城とも連携できる絶好の地域にあたり、武田氏は家康の本領岡崎をもうかがうことが可能となってきた。信長が慌てて神篦口を押さえる手当てをしたのも無理はない。武田氏の勢力は、信長の本拠地岐阜、家康の本拠地岡崎に迫る事態となったのである。

　さらに勝頼は、四月に遠江に出陣すると、徳川方の小笠原氏助《うじすけ》が守る高天神《たかてんじん》城を包囲した。堅城で知られる高天神城であったが、徳川家康の後詰を受けられず、六月十一日に降伏した（戦武二二九五号ほか）。武田軍の来攻を知った家康は信長に援軍を要請した。信長・信忠《のぶただ》父子は、徳川支援のため六月十七日に三河吉田城に到着し、十九日に今切《いまぎれ》の渡《わたし》まで軍勢を進めたが、ここで高天神城陥落を知り空しく引き揚げた（『信長公記』）。このとき、高天神城の攻防戦が長引いていれば、遠江で織田・徳川連合軍と武田勝頼の決戦が実現された可能性が高い。信長は岐阜に帰ると、転じて伊勢《いせ》長島一向一揆への攻撃を始めている。

この一連の勝頼の攻勢は、信長の心胆を寒からしめただけでなく、勝頼への評価を一変させた。信長は、信玄死去の噂を聞いた直後、「甲州之信玄病死候、其跡之躰難相続候」と述べ、信玄の後は続くまいと考えていた（信長四〇一号）。彼は後継者勝頼を完全に見くびっていたのである。

だが勝頼による遠江出兵と東美濃への攻勢は、信長の勝頼評を一変させた。信長は上杉謙信に宛てて、「四郎は若輩ながら信玄の掟《おきて》を守り表裏を心得た油断ならぬ敵である。（謙信が）五畿内の防備を疎《おろそ》かにしてでも対処しなければ、武田勝頼の精鋭を防ぐことはできないというのはもっとものことだ」と述べた（天正二年六月二十九日、上杉謙信宛信長書状、信長四五五号）。この信長の勝頼評は、上杉謙信が勝頼を高く評価したことを受けてのものであるので、謙信も同じ認識であったことを物語っている。そして信長は、東美濃の諸城が陥落したことを受けて、武田勝頼を滅ぼさなくては天下の大事に繋《つな》がると決意を新たにしたという（『当代記』）。

武田軍、三河を席巻す

明けて天正三年三月下旬、武田勝頼は軍勢を招集し、先遣隊を三河国足助口へと侵攻させた（『信長公記』）。このとき勝頼自身はまだ出陣していなかった。それは、四月十二日に亡父信玄の三回忌法要を執行する予定であったからである。重臣内藤昌秀らにも、四月十二日までに軍勢を率いて甲府に到着するよう指示を出していた（戦武二四七九号）。

勝頼は信玄の三回忌法要を済ませると（「天正玄公仏事法語」）、慌ただしく甲斐を出陣した。四月十五日、武田軍先遣隊は三河国足助城を包囲し、城主鱸《すずき》越後父子を同十九日に降伏させた。これを契機に、周辺の浅賀井《あさがい》・阿須利《あすり》・八桑《やくわ》・大沼・田代城なども相次いで陥落した。足助城陥落を知った勝頼は、伊那衆下条《しもじょうのぶうじ》信氏を足助城に配備させ、軍勢をさらに三河へと展開させた。

武田軍が信濃国伊那郡から奥三河へと軍勢を展開させたのは、徳川家康の本拠地岡崎城を攻略するためであった。じつは同年四月、家康嫡男岡崎信康《のぶやす》の家臣で岡崎町奉行を務めていた大岡弥四郎（大賀弥四郎とも）を中心とする一派が、武田氏に内通し、武田軍を足助口から岡崎へと引き入れようと企てていた。だが、これは一派のなかから密告する者があったため発覚し、大岡弥四郎らは処刑され、岡崎城が武田軍の手に落ちる危機は間一髪で免れた（柴裕之・二〇一〇年、平山・二〇一四年①）。

勝頼は、先発隊と三河国作手城で合流すると、岡崎侵攻を諦め、目標を東三河へと転じ、菅沼定盈《さだみつ》の守る野田城（これは大野田城〈浄古斎砦〉のこと）を攻略し定盈を逐《お》うと、そのまま吉田へと進み、四月二十九日には吉田城攻略に動いた。途中、戸田康長《やすなが》が籠もる二連木《にれんぎ》城を攻めてこれを開城させたが、この間に吉田城に救援に赴いてきた徳川家康本隊の同城に入城を許してしまった（戦武一七〇一～〇四号、『当代記』等）。勝頼は二連木城に足を取られ、家康を取り逃がしてしまったわけである。その後、武田軍は、吉田城に籠もる徳川家康を誘《おび》き出《だ》そうと様々な手段を講じるがうまくいかなかったため、吉田攻略を諦め、転じて奥平信昌らが籠もる長篠城を包囲した。

勝頼は、織田信長が四月六日以来、畿内にあって三好康長《みよしやすなが》らと交戦中であったことを知っており、織田軍の援軍がまったく期待できない情勢下で、徳川氏へ大打撃を与えようと考えていたのである。勝頼は、家康が単独では武田軍に対抗できないことを熟知していたとみられる。実際に家康は、長篠城が包囲されてもまったく対処することができず、武田軍の重囲下にあった奥平信昌を救うなんらの行動をも取ることができなかった。家康は、信長の救援だけをただひたすら待つしか手立てがなかったのである。

勝頼、大敗を喫す

勝頼は、五月一日に長篠城を包囲すると、連日のようにこれを攻め立てた（『当代記』）。武田軍は、城兵の激しい抵抗に遭いつつも次第に包囲網を狭め、城の曲輪《くるわ》を占領していった。奥平信昌は、城内の苦衷と援軍要請を家康に懇願するため、家臣鳥居強右衛門尉を秘かに城から脱出させ、岡崎に派遣した（『三河物語』）。

いっぽう、勝頼が三河で吉田城や長篠城を攻めあぐんでいるなか、織田信長は四月十九日に三好康長を破り、あっけなく河内国高屋城を攻略することに成功した。この結果、将軍足利義昭に与《くみ》する勢力はほぼ一掃されたのである。三好らを制圧した信長は、二十八日には京都を出て岐阜に帰った（『信長公記』）。これにより、信長は家康の援軍要請に応えることが可能となったのであった。信長は兵馬を休める暇なく、五月十三日岐阜を出陣し、尾張国熱田に入った。

これは熱田神宮に戦勝祈願に立ち寄ったのであろう。そして翌十四日、三河国岡崎に到着し、信長は家康と合流を果たした。

織田・徳川連合軍は、十六日に牛久保、十七日に野田、十八日に有海原《あるみはら》（現在の設楽ケ原《したらがはら》）郊外に到着した。信長は設楽郷の極楽寺、信忠は新御堂山《しんみどうやま》、家康は高松山に布陣して長篠城を包囲する武田軍の様子をうかがった。織田・徳川連合軍の兵力は三万余人を数えたという（『信長公記』等、以下は平山・二〇一四年①②をもとに記述する）。

織田・徳川連合軍の接近を知った勝頼は、山県・馬場・内藤ら重臣層と軍議を開き、対応を協議した。この軍議で武田方は、敵が大軍であること、また長篠城が陥落していないことなどから、腹背に敵を受ける不利を避けるためにも決戦を回避し撤退を主張する重臣層と、決戦に踏み切り織田・徳川氏と一気に勝負をつけるべきと主張する跡部勝資・長坂釣閑斎らの勝頼側近層とで意見が分かれたという（『軍鑑』『当代記』他）。

勝頼は決戦志向を持っており、跡部・長坂らの主張は勝頼の意向に沿ったものであった。ここではしなくも家督相続時に顕在化した勝頼の権力基盤の脆弱性が、再び露呈することとなった。勝頼は、信長・家康両人が居並ぶ決戦場で勝利し、武田家当主としての地位を確立させたいと焦っていたとみられる。また、勝頼は信長の援軍が意外にも寡兵であり、しかも武田軍を恐れて手を拱《こまね》いていると誤認していた。これは武田方の索敵が甘かった可能性がある。

かくて勝頼は、重臣層の反対を退け、長篠城を包囲する軍勢（鳶ケ巣山《とびがすやま》砦の武田信実《のぶざね》ら）を残して、武田軍は有海原に向かうことに決まった。武田軍は二十日に行動を開始し、二十一日早朝にはすでに織田・徳川連合軍に向けて軍勢は展開を終えたのである。

いっぽうの織田・徳川連合軍は、有海原の連吾《れんご》川沿いに馬防柵を構え、三千挺余の鉄炮《てっぽう》衆と、これを援護する弓衆を柵内に配備し、武田軍を待ちかまえていた。また信長は、家康重臣酒井忠次《ただつぐ》らに別働隊を編制させ、山岳地帯を迂回《うかい》して、長篠城を包囲する鳶ケ巣山砦、中山砦、久《ひさ》間山《まやま》砦、姥《うば》ケ懐《ふところ》砦、君《きみ》ケ臥戸《ふしど》砦などの武田軍の付城《つけじろ》群を攻撃するよう命じた。酒井らは二十一日辰刻（午前八時頃）、背後から武田軍の鳶ケ巣山砦、中山砦、久間山砦、姥ケ懐砦に襲いかかり、激戦の末これを奪取した。ここを守備していた武田信実以下多くが戦死した。これを見た長篠城兵は、酒井軍と合流しなおも城を包囲する武田軍を攻め、春日《かすが》（高坂《こうさか》）源五郎昌澄《まさずみ》らを撃破し多数を討ち取った。

これより早く、有海原では日の出とともに武田軍と織田・徳川連合軍の合戦が始まっていた。武田軍は、山県・武田信豊《のぶとよ》らの軍勢が入れ替わりながら次々に敵陣に攻撃を仕掛けたが、三千挺に及ぶ鉄炮の弾幕と馬防柵に阻まれ死傷者が増えていった。武田軍にもそれなりの人数の鉄炮衆や弓衆がいたが、早い段階で織田・徳川方によって沈黙させられたと推定される（武田軍の鉄炮衆には、銃弾と火薬も不足していた）。援護射撃を失ってもなお武田軍は攻撃を続行したが、次第に兵力が減少し戦闘継続の能力が失われていった。このため未刻（午後二時頃）、勝頼はついに退却することを決断した。

武田軍が退却を始めると、織田・徳川連合軍は激しい追撃戦を展開した。勝頼は、土屋惣《そう》三《ぞう》昌恒《まさつね》と初鹿野《はじかの》伝右衛門尉《でんえもんのじょう》昌久《まさひさ》の二人のみを連れて戦場を離脱したという（『軍鑑』等）。武田方の諸将や兵卒たちは、勝頼を逃がすために敵を引き受け戦死していった。とりわけ馬場美濃守信春の殿《しんがり》戦ぶりは、比類なしと称賛されるほどで、勝頼が無事に撤退したことを見届けて戦死した（『信長公記』『三河物語』『当代記』『軍鑑』他）。

この合戦で、武田方は山県昌景・原昌胤《まさたね》・内藤昌秀・馬場信春・土屋昌続・甘利信康・真田信綱《のぶつな》・真田昌輝《まさてる》・三枝昌貞《さえぐさまささだ》・市川昌房《まさふさ》・春日（高坂）昌澄をはじめとする重臣層らと、歴戦の兵卒一万余人を一挙に失う大打撃を受けたのである（同前）。

織田・徳川連合軍の掃討戦

武田勝頼の敗北はたちまち奥三河に知れ渡った。すでに勝頼の退却時から、奥三河は不穏な空気に包まれ、武田方諸城は動揺していた。早くも武田方から離叛するものも現れ、田峯城は城所道寿《きどころどうじゅ》をはじめとする城兵らが反旗を翻したため、勝頼らは城に入ることができず、やむなくさらに三州街道を北上して武節《ぶせつ》城でようやく休息することができたという（『軍鑑』「熊谷系譜」他）。

いっぽうの織田・徳川連合軍は、武田軍を追撃して信濃国境付近まで進出したという（『当代記』他）。二十一日夜、織田信忠と徳川家康は長篠城に入り、城を死守した奥平信昌を賞したといい（『譜牒余録《ふちようよろく》』他）、信長もまた西尾小左衛門宗次を使者として城に派遣し、信昌を讃《たた》えた（『武徳大成記』他）。

合戦に勝利した織田・徳川方では、このまま武田軍を追撃して信濃や甲斐まで攻め入れば、手間なくこれらを奪えるはずなので、作戦を続行すべきだとの意見があったらしいが、信長も家康もこれを許さず、連戦で疲れていた兵を休ませることとした。それ以上に、敗れたとはいえ、強敵武田軍を甘く見てはいなかったからだという（『当代記』『松平記』）。かくて決戦を終え、強敵武田軍を撃破した信長・信忠父子は、二十五日に岐阜城に凱旋《がいせん》した。

家康はなおも長篠に留まっていたらしく、奥三河の武田方諸城の攻撃に入った。だが作手城・田峯城・岩小屋砦（愛知県新城《しんしろ》市）をはじめとする諸城は戦意がなく、徳川軍の接近によりあっけなく開城した。家康は武田方の降伏を許し信濃へ送っている。そして、これらの諸城を奥平信昌に受け取らせた（『当代記』）。その結果、奥三河でなおも武田方に留まったのは、武節城だけになった。

こうして長篠敗戦により、武田勝頼が主導権を握り、圧倒的な強さを示してきた奥三河の戦線は完全に崩壊したのである。そして敗戦の余波はやがて、東美濃にも及んでくるのであった。

勝頼、信濃へ脱出す

長篠合戦で大敗を喫した武田勝頼は、多くの宿将と兵卒を失い、一挙に守勢に立たされることとなった。これに対して、織田信長と徳川家康は、数年に及ぶ東（武田氏）からの脅威から解放されることになったのである。信長は、その後息子信忠に東美濃の奪還作戦を任せ、自身は上方での合戦に全力を傾注することになる。また、三河・遠江・駿河方面の東部戦線は専ら徳川家康に委ねられた。

勝頼は五月二十一日に死線を越えて、漸《ようや》く長篠を離脱すると、その後しばらく信濃国にあって、戦後処理に追われていた。勝頼が甲府に帰陣するのは六月二日酉刻（午後六時頃）であるので（戦武二四九五・三七〇四号）、十日ほど信濃に在国し、事態の収拾にあたっていたのであろう。『甲陽軍鑑』によれば、川中島の海津《かいづ》城に残留したため合戦に参加せず、唯一生き残った信玄以来の宿将春日弾正忠虎綱《だんじょうのじょうとらつな》が、敗戦の報告を聞いて、急遽《きゅうきょ》駒場まで駆けつけて勝頼を出迎え、すべての武具を新品と交換させ、敗軍の体を悟られぬようにしたという。

勝頼が信濃のどこに在陣していたのかについて、一次史料から確認することはできないが、『保科御事歴』には、勝頼は伊那に入ると保科《ほしな》越前守《えちぜんのかみ》正直《まさなお》の出迎えを受けたといい、正直は勝頼から飯田在城を命じられ、さらに軍勢を率いて平谷《ひらや》・浪合《なみあい》口の防衛を指示されたという。ただし勝頼が飯田に在城したという記述はない。もし勝頼が長篠合戦の帰途しばらくの間滞在し、戦後処理を行ったとすれば、武田氏の伊那郡防衛の拠点である大島城か高遠城のどちらかであろう。記して後考をまちたいと思う。

三、勝頼の戦後処理始まる

春日虎綱の献策

『甲陽軍鑑』によれば、勝頼を出迎えた春日虎綱は、その後、敗戦処理に関する諸策を献言したという。その趣旨は次の五箇条であった。

①武田氏は、北条氏政に駿河・遠江を割譲して、甲斐・信濃・上野三ヵ国領有を確保し、北条氏政と共同で、織田・徳川軍に対処する戦略を採ること

②この領土協定とともに、北条氏政の妹を勝頼の正室に迎え入れて、血縁関係を取り結び、両者の絆を強化すること

③信濃国木曾郡の木曾義昌《よしまさ》を上野国に所替させ、上野国小幡上総介信真《おばたかずさのすけのぶざね》を木曾郡に移すこと

④これまで山県・内藤・馬場氏らの譜代衆や足軽大将衆に兵を同心として預けていたが、これを取り上げて、山県らの遺児たちを奥近習衆（勝頼側近）とし小身の側近として召し使うこと、取り上げた同心・被官は、勝頼が弾力的に運用するようにすること、これはもし春日虎綱が死去したならば、息子源五郎信達にも適用し、その同心・被官は誰になりとも預け替えること

⑤長篠敗戦の責任を取らせるためにも、武田典廏《てんきゅう》信豊と穴山信君《あなやまのぶただ》に切腹を命じること

以上が、春日虎綱が献言した敗戦処理策であるという。

この内容がどの程度信頼できるものであるのかは検討を要するが、北条氏との同盟関係を強固なものにすることや、戦死した内藤・山県・馬場氏らの宿将の実子たちを奥近習衆にすることで、信玄がかつて山県らを育成し、家臣団編制を独自に実施していったように、勝頼も生え抜きの家臣を育成し、当主権を確立させ、さらに軍団を統括しうる武将をそのなかから選抜することで、武田軍の再編制を目指したのであろう。

ところで、春日虎綱が武田信豊と穴山信君を切腹させようとしたのは、いかなる理由によるものであろうか。『甲陽軍鑑』はその詳細を記していないが、長篠合戦に際して、穴山衆は右翼に所属していながら、ほとんど目立った働きを見せず、敗色が濃くなると、いち早く戦場を離脱し、総攻撃を仕掛けてくる織田・徳川連合軍になんらの対処もしなかったと『甲陽軍鑑』に記載されていることから、味方の敗軍をさらに早めたと見なされたのであろう。また、穴山信君は、自ら部隊を離脱させると、自身は勝頼の本陣まで単騎でやってきて「信玄以来の家老衆をことごとく殺してしまったではないか」と勝頼に難詰したとも記述されているので、この合戦において、勝頼と信君の意見が当初から相違しており、それが敗戦を契機に噴出したとも取れる。春日虎綱が、穴山信君に切腹させようとしたのは、彼の戦場での動きが戦局に重大な影響を与えたものと見なし、その責任を取らせようとしたのかも知れない。

だが、勝頼はこの献策のうち、北条氏との婚姻を実現させることと、真田信綱の跡目を実弟真田昌幸《まさゆき》に相続させたことを除いて、ほかの一切は採用しようとはしなかったという。この献策が事実としても、駿河・遠江国という領土を北条氏に割譲することは無理であろうし、また勝頼が御一門衆筆頭の穴山信君・武田信豊を成敗することは、家中への影響が強すぎて不可能であったろう。

勝頼、駿河・遠江方面の軍事再編を急ぐ

勝頼は、春日虎綱の献策とはまったく逆に、弱体化した家臣団や領国支配機構と軍団の再編

制のために、むしろ穴山信君を重用しなければならなくなったのである。勝頼は、戦死した山県昌景に代わって、駿河国江尻《えじり》城代に穴山信君を配置することにし、これを駿河・遠江国の諸将に報告して、今後は信君と連携して徳川家康に対処するように指示した。信君が江尻城代になったことが知られる初見史料は、六月一日付の武田勝頼書状である（戦武二四九四号）。

これは駿河国田中城に在城していたと推定されている武田上野介信友（武田信虎の八男）・小《お》原宮内丞《はらくないのじょう》（甲斐衆）・三浦員久《みうらかずひさ》（駿河衆）に宛てたもので、長篠合戦の模様について三名が勝頼に見舞いの飛脚を派遣したことへの返書である。このなかで勝頼は、長篠での一戦は、先手衆の二・三隊が敗北した程度で、さほどのことではない。穴山信君・武田信豊・小山田信茂・甘利信頼らは無事で兵卒もつつがなく、美濃・三河・尾張・信濃境目の仕置を指示して帰国するつもりであると述べている。

確かに穴山信君らは無事であったが、山県昌景らの宿将が戦死する大打撃を受けていたことは隠しようがなかった。しかし、勝頼はこの書状のなかでは、その事実に一言も触れていない。また勝頼は、田中城番衆に対して、江尻城に穴山信君を派遣すると伝え、万事は今後信君と相談するよう指示している。

このように、穴山信君の江尻城派遣は、長篠敗戦直後にいち早く決定され、実施に移されたのである。これは、山県昌景の戦死により、駿河・遠江の武田方諸城への指揮・統括を行っていた江尻城の機能が停止することで、軍事指揮系統に空白期間ができることを避けるべく、早期に決定されたものであろう。

同様の内容の書状を、勝頼は六月三日付で清野刑部左衛門尉（信濃衆、埴科《はにしな》郡）にも送っている（戦武二四九五号）。清野氏もまた、駿河・遠江のどこかの城に在番していたのであろう。なお、信君の江尻入城の時期については、勝頼が甲府に帰還直後、駿河衆三浦兵部助《ひょうぶのすけ》義鏡《よしあき》に宛てた六月二日付書状に「幸玄蕃頭江尻在城候間、被得彼実見可被走廻儀専用候」とあるので（同三七〇四号）、信君は勝頼よりも早く本国甲斐に帰国し、すぐに江尻城に入ったとみられることから、五月末と推察される。

江尻城代に穴山信君が選ばれたのは、長篠敗戦により山県昌景に代わりうる人材が、武田家中では払底していたことが大きいと考えられる。徳川家康と直接向き合う領国の保全を実現するためには、政治・軍事両面で経験と実績がなければ困難である。その場合、勝頼がもっとも信頼できるのは、やはり武田一族（御一門衆）しかおらず、そのなかでも穴山信君は、その本拠地河内領が駿河国と地続きであるという地理的事情と、かつて横山城（興津城）にあって駿河経営の一翼を担った経験があることのほかに、穴山氏は従来から今川氏との関係が強く、旧今川家臣団との交流が、武田家中のなかでは一番頻繁であった。そのため、武田信玄は、今川氏との同盟に際しては、駒井《こまい》高白斎《こうはくさい》らのほかに、穴山信友《のぶとも》（幡竜斎《ばんりゅうさい》、信君の父）を今川義元のもとへ特派しているし（『高白斎記』）、永禄三年（一五六〇）の桶狭間の合戦で義元が織田信長によって討ち取られた時には、穴山幡竜斎は信玄の命により、ただちに駿府の今川氏真のもとに赴き、弔意を述べるとともに同盟の継続を実現させている（戦武六九九号）。

さらに永禄十一年に実施された信玄の駿河侵攻時には、今川家臣の多くは穴山信君を通じて武田氏に帰属を申し出ており、また彼らの人質を信玄に命じられて本拠地下山（山梨県南巨摩《みなみこま》郡身延町）に預かっていた（『軍鑑』等）。そしてなにより穴山氏は、武田氏本国甲斐の中で小山田氏とならぶ強大な軍事力を保持していたことが大きい（『軍鑑』では兵力を二百騎と記しており、武田家臣では春日虎綱、山県昌景に次いで大きい）。

以上のような、駿河との関係や軍事力を考慮すれば、その支配のための柱石として、昌景に代わってそれを担えるのは、もはや信君しか適任者がいなかったのである。勝頼は、信君を成敗するどころか、彼を江尻城に移すことで、弱体化した駿河・遠江支配を再編成しなければならなかった。それほど早く信君の江尻在城を決定しなければならなかったのは、長篠合戦直後に早くも家康が軍事行動を展開していたからであった。長篠合戦の六日後の五月二十七日に、家康は早くも軍勢を駿河に侵攻させ、駿府に乱入したのちに、清見寺の関所付近まで進出し、諸処を放火してまわった（「今川氏真詠草」）。徳川軍の侵攻に対して、武田方は組織的な反撃がまったくできなかったのである。

勝頼は事態を重視し、より大規模な徳川軍の反攻が間もなく開始されることを予期して、駿河・遠江の諸将への指示を矢継ぎ早に行っている。特に家康の本拠地浜松城に近い二俣城や、犬居谷《いぬいだに》の諸城は、家康にとって喉元に突きつけられた刃であったから、徳川軍の総力を挙げた反攻がこの方面から開始されることは十分予測された。勝頼は、六月七日に、犬居谷を支配する天野藤秀《あまのふじひで》に対し書状を送った（戦武二四九七号）。

この書状のなかで勝頼は、天野藤秀に、彼のその息子天野小四郎《こしろう》が長篠合戦で奮戦したことと、その無事を伝えるとともに、藤秀には早速光明《こうみょう》城に移って在番するように指示し、そこを拠点に犬居谷の確保を強固にするよう申し送っている。そして万事は、穴山信君が江尻城に在番しているので、くれぐれも相談するようにと述べている。このように、穴山信君は、長篠合戦終了直後には江尻城に入城し、同城の確保とともに、駿河・遠江の武田方諸城と在番衆の指揮・統括を実施する任務につき、徳川家康に備えることとなる。

戦死者の後継者問題

それにしても長篠敗戦の痛手は大きく、戦死した重臣層の跡目相続と彼らが担っていた職掌の穴を埋めることは困難であった。駿河国江尻城代であった山県昌景の跡目は、息子源四郎昌満《げんしろうまさみつ》が相続したが、城代の地位は穴山信君が引き継いだ。しかし、西上野国の拠点箕輪城代内藤昌秀の跡目は、養子内藤昌月《まさあき》が継いだが、箕輪城代はしばらくの間不在となった（栗原修・二〇一〇年）。また馬場信春の跡は息子馬場民部少輔が相続したが、信濃国牧之島城将の地位にいつ就任したかははっきりしていない。

このように、重臣層の跡目相続は、それぞれ息子や養子によって比較的スムーズに進行したようだが、彼らが担った職掌を引き継がせるには至らなかった場合が散見される。これは重臣層の息子たちの年齢や経験などを考慮した結果であろう。

山県・内藤・原・馬場らの子息たちは、天正三年以前の史料にはほとんど登場しないので、若年だったと推察される。ただ、前線への対処のため派遣された馬場民部少輔と山県昌満を除き、内藤昌月や原昌栄《はらまさひで》などは勝頼の側近衆としてしばらくの間活動している。これは『軍鑑』に記述される春日虎綱の献策の一条に、戦死した重臣層の後継者を勝頼の奥近習衆（側近）にするようにとあった部分と共通するが、このことが『甲陽軍鑑』の記述を証明するものであるかは今後の検討課題である。

重臣層の後継者が、亡父の地位をそのまま引き継いでいない状況を反映するかのように、武田氏が発給する奉書式朱印状において、重臣層の後継者が奉者（武田勝頼の上意を奉じて朱印状の発給を管掌する家臣のこと。これは朱印状本文の日付の下に「山県三郎兵衛尉奉之」と記載される）を担当する事例が、極端に少なくなる。これは山県昌景の子昌満、原昌胤の子昌栄、内藤昌秀の養子昌月らの事例を追跡すると瞭然であり、彼らの家中における地位は、譜代家老衆でありながらも、父の時代よりもやや低くなったと考えられるのである。それは、彼らの発言力が低下したことを示しており、代わって奉書式朱印状の奉者として突出するようになるのが、跡部大炊助《おおいのすけ》勝資（のちに尾張守）である（長坂釣閑斎は『軍鑑』での筆頭ぶりを裏づけるほど際立って増えていない）。

また土屋昌続の実弟土屋惣三昌恒（のちに右衛門尉）、秋山摂津守《せっつのかみ》昌成《まさなり》（尾張牢人小牧新兵衛の子、勝頼に登用される）、小原継忠、秋山宮内丞、秋山紀伊守（いずれも高遠以来の勝頼側近）や、上野国方面では真田昌幸を奉者とする奉書式朱印状が増加しているので（丸島和洋・二〇一一）、長篠合戦は、信玄以来の譜代家老衆の系統の力を、ごく一部を除いて弱める結果をもたらし、これに代わって勝頼側近の家臣団が台頭することになったのである。皮肉にも、長篠敗戦が勝頼と彼が登用した家臣団を軸とした新政権の成立を促す結果をもたらしたといえよう。

いずれにせよ、子息や養子がいた者たちの家督相続は問題なく進行した。だが後継者なく戦死した者の跡目問題は、勝頼にとって頭の痛い問題であった。たとえば、真田信綱は実弟武藤喜兵衛尉昌幸が、山本菅助（二代目）は義兄弟山本十左衛門尉が（「沼津山本家文書」）、信濃衆大須《おおす》賀久兵衛尉《がきゆうべえのじよう》も弟の小四郎が（戦武二七五三号）、同じく信濃衆山家《やまべ》藤九郎《とうくろう》も弟左馬允が相続するなど（同二五〇一号）、武田勝頼の上意によって跡目が決定された。また加津野《かづの》氏（甲斐衆）のように子の出羽次郎が幼少のため、勝頼によって加津野昌春（真田昌幸の弟）が陣代として当面家督を引き継ぐという変則的な後継者擁立を余儀なくされた例も少なくない（戦武二八四六・五九号）。しかし夫が戦死したため、子供もなく女性と老父だけが残された例もある。

信濃国佐久郡の国衆望月《もちづき》氏は、養子望月左衛門尉（武田信繁の子）が戦死してしまったため、老養父望月印月斎一峯《いんげつさいいっぽう》と未亡人となった息女が残された。望月一峯は、望月左衛門尉の実兄武田信豊を通じて、未亡人となった息女に相応の婿を娶《めあわ》せ、望月氏を継がせたいと上申し、勝頼より許可をもらっている（戦武二五四九号）。こうした事例はほかにもあったことであろう。『甲陽軍鑑』には戦死者の後継問題と、兵力低下を回復させるために勝頼が実施した苦肉の策が次のように描写されている。

かくて八月になり候へば、勝頼公ハ甲州・信濃・上野ぜい（勢）、名有ルもの〻子・孫、或ハ弟など、出家になり、町人になり罷有ルをミな（皆）よび（呼）出し、人数を弐万あまりつくり、八月中に遠州小山後詰なりこの記述は事実をほぼ正確に伝えているらしく、徳川方の記録にも以下のように残っている（『三河物語』）。

（徳川軍が）小山之城を押寄て責させ給ふ処に、勝頼ハ後詰と被成て、長篠にて打死の跡継之十二三より上の者、又ハ出家落などを引連れて御出馬あり

これは天正三年八月、遠江国小山城を包囲していた徳川家康に反撃すべく、勝頼が軍勢を率いて出陣した際の記述である。

『甲陽軍鑑』や『三河物語』によると、勝頼は長篠で戦死した名のある武将の跡継ぎとして十二、三歳以上で、町人になっていたり、出家していた弟たちを還俗《げんぞく》させて取り立て、にわか仕立ての武将とし、これらを基盤に軍団の再編制を行ったという。しかしこのことは、敵軍である徳川方からも看破されており、長篠合戦後の武田軍は徳川方からみても質的低下が顕著であった。武田氏も、自らの軍団の兵卒が「軍役の補塡《ほてん》のため夫丸《ぶまる》（百姓人夫）などまで動員し、員数合わせをしているありさまだ」と敵方ばかりでなく、味方からも噂され、揶揄《やゆ》される状況であることを認め、その威信回復に躍起になっていた（戦武二八三七〜三九号）。

しかし勝頼は、敵味方双方から揶揄されながらも、長篠敗戦からわずか二ヵ月余りで、一万三千余とも（『当代記』）、二万ともいわれる（『軍鑑』）軍勢の組織、編制に成功し、徳川家康や織田信忠らの攻勢に対抗しようとしていた。

第二章　織田・徳川の攻勢と武田勝頼

一、徳川家康の反攻

家康の駿河侵攻

長篠合戦終了からわずか六日後の天正三年（一五七五）五月二十七日、徳川家康は兵馬を休めることなく、ただちに遠江・駿河の武田領へ侵攻を開始した。これは、長篠での痛手から武田軍が立ち直れず、組織的な反撃ができないことや、武田勝頼が信濃国に在陣し、戦後処理にあたっていて、とても駿河・遠江に手が回らないことを見越した作戦であった。

家康は、軍勢を懸川《かけがわ》から駿河に侵攻させ、駿府に乱入したのちに、清見寺《せいけんじ》の関所付近まで進出し、諸処を放火してまわった。この徳川軍のなかに、かの今川氏真の姿もあった（「今川氏真詠草」、戦武二四九五号）。氏真はこのころ、かつての宿敵織田信長・徳川家康のもとで庇護《ひご》されていたのである。この時、駿府は広範囲にわたって焼失し、町人らは逃げ散っていたと考えられる。その根拠は、天正三年十月、武田氏は駿府商人衆に諸役免許の特権を与えるとの通達を出し、駿府に帰参するよう促しているし（戦武二五三六号）、これに応えて駿府商人衆松木・友野・多喜氏ら十三人が起請文《きしようもん》を作成して、家作や屋敷の境目、商売の方法などについて取り決めを行い、駿府に還住する準備を進めているからである（同二五三七号）。

家康襲来の情報は、駿河衆朝比奈《あさひな》駿河守《するがのかみ》信置《のぶおき》から田中城に在城していた板垣信安《いたがきのぶやす》を通じて、ただちに勝頼のもとへ報告された（戦武二四九五号）。また高天神《たかてんじん》城の在番衆も、勝頼に徳川軍の襲来を急報している（同三七〇四号）。朝比奈信置がどこにいたのかは定かでないが、懸川に徳川軍の旗幟《きし》が見えることを田中城の板垣信安に知らせているので諏方原《すわはら》城に在城していたのではなかろうか。勝頼は、信濃・三河衆を伴い甲府に帰還したので、家康の侵攻が事実ならばただちに彼らを率いて出陣すると宣言した（同二四九五号）。だが、それは勝頼の強がりでしかなかった。武田軍の痛手は大きく、軍勢の再編制には時間が必要であった。

徳川軍の侵攻に対して、駿河・遠江の武田方は組織的な反撃ができず、わずかに武田海賊衆（水軍）小浜景隆《おはまかげたか》とその同心衆、三浦兵部助義鏡《みうらひようぶのすけよしあき》、依田《よだ》駿河守らが、自分の所領や妻子を顧みず、武田氏の命令に応じ、徳川軍に対抗すべく布陣や籠城などを行い、これを牽制《けんせい》するのが精一杯であった（戦武三七〇四～〇七号）。彼らがそれぞれどこに在陣、籠城していたかは定かでないが、彼らは同一の拠点を守衛していたと推定されている。武田海賊衆の拠点で、駿府にもっとも近く、侵攻してきた徳川方に対抗しうる城といえば、用宗《もちむね》城（持舟《もちふね》城）があるので、あるいはこの城にいたのかも知れない（小川雄・二〇一一年）。

なお織田信長は、上杉謙信に徳川軍が駿豆国境まで侵攻したが、兵粮の問題もあってやむなく撤退させたと報じているが、その事実は確認できない。信長も家康も、他国に対し誇大に戦果を喧伝《けんでん》したのであろう（上越一二五五号）。また徳川軍の一部は、犬居谷《いぬいだに》にも侵攻してきたらしいが、さほどの戦果を挙げられずに撤退したようだ。勝頼は六月七日付で犬居城主天野藤秀《あまのふじひで》に書状を送り、藤秀の活躍で犬居谷が無事であったことを賞している。同時に勝頼は、犬居谷の防衛を強化すべく、天野藤秀に光明《こうみょう》城への移動を指示した（戦武二四九七号）。

この間、奥三河や東美濃では、織田信忠による攻勢が強まり、六月二十五日には佐久間《さくま》信盛《のぶもり》によって三河で唯一武田氏が確保していた武節《ぶせつ》城が攻略され（愛⑪一一一四号）、さらに信忠軍による東美濃の岩村城包囲戦が始まっていた。勝頼は、東美濃や遠江・駿河の二方面での対応を迫られることとなったのである。

徳川軍の二俣城包囲と犬居谷侵攻

さて、駿河から撤退した徳川軍は、二方面での軍事作戦を実行に移した。まず家康は、大久保忠世らに命じて、二俣《ふたまた》城の包囲と、その後方支援の拠点であるとともに、補給路を担う犬居谷攻撃に踏み切った。かつて天正二年四月、天野藤秀のゲリラ戦により敗退した苦い思い出の地域である（詳細は平山・二〇一四年①参照）。

天正三年六月から七月にかけて、家康はまず二俣城の周辺に、継続的な攻撃と敵の補給路分断を可能にする付城の構築を始めた。徳川軍が二俣城包囲のために築城したのは、毘沙門堂《びしゃもんどう》砦・鳥羽山《とばやま》砦・蜷原《になはら》砦・和田《わだ》ケ嶋《しま》（渡《わた》ケ島《しま》）砦の四ヵ所であり、大久保忠世は蜷原砦に在陣して二俣城の攻撃と監視に当たった（『三河物語』）。また伝承によると、毘沙門堂砦には本多忠勝、和田ケ嶋砦には榊原康政《さかきばらやすまさ》が在陣していたという（『静岡県の中世城館跡』『日本城郭大系』8）。なお『依田記』によると、二俣城を包囲するために徳川方が築いた付城は、南に「録方山」、辰巳に「鳥羽山」、東に「かくら口山」、北に「みなはら口山」、西に「とうたうの取手」の五ヵ所であったという。このうち、『依田記』は鳥羽山を鳥羽山砦、「とうたうの取手」を和田ケ島とも呼ぶと記している。このほかに「かくら口山」は毘沙門堂砦、「みなはら口山」は蜷原砦のことをそれぞれ指すと推定されるが（『静岡県の中世城館跡』）、「録方山」だけは明確でない。

かくて付城の構築を達成した徳川方は、二俣城に断続的な攻撃を仕掛けた。この一連の戦闘で徳川方は松平彦九郎《ひこくろう》、山下藤九郎綱元《とうくろうつなもと》、平原右近昌忠《ひらはらうこんまさただ》らが、武田方は朝比奈弥兵衛《やへえ》・弥蔵《やぞう》兄弟がそれぞれ戦死している（『浜松御在城記』『寛永伝』等）。また二俣城内では、六月十九日に城将の依田信守《のぶもり》が病歿《びょうぼつ》した（『依田記』等）。その子信蕃《のぶしげ》は、父の病没にも動揺することなく代わって城将に就任して籠城を続け、徹底抗戦の意志を固めていた。しかし徳川方の付城構築により、二俣城の依田信蕃は完全に封じ込められてしまった。

二俣城の動きを封じた家康は、続いて犬居谷へ兵を進め、六月二十四日に本多忠勝・榊原康政らに命じて光明城の攻撃を行わせた。本多・榊原軍は、光明城の大手口（仁王堂口）へ迫り、城兵と激しい戦闘を展開した。一方、家康本隊は光明城の麓にあたる横川に布陣し、旗本衆を鏡山から光明城の背後にまわらせて攻撃した。このため光明城兵も抵抗しきれず、ついにここ

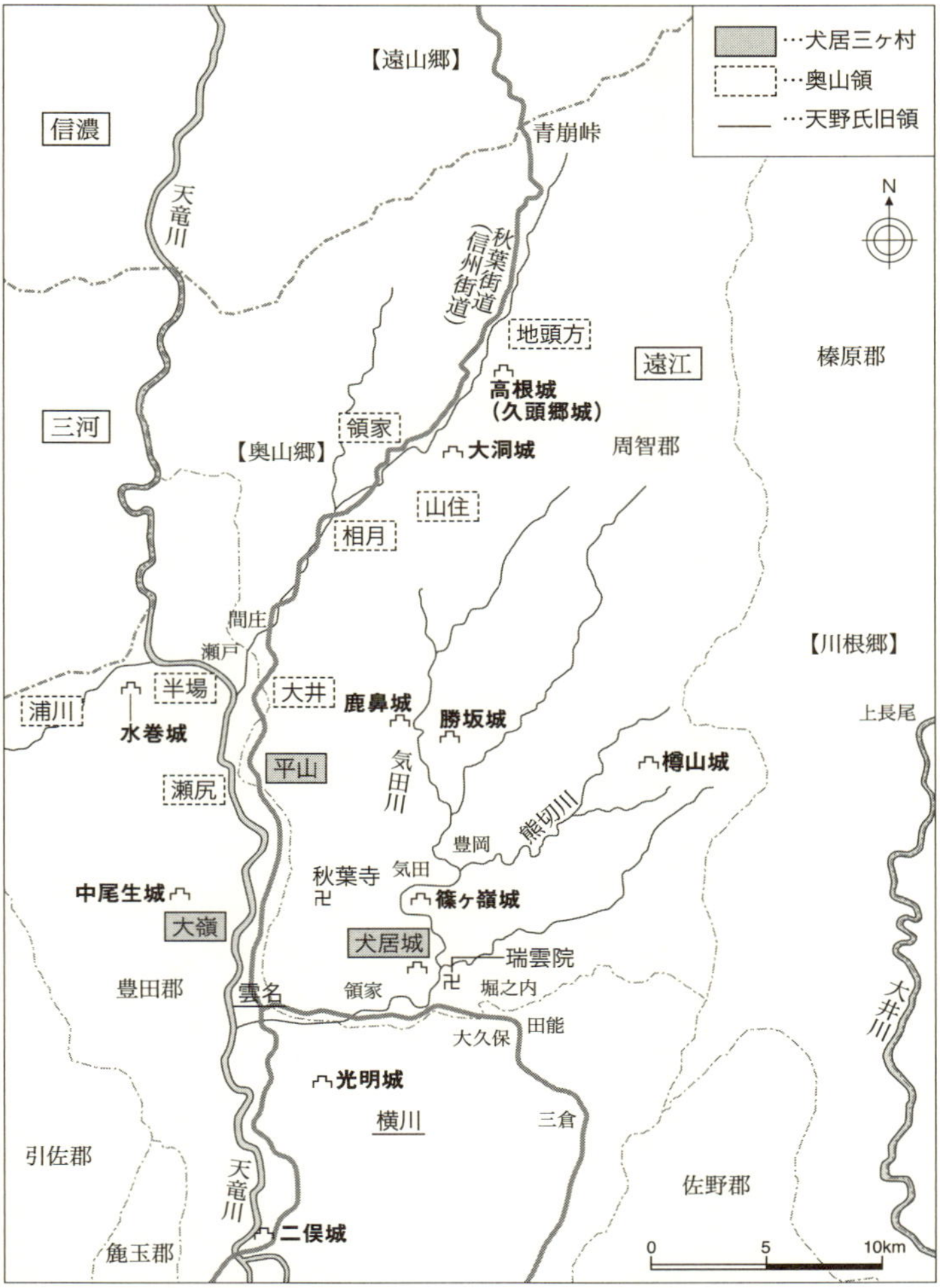

図2　戦国期の犬居谷要図（鈴木将典編・2012年をもとに作成）

を守る天野藤秀と朝比奈又太郎泰方《またたろうやすかた》は降伏、開城した（『三河物語』『浜松御在城記』）。光明城陥落は、六月下旬か七月初旬のことと思われる。これにより、二俣城は背後の拠点を失うこととなり、信濃国の武田領との連絡・補給を分断されることになったのである。

勝頼は家康の攻勢に対して有効な対処ができず、このままでは犬居谷が陥落するのは時間の問題であろうと考え、七月五日に田中城に在番していた山県源四郎昌満《やまがたげんしろうまさみつ》（山県昌景の子）に宛てて書状を出した（戦武二五〇二号）。

この書状で勝頼は、光明城が陥落したのはやむをえないことだが、徳川軍の次の攻撃目標は諏方原城・小山城・高天神城であろうから、その防衛を堅固にするように指示し、軍勢が整い次第近日援軍に赴く所存であると述べている。さらに犬居谷の様子が気になるので、救援を要請してきたら、三浦右馬助員久《みうらうまのすけかずひさ》・朝比奈駿河守信置・小原宮内丞《おはらくないのじょう》や直参衆らと協力して加勢するように申し送っている。

徳川軍の犬居谷侵攻はなおも続いた。家康は七月、光明城攻略後に、さらに進んで犬居谷全域の制圧を目指して軍事行動を再開した。なおこの合戦は、『三河物語』などに詳しく、天正四年七月に実施されたことといわれてきたが、大塚勲氏の研究により天正三年七月の誤りであることが指摘されている（大塚勲・一九九八年）。本稿でも天正三年七月のこととして記述していく。

すでに犬居谷の入り口にあたる光明城を確保していた徳川軍は、犬居谷の奥にある樽山《たるやま》城（旧周智《しゅうち》郡春野町、現静岡県浜松市）を攻撃してこれを陥落させると、次いで天野藤秀の確保する最後の拠点勝坂城に押し寄せた。天野藤秀は、城の南側に所在する急峻《きゆうしゆん》な坂道である塩見坂で徳川軍を迎え撃ち、大久保忠世軍らを数度にわたって撃退した。しかし、家康が大久保忠世らを「石ケ嶺」という高台に上げ、上から塩見坂の天野軍を攻撃させたため、坂下と坂上からの挟撃にあった藤秀は兵を退け、ついに勝坂城をも捨てて逃亡した（『三河物語』『浜松御在城記』等）。

藤秀は、かつて天正二年四月、徳川家康の犬居谷侵攻を撃退した経験を持つが、その時は犬居谷の多くの村々が味方として藤秀に協力したため、家康を打ち破ることができたのであった（『三河物語』）。しかし、今度は領家郷などが徳川軍に味方し「彼郷百姓等」が忠節を尽くすと申し出るなど（天正三年七月十三日付領家郷宛徳川家禁制、静⑧九一五号）、藤秀を見限る動きが広まったため、徳川軍の侵攻を拒めなかったと考えられる。

こうして犬居谷の拠点は徳川方によって制圧されたが、天野藤秀はなおも鹿鼻城に在城して犬居谷を奪還せんとした（『三河物語』、鈴木将典・二〇一二年）。このことは、徳川方は犬居谷全域を占領できてはいなかったことを示している。実際に天野藤秀は、天正四年十二月に、犬居谷奪還のための軍事作戦を展開し、徳川方に少なからぬ打撃を与えていることが確認できる（戦武二七五二号）。しかし、犬居谷の主要な城郭が陥落し、村々も徳川方に味方したことにより、信濃から犬居谷を経て二俣城へ抜ける補給路はほぼ遮断されたとみてよかろう。これにより、家康の本拠浜松城は、武田氏の脅威から解放された。

遠江諏方原城の陥落

かくて家康は、浜松城に対する武田方の拠点の動きを封じ込めると、今度は軍勢を東に向け、懸川城と正対する武田方の要衝諏方原城の攻撃に着手した。家康は、諏方原城と小山城をともに奪取する作戦を企図していたといわれ、その真の目的は高天神城の奪還にあった。諏方原・小山両城を陥落させれば、高天神城は補給と増援の手段を失って徳川領内に孤立することとなり、容易《たやす》く「蒸シ落シ」にすることが可能だったからだという（「遠州高天神軍記」等）。

なおこの陣中には今川氏真もおり、彼が記録した「今川氏真詠草」によれば、徳川軍が諏方原城を包囲したのは、天正三年七月中旬であったことが知られる（『家忠日記増補』等によれば七月二十日に包囲したとあるが、確実な史料では確認できない）。家康は、五月の長篠、六月の駿河国と遠江二俣城、七月の犬居谷攻撃と、まったく休むことなく攻勢に出ていたことがわかる。

この時に、諏方原城を守備していた武田方の在番衆が誰であったのかについては、一次史料から確認することができない。『家忠日記増補』『大三川志』『武徳編年集成』によれば、今福《いまふく》丹波守《たんばのかみ》・室賀《むろが》一葉軒《いちようけん》・小泉隼人《こいずみはやと》、海野《うんの》衆、遠山衆らであったとされている。今福丹波守とは駿河久《く》能《のう》城主今福長閑斎《ちょうかんさい》の嫡男今福虎孝《とらたか》（甲斐衆）、室賀一葉軒は室賀一葉斎禅松《いちようさいぜんしょう》（信濃衆）をそれぞれ指すとみて間違いなかろう。次に小泉隼人は小泉綜三郎昌宗《そうざぶろうまさむね》（信濃衆）のことを指すとみられる。海野衆は小県郡海野氏（信濃衆）であろうが、当時の当主が誰であったかは判然としない。最後に遠山衆であるが、これは東美濃の遠山衆ではなく信濃国伊《い》那《な》郡和田城主の遠山氏を指すのであろう。天正期の当主は遠山景広と伝えられている（『南信濃村史遠山』）。

このように諏方原城を守備していたのは、武田氏の譜代今福氏と、信濃国小県郡の国衆を中心とする人びとであったことがわかる。『当代記』によると徳川軍は、この城攻めに「亀の甲」と呼ばれる攻城兵器を投入した。「亀の甲」とは、亀の甲羅状に木枠を頑丈に組んだ四輪車で、表面を毛の部分を下にして牛の生皮で覆った一種の戦車である。このため城方から火矢や焼草をあびせられても焼けることはなく、内部に入った兵士がなかで「亀の甲」を押しながら城際に肉迫し、石垣や土塁を掘り崩す作業を行ったとされる。また「亀の甲」には後部に縄が取り付けられていて、「亀の甲」が危機に陥ったら、味方の兵たちが縄を引いて自陣に引き戻す手はずになっていたという（『古事類苑』兵事部）。徳川軍は、竹束を押し立て、「亀の甲」ともっこを駆使して堀を埋めながら城に迫り、ついに松平忠正が出丸を落とした（『当代記』）。

だが武田方もそれ以上の占拠をさせじと反撃したため、徳川軍も苦戦したらしい。『寛永家系図伝』『譜牒余録《ふちょうよろく》』などをみると、七月十九日から二十一日にかけて大規模な戦闘があったといい、徳川軍では負傷者が続出したと記録されている。

まず、家康重臣鳥居元忠は、城を包囲した七月二十日に物見を命じられ、諏方原城に近づいたところ、城内から鉄炮《てっぽう》で銃撃され、左の股に貫通銃創を負い落馬した。かなり深手であったため、鳥居の家来杉浦藤八郎《すぎうらとうはちろう》が懸命に元忠を助けながら味方の陣にまで脱出することに成功したが、この傷がもとで、元忠は生涯左脚が不自由になったという。また先陣を担った榊原康政軍では、原田《はらだ》権左衛門《ごんざえもん》、長谷川《はせがわ》内記《ないき》、外山《とやま》内記らが、また重臣戸田《とだ》三郎《さぶろう》右衛門《えもん》忠次《ただつぐ》の子三九郎《さんくろう》も戦死するなどの被害を受けた。さらに重臣本多《ほんだ》康重《やすしげ》も銃撃され胴に重傷を負ったほか、松平康安《やすやす》、山田平一郎正勝《へいいちろうまさかつ》、宮重伝六郎信房《みやしげでんろくろうのぶふさ》（大須賀康高《おおすがやすたか》同心）らも銃創を受けた（『寛永伝』）。
翌二十一日には、大久保忠佐《おおくぼただすけ》らが諏方原城に猛攻を仕掛け、早朝の卯刻（午前六時頃）から辰刻（午前八時頃）にかけて城兵と壮烈な戦闘に及んだ。この戦闘で近藤平右衛門秀用《こんどうへいえもんひでもち》が一番乗りを果たし、大久保忠佐、大久保喜六郎忠豊《きろくろうただとよ》らが首級を挙げたといい（『寛永伝』等）、その後も松平真乗《さねのり》らが猛攻を加えたものの容易に陥落せず、攻防は一ヵ月余に及んだ（『当代記』等）。

その間家康は、武田方の小山城周辺に七、八百人ほどの雑兵を派遣して苅田《かりた》を行わせた。これに対し駿河の武田方は、江尻《えじり》城（穴山信君《あなやまのぶただ》）・丸子《まりこ》城（鞠子城）・田中城（板垣信安・山県昌満・小原宮内丞ら）・用宗城（関辺《せきべ》・石部城、小浜氏ら武田海賊衆）などの軍勢二千人余が小山方面に続々と参集し、大井川を渡河して徳川方の雑兵を多数討ち取った。これを知った徳川軍は、一騎駆けの体で小山方面に急行した。このため穴山衆をはじめとする武田方は、大井川を渡河して退却し、中島（静岡県焼津市）に布陣してなおも徳川方を牽制している。家康自身も野崎まで出馬し、武田方の様子をうかがった。家康は、武田方が寡兵であったので、このまま決戦に持ち込み撃破しようかどうか思案したが、小山方面に慌てて出撃してきたので軍勢の招集が思うようにならず、武器の装備も心許《こころもと》なかったため思いとどまり、軍勢をまとめて諏方原城包囲陣に撤収している。だがのちに家康は、この時駿河の武田方を討ち果たしておくべきだったと後悔したという（『当代記』）。

武田勝頼はこれに対して、即座に後詰をすべく、八月初旬には遠江へ出陣する予定であったが（戦武二五一一号）、敗戦の痛手からの回復は容易ではなく、また東美濃・奥三河に侵攻してきた織田信忠軍への対処などに手間取り、八月下旬になっても出陣することができなかった（同二五〇八・一四号）。そのため、諏方原城は徳川軍の包囲と攻撃を支えきることができず、ついに八月二十四日に開城することになったのである（「今川氏真詠草」）。諏方原城の在番衆は小山城に退去し、ここでなおも抗戦の構えを見せた（『浜松御在城記』等）。

家康は諏方原城を開城させると、ここにかつての国主今川氏真を入れ、家臣松平康親《やすちか》・松平甚太郎家忠《じんたろういえただ》・西郷孫九郎家員《さいごうまごくろういえかず》を附属させ、駿河・遠江国の旧今川家臣への工作を開始させた（「今川氏真詠草」、家康上一三七）。そして、諏方原城を「牧野原城《まきのはら》」と改名させ、以後ここを武田氏攻略の重要拠点とした。諏方原城が陥落したことにより、遠江国の高天神城は、武田領の重要な中継拠点を奪われ、孤立の度合いを深めた。遠江で健在であったのは、高天神城のほかには大井川沿いに所在する小山城と、遠州灘の海岸沿いに構築されていた滝堺城《たきさかい》のみであった。もし小山城—滝堺城のラインを分断されれば、高天神城は補給路を失うことになり、落城は確実となる。家康は、牧野原城（もと諏方原城）の仕置を終えると、引き続き小山城攻撃に移った。

勝頼、遠江に出陣す

徳川家康は、諏方原城攻略の勢いに乗り、小山城への攻撃を開始した。徳川軍の小山城攻撃は、八月二十八日から始まったらしい（『当代記』等）。ここを守備していた城将は岡部丹波守《おかべたんばのかみ》元信《もとのぶ》であり、のちに高天神城を三年にわたって守り抜き戦死した武将である。徳川軍の諸将のなかには、織田信長に援軍を要請したうえで攻めるべきだと諫言《かんげん》した者もいたが、家康はこれを聞き入れず小山攻めを強行したという（『当代記』）。

徳川方では、勝頼は長篠合戦で多くの将卒を戦死させてしまっており、しかも上杉謙信への備えもあるため、小山城の後詰に出陣することは困難だろうと考える者が多数を占め、家康もこれに同調していたという（『浜松御在城記』等）。徳川軍は、石川数正・本多忠勝・松平康親を先陣に小山城へ攻めかかった。岡部元信らは、徳川軍の攻撃に耐え、付け入る隙を与えなかった。そのため、徳川軍では松平彦九郎や、本多忠勝麾下《きか》の松下七兵衛《しちべえ》（源七《げんしち》とも）・小泉弥八郎《やはちろう》・土屋甚助《じんすけ》（勘助《かんすけ》とも）らが戦死した（『寛永伝』等）。

そこへ武田勝頼が本隊を率いてついに後詰に現れたのである。勝頼は、九月七日に一万三千余人を率いて大井川河畔に着陣した。そして小山城を包囲する徳川軍を追い払うべく、渡河を開始したのである。家康は、武田軍の「一備・二備」（一番隊・二番隊）が大井川を渡河して、井籠《いろう》（色尾《いろお》、井呂《いろ》とも、静岡県島田市）に進出したのを見ると、小山城の攻撃を諦め、包囲を解いて撤退した。家康は、嫡男徳川三郎信康《さぶろうのぶやす》を殿軍に、武田軍を牽制しながら大井川沿いを後退し、牧野原城に入った。これを見た勝頼も、小山城の救援という目的を達したので徳川軍を深追いせず、勝頼本隊は渡河を中止し、川を渡った武田軍にも引き揚げを命じた（『三河物語』）。しかし、これは勝頼が自重したからではなく、長篠敗戦からまだ三ヵ月余しか経たない時点で、急遽《きゆうきよ》編制を行った武田軍の質的問題があったためと考えられる。

既述のように『三河物語』は、勝頼が率いた将卒はにわか仕立ての将兵が多く質的低下が顕著であったと記録している。つまり当時の武田軍は、徳川軍との決戦に踏み切り、これを捕捉・殲滅《せんめつ》するにはあまりにも貧弱だったらしい。勝頼が目前に展開していた家康軍を見過ごしたのは、こうした事情があったからであろう。『甲陽軍鑑』によると、勝頼は家康との決戦を望んだが、重臣春日《かすが》虎綱《とらつな》が諫《いさ》めたため取りやめたという。しかし勝頼は、小山城の防衛に成功し、高天神城への補給路を辛うじて確保したのである。徳川方も、長篠合戦で痛打された勝頼が、大軍を率いて後詰にやってくるとは予想しておらず、「長篠において敗軍の後、幾程もなくかくのごときの出張、武道を感じるところなり」と称賛したという（『当代記』）。

勝頼は、徳川軍が牧野原城に入ったのを見届けると、八日に鎌束原《かまつかはら》（鎌塚《かまつか》、島田市）に布陣した。これを知った徳川方は、物見を出して様子を探り、全軍が牧野原城で待機していたが動くことはなかった。勝頼は家康の動向を見極めると、その晩に小山城に入り、防御力を高めるため普請を行った。さらに、勝頼は軍勢を率いて高天神城に入り、兵粮の搬入を実施した（『当代記』等）。

家康は、勝頼が小山城に入ると、高天神城へ移動することを予想し、牧野原城の普請を命じたのちに、自身は馬伏塚《まむしづか》城に移った（「家忠日記増補」『寛永伝』等）。家康は、勝頼が馬伏塚城を攻撃し、家康の退路を断つ作戦を取ることを警戒したのであろう。だが勝頼の後詰もここまでであった。武田軍はそれ以上の軍事行動を展開することなく、九月二十一日までには小山城に再び戻り、小山城に籠城して奮戦した駿河衆に感状を与えてその労を賞すと、甲斐に撤退し

た（戦武二五二一～三〇号、四二六三～六五号）。

二俣城開城す

勝頼は、遠江への大規模な反攻を宣言していたにもかかわらず、小山城の後詰と高天神城への補給を行ったのみで、徳川軍に付城を構築され、重囲に陥っていた二俣城の救援などはまったく実施できないまま終わった。それでも城将依田信蕃は、父信守病没後も頑強に抵抗を続けていたが、兵粮が乏しくなり苦境に陥った。信蕃は兵粮を確保するために、夜になると浜松の近辺にまで足軽を派遣し、夜討ち、強盗、乱取りなどを実施させたが、籠城を継続できるほどの兵粮を集めることはできなかった。城内では兵粮が尽きてきているのではないかとの疑心が城兵に広まり始めていたため、信蕃は米俵に土を秘かに詰め込ませ、蔵に三百余俵を積み上げたうえで、これを城兵に見せ兵粮に事欠くことはないと説き、彼らを安堵《あんど》させたという（『依田記』）。

しかし依田信蕃の孤軍奮闘も空しく、勝頼には二俣城救援の軍勢派遣は不可能であった。そこで勝頼は、十一月に入ると、二俣城を明け渡し甲斐に撤退するよう、二度にわたって信蕃に勧告した。だが信蕃は、勝頼側近の奉書による指示では心許ない（本当に勝頼の意志なのかどうか判断できない）ので、勝頼の直書による命令でなければ従えないとして二度の勧告を突っぱねたという。

これを知った勝頼は、自身の直書を信蕃に送った。これを受け取った信蕃は、十二月中旬より大久保忠世・榊原康政と城明け渡しの談合を行い、双方人質を交換して城兵の生命を保証することなどを約束して合意に達した。そして二俣城は七ヵ月余の籠城の末、ついに十二月二十三日に開城することとなった。人質として、信蕃は実弟依田善九郎《ぜんくろう》・源八郎《げんはちろう》を徳川方に預けることとなっていたが、当日が降雨だったため、簑笠《みのがさ》を着けての明け渡しは見苦しいので本日は延期とし、二十四日か二十五日に天候が回復次第に明け渡すと徳川方に通告した。家康もこれを了承し、明けて二十四日は快晴であったため、約束通り信蕃は二俣城を徳川方に明け渡した。

信蕃は、二俣川の付近で双方の人質を返還し、軍勢を率いて撤退した。この時信蕃は、甲斐や本国信濃に帰還することを潔しとせず、高天神城に入ってなおも徳川方との対決に執念を燃やした。その後信蕃は、高天神城で日夜徳川方と戦闘を行ったという（『依田記』）。なお、この時、徳川方の人質として二俣城に入り、依田信蕃のもとに預けられたのは、大久保忠隣《ただちか》と榊原康政であったと伝わる（『朝野』第一一など）。こうして長篠敗戦から七ヵ月余、武田方は遠江の重要拠点をまたひとつ失うことになったのである。

家康は、二俣城に大久保忠世・阿部《あべ》四郎五郎《しろうごろう》忠政《ただまさ》（大久保一族）を配備して、信濃・遠江国境の監視を命じている（『三河物語』『寛永伝』等）。

犬居谷と二俣城の陥落は、武田勝頼の戦略に大きな打撃を与えた。それまで、武田信玄と勝頼が、織田・徳川方に対して優位を保っていられたのは、徳川領国侵攻のルートとして、信濃国伊那から、三州街道を経由して長篠方面や、足助《あすけ》方面へと抜ける二ルートと、伊那から青崩《あおくずれ》峠を越えて、犬居谷を経由し遠江へ侵入するルート、そして駿府から大井川を越えて諏方原城ないし小山城・高天神城を経て遠江主要部へ抜けるルートなどが確保されていたからである。特に徳川領国は東西に長く、武田軍は北から南下して、これを分断する軍事行動を数回にわたって展開していた。家康はこの対応に翻弄され、元亀三年（一五七二）から天正三年五月まで、相次いで重要な拠点を失っていたのである。

しかし、長篠合戦とそれに伴う追撃戦により、徳川氏は長篠や足助など奥三河の武田方拠点を奪還し、その勢力圏を信濃・三河国境まで押し上げて、この方面からの武田軍の侵攻を封じ込めることに成功した。そして、ついに天正三年七月から十二月にかけて、家康は犬居谷と二俣城を奪回することで北遠江から武田軍が南下してくるルートをも封鎖したのである。

これにより、家康は、武田軍の侵攻ルートを東部の駿河方面にほぼ限定させた。しかも、駿河方面からの攻撃に対処するため、武田方の要衝諏方原城を奪取したことで、遠江の武田方は高天神城―滝堺城―小山城のラインを確保するのみとなり、武田軍の侵攻もこの地域に限定されるから、徳川方も防衛線を敷きやすくなったのである。これに対して、武田方は、諏方原城の陥落により、塩買坂《しおかいざか》から高天神城へ抜ける通常の内陸ルートを使用できなくなり、遠州灘の海沿いルートを進撃することに、行動を限定されてしまうのである。『甲陽軍鑑』には、塩買坂を経て高天神城に至る内陸ルートは危険なため、武田軍本隊ですら行軍を躊躇《ちゅうちょ》するようになったと記されている。これは事実であろう。

勝頼は遠江の拠点を失ったことから、攻撃の矢面に立たされることとなる駿河西部を確保するために、駿河国田中城の在番衆三浦員久・小山田《おやまだ》六左衛門尉《ろくざえもんのじょう》昌盛《まさもり》・小原宮内丞らに条目を与え、軍備の増強を指示した（戦武二五六九号）。このなかで勝頼は、田中城は諏方原城を失ったことで、徳川軍に直接攻撃される対象となった。そこで、城普請を強化し、特に徳川方の忍びに注意するよう命じている。また、徳川方の手に渡った諏方原城に伏兵を出し、徳川方を攪《かく》乱《らん》するように申し付けた。さらに、田中城の防衛を強化すべく、勝頼は山家三方衆《やまがさんぽうしゅう》と駿河衆のなかから、武将を選抜して送ることを約束している。

　このなかに見える山家三方衆は、長篠敗戦後も武田方に属し続けた、田峯菅沼《だみねすがぬま》氏もしくは長篠菅沼氏のことであろうと思われるが判然としない。もし長篠菅沼氏であれば、当主菅沼新兵衛尉か、老父菅沼伊豆守満直《いずのかみみつなお》であろう。また田峯菅沼氏であれば、菅沼刑部丞定忠《ぎょうぶのじょうさだただ》のことを指すと考えられる。これは徳川方への調略を担わせるための配備であろう。

二、東美濃の武田領崩壊

織田信忠と佐久間信盛の出陣

　話をやや戻して、天正三年（一五七五）長篠合戦直後における東美濃の情勢に筆を転じよう。長篠敗戦を契機に、織田・徳川軍の反攻は厳しくなった。特に本拠地三河の北部を武田氏に席《せっ》巻《けん》されていた徳川家康は、執拗《しつよう》な追撃戦を実施した。信長も家康も、信濃まで武田軍の追撃を主張する諸将の意見を退け、信濃・三河国境までの掃討戦は許可したらしい。

長篠合戦の直後、家康はなおも長篠に留まり、田峯城、作手《つくで》城（古宮城のこと、奥平《おくだいら》氏の本拠亀山城は破却されていた）・岩小屋砦（岩古谷城〈白狐城〉、設楽《したら》町荒尾）・鳳来寺《ほうらいじ》（岩小屋砦〈新城市門谷字森脇〉鳳来寺門前に位置する）などの有力な武田方の拠点に迫った。武田方の番手はいずれも戦わずして降伏し、城砦《じょうさい》を明け渡して去った。徳川方はこれを認め、信濃まで彼らを送ったという。そしてこの地域は、約束通り奥平信昌《のぶまさ》に与えられた（『当代記』）。これにより、田峯菅沼氏と長篠菅沼氏は完全に没落し、奥三河で残る武田方は武節城だけになったのである。

元亀三年（一五七二）末に、武田信玄の西上作戦に伴い、東美濃岩村遠山氏は武田方に帰属し、岩村城は武田氏によって確保されていた。勝頼は、岩村城主として伊那郡司秋山伯耆守虎繁《あきやまほうきのかみとらしげ》を配備したが、彼は敵中に孤立してしまった。この地域は、天正二年の武田勝頼の攻勢により、明知・阿寺・串原城などの十八城が織田方から武田氏に奪取され、東美濃の政治・軍事情勢は勝頼優位に傾いていたのだが、長篠敗戦によって形勢は一挙に逆転し、奥三河の諸城が徳川方に降った以上、岩村城は信濃からの補給と後詰に期待するほかなかった。

長篠での甚大な被害から、武田軍が反撃に立ち上がれないと踏んだ織田信長は、これを好機と捉え、ただちに東美濃の奪還に動き出した。この時信長は、自身は岩村城攻撃に向かわず、嫡子織田信忠にすべての指揮を委ねている。そして、自身は六月二十六日に上洛《じょうらく》して、しばらくここに滞在すると七月十七日には岐阜に帰還した。そして八月十二日には越前に出兵し、越前の一向一揆《いっき》を平定して、九月まで越前の仕置を実施した（『信長公記』）。勝頼の敗退が、信長の越前仕置を容易にしたのだった。

だが、織田軍の岩村城包囲は、たんなる東美濃奪回作戦というばかりでなく、後述するように、場合によっては信濃へ侵攻して、武田領の一部を奪取しようという企てを伴うものであった。

信長の命を受けた織田信忠は、麾下の軍勢を率いて、六月に東美濃に侵入し、岩村城を包囲した(『信長公記』)。信忠が岩村城を包囲した時期は定かでないが、信長が上杉謙信に長篠戦勝を報じた六月十三日付書状には「信濃境目岩村と申要害、従甲州相抱候条取巻候、種々雖令懇望可攻殺覚悟ニ候、不赦候」とあるので、十三日にはすでに包囲していたと推察される(上越一二五五号)。ここを守備していたのは、城主秋山虎繁とその同心衆春近衆《はるちか》(大島氏ら)・座光寺氏《ざこうじ》などの甲斐・信濃衆であった。また、元亀三年の岩村城開城に際して、城主であった遠山景任《かげとお》の未亡人(織田信長の叔母、織田信定の女)が、秋山虎繁と結婚していたことから、武田方についた美濃遠山衆の多くも籠城していた。

いっぽう織田重臣佐久間信盛は、六月二十五日に長篠合戦の功労者奥平定能《さだよし》・信昌父子とともに奥三河に侵攻し、唯一の武田方の拠点であった武節城を陥落させた。信盛は、城を奥平父子に引き渡し、自身は織田信忠を支援すべく岩村城へ向かった(信盛は当時、信忠の補佐役であったことが指摘されている〈木下聡・二〇一一年〉。なお信盛は、天正四年五月に原田直政が戦死すると、本願寺戦線の責任者として転属を命じられている)。信盛は戦況報告を信長に伝えている。これを六月二十七日京都で受け取った信長は、信盛に書状を送り、武節城攻略が意外に早く片づいたことを賞し、このうえは援軍として信盛に合流する予定であった岡崎城主徳川信康(家康嫡男、信長の娘婿）の出陣は無用になったので、そのように伝達したいという信盛の判断を支持している（愛⑪一一一四号）。

　かくて三河の武田領は完全に崩壊した。そして今や、東美濃の武田領も重大な危機を迎えたのである。また同時に織田方は、武田領国の国衆への工作も積極的に進め、織田軍の侵攻に呼応して、武田氏から離叛《りはん》し蜂起する国衆を募っていたらしい。まもなくその成果が表面化し、武田方はその対応に追われることとなる。

伊那坂西一族の謀叛と上杉謙信の動向

　織田信忠・佐久間信盛の美濃、奥三河侵攻は、境界を接する信濃国木曾・伊那両郡の武田方国衆に動揺をもたらした。勝頼は、木曾氏の離叛を食い止めるため、七月十三日に義昌重臣山《やま》村七郎《むらしちろう》右衛《え》門《もんの》　尉《じょう》良利《よしとし》に判物《はんもつ》を送り、永年にわたる武田氏への協力を賞し、信濃国手塚（長野県上田市）で知行を与え、木曾谷の諸士を取り纏《まと》め義昌に無二の奉公をするよう求めている（戦武二五〇六号）。これは勝頼があらかじめ木曾家中より離叛の動きが出ないよう釘《くぎ》を刺したものであろう。

　しかし六月下旬に伊那で叛乱《はんらん》が起こった。武田氏に背いたのは、飯田城主坂西《ばんざい》一族である。だが、これは事前に察知されたらしく、松尾城主小笠原信嶺《おがさわらのぶみね》（正室は武田　逍遙軒信綱《しょうようけんしんこう》の息女）によって鎮圧され、謀叛《むほん》に荷担した坂西一族はことごとく成敗された。勝頼は七月十九日付の判物で、小笠原信嶺の戦功を賞し、坂西氏旧領の山村郷（同県飯田市）を与えている（同二五

○七号)。

　坂西氏はなぜ謀叛を起こしたのであろうか。また、それはいかなる背景があってのものであったのか。じつは、坂西氏は、五月二十一日の長篠合戦で甚大な打撃を蒙《こうむ》っていたことが「開善寺過去帳」から判明する。それには、「全処長盛禅定門　坂西長門　於同所(三州長篠)討死　五月廿一日」「芳岩瑞薫禅定門　坂西主計　於同所討死　五月廿一日」と明記されている。坂西氏は、長篠合戦で坂西長門《ながと》・主計《かずえ》が戦死し、加えて織田軍の東美濃・奥三河侵攻が開始されたため動揺したものとみられる。

　それは決して杞憂《きゆう》ではなく、織田信長は武田勝頼が長篠敗戦の打撃から立ち上がれぬ好機とみて、信濃侵攻を明確に企図していた。信忠の岩村侵攻はその前哨戦《ぜんしょうせん》だったのである。それは信長が村上国清(武田信玄に追放された村上義清の子、上杉氏家臣)に出した七月二十日付書状により判明する(信長五二六号)。

　その書状によると、信長は勝利をおさめたばかりの長篠の戦場から上杉謙信に使者を送り、絶好の機会なので謙信に信濃出陣を要請していた。これに対し謙信は承知したとの返事を寄越したらしく、信長は勇躍して信忠を信濃・美濃国境の岩村攻めに派遣したのだった。信長はこれを信濃侵攻の「先勢」と位置づけており、情勢次第では信長自身の信濃出馬が予定されていたと推察される。またその際に信濃に出陣する上杉軍は、村上国清を中心に編制される予定であったのだろう(信長が越前出陣に急がず、六月を京都で費やし、七月下旬から八月下旬まで岐阜にいたのは、信濃出陣が可能かどうかを見極めていたためではなかろうか)。信長は、これより以前の六月十三日にも謙信に書状を送り、信濃・美濃国境の岩村城を包囲したので、信濃に出兵してほしいと重ねて要請し、「此節到信・甲可被及行候、幸之時分候歟」と好機到来であることを強調している（上越一二五五号）。

だが事態は信長の予想を裏切った。謙信は、信長に約束したはずの信濃出陣を行わなかったばかりか、肝心の村上国清は、謙信より越中への出陣を命じられたのである。それは、六月下旬に越中国衆寺島盛徳《てらしまもりのり》が上杉氏に叛《そむ》いたことが原因とみられる（上越一二五七号）。謙信は、武田勝頼攻めよりも越中平定戦を優先したのである。

また見逃せない事実がある。じつは、長篠合戦直後から、上杉謙信と武田勝頼が和睦交渉を行っていた形跡がある。天正三年十一月十四日に、常陸佐竹《さたけ》氏のもとに寄寓《きぐう》していた太田資正《おおたすけまさ》・梶原政景《かじわらまさかげ》父子は、上野国に在番する上杉家臣北条景広《きたじょうかげひろ》・高広《たかひろ》父子に書状を送り、「越甲」（謙信と勝頼）の和睦が秘かに話し合われ、合意に達したことについて意見を求められたが、誠に喜ばしいことであり、武田・上杉両氏の「御無為」（和睦）は太田・梶原父子にとって「念願」であったと手放しで喜んでいる（上越一二七二号）。

このことは、長篠敗戦が勝頼の外交路線に重大な転換をもたらしたことを暗示する。勝頼は、織田・徳川氏だけでなく、上杉氏とも対峙《たいじ》する不利を悟り、長篠敗北後ただちに和睦交渉に入ったのであろう。謙信が、信長の信濃出陣の要請を五月下旬の段階で受諾しながら、七月にはそれを翻しているのも、勝頼との和睦交渉を重視したためではなかろうか。いずれにせよ、武田・上杉両氏の和睦は、十月中には成立したものと推察される。

勝頼のすばやい決断と交渉により、上杉謙信の信濃出兵は見送られ、武田・上杉両氏の和睦が成立したのであった。これは信長の戦略を大きく狂わせることとなった。村上国清宛書状のなかで信長は、あれほど約束したのにそれを違《たが》えたのは「表裏之為躰」であり、外聞も悪く無念である、信濃のことも好機なのにこれを見逃すのも口惜しい限りだ、と口を極めて謙信の不実を詰《なじ》っている。そして国清には、信濃についてはあなたもとりわけ思うところがあろうから、残念至極のことと思うと、その心中を察するような文言で手紙を結んでいる。じつは、これ以後、上杉謙信と織田信長の直接交渉は断たれ、やがて天正四年六月、謙信と信長は正式に断交するのである。その背景のひとつには、天正三年六月から七月にかけての対武田戦での不首尾や、謙信と勝頼の和睦成立があるとみていいだろう。

このように、織田信忠の岩村侵攻と、佐久間信盛の奥三河平定戦は、上杉謙信の北信濃出兵を合図に信濃になだれ込むための前哨戦であったと位置づけてよかろう。こうした事態が、木曾や伊那の国衆の動揺を誘ったであろうし、織田方からの調略も仕掛けられていたとみて間違いあるまい。これが飯田坂西一族の謀叛へと繋がったのであり、それは織田軍の信濃侵攻に呼応しようとしたものであろう。

だが織田氏の調略にもかかわらず、武田氏を離叛する国衆の動きは、坂西氏以外には広まらなかったらしい。坂西一族の叛乱は、六月二十九日ごろのこととみられる。小笠原信嶺は坂西一族の謀叛を察知し、ただちに鎮圧に動いた。その結果、六月二十九日には坂西阿波入道《あわにゅうどう》、その子兵部介《ひょうぶのすけ》・賢竹兄弟、坂西但馬守《たじまのかみ》（阿波入道の弟）、坂西式部少輔《しきぶしょう》（但馬守の弟）らが死去している（「開善寺過去帳」）。これは小笠原軍との合戦で戦死したものであろう。また捕縛された坂西一族も少なくなく、彼らは甲府に護送されたらしい。そして八月十八日には、坂西八郎九郎《はちろうくろう》、坂西十兵衛《じゆうべえ》、坂西三河守《みかわのかみ》、坂西十左衛門《じゆうざえもん》、坂西美作守《みまさかのかみ》、坂西太右衛門《たえもん》、米山《よねやまさ》佐渡守《どのかみ》らが甲府で自害させられた（同前）。坂西一族のなかで、この謀叛に加わらなかった者もいた。この後、記録に登場する坂西織部亮《おりべのすけ》がそれである（『信長公記』『甲乱記』等）。坂西織部亮は、勝頼より坂西氏の惣領《そうりよう》としての地位を認められたものであろう。

追い詰められる岩村城

織田信忠軍は、頑強に抵抗する岩村城を容易に陥落させることができなかった。しかし、要害を恃《たの》んで持ちこたえているとはいえ、岩村籠城衆も後詰がなければ落城しか道がない。そのため、甲斐の武田勝頼にしばしば援軍の催促に及んでいた。勝頼は、急ぎ新たな将卒の募集を行い、軍勢を整えることに腐心していたが、その兵力の量的かつ質的低下は深刻であった。

また六月から三河・遠江では徳川軍の反攻が始まっており、情勢は極めて深刻であった。さらに東美濃に織田信忠が展開するという事態を前にして、勝頼もすべての敵に手を回すことができず、岩村城の救援にはなかなか赴くことができなかったのである。だが岩村城からは、勝頼へ後詰を要請する使者が相次いで派遣されていた。武田家中は、時期を明確にはしなかったが、後詰に必ず赴くと約束したものの、なぜそれが遅れているかを説明せねばならなかった。そこで天正三年七月十九日に武田御一門衆武田信豊《のぶとよ》と重臣小山田信茂が連署で、岩村籠城衆秋山虎繁らに書状を送った（戦武二五〇八号）。

それによると、武田信豊・小山田信茂の連署状は、岩村城からの後詰を要請する飛脚への返書として認《したた》められたものであることがわかる。信豊らは、岩村城が織田軍の攻撃を凌《しの》ぎ、堅固に守備を続けていることに感謝するとともに、後詰の準備中であることを伝えている。

ところで、なかなか出陣できない理由について、信豊と信茂は、武田方が後詰のため、小田原の北条氏政と協議中であることを挙げている。勝頼は、岩村城の後詰を行い、織田軍と雌雄を決する合戦を想定しており、そのために北条氏政の出陣を要請中であると記している。信豊と信茂は、氏政が関東八ヵ国の軍勢を動員して、勝頼と旗をならべて岩村城救援に向かうとの方針がほぼ決定され、氏政と勝頼の誓詞交換が行われたと述べている。そして近日、武田・北条連合軍が出陣するであろうと伝え、信豊と信茂が先陣として三日のうちに出陣するつもりであるとしている。勝頼は、それまで秋山らが岩村城を堅固に守備して持ちこたえ、やがて合流することを望んでおり、この一戦で勝利できれば、「帝都」（京都）まで攻め上がることも可能になろう、としている。

戦国大名武田氏が、上洛の意図を持っていたかどうかということが、近年再び議論されているが、史料を見るかぎり、武田家中ではそれを念願にしていたことはうかがわれる。そして、北条軍の用意が調い次第必ず後詰に出陣して、「凶徒」（織田軍）を追い払い、鬱憤を晴らすことは、神明に誓って相違ないので、城中の人びとがよく備えについて協議をして、後詰を待っていてほしいと述べている。さらに最後に、武田勝頼自身が出馬するのも間もなくのことであるので、安心していてほしいと結んでいる。

ところで、この連署状に見られるように、武田勝頼が北条氏政に要請して、関東衆を動員した共同作戦を実施しようとしていたのは、果たして事実なのであろうか。結論からいえば、そのような事実は現在確認できない。天正三年五月から十二月にかけての、北条氏の発給文書や関連文書、諸記録を調査しても、武田勝頼と北条氏政が対織田戦に関して協議していた形跡は一切認められない。しかも、北条氏政は天正三年八月から、上総国正木憲時《まさきのりとき》、安房国里見義弘《さとみよしひろ》を攻撃すべく、上総に北条軍を侵攻させており、自身も八月には出馬していて（戦北一七九七号）、とても武田勝頼を支援する余裕などなかった。この北条氏と里見氏との戦争は、天正五年十一月の和睦（「房相一和」）まで続くことになる。つまり、武田信豊と小山田信茂が岩村籠城衆に報じていた後詰遅延の理由というのは、苦しい言い訳であったのだろう。実際に、信豊らは三日のうちに先陣として出陣すると述べているが、それすら実現していない。

しかし、このころ武田勝頼は懸命に兵員の招集を実施しており、大打撃を蒙った軍団の再編制に血眼になっていたのは事実である。だが、八月にほぼ編制を終えた武田軍が、後詰に向かったのは、岩村城ではなく、徳川家康に包囲されていた遠江の小山城であった。勝頼は戦略的重要性を鑑みて、遠江への後詰を優先したのである。これは、小山城が陥落すれば、補給路を断たれた高天神城が自動的に落城する危険性があったためであり、勝頼としては遠江での重要拠点をここで失うわけにはいかないと判断し、岩村城後詰を後回しにしたのであろう。こうして、岩村城は織田信忠軍の重囲下に陥り、次第に追い詰められていくことになる。

織田信忠軍は、岩村城に近い水晶山（「水精山」）に布陣し、ここを中心に河尻秀隆《かわじりひでたか》・毛利河《もうりかわ》内守長秀《ちのかみながひで》・浅野《あさの》左近《さこん》・猿荻甚太郎《さろおぎじんたろう》らが陣地を構えて、岩村城を攻撃していた。城は頑強に抵抗し、落城の気配を見せなかったが、十月二十三日と同二十六日に二日にわたって相当熾烈《しれつ》な戦闘が展開されたらしい。「開善寺過去帳」によると、十月二十三日の合戦で、牛牧甚三郎《うしまきじんざぶろう》、米山惣左衛門尉《そうざえもんのじょう》、伴野《ともの》三衛門尉《さんえもんのじょう》（伊那郡伴野城主伴野氏の一族）、遠山和泉守《いずみのかみ》が、また二十六日の合戦では座光寺三郎左衛門尉《さぶろうざえもんのじょう》（貞房《さだふさ》か、そうであるなら、座光寺氏当主が戦死したことになる）、伴野三郎左衛門尉、座光寺左馬尉《さまのじょう》が戦死したと記録されている。これらはかなり大身の武士であるので、岩村城方の損失は大きかったであろう。

さらに十一月十日夜、武田方は織田軍の陣地に対し夜襲を敢行したのである。『信長公記』によると、武田方の夜襲が開始されると、岩村城兵もこれに合流しようと、織田軍の仕寄の柵を引き破り、討って出たとある。この記事を読むかぎり、夜襲は城外の武田方が仕掛け、これを合図に城方が討って出たように読める。しかも夜襲は、武田勝頼が軍勢を招集して岩村城の後詰に出陣するとの情報を京都の信長が知ったすぐ後に記載されているので、勝頼が信濃から派遣した軍勢であった可能性があろう。実際に夜討ちを指揮していたのは、甲斐・信濃の大将二十一人、屈強の侍一千人以上であったというから、勝頼が派遣した軍勢とみて間違いあるまい。城方も五ヵ月に及ぶ籠城戦に堪えきれなくなったか、事態打開を目指して討って出たのである。

だが夜襲は失敗に終わった。河尻秀隆をはじめとする織田軍は、夜襲の武田方を各地で撃退した。敗れた武田方の将卒は、山々に逃れ去った。また城から討って出ようとした城兵も、織田信忠自らが先頭に立つ奮戦で撃退され、再び城内に退避しなければならなかった。山々に逃げ散った武田方の将兵たちは、織田方の行った執拗な山狩りで次々に殺害されていった。その数は大将分だけで二十一人、兵は千百余人に及んだという（『信長公記』）。こうして武田軍の後詰は失敗に終わり、岩村城は抵抗することが困難になっていったのである。

岩村城陥落

信濃から派遣された夜襲隊は、武田勝頼が派遣したとみて間違いないが、それでは勝頼本隊はどうしていたであろうか。武田勝頼が、本隊を率いて後詰に出陣したのは事実である。遠江小山城、高天神城の救援と徳川軍の撃退に成功した勝頼は、十月には甲斐に帰還しており、引き続き今度は岩村城救援に出陣しようとしたらしい。勝頼は、甲斐・信濃に招集をかけ、軍勢の編制に入った。これを京都で知った織田信長は、十一月十四日に東下し、夜を日に継ぎ翌十五日には岐阜に帰還して勝頼の来襲に備えた（『信長公記』）。

勝頼は甲斐を出陣すると、伊那に在陣して岩村へ進撃する様子をうかがっていたらしいが、圧倒的な織田軍を前に、明らかに戦力の劣っていた新編制の武田軍では太刀打ちできず、そればかりかすでに信濃や東美濃は大雪に見舞われ（『軍鑑』等）、勝頼は救援したくとも足場が悪くまったく動くことができなかった。こうしていたずらに時間が過ぎていき、進退谷《きわ》まった岩村城は降伏を決意したのである。

岩村城は、武田方の夜襲が失敗したことで士気が阻喪し、信忠の家臣塚本小大膳《つかもとこだいぜん》を通じて降伏を打診した。これを知った信長は、同じく信忠家臣塙伝三郎《はなわでんざぶろう》を小大膳の目付に指名し、城将秋山虎繁の降伏を監視させた。城の降伏、開城は十一月二十一日であったようだ。降伏にあたっては、城兵の助命が条件であったといい、また信長は秋山虎繁・座光寺・大島を赦免すると約束した（『信長公記』）。虎繁赦免の理由は、彼が信長の叔母婿だったからだという（『軍鑑』）。だが信長は、彼らを赦免する気などさらさらなく、「近来之散鬱憤」ことだけに執着していた（愛⑪一一四〇号）。

十一月二十一日に開城し、城を出た秋山虎繁・座光寺氏・大島氏は、赦免の御礼言上のため岐阜城に赴いた。ところが信長は約束を違えて彼らを捕縛し、十一月二十六日に長良河原で磔《はりつけ》にかけて処刑した（愛⑪一一四〇号、『信長公記』）。信長は、武田方が長篠合戦直前に徳川家康の味方に転じた奥平信昌の妻を磔にかけたことへの報復だと述べたと伝わる（『軍鑑』）。信長が奥平信昌を重視していたことを示す逸話である。

また城内に残留していた武田方の城兵たちは、城内の遠山市丞丸《いちじようまる》（遠山市丞が守る曲輪《くるわ》という意味であろう）に追い込まれた。騙《だま》されたことを知った城兵らは斬って出て織田方に少なからぬ犠牲を与え、討ち死にするか自害したといい、残った者は焼き殺されたという（『信長公記』）。『三河物語』には「軍兵共をば二之丸へ追入て、垠《ししがき》を結ひ、火を付て焼殺し給ふ」とある。岩村城で憤死した人びとのうち名のある者は、遠山二郎三郎《じろうさぶろう》・遠山市丞・遠山三郎四郎《さぶろうしろう》・遠山徳林・遠山三右衛門《さんえもん》・遠山内膳《ないぜん》・遠山藤蔵《とうぞう》らであった（同前）。彼らがどこの遠山氏の系統であるかについて確実な史料はないが、「遠山家譜」などによると、遠山二郎三郎、市之丞・内膳（大膳亮《だいぜんのすけ》とあり）・藤蔵はいずれも岩村遠山景任の甥《おい》であるという。このほかに、串原・馬木・馬坂・深淵・久保原・大船氏など東美濃の遠山氏に関わる人びとがいたと伝わるが（『岩村町史』）、詳細は明らかでない。しかし『信長公記』に記録される人びとが、岩村・明知・飯狭間をはじめとする東美濃の遠山衆であることは間違いなかろう。このことは、岩村城の陥落とともに、東美濃の遠山一族のうち、武田方に属した人びとがほぼ壊滅したことを意味している。

ところで武田信玄に降り、その重臣秋山虎繁を婿に迎えた叔母遠山夫人に対する信長の怨《うら》みは凄《すさ》まじく、叔母を尾張国小牧山で彼自ら手打ちにした（『三河物語』）。ところが業物の太刀を使ったにもかかわらず、斬ることができず、彼女はなかなか死にきれなかったといい、信長の叔母は不死身の者かと噂になったと伝わる（『当代記』）。

勝頼は、岩村城が降伏したとの知らせを聞くと、空しく兵を引き揚げた（『信長公記』等）。しかし後詰に出陣し、夜襲を指揮したことで、勝頼は岩村城を見殺しにはしなかったと主張しえたことであろう。

いっぽうの織田信忠は、すべての処理を完了すると、岩村城に重臣河尻秀隆を配備し、十一月二十四日に岐阜へ帰還した。信忠は、長篠合戦と岩村城攻略における抜群の活躍により、正親町《おおぎまち》天皇から秋田城介《あきたじようのすけ》に任ぜられた。さらに二十八日には、織田信長より織田家督を譲られ、尾張・美濃を与えられたのである（『信長公記』）。

水野信元事件

織田信忠の家督相続の契機にもなった岩村城攻防戦であるが、意外な方向に波紋を拡げた。岩村落城後、織田信長の家臣で三河国刈谷城主水野《みずの》信元《のぶもと》が切腹を命じられたのである。水野信元は、その異母妹於大《おだい》が徳川家康の生母であることはよく知られている。事件の発端は、水野信元と領域を接する同じ織田家臣佐久間信盛が信長に、信元が武田方に内通し兵粮《ひょうろう》を岩村城に搬入していたと訴えたことにあった。この事件に関する史料は、『松平記』『寛永諸家系図伝』『寛政重修諸家譜』等しかないが、水野信元が天正三年以後記録から姿を消し、水野氏そのものが逼塞《ひっそく》を余儀なくされていたことが確認できるので、事実を伝えているものと思われる。後世のものであるが、これらの記録が伝えるところを総合して記すと次のようになる。

秋山虎繁らの岩村籠城衆は、織田軍の猛攻を凌ぎ続け、武田勝頼の後詰をひたすら待ち続けていた。だが城内の兵粮は底を突き、次第に籠城は困難となってきた。そこで秋山虎繁は一計を案じ、城内に備蓄されていた銭や道具類を商人に託し、これを近隣の地域へ派遣して兵粮の調達にあてようとしたのである。城内から秘かに運び出された銭や道具類は、織田軍の包囲網をかいくぐって武田氏と縁の深い商人たちのもとに運ばれ、早速兵粮の調達が始まった。特に商人たちは、岩村城からも近い水野信元の城下刈谷（愛知県刈谷市）や小河（緒川、同県知多郡東浦町）などで積極的に道具類を売却し、食料との交換を行ったのである。

だがこうした商人たちの動きは織田方の察知するところとなった。特に水野信元と領域を接する佐久間信盛（信盛の本領は尾張国山崎城〈愛知県名古屋市南区〉、その所領は広く尾張・三河に分布していたといわれる）は、同じ織田家臣でありながら、日頃から水野信元と仲が悪かったといわれ、そのため信盛は武田方の息のかかった商人たちが信元の城下や領域で、兵粮の調達を行っていることを察知すると、信元はこれを取り締まらないばかりか、秋山虎繁に味方して岩村城への兵粮調達を支援していると信長に讒訴《ざんそ》したという。

信長は激怒し、使者を派遣して信元に事実関係を問い質《ただ》そうとした。詰問を受けた信元は周章狼狽《しゅうしょうろうばい》し、家老ひとりを信長の元へ派遣して申し開きをしようとした。ところが信長の使者に同道して、岐阜に向かっていた信元の家老は、酒に酔って使者と喧嘩に及び、ついに二人とも絶命するという不手際を犯した。このため信元は弁疎することができず、さらに佐久間信盛がこの一件についても露見を恐れて喧嘩を装い、信長の使者を斬ったものとの讒言を重ねて行ったため、信長はついに信元誅殺《ちゅうさつ》を決定した。驚いた信元は、甥にあたる徳川家康のもとに逃れた。家康は自分にとって甥であるとともに、主君信長と同盟者であり、その取り成しで赦免を期待したものと推察される。

だが信長の勘気が解けることはなかった。信長は家康に、信元に切腹させるよう要請した。家康は信元が岡崎城に逃れてくると、とりあえず松平氏の菩提寺大樹寺《ぼだいじだいじゅじ》に匿《かくま》ったが、信長の怒りは容易に収まらず、結局、家康は信長の命令は拒めないと判断した。そこで、重臣石川数正を派遣して岡崎城に迎えることになったと偽って大樹寺から誘い出し、家臣平岩親吉《ひらいわちかよし》に言い含めておいて、その途中で謀殺したという（『寛政譜』）。

これに対して『松平記』は、十二月二十七日に切腹させたといい、また江戸時代に岡崎や三河国の巷説《こうせつ》を記した「岡崎東泉記」には、岡崎城下の松応寺《しょうおうじ》で自刃したと記述されている（『新編岡崎市史』通史編）。この時、水野信元の子信政《のぶまさ》（じつは養子、信元の弟信近《のぶちか》の子）も同じく誅殺されたという。信元の享年は定かではないが、五十歳代前半と推定されている。

水野信元は、天文十二年（一五四三）に父忠政の跡を継ぐと、今川義元に帰属していたそれまでの路線を転換し、信長の父織田信秀と結んで今川氏と対抗する最前線を担ってきた。このため、今川方にあくまで身を置こうとする松平広忠と訣別することとなり、広忠は信元の妹である家康生母於大と離別するのである。

その後水野信元は、永禄三年（一五六〇）の今川義元の尾張侵攻という最大の危機を信長とともに桶狭間合戦で乗り切り、甥の家康と信長の同盟を仲介し、三河一向一揆で危機に陥った家康を支援するなど、徳川氏の三河統一や織田氏の東国政策に重要な役割を果たしてきた。しかしここで信長は、功臣水野信元を、武田氏に内通したとの疑いで誅殺する行動に出たのであり、家康の取り成しも奏功しなかったのである。

『松平記』によると、水野信元誅殺後、その所領は佐久間信盛に与えられた。ところが信盛は、水野氏の遺臣に過酷な仕打ちを行ったという。同書には「下野守跡をば佐久間申請知行しけるが、無程むくい、大欲心にふけり、刈屋の古き侍水野左近以下追出し、その跡を皆己が蔵入にしなど不作法計いたし、金銀を貯、其後大坂城の討手に下り、天王寺に数月対陣し一度も勝利なくして信長より改易せられける」と記されている。この記述は事実であったようで、織田信長が天正八年八月に佐久間信盛・信栄父子を追放した弾劾状の一節に「一小河・かり屋跡職申付候処、従前々人数も可在之と思候処、其廉もなく、剰先方之者共をは多分追出、然といへとも其跡目を求置候へハ、各同前事候ニ一人も不拘候時ハ、蔵納ニとりこミ、金銀になし候事、言語道断目事」と明記されている（信長八九四号）。

信元が誅殺された水野氏は、しばらく逼塞を余儀なくされるが、天正八年八月佐久間信盛が信長の勘気に触れて追放されると、信長は同年九月に信元の末弟忠重を召し出し、刈谷城を預けることとした。水野忠重は、九月二十三日に刈谷城に入城し、知音《ちいん》の人びとに使者を遣わし着城を報告している（『家忠日記』）。これ以後、水野忠重は、亡兄信元と同様、信長の指示に従いながら、徳川家康支援の任務を担うこととなる。なお信元の遺児茂尾はのちに家康の目に留まり、成人の後に土井正利の養子となり、やがて二代将軍徳川秀忠の小姓になり、長じて老中となった土井利勝であるという（『松平記』『寛政譜』）。ただし、土井氏ではその事実を認定しておらず、土井利勝はあくまで正利の実子として系譜に登録されており、実否はなお検討を要する。

三、足利義昭の暗躍

戦国のオルガナイザー

戦国時代の帰趨《きすう》を決定した元亀・天正争乱において、織田信長に対抗する諸戦国大名を結びつけるオルガナイザーの役割を果たし、結集核となったのが、室町幕府最後の将軍足利義昭である。義昭は、石山本願寺、近江国浅井長政、越前国朝倉義景らと結び、さらに元亀四年（一五七三）四月には武田信玄とも連携を図った。この結果、形成されることになったのが信長包囲網である。

しかし、元亀四年四月に、武田軍が三河から撤退し、その陣中で信玄が病没すると、信長は息を吹き返し、義昭を山城国槇島城《まきしま》（京都府宇治市）に攻めて降伏させ、これを河内若江城の三好義継《みよしよしつぐ》のもとへ追放し、次いで堺へと追いやった。義昭はなおも信長打倒の野望を捨てず、今度はかつて前将軍足利義輝も頼みにしていた中国地方の雄毛利氏に援助を求めようとした。だが、足利義昭を庇護することは畿内の争乱に巻き込まれ、織田信長との対立を惹起《じやつき》することを意味したから、毛利輝元らは慎重であった。

天正元年（一五七三）から輝元は、義昭の身柄を直接保護するのではなく、信長と義昭の関係を調停して、義昭を京都に戻すよう工作を開始した。だが、足利義昭が信長からの人質受け取りを執拗に要求したことから、話し合いは暗礁に乗り上げ、ついに交渉は不調に終わった。このため、義昭は堺を退去せざるを得ず、またすぐには毛利氏の庇護を期待できないことにもなり、天正元年十一月、やむなく紀伊国由良《ゆら》に所在する興国寺（和歌山県日高郡由良町）に滞在することとなった。その後、義昭は、信長打倒と帰洛《きらく》のため、武田勝頼・北条氏政・上杉謙信の三者和睦の調停に乗り出すのである。

新史料の発見と甲相越三国和睦調停

二〇一六年、長崎県の大村市立史料館所蔵の「大村家史料」から、武田勝頼と毛利輝元の往復書状の写本五通が発見された。内容を検討したところ、いずれも新出のもので、『戦国遺文武田氏編』など既刊の史料集にも未収録のものであった。いずれも、天正四年のものと確定されたが、これを紹介、分析された丸島和洋氏によって、驚くべき事実が明らかとなった（丸島和洋・二〇一六年）。

武田勝頼は、足利義昭より、上杉謙信、北条氏政と和睦するよう命じられ、義昭を仲介とした三者間の交渉が始まった。通説では、それは天正四年八月に始まり、同年末に流れたといわれてきた。実際に関係文書は、『戦国遺文武田氏編』『戦国遺文後北条氏編』などにも、天正四年分に掲載されている。

ところが、義昭が実施した「甲相越三和」（甲相越三国和睦構想）は、天正三年の義昭単独と、翌天正四年の毛利氏を含む調停活動の二度実施されていたというのである。政治史の研究は、無年号の書状類を根拠に進められる場合が多く、新史料の発見や無年号文書の年代推定の変更によって書き換えられることが少なくない。これもその典型例といえるだろう。

足利義昭、甲相越三国和睦調停に乗り出す

足利義昭が、武田勝頼と上杉謙信の和睦を要請したのは、天正三年三月二十一日付、義昭御内書を初見とする（『謙信公御書集』五〇七頁）。

近々染筆候、甲越井本願寺門跡等儀、此節遂和与、天下再興儀頼入候、令三和於上洛者、
諸国輝虎可任覚悟事安中候、然ハ末代可為名誉、得其意、上杉可加異見儀肝要為其指越最
勝院、猶藤長（一色）・昭光（真木島）可申候也
三月廿一日　御判《義昭公》
河田豊前守（長親）とのへ

この御内書で義昭は、武田勝頼と本願寺（一向宗）と三和を結び、天下再興に尽力するよう求め、上洛が実現したら諸国のことは上杉謙信に委ねると宣言している。ここで義昭が目指したのは、武田・上杉・本願寺の三和であって、その構想に北条氏ははいっていなかった。

当時勝頼は、織田・徳川領への侵攻を実施し、領国拡大を達成していた。いっぽうの上杉謙信は、信長・家康との同盟を維持しつつ、勝頼の動きを警戒し、また北陸の一向一揆との抗争を本格化させていた。当時、三者ともにこれに同意する動きをみせていない。

しかし義昭は諦めなかった。天正三年五月、勝頼が長篠合戦で大敗を喫すると、まもなく今度は、武田・上杉・北条三氏の「甲相越三和」の実現を目指し動き出す。その史料は、以下の通りである。なお丸島和洋氏の研究に従い、これらの書状群は、天正四年ではなく、その前年の天正三年に比定し直されるべきものであろう。

【A】北条氏政書状（戦北一八六四号）

就　御入洛之儀、勝頼可及行旨、被申上候哉、依之、於氏政も可走廻趣、被　仰出候、尤
奉存其旨候、随身之儀、努存無沙汰間敷候、宜御取成可為肝要候、恐々謹言

八月六日　　　　　　　　氏政（花押）

真木島玄番（蕃）頭（昭光）殿

【B】北条氏政書状写（戦北一八六五号）

就甲越相三和之儀、被指下大和淡路守、御内書謹致頂戴候、去春以陽春軒被仰出候砌、如（ママ）及御下知之外、不可有之候、此旨可預御披露候、恐惶謹言

八月六日　　　　左京大夫氏政

進上　真木島玄蕃頭殿

【C】北条氏政書状写（戦北一八六七号）

就三和之儀、被指下大和淡路守方候、氏政是非共御下知之外、不可有之候、可然之様、御披露頼入候、恐々謹言

八月六日　　　　左京大夫氏政

真木島玄蕃頭殿

義昭が、織田信長打倒に向けた、甲相越三国和睦構想を記した書状は、三氏同時に発給されたのであろう。時期は不明ながら、恐らく長篠合戦直後の五月末から六月ごろにかけてではないだろうか。

八月六日付の【A】【B】【C】三通の文書は、武田勝頼からは足利義昭に協力するとの返答があったと思うが、このことに氏政も異存はなく、義昭に協力する意向であること、義昭が御内書で提示した指示に従うつもりであることを約束している。北条氏政は、武田勝頼が同意し

たのであれば、北条氏としても三国和睦には異存がないと表明した。これにより北条氏は、宿敵上杉謙信との対立解消を目論《もくろ》んだのである。なお同日付で北条氏政は、真木島昭光《まきしまあきみつ》に対し、義昭から御腰物を拝領したことへの感謝を述べ、その披露を依頼しているが、それによると、義昭の御内書には氏政に「関東静謐《せいひつ》」（上杉謙信との和睦）を命じる文言があったらしい（戦北四九二一号）。

いっぽう、武田氏に対しても、義昭からの働きかけがあった。天正三年八月三日、義昭側近一色藤長《いっしきふじなが》が武田信豊に次のような書状を出している。

【D】一色藤長書状写（戦武四〇八四号）

就御入洛之儀、甲・相・越三和之儀幷其表御動為可被差急、委細被仰含信興差越之候、仍被成御内書候、此度被太守加異見、御入眼段簡（肝）要由、猶得其意可申由被仰出候、御馳走可為尤候、恐々謹言

八月三日　　　一色式部少輔入道

藤長

武田左馬助（信豊）殿

一色藤長は、義昭の帰洛支援のため、甲相越三国和睦と武田軍の織田・徳川領国侵攻を早急に実現させるべく使者信興《のぶおき》（詳細不明）を派遣したと伝え、さらに足利義昭がこの問題についての御内書を発給したので、武田信豊からも勝頼にこれに従うように意見してほしいと述べている。

甲相越三国和睦構想を実現させるべく、義昭は家臣武田甲斐守義貞（若狭武田氏の一族、若狭武田氏滅亡後は一時甲斐武田氏に身を寄せ、後に足利義昭家臣となった）を勝頼のもとへ派遣した。交渉の結果、三氏のうち、一氏だけがこれに同意せず、勝頼は経過報告と義昭の指示を受けるよう武田義貞に依頼した。そこで義貞は、いったん義昭のもとへ戻った。勝頼は、九月二十八日付でこのことを、一色藤長に書状で知らせている（戦武二七二五号）。

では、甲相越三国和睦交渉は、どうなっていたのか。八四頁で述べたように、勝頼は天正三年十月、上杉謙信との間で和睦を成立させていた（上越一二七一号）。勝頼は長篠敗戦、織田・徳川方の東美濃、遠江侵攻という未曾有の危機を迎え、足利義昭の命令を即座に了承し、上杉氏との和睦に踏み切ったのである。同盟国北条氏政も謙信との和睦に前向きであり、勝頼が異存なければ自分も受諾の用意があると義昭に返答していたことは、先の書状群ではっきりする。

北条氏は、甲越の和睦はすでに速やかに整い、あとは氏政と和睦するよう上杉謙信を足利義昭が説得できるかどうかにかかっている。氏政は、義昭の上洛をお手伝いするつもりでいるとの意思を変えていなかった（戦北一八八六号）。

では、三国和睦構想はどうなったのであろうか。

構想実現せず

先に武田勝頼は、武田甲斐守義貞と一色藤長を通じて、武田・北条・上杉三氏のうち、一氏は上洛支援に従うが、一氏は難色を示しているとの情報を足利義昭に伝えた。もちろん勝頼自身は、和睦と義昭の上洛支援に従う意向であった。そして北条氏も義昭支援とそのための和睦に同意し、勝頼が謙信と和睦することにも賛意を示していた。

となると、義昭の上意に難色を示していたのは、謙信だったことになる。

このことを知る文書が残されている（上越一二三〇号）。それは上杉重臣直江《なおえ》景綱《かげつな》・河田《かわだ》長親《ながちか》が連署で、足利義昭に送ったと想定される覚書である。従来は、天正四年に比定されているが、天正三年のものであろう。五ヵ条におよぶ内容は、謙信が、足利義昭への心馳《こころば》せを疑わないでほしいことや、この度、義昭が御入洛を延期したことは今後に悪影響を及ぼす可能性があることなど、義昭に対する意見が綴《つづ》られている。しかし、もっとも注目すべきは、第二条である。

一今日迄者、存分之儘ニ候、三ヶ国無事之儀、是者謙信存分之旨候間、於越・甲計者可応上意候歟、相州於可被差添者、被致滅亡候共、亦得御勘当候共、無二存切候事

これによると上杉謙信は、甲相越三国和睦について、武田勝頼だけとの和睦には義昭の上意に応じるが、これに北条氏政を加えるのは断固反対で、たとえそれが原因で謙信が滅亡に追い込まれようと、義昭から勘当されようと、絶対に応じられないと、極めて厳しい態度で突っぱねている。

謙信がこれほどまでに北条氏政を憎むのは、永禄十二年（一五六九）に成立し、元亀二年に破棄された越相同盟の経緯が念頭にあったからであろう。謙信は、北条氏康が死去すると、すぐに同盟を一方的に破棄し、武田信玄との甲相同盟を復活させた氏政を憎んでいたのだろう。もちろん、越相同盟締結中の謙信の行動は、氏政を立腹させており、それが同盟破棄に至った

のだが、双方の憎悪は簡単には解けなかったのである。

かくて足利義昭が切望した、甲相越三国和睦構想は実現しなかったが、勝頼にとって強敵上杉謙信との甲越和睦が、北条氏同意のもとで実現したことは大きかった。謙信は、それまで織田信長と同盟を結び、友好関係を維持しており、天正三年五月の長篠合戦直後、勝頼を討つために、信長の信濃侵攻を支援すると約束していた。ところが、織田信忠の岩村城包囲とその陥落が実施されても、信長が上杉軍の信濃出兵を催促しても、梨《なし》の礫《つぶて》であり、それ以後、織田・上杉両氏の交渉が途絶えることとなった。その理由は、謙信が足利義昭の命令を受諾し、勝頼との和睦に踏み切ったからであったのだ。謙信は、外交路線を急展開させたのである。

かくて足利義昭の構想は敗れ去ったかに見えたが、彼は決して諦めなかった。甲相越三国和睦構想は、なお義昭の胸中を大きく占めていたのである。

四、武田勝頼の信濃防衛計画

勝頼の織田・徳川領国反攻計画

武田勝頼が三河長篠で大敗したとの情報は、すぐに諸国に広まった。だが、武田軍が撃破されたことを疑う者もいたようだ。奈良の多門院英俊は五月二十四日に、長篠で武田軍が大敗したとの情報に接し「実否沙汰」と記した(『多門院日記』)。英俊は情報が事実かを訝《いぶか》しみ、周囲の人びとも精度について噂しあったようだ。だが二十七日になって詳細が判明し、援軍として織田軍に派遣された筒井衆も無事に帰ってきたと記録している。大和国の人びとの間では、武田氏は上杉謙信とともに、その軍団が武勇で知られていたらしく、武田氏滅亡時の記録には「甲斐・越後之弓矢、天下一之軍士之由風聞」（『蓮成院記録』、天正十年〈一五八二〉三月条）とあり、天下で最強の軍団だとの世評を書き留めている。

同じく大和の大名松永久秀《まつながひさひで》家臣岡修理亮《おかしゆりのすけ》は、武田軍が信長に敗北したとの情報に接し、ただちに長延寺実了師慶（一向宗僧侶、甲府長延寺住職で武田氏と本願寺の外交を担う）のもとへ見舞状を出した。これを受け取った勝頼は、八月十日に返書を岡修理亮に送っている（戦武二五一二号）。このなかで勝頼は、先ごろ三河長篠で織田・徳川軍と決戦に踏み切り、勇将らを数多《あまた》討ち取ったが、その際に先手がいささか利を失ったと記した。これは実に苦しい言い訳であったが、少しでも敗戦を糊塗《こと》しようと腐心している様子がうかがわれる手紙といえよう。このなかで勝頼は、近日遠江に向けて出馬するつもりだと記し、さらに今度は尾張・三河に乱入し、雌雄を決すると述べている。

勝頼は、この文書と同日の八月十日、保科筑前守正俊に宛てて「今度有首尾向遠州出馬企、一大事之行《てだて》候之間、暫可為張陣候」と記し、遠江出陣を宣言するとともに、この作戦が大規模なもので、長期戦になる可能性にも言及していた。そして、徳川家康への本格的な反撃となることだろうと述べた。

これ以後、勝頼は天正四年には織田・徳川領国（尾張・美濃・三河・遠江）に出陣し、武田家興亡の一戦を行うことを全領国の家臣や同盟国に対し、頻《しき》りに喧伝している（戦武二五五五・五六号、二六〇七・七九号、二七二二号など）。そして当座の軍事目標を遠江に据えたのである。

だが勝頼が遠江に出陣し、家康と長期戦にもつれ込めば、徳川氏からの要請を受けて、織田信長が信濃に乱入してくる可能性が懸念された。また三河・美濃と国境を接する伊那では坂西一族の謀叛や、地下人《じげにん》（土豪・有力百姓層の総称）たちの敵地への逃亡が相次いでおり、勝頼はその対応に追われていた。遠江に出陣するためには、まず背後の信濃防衛を堅固なものにしなければならなかった。そこで勝頼は信濃防衛策を立案し、これを実行に移したのである。

勝頼、信濃防衛策を指示す

勝頼は、天正三年八月十日に保科筑前守正俊《ほしなちくぜんのかみまさとし》に二十八ヵ条にも及ぶ長文の指令を出し、信濃防衛のための軍勢配備を命じた（戦武二五一四号）。この文書は、高柳光壽氏が発見し、のちに奥野高廣氏が元亀三年（一五七二）武田信玄の西上作戦に際して作成された信濃防衛に関する文書だと指摘した著名な史料である（奥野高廣・一九八一年）。ところが、この文書を利用した研究は意外に少なく、山下孝司氏の研究がわずかにあるだけに過ぎない（山下孝司・一九九四年）。しかしながら、奥野・山下両氏ともにこの史料を、元亀三年の武田信玄が西上作戦を展開するにあたって出した命令であるとする点で一致している。

ところが、この文書に登場する諸士を分析すると、①元亀三年よりも天正期に登場する人物が圧倒的に多いこと、②この文書で高遠《たかとお》城に在城を命じられている武田信豊は、元亀三年十月に開始される武田信玄の西上作戦に同行しており、信濃にはいないこと、③伊那国衆坂西氏らが謀叛人としてこの文書では扱われており、その事実に合致する時期は天正三年以外にないこと、④この文書を元亀三年とすると、なぜ武田氏は信濃防衛の指示に関する詳細を、伊那郡司秋山虎繁ではなく高遠衆保科正俊に出したのか説明が困難である、などいくつもの問題点を列挙できる。

すなわちこの文書は、武田信玄が最晩年に発給したものではなく、天正三年八月、武田勝頼が長篠敗戦と岩村城攻防戦の発生や、伊那坂西一族の謀叛などへの対応と、遠江への出陣を前に信濃防衛の詳細を指示したものと考えることができる（『戦国遺文武田氏編』がこの文書を天正三年と推定しているのは炯眼《けいがん》である）。

それではこの文書を読み解くことで、武田勝頼の信濃防衛作戦の全貌を検討することにしよう。

まず勝頼がこの文書を保科正俊に宛てた理由について検討しておく。長篠合戦直後、武田勝頼は信濃にしばらく在陣して戦後処理を実施していたが、その際に高遠衆保科正直が勝頼を出迎え、そのまま飯田在城と信濃・三河国境平谷・浪合口の守備を命じられている（『保科御事歴』）。長篠合戦直後、信濃国伊那郡では、伊那郡司（郡代）秋山伯耆守虎繁は美濃岩村城に在城しており、不在の状況であった。そればかりか、まもなく織田信忠に包囲されまったく動くことができなくなっていた。そのため伊那統治の中心人物が不在という状況だったわけである。そこで勝頼は、高遠衆の重鎮保科正俊を息子正直とともに飯田城に配備し、防衛計画の詳細を伝えてその実現を命じたのであろう。勝頼が保科正俊・正直父子を頼ったのは、彼らが高遠諏《す》方《わ》頼継《よりつぐ》の旧臣であり、勝頼の高遠在城時代を支えた家臣だったからであろう。

勝頼が信濃防衛のために詳細な指示を行ったのは、彼に遠江に向けて「一大事之行」（重大な軍事作戦）を行う決意があったからである。勝頼が総力を傾注して遠江へ侵攻し徳川家康を攻めれば、家康は織田信長に懇願して支援を頼むであろう。そうなれば、織田軍は間違いなく信濃に攻め寄せてくるだろう。それを見越して、木曾義昌《よしまさ》が攻められれば伊那の武田方が、伊那が攻められれば木曾氏が互いを支援してこれを撃退しなければならない。勝頼はこのように述べ、伊那に御一門衆武田典廐《てんきゅう》信豊、重臣日向《ひなた》玄徳斎《げんとくさい》宗栄《そうえい》を派遣し、保科父子とともに信濃防衛に当たらせることとしたのである。

武田氏の信濃防衛拠点と指揮官たち

勝頼は、織田信長の信濃侵攻に対処すべく、武田信豊を総指揮官に任じ、日向宗栄と保科正俊・正直父子に彼の補佐を命じた。

まず勝頼は、高遠城の本城（本丸）に武田信豊を入れ、その麾下の軍勢は各曲輪に分駐させることとした。このほかに、勝頼側近小原《おばら》継忠《つぐただ》も高遠在城を命じられた（高遠にいた勝頼重臣青沼《あおぬま》助兵衛尉《すけべえのじょう》忠重《ただしげ》は甲府へ帰るよう指示されている）。また大島城には日向宗栄と武田家重臣栗原《くりはら》伊豆守《いずのかみ》信重《のぶしげ》・小山田《おやまだ》六左衛門尉《ろくざえもんのじょう》昌盛《まさもり》を配備した（栗原氏については、秋山敬・二〇一一年を参照）。なお保科正直は大島城に駐留するよう命じられていたらしく、正直は小山田昌盛ととも

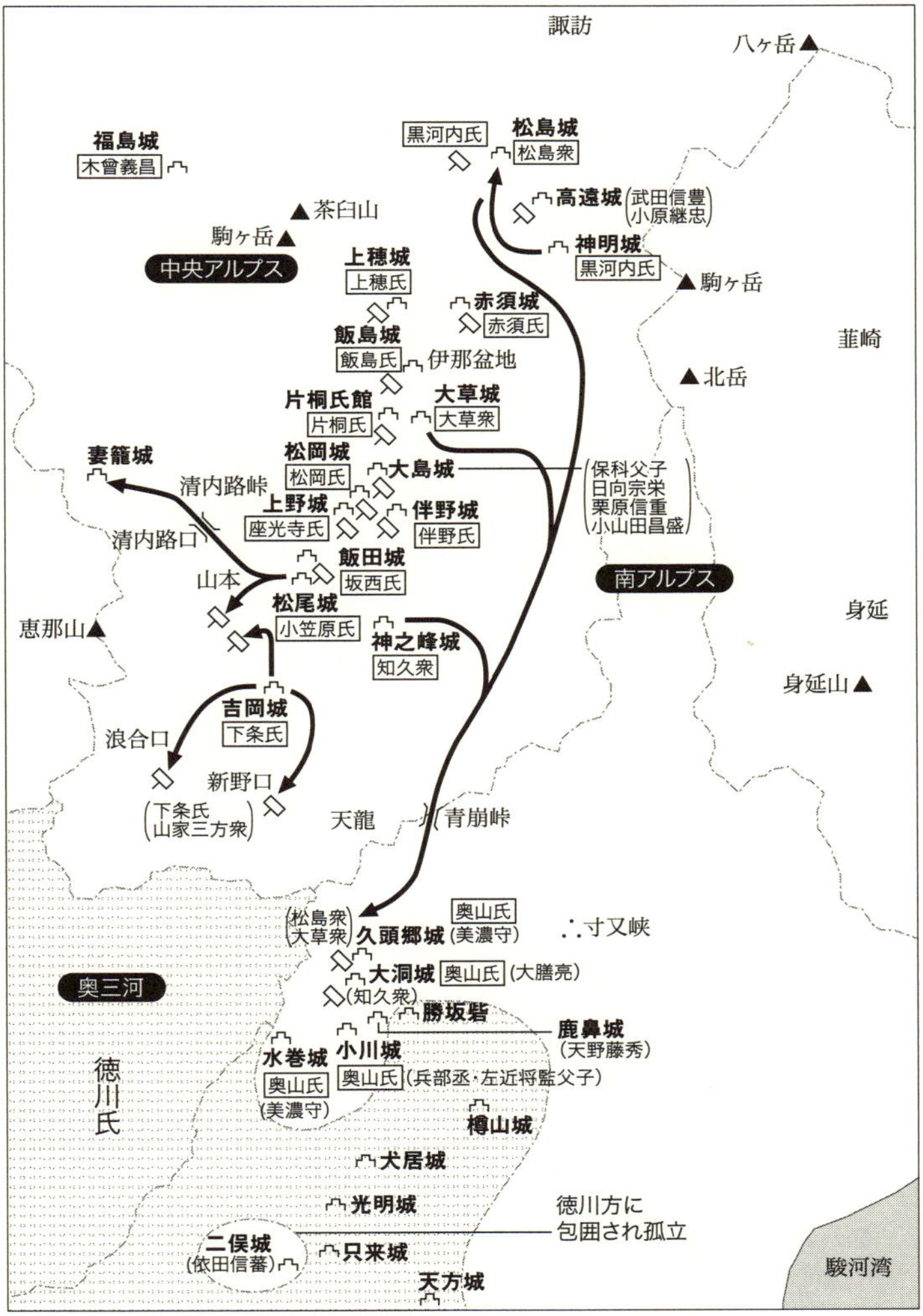

図3 武田氏の信濃防衛拠点の関連地図

に、秋山虎繁の同心衆の国衆と足軽衆を指揮するよう指示されていた。これは秋山虎繁が美濃岩村城に籠城中のため不在であったからで、このことからもこの文書が天正三年のものであることを裏づけるといえる。

また大島在城衆は、堅固な備えを敷くためにも表裏なく何事も協力しあい、人数が不足であれば加勢するよう命じられた。また勝頼は、高遠城と大島城に兵粮の籾子を集中して搬入しておくように特に指示し、さらに二つの城の物資の備蓄状況を調査させ、なにか不足のものがあればただちに報告するよう命じた。そして不足品はすぐさま補充すると記している。この配備は、伊那における武田領国の拠点が、上伊那の高遠城と下伊那の大島城と定められていたことを示す。

そのうえで、松尾城主小笠原信嶺（以下、松尾小笠原）、吉岡城主下条《しもじょうのぶうじ》信氏、春近衆（大島・片桐・上穂・赤須・飯島の五氏（註））から、当主はもちろんその家中の人びとや、親類が多い有力者からも妻子を人質として提出させ、高遠城に集めさせた。いうまでもなく、離叛を防止するためである。

また村の地下人についても、地域のことを知悉《ちしつ》している者を案内者とし、詳しく調査のうえ謀叛のおそれがある者や、親族が数多くいる者などについては、同じく妻子を人質として提出させ、これも高遠城へ集めるように指示している。そのほか、疑心がないと判断された地下人については、起請文を提出させ、決して逆心しないと誓約をさせたうえで「山小屋」（砦や村持ちの城の総称）に入れ、敵が退却を始めた時や路次《ろじ》を封鎖しなければならぬ頃合いを見計らって呼び出し、作戦に協力させることとした。

さらに山々や嶺々にあらかじめ人数を配置しておき、織田軍が軍事行動を開始したらただちに狼煙《のろし》を上げて合図を送るよう手配させた。なお下伊那の地下人や百姓らが小屋入の準備をしている間は、上伊那の箕輪周辺の人びとを動員して様々な雑務を行うよう命じている。これは、敵の攻撃にさらされる危険性が高い下伊那の人びとには、小屋入や山揚がりを命じ、その後方支援のための夫役などは上伊那の人びとが負担するという分担が成り立っていたのであろう。

なお勝頼は、木曾義昌、下条信氏、松尾小笠原信嶺、春近衆のもとへ目付を派遣し、その行動を監視させている。そして今度の作戦で、忠節が認められた者について、侍身分であれば知行を与え、寄騎《よりき》（与力）や凡下《ぼんげ》（雑兵）であれば、当座の褒美として黄金・鳥目《ちょうもく》（銭）・籾子などを与え、身分を問わず希望を叶えるようにすると定め、士気を鼓舞している。

国境諸口の防備

勝頼は、伊那郡内の主要城郭に備えや人質などに関する指示を出すと、次に国境各口の防衛のための指令を列挙している。まず重視されたのが信濃・美濃国境の妻籠《つまご》城の防衛である。織田軍が岩村方面から侵攻した場合に、妻籠城が最初に攻撃を受ける懸念が高かったからである。その在番については、松尾小笠原衆が配備され、とりわけ重要な時節であるので、その警固には特に注意するよう指示した。また妻籠城の後詰と、清内路口警固のため、当主小笠原信嶺は所領の軍勢を率いて山本に在陣するよう命じられた。

また下条信氏は、信濃・三河国境の浪合口と新野口を警固すべく、在所の軍勢を率いてこれらに配備し、信氏自身は小笠原信嶺とともに山本（飯田市）に在陣することとなった。このほかに、長篠敗戦で本領を失い、武田方に亡命した山家三方衆（田峯菅沼氏、長篠菅沼氏）は、下条信氏とともに行動するよう命じられ、信濃・三河国境警備についた。

このほかに伊那の武田方は、木曾谷の木曾義昌の動向に注意しつつも、何事につけてもよく相談するようこころがけ、木曾谷の守備が堅固であるよう配慮せよと指示され、加勢の要請が義昌からあれば必ずそれに応じるよう厳命されている。また上下伊那衆は、木曾衆にはとりわけ懇切に接するよう指示されている。信濃の防衛が成功するか否かの帰趨は、ひとえに木曾義昌と伊那衆の連携にかかっていたのである。

しかしながらもし万一、織田軍に国境の諸口を突破されたならば、松尾小笠原信嶺と下条信氏は大島城に、春近衆は高遠城に籠城するように指示された。また敵が攻めてきたら、むやみに城外に出て防戦することは厳禁とされ、城内の持ち場をそれぞれが堅固に守り、浮衆《うきしゅう》（遊軍）と連携して敵を討ち取るよう命じた。この籠城策は、かつて武田信玄が駿河侵攻の際に駿河横山城（興津城）、久能山城の籠城衆に指示した内容とほぼ同じである（戦武一三九六・九七号）。

勝頼の指示のなかで目を惹《ひ》くのが、春近衆や座光寺・伴野氏らに対する配慮である。春近衆のうち飯島・片桐氏がとりわけ忠節を尽くしたならば、重恩として大草を知行として与えると約束している。また大島・座光寺・伴野氏の家中（家臣）に対しても、忠節に励めば望みを叶えると特記している。これは飯島・片桐・大島・座光寺・伴野氏の当主が岩村城に籠城していることを念頭に置いた勝頼の配慮であろう。これらの人びとの家中は、当主が織田軍に包囲され、その救援の目途が立たないという状況下にあり、恐らく動揺していたものと考えられる。彼らが織田方の調略に靡《なび》かぬよう、勝頼は忠節に対しては手厚く遇すると約束することで、離叛を食い止めようと必死だったのであろう。

だが諸氏の家中では当主が留守のため、これらの人びとを統率する物主《ものぬし》（指揮官）が必要であった。そこで勝頼は、武田氏の直参衆のなかから物主を選抜し、彼らの指揮を執るように命じている。このことからも、この文書が天正三年八月のものであることがよりいっそうはっきりするであろう。この方法は、武田氏の直参衆が指揮を執ることで、彼らの軍事力を有効に使用できるだけでなく、その動向を監視し、離叛を食い止めるという重要な意味もあったと推察される。

勝頼が伊那衆の離叛に対して極めて敏感であったのは、やはり六月下旬に発生した坂西一族の謀叛が衝撃的であったからであろう。この文書でも、勝頼は坂西、久内《ひさうち》、伊月《いづき》（伊豆木か）、矢沢又兵衛尉《やざわまたべえのじょう》、佐野《さの》善右衛門尉《ぜんえもんのじょう》・佐々木《ささき》新左衛門尉《しんざえもんのじょう》らの伊那衆が、織田方に内通して在所を退散したという事実に言及しており、その実態調査を命じ、彼らの一族や仲間を厳しく穿鑿《せんさく》し、仕置について協議するよう求めている。このうち、詳細が判明するのは坂西氏だけであるが、実際には天正三年六月から七月にかけて、織田氏の調略が伊那の国衆、地下人らに伸び、これに同調したものの蜂起に失敗し、敵地に逃れ去った者が少なくなかったのであろう。

そして勝頼は、もし敵の軍事行動が虚説で攻めてくるような状況がなければ、物主らは在陣衆や人夫を動員して城普請を実施するよう求めている。これは、勝頼の指示があるまで臨戦態勢は解除されず、引き続き普請を実施しながら敵の様子をうかがい、持ち場の警固を維持することを意味しているのだろう。

勝頼が軍備を固めたのは、信濃国伊那・木曾郡だけではなかった。信濃と国境を接する北遠江の防衛にも腐心しているのである。

上伊那の松島城を守る松島衆と、小原継忠（勝頼側近）同心の大草衆は、北遠江の奥山へ加勢として派遣された（ただし小原継忠自身は高遠城への在城が指示されている）。松島衆と大草衆が加勢として派遣された奥山とは、久頭郷《くずごう》城（高根城、静岡県浜松市天竜区水窪《みさくぼ》町）のことである（鈴木将典・二〇一二年）。この史料によると、すでに勝頼は、奥山に加勢を派遣していたが、新たに松島・大草衆を増派し、また武田信豊同心の知久《ちく》衆を大洞《おおほら》に在城させたのである。この大洞については、山下孝司氏が伊那郡大洞と指摘しているが誤りで、奥山の大洞城（若子城、静岡県浜松市天竜区佐久間町）のことを指す（鈴木氏前掲論文）。勝頼が奥山郷の二つの城に加勢を配備したのは、既述のように前月の七月から徳川軍の犬居谷攻撃が開始され、天野藤秀は光明城、犬居城、樽山城、勝坂城を相次いで失い、鹿鼻城で辛うじてこれを食い止めるという危機的状況にあったためである。これ以上徳川軍が北上すれば、奥山大膳亮《おくやまだいぜんのすけ》が支配する奥山郷は危うくなり、信濃・遠江国境の青崩峠と秋葉街道（信州街道）の利用が完全に不可能になってしまう可能性があった。勝頼はなんとしても天野藤秀を後方から支えつつ、秋葉街道を確保し、今後の遠江反攻の足場を確保したかったのであろう。

なお松島衆の加勢派遣によって手薄となった伊那郡松島城には、高遠の土豪黒河内氏が番《ばん》替《がわり》として特派され在城することとなった。

このように勝頼は、信濃伊那・木曾郡および北遠江の防備を固めたうえで、再編制したばかりの武田軍一万三千余人を率いて、遠江国小山城・高天神城の後詰に出陣した。勝頼が駿河・遠江国境の大井川に姿を現したのは、九月七日のことである。噂がしきりであった織田軍による信濃侵攻は、杞憂に終わった（実際には信長は本気で信濃を攻める予定を立てており、坂西一族らの謀叛もそれに呼応したものであったが、上杉謙信に北信濃出兵の約束を反故《ほご》にされたため実現しなかった）。

しかし既述のように、勝頼の遠江出陣は、小山城・高天神城の救援には成功したが、諏方原城は間に合わずに陥落してしまい、二俣城や犬居谷に救いの手を差し伸べることなど到底なしえなかった。勝頼が宣言した徳川家康との決戦も、織田信長との興亡をかけた一戦も結局は実現されることはなかった。弱体化していた当時の武田軍では実現性に乏しかったのであろう。勝頼の意図は、こうして不発に終わったのである。

（註）春近衆とは、「春近領」（春近郷、春近地）と呼ばれる地域に住む武士団の俗称である。春近領とは、中世を通じて皇室の御服料用途（皇族の衣服費をまかなうこと）のために年貢を進上する地域のことをいい、全国のうち美濃・上野などの数ヵ国に設置され、信濃では伊那郡のほか、高井・更級・筑摩郡などにもあったことが知られる。なかでも伊那郡の春近領は規模が大きく、天竜

川の両岸に設定されていた。そのため、旧春近領に割拠した武士赤須・大島・上穂・飯島・片桐(片切)氏ら五人衆は「春近衆」と呼称された。

勝頼、三河・遠江での反攻を企図す

波乱の天正三年が暮れ、明けて天正四年、勝頼は前年以来宣言していた三河への侵攻を実施しようと考えた。そのため、海津《かいづ》城代春日虎綱を信濃・三河国境に配備して、織田・徳川方の動向を監視させ、あわせて侵攻のタイミングをうかがっていた。春日虎綱が海津城を空けることが可能であったのは、上杉謙信が織田・徳川両氏に呼応して北信濃に侵攻する懸念が解消されていたからであろう(勝頼は謙信と、長篠合戦直後の天正三年十月ごろに和睦していた)。残念なことに、虎綱がどこに在城していたのかは判然としない。しかし、武田氏の伊那防衛の拠点としては、飯田城と大島城を挙げることができるので、このどちらかであろう。可能性として、武田氏がのちに上野衆を配備する飯田城ではないかと推定する。

勝頼は、天正四年一月六日に春日虎綱に書状を送り、三河侵攻の延期を通達した(戦武二二五三号)。この文書によると、勝頼は三河侵攻に向けて準備中であった虎綱に対し、筮竹《ぜいちく》で占ったところ、天正四年春の軍事行動はよろしくないとの卦《け》が出たため延期することにしたと報じた。

この三河侵攻作戦は、虎綱を含めた重臣層との合議により承認された決定事項であったらしい(「三河筋之行尤之由談合落着」)。ところが勝頼がもし軍事行動で不覚を取るようなことがあ

れば他国への外聞も悪く、しかも「彼密事露見之仏事」も来る二月に控えているので、三・四月まで延引することに決定したという。そこで勝頼は、春日虎綱を召し寄せるため、城の番替として禰津《ねつ》松鷗軒常安《しようようけんじようあん》、小幡上総介信真《おばたかずさのすけのぶざね》ら上野衆を派遣することとし、彼らは到着し次第帰還するよう指示している。また、徳川家康の動向についての近況報告を求めている。

ところで勝頼が虎綱に述べた「彼密事露見之仏事」とはなんであろうか。じつはこれこそ、亡父武田信玄の葬儀を指すものであろう。信玄の葬儀を「彼密事露見之仏事」と呼ぶことについては、御宿監物《みしゆくけんもつ》書状に「彼密事有顕形」と明記されており、類例が認められるのでほぼ間違いなかろう。

信玄の死は、その遺言により秘匿されていたことは、「天正玄公仏事法語」からも証明でき、それまでは「密事」扱いであったことは確実である。なお春日宛の勝頼書状の文書の年代については、『戦国遺文武田氏編』は天正二年、『愛知県史』は天正十年に比定しているが（愛⑪一四九二号）、以上のような理由や、この文書に岩手信景、禰津松鷂軒常安、小幡上総介信真が登場し、虎綱に協力しつつ徳川家康の動向に注視している時期などを勘案すると、天正四年が正しいであろう。

だが延期されていた武田勝頼の三河侵攻は、ついに実現しないまま終わった。長篠敗戦によってすべての拠点が失われ、内通者を募ることが困難となった三河では、軍事侵攻は難しいと判断されたのであろう。

それに対して遠江侵攻は、天正四年九月に入って勝頼自身により、また同年末には天野藤秀によってそれぞれ実施された。武田勝頼が、天正四年九月に遠江に出陣したことについては、『当代記』に次のように記録されている。

八月、家康公到駿州山西御動、人足共如思令苅田、武田聞之、彼表江出張之間、遠州中郡江令帰馬給、さて武田は小山陣取

これによると、天正四年八月、徳川家康は駿河に侵入し、山西で人足を動員して思いのまま苅田を実施したという。対象となったのは、田中城周辺であろう。これを知った勝頼が軍勢を率いて九月に出陣してきたため、家康は軍勢を遠江の中郡（牧野原城であろう）に撤退させた。これについては、九月十一日に、武田氏が遠江国平田寺（牧之原市大江）に禁制を発給しているので事実とみられる（戦武二七二〇号）。家康が撤収したため、勝頼は小山城に入り、麾下の軍勢は周辺に陣取って徳川軍の動向を監視した。

ところが九月、小山の武田方の陣中で異変が起こった。『当代記』の伝えるところによると、武田重臣甘利《あまり》三郎次郎《さぶろうじろう》信恒《のぶつね》（甘利郷左衛門尉《ごうざえもんのじょう》信康《のぶやす》の子）が暗殺されたというのである。甘利は享年十七であったという。

同書によると、犯人は佐橋甚五郎といい、もとは三河国岡崎の出身で、家康嫡男徳川三郎信康の小姓であったが、某年に仲間の大小の刀を盗んだことが露見して欠落し、この二、三年は武田氏に仕えていたという。ところが今回、武田軍が小山に在陣している時に、これに加わっていた佐橋甚五郎は、甘利が寝入った隙を見計らって寝首を掻《か》き、自分の刀を捨て彼の所用していた大小を差して徳川方の陣中に逃げ込んだのだという。だが、武田重臣甘利三郎次郎信恒

を殺害したにもかかわらず、家康は再出仕を許したが、決して重用しようとはしなかった。というのも、佐橋甚五郎と甘利信恒との関係がいかなるものであったのかをつかんでいたためであった。

佐橋は、武田氏に出仕していた時、とりわけ甘利とは気が合う昵懇《じっこん》の間柄であったといい、だからこそ甘利も佐橋をいささかも疑わず信頼していたため、あえなく寝首を掻かれることとなったという。そればかりか、佐橋と甘利信恒は衆道《しゅどう》の関係であったというのだから、佐橋のやり方の汚さは前代未聞だと当時でも指弾されたといわれる。このため家康ばかりか、信康からも疎まれ、一両年を待たずにまたもや徳川領から欠落し、いずこへともなく姿を消したと記されている。

この逸話は『寛政重修諸家譜』をはじめ、『続武家閑話』『朝野旧聞裒藁』などの徳川方の記録にも紹介されており、森鷗外の短編小説「佐橋甚五郎」にも取り上げられているほど著名であるが、これ以上の事実関係を確認することはできない。しかしながら、武田勝頼は、遠江出陣の最中、長篠合戦を生き抜いた若手の重臣の一人を失ってしまうこととなったのである。

これに対して、天正四年末に天野藤秀が実施した遠江侵攻戦は、劣勢の続く武田方としては数少ない朗報となった。天野藤秀は、本拠地犬居城を逐われたばかりか、樽山城・勝山城をも徳川氏に奪取され、鹿鼻城に退避していたが、なおも犬居谷奪回を目指し準備を進めていたのである。

天野藤秀の反抗計画については、武田勝頼も江尻城主穴山信君を通じて惜しみない支援を与えていた。そして藤秀は、信君の肝煎りのもと、天正四年十二月に犬居谷に侵攻を実施した。『譜牒余録』によると、この戦闘は武田方天野藤秀と三浦右馬助員久が、徳川方の安倍《あべ》大蔵《おおくら》が守る樽山城を攻撃したものであるという。この作戦はそれなりの成果をあげたらしく、天野藤秀は、徳川方となった地域で「分捕・生捕・高名」といった乱取りを実施し、徳川方と戦闘に及んだ。この一連の戦闘で藤秀は、犬居谷を奪回することはできなかったが、徳川方に少なからぬ打撃を与えた。藤秀はこれらの「注文」(報告書)を穴山信君に送った。これはただちに勝頼にも転送、披露され、藤秀は激賞された(戦武二七五二号)。しかし天正四年に実施された武田方の反抗は、結局これのみであった。徳川領国への反抗すらまともに行えないほど、武田氏が長篠敗戦で受けた痛手は大きかったのであろう。

五、父信玄の葬儀

葬儀に向けた準備

三河・遠江反抗計画を挟んだ時期にあたる天正四年(一五七六)四月、勝頼は亡父信玄の葬儀を挙行し、その喪を正式に発することとした。葬儀の準備は正月から開始され、当初は二月に行われる予定であったらしい。だが諸事情から、命日前後にずれ込むこととなったようだ。

ところで信玄の葬儀に関しては、「天正玄公仏事法語」(県内記録七号)、「快川《かいせん》和尚法語」、

「鉄山集」（県外記録一四三・一四四・一五〇・一五一号）などが一級の史料として知られる。また駿河衆御宿監物が小山田信茂に宛てた書状（戦武二六三八号）も、葬儀の模様とともに武田信玄の死因を明記した史料として著名である。ところがこの御宿監物書状は、写本しか存在せず、しかもその信憑性《しんぴょうせい》をめぐっては真贋《しんがん》が議論の的になっている。とりわけ柴辻俊六・有光友學氏は、この書状を偽文書と判断し、史料的価値を認めておらず、今日ではそれが通説となっている。

　しかしながら、前記の「天正玄公仏事法語」「快川和尚法語」などの記述と照合していくと、御宿監物書状の内容と実のところ一致する部分が多く、偽文書と断定するにはなお検討を要すると私は思う。独特の漢文体で記されたことといい、内容が一級史料と符合することといい、御宿監物書状写を一顧だにしない現状は再考の余地があるのではなかろうか。本稿では、「天正玄公仏事法語」「快川和尚法語」を軸に、御宿書状や『甲陽軍鑑』の記述なども参考にしながら、信玄葬儀の模様を紹介しよう。

　元亀四年（一五七三／天正元年）四月十二日に信濃国駒場で死去した武田信玄の遺骸は、そのまま甲府に運ばれ、勝頼ら近親者のみの手で塗籠《ぬりごめ》（いわゆる納戸のこと）に安置された壺のなかに移され、封印された。その場所は、躑躅《つつじ》ケ崎《さき》館の一角であった。俗説として、信玄の遺骸が駒場で荼毘《だび》に付されたというものがあるが、これは「天正玄公仏事法語」の記述から完全に否定できる。

　じつは勝頼が執行した亡父信玄の葬儀は、これが初めてではない。天正元年四月、武田軍が甲府に凱旋《がいせん》した直後、遺骸を奉じた勝頼が躑躅ケ崎館において密葬を行った形跡がある。その記録は、「天正玄公仏事法語」「快川和尚法語」に正当六七日忌の際に、雪岑光巴《せつしんこうは》（甲府法泉寺住職）が「恵林寺殿塔婆銘」を唱えた、とあるのがそれにあたる。その後、天正二年三月二十七日に、信玄が死去する直前の元亀四年に特に命じて造らせた大聖不動明王を、勝頼が恵林寺に安置し、安坐開眼供養を実施している（「禅林雑記」、横山住雄・二〇一一年）。この不動明王こそ、恵林寺に現存するいわゆる「武田不動尊像」であろう。

この「武田不動尊像」は、信玄が京都の仏師康清を招き、自らの体を模刻させ、等身大にしたばかりか、剃髪《ていはつ》した髪の毛を漆に交ぜ像の胸部に塗り込めたと伝わる（『国志』）。この像がいつ作製されたかは明らかではなかったが、作者と伝わる康清は京都七条大仏師宮内卿法印康清と同一人物と推定されており、しかも彼は天正十一年（一五八三）に造立された織田信長木像（京都総見院）の作者として知られ（『山梨県史』文化財編）、時期的にも一致する。「禅林雑記」の記録に見える、勝頼が恵林寺に安置した「大聖不動明王」が「武田不動尊像」を指すとすれば、この造立は信玄が死を明確に意識した元亀四年であったということができよう。

その後、天正三年四月十二日、長篠に出陣する直前の勝頼は、春国光新《しゅんこくこうしん》（甲府長禅寺住職）を導師、快川和尚を副導師として招き、三回忌法要を実施した（「天正玄公仏事法語」）。

なお、ここで重要なことを指摘しておきたい。従来、武田信玄の葬儀は、菩提寺恵林寺で実施されたとの誤解が流布されていることである（たとえば、小林計一郎『武田軍記』『武田・上杉軍記』のほか、新田次郎の小説『武田信玄』も同様である。しかしながら恵林寺は、葬儀を正しく躑躅ケ崎館〈武田氏館〉で実施したと『恵林寺略史』に明記されている）。このことについては、「天正玄公仏事法語」に「府第」「府殿」（甲府の邸、居館のこと）、「荘厳府第」「荘厳私第」「荘厳華第」（壮麗に飾られた邸のこと）などと明記されており、明らかに躑躅ケ崎館で執行されていることがわかる。

さて、この法要には、一門・重臣層も参加していたはずであるが、はっきりしたことはわかっていない。ただ『甲陽軍鑑』が記す葬儀の模様は、この時のことである。従来、信玄の葬儀は天正四年四月に実施されたことが明確であったから、天正三年四月十二日と記した『甲陽軍鑑』の記述は致命的な誤記とされ、同書の信憑性の低さを証明する事例として指摘されてきた。ところが確実な記録をよく見ると、この時に勝頼が葬儀（三回忌）を営んでいることは間違いなく、『甲陽軍鑑』の記述は誤りでないことが判明する。

『甲陽軍鑑』によると、恵林寺快川和尚を導師とし、信玄の龕《がん》（棺）の周囲には喪主勝頼のほか、武田信豊（信玄甥）・穴山信君（信玄甥・娘婿）、仁科盛信《にしなもりのぶ》（信玄五男）、葛山信貞《かずらやまのぶさだ》（信玄六男）、望月左衛門尉（信玄甥、信豊実弟）、武田逍遙軒信綱（信玄実弟）、一条信龍《いちじょうのぶたつ》（信玄異母弟）、武田（川窪）兵庫助信実（同）、武田左衛門佐信堯（信玄甥）をはじめ御親類衆が囲み、龕に手をかけて供をしたという。信玄の位牌《いはい》は、当時九歳であった嫡孫武王丸（信勝）が持ち、稲掃筵《いなはきむしろ》の上に布を敷き、さらに絹を敷いた道を進んだとある。

この光景は後で紹介する天正四年の本葬とほぼ同じである。上野晴朗氏は、これを天正四年本葬の風景と混同したものだと指摘しているが（上野・一九七八年）、『甲陽軍鑑』を注意深く見ると、この絹を敷き詰めた道の両側には、虎落《もがり》が結われ、外からは見えないよう配慮されていることや、この行列には武田一門の他は重臣層（侍大将衆・直参衆）のみが従い、被官衆は虎落の外で見送ったとされているので、あくまで躑躅ケ崎館内部を舞台に形ばかりの野辺送りに留めた可能性が高いのではないかと思われる。この天正三年四月の葬儀を終えて、勝頼と一門、重臣層は慌ただしく長篠へと出陣し、そして戻らなかった者が多かったのである。

筆を戻そう。信玄の葬儀の日程は、天正四年四月十六日に決定された。それに先立ち、前日の十五日に四年ぶりに塗籠の壺の蓋が開かれることとなった。このことからすなわち、信玄の遺骸は、躑躅ケ崎館内部の一角に壺に入れられ秘かに安置されていたことがわかる。これを担当したのは、重臣春日弾正忠《だんじょうのじょう》虎綱・跡部《あとべ》大炊助《おおいのすけ》勝資《かつすけ》・跡部美作守勝忠の三人であった。彼らが壺を覗くと、信玄の遺骸は五体堅固のまま壺中に座していたという。恐らくミイラ化していたのであろう。春日ら三人は号泣しながら遺骸を厚棺に移したという。

野辺送り

天正四年四月十六日辰刻（午前八時頃）、信玄の葬儀が始まった。まず、躑躅ケ崎館で葬儀が盛大に行われた。導師は快川（恵林寺住職）、掛真《かしん》（肖像を掛けること）の語は東谷宗杲《とうこくしゅうこう》（信濃建福寺住職）、起龕《きがん》（出棺時の誦経の儀式の主役）の語は説三恵璨《せつさんえさん》（甲府円光院住職）、奠茶《てんちゃ》（死者に茶を供えること）の語は速伝宗販（信濃開善寺住職）、奠湯《てんとう》（死者に湯を供えること）の語は高山《こうざん》玄寿《げんじゅ》（甲府長禅寺住職）、下火《あこ》（松明で遺骸に火を点じること、導師の役）の語は快川、起骨（遺骨を集めることか）の語は鉄山宗鈍《てつざんそうどん》（駿河臨済寺住職）、安骨（収骨した遺骨を安置すること）の語は大円智円《だいえんちえん》（京都妙心寺僧、当時は長興院〈恵林寺塔頭《たっちゅう》〉住職）によってそれぞれ実施された。しかるのちに棺が躑躅ケ崎館から運び出された。

棺は前を武田逍遙軒信綱、穴山玄蕃頭《げんばのかみ》信君、後を武田典廏信豊、武田左衛門佐《さえもんのすけ》信堯《のぶたか》（信玄甥）が担ぎ、喪主勝頼は棺を引く綱を肩にかけ、その周囲を一門の人びとが取り巻いた。また信玄の御影《みえい》（肖像）は仁科五郎盛信、位牌は葛山十郎信貞、御剣は小山田左衛門大夫信茂（外戚）、さらに御腰物は秋山惣九郎、原隼人佑昌栄《はらはやとのじょうまさひで》（側近）が持ち、これに従った。

この葬列に従う武田一門や家臣はすべて烏帽子《えぼし》に色衣《しきえ》を纏《まと》っていたが、春日虎綱は永年信玄の側近くにいた経緯もあり、特に勝頼に願い出て剃髪し染衣を着用して従ったという。だがこれを契機に剃髪して従った人びとは春日のほかに数百人に及んだ。さらに僧侶は紫衣《しえ》の東堂（禅寺の前住）が七人、黒衣の長老は二十人、三論《さんろん》・成実《じょうじつ》・倶舎《ぐしゃ》・華厳《けごん》・律・天台・真言・浄土宗のほか、禅宗各宗派の人びとが千余人も扈従《こしょう》したという。

ところで、ここで気になることがある。棺を担いだ武田一門衆の四人のうち、武田信堯だけが異質なのである。天正四年当時、信玄の弟は異母弟ながら一条信龍、武田上野介信友は健在であったし、甥も武田信澄（武田信廉《のぶかど》の嫡男、ただし天正四年十二月二十七日に十七歳で死去しているので、この時は病臥《びょうが》していた可能性が高い）、一条信就《のぶなり》（信龍の子）、川窪信俊（長篠合戦で戦死した武田〈川窪〉信実〈信玄の異母弟〉の子、ただし当時十二歳）などが健在であった。そのなかで、なぜ武田信堯だけが棺を担ぐ栄誉に浴することができたのかは問題である。

じつは武田信堯は、天正七年に武田信玄の七回忌法要を、勝頼が主催したその後に、独自に行っているのである（「快川和尚法語」）。勝頼がなぜこれを許したのかは定かでないが、あるいは駿河・遠江をめぐる政治情勢と武田氏の権力機構の問題が絡んでいるのかもしれない。それは、長篠合戦後、江尻城代となった穴山信君の勢力伸長を牽制するため、勝頼が頼りにしたのが武田信堯だった可能性が想定されるからである。武田信堯とその父上野介信友は、駿河に在国しており、確証はないが父子は駿府館に配属されていたと伝わり、田中城などへの赴援活動を行っており、穴山信君と並ぶこの方面における武田一門衆の重鎮であった。このことは、同時に勝頼にとって穴山信君を牽制しうる一門衆は、武田信友・信堯父子しかいなかったことがわかり、この脈絡で信堯による信玄七回忌法要執行を読み解くことができるのではないかと思われる。

信玄の棺には、錦と刺繡《ししゅう》が施された綾絹《あやぎぬ》がその上を飾り、周囲は金・銀・珠がちりばめられた豪華なものであった。そして野辺送りの道には、白絹が敷かれ、左右には金燭《きんしょく》が立て並べられた。沿道には、葬列を見送る領民たちが多く集い、鼓鈸《くはつ》（銅鈸《どうばつ》のことで、円形の銅板二枚を打ち合わせて鳴らす楽器）が響き渡るなか、行列は粛々と進んだ。信玄に最後の別れを告げに集まった老若男女は、涙を流しながら葬列を見送ったという。

ところでこの著名な葬列は、従来恵林寺に向かった時のものと解釈されてきたが、実際には躑躅ケ崎館での葬儀に続いてのものであるので、火葬場に向かう野辺送りの行列であろう（横山住雄・二〇一一年）。信玄の遺骸は、甲府のどこかで火葬にされたと考えられる。あるいはその場所こそが、甲府岩窪《いわくぼ》に伝承される武田信玄火葬場なのかも知れない。岩窪の武田信玄墓所は、かつて信玄を荼毘に付した場所として伝承されていたことで知られるが、それを示すもっとも古い記録は、宝永三年（一七〇六）の「穏々山霊台寺碑」（『国志』巻一二〇）であるという（秋山敬・二〇〇五年）。

一般に流布されている武田信玄の岩窪墓所とは、江戸時代にここは周辺の住人たちに「火葬場」「魔縁塚」と呼称され、犯す者には必ず祟《たた》りがあると怖れられ、近づくものは少ない場所であった。ところが安永八年（一七七九）に代官中井清太夫が発掘したところ、土中より石棺を見いだし、そのなかには骨と灰があり、また蓋には「法性院大僧正　一機山信玄大居士　一天正元年癸酉四月十二日病死矣　一右三年之間隠蜜為諸方敵国　乙亥年四月十二日　於此処有御訪」と刻まれていたという（この石蓋に刻まれた銘文は、拓本が作成され、ひろく世間に流布した）。そのため、ここが武田信玄を荼毘に付した火葬場だと断定され、発掘された石棺と骨・灰は元の通り埋め戻され、幕府に申請してここを信玄墓所と定め、現在の石碑などが建立された。のちに天保十一年（一八四〇）に修復され、現在に至っている。またこの場所は、もとは武田重臣土屋右衛門尉《うえもんのじょう》昌続の屋敷跡だとされ、信玄の遺骸は土屋の屋敷に秘かに保管されていたのだともいう。

しかし、佐藤八郎『山梨県の漢字碑』（私家版、一九九八年）や秋山敬前掲論文によると、発掘された石棺の蓋の銘文はまったくの偽物で、しかもこの発掘がなされた安永八年は、信玄創設と伝わる甲州枡《ます》を幕府が廃止しようとしていたことに反対する運動が盛り上がっていた最中にあたっているという。つまり岩窪発掘は、信玄顕彰を甲州枡廃止反対運動の隆成に結びつけるために行われた一種のデモンストレーションであったわけであり、そのためには発掘の成果が是が非でも必要だった。そうした状況下で偽造されたのが、石棺の銘文だったのであろう。そもそも、発掘されたという石棺、骨や灰、石蓋に関する記録そのものが一切存在せず、しかも代官中井清太夫が発掘を主導したという話そのものが後世の付会である。

このように見ると、岩窪の武田信玄墓所に、信玄の石棺や骨・灰が埋納されている可能性はいかにも低いと思われるが、ただ先に明記したように、江戸前期の宝永三年には、すでにここが信玄を火葬した場所だとの伝承が古くからあったことは事実なので、ここで信玄が茶毘に付されたのかも知れない。ただし信玄が茶毘に付されたのは、天正四年四月十六日であって、天正三年ではない。また岩窪が土屋昌続の屋敷跡であり、信玄の遺骸が秘かに安置されていたというのも、すべて後世の偽作であるので注意されたい。

葬儀の執行

いずれにせよ信玄の遺骸は、甲府で茶毘に付されたと推察され、その後遺骨は再び躑躅ケ崎館に戻り、七仏事が執行された。確実な記録に残されているのは、初七日（四月十六日執行、円蔵院〈穴山武田信友菩提寺〉桂岩徳芳香語）、二七日忌（四月十六日執行、鉄鶱道角）、三七日忌（四月十九日執行、普同庵〈恵林寺塔頭〉末宗瑞曷）、四七日忌（四月二十日執行、駿河清見寺大輝祥暹）、五七日忌（不明）、六七日忌（四月二十二日執行、龍門紹顕）、塔婆式（四九日忌、四月二十三日執行、甲府法泉寺雪岑光巴）が実施された。恐らく、塔婆式が遺骨を菩提寺恵林寺に納めた日になるのであろう。

御宿監物書状によると、七仏事の分掌は、掛真が東谷和尚、起龕が説三和尚、鎖龕《さがん》（棺の蓋を鎖すこと）が藍田慧青《らんでんえせい》（甲府東光寺住職）、奠茶が速伝和尚、奠湯が高山和尚、下火が快川和尚、念誦《ねんじゅ》（誦文と名号を称えること）が圭首座《けいしゅそ》（不明）、執骨《しゅうこつ》（収骨のこと）が鉄山和尚、安骨が大円和尚、入室《にっしつ》（嗣法相続を遂げること）が速伝和尚、陞座（死者の冥福を祈ること）が快川和尚であったと記されている。このことから、初七日から四十九日までのすべての仏事は、奠茶の後に奠湯が行われているので、午後に執行されたことが判明する（午前の葬儀の場合は、先に湯、後に茶が供えられるのが原則）。

そして信玄の葬儀は、四月二十六日に躑躅ケ崎館で執行された七回忌法要で幕を閉じた。信玄の七回忌は正式には天正七年に実施されるべきものであるが、予修として行われた。導師は説三和尚、副導師は快川和尚がつとめている。こうして四月十六日から始まった信玄の葬儀は終了し、彼の喪が正式に内外に公表された。

勝頼は、葬儀がすべて終了した直後の天正四年五月十六日、高野山成慶院より派遣された使僧がもたらした祈禱《きとう》の巻数に対する返礼の書状を送り、あわせて亡父信玄の遺品を納めている（戦武二六五三号）。それによると勝頼は、信玄寿像《じゅぞう》（生前に描かれた肖像画）と遺品の数々を、高野山に帰還する使僧に託し、あわせて恵林寺殿（信玄）の日牌料として黄金十両を寄進している。この時、高野山成慶院に納められた武田信玄画像（寿像）については、現在でも論争があるが、その詳細は藤本正行氏の労作『武田信玄像の謎』（歴史文化ライブラリー206、吉川弘文館、二〇〇五年）に譲りたい。

勝頼、木曾義昌を警戒す

武田勝頼は、父信玄の葬儀に伴い、武田一族や重臣層を甲府に招集した。長篠合戦で生きのこった人びとが一堂に会する場となったのである。この時、勝頼は、四月三日付で木曾義昌の家臣団に対し起請文の提出を命じている（戦武二六二九号、平山・二〇〇三年）。

この起請文は全七ヵ条で構成されている。その内容は、

①武田勝頼と木曾義昌に対して、未来にわたり逆心や緩怠せぬこと。

②「甲州御分国中」（武田領国）の貴賤《きせん》（領主や民衆）が、武田勝頼に対して逆心を企て、敵対したとしても、木曾義昌は勝頼を守り、武田氏に忠節を尽くすよう諫言することを誓い、あわせて自らも忠信に励むこと。

③敵方である織田信長・信忠父子、上杉謙信・景虎・喜平次（景勝）、徳川家康・信康父子、今川氏真、飛驒衆から、所領宛行《あてがい》などの約束をもって、勧誘の手が伸びてきたとしても、これに決して同意しないこと、特に、敵方から使者や飛脚が派遣されてきた場合には、それを捕縛して、甲府に身柄を送ることや、敵方から申し入れがあった内容を、包み隠さずに言上すること。

④勝頼の命令には決して背かないこと。

⑤勝頼に対して逆心を企てていることを察知したら、その相手が親子・兄弟・親類・縁者や、親しくつき合いのある者であっても、自分でその噂の事実関係を問い質《ただ》すことなく、ただちに勝頼のもとへ通報する。ましてや、逆心には荷担しないことを誓約しているのはもちろんである。また、勝頼に対する悪評を耳にしたら、遠慮することなく、その内容を披露すること。

⑥「谷中」（木曾谷）の貴賤は、一途《いちず》に武田氏を守るために忠節を尽くし、少しも逆心などを企てることのないように、その動向を監視して、場合によっては異見すること。

⑦万一、木曾義昌が武田氏に対して逆心を企てたら、そのようなことを決してしないよう懸命に諫言して押しとどめ、もしそれでも承知しなければ、甲府の奏者方まで注進すること。

というものである。

このように、この起請文は、木曾義昌の家臣（恐らく重臣千村・山村氏ら）が作成して、提出したことが内容から推測できる。いっぽうで、こうした内容の起請文が作成された背景として、木曾氏のもとには「敵方」から頻繁に圧力や調略が加えられていたことがうかがわれる。具体的には、文中に示される如く、「所得」（知行宛行等）などの提示により、味方に引き入れようとすることであるが、そのために秘かに使者や飛脚が頻繁に派遣されてきており、勝頼は、こうした「敵方」からの調略の事実を察知して、起請文提出を命じたのであろう。

これは天正三年末までに武節城が陥落して三河の武田領が、岩村城が陥落して東美濃の武田領が、犬居谷が失陥して北遠江の武田領が失われ、織田・徳川領国と境を接する武田方国衆に大きな脅威が迫ったことが背景にあった。

とりわけ木曾義昌の置かれた立場は、ほかの信濃国衆とは比較にならぬほど厳しいものがあったことが、起請文から推察できる。特に飛騨衆に関する記述があることは興味深い。当時、飛騨国には、最大の勢力である三木（姉小路《あねがこうじ》）氏をはじめ、江馬・塩屋氏などが割拠しており、これらは越後上杉氏や武田氏に分裂して所属していたが、武田信玄の死後は、ほぼ上杉謙信の配下に組み込まれていた。しかし、天正三年に事態が変化し始める。

この年十月二十三日に、三木（姉小路）自綱《よりつな》は上洛し、織田信長に謁見するとともに、栗毛《くりげ》の駿馬《しゅんめ》を進上した（『信長公記』）。これは、飛騨最大の上杉方国衆三木氏が、織田信長とも明確な交渉を持ち始め、上杉氏と織田氏の間に存在する境目の国衆の対外路線として両属の関係を保とうとしたことを示している。すなわち、これまで武田・上杉両氏の抗争に規定されたベクトルを形成していた構図が崩れ、武田氏を除く、織田・上杉両氏間の政治・軍事情勢に関わって、飛騨衆が動かざるを得なくなったことを示しているといえよう。つまり長篠合戦は、飛騨衆の動向に決定的な影響を与えたわけである。飛騨が織田方に傾斜したことで、木曾谷は織田方に包囲される情勢になった。

このように天正三年以後、上杉氏はもとより、織田氏とも関係を深めた三木氏や、上杉氏と関係の深い江馬・塩屋氏などを通じて、木曾氏へ調略が持ち込まれる可能性が高くなった。起請文において、「飛州衆」（飛騨衆）からの調略が警戒されているのも、こうした情勢の変化や、木曾氏と境界を接する三木氏らの存在を、武田勝頼が危険視していたためであろう。

ところで勝頼は、長篠敗戦後、木曾衆に対する警戒を怠らず、天正三年七月十三日には、義昌重臣山村七郎右衛門尉良候《よしとき》・良利父子に対し、長年にわたって協力してくれたことを感謝し、信濃国手塚において五十貫文を与えるとしている（戦武二五〇六号）。さらに、木曾谷中の貴賤が、木曾義昌に無二の奉公をするように尽力するように命じており、木曾氏が離叛しないよう釘を刺すことを忘れていなかった。

勝頼が提出を命じたこの起請文は、木曾氏の重臣で武田氏とも関わりが深い山村・千村両氏を中心に作成され、提出されたものと思われ、それが天正四年四月に作成されたのは、武田信玄の葬儀にあわせてのこととみて間違いあるまい。勝頼は、武田一門衆の木曾義昌とその家臣たちに対して、決して敵方に内通するようなことはないこと、武田氏に忠節を尽くすことを骨子とした起請文を作成させ、亡父信玄の葬儀にあわせて提出させることで、その霊前にも誓約させようとしたのではなかろうか。それほどまでに、長篠敗戦とその後の織田・徳川両氏の攻勢は、武田氏にとって重大な事態であり、一族である木曾義昌の動向はがぜん注目を集めていたのである。

勝頼は、長篠敗戦後、明らかに木曾義昌の逆心を懸念し、警戒していたのであった。のちの天正十年一月、武田領国の崩壊は、織田・徳川領国と接する木曾義昌の反逆によって始まった。天正四年当時の勝頼の懸念が的中した格好になった。その意味で、勝頼が木曾氏の動向に長篠敗戦直後から注意を払っていたことは注目される。

第三章　甲相越三国和睦構想と甲相同盟

一、足利義昭の執念

信長打倒への再起

織田信長との和睦と帰洛《きらく》に失敗し、河内国若江城を明け渡し、和泉国《いずみのくに》堺に移り、さらに紀伊国由良《ゆら》に滞在していた足利義昭は、京都回復には毛利氏の強い支援を得るしかないと考えていた。しかし、信長との全面衝突を回避したい毛利氏は、足利義昭を庇護《ひご》することに難色を示し続け、毛利領国への入国を拒んでいた。

埒《らち》が明かぬとみた義昭は、天正四年（一五七六）二月、突如由良を引き払い、毛利氏の同意を得ないまま、自ら備後国鞆《びんごのくにとも》（広島県福山市）へと移った。毛利氏は大いに戸惑ったが、四月には信長と石山本願寺の和睦が破れ（双方の和睦成立は、天正三年十月）、大坂で戦闘が再開されていた。ここに至って毛利輝元は、五月、義昭を迎え入れ、本願寺をはじめ諸国の戦国大名と連携し、信長と対決することを決断した。かくて義昭は、毛利氏の庇護を受けることに成功した（奥野高廣・一九六〇年）。

憤懣《ふんまん》やるかたない義昭は、ようやく落ち着き場所を得て、以前にも増して精力的に、信長打倒の政治工作に着手することとなる。義昭が信長打倒の切り札としたのは、東国の有力戦国大名上杉謙信と、永年の仇敵《きゅうてき》関係にあった甲斐武田勝頼および相模北条氏政とを和睦させ、三大名連合により東から信長・家康に圧力をかけ、西からは石山本願寺勢力と毛利氏による攻勢に出ることであった。

武田・北条・上杉三氏の和睦調停は、前年の天正三年に実現寸前まで漕《こ》ぎ着けたものの、結局失敗に終わっていた（甲越和睦のみ成立）。義昭は、三氏和睦調停を行い、さらにこれを毛利氏と結びつけようと考えた。東西の諸大名を反信長の一点で結びつけることが実現すれば、信長も安泰ではいられなくなるはずであり、元亀年間（一五七〇―七三）の信長包囲網に匹敵する大連合が形成される可能性があった。

上杉謙信と足利義昭の交渉

足利義昭は、甲相越三国和睦構想が暗礁に乗り上げた直後の天正三年十二月二日、上杉謙信に御内書《ごないしょ》を発し、家臣大館兵部少輔《おおだちひょうぶしょう》藤安を使者として越後に派遣した。義昭は、信長に追放されていたもと近江の戦国大名六角承禎《ろっかくじょうてい》に大館藤安の道中警護を指示し、無事に織田領を通過させた。謙信のもとにもたらされた義昭の御内書に記されていたのは、京都に復帰するために援助をするよう要請するものであったが、そのためには「越・甲・相和」(上杉・武田・北条三氏の和睦)が是非とも必要なので、急ぎこれを実現せよというものであった(上越一二七四号)。このことは、六角氏も切望しており、室町幕府再興のために是非とも実現してほしいと謙信に求めていた(同一二七五号)。義昭は、甲相越三国和睦構想を諦めてはいなかったのである。

さらに義昭は、謙信宛の御内書を発給した十日後の十二日に、再度御内書を発し、謙信の上洛《じょうらく》を促すために新たな提案を書き添え、使者常在院に託した。そこには、「越・甲・相・賀州」の四和が提案されていた(上越一二七六号)。つまり、謙信に対し宿敵北条・武田氏のほか、加賀一向一揆《いっき》との和睦をも指示したのである。

謙信は、これより先の天正三年六月、越中に出陣し、上杉氏に叛《そむ》いた寺島盛徳《てらしまもりのり》を撃破すると(同一二五七号)、さらに加賀にまで進出し、一向一揆に打撃を与え、八月二十一日には春日山城に帰還した(上越一二六六号)。上杉軍の越中・加賀侵攻は、織田信長の越前侵攻と時期が重なっている。この作戦が、謙信と信長の連携によるものかどうかは不明であるが、加賀・越前一向一揆が危機的状況に陥ったことは間違いなかろう。

信長は、東美濃岩村城包囲戦が始まると、しばらくは岐阜城で様子をうかがい、動く気配を見せなかった。その理由は、上杉謙信が盟約通り、北信濃の武田領に侵攻することを期待していたからである。だが、その約束は果たされず、信長は怒りに満ちた書状を、上杉家臣村上国清《むらかみくにきよ》に送り、越前一向一揆平定のため、八月越前に出陣した。織田軍は瞬く間に一揆軍を撃破し、同十五日には府中を制圧し、一向一揆をほぼ殲滅《せんめつ》した。府中は一揆勢の死骸で埋まったと『信長公記』は伝えている。織田軍はさらに、加賀にまで攻め込み、南の能美《のみ》・江沼《えぬま》の二郡を加賀一向一揆から奪取することに成功した。

いっぽう関東では、上野で沼田衆が、北条方の由良国繁《くにしげ》（新田《にった》金山《かなやま》城主）の攻撃を受け苦戦しており、また安房《あわ》の里見《さとみ》義弘《よしひろ》が北条氏政と対峙《たいじ》するなど、上杉氏の味方が攻められていたため、謙信は軍勢を解散せず、そのまま越山して関東に進出した。上杉軍が、新田領各所を荒らし回ったため、沼田衆は救われたが、里見氏を攻める北条軍本隊を捕捉できないまま、十一月には帰国したらしい（上越一二六六～六八、一二七〇・七七号）。

また、天正三年五月の長篠合戦で大敗を喫した武田勝頼は、上杉謙信に和睦を打診し、十月にはほぼ両者の調整が整い、甲越和睦が成立したらしい。謙信はこれを関東の佐竹《さたけ》・宇都宮氏らに報じており、佐竹氏に身を寄せていた太田《おおた》資正《すけまさ》・梶原《かじわら》政景《まさかげ》父子はこれを手放しで喜んでいる（上越一二七二号）。

足利義昭が「越・甲・相・賀州」の四和を構想し、働きかけを開始したのは、まさにこうした情勢下のことであった。謙信の宿敵武田勝頼が、すでに甲越和睦を両氏間で成立させていたこと、加賀一向一揆が存亡の危機にあり、今なら上杉氏との和睦に応じる可能性があること、また甲越和睦の成立と加賀一向一揆と上杉氏の関係改善は、必然的に織田信長と謙信との断交に至るであろうこと、などを読んだうえでの行動であったと推察される。義昭の政治・軍事情勢の読みは、彼が決して愚者ではなく、むしろ端倪《たんげい》すべからざる才覚の持ち主であったことを証明するものといえよう。

謙信は、義昭の要請に対し、十二月に返事を送り、彼が京都に帰還できるよう協力は惜しまず、忠節を尽くす意思を表明した（上越一二八〇号）。この結果、事態は動き出すこととなる。

上杉謙信、石山本願寺・加賀一向一揆と和睦す

ところで上杉謙信が義昭の政治工作を無下にしなかったのは、彼が室町将軍であったからというだけでなく、上杉氏の置かれていた状況がそれまでと違ってきていたからであろう。上杉謙信は、天正三年七月まで織田信長とは友好関係を保っていたが、信長が天正元年に越前朝倉義景を滅ぼし、次いで越前一向一揆を掃討して、加賀・能登への攻勢を強めると、にわかに両勢力の緩衝地帯である両国をめぐって対立の兆しが現れていた。そして天正四年二月二十日、能登国畠山《はたけやま》氏の家臣温井景隆《ぬくいかげたか》・平高知《たいらたかとも》・遊佐盛光《ゆさもりみつ》・長綱連《ちょうつなつら》は連署で謙信の家臣色部・斎藤・岩井氏らに書状を送り、援軍を要請している（上越一二八一号）。これは、七尾城主畠山義隆《よしたか》が死去したことに伴い、家中の分裂が起き、謙信に頼る動きが起こっていたためである。義隆の死は、家臣遊佐続光《つぐみつ》・温井景隆らの謀殺と伝わる。だがまもなく、長続連《つぐつら》・綱連父子は、織田氏を頼ることを選択し、謙信の攻撃を受けることとなる。

いっぽう、一向一揆の本拠地である摂津国《せっつのくに》石山本願寺の法主顕如《けんによ》（光佐《こうさ》）は、越前一向一揆の壊滅や、加賀国のうち二郡が織田勢力の手中に落ちたことに危機感を覚え、天正四年四月に再度挙兵して信長との全面戦争へと再突入した。そして、積年の対立関係にあった上杉謙信と和睦し、対信長戦への支援を取り付けようとしたのである。上杉氏と本願寺は、天正四年四月

ごろに講和が成立した。つまり本願寺は、謙信との和睦成立を確認して、信長との再戦に踏み切ったものと推察される。

また同じころ、本願寺は加賀一向一揆に対し、謙信との和睦成立を報じ、上杉軍が出陣した場合には邪魔することなく協力するよう指示したらしい。これを受けて、藤丸勝俊《ふじまるかつとし》・徳田《とくだ》重《しげ》清《きよ》・奥政堯《おくまさたか》ら加賀一向一揆指導層は、五月八日に連署で本願寺の七里《しちり》頼周《よりちか》・坪坂《つぼさか》伯耆《ほうき》入道《にゅうどう》らに書状を送り、石山本願寺が信長と断交し戦闘が再開され、信長方がしばしば撃破されている様子を喜ぶとともに、謙信自身が加賀へ出陣したら協力することを確認し、また上杉軍出馬延期の場合にも情報を知らせてくれるよう要請した（上越一二八七号）。

石山本願寺と加賀一向一揆は、信長の注意が本願寺に向いている間隙《かんげき》を衝《つ》き、上杉軍の力を借りて、織田氏に奪われた加賀二郡の奪回を目論《もくろ》んだのであろう。この書状から、本願寺と謙信との和睦は成立したが、上杉氏と加賀一向一揆との直接の連絡はまだついておらず、両勢力間の和睦は正式には成就していなかったことがわかる。

いっぽう、将軍足利義昭を支援する六角承禎は、天正四年五月十六日、能登国衆長景連に書状を送った（上越一二八八号）。これによると、義昭は天正三年冬に富蔵院を使者として長氏のもとへ派遣しており、工作を開始していたことがわかる。六角承禎は、足利義昭が京都に向けて出発しようとしたところ、海路の様子が芳しくなかったため、これを延期したことを告げた。また、現在は「越・甲・相三和」に向けた交渉を行っているので、その旨を承知し、義昭の京都回復のために協力するよう求めている。

天正四年五月、ついに謙信と加賀一向一揆との和睦（「越賀一和」）が成立した（上越一二八九～九一号、なお同書は越前〈朝倉氏〉と加賀一向一揆との和睦と注記しているが、明らかな誤りである）。五月十八日、加賀一向一揆の奥政堯は、越中・能登に駐留する上杉家臣吉江《よしえ》資堅《すけかた》・河田《かわだ》長親《ながちか》・鯵坂長実《あじさかながざね》に書状を送り、謙信から重臣山崎専柳斎秀仙《やまざきせんりゅうさいしゅうせん》の派遣を受け和睦が成立したことや、謙信から馬を拝領したことなどを報じて謝意を表し、今後の協力を求めている（同一二八九号）。

しかし謙信自身は、関東の上野国で、北条方との抗争が断続的に続いており、その手当てのために天正四年五月は上野に在陣中であった。この時謙信は、関東の諸将が「謙信が関東に越山して数年経つが、いま見るように敵を追い詰めたことは一度もない」とぼやいていることを知り、北条景広《きたじょうかげひろ》・高広《たかひろ》父子の進言を容《い》れて、渡良瀬《わたらせ》川から新田・館林・足利に至る用水路を破壊し、この地域の村々を「亡郷」にする作戦を決行した。さらに桐生《きりゅう》に移動し、今度はこの地域の田畠を掘り返し、使用不能にする作戦を展開した。

この間、北条氏政も武田勝頼もまったく迎撃に出てくる様子はなく、わずかに新田衆（由良国繁）の軍勢が追撃してきたが、廐橋《まやばし》衆にあっけなく撃退された。謙信は、もはや敵が東上野の上杉領にしばらく強襲を仕掛けてくることはないと判断し、五月三十日には越後への帰陣を考慮していた。そして謙信は、この関東侵攻戦が、来るべき上口（対織田戦）に向けた重要な作戦であると位置づけており、上野在陣中も足利義昭、石山本願寺、加賀一向一揆の様子をしきりに気にかけていた。謙信自身は、天正四年六月から七月のどちらかには、西に向けた作戦を決行すると家臣たちに告げていたのである（上越一二九〇号）。
また五月七日、足利義昭の入洛《じゅらく》要請（対織田信長戦）への実施を思案していた中国地方最大の戦国大名毛利輝元は、ついにこれに応じて信長と一戦交えることを決断し、十三日には家中にこれを布告した（「毛利家文書」）。毛利氏は、畿内への出兵と、織田軍との対決に専心すべく、島津・龍造寺・宗像《むなかた》・河野氏らの西国大名との交渉を開始している（同前）。足利義昭が構想した、新たな信長包囲網形成と、それを活用した織田氏への反撃はいよいよ現実的になってきたのである。

足利義昭、北条氏の説得に動く

このように、懸案であった上杉謙信と石山本願寺の和睦が実現し、毛利輝元の全面支援が達成されると、足利義昭は、再び甲相越三国和睦を現実化させるべく、北条氏政の弟氏規《うじのり》に御内書を送り、上杉謙信との和睦を打診した（戦北四四七一号）。

【A】足利義昭御内書（戦北四四七一号）

至当国（備後国鞆）移座所、毛利令馳走、既海陸及行候、委細輝元可申越条、可相談事肝要候、就其差下大蔵院（日珠）候、然者縦雖為遺恨重畳、此節是非共氏政遂三和、抽戦功候様、意見可為神妙候、猶昭光（真木島）可申候也

六月十二日　（花押）（足利義昭）

北条助五郎（氏規）とのへ

この御内書で義昭は、毛利輝元と共同作戦を取って、信長を攻撃するように要請し、その詳細は毛利輝元から北条氏のもとに連絡があるだろうから、よく相談してほしいと述べている。また、織田氏との対決を実現するためにも、北条氏政にとっては積年の遺恨があるのは重々承知しているが、武田勝頼とともに上杉謙信との和睦を実現するようにと懇請している。

じつは、この御内書に先立って、すでに毛利輝元と北条氏政は、連絡を取り合っていた。最初に接触のために行動を起こしたのは、毛利輝元であったらしい（戦北一八五一号）。

【B】北条氏政書状（戦北一八五一号）

三月十六日之芳墨、今月九日到着、再三披見、誠以本懐不過之候、抑就　御入洛之儀、至幡州（播）表海陸御出勢之由、肝要至極候、当口御手合之事、武田勝頼令相談、毛頭不可有心疎候、猶以遠境候処、度々蒙仰忝候、恐惶謹言

五月十日　　氏政（花押）

毛利右馬頭（輝元）殿

御報

この北条氏政書状によれば、毛利輝元から三月十六日付の書状が、五月九日に小田原に到着し、それをよく検討したうえで、翌十日に氏政が返書を認《したた》めたとある。到着までじつに一ヵ月半もかかっており、毛利氏の使者が敵である織田領国を抜けて相模に達するのがいかに困難であったかを物語っている。輝元の書状は現存しないが、そこには、足利義昭を上洛させるために、織田軍と海陸両面から交戦する予定であり、そのため北条氏と共同作戦を取りたいとの意

向が記されていたことがわかる。
このことから毛利輝元は、五月に正式に表明する以前に、すでに三月の段階で、義昭支援と信長との対決を決断していたらしい。そこで氏政は、武田勝頼ともよく相談して決めたいと即答を避けているが、決して疎意にしているわけではないと書状を結んでいる。氏政が返答に慎重であったのは、この時期、彼は、関東に在陣する上杉謙信や、里見氏、佐竹氏らとの対戦に拘束されており、とても武田勝頼と結んで西国への出兵など無理であったろう。だが、毛利輝元や足利義昭からの申し入れに対して、かなり積極的に応じる意向であったらしい。

本章冒頭で述べたように、甲相越三国和睦実現に向けた、二度目の足利義昭と上杉謙信との交渉は、天正三年十二月に始まっている。義昭はまずもっとも話がしやすく、しかも武田勝頼と甲越和睦（天正三年十月）を実現させていた上杉謙信と予備交渉を行い、承知の内諾を得て、次に石山本願寺・加賀一向一揆との和睦（「越賀一和」、天正四年五月）を実現させ、最終的な目標である、北条・上杉両氏の説得に取りかかったと考えられる。この間、毛利輝元が義昭を備後国鞆浦に迎え入れ、その支援を決定したこと（天正四年五月）にも力を得て、上杉・北条両氏との折衝を公式に開始したのであろう。

天正三年の交渉との明確な相違は、足利義昭の後ろ楯《だて》として毛利輝元が控え、甲相越三国和睦構想実現のため、自ら三氏説得に乗り出した点にあった。

ところで北条氏政が、積極的に足利義昭の要請に応じ、武田勝頼とともに宿敵越後上杉謙信との和睦（甲相越三国和睦）を承知したのはなぜだろうか。それは謙信との和睦に成功すれば、関東での戦局が北条氏優位になると考えていたからであろう。北条氏政は、天正三年以降、安房国里見氏と全面的な対決に突入し、下総・上総に侵攻して、里見方の諸城を相次いで陥落させていた。危機感を抱いた里見義弘は、天正五年に越後上杉謙信に対して、北条氏を牽制《けんせい》するために越山し、関東に出兵してほしいと打診していた。北条氏にとって、関東統一のためには、北関東や房総の諸大名と連携した軍事行動を取り、しばしば越山してくる、上杉謙信がつねに壁として立ちはだかっていた。もし謙信が武田勝頼や北条氏政との和睦に合意すれば、北条氏は上杉氏の圧力から解放され、北関東や房総の諸大名と対戦するのに極めて有利になる。氏政の思惑はそこにあったとみられる。

いっぽう、中国の毛利輝元は、小早川隆景をして上杉謙信に遠く誼《よしみ》を通じ、あわせて足利義昭を奉じてともに「御入洛」（対織田信長戦）に加わるよう求めた。これに対し上杉謙信は、六月十一日付で返書を認め、小早川隆景に送った（上越一二九一号）。この書状で謙信は、足利義昭の要請を受諾し信長との対決を決めた毛利氏が、遠路を厭わず自分に友好を求めてきたことに謝意を伝え、「越賀一和」と「北国」平定を報じ、来る秋には西上する予定であるから、この時期を逃さず毛利氏は義昭を奉じて京都に攻め込むよう求めている。

勝頼、足利義昭、毛利輝元との連絡を図る

武田勝頼は、足利義昭が鞆に移り、毛利氏の保護下に入り、帰洛の準備を整えている情報を、天正四年六月十六日に石山本願寺を通じて知り（戦武二六七九号）、ただちに義昭や毛利氏に協

力する旨を認めた書状を送った。だが、武田氏の使者は、敵国（織田・徳川領）で捕縛されたり、突破を試みるも達成できず甲斐に引き返すことを余儀なくされ、連絡をつけるのに大いに時間を費やした。義昭のもとに勝頼からの書状が届いたのは、八月二十八日付のものであった（以下、特に断らない限り、丸島・二〇一六年による）。この時勝頼は、義昭や毛利氏と連携する意思が真実であることを示すために、三日のうちに遠江に出陣すると明記している。事実、勝頼は、遠江小山城に出陣し、牧之原付近まで進出している。

また義昭宛書状と同日付で、勝頼は毛利輝元、小早川隆景にも初信となる書状を送った。それによると、①足利義昭を備後国鞆に迎え入れ、庇護したばかりか、織田と敵対し、帰洛の援助を決断したことは稀代《きたい》の忠節である、②勝頼も小身ではあるが、総力を挙げて協力するつもりである、③去年以来、義昭より甲相越三和のことで、上使が派遣され、実現するよう命令を受けている、それぞれ今までの行きがかりはあるが、それらを擲《なげう》ち実現に向けて努力する、④織田軍は、本願寺を攻め落とそうと付城《つけじろ》を築き、海路も封鎖し兵粮《ひょうろう》攻めを試みたものの、毛利水軍によって撃破され、甚大な被害を受けたとの情報を知った、誠に痛快である、⑤とはいえ、本願寺が引き続き危機的状況に立たされていることに変わりはない、万一落城でもしたら、これまでの努力も水泡に帰すであろう、⑥毛利氏は、勝頼と一刻も早く連携する態勢を整え、足利義昭の帰洛を援助する必要がある、と綴《つづ》られていた。

これらの勝頼書状を見ると、武田氏と毛利氏は、まだ直接の連絡がついておらず、毛利氏の意向などは、本願寺や足利義昭からもたらされていることがわかる。両氏の間に広大な織田領国が存在しており、連絡をつけることが容易ではなかったことがうかがわれる。実際に、武田氏のもとに派遣された足利義昭の上使大蔵院日珠《だいぞういんにちじゅ》、成福院、大和淡路守《やまとあわじのかみ》は、天正四年以後、備後国鞆に戻れず、勝頼のもとに身を寄せている。

勝頼は、甲相越三国和睦構想の成立と、毛利氏との同盟締結に向けて動き出す。

二、甲芸同盟の成立と甲相越三国和睦構想

甲相越三国和睦構想と毛利氏

毛利輝元が足利義昭支援を決定し、石山本願寺とも結ぶ決意をしたことを知った織田信長は、三者の連携が整わぬうちに本願寺を陥落させる必要性に迫られ、天正四年（一五七六）四月から六月にかけて大軍をもって石山本願寺を攻撃した。だが石山本願寺の抵抗は頑強で、織田軍は数多くの犠牲者を出し、攻めあぐんだ。五月三日には、織田軍の原田直政・三好康長・明智光秀・筒井順慶《つついじゅんけい》らの軍勢が本願寺軍の猛攻に遭い、原田直政が戦死し、多数が死傷する大打撃を受けた。これを知った信長は、急遽《きゅうきょ》軍勢を率いて本願寺を包囲する織田軍支援に駆けつけ、信長自身も負傷する事態を招きながらも、辛くも本願寺軍を撃退することに成功した（『信長公記』など）。

こうした情勢のなか、足利義昭は家臣真木島昭光《まきしまあきみつ》をして、上杉謙信と武田信豊《のぶとよ》に書状を送り、

甲相越三国和睦の早期実現を目指し、本格的な説得工作を始めた。上杉・武田氏に一斉に書状が発給されたのは、六月十二日付である（上越一一九二・九三号）。一三七頁【A】のように、北条氏政のもとにもたらされた足利義昭御内書も同日付であるから、義昭は三氏に一斉に甲相越三国和睦を実現するよう伝達したのであろう。このうち、義昭御内書が確認されるのは北条・上杉氏宛のもので（同一一九二号、河田長親宛）、残念ながら武田勝頼宛のものは残っていない。いっぽう義昭御内書に添えられた真木島昭光副状は上杉・武田両氏宛のものはあるが（後掲【C】【D】）、北条氏では確認できず、さらに毛利輝元書状と毛利家臣の連署状が真木島昭光副状に添えられているのは、武田氏宛のみである（【E】【F】）。この四通をここで紹介しておこう。

【C】真木島昭光書状写（上越一一九三号）

今度至当国被移　御座処、毛利可致馳走旨言上、既海陸被及行候、此節越・甲・相遂三和、被励忠功段、偏被頼思食候、仍被成　御内書候、委細被仰含大館兵部少輔被差越候、猶得御意可申入由候、可得御意候、恐惶謹言

六月十二日　（真木島）昭光

（上杉謙信）弾正少弼殿

人々御中

【D】真木島昭光書状写（戦武四〇八一号）

今度至当国被移御座、毛利出勢之事被仰出処、則捧御請状、既海陸被及行候、委細輝元被

中越条、勝頼可有御相談段肝要被思食候、仍被成御内書、被差越大蔵院候、縦雖御鬱憤繁
多候、此節甲・相・越被遂三和、於被励戦功者、尤可為御感悦旨、対光禄（武田勝頼）可被加意見通（候カ）、
猶得其意可申由被仰出候、恐々謹言

六月十二日　　昭光判

武田左馬助（信豊）殿

【E】毛利輝元書状（戦武四〇八二号）

公方様至当国被移　御座、可致馳走由、被仰出之条、存其旨之通、捧御請文、既及海陸行
候、然者此節被抛是非被遂三和御忠義肝要之旨、被成　御内書候、被対上意被励戦功候者、
於当方茂可為本望候、猶上使大蔵院可有演説候、恐々謹言

六月十二日　　輝元（花押）

武田左馬助殿

御宿所

【F】毛利家奉行人連署状写（戦武四〇八三号）

公方様至当国被移御座、輝元可致馳走之由被　仰出候条、存其旨通、捧御請文、既及海陸
行候、然者播州之事ハ、従此方申付候、其外五畿内幷隣国之儀、御武略最中候、浦辺者今
度警固船差上付而、為始淡路属一味候、仍貴国事、此節可被抽御忠義之由、被成　御内書
候、被対申上意、急度境内御出勢肝要候、将又相州（北条氏）・越州（上杉氏）御和睦之義、被仰操候之条、被
応　御下知、於一同之御働者、猶以当方可為本望候、委細上使大蔵院可有演説候、恐々謹

言

六月十二日

（小早川）隆景判
（福原）貞俊判
（口羽）通良判
（吉川）元春判

武田左馬助殿（信豊）
御宿所

真木島昭光は上杉謙信に対して、京都回復のために謙信を頼みにしているとの足利義昭の意向を伝え、謙信の支援を受けたいがそのためには武田勝頼と北条氏政との三国和睦の必要性を強調し、それに踏み切るよう勧告した（【C】）。昭光は同様の内容を武田信豊にも出しており（【D】）、謙信とは積年の恨みもあろうが、この情勢下ではこの際恩讐《おんしゅう》を捨てて氏政とともに和睦するように勧告し、これを武田勝頼に進言するよう依頼している。また同日付で毛利輝元や、その重臣小早川隆景・吉川元春らも連署で武田信豊に書状を送り、播磨国《はりまのくに》・淡路国を押さえることで制海権が確立したことを受け、畿内を始めとする織田領国へ侵攻する準備は整ったので協力してほしいと要請した。また毛利氏は、武田氏に対して、上杉謙信と北条氏政との和睦の仲介の労を取るように依頼するとともに、これが成功すれば、毛利氏の戦略も成功すること間違いないと述べている（【E】【F】）。このことは、三国和睦の成否は、謙信と氏政の合意にかかっていたことが衆目の一致するところであったことをうかがわせる。

以上のような交渉経過を見ると、甲相越三国和睦の打診は、足利義昭を中心に天正四年六月以降は毛利氏が加わって実施され、足利義昭、義昭側近、毛利輝元、毛利氏家臣団らが共同で武田・北条・上杉三氏（とりわけ氏政と謙信）に和睦勧告の文書を送っていたものと推定されある。ただし勝頼と謙信の和睦は、天正三年十月ごろ成立しているが、そのことが足利義昭や毛利輝元には正確に伝わっていなかった模様で、勝頼に氏政とともに謙信との和睦勧告がなされている。これらは遠国間の情報の交換がいかに困難であったかを物語る。

こうした足利義昭や毛利氏らの努力に応えて、上杉謙信は、ついに義昭の要望である甲相越三国和睦を受諾することを、大館藤安・大蔵院日珠を通じて伝え、それは「謙信以無二之覚悟」であると述べた。義昭はこれに驚喜し、六月二十五日付で成福院に書状を送り、うれしさを押さえきれない胸中を隠さず、なおいっそう謙信と協議するよう指示している（上越一二九五号）。八月五日に、義昭は、謙信から上意を承ったとの請文を受け取り、六角義堯《よしたか》を通じて上杉氏に満足の旨を伝えている（同一三〇三号）。

そして七月初旬までに、武田勝頼と上杉謙信の和睦（「甲越無事」）継続を確認し、義昭は上杉重臣河田長親に、それを踏まえた支援を求めている（上越一二九八号）。義昭を仲介にした勝頼と謙信の協議は順調に進んだらしく、七月二十三日、足利義昭は御内書を上杉謙信に送り、ついに毛利氏が軍勢を摂津に派遣することになったと伝え、必ず武田勝頼と相談して共同作戦を取り、毛利氏の軍事行動と歩調を合わせるように依頼している（同一二九九号）。

毛利水軍vs織田水軍

義昭が伝えた毛利軍の摂津侵攻は虚報ではなく、事実であった。天正四年五月三日の本願寺軍との合戦で、織田軍は原田直政ら多数が戦死する被害を受けると、この知らせを受けた信長が親征して本願寺軍と激戦に及び、信長自身も鉄炮《てつぽう》傷を足に受けながらも、これを潰走させることに成功した。だが、信長は石山本願寺を陥落できず、やむなく包囲・封鎖して孤立させる持久戦を選択した。そのため信長は、本願寺包囲網のための付城として、尼崎・吹田・花熊・能勢・大和田・三田・多田・茨木・高槻・有岡の十ヵ所に城砦《じようさい》を構築して、兵粮攻めを実行に移した（『信長公記』等）。

毛利軍が動いたのは、兵粮攻めを受ける石山本願寺を支援するため、毛利水軍を動員して、海上から本願寺へ兵粮を運び入れるためであった。だが信長は抜かりなく、大坂湾にも荒木村重や淡路の安宅《あたか》甚五郎《じんごろう》らに命じて水軍を展開させ、海上封鎖も実施していたのである。毛利水軍は、海上に展開する織田水軍を撃破して、本願寺へ兵粮を運び入れることが要求されていた。

毛利輝元は、家臣児玉就英《こだまなりひで》と小早川隆景の家臣乃美宗勝《のみむねかつ》らに、村上水軍を率いる村上武吉《むらかみたけよし》を付けた大艦隊を編制した。その数は、兵粮を積んだ船六百余艘《そう》に、これを警護する軍船三百余艘という空前の規模であった（『信長公記』には総数八百余艘とある）。毛利水軍は、七月上旬に播磨国室津《むろつ》に到着し、十二日に淡路島の岩屋を経て、和泉国貝塚に入り、ここで雑賀衆《さいかしゆう》を乗船させて大坂湾へ向けて陸沿いを北上すると、堺・住吉沖を進んで、翌十三日に木津川河口に侵入した。

これを見た本願寺軍は、木津・桜の岸・寺島などの島に築かれていた砦《とりで》から一斉に打って出て、織田軍を攻撃し、兵粮搬入を陸上から阻止しようとする織田方の動きを封じようとした。これに対して、直接毛利水軍と対決する織田水軍は、安宅船《あたけぶね》十艘と関船《せきぶね》と呼ばれる小型の軍船三百艘を擁して、待ち受けていた。両軍は十三日から翌十四日早朝にかけて、大規模な海戦に突入した。毛利水軍は、安宅船を装備しておらず、織田水軍の安宅船からの鉄炮・大筒による攻撃に難渋したが、炮録火矢で対抗した。この炮録火矢は大きな効果を上げ、織田水軍の軍船に投擲《とうてき》すると、爆発炎上する仕掛けになっており、このため織田方の軍船はたちまち炎を包まれた。

この海戦で織田水軍は、軍船数百艘を撃沈され、淡輪主馬兵衛尉・沼野伊賀守《ぬまのいがのかみ》・同越前守《えちぜんのかみ》・小畠大隅守《おばたおおすみのかみ》ら二千余人が戦死するという大打撃を受けて敗退した（『信長公記』等）。毛利水軍は織田水軍を壊滅させると、兵粮を次々に石山本願寺に搬入し、兵粮攻めにあっていた本願寺を救援することに成功した。さらに毛利方の軍勢を、本願寺軍に合流させ、補給路の継続的な確保も実現させた。このため、本願寺の士気は上がり、織田軍による包囲網の圧力をその後五年にわたって阻むことができるようになったのである。信長は毛利軍侵攻の情報に接して、安土《あづち》城を出陣しこれに対応しようとしたが、木津川沖海戦で織田水軍が大敗し、毛利軍が兵粮を本願寺に運び入れたことを知ると、やむなく防備の指示を行って出陣を中止した（『信長公記』）。

毛利水軍の勝利と織田方の敗戦は、反信長勢力にただちに伝えられた。足利義昭は、毛利軍の勝利に驚喜し、七月二十五日には吉川元春に宛てて戦勝を賀している。また吉川元春と毛利輝元は、七月二十七日、八月二日にそれぞれ上杉氏に書状を送り、足利義昭の指示通りに軍勢を摂津に進め、本願寺を救援し、木津川河口の海戦で大勝利を収めたことを報じ、謙信が加賀一向宗門徒と協力して出陣すると知らせてきたことを喜び、それと歩調を合わせると約束した。また、そのための前提として、義昭が提示した甲相越三国和睦の構想を受諾したことを歓迎し、その実現を期待すると述べている（上越一三〇一・〇二号）。

武田勝頼、和睦構想に賛意を示す

毛利軍の東進と、織田軍の敗退は、東国の政治情勢にも大きく影響したと考えられる。足利義昭が提示した二度目の甲相越三国和睦構想は、公式に武田・北条・上杉三氏に通達されたのが六月十二日であったが、謙信は六月中に受諾を決断した。また北条氏政も八月になって、受諾するとの意思を足利義昭に伝えてきていた。

では武田勝頼はどのような動きをしていたのであろうか。勝頼は、北条氏政と同じく、八月には義昭の提案する甲相越三国和睦構想に賛意を表明していた（丸島和洋・二〇一六年）。そこには「就中甲相越三和之儀被差下　上使、去歳以来被加御下知候上者、三ヶ国共雖為内々宿意、重畳争可奉違背候哉、無二懸　公命、竭粉骨、可励戦功事勿論候」と明記されていた（〈天正四年〉八月二十八日付、毛利輝元宛武田勝頼書状写、丸島・二〇一六年所収）。

さらに武田勝頼は、天正四年九月十六日に、毛利輝元に宛てて六ヵ条におよぶ条目を送り、毛利氏と同盟を結んで織田信長撃滅のための行動を起こす決意を述べた（戦武二七二二号）。このなかで勝頼は、①足利義昭（「公儀」）に対し一途の忠節を尽くされるとの貴国の決意を知り、武田氏としてもこれに呼応したい、なお、そのための協議を行うべく家臣八重《やえ》森《もり》因幡守《いなばのかみ》家昌《いえまさ》をそちらに派遣した、②石山本願寺に向けて、織田軍が砦数ヵ所を築城しているとのこと、これは今後の毛利軍の東進や義昭の帰京に対する重大な支障となる恐れがあるので、本願寺が堅固なうちに義昭の御入洛を急がれ、京都に向けて侵攻を開始されるのがよいと思う、武田氏も知らせがあり次第、ただちに尾張・美濃・三河・遠江に向けて軍事行動を開始すること、③先ごろ、石山本願寺へ兵粮を搬入し、海戦で勝利を得たとのこと、喜ばしいかぎりであること、④「越相甲三和」のことは別途使者に口頭で言上させる、⑤毛利氏と九州豊後《ぶんご》大友氏との対立が深刻とのことについて、互いに宿意や野心もあるだろうが、ここはそれをいったん脇に置いて和睦し、御入洛に協力することが大事であること、⑥今後、互いに軍事作戦を行う場合は、手を携え、連絡を取り合いながら実施することに決めたい、などと述べている。この結果、武田・毛利同盟（甲芸同盟）が成立する運びとなったのである。

また毛利氏との同盟締結は、武田勝頼と伊予国河野通直との同盟をもたらした。河野通直は、天正四年七月二十七日付で勝頼に書状を送り、武田氏と毛利氏が足利義昭の帰洛のために手を結んだことを歓迎し、それに自分も協力すると申し入れている（戦武補遺七九号、山内譲・一九八七年）。当時、伊予河野氏は、毛利氏の支援のもとで勢力を維持していた。

かくて勝頼は、上杉謙信との「甲越和睦」（天正三年十月）、毛利輝元との甲芸同盟（天正四年九月）の締結に成功させた。また、謙信と氏政の和睦の見通しもつき、東国の情勢は大きな転換が期待された。武田・北条・上杉三氏と毛利氏とは、対織田で共同戦線を結ぶこととなった。さらに上杉と本願寺、一向一揆の和睦も成立していたので、足利義昭や毛利輝元、石山本願寺が念願とした上杉謙信の西上を阻む要因が解消したのである。これにより、新たな信長包囲網が形成された。

足利義昭は、天正四年十一月、薩摩島津氏に甲相越三和を通告し、協力を求め、毛利氏を支援するためにも、これに敵対し和睦に応じない大友氏を討つよう督励している（『島津家文書』）。織田信長は、新たな脅威に直面することとなった。

甲相越三国和睦構想の挫折

織田信長を追い詰め、戦国史を左右する大きな可能性を秘めた甲相越三国和睦は、不思議なことに天正四年九月を最後に、史料から姿を消してしまう（実際には、足利義昭が天正四年十一月、薩摩島津氏に送った書状に言及されているが、当事者間では九月を最後に史料から姿を消す）。また、このことに関する武田勝頼と上杉謙信、あるいは北条氏政と上杉謙信の交渉を示す文書も、一切見いだすことができない。わずかに『上杉家御年譜』が、勝頼と謙信との交渉について記しているが、そこに掲げられている上杉宛の武田勝頼書状写などは、いずれも内容から上杉景勝に宛てた勝頼の文書であり、天正六年以後のものである。

では、なぜ三国和睦は、天正四年末に入ると見られなくなってしまうのであろうか。まだ確実な裏付けがないため、推測でしかないが、上杉謙信と結ぶ佐竹・結城《ゆうき》氏をはじめとする北関東の諸大名の意向が、三国和睦を最終的に雲散霧消させてしまったのではなかろうか。

北関東の諸大名にとって、武田氏と上杉氏の和睦には一定度のメリットがあった。なぜなら、上杉氏が関東出兵を行えば、武田氏が信越国境で攻勢を仕掛けるか、西上野に押し出し、謙信を牽制するのが常であったから、上杉軍と北関東の諸大名の対北条戦はなかなか進捗しなかったからである。この事態が解消されれば、北関東の諸大名は、謙信と連携し、武田氏の支援を失った北条氏と優位に戦えるからである。天正三年十一月、勝頼と謙信の甲越和睦成立を、関東の諸将が歓迎したのは、こうした事情があったからであろう。だが、もし甲越和睦に北条氏政が加われば、北関東の諸大名は上杉謙信の後ろ楯を失い、北条氏の脅威に直面することになる可能性が高かった。三国和睦構想阻止を目指し、佐竹氏らが謙信説得に動いたのではなかろうか。記して後考をまちたいと思う。

上杉謙信の動きをみてみると、天正四年二月と五月の二度、上野国に出陣し、北条方の金山城主由良氏を攻めた。ところが、北条氏との和睦を決断した六月以後、関東への動きを見せていない。謙信は、氏政に配慮していた節がある。

その後、北条氏政の侵攻を受けていた里見義弘は、天正五年二月に謙信に越山を要請し、支援を乞うていた（上越一三三一・一三三号）。また佐竹義重《よししげ》のもとに身を寄せていた梶原政景も謙信に越山を再三にわたって要請しており（同一三三一・一三六号）、水谷勝俊《みずのやかつとし》・結城晴朝《はるとも》も謙信の関東出陣に期待をかけていた（同一三二六・一二七号）。だが、謙信はこの要請に応じず、越中・能登に出陣中であった。

ところが、帰陣後まもなくの天正五年五月中旬、謙信は越山し、上野国新田領・足利領を攻撃するのである（上越一三三六号）。これに対し、北条氏政も武蔵に出陣した。さらに、天正六年一月、謙信は下総の結城晴朝からの越山要請を受け、関東に出陣する陣触を発した。これは、謙信の発病（三月九日）とその死（三月十三日）により実現しなかった。以上から謙信は、氏政との和睦を決断したものの、結局、北関東や房総の諸大名の支援要請を無視できず、北条氏との敵対を継続せざるをえなくなったと考えられる。

恐らくこれにより、勝頼・氏政も望んでいた甲相越三国和睦構想は完全にご破算となり、さらに謙信の急死によって越相和睦の機会は永遠に訪れることはなかった。永禄三年（一五六〇）から開始された謙信の関東出兵は、天正五年まで十七年におよんだが、最終的に謙信が獲得しえた領土は、上野国沼田領・廏橋領・那波《なわ》郡に限定され、その退勢は覆うべくもなかった。

謙信にとって、関東管領《かんれい》山内上杉氏を継承し、関東回復（関東管領上杉氏再興）を室町幕府将軍足利義輝に公認された時点から、北条氏打倒＝関東回復は宿願でもあり、それを阻み続ける北条氏は憎んでも憎みきれない仇敵であった。このことが、天正三年の甲相越三国和睦構想（第一次）を流してしまった背景でもあった。また関東出陣の際に、味方であり続けた北関東の諸大名を見捨てることもできず、これが天正四年の三国和睦構想（第二次）を不首尾に終わらせることとなった。謙信、勝頼ともに、信長打倒＝西国への領国拡大という絶好の機会が訪れながら、それをみすみす逃してしまった。そして謙信のこの決断こそが、戦国史の大きな可能性を雲散霧消させ、その後の勝頼、氏政、そして養子上杉景勝の命運をも左右する歴史的瞬間だったと考えられる。

上杉謙信の北陸侵攻戦と信長の危機

織田信長は、天正四年五月と七月の二度におよぶ石山本願寺・毛利軍との合戦に敗れ、上杉謙信とも断交することとなり、上杉・武田・北条・毛利・本願寺に包囲される危機に陥った。そこで信長も、大友・島津氏などに支援を求め、毛利氏を九州方面から封じ込めようと躍起になった（「島津家文書」）。

これに対し上杉謙信は、天正四年九月には、越中の栂尾城《とがのお》（富山県富山市）・増山城（同県砺《と》波《なみ》市）を攻略し、飛騨口の二ヵ所に城を築き、織田方への備えを整えた。これにより、越中平定はほぼ完了し、次いで越中・能登国境の湯山城（同県氷見市）を包囲した（上越一三〇七〜〇九号）。ちょうどこの時、加賀一向一揆内部では、本願寺より派遣された七里頼周と、奥政堯らとの間で紛争が発生し、謙信は能登侵攻どころではなくなってしまった。この対立は、謙信や本願寺の周旋で決着するが、上杉軍の動きは十二月まで止まってしまうこととなる。謙信は、十二月に能登に侵攻し、長続連・綱連父子、遊佐続光、温井景隆、三宅長盛《みやけながもり》ら畠山氏重臣が籠城する七尾城を包囲した（同一三一四号）。

謙信は能登で越年し、天正五年早々、能登半島を席巻《せっけん》すると、三月までには七尾城を残し、ほぼ能登を制圧するに至った。ところが謙信のもとには、北条氏政に圧されていた関東の里見・正木・結城・水谷ら諸氏から、越山（関東出兵）の要請が相次いで届いた（上越一三三二・

二三、一三二六・一二七、一三三一号など）。そのため謙信は、石動山《いするぎさん》城に栗林政頼《くりばやしまさちか》・河田《かわだ》窓隣斎《そうりんさい》らを残留させて能登の押さえとし、越後に帰国すると、五月十四日までに越山し、新田・足利領を攻撃して、同月末までには作戦を終了して撤退した（同一三三六号）。そしてこれが、謙信生涯最後の関東出兵となった。

謙信が能登を席巻していたのと同じころの天正五年二月、石山本願寺との合戦で苦杯を嘗《な》めさせられていた織田信長は、紀伊国雑賀攻めに踏み切った。信長は、本願寺の軍事力をいかにして低減できるかを思案した結果、大量の鉄炮を装備した援軍を大坂へ派遣しうる紀伊国雑賀衆を制圧することがもっとも有効な作戦と考えたのであろう。こうして、本願寺の軍事力を挫《くじ》くべく、紀州雑賀攻めの幕が切って落とされたのである。

織田軍は、雑賀衆の抵抗に苦しめられたが、三月十五日に鈴木孫一らを降伏させ、この地域を平定した。信長の雑賀攻めを知った足利義昭・毛利輝元は、謙信にこれを報じ、毛利軍も動き出したので、上杉軍もこれに呼応してほしいと書き送った（上越一三二八・一二九号）。しかし、この書状が書かれたころ、謙信は軍勢を越後に返した後だった。

いっぽう、目を転じると、将軍足利義昭は、武田勝頼にも援軍の派遣を要請したらしい。これに対し勝頼は、八重森家昌を通じて詳細を義昭に言上させているが（戦武四二七四号）、これは信長の雑賀攻めを牽制する作戦に関する内容であったと推察される。

謙信がふたたび能登に侵攻し、七尾城攻めを本格化させるのは、天正五年閏《うるう》七月のことである。これを知った信長は、閏七月二十三日、出羽国伊達《だて》輝宗《てるむね》に書状を送り、上杉謙信を打倒するためにも、越後の本庄繁長《ほんじょうしげなが》を調略してほしいと依頼した（信長七二八・九号）。だが、これはうまくいかなかったらしい。

さらに信長は、七尾城救援のため、八月、柴田勝家を中心に、前田利家・佐々成政・丹羽長秀・羽柴秀吉・滝川一益らの軍勢を加賀に出陣させた。これを知った謙信は、七里頼周と加賀一向一揆に、加賀国御幸塚《みゆきづか》の防衛を堅固にするよう命じ、援軍として河田実清軒《じっせいけん》を派遣して（上越一三四六号）、七尾城攻略を急いだ。

ついに九月十五日、七尾城は籠城していた遊佐続光が謙信に内応し、上杉軍を城内に引き入れたため陥落した。長続連・綱連父子とその一族は滅亡し、遊佐・温井・三宅らは内応した忠節を認められ助命された（同一三四七・四九号）。七尾城を攻略した謙信は、九月十七日に能登・加賀国境の末森城をも攻め落とし、一気に織田軍と対決するために南下した。

これに対し柴田勝家らは、九月十八日までには加賀国湊川《みなとがわ》に進出していたが、能登の情勢に関する情報をまったくつかめず、上杉軍が接近していることを少しも把握できていなかった。まもなく七尾城や末森城の陥落と、謙信接近を察知した柴田らは、九月二十三日に湊川を渡って撤退しようとしたところ、上杉軍の攻撃を受け敗退した。これが湊川（手取川《てどりがわ》）合戦といわれるものである。織田軍を撃破した謙信は「織田軍は案外弱いらしい。この分ならば今後天下のことも容易《たやす》いだろう」と自信のほどを誇示している（上越一三四九号）。しかし謙信は、それ以上の追撃を実施せず、越前に乱入することはなかった。恐らく補給が続かなかったのであろう。

だが信長は、天正五年十月に大和国で反乱を起こした松永久秀・久通《ひさみち》父子を滅ぼし、十一月には播磨国で羽柴秀吉の反攻が開始され、毛利氏を押し戻しつつあった（『信長公記』など）。こうした西国や畿内の反信長勢力の危機下で、上杉謙信の存在感はますます大きくなっていった。

武田勝頼は、三国和睦構想が事実上ご破算になってしまっても、天正四年から同五年にかけて、謙信が北陸へ出陣することを傍観し、一切の牽制策には出ていない（もちろん、そんな余裕も、戦略的意味もなかったが）。また謙信の関東出兵に対抗する動きもほとんど見せていない。勝頼は、謙信が織田軍と衝突することを邪魔することなく見守り、情勢の展開を期待していたのではなかろうか。恐らく、天正三年十一月成立の、甲越和睦はまだ有効であった可能性があり、それゆえに謙信に敵対行為を見せなかったのではないだろうか。

三国和睦は実現手前で挫折してしまったが、本願寺・一向一揆と上杉氏の和睦と、謙信の北陸侵攻は、織田信長と謙信の衝突を時間の問題にしていた。勝頼も氏政も、この時期に上杉領国にほとんど手出しをしていないのは、謙信の西上の動きを邪魔せずに黙認するという効果をもたらした。このため謙信は、後顧の憂いなく加賀・越前方面を主戦場に据えることが可能となったのである。

だが、上杉謙信と織田信長との決戦は、ついに実現しないまま終わった。明けて天正六年春、歴史は思わぬ方向に展開していくことになり、その渦に武田勝頼も巻き込まれていくのである。

三、甲相同盟の強化

勝頼、一向一揆支援に動く

天正五年（一五七七）早々のこと、北信濃の中俣（長野県須坂市）にある浄土真宗寺院勝善寺《しょうぜんじ》の順西《じゅんさい》は、石山本願寺より支援の要請を受けたものの、それに応えることができず困惑していた。順西は、二月十八日付で本願寺重臣下間頼廉《しもつまらいれん》に書状を送り、内心では本願寺の籠城に参加したいと思ってはいたが、織田領国を通過せねばならず、通行が不自由でとても叶《かな》わないと述べ、決して本願寺を軽んじているわけではないと訴えた（戦武二七七三号）。また、前年の天正四年冬に本願寺から書状を受け、「御志《おこころざし》」（懇志《こんし》、上納金のこと）を要請され、ぜひこれに応じようと考えたのだが、北信濃の門徒衆はほとんどが越後に行ってしまったため、集めることができず口惜しいと記している。

これは、天正四年四月に上杉謙信と本願寺の講和が成立し、続いて五月には謙信と加賀一向一揆との和睦（「越賀一和」）も成立したことにより、上杉軍と一向一揆が織田氏を攻撃し加賀奪取に動き始めたことと関連しているとみられる。おそらく、本願寺の要請で武田勝頼は、北信濃の一向宗門徒が越後に赴き、謙信に協力して北陸の織田氏と戦うことを容認していたのであろう。これは本願寺の要請もさることながら、勝頼と謙信との間に、甲相越三国和睦構想が挫折した後も、天正三年十一月以来の「甲越御無為」（甲越和睦）が生きていたためと推察される。

さて勝善寺順西は、辛うじて用意することができた御志の黄金八両を武田勝頼に進上し、本願寺に届けてくれるよう依頼した。これは、武田氏と本願寺の折衝役を担当していた長延寺実《ちょうえんじじつ》了師慶《りょうしけい》（甲府長延寺住職）・八重森家昌により本願寺に送られる手筈《てはず》となった。ただ実了と八重森は、甲府で勝頼に留められていたらしい。本願寺支援で協議をしていたのであろう。

この問題と関連する史料として、年未詳十月十日付の信州御《お》坊主衆《ぼうずしゅう》中・同御《お》門徒衆《もんとしゅう》中宛下間頼龍《らいりゅう》書状がある（信⑭二一六）。この文書の年代比定は、『信濃史料』以来、天正五年のものとされているが、原田和彦氏が疑問を呈している（原田和彦・一九九六年、二〇〇六年）。年代推定の決め手に欠けるため、ここでは深入りしないが、この下間頼龍書状は、北信濃を中心とした真宗寺院が兵粮米を集め、その「帳面」を本願寺に送ったことへの返礼であり、内容的には懇志請取状に相当する。信濃で集められた兵粮米そのものは、遠隔地のため本願寺へ直接搬入することはできないが、なんらかのもの（恐らく黄金など）を本願寺に「帳面」とともに送り、本願寺が畿内で兵粮米に換えたのであろう（原田氏は近江商人の介在を想定している）。

しかし、真宗門徒衆が本願寺へ様々な「御志」を個々に送ることは次第に困難になりつつあった。そこで真宗寺院は、武田氏のもとへそれを上納し、武田氏と本願寺の外交ルートを使って送り届けるシステムをこのころまでに成立させていた。その柱石が実了師慶と八重森家昌だったのであり、本願寺が彼らから「御志」を受納すると、懇志請取状が彼らに託され、信州の真宗寺院、門徒衆らに届けられたのである。

また天正五年一月、普願寺《ふがんじ》（須坂市）に対し武田勝頼は、何事かは判然としないが、あることに（「一ヶ条」としか記されていない）について普願寺が本願寺の怒りを買うことになっても、かならず武田氏が取りなすので安心してほしいと約束している（戦武二七五九号）。このことから、武田領国下の真宗寺院と本願寺の折衝をも武田氏が全面的に仲介し、さらにはその保護も行っていたことがわかる。本願寺は時に破門という恐るべき宗門上の権力行使を実施したが、勝頼はそれを掣肘《せいちゅう》することで、領国下の真宗寺院を保護し取り込んでいったのだろう。このように武田勝頼は、頑強に信長と戦う本願寺を支援すべく、様々な手段を講じていたのであった。

勝頼、北条夫人を娶る

武田勝頼は、天正五年に北条氏政の妹（桂林院殿《けいりんいんでん》、本書では北条夫人と記す）を正室として娶《めと》ることとなった。勝頼が北条夫人と結婚した時期は定かでないが、天正五年一月二十二日のことであったとされる（『小田原編年録』）。これが事実かは確認できないが、同年三月三日付の信濃国諏方大社下社神宮寺宝塔再興の棟札銘に「様（武田勝頼）」とならんで「御前様」と明記されており（戦武二七八〇号）、これは間違いなく勝頼正室北条夫人のことを指しているので、一月輿入《こしい》れという説は蓋然性が高い。勝頼夫人は、当時十四歳であった。『北条記』には輿入れとともに北条夫人に従って来た侍臣として早野《はやの》内匠助《たくみのすけ》・劔持与三左衛門《けんもちよさんざえもん》、『甲乱記』には早野内匠助・劔持但馬守《たじまのかみ》・清六左衛門《せいろくざえもん》・同又七郎《またしちろう》（六左衛門の弟）が記録されている。のちに彼らは、武田氏滅亡時に彼女に殉じた。なお、天正五年六月、勝頼は富士御室浅間社に願文を捧《ささ》げ、本年から黒駒の関所を開放するとしたが、これは北条夫人との結婚を祝ってのことであったという説がある（上野晴朗・一九七八年）。記して後考をまちたいと思う。

ところで『甲陽軍鑑』によれば、この婚礼は重臣春日虎綱の献策によるもので、これが実現すると虎綱は大いに喜び「長篠敗戦後、はじめて今夜安心して眠ることができた。それも小田原より（北条夫人の）輿入れが成就したからだ」と述べたという。だが、北条夫人の輿入れが天正五年早々に実現したのは、前年の天正四年に議論された甲相越三国和睦交渉のなかで決定された流れを受けてのものであろう。

北条夫人の輿入れを軸とした甲相同盟の強化が突然浮上したのは、前年以来の甲相越三国和睦構想を協議するなかで、北条氏政夫人黄梅院《おうばいいん》（信玄息女、勝頼姉）の離別と死去以来、武田氏と北条氏との同盟関係は、婚姻関係を欠く、当時としては極めて稀薄《きはく》なものであり、両氏（とりわけ武田氏）にとって課題だったからであろう。それは、いつ関係が断絶するかわからぬ不安定なものであったから、三国和睦交渉のなかで勝頼が望んだものと考えられる。

『北条記』には、勝頼が氏政の旗下に入るという条件の下で婚姻が成立したと伝えている。武田氏からの強い希望によるものというのは事実であろう。勝頼は、家運挽回《ばんかい》のため、とりわけ対織田・徳川戦に北条氏を動員しようと考えていたと思われる。それまで甲相同盟は、対上杉戦や対信濃平定戦を軸にしたものであった。ところが、それをはるかに超えた遠距離戦に北条氏の援軍を動員しようというのだから、勝頼の方から氏政の妹婿になることを強く望んだのであり、これが『北条記』のいう如き、勝頼は氏政の「御籏下」に入るという条件のもとで婚姻が成立したという認識を生んだのではなかろうか。

じつは、天正五年九月四日に小田原衆が甲府に多数集結しており、甲府の武田家臣は多忙を極めていた様子がうかがえる史料がある（戦武二八六二号）。これを婚礼のための来甲とみることもできるかもしれないが、すでに三月の時点で北条夫人は「御前様」と呼称されていることや、輿入れ後の九月を婚礼とするには時間が開きすぎているので、これは結婚の行列とはいえないであろう。この時期、勝頼は遠江出陣に向けて準備を急いでおり（後述）、北条氏から派遣された援軍もしくは五節句の挨拶のための名代一行が甲府にいたのではなかろうか。

そして五月下旬、上杉謙信が関東に出陣してきた。勝頼は上野国衆小幡孫十郎《おばたまごじゅうろう》からの飛脚を受け、引き続き上杉軍の動静を見極めて注進するよう要請し、重臣小原継忠《おばらつぐただ》・工藤長門守《くどうながとのかみ》と相談して備えを固めるよう指示した（戦武二八〇八号）。北条氏政自身も上杉軍に対処すべく小田原を出陣し、河越（埼玉県川越市）に向かっていたらしい。勝頼は、北条氏邦（武蔵鉢形城主）に書状を送り、来る六月四日には自身も出馬する予定であることや、先衆を五日前に派遣したことなどを報じた（同二八一三号）。謙信はすぐに帰国したため、勝頼も出陣を取りやめたようであるが、上杉軍の関東侵攻は甲相越三国和睦構想の完全なる破綻を象徴していた。しかし、甲相同盟の強化は実現を見たのであり、武田氏の背後は安定することとなった。重臣春日虎綱が安堵《あんど》したというのは、このことを指しているのだろう。しかし、甲相同盟強化という成果は、早くも翌年暗転することとなる。

高天神城の防衛強化

天正三年五月以降、長篠戦勝を契機に始まった徳川家康による怒濤《どとう》の反撃により、遠江の武田方は相次いで拠点を失っていた。家康はまず諏方原《すわはら》城を天正三年八月に奪取した。さらに本拠地浜松城の喉元に突きつけられた刃のような二俣《ふたまた》城を奪回すべく、付城を構築し行動の自由を奪いつつ、補給路を分断することを目的として、犬居谷《いぬいだに》への本格的な侵攻を開始した。犬居谷の天野《あまの》藤秀《ふじひで》は、本拠地犬居城、光明《こうみょう》城、樽山《たるやま》城、勝坂《かっさか》城などを相次いで失い、天正三年七月までにはわずかに確保しえた鹿鼻《ししはな》城に籠城して、徳川方への抵抗を続けた。だがこれにより、遠江二俣城は後詰の来援と補給路を断たれ、同年十二月には開城を余儀なくされた。

このように遠江で武田方が劣勢に立たされたことにより、武田勝頼は高天神《たかてんじん》城の防衛強化を図るべく、城主小笠原弾正少弼信興《おがさわらだんじょうしょうひつのぶおき》（与《よ》八郎氏助《はちろううじすけ》）を駿河国富士郡重須《おもす》（静岡県富士宮市）に転封することとしたのである。小笠原信興を転封したのは、彼が徳川方に帰属することを勝頼が恐れたためであろう。もし信興が徳川方に寝返れば、高天神城という重要拠点を失うばかりか、武田氏は遠江への反撃路をほぼ封じられてしまう。すでに、犬居谷の失陥により、青崩《あおくずれ》峠越えの秋葉街道などはほぼ徳川方の支配下に入り、諏方原城を失ったことで、懸川《かけがわ》城を経て見付に抜ける東海道も封じられてしまっていた。武田氏に残された反撃ルートは、小山城から相良を経て海沿いに高天神城に抜けるルートと、塩買坂《しおかいざか》を経て高天神城に至るルートしかなく、後者は徳川方の襲撃を警戒しながらでなければならない状況下にあり、もはや危険な行軍路になりつつあった（『軍鑑』）。

勝頼は、天正三年十月から同四年十一月までの間のどこかで、小笠原信興を高天神城から駿河国富士郡重須に転封した。信興の家来たちも富士郡に屋敷地を与えられている（戦武二七四一号）。

のちに高天神から駿河へ引っ越した信興家来衆には、どこに居住したとしても諸役を一切免許するとの特権が与えられている（同二〇八五・二八九七号）。

こうして高天神城は、武田氏の直轄管理下に入ったのである。その後、高天神城に誰が配備されていたのかは、史料が乏しく明らかにならない。ただ、『依田記』によると、二俣城を明け渡した依田《よだ》信蕃《のぶしげ》は、なおも徳川と戦うことを望み、本領の信濃国佐久郡芦田には帰らず、高天神城に移ったとあるから、信蕃が小笠原信興に代わる城将だったのかも知れない。勝頼が相当の軍勢とともに、城将と在番衆を配備したことが判明するのは、天正六年のことである（戦武三五四四号）。

勝頼は、駿河衆の有力者で小山城将の岡部《おかべ》丹波守《たんばのかみ》元信《もとのぶ》を手厚く遇し、駿河で所領を与えると約束している（戦武二七七四号）。また勝頼は、岡部元信に高天神城周辺で知行を宛行《あてが》っただけでなく、彼の同心衆への給分も与え、さらに岡部元信に随行する駿河衆朝比奈《あさひな》松千代《まつちよ》らにも知行を与えている（同二七六三・六四・六六・七四号）。勝頼は岡部元信に、高天神城防衛の支援を託したのであろう。

危殆に瀕する北遠江と駿河北部

天正三年に犬居谷が陥落したことで、駿河の藁科《わらしな》、安倍、寸又峡《すまたきょう》という駿河北部が徳川方の攻勢や調略にさらされるようになり、武田方は危機感を募らせていた。天正四年七月以降、同五年にかけて、徳川方はこの地域の土豪や村々を調略し、攻勢に出ようと躍起になっていたらしい。天正五年になると、樽山城には徳川家臣安倍《あべ》大蔵元真《おおくらもとざね》・弥《や》一郎信勝《いちろうのぶかつ》父子が配備され、三《み》倉久《くらきゅう》右衛門《えもん》らが援軍として在番したという（『譜牒余録《ふちようよろく》』）。

これに対し、武田方は小長谷城や、安部の口津渡野《つどの》城（筒野城、静岡市）などでこれを防ごうとしていた（『譜牒余録』）。とりわけ武田氏が頼りにしていたのは、この地域を支配する井川・安部一揆である。井川（井河、静岡市）とは大井川最上流域の村々の広域名称で、寸又川や安倍川支流の中河内川《なかごうちがわ》、藁科川も近く、それらの川沿いに発達した駿河平野部に繋《つな》がる道や、さらに犬居谷など北遠江の山岳地帯と繋がる道が交錯する交通の要所であった。武田信玄の駿河侵攻に際して、ゲリラ戦を展開し、武田軍を悩ませたのも彼らであった。井川は、田代・上田・薬沢・中野・岩崎・上坂本・小河内の七ヵ村（井川七郷）によって構成され（『駿河記』）、海野《うんの》・朝倉・末高《すえたか》氏らが一揆の中核的存在であった。

犬居谷が陥落したことは、この地域が徳川方の脅威にさらされることをも意味していた。とりわけ天野藤秀が樽山城を失ったことは、この地域の一揆衆にとっては衝撃だったといえよう。確実な文書や記録で裏づけられないのが遺憾であるが、この地域に残る近世前期の文書には、武田・徳川両氏の戦闘と調略に関する記述が見られる。

それらを総合すると、天正五年に以下のような動きがあったという。井川一揆は武田方として安部元真父子らの侵攻に対処しており、しばしば徳川方に夜襲を仕掛けるなど、地の利を心得た戦術で安部らを悩ませていた。ところが、天正五年五月ごろ、井川田代一揆の指導者七郎左衛門と市之丞が武田氏を見限り、秘かに徳川方に内通した。この謀叛《むほん》は、安部元真らの調略によるもので、安部は早速、一揆内部の離間に成功した旨を浜松の家康に飛脚で報じた。ところがこの飛脚は、藁科（静岡市）の黒俣村の沢野というところで一泊したところ、乞食坊主と一緒になり、つい心を許して井川田代一揆衆のうち、七郎左衛門・市之丞の内通を漏らしてしまった。これに驚いた坊主は、飛脚と別れるとすぐに江尻《えじり》城の穴山信君《あなやまのぶただ》のもとへ急行し、井川田代一揆に謀叛の動きがあることを告げた。

これを知った信君は、ただちに追っ手を派遣し、七郎左衛門を捕縛した。謀叛の発覚を悟った市之丞は、五月四日に岩崎村から逃亡し、田代村を経て、五日に大寸又の小根沢に逃れたという。だが、武田方の朝倉・杉山氏に追いつかれ、市之丞も捕縛された。なお市之丞の一族は虎口を逃れ、徳川方に走ったという。徳川方に内通した七郎左衛門・市之丞両人は、江尻城の穴山信君のもとへ送られたと伝わる。調略が発覚したことを知った安部元真らは、軍勢を率いて井川田代一揆を攻め潰すべく押し寄せたが、「かうせ嶋」（静岡市田代）で合戦があり、双方に戦死傷者が出たといい、徳川方は攻略を諦めて撤退したという。これは元禄九年（一六九六）に作成された「了夢先祖書《りょうむせんぞがき》」に記載されたものであるが（本川根五七一号）、極めて興味深い記述といえる。

　このほかに、大寸又の望月五郎兵衛や川根上藤川村の小長谷長門が徳川方に内通し、安部元真とともに、安部、藁科を攻めたという。小長谷長門は小長谷城に在番していたと伝わるので、もしこの記録が事実ならば、武田方の要衝小長谷城内部にも調略の手が及んでいたことになろう（本川根五六七号）。なお、小長谷長門守は実在の人物で、天正五年閏七月二日に、武田勝頼から官途状《かんどじょう》を与えられ、長門守を称している（戦武二八三六号）。もし小長谷氏の謀叛が事実ならば、この直後ということになろう。勝頼が、小長谷氏にこの時期官途状を与えたのは、小長谷城を含む地域一帯の人びとの動向が極めて不安定であり、彼らを武田方に繋ぎ止めておくのに躍起になっていたためと推察することもできよう。

　さらに『駿河記』によれば、海野七郎太郎《しちろうたろう》・七郎三郎《しちろうさぶろう》兄弟も徳川方に調略されたとの嫌疑をかけられ、武田氏に討たれたとある。海野氏は井川田代一揆の中心的存在であり、海野弥兵衛《やへえの》尉宗定《じょうむねさだ》は武田方の有力な武士としてしばしば史料に登場する。この逸話は、海野一族内部が武田・徳川双方に味方して分裂した事実を伝えている可能性がある。

　武田勝頼は、徳川氏の手中に落ちた犬居谷方面からの侵攻に対処すべく、駿河衆三浦員久《みうらかずひさ》を清水城（静岡市清水区）から「土岐谷」に派遣することとし、配下の軍勢を徴集するよう命じ、敵地から「土岐谷筋」の交通路などの詳細を調査して絵図面に仕立てて送るよう指示した。さらに勝頼は、三浦員久に家中の親類、被官から人質を招集し、武田方に寄越すことや、彼自身に謀叛を起こさぬ旨を誓約した起請文《きしょうもん》を提出することを求めている（戦武四三〇三号）。勝頼が三浦員久に転属を命じた「土岐谷」とは徳谷を指すとみられ、それは小長谷城のことである。

この文書は年未詳三月十九日付であるが、三浦員久が小長谷城周辺で確認でき、徳川方と交戦したことが判明するのが天正五年のことである（後述）。このことから、三浦が小長谷城に在番として異動したのは、天正五年三月のことと推察する。

このように武田勝頼は、小長谷城の防備強化に動いたのである。そして小長谷城に着任した三浦員久は、天正五年九月、安部元真父子が在城する樽山城を攻撃した。安部父子は、三浦方の猛攻を凌《しの》ぎきり、これを撃退することに成功した。安部父子は、撤退する三浦の軍勢を追撃し、敵兵を少々討ち取ったという（『譜牒余録』）。家康は、要衝樽山城を守り抜いた戦功を賞し、安部元真に九月十一日付で感状を与えている（家康二四三）。

なお、鹿鼻城に籠城していた天野藤秀も、天正四年末から同五年にかけて、安部元真父子に盛んに攻撃を仕掛けていた。とりわけ天正四年十二月に実施された天野藤秀の犬居谷での軍事行動は、大規模なものであったようで、徳川方に少なくない被害を与えたらしい。これは江尻城主穴山信君の要請に応じて天野藤秀が実行したもので、天野方は「分捕・生捕・高名」などの詳細を記した注文（帳面）を作成し、ただちに信君に届けた。これは甲府に転送され、勝頼を大いに喜ばせた（戦武二七五二号）。『譜牒余録』などによれば、天野藤秀はしばしば徳川方を攻め、これを悩ませたとの記事が散見されるから、本拠地犬居城を失ったとはいえ、地の利を心得た天野は八面六臂《はちめんろっぴ》の活躍をしていたと思われる。このため天野藤秀は家康に相当恨まれていたらしく、武田氏滅亡後、その行方は執拗《しつよう》に追及されたと伝えられる。

いずれにせよ、天正四年末から同五年にかけて、北遠江と駿河北部の山岳地帯では、徳川方の積極的な調略活動が行われ、武田方は動揺していたらしい。武田方の天野藤秀、三浦員久の攻勢も実施されたが、戦局は好転しなかった。

そこで武田勝頼は、小長谷城のさらなる防備強化に動いた。今日知られているのは、甲斐国都留《つる》郡上野原城主加藤《かとう》次郎《じろう》左衛門《ざえもん》尉《のじょう》信景《のぶかげ》を、天正五年十一月に小長谷城に配備したことである。加藤信景は、折しも永禄十二年（一五六九）の三増《みませ》峠合戦直後、武田軍の雑兵により破壊された上野原の諏方神社社殿再建をようやく成就させ、記念行事を行う直前だった。しかし勝頼から、遠江への在番を指示されたため、後事を息子千久利丸に託し、奉納する棟札銘を仕上げ、十一月九日に「駿遠三之堺号徳谷地」に番手のため出陣した（戦武二八九八号）。

勝頼が、この重要拠点の在番に上野原城主加藤信景を指名した理由は定かでないが、よほど信頼されていたと推察される。事実かどうかは定かでないが、加藤信景は甲斐国勝沼信友《かつぬまのぶとも》（武田信虎の弟、武田一族）の息子であり、加藤丹後守《たんごのかみ》景忠《かげただ》の養子に入ったと伝わる人物である（『国志』人物部第六、「武田源氏一統系図」「武田源氏一流系図」〈県外記録一八一号〉）。もし事実ならば、天文四年（一五三五）八月に戦死した勝沼信友の息子が勝沼武田氏を継承せず、都留郡加藤氏のもとへ養子に入ったというのは、信玄の父信虎の措置だったと思われる。そして勝沼信友の所領、居館、名跡を継承し、「勝沼殿」を称したのは、今井《いまい》信元《のぶもと》・信甫《のぶすけ》父子（府中今井氏）である。彼らは永禄三年十一月、上杉謙信に内通したことが発覚し、成敗されたという（『軍鑑』）。これまで、永禄三年に滅亡した勝沼信元とは、『甲斐国志』以来武田信虎実弟勝沼信友の息子とされてきたが、それは事実ではなく、勝沼信友戦死後、府中今井信元がその名跡を継ぎ、勝沼信元と呼ばれたのだと指摘されている(秋山敬・二〇〇九年)。

こうした研究成果に依拠すれば、加藤信景が勝沼氏を継承しなかったのは、府中今井氏に要衝勝沼を預けるためであって、信景はその影響から上野原加藤氏の養子に送り込まれたと推定できよう。このように加藤信景が武田一族に繋がるとすれば、徳川方の調略や攻勢をまともに受ける要衝を任せるに足る人物だったと考えられる。勝頼は、犬居谷から山岳地帯を迂回《うかい》して藁科川、安倍川沿いに駿府を脅かそうと目論む徳川方を懸命に食い止め、反撃しようとしていたのだろう。

徳川軍の来襲と勝頼

勝頼は、天正五年閏七月五日、家臣らに対し三ヵ条の軍役条目を発した。そこには、勝頼の危機感が横溢《おういつ》している。それには、①来る軍事行動は、武田家興亡に関わるものであるので、領内の貴賤《きせん》を問わず十五歳以上六十歳以前の男子を二十日間の期限付きで徴発し、出陣に帯同すること、ただし二十日を過ぎれば、軍役衆以外は指示を待たず無条件で帰国してよい、②近年は軍事が頻繁でみな疲れていることだろうが、武具などを麗美に整え、昼夜を厭わず命令次第に出陣すること、とりわけ鉄炮兵と玉薬の用意を怠らぬこと、③武勇の者を選んで徴兵すること、最近世間では、武田軍は軍役の補塡《ほてん》のため夫丸《ぶまる》などの百姓までを員数合わせのために帯同していると頻りに噂されている、これは外聞を失うことでもあり、また武田家はもちろん家臣の家の破滅に直結することにも繋がるだろう、そのようなことのないようにされたい、今度の作戦の際には、着到（軍勢の員数と装備の点検）を厳重に行うこととする、と列記されていた（戦武二八三七～三九号）。

この規定は、武田信玄以来の軍法の原則を大幅に変更する内容といえる。信玄は領内の武勇人・有徳人を除く、百姓・禰宜《ねぎ》・幼弱の者を軍役のために帯同することを、謀叛の原因になるとして厳禁してきた。勝頼はこれを破棄し、二十日間という時限とはいえ、大量動員に踏み切ったのである。それは武田氏がほんらい軍役衆として想定していた、兵卒となるべき武勇人・有徳人などがもはや払底気味だったからである。こうした人びとが、常に村々や宿町に数多くいたわけではない。それらの多くは、信玄晩年から長篠敗戦後までの間に、すでに動員しつくされてしまっていたのであろう。

勝頼が武田軍の質的問題を懸念し、その手当てを行っていた矢先の閏七月十一日、徳川軍が高天神城に向けて行動を開始したとの報がもたらされた（戦武二八四二号）。城主が小笠原信興から依田信蕃に交替してまもないことを好機と捉えたものであろうか。勝頼はただちに軍勢の招集を急ぎ、信濃・西上野衆には閏七月十八日までに甲府に参集するよう求め、勝頼自身は十九日に出馬することとした。じつは勝頼は、前日の閏七月十日に、来る二十三日に諏方郡に参集する動員令を出していたが、家康がやって来たため、参集を急遽繰り上げたのである。武田軍が侵攻するよりも早く、徳川軍が動いた格好となった。

ただ、この間勝頼がどのように動いたのかは詳細が明らかではない。閏七月二十四日、勝頼は江尻城代穴山信君からの報告に対し返書を送っているが、信君書状は二十二日付で、勝頼は翌二十三日にそれを受け取ったとあるので、まだ甲府にいた可能性が高い。実際に、勝頼は九月下旬の段階でも甲府に滞在しており、出陣していない（戦武二八六九号）。恐らく軍勢の招集が思うように進まなかったか、あるいは穴山信君宛書状に「去比者信長頻催動之由注進候き、近日者無別条候」とあるので、信長が武田領国に侵攻するとの風説があったため、遠州出陣を延期し様子をうかがっていたのであろう。これは、信長が意図的にそうした情報を流し、家康の遠江反攻を支援しようとしたのかも知れない。だが家康の高天神城攻撃は思うような成果をあげられなかったらしく、徳川軍はその後小山城や駿河田中城に矛先を転じているので、苦戦を強いられたのではあるまいか。

徳川家康がふたたび動き出したのは、九月に入ってからである。九月下旬、勝頼のもとに駿河田中城から徳川軍動くとの情報が届いた。折しも江尻城代穴山信君は、甲府に来て勝頼と会見していたらしく、急遽信君を駿河に帰還させた。このころには、勝頼も軍勢の招集を終えており、自ら出馬する意向を表明し、小山城の岡部元信のもとへは重臣曾根《そね》内匠助昌世《たくみのすけまさただ》を派遣させ、岡部とともに同城の防衛を強化させている（戦武二八六九号）。

勝頼は、本隊を率いて、九月二十二日には駿河江尻城に到着した。ところが折しも富士川が増水しており、軍勢の渡河が進捗せず、ようやく全軍が勝頼のもとへ結集したのは一日遅れの二十三日になってからだった。勝頼は九月二十四日に、高天神城在番衆清野《きよの》刑部左衛門尉《ぎょうぶざえもんのじょう》・依田能登守・栗田《くりた》鶴寿《かくじゅ》（信濃国衆）、江馬《えま》右馬允《うまのじょう》（飛騨衆）に書状を送り、二十五日には田中城に陣を進め、徳川軍と決戦する覚悟であると述べ、もし討ち漏らした敵兵を発見したら河瀬で仕留めるよう依頼した。ただし、城中の兵卒がことごとく出陣したり、清野・栗田ら物主衆自らが出向くことを厳禁し、足軽だけを作戦に派遣するよう指示した。また、なにごとも小山城と連携して、高天神城を防衛するよう求めている。

その間、徳川軍は高天神城に向かっていた。だが勝頼本隊の接近を知ると、攻撃を諦めて、九月二十八日には馬伏塚城《まむしづか》へ撤退してしまったらしい。穴山信君は、無二の一戦を行おうとしたのだが、家康が逃げてしまって口惜しいと悔しがっている（戦武二八七三号）。

それでも勝頼は、大井川を越えて小山城に入った。だが徳川軍は、懸川城に徳川信康《のぶやす》が、馬伏塚城に家康が入り、自重して決戦を回避する構えであった。勝頼はやむなく、十月二十日には小山城を出て大井川を渡河し、駿河方面へと撤退した。これを見た徳川軍も、十月二十一日には懸川城から徳川軍が浜松まで撤収し、信康自身も岡崎へ引き揚げた。また家康も二十二日には馬伏塚城を出て浜松に帰陣した。武田軍の一部は、十月二十五日には大井川筋に出てきたが、渡河して徳川方の城を攻撃する素振りは見せなかった（『家忠日記』）。こうして天正五年の武田・徳川両氏の対峙は幕を下ろしたのである。

第四章　御館の乱と武田勝頼

一、上杉謙信の急死

織田信長、北関東との連携を望む

上杉謙信との断交、上杉氏と一向宗の連携、甲相同盟の強化、武田・上杉両氏と毛利氏の連携など、信長を取り巻く環境は、元亀元年（一五七〇）～天正元年（一五七三）までの最悪の状況に次ぐ危機的状況になりつつあった。とりわけ、甲相同盟の強化と謙信との同盟破綻により、長篠敗戦で西方への侵攻を中断していた武田勝頼が息を吹き返す可能性もあった。

そこで信長は、天正三年の長篠合戦以後、交渉を開始した北関東の諸大名との連携を強め、武田氏との同盟を強化した北条氏を明確に敵と認定し、これを討滅することを宣言した。信長は、天正五年十一月二十日付で、北関東の佐竹義重《さたけよししげ》、水谷勝俊《みずのやかつとし》らに書状を送り、北条氏を討つために関東へ出兵するつもりであるとの意思を鮮明にした。これに対し、北関東の諸大名は積極的に応じ、北条氏と対抗するための新たな相手として、織田信長を歓迎する意向を明らかにしたのである。信長の使僧は、十二月二十三・二十八日に佐竹氏（受領したのは太田《おおた》三楽斎道《さんらくさいどう》誉《よ》・梶原政景《かじわらまさかげ》父子）、同二十六日に水谷氏のもとへ到着した。

そこで太田道誉・梶原政景父子、水谷勝俊は、それぞれ信長に返書を認《したた》めた（信⑭二二一〜三）。この時、実際三氏が宛所とした人物は小《お》笠原《がさわら》貞慶《さだよし》である。彼こそ、武田信玄に信濃を追放された元信濃守護小笠原長時《ながとき》の息子であり、彼は信長に登用され、対武田・上杉・北条氏対策のため、北関東や奥羽の諸勢力との取次役を命じられ、東奔西走の日々を送っていた。

この時の信長書状は現存しないが、来年（天正六年）の春には関東八ヵ国（北条領国）へ出兵するとの決意を伝えたもので、その際には是非北条氏打倒のために力を貸してほしいと記してあったようである。これに応えて太田道誉・梶原政景父子は、天正四年以来常陸や下野の諸大名や国人衆は、北条氏と敵対関係にあると報じ、また北条氏政が里見《さとみ》義弘《よしひろ》を攻めて上総・下総や安房を席巻《せっけん》していると伝え、里見氏もやむなく氏政と和睦を結び、領国を割譲したが、北条氏への遺恨は深いものがあるはずなので、信長がもし関東へ出兵すれば必ず協力するであろうと述べている。そして、信長の関東出兵に期待し、その際にはきっと協力するであろうと結んでいる。

また太田道誉書状によれば、佐竹氏は信長との関係強化のため近江国安土へ使者を派遣したが、信濃・越後の往還通行が困難であったため断念し、引き返した経緯があると記されている。この事実は、北関東の諸大名が信長との連携を、天正三年以後重視し始めていたことを示す。

北条氏の関東経略により、北関東の諸大名は常に北条氏からの軍事的脅威にさらされていた。それまでは、上杉謙信の越山を唯一の頼みにして、北条氏と対抗しようとしていたのであるが（途中、武田信玄の駿河侵攻に伴う甲相駿三国同盟崩壊と、上杉・北条同盟〈「越相一和」〉成立の際には、武田氏と結んで北条氏に対抗した）、謙信の勢力は次第に後退し、東上野を保持するに過ぎなくなった。また謙信は、織田氏との断交後は、おもに北陸経略とその延長線上に上洛《じょうらく》を重視していた。そこで、佐竹氏らは謙信との友好は維持しつつも、新たな外交戦略を模索していた。そこへ、天正三年以来の通交があった織田信長より、北条氏打倒のための関係強化の打診があったのである。

彼らが愁眉を開いたのは想像に難くない。信長は、東国経略を担当した小笠原貞慶を通じて、北条氏包囲網を敷き、武田・上杉氏との連携を妨げようとしたのである。その後、信長と下野・常陸の諸大名は、書状や贈答品の遣《や》り取《と》りを盛んに行い、本能寺の変まで途絶えることなく友好関係が続くことになる（『信長公記』など）。

しかしながら、結果的にいえば、織田信長の関東出兵は実現しなかった。織田領国と関東の北条領国の間には、武田領国が広がっていたのであり、勝頼を打倒しない限り、信長の関東出兵はありえなかったからである。また信長にとって、石山本願寺や毛利輝元との抗争などもあって、東国出兵の余裕などとてもなかった。だが、信長が公式に北条氏政を敵と認定し、これを北関東の諸大名に通達した意味は大きかった。北条氏は、近い将来、織田政権との対決を迫られることになったからである。

だが信長が北関東の諸大名と結んで、北条氏政に圧力をかけたとはいえ、信長包囲網が崩れ去ったわけではなかった。北条氏の関東での優位は依然として継続していたし、上杉謙信は北陸侵攻を企図していた。氏政は、謙信の北陸侵攻を横目で見ながら、関東経略を進めていこうとしていた。謙信の眼が北陸から畿内に向いてさえいれば、別に謙信との和睦がなくても、氏政にとっては一向に構わなかったのである。それは武田勝頼も同じであった。武田・北条両氏は、謙信の軍事行動が関東に向かない限り、これを黙認し、傍観しようとしたのである。あわよくば、謙信と信長が北陸方面で衝突してくれれば、漁夫の利を得ることも可能と考えられたからであろう。

謙信急死の衝撃

謙信は、天正五年十二月二十三日に麾下《きか》の武将八十余人の名簿を作成している（上越一三六九号）。これは越中・能登平定と加賀への一部侵攻を果たした段階で、これまでの領国と麾下の武将に加えて、新たな領国獲得とそれに伴う上杉麾下の増加に対応すべく、天正五年末の段階での配下の武将を把握し、来る天正六年での軍役賦課を円滑に実現するために作成したものであろう。そして謙信は、天正六年一月十九日に領国に陣触を発し、軍勢の招集を命じた（なお越中などには一月二十八日付で陣触を発し、越中には二月九日に到達している〈同一三七三号〉）。

この陣触は、天正六年二月十日付で、常陸国佐竹義重の家臣に宛てたと思われる書状によると、関東出陣のためだと明記され、関東はちょうど今ごろは麦秋の季節であるので、北条領国の郷村を疲弊させるには好都合だと述べている（同一三七四号）。また越中国衆の小島職鎮《こじまもとしげ》は「近々南方表可被成御進発御書頂戴」と述べているので、謙信の出陣が、常陸国佐竹氏らと連合した北条領国への侵攻であるのは間違いなかろう。この関東出陣は、結城《ゆうき》晴朝《はるとも》らの越山要請に応えたものだった。

ところが、出陣をまぢかに控えた天正六年三月九日の午刻（正午頃）、謙信は春日山《かすがやま》城内で昏倒《こんとう》し人事不省に陥った（『年譜』等）。原因は諸記録に「中風の御症」「不慮之虫気」などとあるので、脳卒中であったと考えられる。倒れた場所は、城内の「厠」「閑所」とあるから、便所であったらしい（『北越軍談』『軍鑑』等）。謙信が昏倒したため、春日山城は大騒ぎになった。側近や一族、家臣は周章狼狽《しゅうしょうろうばい》し、越後国内はもちろん、国外の医師を招いて治療にあたらせる手配をしたほか、寺社への病気平癒の祈禱《きとう》などを実施させて、謙信の回復を祈った。しかし病状は好転せず、三月十三日の未刻（午後二時頃）に逝去した。享年四十九（『年譜』など）。

ところで、『上杉家御年譜』などによると、上杉謙信は死に臨んで遺言と後継者の指名を行ったとされている。臨終の直前に、謙信の枕頭《ちんとう》に躙《にじ》り寄った直江《なおえ》景綱《かげつな》の後室が大声で「御跡目御相続ハ何れニ候哉、景勝公にて候哉」と聞いたところ、謙信はもはや喋《しゃべ》ることは叶《かな》わなかったが、晴れやかな表情で首肯し、景勝の後継指名を承認したという。このため、居並ぶ家臣たちは愁眉を開いたと記されている。そして、その後謙信は危篤状態に陥り、眠るがごとく逝去したという。また、謙信の後継者として景勝が指名されたというのは、すでに当時から景勝自身が「遺言之由候而、実城へ可移之由、各強而理候条、任其意候」と述べており、遺言の存在が強調されている（上越一四七七号他）。しかし、謙信遺言の存在は現在までのところ確認できない。いずれにせよ謙信は、関東制圧と関東管領上杉氏再興、織田信長の打倒を実現することなく急死した。謙信が生前に残した辞世の句には「四十九年一睡夢、一期栄花一盃酒、嗚呼柳緑花紅」とある。

謙信の葬儀は三月十五日に実施された。顕密の高僧らが協議し、謙信には「不識院殿真光謙信法印大阿闍梨」という戒名が贈られた（『年譜』、なお「林泉寺過去帳」には「不識院殿心光謙信大居士」、「高野山過去帳」には「不識院心光謙信」、「高野山清浄心院過去帳」には「権大僧都謙信法印」とある）。謙信の遺骸は生前からの遺言により、その武威を示すよう甲冑《かっちゅう》を着けて瓶に収められたという。『北越軍記』には、謙信の遺骸は瓶に入れてから塩を詰められ、さらに棺に納められたとある。

そして遺骸が納棺されると、生前から謙信が帰依していた春日山城北丸の大乗寺住持長海《ちょうかい》法印《ほういん》を御導師《ごどうし》としてただちに葬儀が執行された。その後、養子の上杉景勝、上杉景虎、上条《じょうじょう》政繁《まさしげ》が棺の左右を守り、一族と家臣たちはその後を供奉《ぐぶ》し、棺は不識院の境内に埋葬された。謙信の死は身分の上下を問わず、越後の人びとに衝撃を与えたといわれ、大いに嘆き悲しんだと伝えられている（『年譜』等）。だが越後の人びとは、謙信の死を長く悼んでいる暇はなかった。まもなく、謙信の後継者の地位をめぐって、越後は大規模な内乱に見舞われることになるのである。

謙信急死の情報と各勢力の動向

謙信の葬儀終了後、上杉景勝は三月二十四日までに春日山城の実城《みじょう》（本曲輪《ほんくるわ》）に入り、上杉家当主となった。これは謙信の遺言を奉じる家臣たちに説得される形で移ったと、景勝自身は述べている（上越一四七七号）。

いっぽう、謙信急死の情報は、上杉領国各地にも伝達された。三月十八日、能登国七尾城将鯵坂長実《あじさかながざね》は、上杉景勝家臣吉江信景《よしえのぶかげ》・三条信宗《さんじょうのぶむね》に起請文《きしょうもん》を提出し、景勝に忠誠を誓った（上越一四七六号）。この起請文は、景勝のもとから飛脚が派遣され、それによってもたらされた情報（謙信急死と景勝の家督相続）に接した鯵坂長実が、越中・能登の国衆を七尾城に緊急招集して事態を伝え、早速書かせたという。また景勝は、代替わりを三月末までには上杉領をはじめ各国に伝達し、家臣たちには謙信の形見分けも行っている。

だが、上杉領国の内外では、謙信の急死が波紋を拡げつつあった。関東で北条氏政や武田勝頼と直接対峙《たいじ》する東上野では、謙信急死の情報が広まったことで動揺する国衆が続出した。当時廐橋城《まやばし》（群馬県前橋市）にあって上杉方国衆の統括を担当していた北條高広《きたじょうたかひろ》（安芸入道芳林《あきにゅうどうほうりん》、以下北條芳林で統一）・景広《かげひろ》父子は、三月二十七日付で、景勝家臣吉江信景に対して上野国衆が動揺し、不穏な動きが見られると報告した。そのため芳林・景広父子は相談のうえ、謙信は病気で臥《ふ》せっていると上野国衆に伝え、その死を秘匿しようと躍起になっていたらしい（上越一四八二号）。だが謙信の死は隠しようがなく、東上野の国衆はまもなく独自の行動を取ろうと動き出す。これが武田・北条両氏の関係を破綻に追い込む遠因となっていくのである。

謙信の仇敵《きゅうてき》北条氏は、北条氏照が三月二十五日に謙信の死去を察知している。ただ情報が混乱していたらしく、氏照は謙信の死が「生害」によるものと風聞しており、疑念を抱いた氏照は葦名《あしな》家臣荒井釣月斎《あらいちょうげつさい》に情報の真偽を問い合わせている（戦北一九七七号）。その会津黒川の葦名盛氏《もりうじ》は、三月二十六日に謙信死去の情報の真偽をただちに確認するよう、家臣小田切孫七郎《おだぎりまごしちろう》に命じている（上越一四八一号）、さらに織田信長も三月二十七日に、羽柴秀吉に謙信が死去したとの第一報を送っているので（信長は加賀よりの注進状でこれを知ったという。恐らく柴田勝家がもたらしたのであろう〈信長七六一号〉）、周辺諸国にその情報が回ったのは、三月二十五日ごろまでのことであろう。

なお、武田勝頼が謙信死去をいつ知ったか、またどのような動きを見せたのかは、管見の限り史料が確認できず、判然としない。

二、御館の乱勃発

謙信後継をめぐり混迷する学説

ところで、謙信が想定していた後継者問題については、古来から諸説ある。それを列挙すると、①景勝単独の家督継承説（『年譜』等米沢藩の公式見解）、②景虎単独の家督継承説、③景勝、景虎並立説、などが代表的なものである。

①は、つとに有名な逸話であり、謙信の枕頭にあった直江景綱後室が、「家督は景勝公へお譲りなされますか」と問いかけ、それに発声できなかった謙信が首肯したことから、この様子を見ていた家臣たちは安堵《あんど》したというものである（『年譜』他）。しかしながら、この見解は景虎を滅ぼし自力で家督を継承した藩祖景勝の正当性の根源に関わるものであるため、直江兼続らが創作し、米沢藩の公式見解として伝承されてきたものだとする見方が根強い。

②は、戦後、上杉氏の研究者から出された見解である。景虎後継説の根拠として、謙信がかつての自身の諱《いみな》景虎を与えたこと、景勝に先んじて上杉姓を許されていること、「天正三年上杉氏軍役帳」に景勝は「御実城様」と記載されるが、景虎は記載されていないこと（これはすなわち軍役を負担する側ではなく、賦課する立場に景虎がいたことを示すとみる）、謙信は関東侵攻にあたって景勝は一度も帯同せず、確認されるだけでも景虎を二度（元亀元年と天正三年）にわたって連れて行っていること、景虎を古志《こし》長尾《ながお》氏（謙信生母の実家、若き謙信が一時継承していたと伝わる）が支援していること、景勝に対する謙信の弾正少弼《だんじょうのしょうひつ》、上杉姓の継承認定の文書は、当時の偽作（景勝の自筆の可能性が高く、自分で創作したのでは）とみられるため事実と確定できない、などである（池田嘉一・一九七一年、櫻井真理子・二〇〇三年など）。

③は、さらに内容が若干相違する学説に分岐している。まず、通説的地位を占めているものとして、謙信は景勝に越後国主と弾正少弼の官途を、景虎には関東管領職と上杉憲政《のりまさ》の所領を継承させる予定だったのではないかとするもの（井上鋭夫・一九六六年）と、景虎を後継者に定めつつも、景勝を上杉家中筆頭の地位に置き、上杉領国を分割相続させようとしていたので

はないかとするもの（木村康裕・二〇一二年）、景勝が後継者であり、景虎は関東管領職を継承しつつも、家格秩序ではその下に位置づけられていた（片桐昭彦・二〇〇五年）などがある。では、今日、謙信の後継者問題と御館《おたて》の乱はどのように解釈すべきか。この問題こそ、東国戦国史のその後の展開の解釈を大きく左右することになるだろう。

御館の乱はいつ勃発したのか

米沢藩の公式記録である『上杉家御年譜』をはじめとする近世の諸記録によると、上杉謙信の歿《ぼつ》後まもなく、養子の上杉景勝と景虎の確執が始まり、景勝方が機先を制するために三月二十四日、春日山城の「実城」（本丸）を奪取する動きに出た。これは、景勝擁立を推進する直江・本庄《ほんじょう》・長尾景路《かげみち》らが協議し、謙信のもうひとりの養子で、上条《じょうじょう》氏を継いでいた上条政繁《まさしげ》の承諾を得たうえで、景勝の実家上田長尾衆を動員して行われたという。

景勝は、上田衆に護《まも》られて「実城」に入ると、ただちにこれを封鎖した。上田衆黒金・宮島・栗林《くりばやし》氏らが城の大手・搦手口《からめて》をはじめとするあらゆる門に兵を配備し、景虎方に備えたという（『北越軍記』等）。二の曲輪にいた景虎方と実城の景勝方は、互いに弓、鉄炮《てっぽう》の応酬を始め、戦端が開かれたとされる。その日は三月十四、五日のことだったといい（『軍鑑』他）、日付など明らかに混乱がみられる。

いっぽうで『北越軍記』などによれば、謙信の五十日の忌明けにあたる五月三日に、景虎は元関東管領上杉憲政と相談して家督相続の正当性を主張し、実城へ移ろうと図り、これをきっかけに城内での戦闘が開始されたという。また『越後古実聞書《えちごこじつききがき》』には、景勝が安田顕元《やすだあきもと》に命じ、景虎を城内に招いて暗殺しようと計画したといい、このことを景虎の元にいた生母仙桃院《せんとういん》(景虎の正室は仙桃院の女、景勝の妹)に秘《ひそ》かに書状を送って知らせ、ただちに立ち退くように勧告したところ、これに驚いた仙桃院がこの書状を景虎に見せてしまったため、計画は破綻したと記されている。このため、景勝はその後、生母仙桃院と生涯不和になったと伝える(『北越軍記』では、両者開戦を聞いた仙桃院が上田から春日山城に急行し、城内の将卒に景勝への忠節を呼びかけたとある)。

このように、御館の乱勃発の経緯や月日について、諸説が混乱しており、定まっていない。しかしながら、春日山城内で権力抗争が謙信歿後まもなく始まり、五月までの二ヵ月余に及んでいたというのが、現在の通説になっている(『増補改訂版上杉氏年表』)。ところが不思議なことに、上杉氏の本拠春日山城内で深刻な抗争が勃発していたというのに、これを証明する文書は一切確認できない。それどころか、景勝の家督相続が内外に発表され、家臣からも起請文提出や祝儀の上納が盛んに行われているばかりか、葦名氏の使者も春日山城を遅滞なく訪問しており、景虎との抗争の影は微塵《みじん》も見えないのである。また双方の軍勢が、狭い城内で抗争に及び、二ヵ月余も相手を制圧できないというのも不自然というほかない。

結論をいえば、謙信の死去から二ヵ月余にわたって春日山城内で、景勝・景虎双方が抗争を展開し、武力衝突にまで発展したというのは事実ではなく、後世の創作の可能性が高い。

内乱の契機

それでは、御館の乱のきっかけは果たしてなんであったのだろうか。従来の通説に疑問を呈し、綿密な考証により新たな御館の乱像を提起したのは、今福匡氏の労作『上杉景虎』（宮帯出版社、二〇一一年）である。以下は、今福氏の成果に依拠しつつ、私見を交えて論述したい。

内乱の契機は、上杉景勝と三条城主《さんじょうじょうしゅ》神余親綱《かまなりちかつな》の対立である。謙信死去後まもなくの三月二十八日、三条城（三条島ノ城、新潟県三条市上須頃）神余親綱に逆心の疑いがあるとの情報が景勝のもとに入った。その原因は、親綱が景勝に無断で地域の地下人《じげにん》（有力者）から人質を徴集したことにあった。親綱は、景勝の詰問に対し、謙信の死去により地域の人びとの動揺が激しかったから、景勝への許可を取らず急ぎ集めたのだと弁明した。しかし親綱の動きを警戒して、山之内、新潟津の地下人たちは人質の提出命令を拒否している（上越一四八三号）。親綱は弁明したが、景勝は疑念を隠せなかったらしい。

しかも折悪《おりあ》しく、会津葦名盛氏は景勝と誼《よしみ》を通じると見せかけて、じつは越後侵攻を企図しており、軍勢を招集していた。そして黒川衆を小国《おぐに》から越後へ侵攻させた（「平等寺薬師堂内墨書」新潟二九三六号）。葦名氏の不穏な動向を察知したのか、景勝は四月三日に葦名盛氏に書状を送り、謙信の遺言で春日山城の実城に移った（家督を相続した）と報じ、謙信のころと変わらぬ修好を希望すると伝えた（上越一四八六号）。だが、このころ葦名軍は越後へ侵攻を開始していたのである。上杉方は反撃に転じ、四月十六日に葦名軍を打ち破ってこれを会津へ押し返した（「平等寺薬師堂内墨書」）。このことが、神余親綱は葦名と結んで謀叛《むほん》を起こそうとしたと疑われたのではなかろうか。

景勝と親綱の関係は、次第に対立の様相を呈してきた。そこで仲介にあたったのが、御館にいた前関東管領上杉憲政（光徹《こうてつ》）や山本寺《さんぼんじ》定長《さだなが》らであった。とりわけ上杉憲政は、神余氏が支配する三条領に多数の所領があったと推定されており、自身の知行地維持ということもあって、仲介に乗り出したわけである。

ところが景勝（「春日山」）と神余親綱（「三条」）との調停は破綻し、五月一日、景勝は親綱を謀叛人と認定した。これが「三条手切」という事態である（「平等寺薬師堂内墨書」）。決裂に至ったのは、景勝の強硬な態度にあったとみられ、のちに景虎方となる多くの人びとには「弾正曲なきあてが（擬）い故」と指弾している（上越一五二三号ほか）。いっぽう、栃尾《とちお》城主本庄秀綱《ひでつな》が四月下旬神余親綱に味方して景勝に謀叛を起こし、景勝家臣直江信綱の居城与板《よいた》城（新潟県長岡市）と芹河《せりかわ》（芹川城、同市芹川）を攻撃し始めた。景勝は直江氏支援のため、赤田城（刈羽郡刈羽村赤田）将斎藤朝信《さいとうとものぶ》に出兵を要請した（「天寧寺所蔵文書」「上杉家文書」）。本庄秀綱の与板攻撃は五月十日ごろまで続いたようであるが、与板は陥落せず、本庄も軍勢を引き揚げたらしい。こうした事態も、景勝の態度を硬化させることに繋《つな》がったであろう。

このような情勢下、景勝は上杉憲政をはじめ越後の有力国衆の面々が仲介にあたったにもかかわらず、親綱に対し極めて強硬な条件を提示したらしい。親綱はこれを受諾せず、景勝は彼を許さず討伐の対象とした。これが「三条手切」である。この結果、仲介にあたっていた上杉憲政らの面子は丸つぶれとなり、彼らは神余親綱に味方するに至った。こうして、景勝の強硬な国衆統制を目指す動きは、上杉家中の分裂を誘発してしまったといえる。

このような経過を見ると、御館の乱とは、初期の段階では、景勝の統制強化に反発した越後国衆の謀叛だったわけである。そして景勝と御館（反景勝方）双方は、五日に春日山城外の大場（上越市）で最初の合戦を展開した（上越一五〇〇号他）。しかし、この段階ではまだ上杉景虎は参画していない。

神余親綱問題で仲介にあたっていた上杉憲政、山本寺定長、上杉十郎景信《じゅうろうかげのぶ》（古志長尾氏）らは、景勝の強硬な態度に直面し、調停破綻に至った場合は、景勝を上杉氏家督から排除することも視野に入れ始めていたらしい。それは、反景勝方の自分たちが謀叛人と指弾されることを回避するためでもある。そこで上杉氏の当主をすげ替えるべく、上杉景虎を担ぎ出すことを決定したのであろう。そして景虎には、四月下旬に打診があったと推察される。

景虎自身も、上杉氏家督に擁立するという上杉憲政らの要請を受諾し、家臣遠山康光をして上野国衆由良《ゆら》成繁《なりしげ》に書状を送り「景虎江御家督参候由」を報じた。これを知った成繁は思いがけない景虎擁立を喜ぶとともに、この事実を小田原の北条氏政らに知らせている（上越一四九二号）。この時の模様を記した由良成繁書状は、四月晦日付であるので、景虎擁立の動きは四月下旬から始まったとみて間違いなかろう。

景虎、御館に入城す

「三条手切」を契機に、景勝方と反景勝方の分裂の勢いは止めようがなくなっていく。春日山城内でも、秘かに反景勝方に味方する重臣層が現れ始めた。五月六日、景勝は、東上野で国衆の統括にあたっている廏橋城将北條芳林の一族北條高定《たかさだ》・助五郎《すけごろう》父子が反景勝方に内通したことを察知し、家臣岡田十左衛門《おかだじゅうざえもん》に命じてこれを春日山城内で誅殺《ちゅうさつ》した（上越一四九七号、「景勝一代略記」など）。北條高定は謙信の旗本で、北條芳林の一族にあたる（芳林の弟とする「毛利北條系図」などの記述は誤り）。

春日山城内や越後国内が騒然とするなか、景虎が妻子と配下の軍勢を引き連れて、春日山城を脱出し、上杉憲政が隠居する御館（上越市）へ入城したのは五月十三日のことである（上越一五〇二号、「平等寺薬師堂内墨書」など）。この動きに呼応して、春日山城内からも意外なほど多くの将卒が景虎に追従して御館に去った。『上杉家御年譜』などには見えないが、『越後古実聞書』には「越後の大小人共、皆二丸（景虎方）に馳集り、御城勢（景勝方）ハ無勢也」と記している。事実、景勝が家臣に与えた感状において「今度不慮之忩劇ニ付而、何茂致退散候処、吾分事者堪忍」「今度爰元悉令欠落之処、遂籠城走廻之段神妙候」（同一五〇三・〇九号他）という文言が頻出しており、春日山城から脱出して景虎方に荷担した者が数多く存在していたことは間違いなかろう。このため、当初、景勝方は押され気味であった。

景勝方が当初劣勢であり、また上杉・長尾一門や重臣層の少なくない人びとが、景虎を支援したのは、景勝の国衆統制強化策や献策を聞き入れない強硬な態度が、上田長尾氏による権力の濫用に見えたからではなかろうか。景勝は、謙信の養子とはいえ、上田長尾氏の当主でもあり、謙信の後継者になったことで国衆を抑圧し、上田衆の勢力拡大を目論《もくろ》んでいるのではないかと見なされたからではないか。事実、景勝は御館の乱勝利後、徐々に謙信以来の国衆や家臣を政権中枢から排除していき、景勝譜代の上田衆を登用していく。また景勝に敵対した勢力を滅ぼした後には、その遺領を上田衆に手厚く配分している。こうした景勝のその後の施策を見ると、すでにその萌芽《ほうが》が三条問題に現れており、これを嫌った国衆らが反発したというのが御

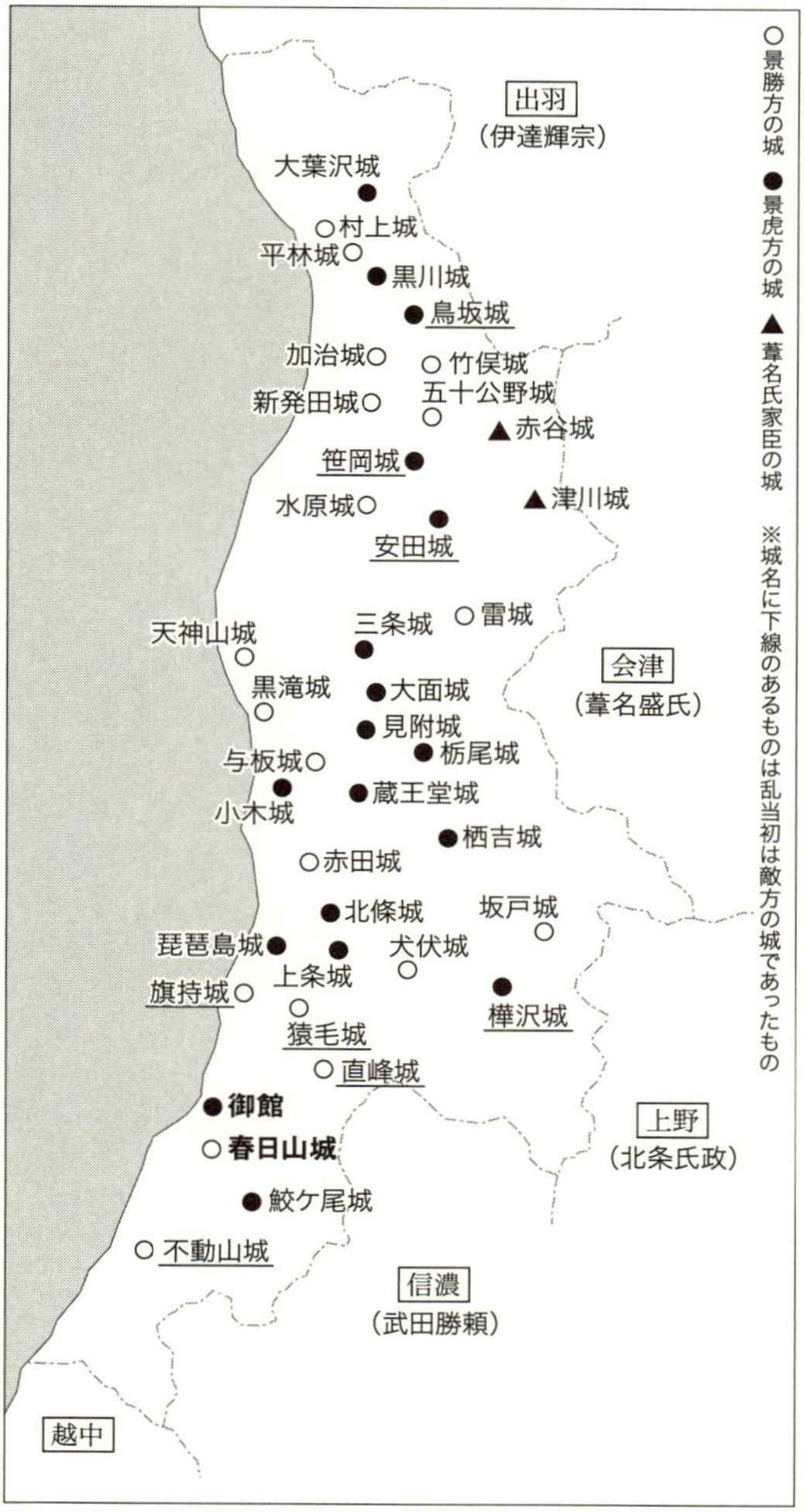

図4　御館の乱の両軍配置図(天正6年後期)

館の乱の実像であって、景勝と上杉景虎との家督争いという側面は後からの理由付けに過ぎなかったといえるのではなかろうか。

　春日山城での分裂劇は領国内に一挙に波及し、国内は景勝派と景虎派に分裂する動きが拡大した。五月十六日早朝、春日山城下が突然猛火に包まれた。これは春日山城下の三条町奉行東《とう》条《じょう》佐渡守《さどのかみ》が景虎に内通し、春日町に火をかけたためである。この放火により、城下の三千余軒が全焼したという。東条佐渡守は、城下に火をつけると御館に入った。また信越国境に近い鮫《さめ》ケ尾《お》城（新潟県妙高市）将堀江《ほりえ》宗親《むねちか》や、信濃国飯山城（長野県飯山市）将桃井《もものい》義孝《よしたか》、本田石見守《いわみのかみ》らが続々と御館に入り、御館の軍勢は増加し、士気は大いに上がった（『略記』『年譜』等）。このため景虎は、春日山城を一挙に攻めて陥落させ、内戦を早期に決着させようと考え、翌十七日に全軍を率いて春日山城に押し寄せた。両軍は激戦を展開したが、景虎方は城に突入することができず、飯山城将桃井義孝らが戦死する被害を受けて後退した（同前）。このため、景虎は以後、春日山城の力攻めを自重するようになる。

　景勝は、景虎を撃退すると今度は反対に軍勢を動員して景虎方を攻め、荒川館《あらかわだて》（場所不明）を攻撃した。この合戦の正確な日時は明らかではないが（慶長四年〈一五九九〉三月十七日付登《と》坂角内《さかかくない》覚書《おぼえがき》〈「竹田久太郎氏所蔵文書」〉には、五月十六日とある）、五月二十日ごろのことであろう。この合戦では、景勝方が戦果を挙げたらしく、同二十二日から二十三日にかけて景勝は感状を発給している（上越一五〇五・〇六・一二号）。

　だが景勝が依然として形勢不利であることは否めなかった。じつは、景勝の拠点春日山城は、味方が所在する越後・越中各地に通じる街道筋をすべて景虎方に押さえられていた。たとえば、越中に通じるルートは不動山《ふどうさん》城・根知《ねち》城（ともに新潟県糸魚川《いといがわ》市）、信濃方面へのルートには鮫ケ尾城、飯山城、海岸沿いに与板方面に抜けるルートは旗持《はたもち》城（柏崎市）、琵琶島《びわじま》城（同）、内陸部から坂戸、犬伏《いぬぶせ》方面へ抜けるルートは、直峰《のうみね》城、猿毛《さるげ》城（以上、上越市）などが景虎方に与しており、春日山城はこれら景虎派諸城郭に包囲・封鎖されていたのである。

そのため景勝は、坂戸《さかど》城の上田衆に対して、これ以上敵軍を増強させないためにも、上野国から景虎を支援すべく侵攻してくる可能性がある上野国衆や北条氏政の軍勢を国境で食い止めるように指示し、その間に春日山城を取り巻く諸城を奪回する作戦を計画した。そして、六月十四日に猿毛城攻略を成功させたことを皮切りに、旗持城、直峰城などを相次いで攻撃し、次々にこれを奪取した（上越一五四五・四六号『略記』等）。これにより、景勝は越後各地の味方との連絡を回復した。また軍勢の移動を円滑に実施することができるようになり、援軍の派遣や招集も可能になったのである。

諸勢力の動向

越後国内で、上杉景勝と景虎が家督をめぐる内戦に突入したことは、たちまち諸国に知れ渡った。織田信長は謙信の死に乗じて、上杉軍の攻勢により停滞していた北陸侵攻を実行に移すための前提として、越中に在陣する上杉重臣河田《かわた》長親《ながちか》を調略しようとした。信長は家臣佐々《さっさ》長穐《ながあき》をして四月晦日付で長親方に書状を送り、上杉方を見限って織田につくよう勧誘した。長親はこれを拒否し、織田方から送られた書状などを越後に送って景勝の上覧に供し、二心のないことを誓った（上越一四九二号）。

次に、会津葦名氏は、既述のように上杉謙信急死後、上杉領国への侵攻を企図し、三月末には黒川衆を越後へ進軍させたが、四月十六日に上杉軍に撃退された。しかし葦名氏は越後侵攻をなおも諦めていなかった。北条氏政も、五月十九日に葦名盛氏に実弟上杉景虎の支援を要請している（戦北一九九〇号）。これを受けてであろうか、葦名盛氏は家臣小田切治部少輔《じぶのしょう》・小沢《おざわ》大蔵《おおくら》らを越後に派遣した。これは栃尾城将本庄秀綱と三条城将神余親綱との合意（「栃尾・三条申合」）のもとで実施された。

五月二十四日、葦名氏の軍勢は、越後国菅名庄《すがなのしょう》（現在の五泉《ごせん》市に所在した荘園）に侵入して二十五日までにここを制圧した。翌二十六日は大雨であったため、軍事行動を自重したが、足軽を主力とする軍勢を二十八日に景勝方の雷《いかずち》城（五泉市）に差し向けた。だが葦名軍はこの攻城戦に失敗し、小田切左近《さこん》・瓜生三郎衛門尉《うりゅうさぶろうえもんじょう》以下の将卒が戦死するという甚大な被害を受けて敗退した（「平等寺薬師堂内墨書」）。葦名氏は二度にわたる越後出兵をしたものの、景勝方との交戦に敗れ、内乱に乗じて越後を切り取ることができず、その後しばらくは兵を動かすことはなくなる。

そうとは知らぬ上杉景虎は、葦名軍の雷城での敗退の翌五月二十九日に、葦名盛氏に書状を送り、武田勝頼の軍勢が信越国境に進出してきたことを報じ、葦名氏がこれに乗じて景虎支援のために越後でのさらなる軍事行動を期待すると書き送っている（上越一五二三号）。このように葦名氏の大規模な越後侵攻は頓挫し、その後大規模な軍勢派遣はなくなったが、散発的に景虎方との連携を行っている。

だが、上杉景勝にとって重大な事態が発生した。甲斐の武田勝頼が越後へ軍勢を進めてきたのである。また関東の北条氏政も、東上野の上杉方への調略を開始し、さらに三国《みくに》峠を越えて越後侵攻の機会をうかがっていた。上杉景勝は、滅亡の危機に直面することとなったのである。

三、北条氏政の侵攻

北条氏の勢力拡大と諸勢力の動向

上杉景勝と景虎による越後内乱（御館の乱）は、戦国史の流れを大きく変動させるきっかけとなった。その過程で、武田勝頼と北条氏政の甲相同盟は破綻し、それが武田氏滅亡への流れを形作っていくこととなる。問題なのは、御館の乱勃発前後の北条氏の動向である。

これまでの通説によると、北条氏政は御館の乱勃発を知ると、同盟国武田勝頼に越後出兵を要請したが、自身はほとんど動かず、勝頼のみに出血を強いる不誠実な対応をとった。そのため勝頼も氏政に不信感を募らせ、上杉景勝の和睦申請を受諾したといわれてきた。つまり甲越同盟成立は、氏政の外交ミスが原因であり、それが勝頼との対立、同盟破綻へとエスカレートする結果をもたらしたというわけである。だがこの通説は、近年著しく進んだ関東戦国史研究をもとに再検討する必要があるだろう。

北条氏は、天正二年（一五七四）一月以来、下総国関宿城《せきやど》（城主簗田持助《やなだもちすけ》、千葉県野田市）の攻撃を本格化させた。そうはさせじと、上杉謙信が二月、八月の二度にわたって越山し救援に来たほか、佐竹義重らも謙信とともに北条軍の侵攻を挫《くじ》こうと努力した。ところが北条軍への対応をめぐって、十一月下旬謙信と義重は決裂してしまうのである。そのため関宿救援は佐竹氏らに委ねられ、謙信自身は下総、上野、北武蔵侵攻に専心することとなった。謙信が佐竹氏らと決別した影響は大きく、結城晴朝は閏十一月十日に謙信と断交し北条氏と結んだほか（戦北一七四六号）、簗田氏も抵抗を諦め十六日には開城を決めた。このため、佐竹義重も支援の名目を失い北条氏と和睦し常陸に撤退した。

謙信が各地の北条方を攻めて上野廏橋城に帰着した閏十一月十九日、関宿城は開城し北条氏に接収された。こうして関東情勢は、北条氏優位に傾くこととなった。

天正三年六月、北条氏政は下野国奪取を目論み、氏照らを下野に侵攻させ、榎本城《えのもと》（栃木市）主小山高綱《おやまたかつな》（秀綱《ひでつな》三男）を攻めて彼を討ち取り、二十二日には同城を陥落させた。勢いに乗る北条軍は、さらに小山秀綱の本拠小山城（祇園《ぎおん》城とも、栃木県小山市）にも襲いかかり、これを陥落寸前に追い込んだ（戦北一七二二号）。この事態に、常陸佐竹義重は危機感を覚え、天正二年閏十一月に北条氏と締結した和睦を破棄し、越後上杉謙信との同盟を復活させた。謙信も小山氏滅亡危機を重視し、義重に小山秀綱支援を要請した（上越一二六五号他）。

いっぽう、北条氏は上総、下総にも軍勢を進め、八月には里見方の酒井氏を圧迫し、里見方の反撃を受けていた北条方の上総正木種茂(一宮城〈千葉県一宮町〉主)、土岐為頼(万喜城〈同県いすみ市〉主）などの救援を行っている。このように、里見氏も北条氏の攻勢に苦慮していた。さらに北条方は、同年九月に上野国衆由良成繁・国繁《くにしげ》父子が五覧《ごらんだ》田城（群馬県桐生市）を再興して沼田城の上杉方に備え、しばしばこれと交戦している。こうした北条氏の攻勢に対し、上杉謙信は天正三年十月に越山して関東に侵攻した。謙信は、由良氏の支配領域を蹂躙《じゆうりん》し、これに甚大な打撃を加えたが、由良氏の本拠金山《かなやま》城（群馬県太田市）や、成繁・国繁父子が再興した五覧田城などの攻略には至らなかった。それだけでなく謙信は、下野や武蔵へ軍勢を進めることもせず、小山氏や里見氏を攻める北条方をそれ以上牽制《けんせい》することなく、十一月には越後に引き揚げてしまった。その結果、十二月には小山城がついに陥落し、秀綱は常陸佐竹氏のもとへ落ち延びた。北関東の反北条勢力の一角が崩れ去ったのである。北条氏は、天正四年二月から北条氏照に命じて小山城の普請強化を行わせ、五月には完了させた。

上杉謙信は、天正四年五月、最後の越山を実施し、新田・足利・桐生を蹂躙したが、北条氏の勢力を追い落とすことはできなかった。そして同年冬には、北条氏の攻勢に耐えきれなくなった上総の酒井氏が和睦を申請した。もはや、房総における北条氏の優位は明らかとなった。

この事態に、明けて天正五年早々、上総正木憲時、安房里見義弘、常陸梶原政景らが相次いで越後上杉謙信に越山を要請し救援を乞うた。しかし謙信はこれにまったく応えることができなかった。当時謙信は、本願寺・一向一揆《いつき》との同盟を契機に、北陸に伸びてきていた織田信長との対決に心血を注いでいたからである。謙信は、能登・越中の経略が一段落すれば越山すると佐竹氏らに返答していたが、なかなかその機会は訪れなかった。

結城晴朝の離叛と北条氏

北条軍の北関東侵攻が順調に進捗していた矢先の天正五年六月、下総結城晴朝が北条氏を突然離叛《りはん》した。これは佐竹氏のもとに亡命していた実兄小山秀綱の調略に応じたものといわれている。晴朝は上杉謙信、佐竹義重と結び、北条氏と対抗する旗幟《きし》を鮮明にした。

　これに怒った北条氏政は、ただちに氏照・氏邦《うじくに》らを派遣し、閏七月に結城城を攻撃した。結城晴朝はこれに激しく抵抗したが、北条軍の先鋒《せんぽう》に城外で打ち破られ、数百人が死傷する被害を出した（戦北一九二六号）。北条軍の結城攻めは八月下旬に至っても続いており、その間、八月二十八日には山川口（結城郡）で両軍の衝突があった。この戦闘も北条軍が優勢であったらしい（同一九四四号）。だが、北条軍は結城晴朝を下すことができなかった。それでも北条軍の勢いを恐れた宇都宮広綱《うつのみやひろつな》が、北条方に従属を申請するという思わぬ成果を得ることになった。

　いっぽう結城晴朝が北条軍に攻撃されていることを知った佐竹義重は、これを支援すべく、北条方の拠点下野国榎本、小山を攻撃しようとした。氏政は、義重の意図を察知し、結城攻めと並行して、下野国榎本城の防備を固めるべく、城主近藤綱秀《こんどうつなひで》のもとへ上総酒井康治を派遣した。氏政は酒井康治に対して、必ず佐竹義重が攻めてくるであろうから、備えを堅固にして防戦するよう督励している（戦北一九四三号）。果たして佐竹義重は、氏政の予想通り、九月に下野へ侵攻してきた。佐竹軍は、多賀谷《たがや》氏らの下妻《しもつま》衆を先陣にして下野に侵攻し（同一九四五号）、小山城を攻めて北条軍の注意を下野に向けた（同一九四八号他）。

このころ氏政自身は小田原城を出陣して、江戸城に入り、関宿へ向かう途上にあった（戦北一九四六号）。彼の攻撃目標は北関東ではなく、安房里見氏攻略であった。だが氏政は北関東の戦局を危ぶみ、九月二十二日には、佐竹義重の軍事行動に関する注進が途絶している理由を、現地に在陣する間宮康俊《まみややすとし》・朝倉景隆《あさくらかげたか》に詰問し、報告を厳命している（「武家事紀」）。また、佐竹義重の小山攻撃に対抗すべく、北条氏照を小山に援軍として急行させた。氏照からの注進状を受け取った氏政は、自らが出馬した方面の軍事情勢は安定しているので、小山から要請があり次第、予定を変更して小山へ向かう用意があることを知らせている（戦北一九四八号）。

その後、佐竹軍と北条軍との戦闘がどのように展開したかは明らかでないが、十月九日から十九日にかけて、北条氏照・氏邦は、下野国で知行宛行状を発給しているので（同一九五〇号他）、この戦いは佐竹義重が軍勢を退き、北条方が小山・榎本を確保することに成功したようである。小山、榎本攻略は実現しなかったが、義重は当初の目的である結城晴朝救援を実現した。

こうした一連の動きは、上杉謙信の支援が途絶えたため、佐竹義重が軸となり反北条氏の北関東の諸大名の連携によって実現したものである。以後、佐竹氏は謙信に代わり反北条勢力の核を担っていくこととなる。こうした成果が影響したのであろうか、十二月に入ると、北条方に転じていた宇都宮広綱は、結城方の下館城主水谷勝俊の説得に応じ、次男朝勝《ともかつ》を結城晴朝の養子とした。こうして宇都宮氏は北条氏と断交し佐竹・結城方に転じたのである。

いっぽうこの動きに対抗するため、北条氏は佐竹氏の背後に存在する東北の戦国大名との連携に動いた。まず天正六年正月、北条氏政は出羽国米沢の伊達《だて》輝宗《てるむね》家臣遠藤基信《えんどうもとのぶ》よりの来信に対して返書を送り、今後も引き続き友好関係を保ち、共同の軍事行動を取りたいと申し入れている（戦北一九六四号）。また、遠く陸奥会津黒川の葦名盛隆とも連絡を取り、三春の田村清顕《たむらきよあき》とともに佐竹氏の挟撃を画策した。

またこの動きと並行して、天正五年九月以後、北条氏政本隊は安房里見氏を攻めてその領国を侵食した。この結果、里見義弘はついに十一月中旬に北条氏と和睦した（「相房一和」）。この和睦を承《う》けて北条氏は、里見義継《よしつぐ》（安房岡本城〈千葉県南房総市〉主、義弘の弟〈異説もある〉）に氏政息女鶴姫《つるひめ》を娶《めあわ》せ、北条・里見同盟を成立させた。房総での戦局は北条氏の勝利で幕を下ろした。なお、里見義継はこれを契機に里見義頼《よしより》と改名している。

このように北条氏は、天正五年末から同六年春にかけて安房里見氏を屈服させ、伊達・葦名・田村氏との連携を整えて佐竹氏らを牽制しつつ、下野出兵の準備に入った。ところがこの出陣さわぎの最中、上杉謙信が病没したのである。北条軍が侵攻するとの情報をつかんだ佐竹義重は、下野国壬生《みぶ》の壬生義雄《よしたけ》を攻略すべく進撃を開始した。義重の出兵は、結城晴朝・宇都宮国綱《くにつな》らと連携の上でのことであった。佐竹軍は、佐竹義久らが四月十八日に宇都宮（栃木県宇都宮市）に着陣し、義重本隊が後に続いて出陣した。

この動きは、壬生義雄らより北条氏のもとへともたらされた。佐竹軍は、宇都宮から鹿沼（栃木県鹿沼市）へと侵攻すると宣伝していたらしい。佐竹軍の攻撃目標が鹿沼であるとの情報は、下総結城より脱出してきた者たちからも北条方に報告されたが、北条氏はこれを虚説と判断し、佐竹軍らの本当の目標は壬生か小山のどちらかで、恐らく壬生に間違いないと考えていた。そのため北条氏照は、四月二十日付の壬生義雄宛書状のなかで、佐竹軍は壬生へ動くであろうから、北条軍も加勢のため間違いなく出陣すると報じ、小山や榎本からも応援を送ると述べ、壬生氏を安心させている（戦北一九八六号）。そして北条氏の予想通り、佐竹義重、結城晴朝、千本常陸介《せんぼんひたちのすけ》（那須《なす》資胤《すけたね》家臣）らが、天正六年五月、壬生城に攻め寄せた。これを知った北条氏政は、壬生城後詰のため小田原を出陣し、関宿に入った。佐竹氏らは、壬生城を攻めたもののこれを攻略できず撤退しようとしていたが、氏政の関宿着陣を知ると、小山口へ転進し北条軍に備えた（『鹿沼市史資料編古代・中世』三九三号）。

　御館の乱が勃発したのは、ちょうどこのころである。当初は、謙信の後継者は景勝であることは内外ともに衆目の一致するところであった。だが、まもなく景勝と反景勝国衆の対立が起こり、この仲介を担った前関東管領上杉憲政らの調停が失敗し、内戦は不可避となった。この時、仲裁に入った憲政らは、調停失敗の原因が景勝の不誠実（「景勝無曲擬故」）にあると指弾し、彼らは反景勝方に味方する事態となった。この過程で反景勝方は、謀叛人と指弾されることを回避すべく、上杉景虎を謙信の真の後継者であると喧伝《けんでん》し、内乱を家督争いへと転化していったのである。反景勝方が、景虎擁立を決意したのは、四月中旬ごろのこととみられ、四月下旬までには「景虎江御家督参候由」が北条方へ伝達されることとなった。景勝方と御館方（反景勝方）の軍事衝突は五月五日に始まり、景虎が御館に入城して、本格的な家督争いへと内乱の性格が転換するのは同十三日のことである。

この決定的に重大な局面において、北条氏政は佐竹氏らとの本格的な抗争に足を踏み入れてしまっていたわけである。

常陸小川台合戦とその意義

北条氏政は、四月二十七・二十八日には常陸・下野方面に出陣すると予告しており、その後五月十五日には下総結城・山川へ侵攻し、その一帯を荒らし回り、竹木などに至るまで切り払い、山川城に迫った。これを知った佐竹義重は壬生城攻撃を中断し、結城晴朝を支援すべく小山口へ転進し、五月二十一日に那須資胤・資晴《すけはる》父子、芳賀《はが》高継《たかつぐ》（宇都宮氏家臣）らとともに絹《きぬ》川《がわ》（現鬼怒川）東岸の「小河《おがわ》の原《はら》」（茨城県筑西市）に布陣した（「小川岱状《おがわだいじょう》」〈『関城町史』史料編Ⅲ中世関係史料所収〉）。北条氏は、かねてからの約束通り、佐竹氏を挟撃すべく、五月十九日に葦名盛隆に対して出陣してくれるよう矢継ぎ早の催促を行っている（戦北一九九二号他）。また氏政は同日、越後の情勢について葦名盛氏に意見を具申し、上杉景虎への支援を要請した模様である（「小田切文書」）。

北条軍も、「小河の原」に布陣する佐竹氏らへの攻撃機会をうかがったが、敵の陣所が「切所」であったため迂闊《うかつ》に手が出せなかった（「小川岱状」ほか）。そこで氏政は、山川城攻撃を中止して軍勢を絹川に向け、「小河の原」に接近した。佐竹氏らは、北条軍の接近に対処すべく、五月二十八日には陣所を「小河の原」より「小河の岱」（小川台）に移し、防備を固めた。

氏政は、武井・但馬に陣城を築き、絹川を挟んで佐竹氏らと対峙したが、会戦のきっかけをつかめぬまま時日を空費してしまった。この両軍の対峙は「常陸小川台合戦」と呼ばれている（荒川善夫・二〇一二年）。

つまり北条氏政は、御館の乱で混乱する越後情勢を見極める余裕を持てないまま、佐竹義重をはじめとする北関東の諸大名との戦闘に突入し、その間に御館の乱が本格化してしまうという事態に見舞われるのである。

氏政は、佐竹氏らによって常陸・下野国で拘束され、かといって堅固な陣配りを行っている敵方に対して決戦に踏み切ることもできないまま徒《いたずら》に時間だけが過ぎていく立場に置かれ、「一代之無念」と歯嚙《はが》みして悔しがった（六月十日付由良国繁・成繁宛北条氏政書状、戦北一九九六号）。これは氏政麾下の諸将も同じで、遠山政景《まさかげ》は六月二十三日付、また北条氏舜《うじとし》は六月二十四日付のともに結城義親宛の書状のなかで「今度氏政当表出張被申候、然ニ佐竹・那須・宇都宮を始東表之面々有一統、隔絹河在陣候、頓速可被遂一戦処、構切所陣取候之条、無料簡、至于今日一途之行無之儀、無念千万候」などと述べている（同二〇〇四・〇五号）。

いっぽう、北条軍と対峙していた「小川台」の佐竹義重、結城晴朝、宇都宮広綱、那須資胤らは、六月中旬に佐竹氏を盟主とする軍事同盟を成立させた。以後、彼らの連合軍は「東方之衆」と呼ばれることとなる。上杉謙信亡き今、北条軍の侵攻に対処できるのは、佐竹氏を軸とする広域軍事同盟以外になかった。その意味で常陸小川台合戦は、関東戦国史に新たな局面を切り開く契機になったと評価されている。

だが常陸小川台合戦の歴史的意義はもうひとつ、北条氏政本隊を拘束したことで、越後出兵を実施していた武田勝頼と氏政との関係に亀裂を生じさせ、最終的には甲相同盟決裂に追い込む結果をもたらしたことにほかならない。北関東における一局地戦が、結果的に東国戦国史を大きく展開させる事態を生んだのである。

両軍の対峙が終了したのは、六月七日のことであった。北条氏政は決戦の機会を見いだせず、陣払いを始め、その日は土塔《どとう》の原《はら》（栃木県小山市）に後退し、同八日には鳴沢まで撤収したという（「小川岱状」）。氏政の撤退を確認した佐竹義重らも、七月四日、壬生城攻撃のため「小川台」を引き払い、五日に同城を攻撃し、一帯を荒らし回ると、七月中には帰陣した。

こうして「東方之衆」との対陣は終了したが、北条氏政はなおも越後侵攻の動きを見せなかった。それは東上野の上杉方との関係調整に手間取っていたからである。しかし、このまま下野、次いで東上野に拘束されたままでは、実弟上杉景虎が危機に陥る虞《おそれ》があった。そこで氏政は、葦名盛隆、武田勝頼らに支援を要請したのである。

北条氏政の東上野調略

ところで北条氏政も武田勝頼にのみ軍事行動を実施させ、北条軍を動かさなかったわけではなかった。佐竹氏らと対峙していた氏政は、東上野の北条方諸将に対して天正六年六月中旬ごろには軍事動員をかけたものと思われ、白井長尾憲景《のりかげ》や富岡秀高《とみおかひでたか》らが軍勢を動かし、上杉方の要衝沼田城の攻撃を行わせている。氏政は、七月六日に在陣中の陣所から、長尾憲景に書状を送り、沼田城の攻撃が有利に推移していることを賞するとともに、翌七日には援軍五千人を派遣すると伝えている（戦北二〇〇六号）。

また氏政は、東上野の上杉方諸将への調略をも進めていた。北条軍が越後へ迅速に侵攻することができるかどうかは、東上野に配備されている上杉方城砦《じょうさい》と、それを守る諸将の帰趨《きすう》にかかっていた。

当時の東上野における上杉方諸城を誰が守備していたかについては、まだ不明の部分が多い。このうち、おもな城砦を挙げておくと、廐橋城（北條芳林・景広父子）、沼田城（上野《うえの》家成《いえなり》・河《かわ》田重親《だしげちか》ら）、大胡《おおご》城・女淵《おなぶち》城（後藤勝元《ごとうかつもと》）、膳《ぜん》城（河田九郎三郎）、山神《やまがみ》城（山上城、倉賀野《くらがの》尚行《なおゆき》）、道井・館林城（長尾新五郎）、・上河田《かみかわだ》・下河田《しもかわだ》・久屋《ひさや》・棚下《たなした》・佃《つくだ》・中山・尻高《しだか》・名胡桃《なぐるみ》・深沢・猿《さる》ヶ京《きょう》・新城《しんじょう》・森下・新巻《あらまき》（以上不明）、小川城（小川可遊斎《かゆうさい》）などが上杉方として北条・武田氏と対抗していた（『管窺武鑑《かっきぶかん》』などによる。なおカッコ内の武将名は栗原修・二〇一〇年による）。『管窺武鑑』によれば、このうち景勝方についたのは、わずかに女淵城・小川城・猿ヶ京城・深沢城のみであったという。

北条氏政は、実弟上杉景虎と断続的ながら連絡を取り合い、東上野の上杉方諸将への対処につき相談をしていたらしい。それは、六月十日付由良国繁・成繁宛北条氏政書状からうかがわれる（戦北一九九六号）。そのなかでは、東上野の拠点廐橋城の城将北條芳林・景広父子の処遇をめぐって、重要な遣り取りがあったことが知られる。その部分を抄録してみよう。

一喜多条（北條芳林）、奥州（北条氏照）・房州（北条氏邦）両所令返札、内々可入披見処、自景虎度々如承者、喜多条一度も越

府へ無是非候、敵対歴然ならは、早々押詰可及行由候間、喜多条返札を、則彼飛脚ニ指遣候、一喜多条返札ニハ少も無別心候、越府へ度々申届候へ共、往還不自由故歟、于今無是非候

これによれば、廏橋城将北條芳林から北条氏照・氏邦のところへ返書が届けられていたことが知られる。つまり、北条氏はすでに五月から六月初旬にかけて、北條芳林のもとへ書状を送り、これを上杉景虎方（北条方）へ引き入れるための調略を行っていたのである。なお、北條芳林・景広父子のもとへは、六月八日付で上杉景勝からも書状が送られ、景勝は北條父子の謀叛を詰問するとともに、景勝方への忠節を期待していた（上越一五二八号）。

このように北條父子は、五月下旬には景虎方への荷担を選択したのであろう。だが、これは確証をもって御館に駐留する景虎には伝えられていなかったらしい。景虎は氏政に書状を送り、北條父子は一度も景虎のもとへ明確な去就を伝達してこないので、氏政の方でこれを探り、もし景勝方につくようであれば、廏橋城を氏政が攻撃して陥落させ、北條父子を討ち取っても構わないと表明していた。

氏照と氏邦による北條父子への書状発給は、こうした景虎の意を汲《く》んで、その去就を氏政方が確認し、もし景勝方であるならば、北条軍の東上野侵攻は廏橋城を最初の攻撃目標に据えることになっていたのであろう。だが、氏政方は北條父子から受け取った書状などの内容から、景虎方につくことはほぼ間違いないことを確信し、これを御館の景虎に伝えようとしていたが、越後の景虎との連絡がうまく取れなかったようだ。

また氏政は、この書状の別の部分で、北條父子は、景虎方に帰属する意思を明確にしながらも、北条氏政へ味方するとの「直々返札」は、景虎を憚《はばか》って寄越していないと述べており、いかに氏政が景虎の実兄であり、景虎を支援しているとはいえ、景虎の頭越しに北条氏政に味方することに北條父子が躊躇《ちゅうちょ》していたことを記している。東上野において、武田・北条両氏の勢力に挟まれたまま孤立した上杉方諸将の動揺をうかがわせる記述である。だが、北條芳林・景広父子の景虎方・北条氏帰属は、東上野の上杉方諸将に大きな影響を与えた。これに靡《なび》くように、相次いで上杉方諸将は景虎方である北条氏政の陣営に身を投じていくことになる。

景勝と景虎双方による多数派工作が進むなか、東上野の上杉領国では、すでに五月中旬には上杉方諸将が景勝方と景虎方に分裂し、抗争が開始されていた。その中心を担っていたのは、沼田城将のひとり河田重親（上杉重臣河田長親の叔父）であった。五月中旬、沼田城からの軍勢が、上越国境の要衝で景勝方に属す猿ヶ京城に攻撃を仕掛けた。ここを守備していたのは、富《と》里三郎左衛門《さとさぶろうざえもん》尉《のじょう》、尻高氏らであった。猿ヶ京城を攻めたのは「猿ヶ京へ自倉内相働」とあるので（上越一五〇一号）、沼田衆であることは間違いなく、当時反景勝方（景虎方）であったのは河田重親しかいないので、これは河田衆であろうと推察される。ただ、沼田城はまもなく景虎派の河田重親と、景勝派の上野家成に分裂し、のちに河田が沼田を攻撃していることから、重親は沼田城での権力闘争に敗れて城を脱出し、その後どこかに駐留して、沼田攻めや猿ヶ京城攻撃を実施していたものとみられる。河田重親がどこにいたかについては、明らかではない。

北条氏が東上野侵攻を企図していたころ、武田方は一歩先んじて東上野への調略を開始していたらしい。六月八日付で由良国繁・成繁が、常陸小川台に在陣する北条氏政へ上野国の情勢を書き送った条目のなかに、六月三日に不動山《ふどうさん》城を「西上州」が乗っ取ったことを記した一条がある（戦北四四八三号）。この「西上州」とは、武田方を指すものと推察される。また、これより先の五月二十三日には、沼田領の原沢・田村・揚田《あがりた》・延沢《のべさわ》氏ら六人衆が在所を退出して武田領に退避し、武田氏への従属を求めた。勝頼はこれを許すとともに、沼田城を奪取した場合には、知行を与えると約束した（戦武二九七〇〜七二号）。だが武田氏の軍事行動を示す史料は以後見られなくなる。これは同盟国北条氏の抗議を受け、武田氏が積極的な行動を控えるようになったからであろう（詳細は後述）。

北条軍、上越国境に迫る

さて、猿ヶ京城が攻撃を受けた第一報は、越後上田庄の坂戸城将深沢利重《ふかざわとししげ》から景勝のもとへ、五月十三日付で伝達された（『管窺武鑑』）。景勝はただちに深沢利重に対し、猿ヶ京城の備えを堅固にするよう命じた。この戦闘で、景勝方は猿ヶ京城を守り抜き、景虎方の沼田衆は攻略を諦めて同月二十一日までに撤退した。景勝はこれを賞すとともに、深沢利重に対して、上越国境の両口（三国峠と清水峠）の守備を堅固にするとともに、城普請を実施するよう命じた（上越一五〇四号）この城は、三国峠を守る浅貝寄居《あさかいよりい》城・荒戸《あらと》（荒砥）城（ともに新潟県南魚沼郡湯沢町）と、清水峠を守る直路《じきろ》城（南魚沼市）のことであろう。

景勝は、五月二十四日に猿ヶ京城に在城する富里氏に対して、敵が侵攻してきたとのことであるが、今後は地下人らを動員して防戦するとともに、援軍要請は坂戸城の深沢利重を頼るように指示している（上越一五一九号）。また同日、景勝は坂戸城の深沢利重に書状を送り、猿ヶ京城より援軍要請があった場合には、こちらの指示を仰がずに加勢を派遣して差し支えないと述べ、あわせて猿ヶ京方面の戦局についての詳報を送るよう要請している（同一五二〇号）。

このように景勝は、北条氏の越後侵攻が目睫《もくしょう》に迫ってきたことを認識し、自らの本拠地上田庄とそれに通じる東上野の数少ない景勝方の防衛に意を砕かねばならなかった。その矢先に、武田勝頼が侵攻してきたのである。景勝が苦肉の策として、勝頼との和睦を推進しようとしたことが頷《うなず》けよう。

だが内憂外患はこれにとどまらなかった。北条軍の東上野侵攻と、その勢力が上越国境に迫り、また武田勝頼の軍勢が信越国境に展開し始めたのと同じころ、越後北方では揚北衆《あがきたしゅう》の動きが活発化し、これに他国の大名が同調するという景勝にとって由々《ゆゆ》しき事態を迎えていた。五月二十五日には、栃尾城将本庄秀綱と三条城将神余親綱らが景勝に対抗するため、会津葦名盛氏の家臣小田切治部少輔・小沢大蔵らを越後に引き入れ、景勝方の殲滅《せんめつ》を目論んだ。葦名氏の軍勢派遣は三月下旬以来二度目となる。葦名氏の出兵は、北条氏政が越後への出兵を依頼した五月十九日より六日後に相当しており、越後の本庄・神余氏らの手引きのほか、北条氏政からの要請もあってのことであろうと推察される。

葦名軍は、越後国菅名庄（現在の五泉市に所在した荘園）に侵入、景勝方の雷城（五泉市）を攻撃したが敗退した（「平等寺薬師堂内題書」）。葦名氏は、その後大規模な軍勢行動を控えるようになった。

さて、ふたたび東上野に筆を戻そう。廏橋城将北條芳林・景広父子に続いて、六月十一日には、沼田城将河田重親が正式に景虎方に帰属し、北条氏政に味方することを申し入れてきた。氏政はこれを喜び、越後国上田庄に侵攻するのに先立って、沼田城を奪取する必要があることを告げ、これは景虎も了承済みであるので、沼田城攻撃に力を貸してほしいと述べている。また沼田城には、景勝方につこうとする者がおり、廏橋城のように簡単に帰属させることができなかったことが知られる。氏政は重親に対して、もし沼田城の奪取に功あれば、東上野における重親の地位や所領などの諸権益はこれまで通り安堵すると伝えている(戦北一九九七号)。当時沼田城では、景虎方につこうとする河田重親と、景勝方につこうとする上野家成らが激しく主導権を争い、双方は戦闘状態に突入した(群⑦二九一七号、越佐⑤五三八)。重親は恐らくこの抗争に敗れ、沼田城を出て北条氏政に帰属し、その軍勢の力を借りて城の奪回と全権掌握を目論んだのであろう。

このように氏政は、廏橋城将北條父子や、前沼田城将河田重親の帰属を受けて、東上野へ軍勢を派遣することを決断し、自身は佐竹軍らに鬼怒川で拘束されながらも、長尾憲景らをはじめとする軍勢を派遣し、逐次援軍を投入しながら、まず沼田城を包囲したのである。沼田城は堅固で知られ、河田重親追放後は守将として景勝に帰属していた上野家成が籠城していた。沼田城攻防戦は六月下旬から開始されたものと見られ、六月二十八日と七月三日には大規模な戦闘があった模様である(「水府志料《すいふしりよう》」所収、上野家成感状写)。しかし上野家成らも景勝からの後詰が絶望的な情勢にあっては、北条軍の包囲・攻撃を凌《しの》いで籠城を続けることができず、七月十七日についに開城した（戦北二〇〇九号）。

北条軍、越後に侵攻す

北条軍は沼田城を包囲、攻撃する間に、廏橋城将北條芳林・景広父子らを中心とした軍勢を越後に向けて出陣させてもいた。五月中旬に猿ヶ京城を攻めたものの、攻略に失敗した景虎方は、北条軍の支援を得て七月にふたたび行動を開始した。

東上野衆（廏橋衆ら）を主体とする北条軍が三国峠を越えて越後に侵攻したのは、六月下旬のことであった。これは七月五日付の登坂与右衛門《よえもんのじょう》尉・深沢利重等宛景勝書状に、景虎方の北條芳林・景広父子が上田庄に侵入したことが記されているので確認できる（上越一五七四号）。景勝が北条軍侵攻の情報に接したのは、六月二十七日のことであった。その一報は、沼田城将上野家成からもたらされたものである。これを知った景勝は、上越国境の守備を固めるため、家臣登坂与右衛門尉安忠《やすただ》の派遣を決め、深沢利重と富里三郎左衛門に対し、登坂安忠とともに荒戸城か山中（三国峠か）で敵を防ぐように命じ、兵力不足を補うためにも上越国境の地下人たちを動員するように指示した。また地下人を動員するに際しては、人質をとっておくように念を押している（同前）。このことから、すでに上越国境の猿ヶ京城は開城もしくは放棄されたとみられる。

景勝から加勢を命じられた登坂安忠は、坂戸城へ急行し、上越国境の荒戸城と直路城の普請を強化し、この二ヵ所と樺沢城《かばのさわ》（樺野沢城、坂戸山宿《さかどやまじゅく》城、以下樺沢城で統一、南魚沼市）以外の要害は放棄して、これらに兵力を集中させ、ここで北条軍を食い止めるようにとの景勝の口上を深沢利重らに通達した。また景勝は、城砦守備に際しては、地下人たちだけで守らせるのは危険であると説き、かえって逆心を起こしてせっかくの拠点が敵の巣になるだけであると警告している（七月十二日付登坂安忠・深沢利重宛上杉景勝書状、上越一五七九号）。だが、これらの城は、いずれもこのころには北条軍の攻撃にさらされていたものと推察され、坂戸城を確保するのがやっとの情勢であった。また景勝は、越中では河田長親が味方として健在なので安心するように坂戸城の登坂・深沢・樋口《ひぐち》氏らに伝達している（七月五日付登坂安忠・樋口主水助《もんどのすけ》・深沢利重宛上杉景勝書状、上越一五七四号）。

　北条軍の上越国境から上田庄にかけての攻撃は激しさを増し、樺沢城をはじめ、坂戸城には河田重親らが攻撃を開始したほか、坂戸城とともに上田庄を守る寺尾小屋《てらおごや》（新潟県南魚沼市）や、藪上《やぶがみ》城（場所不明）、坂木《さかき》城（板木《いたき》城の誤記か、南魚沼市）を攻撃し、浦沢《うらさわ》城（浦佐《うらさ》城、同市）なども北条軍の猛攻にさらされた（「小野寺《おのでら》刑部少輔《ぎょうぶのしょう》覚書写《おぼえがきうつし》」）。また北条軍の侵攻などにより、景勝方にも動揺が見られ、七月二十八日には春日山城より金子大学助《かねこだいがくのすけ》が上田庄に向けて逃亡したため、景勝は坂戸城将深沢利重に広瀬（魚沼市）を監視するよう指示している（上越一五九三号）。景勝は、佐藤平左衛門《さとうへいざえもん》に対しても、金子の欠落を報じ、城の備えを万全にするよう命じている（同一五九二号）。

　ところで上田衆佐藤平左衛門が在番していた城について、『越佐史料《えつさしりょう》』はこれを「広瀬城」

と明記しているが、そのような城は実在しない。佐藤平左衛門は、天正六年六月十七日には、赤沢《あかざわ》城（中魚沼郡津南町）への援軍に赴いており（上越一五四九号）、その後、広瀬や景虎方の手中に落ちていた下倉《したくら》城（魚沼市）の押さえに派遣されていたと推定される。現在、佐藤平左衛門が在番していたとの伝承を持ち、広瀬に隣接する城郭は、小平尾《おびろう》城（同市）しか存在しないので、本書では佐藤平左衛門が在番していた場所を、小平尾城としておく。おそらく金子大学助は、広瀬に関係する人物で、景虎方の誘いに応じ、広瀬地域の城砦や上田庄への調略を委託されたのであろう。金子氏は広瀬に勢力を張った土豪で、桂ケ瀬《かつらせ》城（須川《すがわ》城、同市）を本拠にしていたと伝わる。

さて、北条軍の攻撃により、上越国境の景勝方は追い込まれ、ついに八月初旬には樺沢城が陥落した（「小野寺刑部少輔覚書写」）。城将栗林治部少輔政頼《くりばやしじぶのしょうまさより》は、虎口を逃れて坂戸城に退いた。景勝は深沢利重を通じて栗林政頼に対し、軍勢を率いて荒戸城へ出陣するように指示しているが（八月十五日付深沢利重宛上杉景勝書状、上越一六〇四号）、これが実現したかどうかは定かでない。この後、荒戸城や直路城は景勝方の史料から姿を消し、また九月中旬には栗林政頼は、深沢・登坂・樋口氏らとともに坂戸城に籠城しているので、八月中には上越国境の景勝方の諸城はすべて陥落したものと推察される。残るは、坂戸城のみとなった。坂戸城は、北条軍の猛攻にさらされながらも、地下人らをも動員して懸命に持ちこたえた。八月から開始された坂戸城攻防戦は、九月中旬に景勝が加勢として派遣した登坂安忠が戦死するなど、城方に被害が出たが、景勝の加勢を期待して容易に陥落しなかった（同一六五四号）。

このように北条軍が上越国境を突破し、樺沢城などを陥落させて、坂戸城を攻撃し始めたころ、北条氏政の本隊はようやく佐竹氏らとの対陣を切り上げて、上野国を越後目指して進んでいた。氏政本隊の動きを示す史料は、七月十二日に上野国富岡秀高の所領に軍勢を進めた際に、全軍に対して富岡領での狼藉《ろうぜき》禁止を通達した掟書《おきてがき》が初見である（戦北二〇〇八号）。つまり北条氏政本隊は、七月中旬になってようやく上野国に入り、富岡氏の居城小泉城《こいずみ》（群馬県邑楽《おうら》郡大泉町）の近辺に布陣していたものと推定される。

その後、氏政本隊は八月十六日までには西庄の茂呂《もろ》（群馬県伊勢崎市）に着陣している（戦北二〇一三号）。その後の動きは判然としないが、八月二十一日は発知谷《ほっちだに》（沼田市）と石倉村（同県利根郡みなかみ町）に、同二十八日には「もく」（牧、渋川市）と川上（みなかみ町）に禁制を発給しているので（戦北二〇一四～一七号）、上野国利根郡を侵攻していることが判明する。この行軍は極めて緩慢で、後述する武田軍の軍事侵攻とはおおよそ対照的といえよう。そして九月九日には、北条氏邦率いる富岡秀高らの東上野衆を上田庄に侵攻させている（同二〇一八号）。

だが氏政自身は、上野に在陣したまま、結局越後侵攻を実施しなかった。氏政は十月になってから、越後へ兵を進めようとしたが、降雪を恐れて撤収したという。氏政が上野に侵攻した際の緩慢な動きや、その後も一ヵ月も動こうとせず、なにをしていたのかは不明の点が多く明らかでないが、北条軍が陥落ないし味方につけた東上野の諸城や、国衆の仕置に時間を取られていたのではなかろうか。それにしても、氏政本隊が越後上田庄に殺到し、坂戸城を攻撃すれば、越後の情勢は景虎方に急展開した可能性が高い。かくて、北条氏政は千載一遇の機会を逸したのであり、これが実弟上杉景虎に不利に働くこととなり、また武田勝頼の不信を招くことになるのである。

四、和戦をめぐる武田氏の動向

武田軍、越後に向けて動き出す

佐竹・結城・宇都宮氏をはじめとする北関東諸大名の連合軍に、小川台で拘束されていた北条氏政は、実弟上杉景虎を支援すべく、同盟国武田勝頼に越後侵攻を依頼した。勝頼は、前年の天正五年（一五七七）一月に北条氏政の妹を正室に迎え、同盟関係を強化したばかりでもあったので、この要請に応じ、越後侵攻を企図した。

武田勝頼は軍勢の招集を実施し、五月中旬までには武田信豊《のぶとよ》を物主《ものぬし》とする軍勢を先遣隊として信濃へ派遣した。信豊は川中島の海津城《かいづ》（長野市）に入り、城代春日《かすが》弾正忠《だんじようのじよう》虎綱《とらつな》（いわゆる高坂《こうさか》弾正）と合流した。武田軍の出陣は、北条・上杉両氏のもとに伝えられた。上杉景虎は会津葦名盛氏に宛てた五月二十九日付の書状のなかで「殊更甲府無二申合候之条、武田左馬助為物主、人数信堺迄被立置候」と報じており、武田軍が信越国境に在陣していることや、この軍事行動が景虎方との連携によるものと述べている（上越一五二三号）。

また、上杉景勝は五月二十三日、妻有《つまり》（新潟県十日町市）の小森沢政秀《こもりざわまさひで》に信濃市川口《いちかわぐち》から侵攻する敵に備えるよう厳命している（上越一五二四号）。この指示は武田軍への対応を指すと推定されることから、武田軍出陣を察知した景勝方は、いち早く防備を固めたのであろう。このように、関東口から北条軍の侵攻が予想され、また会津葦名氏が景虎方の手引きもあって越後侵攻を虎視《こし》眈々《たんたん》と狙っており、さらに織田信長が加賀・能登・越中をうかがうなど、多方面からの脅威にさらされていた景勝にとって、武田勝頼が信濃口から侵攻することが確実となった情勢では、もはや敗北は時間の問題となった。

そして北信濃の要衝飯山城近辺では景勝・景虎両派の戦闘が始まった。五月二十七日、妻有城を守る小森沢政秀・金子《かねこ》次郎《じろう》右衛《え》門尉《もんのじょう》らが飯山城（城主桃井義孝、景虎方）に向けて軍勢を動かし、飯山近辺を放火して回り、迎撃に出た飯山勢を撃破、数十人を討ち取る戦功を挙げた。小森沢らはそれ以上の行動を自重し、妻有に引き揚げたようだが、景勝はこれを喜び、小森沢・金子らを賞し知行地を与えるとともに、人質の提出を免除するなど、戦功に報いた（上越一五二五号）。

いっぽう武田勝頼自身は六月四日に甲府を出陣する。勝頼は信豊らを派遣し、出陣準備の間にも、北条氏との連絡を密にしており、六月一日には、北条氏邦に宛てて書状を出している（戦武二八一三号、なお『戦国遺文武田氏編』では天正五年に比定しているが誤りであろう）。

この書状によれば、勝頼は氏政の依頼により六月四日に自身の出陣を予定しており、いっぽう氏政からは五月二十六日には武蔵国河越（埼玉県川越市）着陣予定との情報が寄せられていたことがわかる。だが、勝頼が認識していた氏政の河越着陣は事実ではない。当時氏政は、まだ鬼怒川で佐竹氏らと対峙しており、武蔵に転進するどころではなかった。だが勝頼は、氏政本隊の動きについて、当初もたらされていた情報通りと考えていた。

このことは、氏政が大幅に狂っていた北条軍本隊の動きを、勝頼に少なくとも六月一日の時点で知らせていなかった可能性をうかがわせる。なお勝頼が北条氏邦に書状を認めたのは、北条方から五月二十八日付の書状が届けられたからであり、そのなかで「敵行之様子」（佐竹氏らの連合軍の動向）は記されていたが、肝心の氏政本隊の動向には一切触れられていなかったため、本当に氏政が河越に到着したかどうかを氏邦に問い合わせたのであろう。このように早くも、勝頼と氏政との共同作戦には齟齬《そご》が出ていたのである。

いずれにせよ、武田軍は越後に向けて軍事侵攻を開始し、景虎との共同作戦を意図したことから、上杉景勝は最大の危機に直面することになったわけである。今のところ北条軍は、上野国で軍勢を展開させているものの、越後侵入にはまだ時間がかかるであろうし、葦名氏の軍勢は雷城（五泉市）で敗退し撤退していた。次に織田信長の圧力は脅威であるが、鯵坂・河田らが対峙しているので、すぐに越後に侵攻する情勢にはない。つまり景勝にとって当面の、かつ最大の脅威は、信濃口から春日山城へ向けて接近してくる、目前の武田勝頼の大軍だったわけである。

内憂外患を抱え、絶体絶命の窮地に追い込まれた景勝は、乾坤一擲《けんこんいってき》の賭けに出た。それは武田氏との和睦である。進軍してくる武田軍の先陣武田信豊の陣地へ和睦を打診する使者を送ったのである。もしこれを信豊が拒否すれば、景勝の命運はほぼ尽きることになる。

景勝の動きに驚く武田氏

上杉景勝は、海津城に入った武田信豊に対し、再三にわたって書状を届けたらしい。これに対して信豊は、上杉氏の使者と書状などの受け取りを拒否せず、そのまま後陣の武田勝頼に転送し、自身の意見を添えて披露したらしい。管見の限り、景勝方の打診に対する武田方からの最初の返答書は、六月七日付の跡部《あとべ》勝資《かつすけ》書状である（戦武二九八四号）。この書状は、中条景《なかじょうかげ》泰《やす》・竹俣慶綱《たけのまたよしつな》・五十公野《いじみの》宗信《むねのぶ》・吉江《よしえ》信景《のぶかげ》・色部《いろべ》長実《ながざね》・水原満家《すいばらみついえ》・斎藤朝信・毛利《もうり》顕元《あきもと》・加地《かじ》春《はる》綱《つな》・新発田《しばた》長敦《ながあつ》・上条政繁という錚々《そうそう》たる顔ぶれの上杉家臣に宛てたもので、景勝を支えていた彼らが武田氏に連署で申し入れを行っていたらしい。

この書状を見ると、景勝からの接触を武田方はまったく予期しておらず、跡部勝資はこの事態に驚いていたことがわかる。いっぽうで武田方の返答は遅れていた。勝資の書状は、勝頼出陣のために返事が遅れたことを陳謝するとともに、武田信豊を通じて回答がなされたであろうから景勝に披露してほしいと述べている。だが実際には、思いがけない申し出に、対応が遅れていたというのが実情であろう。

ところで武田方の回答内容については、この書状からは明らかにならないが、翌六月八日付の北条芳林・景広宛上杉景勝書状によれば、「甲州之儀、武田典厩并高坂弾正以取成、勝頼此方入魂、何分ニも当方指図次第可及其行之由ニ候之条、可心安候」とあり、勝頼が和睦の打診に積極的に応じたと伝えている（上越一五二八号）。ただし景勝が、北條父子に勝頼と景勝の関係が良好であると述べている部分は、景虎方に荷担する恐れがあった北條父子を牽制するための誇張であろうと思われ、事実とは認定できない。だが、この景勝書状の一節は通説を覆す内容を含んでいる。

まず、勝頼が景勝からの使者による和睦打診を知らされたのが、先陣武田信豊からであったことと、恐らく信豊に同陣していたと思われる海津城代春日虎綱（高坂弾正）もこれに関与していたことを押さえておく必要がある。そして、景勝からの打診は、信豊と春日虎綱によって検討され、両者が勝頼に「取成」を行っている点に注意すべきである。これは景勝からの和睦申し入れを信豊と虎綱が好条件とみなし、これを受諾するのが得策であると判断していたことを示すからである。

すなわち『甲陽軍鑑』などが記すように、上杉景勝と武田勝頼の和睦・同盟は、黄金などの授受を背景に、跡部勝資や長坂《ながさか》釣閑斎《ちょうかんさい》光堅《こうけん》が勝頼に進言して成立したものではなく、武田信豊や春日虎綱らによって検討され、勝頼に献言された可能性が高い。

いずれにせよ、上杉景勝が武田勝頼との存亡をかけた和睦交渉に踏み切ったのは、武田信豊の先陣が信濃に到達した五月下旬のことと思われる。景勝の使者派遣が確認できるのは、今のところ六月一日に、越後妻有城将小森沢政秀に対し、家臣梅津《うめづ》右門《うもん》を甲斐に派遣したので道中の世話をするよう依頼した書状が初見である（上越一五二四号）。

信豊は景勝の使者の訪問を受けると、これを勝頼に報告するとともに、もし景勝が本気で武田氏と和睦する意向があるのであれば、それを証する起請文を提出されたいと求めたらしい。これに対して景勝は速やかに信豊に起請文を送った。信豊は景勝の起請文を受け取ると、六月十二日に景勝へ書状を送り、起請文の提出を喜び、武田勝頼が海津城に到着したので、すぐに詳細を報告すると述べている（戦武二八八五号）。武田方では、上杉景勝が和睦を望んでいることを確認し、勝頼の到着を待って本格的な交渉に入った。だが、この交渉は予断を許さなかったこともあり、勝頼は和戦両様の姿勢を崩さず、北条氏政からの要請に応じて、景虎支援のための軍事行動をも継続する素振りを見せていたのである。

　これまで見てきたように、武田氏と上杉景勝との交渉は、五月下旬から六月初旬にかけて、武田方先陣武田信豊と海津城代春日虎綱を窓口として行われていた。しかし、六月上旬には武田信豊のみが交渉に動き、春日虎綱の名はそれ以後文書から見えなくなる。これはちょうどこのころ、春日虎綱が病没したためと推察される。

　春日虎綱の死没は、これまで「甲州安見記《こうしゅうあんけんき》」などの記述を根拠にして、天正六年五月十一日（墓所のある松代明徳寺《まつしろめいとくじ》の記録では五月七日）とされてきたが、これでは先に掲げた六月八日付の上杉景勝書状のなかで、景勝方との交渉に武田信豊と春日虎綱が当たっていたと記されていることと矛盾する。五月七日ないし十一日死去説では、甲越和睦交渉そのものが開始されていないばかりか、武田軍はまだまったく動いておらず辻褄《つじつま》が合わない。つまり上杉方の史料から春日虎綱は少なくとも、上杉景勝との交渉が開始される五月下旬には健在であり、実際に死去したのは五月下旬から六月初旬にかけてと推察される。そして春日虎綱についての史料を検索していくと、「高野山武田家過去帳」に次のような記述があるのを見いだすことができる。

　天正六年戊寅六月十四日巳ノ刻去
　保雲椿公禅定門　　同苗弾正左衛門為虎綱御菩（日脱カ）春惣二郎ヨリ
　天正六年七月二十五日　御使者山崎軍七殿

右の史料によれば、春日虎綱は天正六年六月十四日巳刻（午前十時頃）に死去したと記されており、虎綱の菩提《ぼだい》を弔うため、春日惣二郎（虎綱の甥《おい》、『軍鑑』の執筆を引き継いだとされている人物）が山崎軍七を高野山まで使者として派遣したことが判明する。これならば、上杉景勝との和睦交渉に六月上旬まで春日虎綱が関わっていたという事実と矛盾せず、整合的に理解できる。武田信玄の側近で、石和《いさわ》の大百姓の倅《せがれ》から身を起こした春日虎綱は、宿敵上杉氏との和睦交渉に先鞭《せんべん》をつけ、武田勝頼が海津城に到着した二日後にその生涯を閉じたのである。享年五十二と伝える（『国志』）。

『甲陽軍鑑』によれば、春日虎綱（高坂弾正）は、天正六年三月より「かく」（膈、現在の胃ガンにあたると考証されている）を患い、病重篤となったため、『甲陽軍鑑』も甥の春日惣二郎が書き継ぐこととなったと記しており、御館の乱勃発のころには起きあがれぬほどの病状であったらしい。虎綱が病気であったのは事実であろう。そのため、信豊と虎綱による合議は、海津城で行われたものと思われ、信豊は虎綱とともに勝頼への意見具申を後送すると、自身は軍勢を率いて越後へ向かったのであろう。

武田勝頼は和戦両様の構えを崩さずに、景勝との和睦交渉に臨んでいたが、それは景勝も同じであった。景勝は、武田軍の侵攻に備えるため、六月七日に信越国境市川口の要衝妻有を守備する小森沢政秀・金子次郎右衛門尉のもとに、家臣吉田《よしだ》源《げん》右衛《え》門尉《もんのじよう》を加勢として派遣し、信越国境の警備を厳重にするよう命じた（上越一五二六号）。だが、景勝の使者派遣と、起請文の提出は武田軍の侵攻を鈍らせるのに絶大な効果があった。武田信豊と春日虎綱の献言もあり、勝頼は上杉景勝との交渉を継続する意思を示したのである。この結果、武田軍は信越国境を目前にして行軍を停止することになる。

景勝の反攻と虚々実々の信越国境情勢

景勝はこれを見逃さなかった。武田軍の侵攻が停止し交渉が始まると、ただちに景虎方への反攻を開始した。まず、春日山城を取り巻く景虎方の城を奪回して、越後各地の景勝方との連絡を確保することを目指し、最初の攻撃目標を猿毛城（上越市）とした。景勝は、六月九日に上野《うえの》九兵衛《きゆうべえ》らに命じて猿毛城を調略させ、十四日までに乗っ取ることに成功した（上越一五四五・四六号他）。そして自身は、春日山城の軍勢を結集して、六月十一日に御館に籠もる景虎方に猛攻を加えた。

両軍は、御館の所在する府中の入り口にあたる大場《おおば》をはじめ、府中に続く海岸沿いの居多浜《こたはま》、木田、そして府内（いずれも上越市）などで激突した。この合戦で、景虎方についていた栖吉《すよし》長尾《ながお》氏の当主上杉十郎景信が戦死し、これにより栖吉長尾氏は滅亡した（上越一五二九～三八号他）。景勝軍は景虎軍の防衛を突破して府内に侵入し、御館に迫った。両軍は十三日まで府

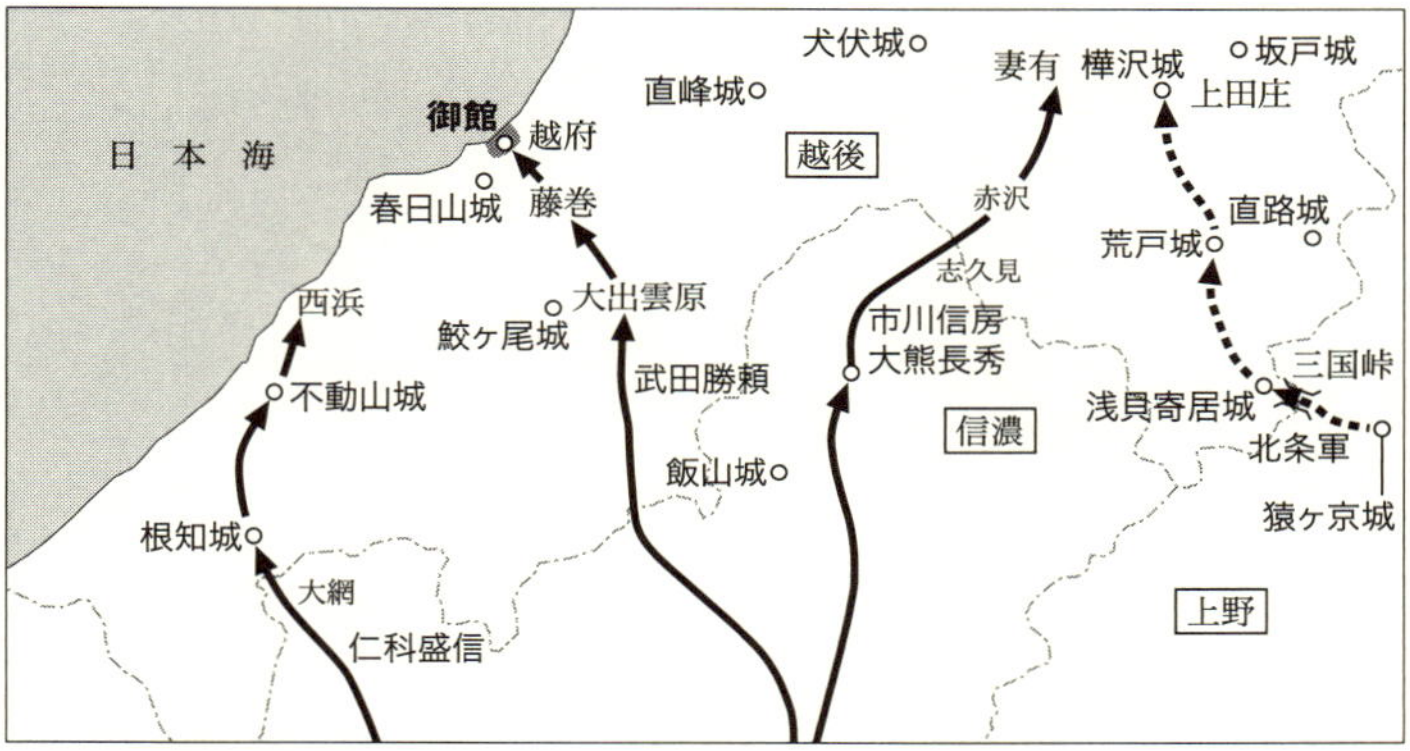

図5　御館の乱関係図

内を中心に激戦を展開し（『景勝一代略記』のみ十二日は両軍の消耗が激しく休戦であったとする）、ついに景勝軍の手によって、十三日には府内に火が放たれた（『年譜』等）。だがこの激戦で、景勝軍は景虎軍を攻めきれず、御館を陥落させることができなかった。

しかし景勝軍の府内攻撃を画期に、情勢は次第に景勝方有利に傾いていく。景勝の府内攻撃と並行して行われていた景勝方の攻勢や調略により、猿毛城が陥落したほか、さらに旗持城（柏崎市）、直峰城（上越市）などを次々に奪取したのである（上越一五四〇・四一号、『略記』他）。

これにより、景勝は越後各地の味方との連絡を回復した。また軍勢の移動を円滑に実施することができるようになり、援軍の派遣や招集も可能になった。

ところで、上杉・武田両氏の和睦交渉過程で早速問題として表面化したのが、信越国境のうち市川口であった。ここは北信濃と上田庄（景勝の出身地、南魚沼市）や越府などに繋がる交通の要衝である。

そのため、武田軍の進出は、北条軍の脅威とともに上田庄にとって重大な問題を孕《はら》んでいた。ここには妻有庄を本拠地とし、妻有城（小森沢氏の居城と推定されている秋葉山《あきばさん》城か、十日町市）に拠《よ》る小森沢政秀が、景勝の援軍金子次郎右衛門らとともに踏ん張っていた。

しかし小森沢政秀らは、目前の武田方から難題を持ちかけられていた。信越国境の有力国衆市川信房《いちかわのぶふさ》の軍勢が妻有城に迫り、小森沢が管轄する同城と妻有庄、志久見《しくみ》郷の明け渡しを求めたのである。市川氏は、かつてこの地域を支配していたが、上杉方に奪取されたという経緯があった。市川信房は、混乱に乗じてその奪回をはかったのであろう。接近してくる武田軍に脅威を覚えた小森沢政秀は、景勝にこれを知らせたらしい。景勝は、六月十七日付で武田軍が出陣してきたようだが問題ないので安心するよう伝えていた（上越一五四八号）。ところが、この軍勢こそ市川信房勢であったらしく、城明け渡しを武田勝頼の意向によるものだと伝えたらしい。そこで小森沢政秀は事実関係をすぐに景勝に問い合わせた。驚いた景勝は、六月十九日に小森沢政秀に書状を送り、妻有城を市川信房に渡してはならないと命じた（同一五五〇号）。

しかし市川信房の要請は執拗《しつよう》に続き、困惑した小森沢政秀は上杉重臣山浦国清《やまうらくにきよ》（もと信濃衆村上義清《むらかみよしきよ》の息子）に書状を送って指示を仰いだ。これを知った景勝は、ただちに飛脚を派遣し勝頼に事情を問い合わせた。これに対し勝頼は、そのような命令をした事実はないとの回答を寄せた。このため景勝は、妻有城明け渡し要請が市川信房の独断で、失地回復をせんとする彼の意図によるものと見抜き、あらためて城明け渡しを拒絶するよう小森沢政秀に指示した（上越一五五五号）。

こうして市川信房の目論見《もくろみ》は成就しなかった。市川信房は勝頼からも叱責され諦めたのであろうか、これ以後妻有城に固執する動きを見せていない。それでも小森沢政秀は武田軍の前進に不安を抱き、妻有の守備を堅固にすべく景勝に加勢を要請した。景勝は六月二十三日に政秀の要請に応えて、援軍派遣を決定し、そのうえで武田勝頼との和睦交渉が上手くいっていることを伝え、彼を安心させている（上越一五五五号）。

小森沢政秀が危機感を覚え、また景勝も同じく妻有口の防備を増強する必要性を感じたのは、目前の武田軍だけではなく、関東から北条軍が侵攻してきたことと関連するとみられる。景虎を支援する北条氏政の援軍は、上野国で景勝方に属す諸城を相次いで攻略しており、三国峠を越えて越後に侵入し、景勝の本拠地上田庄をうかがう形勢となっていた。もし武田軍がこれに呼応するとすれば、信濃国市川口より妻有を抜けて、上田庄に入るのがもっとも便利な侵攻ルートである。妻有の戦略的重要性が俄然《がぜん》注目されるようになったのは、こうした背景があったためであり、また小森沢政秀や景勝がこの地域の防衛に不安を覚えたのも理解できよう。

いっぽう、信越国境の信濃安曇郡《あずみ》と越後頸城郡《くびき》でも、御館の乱の混乱に乗じた武田方の調略と軍事侵攻が始まっていた。六月二十一日までには、根知城（新潟県糸魚川市）主赤見小六郎《あかみころくろう》・吉江丹波守《よしえたんばのかみ》が武田方の調略に応じ、忠節を尽くすことを申し出ていた（戦武二九九〇・四二八一号）。これは、安曇郡森城（長野県大町市）主仁科五郎盛信《にしなごろうもりのぶ》（勝頼の異母弟）の活躍によるものである（戦武四二八一号）。盛信が歴史の表舞台に登場するのは、御館の乱が最初である。仁科勢は、信越国境を越えて根知城を押さえ、西浜《にしはま》（糸魚川市）まで進出したらしく、西浜の調略には、仁科家臣倉科七郎左衛門《くらしなしちろうざえもんのじょう》尉らが活躍した（戦武三一二一号）。これにより、越後と越中を結ぶ北国街道は武田方によって押さえられることとなった。このことは、景勝も追認したらしく、六月二十二日に景勝は根知城主赤見・吉江両人に勝頼との交渉が始まったことを報じている（上越一五五四号）。

武田軍、春日山城に迫る

景勝が各地の景虎方を攻撃している間に、武田軍はふたたび前進を開始し、六月十七日、武田軍の先鋒隊は越後国頸城郡大出雲原《おいずもはら》（妙高市小出雲《おいずも》）に到着した（『略記』等）。また武田勝頼も海津城を出て、六月二十二日までには長沼城に入っていた。この結果、武田軍は信越国境の飯山城周辺をも事実上制圧することに成功した。勝頼が飯山周辺を制圧したことは、織田信長も六月二十五日には確認している（信長七六八号）。

大出雲原に進んだ武田軍は、春日山城までわずか一八キロに迫ることになり、景勝にとって重大な脅威となった。このことは、景勝方諸将を不安に陥れ、逆に御館の景虎方の士気はいやがおうにもあがったのである。武田軍は二、三日休息した後、春日山城へ向けて前進を再開し、十九日には春日山城まで約四キロの藤巻原《ふじまきはら》（藤牧原とも書く、上越市藤巻）まで進出した。景勝は武田軍の動向に脅威を抱き、山浦国清らに命じて春日山城下町に軍勢を展開させて守備を堅固にし、武田軍に備えた（『略記』等）。

武田勝頼も、このころ長沼城を出て越後に入り、本陣を大出雲原に置いて景勝方の動向を注視していた。勝頼は、十九日に武田軍先鋒隊を藤巻原に前進させると、自ら春日山城下まで検分に赴き、景勝軍の陣立てや春日山城の守備を望見し、その日の申刻（午後四時頃）には本陣の大出雲原に戻っている。だが勝頼は、その後御館の景虎にも呼応することなく、軍勢を駐留させたまま一向に動こうとはしなかったようである。

確実な史料からは、武田軍が景勝方と交戦した記録は見られない。ただ、『依田記《よだき》』には、信濃国衆依田信蕃《のぶしげ》（もと二俣《ふたまた》城将）が「小田之浜《こたのはま》」（居多浜）で景虎方に加勢し、景勝軍を追い崩し、多数を討ち取る戦果を挙げたことが簡単に述べられている。管見の限り、武田軍が上杉景勝と交戦したとする記録は、これ一点のみである。『依田記』の記述は、比較的信頼が置けるので、あるいは武田軍の一部が府中に進み、景勝方と遭遇して交戦したことがあったのかも知れない。

いずれにせよ勝頼の前進は、景勝に圧力をかけて和睦交渉を武田方有利に持っていくための手段であり、また北条軍や景虎方と呼応するという北条氏との約束を遵守する体裁を取り繕うという意味もあったと考えられる。だが、肝心の北条軍は一向に越後に侵攻せず、武田軍のみが景勝方と直接対峙する負荷を担わされる格好になってしまっていた。勝頼が、景勝との和睦交渉を無下にしなかったのは、景虎を支援し、景勝方と全面対決に突入すれば、武田軍に少なからぬ被害が出ると予想されたことから、景勝、景虎、北条氏三者の調整を行うことで、内戦を早期終結させ、最終的に武田方に有利な和睦を実現させようと考えたためであろう。

実は勝頼は、このころ御館の上杉景虎のもとに使者を派遣し、景勝と和睦するよう勧告していた。ところが、武田氏の使者はなかなか帰還せず、不安に思った勝頼は、六月二十三日付で景虎家臣遠山康光・堀江玄蕃頭に書状を送り、先ごろ景虎のもとへ「和策」のことで、勝頼の考えを伝える使者を送ったが到着しているのだろうか、帰参していないので心配している、そのためもう一度使者を送り、自分の和睦案をお知らせしたい、と述べている(戦武補遺一〇四号、海老沼真治・二〇一三年)。この時景虎が、勝頼からの使者の来訪を受けながらも、返事を出さなかったのは、援軍に来たはずの武田方から、景勝との和睦を持ちかけられたことに不信を抱いたからであろう。

武田勝頼は、ついに本隊を率いて六月二十九日に越府へ進んだ。そして景勝・景虎双方に対し、越府に着陣したのは、両者の和平仲介のためであり、軍事侵攻の意図はないと宣言した(戦武二九九五号)。そのうえで同日、勝頼は景勝との和睦(「甲州一和《こうしゅういちわ》」)を成立させた。勝頼は、自身と武田信豊の起請文を景勝のもとへ送り、両者の条件が合意に達したことを確認した(上越一五六八号)。だが、勝頼の越府着陣は、景勝方諸将を不安に陥れた。武田軍は路地の普請を実施し、また木田(上越市木田)に景虎支援の軍勢を一、二手派遣していることが、彼らを刺激した。木田は春日山城下にあたる。先に紹介した武田方と景勝方の衝突は、こうした経緯のなかで突発的に発生したものであろう。この不安を払拭させるために、武田方も景勝も、あくまで景虎方を宥《なだ》めるための表向きの動きであって、内々の合意あってのことだと説明に躍起になっている(戦武二九九五号、上越一五六八号)。

五、甲越同盟の成立とその影響

和睦決断の謎

御館の乱をめぐる武田勝頼の動きについては、今も多くの謎に包まれている。まず、上杉景虎を支援すべく出陣したはずであるのに、景勝からの和睦申し入れを一度も拒否することなくこれに応じたのはいったい、いかなる理由によるものであろうか。これについて、もっとも著名なものが、『甲陽軍鑑』の記述である。

『甲陽軍鑑』によれば、武田勝頼の襲来を知った上杉景勝は、このままでは滅亡は免れないと思い、勝頼との和睦を図るべく、強欲で聞こえた勝頼側近跡部勝資・長坂釣閑斎光堅にそれぞれに黄金二千両を贈り、勝頼への取りなしを依頼した。その際に、景勝が提示した和睦条件は、①勝頼に黄金一万両を進上すること、②勝頼と景勝が縁者となること（婚姻政策を取ること）、③東上野の上杉領国を勝頼に進上すること、④これらが実現したら、景勝は勝頼の麾下となること、以上であったという。

跡部勝資と長坂光堅は、武田信玄が西上作戦の際に領国からかき集めた金子は七千両ばかりであったのに対し、勝頼はなにもせずとも一万両が転がり込んでくるとは、その御威光は信玄の十双倍であると甘言を弄し、勝頼を説得したと記されている。また景虎が勝利した場合、その兄北条氏政は強欲な佞人《ねいじん》であるので、景虎と組んで武田氏を包囲し滅亡させようと謀るかも知れないから、ここは景勝と組むのが得策と、跡部・長坂は勝頼に進言したとある。このため勝頼も景勝との和睦に同意し、景勝から起請文を取り、そのうえで妹の於菊《おきく》（以下菊姫《きくひめ》で統一）を景勝の正室として娶せると約束したという。

　武田勝頼と上杉景勝の和睦の過程やその条件、および勝頼が和睦を決断した背景については、このほかの軍記物も一様に『甲陽軍鑑』の内容に近いことを記している。北条氏の記録である『北条五代記』は、跡部・長坂に贈られた賄賂は黄金千両で、勝頼には五千両であったといい、織田信長という強敵が控えている現状で、このうえ北条氏と上杉氏が一体となり、これに連携するようなことになったら、武田氏は危ういと考えたためであると記している。

　上杉氏の記録である『北越軍談』は『甲陽軍鑑』とほぼ同じ内容を記し、景勝の使者芋川縫《いもかわぬい》殿助《のすけ》・島津月下斎《しまづげっかさい》（もと信濃国衆、武田信玄に逐《お》われ越後へ亡命していた）が、跡部・長坂臨席のもと勝頼と対面して、和睦を実現させたという。さらに『上杉家御年譜』は、勝頼は北条氏政の要請に応じて出兵したものの、氏政自身が出陣しないため、その動きと意図に疑いを抱くようになっていたところへ、景勝方が跡部・長坂に賄賂を贈り（具体的な金額は記していない）、勝頼に近づくことに成功し、和睦を実現させたとある。このほかに、『関八州古戦録』には、景勝家臣斎藤朝信の発案で、武田勝頼側近跡部・長坂にそれぞれ南鐐《なんりょう》（銀）二千枚を贈り、勝頼には銀子一万枚を贈って誼を通じ、そのうえで和睦が実現したら東上野は、勝頼の「手柄次第」（武田軍の東上野での軍事行動を容認し、切り取りは自由）との条件を提示したとある。

以上のごとく、軍記物による景勝の提案とは、①上杉領国の一部を勝頼に割譲すること、②勝頼の妹菊姫を景勝の正室として迎えること、③武田氏に黄金を贈ること、などであったとされるが、景勝より勝頼に贈られた黄金とも銀ともあり、さらにその規模は、黄金一万両、五千両など一定していないことがわかる。

甲越同盟成立に向けた交渉の実態

それでは、武田勝頼と上杉景勝が提示しあい、合意に至った和睦内容とは、また勝頼が構想した甲越和睦・同盟とはいかなるものであったろうか。確実な史料から追っていこう。

景勝が提示した条件を具体的に記した文書は、今日に至るも発見されておらず、また上杉家にも伝えられていない。勝頼・景勝双方は、天正六年（一五七八）六月二十九日に勝頼と武田信豊が起請文を提出し、和睦が成立した。ここでの和睦は、大筋での条件合意であり、詳細を詰めるための交渉が控えていた。ただし注意する必要があるのは、武田・上杉両氏の和睦は、唐突に実現したわけではなく、天正三年十一月に勝頼が上杉謙信と結んだ甲越和睦、さらにそれを足がかりに天正四年に交渉が行われた甲相越三国和睦構想が前提として存在していたことである。甲相越三国和睦構想は破綻したが、武田・上杉双方は軍事行動や衝突をまったく起こしていない。このことは、勝頼と謙信の甲越和睦が、謙信死去まで有効であった可能性を示唆する。つまり景勝が勝頼に申請したのは、謙信以来の甲越和睦の延長だったのではないだろうか。そうでなければ、短期間に和睦交渉が成立した理由が読み解けないであろう。

ここまでは、武田家中でも早期の合意形成が容易であったろうが、問題はその先にあった。景勝は甲越和睦を、軍事同盟に昇華させようとしたのである。そのためには、甲相同盟を結ぶ北条氏との調整が必要不可欠であったが、勝頼はそこに重大な注意を払っていなかったようにみえる。和睦から同盟へという動きは、武田家臣内部でも極めて唐突に映ったらしく、これが甲越同盟締結の裏になにかあったのではないかという疑念のもとになったのではなかろうか。

現在、甲越同盟交渉が始まったことを示す文書として、勝頼が景勝に出した天正六年七月十六日付の条目がある（戦武二九九九号）。五ヵ条からなる条目は、①能登国の情勢について、景勝から情報を待つ、②双方で話し合いが行われている条件のひとつについては、九月中・下旬には決着をつけたい、③寺沢・畠切や信州の御役所（関所）に関して話し合いを行う、④人質をどうするかについて話し合う、⑤起請文の内容について詰めること、などで構成されていた。

まず①で勝頼が能登の情報を気にしていたのは、明らかに上杉領国をうかがう織田信長の勢力であり、景勝との和睦・同盟を、対織田戦に参画させる狙いであったことがうかがえる。

次の②は、武田・上杉両氏の同盟内容について、勝頼が九月中・下旬までに具体的な取り決めをしたいと望んでいたことを示す。この具体的内容は、この後の様子から見ると、領土画定と双方の起請文提出であろう（実際に勝頼から景勝へ起請文が提出されたのは、八月中旬であった。これは後述）。

③は恐らく武田・上杉氏の勢力圏の画定（国境画定）のうち、もっとも懸案となった場所を指しているのであろう。なお寺沢と畠切とは、恐らくともに地名とみられる。この場合、畠切

は妻有と隣接する波多岐《はたき》（現津南町・十日町市一帯）を、また寺沢は小寺沢《こでらさわ》（十日町市）を指している可能性がある。もしこの推定が正しければ勝頼は、上杉氏と市川信房との間で紛争沙汰になった、妻有との境目画定を明確にすべく景勝と、特に入念な交渉をしたものと考えられる。

④の人質についてであるが、これは勝頼が景勝に要請したものであろう。勝頼は妹菊姫を嫁がせることについては合意したものの、その見返りとして景勝が武田氏に人質を出すことを求めたものと思われる。だが、景勝が誰を人質に出したかについても、さらに景勝が勝頼に人質を実際に出したのかどうかも、一切確認できない。

最後の⑤は、以上のような懸案事項を残しながらも、双方の起請文取り交わしに向けて、その内容を詰める作業を開始していたことを示している。

いっぽう勝頼は、景勝との交渉を具体化させるために継続しつつ、独自の外交路線を模索していた。それは景勝と景虎の和睦仲介である。勝頼がその意思を明確に宣言したのは、管見の限り、天正六年七月二十三日付山吉掃部助《やまよしかもんのすけ》等宛武田勝頼書状が初見である（戦武三〇〇三号）。勝頼はこの書状のなかで「当国惑乱、景虎・景勝辜負歎敷候之間、為和親媒介与風出馬、越府在陣」と述べ、越後出陣と在陣は景虎と景勝の和睦のためとしている。

だが、勝頼が景虎と景勝の和睦仲介を始めたのは、実際にはもっと早く、七月初旬頃と推定される（あるいは六月下旬の景勝との和睦直後から開始された可能性もある）。その根拠は、七月二十七日付栗林政頼宛河田長親書状のなかにある（上越一五八八号）。この書状は栗林政頼からの書状への返書であるが、その一節に「三郎殿御和睦之儀、従甲陣被取刷候、併依難題被仰放旨、尤無御余儀奉存候」とあり、武田勝頼を仲介とした景勝・景虎の和睦交渉が行われていることや、交渉が条件をめぐって難航していることが記されている。そして河田長親は、この情報を七月十日付で上杉景勝から送られた書状や条目から知ったと書状の冒頭で述べており、勝頼の斡旋《あっせん》による両者の交渉が少なくとも七月初旬から開始されていたことがわかる。勝頼は大出雲原に布陣したまま、両者の和睦交渉斡旋に努力したが、なかなか双方は納得しなかったらしく、交渉は一ヵ月半にも及んだ。

武田と上杉の軍事同盟

そして八月十九日に、ようやく景勝と景虎の双方は合意に達し、和睦が成立したらしい。勝頼はこの日、景勝に宛てて起請文を記し、景勝・景虎両者に対する武田氏の立場を明示した（戦武三〇〇七号、上越一六一二号）。

　敬白起請文

一今度以誓詞両度如申合、対景勝尽未来無心疎、無二無三浮沈諸共申合、御身上無見除、
存寄通可及異見之事

一自今以後、対景勝毛頭不可有表裏、祓(抜)公事之事
　附、景勝御前諸侍別而可加懇意事

一対景勝可敵対申旨、勝頼家中貴賤、縦以如何様之依怙申旨候共、全不可致許容候、達而
及異見者、可加成敗之事

一被対勝頼、御等閑有之由承候者、不残心腹可申達候、努々理不尽之御恨不可有之候事
一景勝御手前於御難儀者、一左右次第助勢可申候、手前無拠儀有之者、様子可申届之事
一景勝・景虎和親之儀、勝頼媒介候処に、理不尽に為鉾楯者、双方江加勢可令遠慮事
　附、自南方（北条氏）信州口路次之儀被申候共、於多人数者令納得間敷候事
一縁段（談）之儀、不可有相違之事
　右如此雖七ヶ条申合候、於景勝御手前御等閑者、条々可悉翻之事
　　神名如例
　以上
　　八月十九日　　　　勝頼
　上杉弾正少弼（景勝）殿

おそらく、最後の武田・上杉両氏の婚姻規定を除く、ほぼ同じ文面の起請文が景虎にも提出されたと推定される。この起請文によれば勝頼は景勝と（おそらくは景虎とも）和親を結び、場合によっては意見を寄せることや、景勝の家臣や景勝方の諸侍と武田氏は懇意にすること、また景勝に敵対するようにという武田家中の動きは必ず封じ込めることなどを約束している。この起請文で注目されるのは、第五条から第七条にかけてである。まず第五条では、勝頼は景勝が軍事的に難儀に陥った場合には加勢することや、また勝頼が難儀に際会したら援助を要請することとしている。これは相互安全保障に協力する攻守同盟であるので、たんなる和睦ではなく、軍事同盟であることがわかる。

しかしながら第六条では、加勢のための攻撃対象から上杉景虎を除外することが規定され、軍事同盟としては景虎と北条氏を除いた勢力に対して機能することが明示されている。勝頼は、その理由として、景勝・景虎両者の和親を勝頼が斡旋しているためであると述べ、双方がふたたび戦端を開いた場合は、勝頼はどちらにも加勢しないと明記している。そのかわり勝頼は、景勝と交戦状態にある武田氏の同盟国北条氏に対しても、信州口を使用させることはしないと誓約した。

つまり武田氏は、御館の乱に際しては景勝・景虎双方に中立を宣言し、勝頼はその立場をいっそう明確にするため、北条氏に武田領国の通行を容認しないとしたわけである。そして最後に、武田氏と景勝との縁談は、約束通り履行すると記されている。確実な史料に、武田氏と景勝の縁談が明記されているのは、これが初見である。これは、両上杉氏の和睦を望んだ、勝頼苦肉の策であった。それが実現すれば、御館の乱は早期収拾が図れると考えたのだろう。勝頼の努力は実り、景勝・景虎双方はこの起請文提出の翌八月二十日、武田氏が勧告する和睦を承諾したのである。それは同時に、起請文の通り、武田・上杉両氏において、織田信長などを想定した軍事同盟締結（甲越同盟）が実質的に成立したことを意味していた。

束の間の和平とその破綻

天正六年八月十九日、武田勝頼は上杉景勝（恐らく景虎にも）に起請文を提出し、和睦成立を確認した。これにより、景勝・景虎双方は、勝頼が提示した相互の和平を受諾したのである。

勝頼は翌八月二十日、両者の和平成就を喜ぶ書状を景勝に送っている（上越一六一三号）。だが残念ながら、勝頼が双方に提示し、景勝・景虎両者が納得した条件とはなんであったかは、これ以上明らかでない（また『上杉家御年譜』は、和睦成立を八月二十二日とするが、これは八月二十日の武田勝頼書状から誤りである）。勝頼が目論んだ景勝・景虎の和睦は実現し、後はこれを同盟に発展させて、内戦を早期終結させることが課題となった。だが、当初は反景勝方の叛乱《はんらん》が上杉氏の家督争いに転化してしまったこともあり、上杉謙信が作り上げた領国の支配やその権限をめぐる権力分掌の問題、家督はどちらが継ぐかなど、重要な問題が山積しており、内戦収束は前途多難であった。

景勝は、勝頼に和平斡旋を感謝し、八月二十日に太刀一腰と青銅（銭）一千疋を贈った。また同時に、武田氏の一族や重臣層にも和親の礼物として、家臣秋山式部丞《あきやましきぶのじよう》に託して太刀や青銅を贈っている（上越一六一三・一六一四・二〇号他、『年譜』）。現在知られているものでも、内藤昌月《ないとうまさあき》に太刀と青銅五百疋、葛山信貞《かつらやまのぶさだ》（勝頼弟）に太刀一腰と青銅一千疋などがある。武田方に多額の金銭と奢侈品《しやしひん》が贈られていたことがわかる。

他方、勝頼が御館の乱に介入すべく信越国境に在陣している事実を、織田信長・徳川家康はともに察知していた。家康は、武田軍本隊が信越国境に展開している間隙《かんげき》を衝《つ》き、遠江侵攻を目論んだ。家康の攻撃目標は、遠江国高天神城《たかてんじん》、小山城、駿河田中城などであった。御館の乱勃発から勝頼の北信濃、越後在陣時期の駿河、遠江情勢を略述しよう。

徳川家康は、天正六年三月三日に陣触を行い、軍勢を編制すると、五日には徳川軍を二川に進め、次いで懸川城《かけがわ》に入り、八日には大井川沿いに布陣して、武田方の様子をうかがった（以下、特に断らない限り、『家忠日記』による）。武田方の動きが鈍いことを看取した家康は、九日に大井川を渡河して駿河に侵攻すると、一挙に田中城へ猛攻を仕掛けた。家康は本気で田中城攻略を目論んでいたらしく、徳川勢は田中城の外郭を打ち破って城内に侵入している。だが武田方は必死で防戦し、徳川勢を城内から撃退することに成功した。この戦闘で、松平家忠の家来が武田兵二人を討ち取っている。家康はここで無理攻めを避け、翌十日に全軍を牧野原城に撤収させた。

次いで三月十三日、家康は、今度は遠江小山城に攻撃の矛先を向けている。だが、この城攻めは本格的なものではなかったらしい。合戦に参加したのは、家康旗本衆と国衆だけであったという。その後の経過は、『家忠日記』に記録されていないが、武田方の史料によって判明する。そしてこの間、上杉謙信が急死した。つまり三月の作戦は、謙信の死と連動して発生したわけではない。

ところで、徳川軍の猛攻で外郭を突破された田中城には、穴山信君《あなやまのぶただ》もたまたま在城していたらしい。信君は、三月十九日、二十日の二度にわたって勝頼に徳川軍の動向を急報し、指示を仰いだ。勝頼は三月二十四日付で信君に返書を出し、徳川軍が小山城を攻めたもののさほどの動きもなく「諏方原《すわはら》」（牧野原城）に撤退したとの情報に接し安心したと述べている。徳川軍はすでに田中、小山両城から手を引いていたことがわかる。そのため勝頼も、なにか事態に変化があったら知らせるよう依頼するとともに、諸城の用心や破損した箇所の修繕と普請を油断なく実施するよう命じた（戦武二九五九号）。そして勝頼は、徳川勢のさらなる攻撃に備え、遠江の防備強化を企図し、実行に移した。これは勝頼が御館の乱に介入すべく北信濃に出陣中の、六月十四日のことである。

勝頼は、小山城将岡部《おかべ》元信《もとのぶ》に対し、遠江高天神城防衛強化のため、番替衆《ばんがえしゅう》（城に駐留する交替の兵卒）を派遣することにしたと報じ、彼らの指揮を元信に委ねると伝達した。そして元信に、勝頼の指示（備帳）に則って陣立てを策定し、小山城衆を率いて彼らを警固しつつ、道案内をして高天神城の根小屋《ねごや》まで送り届け、帰りはそれまで高天神城を守備していた兵卒を連れて撤収するよう要請している。また、この作戦を成功させるべく、室賀満正《むろがみつまさ》（信濃衆）、朝比奈信置《あさひなのぶおき》（駿河衆）、城景茂《じょうかげもち》（甲斐衆）の三人とよく相談するよう命じている（戦武二九八七号）。彼らは、小山城に当時在城していたのであろう（室賀満正は諏方原城〈牧野原城〉の在城衆であったが、長篠敗戦直後、徳川軍に城を奪取されていた）。この書状から、小山城は高天神城との連絡・補給、在城衆の送迎を受け持つ重要な任務を担っていたことが知られる。勝頼は、家康の本当の狙いが高天神城にあることを察知していたのであろう。兵力増強の手当てをしたのが、小山でも田中城でもなく、高天神城であったのはそれを意味していよう。

勝頼の読みは正しかった。家康は撤退してまもなくの天正六年七月、高天神城奪回に向けた拠点の普請を開始した。それは馬伏塚《まむしづか》城よりさらに東に位置していた。これが横須賀城である。同城は、天正六年七月三日から普請が始まり、同十五日には完成した（『家忠日記』）。徳川軍が総力をあげて、急ピッチで完成させたようだ。それにしても、勝頼本隊不在とはいえ、家康の動きはあくまで慎重であり、武田氏を侮っていなかった様子がうかがわれる。あまりの慎重さに、織田信長はさすがに痺《しび》れをきらしたらしく、「四郎（武田勝頼）は飯山に在陣しているとのことだ。あまり神経を尖《とが》らせるまでもないのではないか」と六月二十五日付の家康宛書状で指摘するほどであった（信長七六八号）。

徳川方が本格的に動き始めるのは、天正六年八月中旬のことである。その動向は、『家忠日記』に詳しい。家康は、八月十九日に本拠地浜松城に全軍を集結させ、遠江の武田方への攻勢を開始した。まず家康・信康《のぶやす》父子は、八月二十一日に小山城（城将岡部元信）を包囲、攻撃した。また二十二日には、平岩親吉《ひらいわちかよし》・松平家忠らの別働隊を編制して大井川を渡河させ、駿河田中城を挑発させている。徳川軍別働隊は、田中城周辺で苅田《かりた》を行うとともに、田中城の武田勢が小山城への救援に出撃できないようその動きを封じる意味もあったと考えられる。徳川軍は、四日後の二十六日にも田中城付近へ進出し、苅田を行っている。小山城は、家康・信康父子の本隊に包囲されたまま、田中城の武田方も別働隊に動きを封じられ、危機的状況に陥った。

武田方は、八月二十八日には牧野原城の城際まで物見七・八騎を派遣し、徳川方の動静を探ったものの、組織的な反撃はまったくできなかった。家康は、八月二十六日と晦日に徳川勢が田中城周辺で実施した苅田で集めた兵粮《ひょうろう》を各軍団に分配した。松平家忠は、兵粮二百俵を拝領したと日記に特記している。苅田による駿河山西地域の武田領の被害は甚大だったであろう。

このように武田方へ揺さぶりをかけた家康であったが、結局、遠江小山城、駿河田中城などをいずれも攻め落とすことなく、九月四日には牧野原城に撤退し、同城の普請を麾下の諸将に実施させ、自身は六日に息子信康とともに帰陣した。ただ、徳川勢が牧野原城強化のための普請を行っている間、牧野原城衆は九月六日より彼らに代わって小山城（今《いま》城、小山今城）を攻撃している。

いっぽう勝頼は、家康出陣の情報を七月二十九日までには大磯（静岡県牧之原市片浜大磯）よりの注進で知ると、越後に在陣しながらも、ただちに軍勢の招集に入った。勝頼自身は信越国境に在陣していたが、西上野の国衆浦野《うらの》大戸弾正忠《おおどだんじょうのじょう》に対し、出陣の準備を整え、来る八月十日に甲府に来るよう指示している（戦武三〇〇五号）。勝頼は家康との合戦が長期戦になると予想し、それを見越して支度するよう浦野大戸氏に注意を促している。

勝頼は気が気ではなかったであろう。だがなんとしても上杉氏の内戦を終結させ、甲越同盟を確固たるものにしたかった勝頼は、なおも越後に在陣し調整を続けた。しかし、いったんは勝頼の斡旋により和平を受諾した景勝・景虎双方は、まもなく意見の調整に失敗し、八月二十四日には、ふたたび戦端を開いてしまう。かくて、勝頼が腐心した和平と内戦終結の目論見はもろくも崩れ去った。勝頼はこの事態を収めたかったようであるが、遠江では徳川家康の軍事行動が活発化していたため、これ以上の越後在陣は困難であった。そのため勝頼は、両者の調停を諦めて、八月二十八日に越後を引き払い、甲府に引き揚げたのである（上越一六六六号）。

景勝の領土割譲と武田氏の支配

本項では、武田氏による上杉領国奪取や、景勝の領土割譲の実態について検討しよう。『軍鑑』などの軍記物によると、甲越同盟締結にあたり、景勝は北信濃を勝頼に割譲し、東上野は「手柄次第」（切り取り次第、自力次第）という約束をしたとされている。果たして事実なのであろうか。

（二）飯山領の割譲

まず北信濃について検討しよう。北信濃の川中島四郡は、周知のように川中島合戦が展開され、甲越のせめぎ合いが永く続けられた因縁の地であった。だが信玄の存命中に武田氏の勢力は、信濃川左岸は長沼城、右岸は市川氏の領域を北限とし、飯山城を軸とする飯山領をはじめ、市川、志久見郷などは上杉領国に編入されたままで、奪取の機会はついに訪れなかった。

しかし御館の乱が勃発してまもなく、飯山城将桃井義孝は景虎方に属して戦死し、また景勝方の小森沢政秀らが妻有を拠点に飯山を封じ攻め立てていたこと、さらに武田軍が海津、長沼から北上していたこともあり、飯山城は完全に孤立していた。いっぽう景勝方も、この地域を制圧する余裕を持たなかった。この結果、信越国境における両上杉氏の影響力は大きく低下し、この地域の上杉方諸将はその後相次いで自ら武田方に靡いたと考えられる。景勝はこの現状を追認せざるを得なかった。景勝が北信濃割譲を同盟の条件のひとつとしたとされるのは、境目の国衆が自己の存立と所領維持のため、武田方に転じたという事実を追認したというのが実態だったと考えられる。

武田氏は、北信濃の旧上杉方諸将へ七月十三日付で起請文案を提示し、所領の実態を隠さず申告することや、武田氏への忠節を誓約するとの内容を軸にした起請文提出を求めた（戦武二九九八号）。これは北信濃国衆の所領（知行）貫高把握を基礎とする知行安堵を行い、主従制の形成と武田家臣団への編入作業を速やかに実施し、彼らに軍役奉公を行わせることを目的としたものであった。これを受けて、北信濃国衆勝善寺順西《しょうぜんじじゅんさい》、島津泰忠《しまづやすただ》、原伝兵衛《はらでんべえ》、玉井《たまい》源右衛《げんえ》門尉《もんのじょう》、伊藤右京亮《いとううきょうのすけ》らに、知行安堵と軍役賦課を規定する文書が発給された（戦武三〇〇一・〇四・一六・一七・一八・一九号）。また、川中島衆西条《にしじょう》治部少輔《じぶしょう》に対しても知行加増に伴う軍役改定が行われた（同三〇一四号）。

天正七年二月には、大滝甚兵衛尉《おおたきじんべえのじょう》、同九月には尾崎孫十郎重元《おざきまごじゅうろうしげもと》も武田氏の家臣となることが新たに決められた（戦武三〇八七・三一七二号）。大滝甚兵衛尉は、景勝方として春日山籠城戦で活躍し、天正六年九月一日には景勝より感状を与えられており（上越一六二六号）、北信濃で数少ない景勝方の国衆だったが、本領が武田領国に編入されることとなり、上杉氏の許しを得て退身し、武田家臣に転じたのであろう。同様な理由で武田家臣となったと推察される国衆としてほかにも夜交左近丞《よまぜさこんのじょう》、上倉三河守《かみくらみかわのかみ》などが知られる（戦武三三〇九・三四二三号）。

このほかに、北信濃の寺社も武田氏へ諸役免許や所領安堵を申請する動きが加速した。この地域は一向宗の影響力が強いことで知られるが、その中心寺院である康楽寺《こうらくじ》（長野市）、善願寺（普願寺《ふがんじ》〈飯山市〉の誤記か、文書は現在飯山市真宗寺《しんしゅうじ》所蔵）はともに天正六年八月、旧上杉領国の末寺に対する妻帯役、御普請役などの免許を武田氏に申請し許可されている（戦武三〇一〇・一一号）。その後、井上・須田・木島・市川をはじめとする北信濃諸村に対し、信濃国二《にの》宮《みや》小野《おの》神社の造宮役催促が行われ（同三〇八二号）、紛争が惹起《じゃっき》した際には海津城代が実態の調査を行い、裁定を下すことなども確認でき（同三一〇三号）、武田領国編入化は着々と進められた。なお、飯山城には、天正七年七月十三日には、信濃国衆禰津松鷂軒常安《ねつしょうようけんじょうあん》が城主として配備された（同三一三九・四〇号）。禰津常安は、上野国箕輪《みのわ》在城からの転任となり、同心を率いて武田氏滅亡まで在城を続けている。

（二）妻有庄、志久見郷一帯の割譲

続いて、武田・上杉両氏懸案の地である、妻有庄、志久見郷帰属問題のその後について述べよう。景勝は、武田氏との同盟交渉が具体的になってくると、武田軍の脅威は低下したと判断し、八月一日に小森沢政秀、金子次郎右衛門尉のもとへ、犬伏城（十日町市）将毛利《もうり》秀広《ひでひろ》・吉益伯耆守《ますほうきのかみ》らを加勢として派遣した（上越一五九九号）。これは北条軍が上田庄に侵攻してきたことと関連するとみられ、景勝は妻有の小森沢・金子氏らの軍勢を増強し、上田庄の坂戸城を支援しようと考えたのであろう。九月八日には、妻有の通行を封鎖するよう小森沢・金子両氏に命じ、越後から欠落する者の抑留と成敗を厳重にせよと指示したほか、武田氏との連絡のために往来する使者については、その円滑な通行を保障するように申し送っている（同一六五〇号）。

そして九月十一日、武田軍が妻有に到着した（ただ、残念ながらこの軍勢の惣主が誰であるか、そして兵力がどれほどか、は判然としない。この事実は同時に、武田氏の重臣層が指揮していた軍勢ではないことを示す）。小森沢らの注進によってそれを知った景勝は、ただちに妻有の諸将と相談し、上田庄への支援方法を策定するよう命じている（上越一六五二号）。この武田方の軍勢は、上杉氏との同盟交渉の結果、妻有庄や志久見郷一帯を武田氏に明け渡すことが決定したことを受けて派遣された先遣隊ではなかろうか。

いっぽう妻有に武田軍が到着したことを知った上杉景虎も、九月十四日に葦名氏家臣小田切《おだぎり》弾正忠《だんじょうのじょう》に宛てた書状のなかで「当表之儀者、甲・南被及加勢候之条、弥手堅候」と記しており、景虎も武田軍を援軍と認識していたらしい（上越一六五五号）。

さて、武田軍が妻有に到着した当時、坂戸城は北条軍の猛攻にさらされ、景勝が派遣した援軍登坂安忠が戦死するなどの被害を受けつつも、なおも抵抗を続けていた。景勝は、九月十二日に深沢利重・樋口主水助・栗林政頼・登坂清忠《きよただ》（安忠の子）らに宛てて書状を出し、武田軍の援軍が妻有に到着したことを知らせ、これと申し合わせてまもなく加勢に赴く予定であると報じている。そして「甲州勢加勢之衆、其表打出候ハヽ、此度敵打はたし、此頃其地之在城くらう《（苦労）》、うつふん《（鬱憤）》さん《（散）》し度候」と述べており、武田軍の上田侵攻と呼応して城方も北条軍に攻撃を仕掛け、これを殲滅するとの決意を伝えた（上越一六五四号）。

だが武田軍が景勝方の援軍として動き出す気配は一向に見られなかった。坂戸城に籠城する深沢・登坂・樋口・栗林氏らはたまらず、九月二十二日に景勝のもとへ注進と催促の手紙を送った。上田庄に展開する北条軍は続々と増強されており、攻撃も激しさを増すばかりなのでぜひ援軍を差し向けてもらいたい。加勢に来ると伝えられた武田軍もまだ到着していないと悲鳴に近いものであった。

景勝は、武田軍の加勢はまだ到着しないが、二、三日のうちに出陣すると聞いていると伝え、それまで城を堅固に守るように指示した。そして鉄炮の玉薬や煙硝、鉛などの補給準備は調ったので、近日中に送ると返書に認めた（上越一六七一号）。景勝は同日、上田庄に向けて加勢の準備を整えている清水内蔵助《しみずくらのすけ》にも書状を送り、武田軍が加勢に来ているので、二、三日中には出陣する模様であると伝え、清水からも要請があった援軍もまもなく派遣すると申し送った（同一六七〇号）。

武田軍の一部が妻有に到着したのは九月十一日のことであるから、半月になろうとしているにもかかわらず、武田軍は景勝・景虎双方の執拗な求めにも応ぜず、在陣するのみで動こうとしなかったことが知られる。その後、景勝は同二十四、二十七日にも、坂戸城の深沢利重に対して、武田軍の援軍がまもなく救援に向かうことを伝えて、籠城衆を懸命に励ましている（上越一六七七・八四号）。このように武田軍は、景虎方からも景勝方からも援軍と認識されるという、じつに奇妙な立場にあった。そして景勝の度重なる要請にもかかわらず、まったく動く気配を見せなかったのである。勝頼がこの援軍にどのような使命を与えたのかははっきりしないが、この動きを見ると、勝頼から北条軍と交戦しないよう言い含められ、ただ割譲が約束された妻有庄、志久見郷一帯を確保することだけを任務にしていたと推定される。

武田方は景勝・景虎双方と同盟を結び、中立を宣言していた。また、北条氏政と手切れをしたわけではないので、上田庄に展開する北条軍と対決するわけにもいかなかった。妻有在陣の武田軍こそ、御館の乱における武田勝頼の立場を象徴していたといえよう。既述のように、勝頼は景勝・景虎双方に起請文を与えたと見られ、双方の和睦こそが武田氏の方針であり、もし両者が戦闘を再開すればどちらにも荷担しないとの意思を明確にしていた。勝頼はこの方針を堅持しており、それが妻有の武田軍が景勝・景虎双方の加勢要請に応じないという奇妙な動きの背景だったと思われる。

さて、武田軍が妻有から動こうとしない状態が続いていたころ、それまで小康状態にあった景勝方と景虎方の本隊同士が、天正六年九月二十六日に大場で衝突した。この合戦で景勝方は景虎方を打ち破ったらしい。景勝方は新発田重家《しげいえ》・川田《かわだ》軍兵衛《ぐんべえ》らの軍勢が景虎方を追い崩し、三百余騎を討ち取る戦果をあげたという（上越一六八五号）。

双方の対戦が激化すると、景勝はついに妻有に在陣する武田軍に、この地域を引き渡す決断を下した。景勝は、小森沢政秀が自分の本拠地（小森沢氏の居城と推定されている秋葉山《あきばさん》城か、十日町市）を武田方に引き渡す決意をしたことを賞し、犬伏城への異動を指示した（上越一六八三号）。政秀は本領明け渡しを受諾し、自ら転戦を申請したのである。

こうした一連の動きは、この地域の回復を宿願としていた信濃国衆市川信房の意向が強く反映していたと考えられる。小森沢らが武田勢に妻有を引き渡すと、景勝はこのことを十月四日付で武田氏に伝達した。これを受け武田氏は、市川信房・大熊長秀《おおくまながひで》（もと上杉家臣）に軍勢を率いて妻有庄一帯に進駐するよう指示し実行された（戦武三〇四〇号）。

その後、この地域は市川氏によって支配がなされることとなった。市川氏は、戦乱で荒廃した地域の復興に努めるべく、信濃国小菅《こすげ》（長野県飯山市）から赤沢（新潟県中魚沼郡津南町）の街道筋の民家復興を申請し、武田氏に認可されている（戦武三〇九五号）。恐らく市川氏は、妻有庄や旧領志久見郷などのほか、天正六年七月十六日付の条目（同二九九九号）で武田・上杉両氏が協議した懸案事項のうち、波多岐（現津南町・十日町市一帯）、寺沢（十日町市）一帯の管理もあわせて任された可能性が高い。

これらは、景勝が自ら申し出て割譲したというよりも、市川氏をはじめとする境目の武田方国衆による自力の動向に規定され、景勝と勝頼が協議してその要請や動きを追認したというのが実態に近いといえるだろう。

(三) 仁科盛信の越後頸城郡支配と飛驒口調略

いっぽう、信越国境（信濃安曇郡・越後頸城郡間）では、御館の乱の混乱に乗じ根知城、不動山城（糸魚川市）両城をはじめ、西浜付近までの地域が武田方に帰属した。これらは仁科盛信の活躍によるものである。これ以後盛信は、武田方に降った赤見伊勢守《いせのかみ》・吉江丹波守の指南を行うとともに不動山城に在城させ、彼らからもたらされる北陸方面の情報を勝頼に送るなど、武田氏の信越国境支配の一翼を担った。なお不動山城・根知城に在番する武田方の兵卒は、勝頼より仁科盛信に指示が出され、真々部《ままべ》・渋田見《しぶたみ》氏ら仁科衆が派遣された。これを統括していたのが、仁科家臣等々力《とどろき》次右衛門尉《じえもんのじょう》であり、盛信から番替の在番衆派遣と城普請を行うよう厳命されている（戦武三三九一・三四〇〇号）。

また盛信は、勝頼より飛驒国の経略を任され、長延寺実了《ちょうえんじじつりょう》、江馬《えま》氏、三村監物《みむらけんもつ》（飛驒衆、山《やま》県昌満《がたまさみつ》同心）とともに織田方との駆け引きを行っていた（同三一九九号ほか）。その甲斐あって、盛信は飛驒国衆河上中務少輔富信《かわかみなかつかさのしょうゆうとみのぶ》の調略に成功し、武田方に帰属させている（同三一四一号）。

また盛信は、九月十七日に、この秋以来、信越国境の大網郷《おおあみ》（北安曇郡小谷《おたり》村北小谷大網）に移住した者には、三年間の諸役免許を与えると布告を発した（戦武三〇二八号）。敵国との境目のため不穏だった地域の振興が、上杉氏との同盟や武田領国の越後頸城郡への拡大により安定化してきたことを象徴する事例といえよう。

かくて勝頼の領国は、父武田信玄が生涯をかけても獲得できなかった北信濃だけでなく、信越国境を越え、西は越後国頸城郡、東は同国魚沼郡にまで及ぶこととなったのである。それらは景勝の自発的な明け渡しというよりも、上杉氏の足下を見透かしながら、武田方が上杉方との軋轢《あつれき》や衝突を重ねつつ、自力の軍事侵攻と交渉の結果、もぎ取った成果という側面が強いといえる。なお、東上野の実態は後述としよう。

行き違う武田氏と北条氏の思惑

上杉謙信の死と御館の乱勃発は、東上野の上杉方武士を動揺させた。なぜなら、それまで敵対していた武田・北条両氏の攻撃をまともに受ける危険性が出たうえに、もはや越後からの支援を受けられる望みがほぼ完全に絶たれたからである。

しかしこの絶好の機会にもかかわらず、北条氏政の対応は、佐竹義重らとの小川台合戦に拘束され後れを取っていた。

北条氏とは対照的に、西上野の武田方の動きは素早かった。東上野国衆由良国繁・成繁は、小川台合戦で在陣する北条氏政のもとへ、天正六年六月八日付で上野情勢を書き送った。そのなかに、六月三日に不動山を「西上州」が乗っ取ったと記されている（『歴代古案』一）。この

「西上州」とは、武田方を指す。そして不動山とは、不動山城（見立《みたて》城、群馬県渋川市赤城町）のことであり、沼田城に在城していた河田重親の属城であった。それを突如、武田方により乗っ取られたのであり、驚いた白井長尾憲景（当時は八崎《はつさき》城〈同市北橘町〉主）が北条方の由良氏に使者を派遣して報告してきたのだった。

また、これより先の五月二十三日には、沼田領の原沢・田村・揚田・延沢氏ら六人衆が在所を退出して武田領に退避し、武田氏への帰参を求めた。勝頼はこれを許すとともに、沼田城を奪取した場合には、知行を与えると約束している（戦武二九七〇〜七二号）。彼らは、北条氏が進出してくるのを嫌ったのであろう。西上野の武田方は、上杉氏の分裂と東上野国衆の動揺、混乱に乗じて調略を仕掛けていたことがはっきりとわかる。

以上のように、東上野の上杉方将卒のなかから少なくない人びとが北条氏ではなく、武田氏を頼って西上野に走ったり、武田氏に内通し城乗っ取りの手引きをするなどの動きを見せていた。このような調略を指揮していたのは、じつは真田《さなだ》昌幸《まさゆき》であったらしい。昌幸は、父幸綱《ゆきつな》以来培われていた上野国での人脈をフルに活用し、上杉方の切り崩しを画策していたのであろう。だがこの動きは、東上野に野心を持つ北条氏政の怒りと疑念を招いたようだ。

昌幸による沼田衆らへの調略を察知した氏政は、その背後に勝頼がいるのではとの疑念を抱き、厳重な抗議を申し入れた。そこで勝頼は、昌幸に対し沼田などへの工作から手を引くよう指示した。勝頼は、六月二十九日付の昌幸宛書状で、氏政の「立腹」を招いたためやむなく沼田などへの工作から手を引くよう命じたことについて、彼の努力が無になったことを慰労している（戦武補遺四九号）。このように、東上野の上杉方将卒の動向をめぐって、武田・北条両者間で早くも対立、齟齬が始まったことがうかがわれる。氏政も、勝頼もともに東上野に野心があるのではと不信感を持った可能性が高い。

このような動きを見ると、『甲陽軍鑑』などが記すところの、景勝が勝頼に申し出た東上野切り取り次第とはどうも事実とはいえないように思われる。それを史実と証明する史料は管見の限り存在せず、存否を確認できない。ただし、武田勝頼がその後東上野の国衆を調略し、さらに軍事侵攻を実施したことについて景勝は一切抗議しておらず、むしろそれを容認、歓迎している事実がある。

景勝の東上野割譲（ただし自力次第という条件）とは、その地域の国衆や上杉重臣の多くが景虎方についたことや、彼らが景虎の兄北条氏政の援助を受けていた事実を受け、彼らが景虎・北条方につくならば、武田方に靡いてくれたほうがよいと考え、武田氏の東上野での活動を容認したというのが実態ではなかったろうか。このことを、武田方は東上野自力次第と景勝が申し入れたと認識したのではないか。

当時東上野は、越後本国からの後詰の望みを絶たれ、武田・北条両氏の軍事的脅威に直面した境目の国衆、武士らが生き残りをかけて、それぞれが武田・北条氏に帰属しようと独自の動きを展開していたわけである。そして景勝は、武田氏が東上野で彼らへの調略を容認、追認した。ところが、このような境目の人びとの動向が、勝頼と氏政相互の不信と対立を招く結果になったのである。境目の人びとこそ、甲相同盟に亀裂を生じさせる原因の一端だったことは間違いなかろう。

甲越同盟をめぐる謎に迫る

最後に、甲越同盟をめぐる二つの謎を検討しよう。まず最大の謎といえば、巷間膾炙《こうかんかいしゃ》され半ば定説化している感さえある同盟締結には裏金が動いたという逸話の実否である。そして、勝頼が甲越同盟締結に踏み切った理由とはなにかという問題だ。以下、順を追って検討しよう。

(Ⅰ)甲越同盟締結の裏で金は動いたか――『甲乱記』が記す武田家中の黒い霧

甲越同盟締結にあたり、賄賂(黄金)授受が行われたという逸話については、すでに二三二頁以下で『甲陽軍鑑』などの記述を紹介した。ここでは、ほかの軍記物とは内容を異にする『甲乱記』の記述を紹介し、検討してみよう。同書については、近年古写本が紹介、検討され、書誌学研究が進み、その成立は武田氏滅亡直後の天正十年八月ごろのことで、筆者は武田遺臣の某(春日《かすが》惣二《そうじ》郎《ろう》というのは天和年間の付会)、執筆場所は相模小田原の可能性が高まった(丸島和洋・二〇一三年)。

その『甲乱記』には、天正十年二月、織田軍の侵攻の前に抵抗することなく開城、自落していく武田方諸城の体たらくと、茫然自《ぼうぜんじ》失《しつ》の武田家中を揶揄《やゆ》して、様々な狂歌やそれを記した高札が各所に立てられたことが記されている。それらは、黄金(賄賂)がきっかけで上杉氏との同盟が成立し、北条氏との関係が悪化、断絶したことが、こうした武田領国崩壊を招く結果に導いたのだという心情がぶつけられていた点で共通していたという。

まず、御宿監物《みしゆくけんもつ》が小山田《おやまだ》信茂《のぶしげ》に送った漢詩と和歌は次のようなものであった。

汗馬忽忽兵革辰　東西戦鞍轟辺垠
世上乱逆依何起　只是黄金五百鈞

（汗馬が慌ただしく行き交ういくさのさなか、周囲に戦支度の馬具の音が地の果てまで響き渡る、世のなかに謀叛はなぜ起きたのだろうか、それはただ黄金五百鈞がもたらしたのだ）

すな金を一朱もとらぬ我らさえ　うす恥をかく数に入るかな

（砂金一朱すら受け取っていない私たちでも、後世に恥をかく仲間にはいってしまうのだろうか）

これに対し小山田信茂の返歌は次のようなものであった。

甲越和親堅約辰　黄金媒介訟神垠
佞臣尽平安国　可惜家名換萬鈞

（甲越和親堅約のとき、黄金の仲立ちが大きく効いた、佞臣《ねいしん》は平安の国を貪りつくしてしまった。家名を萬鈞に換えてしまったことは惜しみて余りある）

うす恥をかくは物かはなべて世の　寂滅するも金の所行よ

（恥をかくも、滅びるも、それはだいたい世の中では金のなせるものだ）

まず注目されるのは、上杉側から贈られた黄金とは、金貨ではなく「すな金」（砂金）と明記されていることだ。このことは、『甲陽軍鑑』をはじめとする諸書には一切見られぬ『甲乱記』独自の記述である。当時の越後、佐渡の金が砂金主体であることを考慮すれば、極めて注目される。

ところで、ここでは景勝から贈られた砂金の額が五百鈞とされている。それは、どれほどなのだろうか。一鈞＝三十斤であり、日本では一斤＝十六両に相当する（ただし、三両＝大斤とし、これを一般的に用いたとされる）。もしこれが事実ならば、上杉氏から武田氏に贈られた黄金は莫大《ばくだい》な量となるだろう。また『甲乱記』によれば、跡部勝資の陣屋前に立てられた高札には、次のような狂歌が掲げられたという。

無情やな国を寂滅することは　越後の金の所行なりけり

（国を滅ぼすのが越後の金のなせるものというのは無情なものだ）

いちいこし妹背逢う夜の中ならで　国に別の鐘の音ぞうき

（男女が朝を告げる鐘の音で別れるのではなく、国の滅びる鐘の音であることはつらいものだ）

この場合、「鐘の音」と「金の値」がかけられているのであろう。

かね故に真黄に恥を大炊助　尻をすべても跡部なりけり

（金のために真黄な恥をかく大炊助《おおいすけ》、あとで尻を押さえてもむだなことだ）

この場合も、真っ赤な恥を黄金の色にかけて真黄、大いに恥をかくにかけて大炊助（跡部勝資の旧官途）、また後の祭りという意味をこめて、跡部をかけており、じつに巧みな皮肉を織り込んだ狂歌といえよう。

このように、武田家中において甲越同盟締結の際に、黄金の授受が行われ、それは跡部勝資らの差し金だったという認識があったことは間違いないだろう。

（Ⅱ）甲越同盟締結の裏で金は動いたか――その実態を探る

以上は『甲乱記』が伝えるものであるが、現在残されている史料の検討から判明するのは、諸書が伝える賄賂、重臣層の腐敗などが武田氏の政策を誤らせたというのは、誤解である可能性が高いということである。しかし、御館の乱をめぐる武田勝頼の思惑や詳細な家中の動向は、依然として謎の部分が多い。今後の新たな研究と史料の発掘が望まれる。

では甲越同盟締結にあたって、多額の黄金が動いた事実はないのだろうか。まず賄賂により跡部勝資、長坂光堅が動いたという話は、甲越同盟成立過程を見ていくとおおよそ事実とは考えられない。なぜなら、既述の通り甲越同盟成立に際して、当初イニシアティブを取っていたのは、武田信豊、春日虎綱らであり、跡部・長坂の関与は確認できないからである。その後、跡部勝資が取次役として甲越同盟交渉に参画するのは事実であるが、長坂光堅の関与は認められない。しかも景勝との和睦、同盟問題は、同盟国北条氏も絡む以上、武田一族や重臣層の協議を経て成立しなければならない。

では金品が動いた事実はないのだろうか。じつをいえば、景勝側から黄金を武田側に贈答するという合意があったのは事実らしい。それは、天正八年四月二十六日に長坂釣閑斎光堅・跡部美作守《みまさかのかみ》勝忠《かつただ》連署状から知られる（戦武三三三五号）。この書状は、勝頼妹菊姫（上杉景勝正室）の輿入《こしい》れに扈従《こしょう》し、越後に在国していた武田家臣長井《ながい》昌秀《まさひで》に宛てたもので、このなかで長坂・跡部は、景勝と約束した黄金五十枚（五百両）がまだ届いていないので、至急納入するように上杉方へ催促せよと指示されている。この黄金五百両が、甲越同盟締結時のものなのか、菊姫輿入れに伴う贈答の一環なのかはにわかに判断できない。ただ、黄金が上杉氏から武田氏に贈られたことは間違いなかろう。

では同盟締結時に、金銭の授受が行われることはあるのだろうか。この点について、黒田基樹氏が興味深い指摘を行っている（黒田基樹・二〇〇九年）。黒田氏によれば、戦国大名間で和睦や同盟が締結される際に、申し入れをした側が相手に対して礼銭を支払うのが慣例であったという。そして、その事例として、大永五年（一五二五）に北条氏綱が武田信虎に和睦を申し入れた際に、氏綱が礼銭として銭千貫文を信虎に贈った事実を指摘している（『勝山記』『妙法寺記』）。景勝が勝頼に黄金を贈ったとすれば、それは和睦、同盟を申し入れた側であることから、当時の社会通念としてであったとみられる。ましてや黄金の贈答は、当時の大名・寺社・朝廷等の間では、当然のように行われていたことは常識の範疇《はんちゅう》に属する。

恐らく問題となったのは、その額が当時の社会通念に照らして、あまりにも破格であったことがあらぬ噂を呼ぶことになったのだろう。それでも一万両、五千両という額はまったくの虚偽で、実際はさほどではなかった。また景勝が、景虎との和睦が一時的に成立した時に、武田一族や重臣層に、多額の銭を配ったことも確認できる。たとえば、勝頼に青銅千疋（十貫文）、内藤昌月に銭五百疋（五貫文）、葛山信貞に銭一千疋（十貫文）などといった具合である。現在知られているだけでもこれほどなのであるから、景勝は武田一族や重臣層に広く太刀や銭を贈ったことは間違いなかろう。金銭や奢侈品を景勝から贈られていた者は、多数に上っていたのである。上杉氏から武田氏のもとにもたらされた銭貨の総計は判然としないが、想像を超える規模であったことは間違いない。この事実は、当時の社会通念からしても異様といえる。

つまり黄金に目がくらんで、景勝との同盟を武田氏が選択したと噂されるようになった原因は、贈られた黄金が当時の社会通念よりも破格であったことや、武田一族や重臣層にも多額の礼銭が贈られたことが、あらぬ噂の発端となったのではあるまいか。しかも武田氏は長く上杉氏と対立していた経緯があったから、上杉との軍事同盟は家中にとって唐突であり、戸惑いや反感を生んでいたのではないか。それは上杉・北条両氏の越相同盟締結においても、北条家中では根強い反対があったことを想起すれば了解されよう。

さらに勝頼滅亡後、武田遺臣の多くは、景勝との甲越同盟が、北条氏との甲相同盟瓦解に繋がり、武田氏衰亡の原因となったと認識していた。そこから彼らの多くは、武田氏が突然上杉氏との軍事同盟締結に踏み切ったのは、社会通念上不自然なほど多額の黄金授受と、武田一族、重臣層への礼銭贈与があったことを念頭に、それが武田氏の対外路線に大きく影響したと認識したと推察される。このことが、黄金に目がくらんで甲越同盟が成立したとの噂を呼び、それがひとり歩きしたのではなかろうか。

ましてや、景勝は武田勝頼が侵攻すれば滅亡の可能性もあったにもかかわらず、それが中止され、勝頼が景勝と和睦・同盟を結び、景虎との和睦斡旋まで行ったというのは、勝頼の意図を知る立場にあった武田一族や重臣層などの政権中枢部の人物はともかく、その埒外《らちがい》にあった中下級の将卒には極めてわかりにくい上層部の動きと映ったのであろう。また、跡部勝資の実権が武田家中で強力になっていたことも事実であるので、黄金授受を和睦・同盟の条件のひとつに加えたのが、跡部の差し金と噂されるようになり、武田氏の外聞にも関わる破廉恥なことと見なされるようになったと思われる。

(Ⅲ)勝頼はなぜ甲越同盟締結に踏み切ったのか

ここまで、御館の乱勃発と武田勝頼、北条氏政の動向を追跡してきたわけだが、勝頼の動きを見ていくと、彼の軍事行動と外交活動の内容は、過去に武田氏が経験したそれとよく似通っていることに気づく。具体的にいえば、この時期の勝頼の軍事と外交は、かつて武田信玄が今川義元と北条氏康との対立の間に入り、調整を行った甲相駿三国軍事同盟成立過程におけるそれとじつによく似ているのである。端的にいって、勝頼は父信玄を見本とし、その再現を狙ったのではないだろうか。

武田信玄は、父追放後も信虎が築いた今川氏との同盟(甲駿同盟)を維持しつつ、永年不和が続いていた北条氏との和睦を模索する。この和睦交渉は、もちろん今川氏の了解も得てであろうが、甲斐都留《つる》郡小山田信有《のぶあり》を仲介に断続的に進め、ほぼ合意に至った。そのため、天文十四年(一五四五)に今川義元と北条氏康の合戦(第二次河東一乱《かとういちらん》)が勃発すると、信玄は甲駿同盟により今川軍と合流し北条軍と対峙するが、氏康からの和睦周旋要請を受け、義元の説得に努め、ついに駿河国からの北条氏の撤退と、河東地域(富士・駿東《すんとう》郡)の割譲を受諾させ、今川・北条両氏の和睦を成立させた。さらに武田・北条・今川三氏の婚姻を軸とした甲相駿三国軍事同盟締結を実現させた。信玄は、姻戚関係を基盤にした甲駿同盟を背景に、まず武田氏が北条氏と和睦を行い、今度は自身が仲介役となって今川・北条両氏の和睦調停を実現し、最後は婚姻を基礎とした三国同盟を成立させたわけである(三国同盟締結の経過については、平山・

二〇〇二年、丸島和洋・二〇一三年参照のこと）。

勝頼の動きも、父信玄に倣ったかのように、北条氏政との甲相同盟を基盤に（これは同時に上杉景虎とも同盟関係にあることを意味する）、まず上杉景勝と和睦を結び、婚姻関係の樹立などを条件に甲越同盟へと昇華させ、最後に景勝と景虎双方の和平を行って内戦終了に持ち込み、最終的には甲相越三国同盟成立を構想していたとみられる。勝頼が景勝と真っ先に和睦、同盟締結に踏み切ったのは、当時の上杉氏の家督継承者が景勝だったからにほかならない。

勝頼が景勝との外交交渉に力を入れたのは、景虎は甲相同盟の関係性によって規定されている相手であり、あくまで上杉氏の正統な当主は景勝だと認定していたからである。この厄介な外交交渉を達成するために勝頼が考慮した自身の立ち位置が、景勝・景虎、つまり甲越同盟と甲相同盟という双方の関係性の中心に自らを置きつつも中立を宣言し、その上で武田氏が中人《ちゅうにん》となって三国同盟締結を実現するというものであったと考えられる。

勝頼は、戦国外交の慣例たる「中人制《ちゅうにんせい》」に依拠して、御館の乱の早期終結を構想したものの失敗したのであった。その原因は、御館の乱が、当初の「景勝対反景勝派国衆の抗争」という構図から、「景勝対景虎の家督相続抗争」に変化していたことに尽きるであろう。信玄が今川・北条両氏の和睦仲介と同盟締結に成功したのは、双方が対立する戦国大名同士であり、領域画定などの利害調整がなされれば対立の終息は困難ではなかったからである。ところが御館の乱は、対立の争点が家督相続問題に転化されており、双方の利害調整は容易ではなかった。同じような外交交渉を進めながら、信玄と勝頼の明暗を分けたのはそこだったといえる。

このように見てくると、御館の乱時の勝頼外交は、巷間膾炙される賄賂や領土欲によって左右され、実施されたものではなかったと断言できるだろう。

六、上杉景虎の滅亡と菊姫の入輿

景勝・景虎両派の激突

筆を転じて、上越国境の情勢を述べよう。北条軍は、上杉景虎を支援すべく三国峠を越え、ついに越後侵攻を開始した。天正六年（一五七八）六月下旬から七月初旬にかけてのことである。景勝の出身地でもある上田庄は、東上野衆を主力とする北条軍に席巻され、樺沢城をはじめとする要衝が相次いで陥落し、坂戸城はほぼ孤立状態に陥った。北条軍の侵攻は、景虎方の諸将を勇気づけ、本庄秀綱が上田に向けて侵攻を始めていたほか、八月十七日までには景虎方が広瀬に侵攻しており（『年譜』他）、各地の景虎方諸将が、上田を攻撃中の北条軍と合流する動きを示していたらしい。また八月二十二日には、小木《おぎ》城（新潟県三島《さんとう》郡出雲崎町）将板屋氏が景勝に逆心し、与板城（同県長岡市）の直江氏（この時在城していたのは直江信綱《のぶつな》家臣ら）を攻撃するという事態になっている（上越一六一六号）。

景勝が、武田勝頼との同盟を急いだのも、この情勢の変化によるものだろう。既述のように八月十九日には勝頼の起請文を受け取り、その妹菊姫との婚姻などの約束を取り付けたほか、景虎との和睦にも応じるとの姿勢を示した。だが、勝頼を仲介にした景勝・景虎双方の和平は折り合いが付かず、結局八月二十四日に破綻した。このため勝頼は、遠江国の情勢が変化したこともあって、ついに越後の両派の和平工作を諦めて同二十八日に甲斐へ帰国した。

　この間、越後の下郡《しもごおり》では、葦名氏が、景虎方の手引きのもと越後にまたもや侵攻し、安田城（新潟県柏崎市）、笹岡《ささおか》城（同県阿賀野《あがの》市）を攻略し下条《げじょう》（同）・水原《すいばら》（同）に侵攻した。下郡は景虎方に席巻される勢いとなり、景虎方は勢力を盛り返していった。

　また、上田庄の坂戸城を攻撃していた北条軍のなかにあった廏橋城将北條景広は、景虎に合流すべく本拠地北條城（新潟県柏崎市）に向かった。景広が無事に北條城へ入ったとの情報は、琵琶島城（同）を通じて、九月二日に景虎のもとにもたらされた。景虎はこれを喜び、北條景広に対し明日三日に軍勢を率いて八崎（鉢崎《はっさき》、新潟県柏崎市）まで進み、景勝方の手中に落ちた旗持城を攻撃するように指示し、あわせて関東の北条軍を案内するように命じている（上越一六四八号）。景虎は、この書状を早船飛脚に託し、海上ルートを通じて北條景広のもとへ送った。

　さらに栃尾城（新潟県長岡市）将本庄秀綱が軍勢を率いて御館に入り、景虎と合流したのである。景虎は勇躍し、九月二十三日に揚北衆鮎川盛長《あゆかわもりなが》に書状を送り、本庄の御館入りと、北条軍が関東から加勢にやってきていることを伝え、景勝方の本庄雨順斎《うじゅんさい》（繁長《しげなが》）との戦闘を中止し味方に引き入れるよう命じている（上越一六七二号）。じつは本庄雨順斎子本庄新六郎顕長《しんろくろうあきなが》が、景勝方から転じて御館に入っていたからである（『覚上公御代《かくじょうこうみよ》御書集《ごしょしゅう》』）。だが雨順斎は結局この誘いには応じなかった。

北条氏の蹉跌

こうした情勢下、北条氏政本隊がようやく上野国に到着し越後をうかがった。ところが十月に入ると上越国境の気象が悪化し始め、降雪が見られるようになった。冬が到来し、積雪が懸念される季節に入ったのである。氏政はこの様子を見て、このまま三国峠を越えて越後に侵攻しても、そのまま雪に閉ざされて関東に帰れなくなることを懸念した。もし氏政本隊が積雪により越後で足止めされる事態となれば、佐竹義重らの北関東の諸大名がこれを看過するはずがない。また和睦したものの、房総の里見氏らもどう動くか予断を許さない。最悪の場合、これらの諸大名が一斉に上野・武蔵になだれ込んでくる可能性もある。氏政はこうした事態を懸念して、ついに越後侵攻を中止したのである。

しかし、援軍を鶴首《かくしゅ》して待ち焦がれている実弟景虎を見捨てるわけにもいかない氏政は、上田庄に展開する軍勢の越年態勢について検討せねばならなかった。そこで氏政は、坂戸城攻撃と越年のための拠点を樺沢城に定め、ここに北条氏邦・北條芳林・河田重親らを配置した（上越一六九五・九六・九八号他）。そうとは知らぬ景虎は、御館と上田庄に在陣する北条軍との連絡を緊密にすべく、北条氏邦が派遣する使者の便宜を図るため、十月四日付で街道筋の諸宿に対し伝馬の使用を許可するよう通達を出している（同一六八九号）。

ところが、十月九日になって、景虎は兄氏政が越後侵攻を中止したことに驚き、樺沢城の北條芳林に事実関係を問い合わせ、今後の軍事行動について協議することを申し入れた。三ヵ条に及ぶ条目の第一条には「一氏政境目出張之由、此節可計策候旨、無二令覚悟候之間、自善之地越河候之所、則時退散候様子之事、付当備之事」とあり、北条氏政が軍勢を率いて上越国境まで進撃するとのことであったので、景虎も共同作戦を実施しようと思っていたところ、氏政は膳（群馬県前橋市）から利根川を渡った（越河）ものの、すぐに撤退したとの情報をつかんでいたことが知られる。そのため景虎は、当面の防備や、今後の作戦をどう展開するかなどを練り直さねばならぬ羽目に陥った（『覚上公御代御書集』）。

不安を覚えたのであろうか、景虎は十月十日に集中して文書を発給している。まず、遠く故国相模国鎌倉の鶴岡八幡宮《つるがおかはちまんぐう》に、景勝打倒を祈念する願文を捧《ささ》げた（上越一六九四号）。さらに上田庄に展開する北条方に書状を送った。まず東上野衆河田重親・北條芳林に対して、料所（直轄領）からの年貢を一刻も早く御館に差し出すように指示した。この料所とは、恐らく上田庄のうち、北条軍が占領した地域もしくは上野国の上杉領を指すものとみられる。御館は兵粮の不安が出てきたのであろう。また、景虎は、兄北条氏邦へも上野国沼田の料所からの年貢を御館に輸送してほしいと申し入れていたらしく、これを河田・北條芳林に伝達している（同一六九七号）。

この文書から、河田重親が既得権益を保持していたはずの沼田城および沼田領について、北条氏邦らの北条方が実権を握っていたことが知られる。これに配慮してか、景虎は、同日付でさらに二通の書状を河田重親に送っている。まず一通目では、上田庄侵攻に粉骨し、戦功を上げたことを褒め、その戦功として沼田城の支配と、沼田領の仕置や料所の管理を委託する旨を伝えた（上越一六九五号）。また二通目では、坂戸城を陥落寸前まで追い込んでいることを褒め、北條芳林とともに樺沢城に在城していることに感謝し、そこで越年し来年には共同作戦を取るように指示している（同一六九八号）。

だが河田重親はこれに不満であったようだ。重親は、降雪によって関東との連絡が閉ざされる前に上野に引き揚げ、沼田城に在城することを望んでいたらしい。重親は、その希望を景虎に伝えたらしく、十月十二日になって景虎からこれを許可する書状を受け取った。それによれば、重親の沼田城移動を認め、その代わりに樺沢城で重親が守備する曲輪は渡辺左近《わたなべさこん》（上野国衆、沼田衆）に明け渡すよう指示されている（上越一六九九号）。こうした重親の動揺を見透かしたかのように、景勝から、同日付で重親に宛てて密書が送られた。景勝は、重親が北條芳林とともに樺沢城に在城しているとのことであるが、甥河田長親は景勝に忠節を尽くしており、重親も景勝方になればこれまでのことは不問にすると伝えた（同一七〇〇号）。重親は景勝の調略には乗らなかったが、両者の多数派工作の激しさがうかがえて興味深い。

景虎の許可を得た河田重親は、上野国沼田城に戻る準備を始めた。ところが、その行動に待ったがかかった。これを押しとどめたのは、北条氏であった。十月に沼田へ戻ろうとしていた河田重親は、その後も樺沢城に留まり、結局同城で越年することとなった。十二月九日、北条氏政は河田重親に書状を送り、沼田城の件は景虎も了承していることであるし、氏政も異存はないので、今は来春に越後に出兵し、景虎が勝利した暁には間違いなく渡す。今は樺沢城が北条方にとって重要な境目の拠点であるから、河田重親の軍勢はひとりも沼田城に残すことなく樺沢城に在城させ、来春の氏政の出陣を待つようにと命じた（上越一七二三号）。

ところが重親が留守中の沼田領では、由良国繁らの東上野衆と、沼田在番衆との間でトラブルが持ち上がっていたらしく、これが重親の耳にも入っていたらしい。重親は、十二月七日付で北条氏政に注進状を送り、事態を問い合わせたようである。氏政は十二月十七日付で河田重親に書状を送り、事実関係は責任をもって明らかにするし、北条氏邦にもそれを命じるので安心してほしいと宥めた。また重親がこの事件を解決するために、沼田に帰ろうとする動きを示していたらしく、それは決してしてはならないと、氏政は釘《くぎ》を刺している（上越一七二七号）。

ところで、この文書から、北条氏邦が越後樺沢城を出て、すでに上野国に撤退していたことがわかる。実際に、十二月十日付で北条氏邦の禁制が、上野国群馬郡橋林寺《きょうりんじ》（群馬県前橋市）に出されており、氏邦が越後を引き揚げ、上野に在陣していたことは確実である（戦北二〇三六号）。沼田領をめぐるトラブルも、上野に撤退した氏邦らが関与していた可能性もあり、北条氏は越後の押さえを旧上杉方の東上野衆のみに押し付け、北条氏邦は豪雪に閉ざされる前に関東へ撤退し、本隊の氏政は上越国境すら越えもしないというありさまであった。これには、樺沢城に残された河田・北條らは不満であったろう。これがのちに、東上野の諸将が、相次いで武田勝頼の調略に応じ北条氏より離叛する伏線となった。

氏政本隊の越後侵攻中止と、北条軍主力の撤退という北条氏政の作戦は、その後の戦国史の流れを大きく規定することになる。そしてこうした氏政の決断が、武田勝頼の運命をも左右することになるのである。かくして北条軍は関東に撤退し、樺沢城の北條芳林・河田重親は越年と長期持久の態勢に入る。上田庄の戦局が膠着《こうちゃく》し、北条軍が動けなくなったことを、景勝は見逃さなかった。景勝はこれを好機と捉え、一挙に勝負を決しようとするのである。冬将軍は、景勝にとってもっとも力強い援軍となったといえよう。

御館、追い詰められる

天正六年十月、景虎は北条軍や東上野衆が御館に合流してくれることを心待ちにしていたが実現せず、兄氏政への説得も不調に終わった。景虎は、十月十日の某（河田重親か）に宛てた書状のなかで、早々に越府に来てくれることを期待したが、上田庄の仕置のために、北条氏邦や北條芳林を駐留させるようにとのことであったので、やむなくそれを承知した。かくなるうえは、来春には本意をとげるべく、ともに行動したいと記している（上越一六九八号）。

だが厳冬を目前にした景虎方にとって、ひとつの朗報もあった。北条軍や父北條芳林とともに上越国境を越え、九月には北条軍と別れて、本拠地北條城に戻っていた北條景広が、十月五、六日ごろ御館に入城し、景虎と合流したのである。北條景広の御館入城は、十月七日には景勝方の知るところとなり、景勝家臣山浦国清がこれを猿毛城（新潟県上越市）将遠藤宗左衛門《えんどうそうざえもんのじょう》尉らに伝えている（上越一六九二号）。

これに対して景勝も、軍勢の招集に着手していた。十月十日に景勝は、越中国松倉城《まつくら》（富山県魚津市）に在城していた河田長親のもとに使者を送り、参陣を促している（『年譜』）。だが長親は、織田軍の侵攻が始まっていたことから、そう簡単に越中を留守にすることもできず、景勝の要請に応じられなかった。

御館に入城した北条景広はすぐに軍事行動の準備に入り、五日に景勝方の旗持城攻撃を実行に移した。しかし、すでに情報をつかんでいた景勝は、旗持城将佐野清左衛門《さのせいざえもん》のもとへ加勢を派遣しており、景広軍は激戦の末撃退された。この攻防戦による火の手は、春日山城からも遠望できたという（上越一六九〇号）。

景虎方の策動が相次いで失敗に終わると、十月二十四日に景勝は、軍勢を率いて御館に侵攻した。景虎方はこれを御館の郊外で迎撃したが、本庄秀綱らの軍勢は撃破され、御館に逃げ込んだ（上越一七〇七号、『年譜』等）。しかし景勝は、御館を攻め落とせなかった。景勝は、この敗戦で景虎方が動揺していることを知り、旗持城（新潟県柏崎市）の佐野清左衛門・蓼沼友重《たでぬまともしげ》らに、御館の兵卒が夜陰に紛れて米山（米山峠、新潟県柏崎市）を抜けて脱出する可能性があるので、警戒を厳重にし、発見次第討ち取るように命じている（上越一七〇七号）。景虎は、劣勢を挽回《ばんかい》するため、十月二十八日に越後の一向宗徒に援助を求め、赤川新兵衛尉《あかがわしんべえのじょう》や一向一揆衆に対して、景虎方に帰属して忠節を尽くしてくれれば、望みの場所に道場を建てることを許可すると伝えた（同一七一〇号）。だが景虎の一向一揆懐柔策が、どの程度の効果を上げたのかは不明である。

景勝は十月二十四日の御館攻撃に続いて、十一月に入るとまもなく、景虎方の要衝琵琶島城（新潟県柏崎市）の攻撃に着手した。これに対し景虎方は、御館より本庄秀綱を救援に派遣することとした。この情報は、十一月四日に御館から脱走し、景勝のもとへ逃げ込んできた者によってもたらされた。そのため景勝は、旗持城の佐野清左衛門に命じて、城の警備を厳重にするとともに、本庄秀綱がそのそばを通過するようであれば、通路を妨害するよう指示した（上越一七二五号）。ところが秀綱は琵琶島城へは赴かず、そのまま本拠地栃尾城に帰ってしまったのである。

『越後治乱記』などの軍記物によれば、本庄秀綱は景勝軍の攻撃が激しいことや、十月二十四日の合戦で大敗したことで動揺し、隙を見て手勢を率いて御館を脱走したという。これを知った御館の景虎方は動揺し、軽輩などは算を乱して逃亡し、景虎軍は急激に人数が減ってしまったと記されている。詳細は判然としないが、秀綱は御館を出て、琵琶島へ向かったものの、景勝方が優勢であるため城に近づけず、かといって御館に引き返すことも、景勝方の警戒にあってできなくなってしまったことから、やむなく本拠地栃尾城へ戻ったというのが真相ではないだろうか。記して後考をまちたいと思う。いずれにせよ、景勝は、本庄秀綱を御館から切り離すことに成功した。

景虎方は劣勢を挽回すべく、十二月二十八日に北條景広が旗持城を攻撃したが、またもや撃退されてしまった（『越後治乱記』等）。景虎方は、御館を包囲、封鎖する景勝方の城砦群の一角を突破することに、またもや失敗したのである。

北條景広の戦死

天正七年一月、年が改まり戦局が優位に展開し始めたことを意識した上杉景勝は、ついに御館に籠城する景虎を撃滅するため、全軍を投入しての越府攻撃を企図した。そのため各地の景勝方を激励しつつ、また彼らを府中攻撃に参加させるべく使者を派遣し、御館攻撃に参陣するよう促した（上越一七三四・三五号）。景勝は、雪解けとなり関東の北条氏政が動き出す前になんとしても決着をつけたかったのである。

いっぽうの景虎も必死の巻き返しを試みていた。景虎は、各地の景勝方の諸将に対して調略の使者を再三にわたって派遣し、味方につくよう説得を行っていた。だが大勢がほぼ決まった情勢ではこれに応じる者はなく、一月六日に猿毛城将上野《うえの》九兵衛尉《くひょうえのじょう》が景虎方からの調略の使者を切り捨てて景勝に報じている事実に反映されるように、孤立の度合いを深めつつあった（上越一七三六号）。

そしてついに景勝は、二月一日、御館への総攻撃を実施した。この合戦で、景虎方の重鎮北条景広が重傷を負い、御館に担ぎ込まれたが、そのまま死去した。景広死去の情報はまたたくまに両陣営に広まった。景広に鑓《やり》を付け、死に至らしめた荻田孫十郎長繁《おぎたまごじゅうろうながしげ》は、景勝に激賞されている（上越一七四九・五一号）。景虎方は、景広戦傷死によって意気消沈し、夜半に逃亡する雑兵も現れた。そのなかの数人が景勝のもとへやってきて、景広の死を告げたという（『年譜』）。景勝が景広の死を、御館から脱出した者から聞いたというのは事実である。また御館では、景虎のもとに結集していた諸将が、今後の手立てを講じる談合を行うこともなく、ただ御館を出て本拠地に帰るための準備に追われていたと伝える（同前）。もはや景虎の敗色は濃厚となった。

景勝は翌二月二日も御館への攻撃を緩めず、さかんに攻め立てたがこれを落とすことができなかった。だが景勝軍は、御館の外構まで攻め込み、本城を除いた周辺一帯に火を放ったため、府中はことごとく灰燼《かいじん》に帰した。景勝は、御館の抵抗がなおも頑強であることから、力攻めを中止し、いったん兵を春日山城に退いた。景勝は二月三日に、この戦果を早速旗持城将佐野清《さのせい》左衛門《ざえもん》尉《のじょう》に報じ、御館周辺から上がった火がそちらでも遠望できたであろうと述べ、今後北条景広の手勢が御館を脱出してそちらの方へ落ち延びていくであろうから、待ち伏せし討ち果たすように命じている(上越一七五一号)。

景勝が御館を追い詰めていたころ、上田庄の戦局も景勝方優位に傾いていた。坂戸城に籠城していた登坂・深沢・樋口氏らは、上越国境が積雪によって閉ざされ、北条軍の援軍がやってこなくなると、それまでの籠城策を切り替えて積極的な攻勢に転じ、北條芳林・河田重親らが籠城し越年の態勢を取る樺沢城への攻撃を開始していた。

援軍も望めず、ただ雪解けまで籠城するよう強要されていた東上野衆は次第に戦意を喪失し、城内からは逃亡者が相次いだ。なかでも、樺沢城に籠城していた長尾《ながお》平五郎《へいごろう》景憲《かげのり》が城を脱走し、坂戸城に入って景勝方に転じたことは景勝を喜ばせた。景勝は二月三日付で長尾景憲の帰参を許し、上田庄の維持に尽力するよう命じている(同一七五二号)。この長尾景憲は、平五郎の仮名から、上野国惣社《そうじゃ》長尾氏の出身ではないかと推定されている(栗原修・一九九五年)。

景勝が長尾景憲の帰参を許す書状を出したころ、樺沢城は陥落寸前に追い込まれていた。上田庄とその周辺の景勝方は、結集して樺沢城を激しく攻め立て、二、三の曲輪まで放火し、わずかに本城のみを残す「巣城《すじょう》」のありさまにまで追い詰めた。もはや陥落は時間の問題だった（上越一七五三号）。

樺沢城がいつ落城したのかについては、明確な史料はないが、二月二十三日付で景勝が深沢利重・樋口主水助・登坂神兵衛《しんべえ》に宛てた書状によれば、人数を集めて御館攻撃のために派遣せよとあり、さらに上越国境の荒戸・直路城の普請・在番について指示されていること（上越一七七三号）、また二月二十四日付で北条氏政が伊豆国の清水入道（康英《やすひで》）に宛てた書状には「上田庄喜多条打明」とのくだりがあり、北條芳林が樺沢城を開城していることが判明するので（戦北二〇五五号）、二月三日から二十三日の間に陥落したのであろう。武田勝頼も、三月三日に樺沢城をはじめ数ヵ所の砦の陥落を景勝より知らされている（上越一七八五号）。樺沢城の陥落で、上越国境に展開していた東上野衆はすべて降伏し、荒戸城をはじめとする要衝は景勝方が回復した。北條・河田らは上野国に撤退した。かくて、上田庄は危機を脱したのである。

上杉憲政の横死

激しさを増す景勝方の攻勢に、景虎は各地の景虎方諸将や、景勝方の武将にも悲鳴に近い支援を求めていた。二月五日に景虎は、河田吉久《よしひさ》に対して、本庄秀綱と相談し、また神余親綱にも呼びかけて、「以夜続日」で、一刻も早く御館に加勢に来るよう指示している（上越一七五四号）。また同十一日には、景勝方に属している本庄雨順斎（繁長）に書状を送り、雨順斎の子顕長も御館に籠城しているので、千人でも二千人でもよいから雨順斎自身がこれを率いて参陣してくれるよう求め、もしこれが十日経っても実現しないようなら御館は滅亡するしかないと述べている（上越一七六〇号）。息子顕長もろとも滅亡させたくなければ、景勝方を捨てて御館に来たれと、父子の骨肉の情をかざして敵将に援助を乞う景虎の姿は哀れである。

景勝は二月十一日から御館に軍勢を進め、ふたたび総攻撃に着手した（上越一七六二号他）。景虎はなおも抵抗の姿勢を崩さなかったが、兵粮の欠乏に苦しみ、二月二十九日には琵琶島城の前島修理亮《まえしましゆりのすけ》に対して、ただちに兵粮を御館に送るように指示した（同一七七八号）。だがこの兵粮輸送は、三月三日、琵琶島城を監視していた景勝方によって阻止された（同一七八四号）。琵琶島城はほどなく落城したという（『年譜』『越後古実聞書』等）。

このように、各地の景虎方は壊滅的打撃を受け、その拠点は景勝方によって相次いで奪取され、御館に通じるルートも封鎖されたため景虎方は兵粮の欠乏に苦しみ、逃亡者も相次ぎ、籠城は困難となっていった。進退谷《きわ》まった景虎は、御館を脱出して、実家の北条氏政を頼るべく、関東への逃走を企図した。脱出の計画は、三月初旬には持ち上がっていたらしい。景虎が御館から脱出するらしいとの情報は、三月七日に景勝の知るところとなっている。そのため、景勝は御館攻撃のための軍勢招集に躍起になった（上越一七九〇号）。

同じころ、御館にともに籠城していた元関東管領上杉憲政は、景虎に降伏を勧告した。憲政は兵粮も尽き、北条氏政の援軍も望めず、各地の景虎方が敗北している現状では、もはや抵抗の継続は叶わないので、降伏以外に方途がないことを説き、景勝への降伏の斡旋を申し出た

『北越軍記』には、林泉寺・常安寺・宝憧寺の三僧が仲介に乗り出したとある。憲政の勧告を景虎は了承し、景勝もまた憲政の申し出を受諾し、景虎の降伏が決まった。その際に景勝が出した条件は、景虎の子道満丸《どうまんまる》（景勝の甥）を人質として差し出すことであったらしい。人質の引き渡しは、四ツ屋砦（新潟県上越市）と決められた。

三月十七日、道満丸を春日山城に差し出すため、その一行は御館を出発、上杉憲政が同道した（『北越軍記』には景虎夫人も同行したとあるが、これは誤記であろう）。憲政は、謙信が景虎に譲った御紋幕や御旗を景勝に献上するためにこれを携行し、輿に乗った。ところが、憲政と道満丸一行が四ツ屋砦に近づくと、ここを警固していた景勝方の侍衆がいきなり襲いかかり、有無をいわさずに二人を殺害し、警固に付いていた侍衆をも殺戮《さつりく》した。彼らはのちに、憲政一行であることを知らなかったと陳弁したという（『年譜』）。憲政は桐沢但馬守具繁《きりさわたじまのかみともしげ》、道満丸は内《うち》田伝之丞《だでんのじょう》に殺害されたと伝わる（『略記』『北条五代記』等）。なお六十年後の、寛永十六年（一六三九）十二月に成立した内田氏の覚書によれば、この殺害は景勝より秘かに命じられたものだと記されており、これが事実であろう（「内田家書上」）。

誤殺とした『上杉家御年譜』の記述は、藩祖景勝に配慮したものと思われる。景勝は、景虎の降伏を許すつもりなどなく、景虎方についた憲政もろとも滅ぼし、禍根を断とうとしたのだろう。道満丸は九歳であったという（『上杉家譜』ほか）。なお上杉憲政の享年は定かでない（七十三歳〈『上杉家譜』〉とも、五十六歳〈『北越軍記』〉ともいう）。憲政らの遺骸は、四ツ屋に打ち捨てられ、無惨に曝《さら》されたままであった。憲政らが葬られたのは、数日後のことであったという（『上杉家記』等）。

墓所は白瀧山照陽寺《はくろうさんしょうようじ》に定められ、憲政には立山光建《りつざんこうけん》（「高野山過去帳」による。なお『上杉家記』によると、雲長院成怡宗徹《うんちょういんせいいそうてつ》と法諡《ほうし》され、のちに慶雲院泰公宗栄《けいうんいんたいこうそうえい》に改められたという）、道満丸は了空童子《りょうくうどうじ》と法諡された。この照陽寺はその後米沢に移転したため、もとはどこに所在したのかは定かでない。憲政の墓所は、景勝の会津移封、さらに米沢転封により米沢に移され、照陽寺に現存する。しかし景虎の子道満丸の墓所は杳《よう》として行方が知れない。

上杉景虎の滅亡

憲政と道満丸が殺害されたという知らせは、逃げ延びてきた侍によって御館にもたらされた。景虎と夫人、家臣らは嘆き悲しみ、雑兵たちは動揺して次々に御館から逃亡した。景虎は、越後を脱出し実家の北条氏を頼り再挙を図ることを決意した（『越後古実聞書』には、景虎は自害しようとしたが、家臣篠窪出羽守《しのくぼでわのかみ》に諫止《かんし》され、小田原への脱出を決意したとある）。

景虎が脱出するルートには、信濃が選ばれた。これは、東へ抜ける交通の要衝である応化橋《おうげばし》がすでに景勝方の上野九兵衛尉らに押さえられており、仮に橋を突破できても、味方の所在する栃尾城や三条城までは距離も遠く、しかも途中の諸城はすでに景勝方の手に落ちていたため、脱出は不可能と見られたからである。景虎は、移動距離も短い南のルートを選んだ。ここには景虎方の鮫ケ尾城（新潟県妙高市）が所在しており、しかも信濃は武田領国だったからである。武田勝頼は、景勝と和睦・同盟を結んだとはいえ、景虎と断交、対立していたわけではなく、中立国という立場だった。もし鮫ケ尾城にたどり着ければ、信濃へ入って勝頼を頼り、その保護のもと小田原へ帰還することができると考えたのであろう。勝頼に嫁いだばかりの若き勝頼夫人は、景虎の妹でもあったからである。

景虎は、三月十八日夜半に御館を脱出すべく、残った軍勢を整えた。従う者は、小田原から扈従してきた遠山康光父子、篠窪出羽守をはじめ、景虎方の東条佐渡守父子、本庄顕長、岩井《いわい》和泉守《いずみのかみ》、同式部《しきぶ》らであった。その数は、二千余と記すものから、二百余人とするものまで様々であるが、さほどの人数ではなかったのではなかろうか。景虎方は御館に火を放ち、夜陰に紛れ三手に分かれて御館を出て、四ツ屋に向けて走り出した（『略記』等）。この時、景虎夫人（長尾政景女、景勝の妹、清円院殿《せいえんいんでん》）については、景虎の御館脱出後上﨟《じょうろう》たちとともに自害したとする説（『略記』等）と、景虎とともに脱出し鮫ケ尾城で自害したとする説（『上杉米沢系譜』等）、道満丸、上杉憲政とともに四ツ屋で殺害されたとする説（『北越軍記』など）がある（乃至政彦氏のご教示による）。いずれも決め手に欠けるが、この前後で落命したことだけは間違いない。記して後考をまちたいと思う。なお景虎夫人は享年二十四であった（『年譜』）。

景虎が四ッ屋を突破したことは、ただちに春日山城に報告された。景虎らを発見した景勝方は、慌てて一騎駆けに出馬し、これを藤巻原（新潟県上越市）に追い詰めた。ここで景虎方の諸卒が景虎を先に逃がして踏みとどまり、追い縋《すが》る景勝方と乱戦を展開した。彼らの奮戦もあって景虎は虎口を逃れて、ようやく鮫ケ尾城に到着した。景虎一行は人馬ともに疲労困憊《こんぱい》し、見るも哀れな姿であったという。そのため、すでに景勝に内通していた城将堀江宗親もさすがにこれを討てず、やむなく城内に招じ入れたという（『略記』『越後古実聞書』等）。諸記録に、堀江宗親が景勝に内通していたとあるのは事実で、三月十九日の浅間《あさま》修理亮《しゆりのすけ》宛景勝書状の一節に「一昨十七日館落居、敵悉討捕之候、さめのを一城成置候、種々計策成之、堀江かたへ申越候条、落居程有間敷候」とあることからも確認できる（上越一七九六号）。

ついに景勝は景虎を追い詰めた。景虎は、鮫ケ尾城に入ったものの、景勝方に包囲され信濃への脱出が叶わなくなった。ところが三月十九日になって、景虎の危機を聞きつけた北条氏政が上越国境を侵して越後へ侵攻するとの風聞が立った。これは上田庄の留守居を務める浅間修理亮らからもたらされた情報らしい（二九六頁参照）。

景勝は、栗林政頼をはじめとする上田衆を、御館攻撃のために坂戸城から動員していたため、上越国境は樺沢城を除いて比較的手薄となっており、もし北条軍が侵攻してきたら食い止めることが困難であった。そこで景勝は、ただちに栗林以下の上田衆を鮫ケ尾城包囲から引き抜いて上田に帰還させ、鉄炮衆も上越国境が不安であることから特派することとし、玉薬なども回送させている。さらに犬伏城の小森沢政秀や清水内蔵助が春日山城に帰陣し次第、ただちに加勢として上田庄に派遣すると伝えている（上越一七九六号）。だが懸念された北条軍の越後侵攻は噂に過ぎず、上野の北条軍も動こうとした形跡は認められない。景虎は実家の北条氏から、完全に見捨てられた。

景勝方は、十九日に鮫ケ尾城を包囲したが、要害な地形であるため即座に攻め落とすことは容易ではなく、まず城下の町屋に放火して、景虎方を挑発した。だが景虎方は打って出ることはなく、その日は申刻（午後四時頃）に景勝方は攻撃を中止して陣所へ引き揚げた。城内の動きがないため、その後は二、三日包囲網を維持するに留まり、双方の戦闘はなかったという。

ところが鮫ケ尾城内では、秘かに景虎を討ち取り、景勝に降ろうという動きが活発化していた。堀江宗親の同心庄田《しょうだ》勘左衛門《かんざえもん》・最福寺《さいふくじ》・堀江氏の家臣馬場《ばば》伝助《でんすけ》・細貝《ほそがい》右衛門《うえもん》・岡《おか》半介《はんすけ》ら五人が談合し、景虎の首を手土産に景勝に降伏することで一決し、秘かにこの旨を、使者をもって景勝に伝えた。景勝はこれを喜び、双方は三月二十二日の夜半に、二、三の曲輪に火をかけて合図とするので、これを機会に景勝方が城へ攻め上ることとした。果たして二十二日夜に二の曲輪から出火し、城内は大混乱に陥った。

景勝は、安田《やすだ》惣八郎《そうはちろう》顕元《あきもと》らに命じて内通していた堀江宗親と岩井信能《のぶよし》より助命の嘆願が出されていた岩井和泉守・同式部らを城から脱出させ、鮫ケ尾城に猛攻を加えた。しかし後のない景虎方も必死で抵抗したため、その後二日間にわたって城は景勝方の攻撃に耐えた。だが二十四日未明から始まった景勝方の総攻撃により、景虎方は多数が戦死し、午刻（正午頃）、景虎は自刃して果てた。享年二十六。最後まで従っていた相模以来の家臣たちもことごとく戦死し、鮫ケ尾城は落城した（『略記』『年譜』等）。景虎の首級は、城内に乱入した景勝方の宇野喜兵衛《うのきへえ》が取り、景勝に進上したという（『年譜』）。かくて景勝と景虎の抗争は、景虎の死をもって終息することになるが、各地にはなおも景勝に抵抗する反景勝派（旧景虎派）の国衆が多数健在であった。この後、御館の乱は彼らの掃討を軸に展開していくことになる。

景勝の戦後処理

景虎の死は、彼に味方していた越後国衆に衝撃を与えた。彼らは、生き残りの方途を模索し始めた。景勝の矛先がまもなく自身に及ぶことが明白だからである。

天正七年三月下旬ごろ、揚北衆の景虎方黒川清実《くろかわきよざね》は、陸奥の伊達輝宗に景勝に攻撃された場合に備えて援助を乞うた。伊達氏は、家臣遠藤基信が同二十五日付で黒川清実に返書を認め、黒川氏と伊達氏は縁者でもあるので、決して見捨てることなく、援軍を派遣するであろうと伝えた（『歴代古案』）。

いっぽう景勝は、四月八日に、築地《つきじ》資豊《すけとよ》に命じて鳥坂《とつさか》城に籠城する黒川清実の速やかな攻略を督励した。すでに黒川清実は、去る天正六年九月以来景勝方の築地氏らに包囲されていたが、頑強に抵抗を続けていたのである（上越一八〇九号）。築地資豊は、四月下旬になってようやく鳥坂城を陥落させた。景勝は二十一日付でこれを賞し、鳥坂の仕置を万全にするよう指示している（同一八〇九号）。籠城していた黒川清実は、伊達氏を頼って陸奥に落ち延びたらしい。

景勝は四月三十日に、坂戸城の登坂清忠らに黄金十枚を送り、足軽たちへの恩賞として配当するように命じ、また上越国境の警固を厳重にして、北条軍の侵攻に備えるよう指示している（同一八一七号）。そして六月になると、景虎方に属していた人びとの帰参を相次いで許し、分裂した家臣団やその一族の関係修復を進めた。

まず本庄顕長について、父本庄雨順斎（繁長）の懇願に応えて帰参を許し（上越一八三三号）、鳥坂城を捨てて逃亡していた黒川清実も、伊達輝宗の赦免依頼もあって家中への復帰を許している（同一八四二・四三号）。こうして景勝は、揚北のうち岩船《いわふね》郡や三条・栃尾などの一部を除く、上・中・下三郡をほぼ平定した。このうち、岩船郡の鮎川盛長は六月二十日に隣接する本庄雨順斎の猛攻を受けている（同一八四〇号）。その後、鮎川盛長はほどなく景勝方に降伏したらしい。翌天正八年四月には、景勝方に属していたことが知られるからである（同一九五三号）。

勝頼・景勝の協議始まる

景虎が滅び、掃討戦に至ると、去る天正六年八月に武田勝頼と景勝との間で取り決められた婚姻が具体化されることとなった。まだ景虎との戦闘が予断を許さぬなか、すでに天正六年末には、景勝は勝頼の妹の菊姫を迎え入れるための協議を始めていた。景勝は、勝頼に申し入れて、その妹菊姫との婚約を成立に漕ぎ着けたのである。婚約の合意は天正六年十二月に成立し、同二十三日には景勝が、家臣秋山伊賀守定綱《あきやまいがのかみさだつな》に婚約の祝儀を持たせて勝頼のもとへ派遣していた（戦武三〇五六・五七号）。勝頼は、駿河・遠江に出陣して、徳川家康と対峙したのち、十二月九日に帰陣したばかりであった。勝頼は景勝からの祝儀と贈答品に対する礼状を認め、来春は武田氏側から祝詞を伝達すると伝えた（同三〇五六・五七号）。景勝が菊姫との結婚を急いだのは、勝頼の援助を期待してのことと推定され、また勝頼が承認したのも、景勝の景虎打倒がもはや時間の問題であるとの認識があったためであろう。

その後、菊姫の輿入れに関する具体的な史料は天正七年九月まで見られなくなるが、この間の同年三月二十四日に上杉景虎が滅亡し、景勝は国内平定に向けての新たな戦略を展開していた。その後、両氏の交渉が頻繁に史料に登場するのは、天正七年六月以降のことである。そのころ勝頼は、天正七年四月から五月にかけて、家康の遠江出陣に対抗すべく出馬しており、五月二十四日に帰国した（戦武三一二五号）。勝頼は、翌二十五日に上杉景勝に書状を送り、遠州での戦局が有利に進んだことを報じ、上杉氏の越後奥郡、能登、越中情勢の様子を知らせてほしいと述べている（同三一二五・一二六号）。

上杉景勝は、天正七年五月に武田氏のもとへ家臣毛利秀広・野口与惣左衛門尉《のぐちよそうざえもんのじょう》を派遣することを決め、その仲介を大蔵院《だいぞういん》日珠（もと延暦寺の僧、後に朝倉氏、本願寺を経て足利義昭の使僧となり、武田氏のもとに派遣されたが、帰国できず、勝頼に庇護される）に依頼した（上越一八二七号）。毛利・野口両氏は、六月に甲斐に到着し、勝頼と対面して、景勝から託された諸事について口上を述べたらしい。その後も毛利秀広は、武田氏との折衝と、勝頼からの返事を受け取るために甲府に滞在していたようで、勝頼からの回答が七月十九日に出され、春日山城へ帰参した。また、勝頼から景勝への礼状を成福院《せいふくいん》（もと足利義昭の使僧）、森本蒲庵永派《もりもとほあんえいは》に託し、毛利秀広より三日早く春日山城に向けて出発させていた（戦武三一四二・四三号）。勝頼は、毛利秀広に託した七月十九日付の書状で、一足早く派遣した成福院、蒲庵や、毛利秀広からの口上に託した武田氏側の意向をよく検討して返事をいただきたい旨を伝え、あわせて御館の乱が沈静化しつつあることを祝っている。

勝頼はこのころ、徳川家康が近日駿河を攻撃するとの情報を察知し、八月十五日に江尻《えじり》城代穴山信君に油断なく守備を固めるよう求め、番替として甲斐より小山田備中守昌成《びっちゅうのかみまさなり》を派遣することを伝えた（戦武三一五一号）。八月二十日には、駿河出陣の準備を急ぎつつ、以前より上杉景勝に要請していた起請文が送られてきたことに感謝するとともに、駿河出陣を伝え、また甲越間の交渉を担う人物として、これまでの成福院、森本蒲庵に八重森因幡守家昌《やえもりいなばのかみいえまさ》を加えることを上杉氏に報じている（同三一五四・五五号）。

ところで、この交渉内容が何であったかについては、史料から知ることができない。わずかにうかがえるのは、武田・上杉両氏の同盟強化が軸であったということだけである。ただ、勝頼は成福院、蒲庵を通じて、景勝の誓詞を求め、景勝がこれに応じて八月に誓詞を勝頼のもとへ届けさせていることから、景虎滅亡をうけた新たな甲越同盟の条件変更と、菊姫入輿の具体化がその内容だったのではないかと推察される。

景虎滅亡により、勝頼と景勝間で締結されていた同盟の内容変更がなぜ必要になるのか。既述のように天正六年六月に合意に達し、同年八月十九日に起請文提出によって確定した甲越同盟は、相互不可侵と軍事援助、婚姻の実施、領土割譲などを骨子とするものであったが、このうち軍事援助や主敵条項において、上杉景虎と北条氏政を除外することが明記され、景勝と景虎・北条氏との抗争には、勝頼は中立の立場を堅持することがうたわれていた。だが、天正七年三月に景虎が滅亡し、同年九月には北条氏政と勝頼の正規軍同士が開戦に及び、甲相同盟は破綻する（詳細は後述）。しかし、すでに武田・北条両氏は、五月から対立の兆しを見せており、両者の決裂は時間の問題となっていた。こうした情勢下で行われた勝頼と景勝の交渉と、新たな誓詞の取り交わしに、甲越同盟の主敵条項を北条氏に拡大することが含まれていたことは、ほぼ間違いないであろう。

じつは上杉景勝は、養父謙信の遺志を継ぎ、関東出兵に強い意欲を見せており、房総里見氏との連携を意図するなど、その準備に向けた外交を展開していた（上越一八四四号）。もし景勝の越山＝関東出兵が実現すれば、武田氏は旗幟を鮮明にしなければならない。天正七年九月十七日に、伊豆に出陣していた勝頼が、景勝の求めに応じて起請文を認めたのと同時に、景勝に送った条目のなかに、「一関東御計策事」という一条が設けられたのは、甲越同盟の主敵条項に北条氏を追加することであったと推定される。

これを証明する事実として、九月六日に常陸佐竹義重の一族東義久《あずまよしひさ》が、会津葦名氏に甲相同盟が破綻したことを伝達している史料がある（『新編会津風土記』『栃木県史』資料編中世四―二八〇頁）。武田勝頼は、甲相同盟破棄を八月には決断し、同月下旬から九月初旬にそれを実行に移し、氏政に「手切」を通告したと推定される。

ところで、佐竹氏が甲相同盟破綻を確認したちょうどこのころ、勝頼は菊姫入輿の調整のため、越後に武藤三河守《むとうみかわのかみ》・長井又左衛門《ながいまたざえもんのじょう》尉の派遣を決定した。

いずれにせよ、天正七年六月から八月の交渉により、菊姫が景勝に嫁ぐ日程が決まったものと思われる。勝頼の使者成福院が、菊姫の入輿のために景勝と交渉したと、上杉方の諸記録が記述しているのは事実であろう（『年譜』『越後古実聞書』等）。

菊姫侍臣の選定

勝頼は菊姫の入輿準備などのため、九月に勘定奉行跡部美作守勝忠を越後に派遣しようとした。だが、その準備に忙殺されていた跡部勝忠は、甲府を留守にすることができなかった。このため勝頼は、跡部勝忠を甲府に残留させ、入輿準備に専念させることとし、代わって越後へは武藤三河守（武田一族、信玄生母大井氏系）と長井又左衛門尉を派遣した。このうち、長井又左衛門尉こそ、のちに越後に派遣され、菊姫に近侍する長井丹波守昌秀である。だが、跡部勝忠に代わって越後出張を命じられた武藤三河守は、急なことでもあり、長坂釣閑斎光堅とよく相談するよう命じられている。また祝言の準備は書面で指示するが、今後は武藤と跡部勝忠がよく相談し、いちいち勝頼の許可を得ずとも進めるよう指示されている（戦武三一六〇号）。

そして九月十七日、武田勝頼は出陣中の駿河・伊豆国境の陣中で、上杉景勝からの求めに応じ、起請文を認め、景勝の使者吉田十右衛門尉・富永清兵衛尉に託し越後に送り、あわせて越後国内の軍事情勢、駿豆《すんず》国境の情勢、北条氏政対策につき意見交換を開始している（同三一六三〜六五、三一六七〜六九号）。菊姫の入輿準備が整ったころ、武田氏と北条氏の同盟は破綻し、戦闘状態に突入したわけである。

そして九月二十六日には、跡部勝忠・市川以清斎元松《いちかわいせいさいげんしょう》が連署で、長井丹波守昌秀に「越後居住衆」に関する書付を与えた（戦武三一七三号）。これは菊姫に随行し越後に居住する武田家臣八人の交名が書き上げられ、このほかに御中間三人が従い、武田家臣と御中間が引率する人員四十七人、合計五十八人の記録である。菊姫に近侍する侍臣の武田家臣八人と御中間には、それぞれに二十五貫文から十貫文まで四段階に分けられた給分が与えられることとなった。このうち、身分がある程度判明するのは、二十五貫文を与えられ、越後居住衆の筆頭に記されている佐目田《さめた》菅七郎《かんしちろう》、二十貫文を与えられた向山新三《むこやましんぞう》と雨宮縫殿丞《あめみやぬいのじょう》の三人である。

このうち佐目田菅七郎は、のちの天正八年四月二十五日に、武田氏より「在越国御簾中方奉公」により諸役免許の特権を受けた佐目田右兵衛尉《うひょうえのじょう》と同一人物と推定される。彼は甲斐国上河東郷（山梨県中巨摩郡昭和町）の土豪で、熊野神社の神主であったと伝えられている（『国志』士庶部第八）。

また向山新三は、武田氏の家臣向山氏の出身とみられる。向山氏については、武田信玄が父信虎を追放して家督相続を実施し、その後相模の北条氏康、駿河の今川義元と三国軍事同盟を締結するころまで、信玄を支えた重臣層のなかに向山又七郎《またしちろう》の存在が知られる（丸島・二〇〇四年①）。その後、武田氏の奉行人層のなかから向山氏は姿を消すが、信虎・信玄初期の武田氏を支えた有力家臣であったことは間違いなく、向山新三はその一族であろう。なお、勝頼が高遠《たかとお》城主に就任した際、信玄が附属させた家臣の一員に「向山出雲」がおり（『軍鑑』）、新三はその関係者と思われる。

最後の雨宮縫殿丞も甲斐衆で、諸国御使者衆の雨宮存哲《ぞんてつ》の一族かと思われる（雨宮縫殿丞自身は、のちに甲府へ召還されている）。そして長井昌秀は、こうした越後居住衆を統括する役割を与えられたものと思われ、その後は甲越間交渉を担う地位につくこととなる。なお長井昌秀は、越後に赴任するにあたって、勝頼から丹波守の受領名を与えられたらしい。

菊姫の入輿

天正七年十月十六日、菊姫は甲府を出発した。だが景虎が滅亡したとはいえ、まだ内乱が続き各地で戦闘が頻発していたことから、武田方は警固に神経を使ったらしく、菊姫の行列は武装した軍団により厳重に固められ、八重森因幡守家昌・長井丹波守昌秀・窪島日向守《くぼしまひゅうがのかみ》らが指揮にあたったという。その甲斐あってか、菊姫一行は何事もなく、同二十日に無事春日山城に到着し、景勝と菊姫の祝言が執り行われた（「宗心様御代之事」『年譜』）。上杉方からは、景勝家臣大石播磨守定仲《おおいしはりまのかみさだなか》が出迎えに赴いたという（『北越軍談』）。

ただし、「宗心様御代之事」（「上杉文書」）のなかに「天正七年十月廿日従甲州春日山へ御輿入、翌八年正月、甲州へ御祝儀之為、御使大石播磨守参」との記述があり、大石播磨守は菊姫を出迎えたのではなく、武田氏への婚儀返礼の使者であったとの説があることが知られる。残念ながら、事実関係はこれ以上明確にならない。

菊姫は当時二十二歳、景勝は二十五歳であった。なお、菊姫はその後、景勝との間に子は成さず、慶長九年（一六〇四）二月十六日、京都伏見の上杉邸で病没している。享年四十七。法名は「大義《だいぎ》院殿梅岩周香大姉《いんでんばいがんしゅうこうだいし》」。遺骸は京都妙心寺《みょうしんじ》亀仙庵《せんあん》に埋葬された。

勝頼は菊姫が越後に嫁いだ天正七年十月には駿豆国境に在陣しており、北条氏政と三島で対陣していた。十一月二日、勝頼は甲府留守居役の跡部勝忠・小原継忠《おばらつぐただ》・青沼忠重《あおぬまただしげ》・市川元松に宛てて条目を送り、甲府の躑躅《つつじ》ケ崎《さき》館や甲府の火の用心や、積翠寺《せきすいじ》要害山《ようがいさん》城の警固などを命じているが、そのなかで越後との関係について触れ、当時武田領国であった信濃から越後の上杉氏のもとへ兵粮が盛んに搬出されていることを指摘し、すぐ中止させるよう命じた（戦武三一八八号）。

これは恐らく奥信濃の旧上杉領であった飯山領の国衆が、旧主上杉氏に対して支援のための兵粮を送っていたことを指しているものと思われる。だが、勝頼はこの事実を知らなかったようで、武田方の兵粮備蓄という軍事的理由もあり、この搬出を凍結させたのであろう。そして、上杉氏との交渉に当たっていた成福院に、跡部勝忠から兵粮搬出を凍結する旨を書状で指示するよう命じた。また勝頼は、祝言が済んで以後、菊姫がどのような暮らしぶりかを知らせるようにと書き添えており、勝頼が妹の様子を気に掛けていることが知られる。景勝は菊姫を正室に迎えたことで、武田氏との関係がより一層緊密化したことを喜び、十月二十八日付で山岸秀能《やまぎしひでよし》らに宛てた書状のなかで、「甲州弥御入魂」と記し、武田氏との関係が安定したと知らせている（上越一八七八号）。

また、信越国境の関所を管理するための人数をどれほど配置するかなど、国境問題の詰めの話し合いが武田・上杉間で持たれていたが、これも合意に達したらしく、勝頼は十一月十六日に跡部勝忠に宛てて条目を送り、合意に達したのでそれに沿って信越国境の役所へ人数を配備するように指示している。また、越後の菊姫の様子や上杉方の内情を探るため、越後居住衆のうち雨宮縫殿丞を甲府に呼び戻すよう命じた（戦武三一九四号）。国境問題がほぼ解決したことを受けて、武田・上杉両氏はともに相互の領国を繋ぐ伝馬制度の敷設に着手し、翌天正八年一月に景勝は武田領に接続する伝馬として、田切《たぎり》から関山（新潟県妙高市）までの中継を、田切郷の地下人たちに命じている（上越一八九三号）。

ところが景勝が菊姫との祝言を挙げたころ、なお抵抗を続ける三条城将神余親綱の動きが活発化し、黒滝城（新潟県西蒲原郡弥彦村）将山岸秀能らを攻略すべく攻め寄せた。だが山岸らはこれを撃退することに成功し、余勢を駆って扇山《おうぎやま》（同県阿賀野市）を攻撃するなどの戦果を挙げた。景勝は、来春には中郡に向けて出馬し、必ずここを平定するつもりであると述べている。景勝は神余親綱らの攻撃にさらされていた山岸氏らを案じ、十一月十一日に書状を送り、必ず来春には出陣すると告げて激励し、そのための準備として揚北衆を景勝方として一本化すべく、その工作を実施するために外山縫殿助《とやまぬいのすけ》を派遣したことを伝えた（『年譜』）。

いっぽう勝頼は、このころ伊豆・駿河で北条・徳川方と対陣し、両軍の挟撃を受けて苦境に陥っていたが、沼津三枚橋城などを拠点に北条軍の侵攻を凌ぎ、また徳川軍を遠江に追って危機を脱していた。勝頼は、徳川家康と結んだ北条氏政に対抗すべく、氏政が景虎支援の名目のもとで支配下に収めた東上野の旧上杉家臣に調略の手を伸ばし、北條・小中氏らを武田方に引き抜く工作を実施していた。また北条氏と対立する、佐竹義重ら北関東の諸大名との提携にも着手し始めた（次章参照）。

ところがこうした情勢下、上杉景勝は十一月に勝頼に対して血判起請文の提出を求めた。勝頼はこれを了承し、同十八日に景勝の使者富永清右衛門《せいえもんのじょう》尉の見守る前で起請文に血判を据え、榊《さかき》を取って内容に虚偽のないことを誓約した（戦武三一九七号）。主敵条項の変更と菊姫入輿まもない時期に、あらためて勝頼がわざわざ上杉使者の眼前で榊を取り、血判起請文を記したのはなぜなのか。この詳細は三七八頁以下で述べるが、じつをいうと、この時甲越同盟は微妙な状況にあったのだ。北条氏との甲相同盟が破綻したことを受け、勝頼は重大な路線転換を決意していた。そのことを知った上杉氏が、勝頼に協議を申し入れていたのである。

明けて天正八年一月、景勝はまたもや神余親綱の攻撃を受けた黒滝城の村山慶綱らを支援するため、楠木将綱《くすのきまさつな》を派遣した（上越一八九五号）。景勝は雪解けを待ちながら、中郡への出陣準備に着手し、三月には黒滝城将山岸秀能・村山慶綱らにまもなく出陣することを伝え、「今般出馬於中郡ニ折鉾尽矢、先祖累代之名誉候共、出馬之儀無二無三思詰候」と記しており、その決意が固いことを示している（同一九一五号）。だが出陣の準備に意外に手間取り、閏三月になっても出陣できずにいたため、景勝は黒滝城の山岸らに出陣遅延を陳謝するとともに、その理由として信濃川の水かさが増し、行軍が容易でないため、水が退くのを待っている状況であることや、招集した軍勢の一騎合（身分の低い侍）にまで誓詞の提出を求めて忠節を誓わせていることなどを挙げている。景勝は、せっかく招集した軍勢でありながら、逃亡する雑兵が後を絶たないことを嘆じており、御館の乱による国内の疲弊が将卒の忠誠度や士気に大きく影響していることを匂わせている（上越一九一九号）。

第五章　甲相同盟の決裂と武田勝頼

一、武田・北条両氏の関係悪化

景勝の越後平定

天正八年（一五八〇）、上杉景勝は軍勢の招集に忙殺されていたが、各地で景勝方が旧景虎方を打ち破っていた。まず閏《うるう》三月十日に、与板《よいた》城主直江《なおえ》信綱《のぶつな》は軽井川《かるいがわ》（新潟県柏崎市）で景虎方と交戦し、これを撃破した（『年譜』）。当時、与板城の直江氏と黒滝《くろたき》城の山岸《やまぎし》・村山氏らは、栃尾《とちお》城の本庄秀綱《ほんじょうひでつな》、蔵王堂《ざおうどう》城の丸田周防守《まるたすおうのかみ》、見附《みつけ》城の丸田掃部助《かもんのすけ》、大茂《おおも》城の丸田伊豆守《いずのかみ》、三条城の神余親綱《かなまりちかつね》、栖吉《すよし》城の長島右衛門尉《ながしまうえもんのじょう》らと攻防を繰り広げており、苦戦を強いられていた（『上杉家記』）。また、そのほかの地域にも、景勝に反攻する城砦《じょうさい》がいくつか存在していたらしい。

頑強に抵抗を続けていた神余・本庄氏らではあったが、その家中では秘《ひそ》かに景勝方に内応する者が現れ始めていた。閏三月十七日に景勝は、神余家臣井上三郎左衛門尉《いのうえさぶろうざえもんのじょう》が内通する旨を伝えてきたため、三条平定の際には知行を与えると約束している（『年譜』）。

ほぼ同じころ、北条氏政は上野国猿《さる》ヶ京《きょう》衆に三国《みくに》峠を越えて上田庄へ侵攻するように命じ、荒戸《あらと》城を攻撃させた。北条軍はこれを攻略し、景勝方の樋口《ひぐち》氏ら数百人を討ち取ったという。氏政は閏三月二十五日付で戦功のあった木内八右衛門《きうちはちうえもん》に感状を与えている（戦北二一六三号）。だが、北条軍がそれ以上越後に侵攻することはなかった。武田氏の東上野に向けての活動が活発化してきたためであろう（三七二頁以下参照）。

景勝は、閏三月二十六日にようやく春日山《かすがやま》城を出陣し、その日は府中に布陣した（上越一九三九号、『年譜』等）。そして景勝軍は、四月四日に地蔵堂（新潟県燕《つばめ》市）に進んでいる（『年譜』）。景勝の奥郡出陣を知った武田勝頼は、戦局を危ぶみ、四月八日付で景勝に情勢を問うとともに慎重な行動を取るよう諫言《かんげん》する書状を送り（戦武三三一七・一八号）、翌九日には、景勝に奥郡での戦況を問い合わせる書状を認《したた》めている（同三三二〇号）。

景勝軍の攻撃は、四月十四日から始まった。まず三条城の神余親綱を、さらに地蔵堂城の丸田氏をも攻めている。そして翌十五日には、栃尾城の本庄秀綱にも攻撃を開始し、反景勝方の諸城すべてを包囲したのである。景勝の出馬と、三条、栃尾での大規模な軍事行動を知った会津葦名《あしな》盛氏《もりうじ》は、これまで神余・本庄氏らと連携してきた経緯もあり、このままでは上杉軍の会津侵攻を受ける可能性を憂慮したのか、四月十六日に景勝に書状を送り、上杉氏との和親を望むとともに、景勝支援のため当主葦名盛隆《もりたか》を派遣すると伝えている（上越一九四八号）。葦名盛隆は、その後田村口まで出陣して、景勝の中郡平定戦の模様をうかがっていたらしい（『年譜』）。

景勝軍の猛攻により、三条城・栃尾城などはいずれも陥落寸前に追い込まれた。景勝は四月二十一日、春日山城留守居衆内田《うちだ》伝之丞《でんのじよう》に、翌日には揚北衆《あがきたしゆう》鮎川盛長《あゆかわもりなが》にそれぞれ書状を送り、両城の陥落が間近であると伝えた（上越一九五一・五三号）。また四月二十二日、賀茂《かも》山《やま》城（新潟県加茂市）を攻撃中の景勝家臣菅名《すがな》綱輔《つなすけ》にも、まもなく戦闘が終結する模様であるとの見通しを伝え、近日大崎口（同県南蒲原郡）へ進出するので、その際には合流するよう命じている（同一九五四号）。そしてついに四月下旬、栃尾城は陥落した。城将本庄秀綱は会津へ逃亡したといわれている。また大茂城の丸田伊豆守、蔵王堂城の丸田周防守は抵抗叶《かな》わずと見て降伏し、府中へ連行された（『略記』等）。だが三条城の神余親綱は頑強に抵抗したため、景勝はこれを陥落させることができなかった。そのため景勝は、平定した栃尾などの仕置を行い、一度春日山城へ帰陣した（『年譜』等）。

景勝は帰陣した後も、三条城攻撃のため再出馬する意向を示した。五月二十七日には、三条方面を押さえる黒滝城の山岸氏らに、景勝帰陣以後の状況を尋ね、その方面の諸城の仕置を堅固にするよう命じるとともに、初秋には再出馬する予定であると報じた（上越一九六八号）。いっぽうで山岸らは、三条城への調略に着手したらしい。こうした景勝方の攻勢に直面した神余親綱は、六月に入ると停戦を申し入れたらしいが、景勝はこれを許さなかったという（『上杉家記』）。親綱が和睦を打診してきたのは事実で、親綱は菅名綱輔を通じて使僧を景勝のもとに送り、和睦を乞うたが、景勝は条件を許容できないとして拒否している（上越一九七二号）。そしてついに三条城は、六月十二日までに陥落し（同一九七五号）、神余親綱は景勝方に討ち取られたとも、家臣の謀叛《むほん》にあって殺されたとも伝えられる。なお三条城陥落を、七月二日とするものや（『年譜』等）、七月上旬とする記録もあるが（『越後治乱記』など）、いずれも誤記であろう。

景勝は、六月二十日付の書状で、三条城陥落に功労があった山岸らを賞し、三条領仕置のため検使を派遣したと伝え、あわせて自身がまもなく出陣すると報じている（上越一九七九号）。景勝は、六月二十二日に出陣し、七月十二日まで三条に滞在して、三条城の普請と三条領の仕置を実施した（『年譜』『歴代古案』等）。そして七月十三日に三条を出立して、栃尾城に入り（上越二〇一六号）、栃尾領の仕置をも行い、安部二介《あべにすけ》らに栃尾在城を命じるとともに、同十七日には御館の乱で功績のあった家臣多数に感状や知行宛行状《あてがいじょう》を発給した（『年譜』『歴代古案』など）。こうして景勝は七月下旬まで、中郡の掃討と仕置を行った。この結果、中郡を中心に抵抗を続けていた旧景虎派は完全に降伏、殲滅《せんめつ》され、越後は謙信死後約三年を経て、ようやく再統一されたのである。景勝は三条・栃尾仕置の最中の六月晦日には会津葦名氏との和睦合意に漕《こ》ぎ着けており、双方で起請文《きしようもん》の交換がなされることになっていた（『年譜』）。景勝の地位は、対外的にも安定し始めたのである。

武田勝頼は、景勝の三条・栃尾の仕置を盛んに気に掛けていたが（戦武三三八四号）、景勝が無事に越後平定を成し遂げたことを知ると愁眉を開き、七月二十四日にそれを祝う書状を景勝に出した。そのなかで勝頼は、越後平定がなったうえは、来秋の関東や上方への軍事行動について協議したいと申し入れている（同三三八六・八七号）。勝頼は、景勝が御館の乱を克服し、名実ともに上杉氏の当主になったことを受けて、いよいよ甲越同盟を織徳同盟、北条氏政に対抗する軍事同盟として利用し、武田氏の勢力挽回《ばんかい》を狙ったのである。だが、勝頼の思惑は大きく狂うこととなる。御館の乱は、上杉氏に甚大な被害を与えていた。景勝は国内を平定したとはいえ、関東出兵はもちろん他国を支援する余裕すら失っていた。かくて、東西の戦国大名間の軍事バランスは大きく崩れていったのである。

北条氏政、東上野の領有を宣言す

天正七年三月二十四日、上杉景虎は信濃に脱出しようとしたが、鮫《さめ》ケ尾《お》城に追い詰められ、ついにここで関東から追従してきた側近、家臣とともに自刃した。だが、景虎方となっていた東上野の諸城と国衆は、そのまま北条氏の影響下に置かれることとなった。氏政は、景虎滅亡直後の五月に「景虎没命之上者、上州之仕置、当方可申付条勿論候」と述べ、東上野の旧上杉領国を支配すると宣言したのである（戦北二〇六七号）。

氏政は天正七年二月に、河越《かわごえ》城（埼玉県川越市）か松山城（同県吉見町）に出馬する意向であったらしいが、その目的については、伊豆国衆清水康英《しみずやすひで》に「別ニ仕置とても有間敷候」と述べ、たいして用事があるわけでもないとしているが、沼田城と廏橋《まやばし》城の普請を実施するつもりであるとも記しており、東上野の仕置と領国編入が目的であったと推察される（戦北二〇五五号)。

この氏政の出馬が、上越国境を警固していた上田庄の景勝方に察知され、景虎支援のための出馬と誤認されたのであろう。そこには、実弟景虎支援の意思は微塵《みじん》もうかがわれない。氏政は、景虎を救援する意思など、すでに天正七年二月の段階ではもはや持っていなかったのではあるまいか。同年四月になると、景虎滅亡を受けて、北条氏による東上野の領国化政策が開始された。しかし早くも北條芳林《きたじようほうりん》・河田重親《かわだしげちか》らの旧上杉方諸将と、北条氏との関係は齟齬《そご》を来すようになる。

問題は、前年の天正六年十月ごろから始まっていた。すでに二六六頁以下で述べたが、沼田城を望む河田重親との齟齬は際立っていた。

ところが、問題はこれで収まらなかった。十二月に、東上野衆が上田庄在陣で留守中の間に、彼らの所領が由良国繁《ゆらくにしげ》らによって押領されるという事態が起こったのである。由良氏は、上杉謙信によって奪われ、上杉方諸将に与えられていた旧領の回復を望み、東上野衆が不在という政治・軍事的空白を利用して行動を開始した。まず、天正六年九月には、後藤勝元が支配していた女淵城《おなぶちじょう》(群馬県前橋市)を、かつてここを本拠地としていた新井長重《あらいながしげ》を支援して乗っ取ったのである(戦武三〇二二号)。

女淵は、かつて由良氏の領域であったが、天正二年の上杉謙信の関東侵攻を受け奪われていた。由良国繁は、女淵の旧主新井氏を前面に押し立てて、所領回復を目論《もくろ》んだのである。続いて十二月には、かつての由良領で、そのころは河田重親が支配していた五覧田城《ごらんだ》(群馬県みどり市）、深沢城《ふかさわ》（同県桐生市）を押領したのである。由良氏が侵攻して、五覧田・深沢を手中に収めたとの情報は、沼田在番衆の河田氏家臣から、樺沢城の重親のもとに報告された。これを知った重親は、北条氏政に厳重な抗議を行ったらしい。氏政は十二月十七日付で、北条氏邦に命じて事実関係を問《と》い質《ただ》し、解決すると約束した。だが由良国繁は、氏政の詰問にも言を左右にして言い逃れをしていたらしい（戦北二〇三八号）。

また事態も解決の運びとはならなかった。雪に閉ざされ、支援もないまま樺沢城・荒戸城などを確保することを強制された東上野衆は事実上孤立し、これを見逃さなかった景勝方は、坂《さか》戸《ど》城の上田衆に命じて猛攻を加えさせた。このため樺沢城などに籠城していた北條芳林・河田重親ら東上野衆は、天正七年二月に降伏し、上野に撤退した。だが、彼らのなかには、由良・新井両氏に女淵城を押領された後藤勝元のように、帰る場所すら失った者もいたのである。

氏政の処遇に苛立つ東上野衆

北条氏政は、景虎滅亡後の四月二日に北条氏邦に宛てて、北条方となった北條芳林・河田重親らの東上野衆の処遇について、厚遇すれば北条方の諸将が不満を持つであろうし、かといって冷遇もできないので、調整が必要であるとの考えを伝えていた（戦北二〇六八号）。これは、由良氏らの押領をめぐる対処に、北条方が苦慮していたことを示すものと考えられる。そして五月に、氏政は東上野衆の旧上杉方諸将と、北条方の国衆に対する処遇を決定した。

まず由良国繁に対しては、五月六日付で知行宛行を通知した（戦北二〇六七号）。ここでは五ヵ所の所領が由良領と認定されている。なかでも注目されるのは、河田重親の所領で、氏政が解決を約束した深沢・五覧田が結局由良氏の所領として宛行《あてが》われている事実である。氏政は由良国繁に対して、この二ヵ所は河田重親の所領で、重親はこのたび北条氏の味方となったが、この所領は以前から由良氏とは縁が深いところであるので、特に国繁に渡すと伝えている。河田重親が氏政と約束した所領問題の解決は、結局履行されることはなかった。

また高津戸《たかつど》（群馬県みどり市）についても氏政は、ここを支配していた某《なにがし》が理由もなく所領を明けたので（「此度無意趣打明候」）、以前支配していた由良氏に与えると述べている。だが氏政は「此度無意趣打明候、子細者、雖不知候、明地之事、是又前々自其地被拘置間、任置候」と記しており、なぜ前の支配者が所領を明けたのかについて、事実関係もまともに調査しないまま由良氏に与えるという極めて不誠実な処理を行っていた。このほかに、膳《ぜん》（同県前橋市）を由良領に編入し、旧主膳氏（もと関東管領上杉氏の馬廻衆《うままわりしゅう》）を膳城に入れることとしていたし、赤堀《あかぼり》（同県太田市）をも安堵《あんど》されることとなった。

これらを与えるについて氏政は、永禄九年（一五六六）以来由良氏が北条氏に忠節を尽くしていたことを理由に挙げている。つまり同じ忠節を尽くした国衆でも、今度にわかに北条氏に属した河田重親らよりも、永禄九年以来味方であり続けていた由良氏を厚遇するとしたわけである。恐らく氏政は、由良氏を優遇せねば東上野の情勢安定はないと考えていたのであろう。由良氏の支配領域は、北関東の諸大名や、西上野の武田氏からの圧力を受けやすい位置にあり、また武蔵から東上野を繋《つな》ぐ要衝でもある。もし由良氏を冷遇すれば、その後背が不安定となり、敵方に転じた場合には極めて厄介な問題になりかねなかった。だから氏政は由良氏の非違を認めながらも、これを咎《とが》め立《だ》てし、所領を没収して河田氏らに返却することができなかったのであろう。由良国繁もこれを承知していて、押領を行った可能性もある。

さて、由良氏に次いで氏政は、問題の河田重親の処遇を公にする。重親は、五月に小田原に参上し、氏政に見参をとげ、正式に北条氏の家臣となり、上越国境に向けての軍事行動を担当させられることとなった（戦北二〇六八号）。だが重親は、自身が望み、また景虎も了承し、氏政も繰り返し約束していた沼田城代の地位を得ることはできなかった。沼田城は上野国における戦略上重要な拠点であり、かの上杉謙信ももとの城主沼田氏を放逐して直接支配下に置いたほどであった。氏政が重親の要望を聞き入れるはずがない。

こうして重親は、氏政が約束した所領五覧田・深沢の回復はもとより、加えて沼田城代の地位すら履行されず、やむなく要望した不動山《ふどうさん》城の城将の地位を与えられたに過ぎなかった（戦北二〇六九号）。重親が与えられた不動山城は、御館の乱勃発直後の六月三日に、武田氏によって攻略されているので、これは武田氏から北条氏に譲り渡されたものを重親に与えたのであろう。また重親は、由良氏に押領された地域を除く、上野国での所領を安堵された。重親は憤懣《ふんまん》やるかたなかったことであろう。

北条氏が東上野衆の処遇に忙殺されている間に、東上野では早くも戦端が開かれていた。五月十八日に猿ヶ京城に敵が来襲し、北条軍と戦闘を展開した（戦北二〇七〇・七一号）。猿ヶ京城を攻めた敵方は、雪が消えた五月下旬に反撃に出てきた上田庄の上杉景勝方と見るのが自然であろう。上杉景勝が越後を平定し次第、越山して北条氏を攻撃し、失地を回復すると宣言するのは、翌六月のことである。いずれにせよ、東上野の情勢は、氏政の不誠実な対応により、次第に緊迫してきたのである。

甲相同盟の亀裂

このように御館の乱を起点とする混乱が、東上野で終息に向かったころ、同盟国であった武田勝頼と北条氏政の関係が次第に悪化していた。御館の乱に際して勝頼は、氏政の要請に応じて越後に出兵した。しかし、景勝との和睦・同盟に踏み切り、その後は一貫して景勝と景虎の和睦斡旋《あっせん》に尽力した。勝頼の意図は、武田氏を軸とする両上杉氏・北条氏の四者三国同盟にあり、また景勝を滅亡させなかったのは、武田軍の兵力温存とともに、上杉・北条氏との勢力バランスが崩れることを嫌ったこともあったろうと推察される。

いずれにせよ、これは氏政の希望とは違う行動であった。氏政はあくまで勝頼に景虎の支援、すなわち景勝殲滅を期待していたのであり、勝頼にいかなる意図があるにせよ、敵方の景勝と結ぶことは背信行為と認識したであろう。また確証はないものの、景勝との同盟条件のなかに、東上野の上杉領を「手柄次第」で武田領にしてもよいとあったとすれば、すでに東上野を実質的に手中に収めている北条氏政と、武田勝頼の対立は不可避となる。ところが不思議なことに、武田勝頼も北条氏政も、御館の乱をめぐる双方の行動の齟齬や、思惑の違いを調整し、関係修復を行うための交渉を実施した形跡が一切認められない。『甲陽軍鑑』をはじめとする諸記録や、武田・北条両氏の文書にも、両者の関係調整のための交渉が実施された様子はうかがえない。

しかし、氏政が勝頼との関係を断絶してしまったかといえば、そうとは言い切れない。景勝と勝頼の和睦・同盟が成立し、また景勝・景虎の和睦に失敗して勝頼が甲斐に撤退した直後の、天正六年九月十日付真田《さなだ》昌幸《まさゆき》宛武田勝頼書状に次のような文言がある（戦武三〇二二号）。

去六日書状具披見、得其意候、弥上田江行之様子幷氏政備之体被聞届、節々注進尤候も、
就中小那（女）淵之城本主新井乗取候歟、自氏政承候同説候

これによれば、当時上野国白井《しろい》城に在城していた真田昌幸から、東上野に展開する北条氏政の本隊や、北条方の動向が報告されてきており、先ほど触れた由良氏の支援を受けた新井氏の女淵城乗っ取りなどが勝頼のもとへ伝達されていたことがわかる。そして、勝頼はこの報告を、氏政自身から伝達されており、情報が一致していることを昌幸に告げているのである。

このように見ると、景勝との和睦・同盟成立後も、一応北条氏政と武田勝頼は情報交換を行っており、意思の疎通が断絶していたわけではない。また既述のように、氏政が上杉旧臣河田重親に与えた不動山城は、それ以前に武田氏が奪取していたものであり、これは御館の乱の過程で、武田氏から北条氏へ譲渡されたと推定される。つまり勝頼は、東上野一円を氏政に譲り渡す意図を持っていたものと思われ、通説のように東上野を「手柄次第」に奪取しようと考えて、北条氏政との対立を引き起こしたとは思えない。また不動山城譲渡の事実は、御館の乱を通じて、武田氏と北条氏が継続的な関係調整を行っていたことを示しているのである。

しかし氏政は、景虎敗退が決定的となった天正七年二月には、甲相同盟破綻は不可避とみな

し、工作を行っていたらしい。それは同年七月二十四日付の伊豆国衆清水康英宛の書状の一節からうかがわれる（戦北二〇五五号）。

一豆州にて雑説申廻儀、堅可被申付、当時努自甲抜手致得間敷候、去又態工而、豆州境之者ニさわかせ候事をハ、必々可申廻候、専者韮山一ケ城堅固之備無油断候へハ、其外不入事候、畢竟惑説申廻事、堅可被制候、いかにも静ニ境目可被申付事

これを見ると、氏政は駿豆国境で噂（雑説）を流布させるよう指示している。しかもそれは、武田方に出し抜かれぬよう命じ、北条方からの積極的な工作を指示するものであるとともに、韮山《にらやま》城（静岡県伊豆の国市）などの北条方は騒がず静観するよう特記している。氏政が拡散を命じた「雑説」の内容は定かでないが、武田氏にとって北条氏を警戒させ、不信感を募らせるような内容のものだったのではないか。

このように見てくると、甲相同盟の亀裂は、氏政が勝頼への不信感を強めたことが要因であろう。しかし氏政は、自らの手で甲相同盟破棄を望まず、勝頼が北条方の謀略に反応して、破綻に動くことを狙っていたのではないだろうか。残念ながら、天正七年二月から八月までの甲相関係を具体的にうかがう史料は管見の限り見いだすことができず、双方にどのような遣《や》り取《と》りがあったかは今も謎に包まれている。

わずかに『甲陽軍鑑』に、勝頼と氏政の関係悪化を天正七年春とし、氏政が勝頼に対して手切れを宣言する意味で、上武国境の広木《ひろき》・大仏《だいぶつ》（ともに埼玉県児玉郡美里町）に城を取り立て、北条氏邦らの鉢形《はちがた》衆を配備し、これを知った勝頼が武田信豊《のぶとよ》らを派遣して攻撃したとある。だ

がこの記述については、広木城・大仏砦の存在は事実であるが、その築城がこの時期であることなどを含めて、あらゆる点で傍証史料がなく、双方が上武国境で軍事衝突した事実も見いだすことができない。しかし、武田勝頼の宿敵であるはずの徳川家康に対して、北条氏照が天正七年一月二十八日付で、太刀・馬・青鷹を贈っているので、この時期に早くも北条氏が同盟破棄を視野に入れた新たな対外政策を模索していたことは確実である（戦北二〇四七号）。

いっぽうの勝頼も、天正七年九月六日の佐竹《さたけ》一族東義久《あずまよしひさ》の書状によれば「従甲府南方事切」とあり、このころまでに氏政との同盟破棄を通告していた（『新編会津風土記』『栃木県史』資料編中世四―二八〇頁）。さらに、既述のように同年七月十七日には、上杉景勝と北条氏攻略のための協議を行い、甲越同盟の主敵条項の変更を実施している（上越一八六七号）。つまり、同盟破棄を通告したのは武田氏だったのである。

勝頼がなぜ自ら氏政との同盟破棄を選択したのかは判然としない。武田氏は北条氏の東上野領有を認め、占領した不動山城などの東上野の領土をすべて北条氏に譲渡するなどの譲歩を重ねたものの、北条氏との同盟維持交渉のなかで、北条側から提示された条件を承諾できなかったのではなかろうか。しかし氏政は、勝頼が景勝との和睦・同盟を締結し、結果的に景虎を見捨てる情勢下になった時点で、同盟破棄を決意していたのではないか。

史料が乏しいので断言できないが、武田・北条両氏の動向を見ていくと、どうも氏政は、同盟破棄を視野にいれながら、武田氏から譲歩を可能な限り引き出し（たとえば東上野の武田領割譲など）、さらに過酷な条件を突きつけつつも、武田氏に難癖を付けられぬよう細心の注意を払い（駿豆国境での調略を準備しながらも、大げさな事態にならぬように氏政が清水康英に指示していたことはその一例）、最終的には武田氏から同盟破棄を選択させるという方法を採っているように思える。要するに非は武田勝頼にあり、氏政は我慢を重ねてきたが、ついに武田氏から同盟破棄を仕掛けられたと宣伝し、武田氏を揺さぶるのが目的であったのであろう。

武田・北条両氏の対立は、駿豆国境と東上野を発火点にして、やがてそれが消し止めようもない燎原《りょうげん》の火の如く広がっていき、結局、甲相同盟は決裂していくのである。

東上野の北条芳林、勝頼に属す

まず東上野から見ていこう。既述のように、東上野では北条氏の領有を嫌って、武田氏につく動きが、御館の乱勃発直後の天正六年五月には存在した。沼田衆の武士が在所を捨てて西上野に逃れ、武田氏に臣従することを申し出たり（戦武二九七二号）、六月三日には、不動山城を武田氏が乗っ取っている（『歴代古案』）。

だが勝頼は、北条氏との同盟を重視し、天正六年六月二十九日に真田昌幸に東上野への工作中止を指示している（戦武補遺四九号）。その後勝頼が、北条領国に編入された東上野への調略を再開するのは、管見の限り天正七年八月のことである。

武田勝頼は、北条方に加わった旧上杉方諸将のうち、廏橋城将であった有力国衆北条芳林を調略した。この調略には、箕輪《みのわ》城代内藤修理亮昌月《ないとうしゅりのすけまさあき》が担当したらしい。内藤昌月は、まず北条芳林の一族と推測される北条右衛門尉《えもんのじょう》に勧誘の手を伸ばし、これを武田方につけることに成功した。あるいは北條右衛門尉のほうから、武田方に接触してきたのかも知れない。北條右衛門尉が、北條芳林に武田方に転じるよう勧誘したため、芳林は天正七年八月下旬までには武田方につくことを正式に回答した。これを知った勝頼は、八月二十八日付で北條右衛門尉に、北條芳林を武田方に転じさせた功績を賞し、必ず知行地を与えることを約束した（戦武三一五七・五八号）。勝頼は、十一月十六日にも、北條右衛門入道（このころまでに出家していたらしい）に宛てて、惣領《そうりよう》北條芳林を武田方に帰属させた功績は大きいと称え、今後は格別な扱いをすると約束している（戦武三一九三号）。

北條芳林調略に功績があったのは、北條右衛門尉だけではなかった。北條芳林の同心衆と推定される宇津木《うつぎ》左京亮《さきようのすけ》も、十一月十六日には、武田氏から北條芳林帰属に際して、御使者などを務めたことにより、知行を与えられている（戦武三一九五号）。また宇津木左京亮は、同年十二月二十八日には、北條芳林から武田氏へ従属する際の仲介役を務めたことを賞され、本領玉《たま》村《むら》（群馬県佐波郡玉村町）に加えて、茂木《もぎ》郷（同）など五ヵ所で合計二百八十一貫文を与えられている（戦武三二二四号）。

こうして、東上野の要衝廏橋城は、城将北條芳林やその麾下《きか》の宇津木氏らとともに武田方に帰属したのである。これは東上野領国化を推進していた北条氏にとって大きな打撃であった。もはや武田・北条両氏の決裂は明らかである。

勝頼、氏政と断交す

天正七年正月八日、北条氏直は武田勝頼に年始贈答を行い、甲相同盟は表面的には維持されているかに見える（戦武四〇八五号）。同じころ勝頼は、遠く毛利氏に書状を送り、備前国鞆《とも》に滞在していた室町将軍足利義昭を奉じ、輝元自身が上方に向けて出陣するよう要請した。これは前年の天正六年十月、織田信長の家臣荒木村重《あらきむらしげ》が有岡《ありおか》城で謀叛を起こし、石山本願寺包囲網に重大な綻びが生じていたからである。すでに織田方は、丹波国波多野秀治《はたのひではる》の離叛《りはん》（天正四年一月）、播磨国三木《みき》城主別所長治《べっしょながはる》の謀叛（天正六年二月）に相次いで見舞われ、さらに荒木村重の謀叛により中国情勢は重大な危機に陥っていた。勝頼はこれを好機と見て、反攻を企図していたらしい。

しかし、長篠敗戦以来中断していた勝頼の織田・徳川領への反攻は、結局不発に終わり、その後武田氏滅亡により幻となってしまった。その原因は、武田氏の勢力発展を背後で支え続けた甲相同盟が破綻したことや、西国情勢が次第に織田氏優位に傾いたからであろう。なお、これより先の天正六年三月九日、毛利氏とともに、西国で武田氏と同盟関係にあった丹波国赤井《あかい》（荻野《おぎの》）直正《なおまさ》が、織田氏に滅ぼされている（『信長公記』他）。その後、黒井《くろい》城（兵庫県丹波市）で抵抗を続けていた赤井忠家《ただいえ》も、天正六年八月に城を攻略され、同二十二日には最後の砦であった国領《こくりょう》城（同前）を攻め落とされている（『信長公記』他）。赤井忠家は、織田氏の追及を辛くもかわし、遠江国へ亡命したという（『寛永伝』他）。これは武田勝頼を頼ったものであろうか。ただし、逃亡先を遠江二俣《ふたまた》と記録しているので、徳川氏を頼った可能性もある。記して後考をまちたい。

筆を戻そう。武田・北条両氏の関係悪化は、天正七年二月から徐々に明確となる。天正七年二月九日、武田重臣内藤修理亮昌月は西上野衆瀬《せ》下隼人《しもはやと》に対し、勝頼より箕輪在城を命じられたことを報じ、来る二月十一日に甲府を出発し、十四日が吉日なのでこの日に箕輪城に入城すると伝えている（戦武三〇八四号）。

これに先立つ二月二日、勝頼は内藤昌月・保《ほ》科正俊《しなまさとし》（昌月の実父）に対し、十七ヵ条にも及ぶ「在城定書」を与え、箕輪城代としての権限や管轄範囲などについて詳細な取り決めを行っている（戦武補遺一〇五号、丸島和洋・二〇一四年）。この「在城定書」により、箕輪城代として内藤昌月の力が、岩櫃《いわびつ》城代真田昌幸の管轄領域吾妻《あがつま》・利根郡を除く、西上野一帯（甘楽《かんら》・碓《うす》氷《い》・群馬・多胡《たご》・緑野《みどの》郡や、吾妻郡の一部、片岡、那波郡など）に及んでいたことが判明する。この権限は、昌月の養父内藤昌秀《まさひで》と比較しても明らかに強大化しており、内藤昌月の箕輪城派遣は、北条氏と境界を接する西上野の防衛強化のためと見るべきであろう。

それだけではない。上杉謙信の押さえとして、永禄三年以来川中島を中心とする川中島四郡（高井・水内《みのち》・更級《さらしな》・埴科《はにしな》郡）を管轄領域としていた海津《かいづ》城代春日《かすが》信達《のぶたつ》（春日虎綱《とらつな》〈いわゆる高坂《こうさか》弾正《だんじょう》〉の子）は、川中島衆とともに駿豆国境への配置転換を命じられた。海津城代の後任として、勝頼側近安《あ》倍《べ》加《か》賀守宗貞《がのかみむねさだ》が天正七年三月上旬までに赴任している（戦武三一〇三号）。

いっぽうの北条氏政も、既述のように、二月二十四日、武田方に出し抜かれぬよう率先して北条方から駿豆国境で噂（雑説）を流布させるよう指示している。だがそれは、北条方からの工作であることがばれぬよう慎重に行わせ、韮山城などの北条方は騒がず静観するよう特記している。また氏政は、韮山城の普請強化もあわせて命じており、北条氏が駿豆国境の防衛強化に着手したことが確認できる。そればかりか、東上野の沼田城、廏橋城にも普請を行わせ、さらに廏橋周辺の一、二ヵ所で城を構築させ、加えて重要と思われる東上野の諸城を選定し普請するよう命じた（戦北二〇五五号）。同盟国との境目において、城普請を強化したり新城を築いたりすることは敵対の意思を示したものと認定され、同盟破棄に直結する重要問題であった。北条氏がそれに動いているのは、氏政が武田氏との同盟破棄を決意したうえでのこととみなされる。

もはや両者間の調整は不可能だったのだろう。両氏の外交交渉の実態はまったく明らかではないが、勝頼はついに天正七年嘉月如意珠日、北条氏政との同盟破棄を決意し、氏政の呪詛《じゅそ》と武田氏の武勇長久を祈願すべく、願文を伊勢神宮、熊野三山に奉納した（戦武三一一〇・一一号）。これらの願文は「鉄山集」に収録されており、起草者が臨済宗の高僧鉄山宗鈍《てつざんそうどん》であることが判明する。

ここで勝頼は、氏政はこれまでの友好関係を一方的に破棄する「佞士」であり、「巧言令色」の人間でもはや信頼できず、討ち果たすことを「幕下諸将」が協議のうえ一決したと述べている。つまり、甲相同盟決裂は勝頼の独断ではなく、武田一族・重臣との合意事項だったというわけである。この願文は嘉月如意珠日とあり、嘉月は三月をいい、三月の如意珠日は申日であることから該当するのは戊申《ぼしん》に相当する三日である（『古代中世暦』日外アソシエーツ）。このことから、やはり武田・北条両氏間の同盟維持交渉は、上杉景虎の滅亡が目前となった二月下旬までには破綻が不可避の情勢だったことがわかる。

また勝頼は、天正七年に紀州熊野三山にも願文を納めている（戦武三一一一号）。時期は定かでないが、十一月のことであろうとみられる（作成時期は「天正七季竜集己卯吉自日良辰」とあるのみだが、文中に「時維十月序属三冬」とあり、また願文の起草者鉄山宗鈍の「鉄山集」には十一月十二日作成とあることから、このように推定した）。ここでも氏政の陰謀により、甲相間の信頼関係は「多《た》子浦《ごのうら》」の海を濁し、富士山の白雪を汚すかのごとく色褪《いろあ》せ破綻に至ったと痛罵している。

かくて、甲相同盟決裂を勝頼や氏政が決断した時期は、天正七年三月早々といえるだろう。しかしながら、両氏の正式な手切れがいつだったかは定かでない。ただはっきりしているのは、①甲相同盟破棄を通告したのが武田勝頼からであること、②それが確認できるのは、天正七年九月以前のことであり、それは佐竹一族東義久の書状に「従甲府南方事切」とあること（『新編会津風土記』『栃木県史』資料編中世四―二八〇頁）、③それだけでなく、甲相同盟破棄は勝頼の独断ではなく、武田一族・重臣層の合議によるものであるということ（前出の伊勢神宮宛勝頼願文）、④甲相同盟破棄に向けた武田・北条両氏の動きは、天正七年二月の上杉景虎滅亡必至の情勢下で本格化すること、⑤勝頼が同盟破棄を決断するのは、東西上野国境、駿豆国境における北条氏の工作や城普請と密接に関連するとみられること、などである。

しかしながら、勝頼による手切れの通告がいつなのかは今のところはっきりしない。勝頼・

氏政ともに甲相同盟破棄が不可避と認識し、それに向けた動きを始めたのが、二月であり、同盟破棄を勝頼が通告したことが関東に知れ渡るのが九月初旬であるので、その間のことだろう。いっぽう、氏政が同盟破棄の直接の理由として主張したのは、駿豆国境で武田氏が三枚橋城《さんまいばし》（沼津城）の築城を開始したことである。この点は本章第三節で詳述することとしよう。

二、甲佐同盟の成立と徳川家中の内訌

佐竹氏との関係強化

武田勝頼は、北条氏との甲相同盟破棄を見据え、新たな同盟関係を樹立すべく外交交渉に奔走する。勝頼が新たな同盟相手に選んだのは、常陸佐竹義重《よししげ》であった。佐竹氏との交渉と同盟は、かつて父信玄が北条氏康との同盟が破綻した際にも締結された経緯があり、勝頼は北条氏を牽制、攻撃するために佐竹氏との関係強化に努めたのであった。

武田氏と佐竹氏との同盟交渉がいつごろから始まったのかは定かでないが、天正七年（一五七九）九月以前のことであるのは間違いない。その初見は、天正七年九月六日、東義久（佐竹一族）が金上盛備《かながみもりはる》・富田氏実《とみたうじざね》（会津葦名氏重臣）に宛てた書状である（『新編会津風土記』『栃木県史』資料編中世四―二八〇頁）。

これによると佐竹氏は、武田氏より北条氏へ同盟破棄が通告されたことを知り、勝頼と同盟

を結ぶつもりであることを表明している。ただ同盟締結は未成立であった模様で、外交交渉のため勝頼が常陸に派遣した使者はいまだ到着していなかった。その理由は、甲相同盟破綻のため武田氏の使者が関東を通過できず、北国筋を遠回りしなければならなかったためであり、東義久は武田氏の使者の会津葦名領通過の保証を依頼するとともに、伝馬などを使用させてほしいと要請している。

こうして武田氏は、佐竹、里見氏など北関東、房総の大名とその後連携を図ることとなるが、そのための使者の往来に苦慮することとなった。北条氏の妨害もあって、双方の使者はしばしば任務を達成できず、本国に引き返さざるを得ない状況に追い込まれることもあった（『千葉県の歴史』四―武州文書二五号等）。勝頼はこの事態を重視し、北関東・房総との連絡の安定化を図るべく、上杉景勝や会津葦名氏と交渉を進めている（戦武三五五八号）。

この時勝頼は、会津葦名氏との交渉を行うに際し、上杉景勝に十分な配慮を示している。というのも、御館の乱に際し、葦名氏と景勝は合戦に及んだ経緯があるからであり、上杉氏の了承がなければ葦名氏との友好関係樹立は困難だったと思われる。この難題に取り組み、さらに上野国から佐竹、葦名氏らとの交渉を行いつつ、使者往来の方途をうまく実現することを命じられたのが、真田昌幸である（戦武三五五八号）。昌幸は、天正九年以後沼田城代の地位にあって、武田氏と佐竹、葦名氏らとの使者往来の円滑な実現に向けて奔走している。

筆を戻そう。武田氏と佐竹氏の同盟交渉は、天正七年九月中には合意に達し、十月八日までには、勝頼が要請した佐竹義重の誓詞が甲府に到着した。それだけでなく、義重誓詞には佐竹一族北義斯《きたよしこれ》、東義久の誓詞も添えられており、佐竹家中の合意にもとづくものであることが明確であった（同三一七六号）。勝頼はこれを喜び、佐竹氏の麾下となっていた太田《おおた》三楽斎道誉《さんらくさいどうよ》・梶原政景《かじわらまさかげ》父子に対し、北条氏政を共同で挟撃することを提案している（同前）。こうして武田・佐竹両氏の同盟（甲佐同盟）は成立し、対北条戦は新たな局面を迎えることとなる。

ところで、この甲佐同盟は、たんに対北条戦を優位にしたい勝頼の思惑だけで成立したわけではなかった。勝頼は、佐竹氏を通じて難局打開に向けた新たな外交交渉を行おうとしていた。それは、宿敵織田信長との和睦交渉である。それは第六章で詳しく触れることにしよう。

徳川家中の相剋

甲相同盟の関係が悪化する最中、武田勝頼は天正七年四月、遠江への軍事作戦を企図した。勝頼は四月十六日、江尻《えじり》城代穴山信君《あなやまのぶただ》に書状を与え、駿河・遠江方面への作戦を指示した（戦武三一二〇号）。勝頼は当初、四月二十二日に出陣する予定であったが、事情があって延期することとなったと伝えた。だが、すでに先発隊を派遣したので、それが到着次第、江尻城の二重堀普請を命じるよう信君に指示し、勝頼本隊の出陣は日程が決まり次第、重臣真田昌幸・小山《おやま》田《だ》六左《ろくざ》衛門尉《えもんのじょう》昌盛《まさもり》を派遣して知らせると記している。また、江尻城の穴山信君のもとにいた天《あま》野《の》藤秀《ふじひで》と協議し、奪われていた光明《こうみょう》城奪還に向けて作戦を実行させるように指示し、彼を支援するための方法を策定するよう命じた。さらに勝頼は、光明城奪回のために、現地の情報収集を綿密に行うことや、現地に味方を募るための調略を開始するよう特記している。

勝頼は、徳川氏の東進を食い止めるためにも、その側面をうかがうことのできる光明城の奪回を重要視していたのであろう。しかし、徳川氏優勢の情勢下にあって、遠江国犬居谷《いぬいだに》など旧天野氏の所領域への工作は不調に終わったらしい。その後、犬居谷への工作に関する記述は武田・徳川両氏の史料から姿を消す。

勝頼は、四月二十三日に軍勢を率いて江尻城に入り、ここで穴山信君と合流し、さらに進んで大井川を渡河すると、同二十五日には高天神《たかてんじん》城近くの国安《くにやす》に進出した。これに対し徳川家康・信康《のぶやす》父子は、同二十六日夜半に馬伏塚《まむしづか》城に入り、三河国衆を中心とする別働隊を見付から袋井《ふくろい》に進出させた。勝頼は二十七日に袋井に徳川軍別働隊が進出したことを知ると、退路を封じられることを恐れてか国安を引き払い、二十九日には大井川を渡って駿河田中城に引き揚げた。これを見た徳川軍も同晦日には全軍が三河に帰還した（『家忠日記』、ただし重臣層は引き続き浜松城に詰めている）。勝頼は、その後しばらく駿河に在国していたらしいが、五月二十四日に甲府に帰還した（戦武三一二五号）。

ところで、この軍事行動について勝頼は、甲府に帰還した翌日の五月十五日、上杉景勝宛書状のなかで「遠州表之備任存分明瞭候条、昨廿四令帰府候」と述べており、高天神城・相良《さがら》城・滝堺《たきさかい》城・小山城などの拠点を補強するためのものであったらしい。特に高天神城方面への進出は、兵粮《ひょうろう》補給などを意図したものだったのだろう。ただ、うがった見方をすると、別の意図を含んでいた可能性もある。それは、この直後に発生する徳川家中の相剋《そうこく》と関連すると見ることも可能だからである。

この一連の軍事作戦では、武田・徳川両軍の衝突なく終わった。しかしこの対陣の直後の天正七年八月三日、家康は突然三河国岡崎城を訪れ、息子信康と対面した（『家忠日記』）。その目的と会談の内容が何であったかは、『家忠日記』は語ってくれない。だが翌八月四日、信康は岡崎城を出ることとなり、碧海《へきかい》郡大浜城（愛知県碧南市）に移ることとなった。徳川氏の後継者が本拠地岡崎城から異動させられるという事態は尋常ではない。そして、これが世にいう徳川信康事件の幕開けとなった。

では家康・信康父子の間でなにが起こったというのだろうか。そのことについて、もっとも詳細に記録し、定説を形作っているのが、大久保忠教《おおくぼただたか》『三河物語』である。その概要をここに紹介しておこう。

事の発端は、信康と正室五徳《ごとく》（信長息女）の不和にあったという。もともと信康は粗暴な性格で、乱暴な振る舞いが多く、多くの人びとを悩ませていた。さらに夫に不満を持つ五徳の怒りが爆発し、父織田信長に十二ヵ条に及ぶ夫信康の不行跡を手紙に書き連ね訴えたのだった。この手紙を託されたのは、徳川重臣酒井忠次であったという。徳川氏の対織田氏交渉の取次役は酒井であるので、これは事実を伝えていよう。

信長は五徳の書状を読み終えると、控える酒井忠次に対し、ひとつずつその内容が事実かどうかを確認した。すると酒井は信康をまったく庇《かば》うことなく十ヵ条まですべて事実だと述べた。信長は、徳川氏の家老がここまで承知しているなら、五徳が訴えてきたすべては事実だろう、これでは先が思いやられる。やむを得ないので急ぎ帰り、家康に信康に腹を切らせるように伝えよ、と命じたという。酒井はその足で浜松に帰り、信長の命令を伝えた。家康は悩み苦しんだが、強大な信長に逆らうことはできず、ついに息子を殺す決心をしたという。

次に、『三河物語』とともに信康事件の経緯を詳しく記録しているのが『松平記』である。同書は、信康の不行跡について、無辜《むこ》の僧侶や民衆を無残に殺害したこと、日ごろから乱暴な振る舞いが多かったことなどを列挙している。また五徳と夫婦関係が悪かった原因を、彼女が男子を産むことなく生誕した子どもが二人とも女子であったことにあると指摘している。また『三河物語』にはないが、家康正室で信康生母の築山殿《つきやまどの》について、彼女は自分の父が家康のために死に追いやられたことを日ごろから深く恨んでおり、やがて甲斐国の医師で中国人の滅敬《めっけい》という男を近くに置いたばかりか、その男との愛欲に溺れるようになり、さらに武田氏に内通するに至ったと明記している。

ここに徳川父子の対立の陰に、武田氏の存在が指摘されており、事態は甲相同盟破綻に向け緊張していたさなかに動き出していたこととなる。果たして、これらの内容は事実といえるのであろうか。

信康事件の経緯をめぐる記録――『家忠日記』

そこで、松平家忠の『家忠日記』を見てみよう。彼は西三河衆であり、岡崎城の信康と家老石川数正の麾下にあった人物である。家康と信康、五徳、築山殿、そして松平家忠自身の動向に関する記述を拾ってみると表1のようになる。

記事年月日			記事
天正7年	8月	4日	御親子被仰様候て、信康大浜江御退候
天正7年	8月	5日	岡崎江越候へハ、自家康早々弓てんはうの衆つれ候て、西尾江越候へ被仰候て、にしをへ越候、家康も西尾へ被移候
天正7年	8月	7日	家康岡崎江御越候、本城御番松平上野・榊原小平太、北端城御番松平玄蕃・鵜殿八郎三郎両三人也
天正7年	8月	9日	被仰小姓衆五人信康大浜より遠州堀江城江被越候
天正7年	8月	10日	自家康、岡崎江越候への由、鵜殿善六郎御使にて岡崎江越候、各国衆信康江内音信申間敷候と御城きしやう文候
天正7年	8月	11日	ふかうすへかへり候
天正7年	8月	13日	家康浜松へ御かへり候、(中略)岡崎城ニ者本田作左衛門御留主候
天正7年	8月	15日	本田作左所へ音信候、吉田左衛門尉所より来十九日之陣ふれこし候
天正7年	8月	18日	竹のや迄陣用意にて立候へハ、今度は先へ相延候由、酒井左衛門尉所より折帋越候て帰候
天正7年	9月	2日	偽牧野番、日通ニ浜松迄越候、家康御煩にて城江はいて候ハす候、われ々々所へ松平玄蕃・休庵被越候

(註)『家忠日記』による/記事のなかの[　　]は、原本の欠損、汚損などによる不明を示す。

表を一覧して気づくことは、まず信康麾下の西三河衆は、毎月一日と十五日前後の月二回、岡崎城に出仕していることである。この慣例は、年中行事や出陣などの特別な事情がない限り、ほぼ固定化されていた。このほかに、信康が新築したとみられる屋敷を拝見しに家忠が出向き(天正五年十一月二十八日条)、そのまま岡崎に滞在し、信康が西三河衆全員と対面した儀礼に出席している(同年十二月一日条)。これに対し、家忠が浜松城の家康のもとに出仕したのは、信康が岡崎城主として健在で、日記が残る天正五年から同七年九月までの間では、わずかに四回ほどでしかない(天正六年三月十九日条、同年八月五日条、天正七年一月二日条、同年四月二十五日条)。これは極めて対照的であり、家忠が信康のもとに頻繁に出入りしていたことが判明する。盛本昌広

記事年月日			記事
天正6年	10月	28日	信康へ出仕候、酒井左衛門尉所へも越候
天正6年	11月	2日	敵小山・相良筋移候由にて、家康・信康、馬伏塚へ御陣ニ取候
天正6年	11月	6日	信康、山鷹へ出られ候
天正6年	11月	7日	左衛門尉所より雨止次第ニちやくとう家康より御つけ候ハん由申来候
天正6年	11月	9日	左衛門尉所へ越候
天正6年	11月	11日	家康よりちやくとうつけ越候
天正6年	11月	15日	信康、各国衆振舞被成候
天正6年	11月	晦日	敵勝頼廿五日ニ引候由にて、各浜松迄引候、信康公三河へとをられ候
天正6年	11月	2日	ふかうす迄越候、家康は岡崎へ被越候
天正6年	12月	28日	岡崎江歳暮ニ越候
天正7年	1月	1日	家中衆礼ニ越候
天正7年	1月	2日	夜通浜松礼ニ下候、夕は出仕
天正7年	1月	3日	浜松家中札ニあるき、あらい迄帰候
天正7年	1月	4日	吉田左衛門尉所へ礼ニ越候てふかうす迄かへり候
天正7年	1月	14日	岡崎信康御礼うたひ初越候
天正7年	1月	15日	爆竹乗候、岡崎家中礼ニあるき候而、ふかうすへかへり候
天正7年	1月	19日	家康、岡崎へ御越候て、岡崎へ越候（御鷹野見舞い）
天正7年	4月	23日	敵武田勝頼、駿河江尻迄出候由にて、来廿六日ニ浜松迄被立候へ之由、石河伯耆所ふれ候
天正7年	4月	25日	浜松迄日かけニ出陣候、城江未刻ニ出候
天正7年	4月	26日	家康夜内ニ馬伏塚迄御馬被出候、信康も従吉田馬伏塚迄被越候、各三川国衆と見付ニ陣取候
天正7年	4月	29日	敵大井川を越候て、浜松迄御帰陣候
天正7年	4月	晦日	惣人数ハ三川へ返候て、大将衆計浜松ニ候
天正7年	6月	1日	岡崎江越候て城へ出候
天正7年	6月	3日	ふかうすへかへり候候
天正7年	6月	(5日)	家康浜松より信康御[　　]の中なをしニ被越候、[　　]時[　　]家康御屋敷へ[　　]御渡し候て、ふかうすかへり候
天正7年	6月	(7日)	浜松殿、遠州へ被帰候
天正7年	7月	7日	岡崎城江出仕ニ越候
天正7年	7月	8日	ふかうすかへり候
天正7年	8月	1日	家中衆礼ニ被越候
天正7年	8月	3日	浜松より家康、岡崎江被越候

記事年月日			記事
天正6年	6月	2日	城小姓衆被越候、松太郎左衛門尉江振舞にて越候
天正6年	6月	6日	成瀬藤八信康鷹匠衆こされ候
天正6年	6月	7日	和屋新八松平紀伊守きられ候て我等所迄越候
天正6年	6月	16日	岡崎へ帰候
天正6年	6月	22日	酒井左衛門尉、岡崎被越候
天正6年	6月	23日	左衛門尉所へ越候、浜松より来朔日ニ普請越候へ之由申来候
天正6年	6月	晦日	浜松普請ニ自岡崎深溝迄越候
天正6年	7月	17日	深溝迄かへり候
天正6年	7月	18日	岡崎へかへり候
天正6年	8月	1日	城へ出仕候
天正6年	8月	2日	牧野番ニ深溝迄被越候
天正6年	8月	5日	浜松へ日かけニ越候（中略）城江出仕候
天正6年	8月	21日	家康、信康、小山江被動候
天正6年	9月	2日	信康馬煩候て引候て被越候
天正6年	9月	5日	家康より鵜殿善六御使岡崎在郷無用之由、被越仰候
天正6年	9月	6日	家康、信康御帰陣候
天正6年	9月	9日	しらすかより岡崎迄帰陣候
天正6年	9月	10日	信康、田原へ鹿かりニ被越候
天正6年	9月	15日	深溝江越候
天正6年	9月	20日	吉田酒井左衛門尉所へ人を越候、岡崎越事被申越候
天正6年	9月	21日	岡崎江かへり候
天正6年	9月	22日	戌刻ニ吉田左衛門尉所より、家康各国衆岡崎在郷之儀無用之由申来候
天正6年	9月	23日	在郷ニ付而、鵜殿八郎三郎、松平太郎左衛門、我等両三人之所より、石川伯耆・平岩七之助所江使者をつかハし候へハ、早々在所江越候へ由申来候
天正6年	9月	25日	石川伯耆・平岩七助所より在所江越候へ由申来候
天正6年	9月	26日	ふかうすへ女とも引越候、われら[　　]候
天正6年	9月	27日	ふかうすへ越候
天正6年	10月	6日	在郷御礼ニ浜松へ勘解由左衛門越候
天正6年	10月	19日	武田四郎いて候由申来候
天正6年	10月	24日	酉刻ニ甲州衆取出候由にて酒井左衛門尉所より陣触越候、明日廿五日ニたち候への申越候
天正6年	10月	25日	寅刻出候て浜松へ日通ニ越候、松平玄蕃所ニふる舞にて城へ出候
天正6年	10月	27日	信康、浜松迄立なされ候

表1　徳川家康と松平家忠の動向

記事年月日			記事
天正5年	11月	15日	岡崎江越候
天正5年	11月	28日	信康家見ニ岡崎江越候
天正5年	11月	晦日	岡崎ニ逗留申候
天正5年	12月	1日	信康、各国衆ニあハれ候
天正5年	12月	2日	深溝江かへり候
天正5年	12月	12日	岡崎一返ふかうす被越候
天正5年	12月	晦日	岡崎江為歳暮人をつかハし候
天正6年	1月	6日	信康[　　]
天正6年	1月	9日	信康[　　]
天正6年	1月	11日	岡崎屋敷[　　]
天正6年	1月	14日	岡崎城うたいそ[　　]
天正6年	1月	18日	ふかうすへかへり候
天正6年	1月	20日	岡崎へこし候
天正6年	2月	4日	信康御母さまより音信被成候
天正6年	2月	9日	信康、岡崎の[　　]（家中カ）□長老□□[　　]れ候
天正6年	2月	10日	深溝へ信康参れ候
天正6年	2月	13日	岡崎へ参り候
天正6年	3月	19日	浜松より日とをりに岡崎江かへり候
天正6年	3月	晦日	中嶋より岡崎江帰候
天正6年	4月	1日	岡崎城江いて候
天正6年	4月	2日	信康小姓衆ニふる舞候
天正6年	4月	6日	深溝へ越候
天正6年	4月	13日	岡崎へかへり候
天正6年	4月	17日	日通ニ信康浜松江礼に被越候
天正6年	4月	18日	日通ニ信康自浜松岡崎江被帰候
天正6年	5月	1日	城出仕候儀、端午近日候間無用之由、平岩七之助より申越候
天正6年	5月	5日	城江出仕候
天正6年	5月	6日	岡崎城江越前幸若いとこ幸春越候、小姓わきおや也、年十也、各国衆越候て聞候
天正6年	5月	14日	ふかうす越候
天正6年	5月	23日	岡崎へ帰候
天正6年	5月	26日	信康切山江楊梅見物ニ被越候
天正6年	6月	1日	城江出仕候

氏は、家忠らが岡崎城出仕を繰り返したことは、信康を主君とすることを既成事実化する行為と家康に映り、警戒を招いたと推測している（盛本昌広・一九九九年）。

それだけではない。家忠のもとには、家康正室で信康生母築山殿より書状が届けられたり（天正六年二月四日条）、その直後には信康自身が深溝《ふこうず》城にやってきている（同年二月十日条）。家忠は、信康が深溝を訪れた三日後の十三日には岡崎城に出向いている。これは毎月二回の出仕の一環かも知れない。しかしながら、築山殿と信康が西三河の有力国衆であり、松平一族の家忠に接近していたことは事実であろう。これらの動きが、信康のいかなる意図にもとづくものかは残念ながら定かでない。ただし、築山殿のような大名当主の正室であり、嫡男の生母が、家臣に私的に音信を送り接近を図るのは異例である。

さて、『家忠日記』において、気になる記事があるのは、天正六年六月七日条である。そこには「和屋《わや》新八《しんぱち》、松平紀伊守《きいのかみ》きられ候て、我等所迄越候」とあり、岡崎家中で刃傷《にんじょう》沙汰が発生していたらしい。そのすぐ後の六月二十二日、家康重臣酒井忠次が岡崎城を訪問している（同日条）。その理由は定かでないが、この刃傷事件との関係があるのかも知れない。そして徳川軍の遠江小山城攻め出陣を挟んだ、同年九月五日、遠江国牧野《まきの》原《はら》城に在番していた家忠は「家康より鵜《う》殿善六《どのぜんろく》御使、岡崎在郷無用の由、仰せ越され候」との命令を受け取った。家康は、岡崎に詰め出仕する必要はないと宣言したのである。家康はこの小山攻めに際し、信康を帯同していたが、その最中に家忠に命令を出していたことがわかる。恐らく信康麾下の西三河衆すべてに出されたのであろう。

それでも家忠は、小山より帰陣後の同年九月二十日、吉田城に在城する酒井忠次のもとへ使者を送り、岡崎に出向くことを伝えさせ、翌二十一日に岡崎に出向いている。ところが、家忠を追いかけるように「戌刻（午後八時頃）ニ吉田左衛門尉《よしださえもんのじょう》所より、家康、各国衆岡崎在郷之儀無用之由、申来候」（同年九月二十二日条）との指示がもたらされた。酒井忠次は、家忠が岡崎に向かったことを知り、ただちに家康に報告したとみられ、家康はあらためて九月五日に指示した岡崎出仕無用を伝達したわけである。

家康は家忠の動向などもあって、信康と西三河衆の結びつきを警戒したらしく、指示の徹底化を図ったと思われる。家忠は忠次に続き、家康より再度の命令があったことを重く見て、鵜殿長信《ながのぶ》・五井景忠《ごいかげただ》（松平太郎左衛門《たろうざえもん》）とともに石川数正・平岩親吉《ひらいわちかよし》のもとに使者を派遣し事情を問い合わせたところ、両人より自分の本拠に戻るよう返事があったという（同年九月二十三日条）。同様の指示は、九月二十五日に石川、平岩両人よりあらためて通達が出されている（同日条）。これを受けて、家忠は妻子を岡崎より深溝へ引っ越させた（同年九月二十六・二十七日条）。これにより、岡崎にあった家忠の妻子は人質から解放されることとなったわけである。家忠は、十月六日、御礼言上のため浜松城の家康のもとへ使者を派遣している（同日条）。

かくて家康は、信康と西三河衆との結びつきを断つべく、岡崎出仕停止と人質返還に踏み切ったわけで、それほど切迫した事情が天正六年九月に発生したと考えられる。

しかし年が明けた天正七年一月十四日、信康が主催する歌い初めが実施され、家忠はこれに出席している（同日条）。また六月一日と七月七日にも岡崎城に出仕しており、家康の指示にあまり従っているようには見えない。

事態が急展開するのは、天正七年六月五日である。この日の模様は「家康、浜松より信康御［（欠損）］の中なをしニ被越候、［（欠損）］時［（欠損）］家康御屋敷へ［（欠損）］御渡し候て、ふかうすかへり候」と記されている。残念なことに欠損が多く、ほとんど意味を取ることができない。家康がこの日、岡崎にやってきたのは、「中なをし」とあることから、信康と正室五徳（信長息女）夫婦の仲裁であろうと推定される。信康と五徳との夫婦関係が冷え切っていたのはどうやら事実らしい。家康はいったん浜松へ帰った。

だが八月三日、浜松より家康が突如岡崎にやってきて信康に対面したらしい。その詳細は明らかでないが、翌八月四日条に「御親子被仰様候て、信康大浜江御退候」とあるので、家康と信康は激論を交わしたらしい。家康は信康を許さず、岡崎城から退去させ、大浜城（愛知県碧南市）に異動させた。

家康は、八月五日、岡崎城に出向いた家忠らに弓・鉄炮《てっぽう》衆を率いて西尾へ行くよう指示し、自らも西尾へ移った。不測の事態に備えてのことであろう。家康は岡崎にとどまらず、西尾城で事態を見守り、自らの警護を家忠に命じたのである。八月七日、家康は岡崎城に移動すると、本城を松平康忠《やすただ》・榊原康政《さかきばらやすまさ》、北の端城を竹谷清宗《たけのやきよむね》・鵜殿長信・松平家忠に警護させた。家康は、岡崎衆をこの時点であまり信頼せず、浜松衆の重臣に岡崎城を接収させ、あわせて自身の警護をさせたわけである。

家康による事実上の岡崎城制圧が完了すると、八月九日、家康は小姓衆に指示して、信康の身柄を大浜城から堀江城に移した。これを待っていたかのように、家康は翌八月十日、岡崎城に家忠ら西三河衆を招集し、信康と「内音信」（内通）しない旨を誓約する起請文を書かせ、提出させた（同日条）。これにより、西三河衆の家臣たちは、信康との人的関係を継続することが、今後家康に対する謀叛（内通）とみなされると宣告されたわけである。これ以後、『家忠日記』から信康の記述は完全に姿を消し、その死（九月十五日）すら記録されていない。

以上、『家忠日記』を見る限り、家康が怖れていたのは信康と西三河衆が結びつき、なんらかの行動を取ることであったと考えられる。ただ、それが具体的に何であるかは、まったくわからない。また通説のごとく、織田信長が信康処断を主導したことや、信康生母築山殿が武田勝頼に内通したことなどの様子は一切うかがわれない。これは盛本氏の説く通りである。

信康事件の経緯をめぐる記録――太田牛一『信長記』

では、家康と信康の間になにがあったというのだろうか。家康・信康父子の間で、これまでもしばしば意見の衝突があったことは、『三河物語』にも記録されている。とりわけ天正元年八月、徳川家康が奥三河の有力国衆奥平定能《おくだいらさだよし》・信昌《のぶまさ》父子を誘い、武田氏から離叛させた際、味方になった時の条件の一部に、信昌の正室に家康の息女で信康の実妹亀姫《かめひめ》を嫁がせるとあったことに信康が怒り、家康と対立したことがあげられる。この時家康は信長に相談し、信康を説得している。

さらに岡崎衆を中心とする西三河衆は、家康麾下の浜松衆、酒井忠次麾下の東三河衆と不仲であった可能性があり、天正三年三月から四月にかけて発生した大岡《おおおか》（大賀《おおが》）弥四郎《やしろう》事件は信康事件に繋がる大規模な謀叛未遂として考慮する必要があるだろう（詳細は平山・二〇一四年①）。

このほかに、信康事件について信頼できる史料として、太田牛一《おおたぎゅういち》『信長記』は重要である。ところが、太田牛一は当初の『信長記』には信康事件を明記していたにもかかわらず、次第に内容が変化し、やがて事件の記述そのものを削除してしまっていることが明らかにされている（桐野作人・和田裕弘『「信長記」の大研究』〈『歴史読本』二〇〇七年八月号・別冊付録〉）。これはいうまでもなく、天下人となった家康を憚《はばか》ってのことであろう。そのため、現在閲覧が容易な角川文庫『信長公記』、『史籍集覧』所収『信長公記』には、いずれも信康事件の記事がない。

では太田牛一の記述はいかに変遷するのか、以下列挙しておこう。

（A）『安土日記』（尊経閣文庫、慶長期〈一五九六―一六一五〉の写本）

去程に三州岡崎三郎殿逆心之雑説申候、家康并年寄衆上様へ対申無勿体御心持不可然之旨異見候て、八月四日ニ三郎殿を国端へ追出し申候

（B）『信長記』（池田文庫、太田牛一自筆本、慶長十五年成立）

爰三州岡崎の三郎殿不慮ニ狂乱候ニ付、遠州堀江之城ニ押籠番を居被置候

（C）『信長記』（尊経閣文庫、慶長十八年成立か）

去程に三州岡崎［殿と申ハ］ハ家康之嫡子三郎殿ニ而、信長公之聟也、不慮ニ狂乱ニ付而、遠州堀江之城ニ押籠番を居置被申候、依て岡崎殿ヲ信長公へ送帰シまいらせられ候

まず、もっとも古体を伝えるといわれる（A）では、明確に徳川信康が逆心を企てたと記録

されている。驚いた家康と重臣たちは、信長（上様）に対し申し訳ないことだと思い、協議のすえ信康を国端に追放したとしている。この記述は、酒井忠次が信康を庇い立てせず、徳川家中から恨まれたという『三河物語』の記載に疑問を突きつけるものといえる。信康追放は、家康と徳川家中の合意事項だったのだ。それは家康への「逆心」というクーデター計画が明るみに出て、信康が家中での信頼を失った結果といえる。

ところが（B）（C）はともに、「逆心」が「不慮ニ狂乱」と書き換えられ、事件は信康の個人的資質に狭められ、ゆえに彼自身が断罪されたのだという論調にすり替えられている。ここに徳川家中の分裂や相剋は完全に隠蔽され、すべての問題は信康個人の不行跡が原因とされるようになったわけだ。これは『三河物語』や『松平記』とも共通していよう。つまり、家康が天下人となった時期を境目に、徳川氏にとって都合の悪い出来事は記録から消されていったと考えられる。ただ『松平記』だけは、築山殿ひとりに罪をかぶせている形ではあるが、武田氏に内通した謀叛が事件の背景にあることをわずかに匂わせている。

信康事件の経緯をめぐる記録――『当代記』

家康は、信康を岡崎城から追放した二日後の、天正七年八月八日に、織田家臣堀秀政《ほりひでまさ》に書状を送り、「今度左衛門尉（酒井忠次）を以申上候処、種々御懇之儀、其段御取成故候、忝令存候、仍三郎（信康）不覚悟付而、去四日岡崎を追出申候」と伝達している（新修徳川①六八）。この書状によると、家康はあらかじめ信康のことについて、酒井忠次を通じて信長に相談を持ちかけていたことが明らかで、これが『三河物語』に登場する酒井と信長との話のもとなのであろう。だがここでは、信長が信康を処分するよう家康に迫った様子は、『家忠日記』の記述同様まったくうかがわれない。家康はいろいろと心配していただき感謝するとの文脈で、結局、信康不覚悟という理由で追放したと結果報告をしているに過ぎない。

そこで注目されるのは、『当代記』の記述である。同書は、①信康は父家康の命令に違反することしばしばで、②信長をも軽んずる態度が明らかであり、③家臣にも非道な振る舞いが多かった、④このことを天正七年七月に酒井忠次を通じて信長へ報告し内証《ないしよう》（内意）を得た、⑤すると信長は、このように父や家臣に見限られたのであれば自分も仕方がないと思う、⑥家康の思うようにしたらいいと返答した、と記録している。

この記述と、堀秀政宛の家康書状、太田牛一『信長記』古体本の記述はほぼ一致しており、『家忠日記』とも矛盾しない。そこには、信長が家康に強く迫って信康を処断させたという気配は微塵も感じられない。それはあくまで徳川氏内部の問題であり、家康は息子であると同時に、信長の娘婿でもある信康を処分するにあたって、織田氏に相談し断りを入れるのはむしろ当然だからである。

信康事件とは如何なる事件であったのか

以上のように、『家忠日記』『信長記』を検討してみると、家康は天正六年ごろより信康と岡崎衆とが結託することを警戒しており、しばしば岡崎城に詰める必要はないと直接かもしくは重臣酒井忠次を通じて指示している。これは信康とその周辺に監視すべき事態が起き始めていることを家康が察知したことを示すものであろう。また築山殿も、松平家忠などに独自に接触をはかっており、こうした動きは彼ひとりにとどまらなかった可能性がある。これは、築山殿が政治的な動きをしていたことの証左と捉えることもできるだろう。彼女は、信康と岡崎衆の結びつきを強めるべく、信康を援助しようとしていたのではなかろうか。

では、巷間《こうかん》伝える築山殿、徳川信康母子と武田勝頼が結びついていたというのは事実なのだろうか。残念ながら、これを肯定、否定ともにしうるだけの史料に乏しい。ただし確実にいえることは、同時代の古文書や記録はもちろん、『甲陽軍鑑』をはじめとする武田方の軍記物にも徳川信康や築山殿らが武田方に内通していたことを示す記述は存在しないことである。

しかし冷静に考えてみると、仮に信康の謀叛が成功したとしても、織田信長がこれを容認し、織田・徳川同盟が継続できるかは極めて微妙である。ましてや正室五徳との不仲は事実であり、信康にとって不利といえる。そうした場合、信康の後ろ楯《だて》として頼みになるのは、確かに勢力圏を接する武田勝頼しかないというのもまた事実である。今のところ、まったく確証を欠くが、信康方が家康への謀叛を計画し、武田勝頼に支援を要請した可能性は皆無ではないだろう。記して後考をまちたいと思う。

ただ、信康が謀叛を企図したという尋常ならざる事態であるにもかかわらず、この事件に連座して処断された徳川家臣はほとんど認められず、石川数正、平岩親吉なども健在なのである。このことは、武田氏で発生した義信事件と大きく異なり、なおも謎は尽きない。

私は、信康や彼を取り巻く岡崎衆と、家康と彼を支える浜松衆、東三河衆との間で深刻な対立があったのではないかと考えているが、信康に与《くみ》した有力な岡崎家臣団はほとんどいなかったのではないかと推定する。つまりこの逆心は、信康と生母築山殿を中心に、中下級の岡崎衆の一部の少数者が荷担した規模の小さいものだったのではないかと思う。

信康追放後、家康は五徳を信長のもとへ送り返したという〈前掲（C）〉。ただ実際に五徳が織田氏のもとに帰還するのは、信康死歿の翌年にあたる天正八年二月二十日である（『家忠日記』）。ただし、これは通常なら同盟破棄を視野に入れた行動ということになるが、娘婿でもあった信康の謀叛とその死に際会した信長が、未亡人となった息女五徳の引き取りを望み、徳川氏もそれに応じて送り返したというのが真相なのであろう。

信康事件と五徳の送還が、織田・徳川両氏の同盟破綻に至らなかったのは、それ以前に、信長への陳謝と同盟継続の意思表示として、家康自身が信康を速やかに処断したからと推察する。信康を早々に切腹させたのは、同盟継続こそが徳川氏が戦国争乱を生き残る唯一の道であると考えた家康の深慮だったといえないだろうか。

以上のごとく信康は、父家康と対立したものの、有力家臣から支持を得られず、家中で孤立し、追放されるに至ったのであろう。信康は、父家康へのクーデターを成功させるために、松平家忠ら有力な西三河衆への工作も試みたがうまくいかなかった。これを側面から築山殿も支援したが、同じく支持を得られなかったと考えられる。築山殿がのちに殺害されるのは、やはり信康と行動をともにしていたことが発覚したからであろう。こうしたなかで、武田勝頼に援助を求めようとした可能性もゼロではないだろう。

なお岡崎城を退去させられた築山殿は、八月二十九日、遠江二俣城へ送られる途中、佐鳴湖《さなる》畔の富塚《とみつか》（静岡県浜松市）で殺害された。そして信康自身は、九月十五日、父家康より二俣城で切腹を命じられた。享年二十一。これにより、信康事件は終息した。

三、織田・徳川・北条同盟の成立

武田勝頼、沼津三枚橋城を築く

既述のように、武田勝頼は、天正七年（一五七九）二月に西上野国箕輪城に城代として内藤昌月を派遣し、同三月までには信濃国海津城代春日信達を駿豆国境に転属させ、代わりに重臣安倍加賀守宗貞を派遣した。これらは甲越同盟成立と甲相同盟の関係悪化を受けての措置である。勝頼は上杉氏との対立関係解消を受け、武田氏では最大の軍勢を誇る川中島衆を北条氏の押さえとすべく駿豆国境に移し、さらに上野防衛強化をはかるために内藤昌月を箕輪城に配備したわけである。

そして勝頼は重大な決断を実行に移した。天正七年七月、駿豆国境の沼津（静岡県沼津市）に新たな城の建設に踏み切ったのである。この城は、三枚橋城と呼ばれている。当時の文書に「沼津」などと記されており、沼津城と呼ばれていた可能性がある。ただ、武田氏が築いた三枚橋城は近世に大改修が実施され、沼津城と呼称された事実があるので、混乱を避けるために中世は三枚橋城、近世は沼津城と区別されている。

しかしながら、勝頼は三枚橋築城のことを「沼津之普請」（戦武三六〇六号）、また北条氏政も「駿豆之境号沼津地、被築地利候」（戦北二〇九九号）と記すのみであって、同時代史料に三枚橋城の名称は確認できない。じつをいえば、三枚橋城の名称は、『北条五代記』『武徳編年集成』などをはじめとする後世の軍記物にしか所見がない（注意を要するのは、「三枚橋」とはあっても、三枚橋城という記述は存在しないことである）。ただし、『信長公記』に「三枚橋に足懸りを拵」とあるので、三枚橋城と呼ばれていた可能性は否定できない。だが、当時の呼称が「沼津」としかないことと、また江戸時代の区分（近世は沼津城、それ以前は三枚橋城）との混乱を回避するために、本稿では武田勝頼が築いた沼津の城を「沼津三枚橋城」と呼ぶことで統一したい。

武田氏が、駿豆国境の防衛強化に踏み切ったのは、天正七年二月以来、韮山城を中心とした北条方より秘かにその地域で流布されていた雑説に反応したためであろう。北条氏が、武田方の沼津三枚橋築城を察知したのは、同七月初旬のことである。七月三日、北条氏政は、千葉《ちば》資《すけ》胤《たね》に書状を送り「甲州（武田氏）と相州（北条氏）は近年骨肉の関係をあらためて結んだ（天正五年の北条夫人入輿を指す）にもかかわらず、武田氏よりの表裏が積み重なり、去年の御館の乱以来もはや敵対同然の関係に陥った。しかし氏政はずっと堪忍し続けてきた。ところがこのたび、駿豆国境の沼津というところで、武田方は築城を始めた。もはや許し難い。当方も伊豆防衛のための方法を思案中である」と述べ、遠いところではあるが、軍勢派遣をしてくれるよう要請している（戦北二〇九九号）。北条氏は、武田氏が駿豆国境に築城したことを、重大な同盟違反として指弾し、甲相同盟の崩壊と戦闘状態への突入を家臣に表明したわけである。

戦国大名同士の同盟締結にあたっては、国境の城砦を破却するのが原則であった。そのため、どちらかが城砦を再興したり、新規築城を行うと敵対行為＝同盟破棄となりかねなかった。武田氏は、まさにその敵対行為を一方的に行ったと氏政は指弾しているわけである。ところが既述のように、北条氏自身も武田方に対して、駿豆国境で雑説を流布させ、さらに東上野の沼田城、廏橋城にも普請を行わせたばかりか、廏橋周辺に一、二ヵ所で城を構築させ、さらに重要と思われる東上野の諸城を選定し普請するよう命じている（ともに天正七年二月）のである。勝頼は、この直後の三月三日、北条氏との断交を家中に宣言しているから（正式の手切れ通告ではない）、駿豆国境での築城は、北条方の挑発に対抗した措置だった可能性が高い。

しかしいずれにせよ、武田・北条両氏とも、同盟破綻の原因は相手にあると喧伝《けんでん》し、ついに全面衝突へと至ったのである。

勝頼は、九月十七日、上杉景勝に、自身が出馬して豆州境に新城を築いたことを報じたが、ここで彼は沼津三枚橋城について「普請任存分成就候」と述べており（戦武三一六二号）、また同日付で西上野衆安中七郎三郎《あんなかしちろうさぶろう》宛書状でも「当地普請悉出来」と記しているので（同三一六六号）、武田方が満足する規模の城普請は九月中旬には完成したのであろう。かくて勝頼は、武田軍本隊を率いて沼津に赴き、沼津三枚橋城という大規模城郭の総仕上げをしたわけである。

北条氏の駿豆国境防衛強化

これに対抗して、北条氏も駿豆国境の防衛強化を実施した。十一月十七日、江尻城代穴山信君は、甲相同盟破綻を知り、武田領に逃れてきた三島付近の住人らより得た情報として、北条方は三島大社近辺の「いなり山」というところを取り立てて築城を始めたこと、また三島大社でも普請を行っていることを挙げている（戦武三一九六号）。この「いなり山」とはどこか判然としないが、北条氏政は、徳川家康との同盟を締結し、天正七年九月下旬から十月初旬に三島に出陣して、沼津三枚橋城をうかがうが、その際に「泉頭《いずみがしら》」で普請を行っていることが史料から判明する（同三一七六号）。この「いなり山」こそ、泉頭城を指すのではないかと思う。記して後考をまちたい。

また、武田氏との戦争突入は、北条氏に駿豆国境という陸上だけの防衛ライン形成にとどまるのを許さなかった。武田氏は、今川氏の保持していた海賊衆と、伊勢から招いた海賊衆によって編制された強力な武田海賊衆を保持していたからである。北条氏は駿河湾に展開する武田海賊衆の脅威にも直面したわけであり、氏政は海上防衛にも力を注がねばならなかった。

そこで、北条氏が新規に築城したのが長浜城（静岡県沼津市）である。長浜城は、天正七年十一月七日、北条氏が伊豆国田方《たがた》郡木負《きしよう》郷（同）に対し、「豆州浦備えのため、長浜に船掛場の普請仰せ付けられ候、先段も人足召し仕かわれ候へども、重ねて七人十七日、長浜において普請これを致すべし、海端はさりとては自戦に候間、普請苦労に存じ候共、この度のことは右

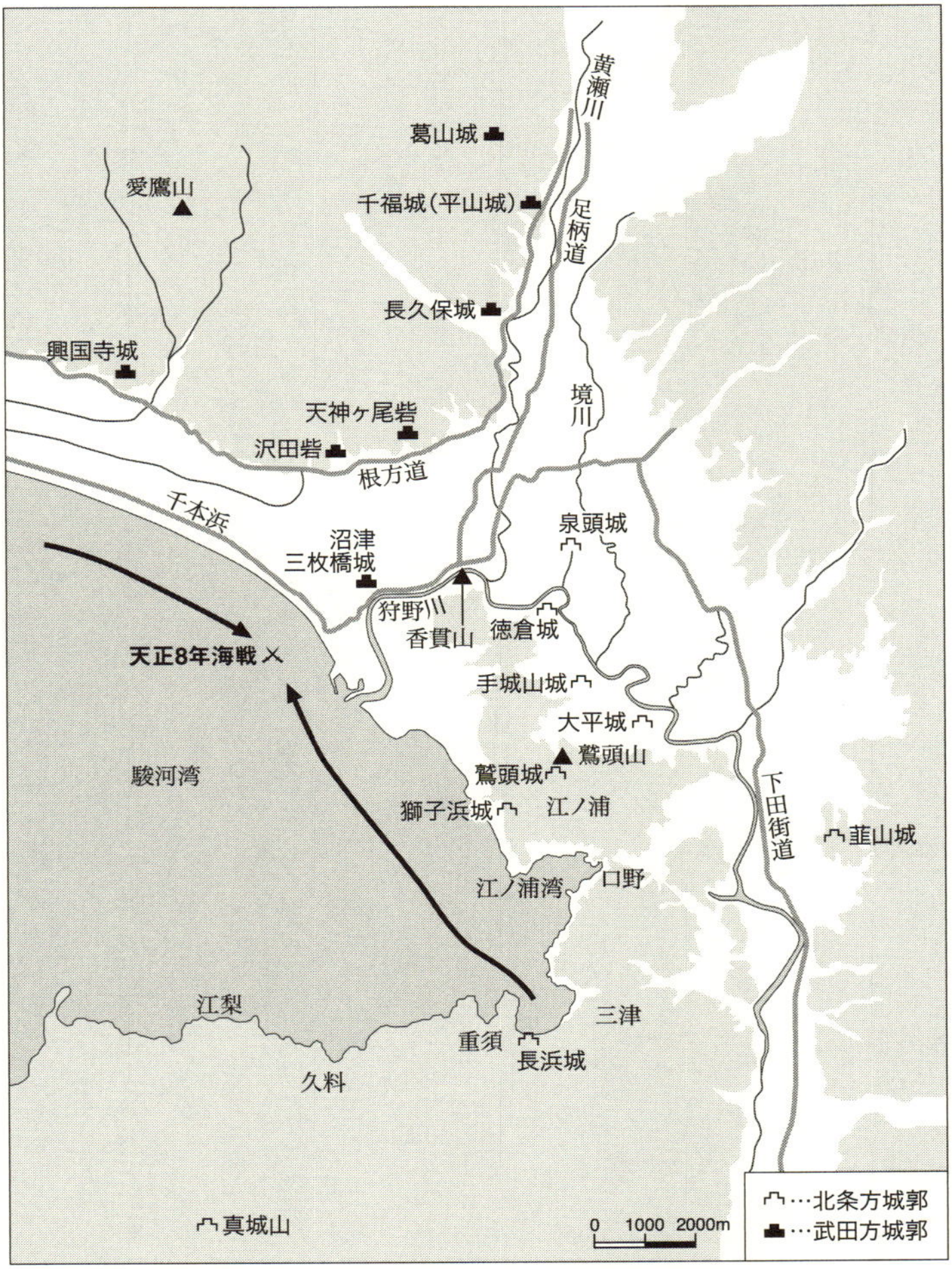

図6　駿豆国境の武田・北条方の城図（『沼津市史』通史編古代・中世をもとに作成）

の日数で走り廻るべく候、来る九日より十五日までこれを致すべく候」（戦北二二一〇号）と指示しているのが初見となる。

北条氏は、伊豆の防衛強化のため、ほんらいであればすでに人足普請役を賦課していた木負郷に再度の役賦課を命じる意図はまったくなかった。だが武田氏との軍事衝突が不可避となったがゆえに、七人で延べ十七日間の城普請への動員を要請したのである。その際に、北条氏が木負郷を説得したのは、長浜城を築城することは、海に面した地域を自ら防衛する戦いの拠点になる（それは木負郷などの利益＝安全保障にもなるはず）なのだから、今回のことに限っては負担増には眼をつぶってほしいという論理である。長浜城は、船掛場（海賊衆の拠点）であるだけでなく、地域の村々を防衛するための拠点としても位置づけられていた。

北条氏の危機感はほかでも確認できる。甲相同盟継続期間中は、当然武田氏との軍事的緊張は存在しなかった。そのため、駿豆国境のうち、西浦地域（伊豆国田方郡）では番銭（船方番銭のこと、海賊衆維持のための出銭）をこれまでほとんど納めてこなかった。北条氏も、武田氏との緊張がなかったのだから、それをさして咎め立てしてこなかったらしい。ところが同盟破綻、境目の海上軍事危機増大という事態をうけて、北条氏は番銭をこれまで納入してこなかった怠慢を責め、海賊衆梶原備前守景宗《びぜんのかみかげむね》に安藤良整《あんどうよしなり》の代官と相談して至急徴収するよう命じている（戦北二二一五号）。

この番銭こそ、長浜築城や海賊衆の維持費の原資となっていた。なお梶原景宗は、同年十二月には長浜城に在城を命じられた。そして長浜城を維持するために、口野《くちの》五ヶ村とこれを統括する獅子浜《ししはま》（ともに沼津市）の土豪植松佐渡守《うえまつさどのかみ》に対し、城へ人足ひとりを派遣するよう指示した（戦北二二二二号）。この命令は、この地域を支配する足柄城将北条氏光《うじみつ》より出されているが、当主北条氏政の指示を受けてのものであった。

このほかにも、伊豆韮山城主北条氏規《うじのり》の指揮のもと、北条方は大平郷《おおひら》（沼津市）の土豪星屋《ほしや》氏に、同年十月二日付で、太さ八寸一尺を上限とする栗、小楢《こなら》六十六本の納入を命じた（戦北二一〇八号）。これは「新地」の塀のためだとあるので、長浜城か泉頭城の塀の用材とみられる。とりわけ栗は燃えにくい材質として知られ、火矢を想定した材料の選定といえよう。だが、武田氏からの脅威を防ぐためには、駿豆国境地域の諸郷からの動員だけでは到底間に合わなかったらしい。そのため北条氏は、本国相模でも緊急動員を通達せざるを得なかった。

その形跡は、右の事例よりも早い天正七年八月二十七日の北条氏印判状によりうかがうことができる（戦北二〇九八号）。北条氏は、相模国中郡《なか》三田郷《さんだ》（神奈川県厚木市）に対し、武田・北条両氏間での諍《いさか》いにより、双方の境目の人びとが疑心暗鬼と恐怖に陥り、様々な噂が飛び交い不安が蔓延《まんえん》している状況であるため、その地域の防衛強化を実現すべく、大普請役の人足を五人、五日分緊急招集すると通達した。この招集は、かつて北条氏が武田信玄の軍事的脅威にさらされていた永禄末年（一五七〇）から元亀二年（一五七一）までの時期に相当する危機感を背景にしたものであった。

史料によると、北条氏はじつをいえばすでに三田郷から天正七年分の大普請役の徴発を終えており、村には負担する義務はもはや年内には存在しなかったのだ。しかし北条氏は、来年

（天正八年）分の大普請役を前借りする形ですでに五日分を徴発していたが、さらに重ねて五日分の招集に踏み切ったのであった。北条氏は、「村も迷惑だろうが、これを決して今後の先例にしない（これを突破口に恒常化させない）ので、領主と百姓はよく相談し協力してほしい。来る九月三日までに足柄城に集まっていただきたい」と述べ、懸命の説得を試みている。それほどまでに甲相同盟破綻と駿豆国境での軍事危機は、北条方の焦りを生んだことがうかがえる。

氏政は、神仏にも加護をすがっている。天正七年九月十四日、北条氏の重臣板部岡江雪斎融成《いたべおかこうせつさいゆうせい》以下の重臣が連署で相模国大山寺《おおやまでら》（神奈川県伊勢原市）に書状を送り、甲相同盟の破綻と武田・北条両軍の対峙を報じ、北条軍が勝利を得られるよう祈禱《きとう》を依頼している（戦北二一〇四号）。こうした各方面への手当てを行いながら、氏政は勝頼に対抗するため、新たな手を打つ。それは、それまで武田氏とともに敵国と認定していた徳川家康、さらに織田信長との和睦、同盟交渉であった。

北条氏政、徳川家康との同盟交渉を成就させる

既述のごとく、天正七年正月八日に北条氏直は、武田勝頼に年始贈答を行っており、甲相同盟は表面的には維持されていた（戦武四〇八五号）。ところが、それからまもなくの同年正月二十八日、氏政の実弟北条氏照が、徳川家康に対し太刀一腰、馬一疋、青鷹を贈り、今後は通交を行いたいと申し入れている（戦北二〇四八号）。この書状は、「未申通雖思慮千万ニ候令啓候」とあるので、北条氏からの初信とみられる。北条氏にとって、徳川氏は同盟国武田氏の仇敵《きゅうてき》で

あり、元亀三年から同四年にかけての武田信玄の遠江・三河侵攻に際しては援軍を派遣するなど、歩調を揃えて敵視していた大名だったはずである。それが友好的な関係を構築したいと自ら持ちかけたのであるから、これは重大な外交方針の転換であり、甲相同盟違反といえる。

この事実は、天正七年正月早々には、北条氏政が武田勝頼との甲相同盟破棄もやむなしと考慮していたことを示すものである。やはり氏政は、天正六年六月の甲越同盟成立と、同年八月の武田軍の撤退、さらに同じ八月以後、雪崩のように東上野の国衆が武田方に靡《なび》いた事実を重視し、武田氏との同盟継続はもはや不可能であり、両氏の対立は時間の問題と考えていたのであろう。

しかし、北条氏と徳川氏との交渉は、しばらく史料から姿を消す。それがふたたび明らかになるのは、同年九月になってからである。甲相同盟の関係悪化について、ここで振り返っておくと、①天正七年二月から三月、武田勝頼は西上野国箕輪城代に内藤昌月を派遣、信濃国海津城代を春日信達から安倍宗貞に交替させた、②春日信達は駿豆国境への配置転換を命じられた、③北条氏政は、同じ天正七年二月には、駿豆国境で、武田方に対し気取られぬよう慎重を期しつつ、懸命に「雑説」を流布させつつ、④同じころに東上野の沼田城、廏橋城の普請を実施させ、さらに廏橋周辺に一、二ヵ所で城を構築させ、さらに重要と思われる東上野の諸城を選定し普請を行わせた、⑤同年三月三日、勝頼は武田家中の合意を得て、北条氏政との同盟破棄を決意し、これを願文に認める、⑥同年三月二十四日、上杉景虎、信越国境鮫ケ尾城で憤死、⑦同年九月までには、武田氏は北条氏へ「手切」（同盟破棄）を通告、⑧同年九月中に、武田勝頼は北条氏に対抗する軍事同盟を佐竹義重と締結（甲佐同盟）、⑨これと並行して、ほぼ同時期に勝頼は、駿豆国境の沼津に沼津三枚橋城の築城に踏み切った、などである。かくて北条氏は「堪忍」の限界に達し、同盟破棄と軍事衝突を決断したとされる。

だが実態は、勝頼も氏政も虚々実々の動きを示していた。勝頼は佐竹氏ら北関東の諸大名、氏政は徳川氏とのパイプを確保し、いざというときの切り札にしていたのであろう。氏政は、武田氏の沼津三枚橋城の築城を受けて本格的に徳川氏との同盟交渉に乗り出す。

天正七年九月、徳川家康は今川氏真《うじざね》に最後まで付き従っていた朝比奈弥太郎泰勝《あさひなやたろうやすかつ》を北条氏との外交交渉の使者として海路伊豆に派遣した。泰勝は、北条氏との同盟交渉を取りまとめることに成功し、九月五日に浜松の徳川家康のもとへ帰還し復命している（『家忠日記』）。両者の交渉は、氏政が武田勝頼を牽制すべく北条軍が駿豆国境に出兵するので、徳川家康は北条軍支援の後詰として、遠江から駿河にかけて出兵するという線で進められたらしい。

『武徳編年集成』によれば、家康と北条氏政との和睦が整い、両者が互いに起請文を取り交わしたのは、九月三日のことであるとしている。もしこの記事が事実であれば、両者の交渉は、少なくとも八月中には開始されているはずである。ただ、氏政と家康が交換したという起請文の存在については、確認されていない。家康は、九月五日、氏政との同盟成立を徳川家中に通達した（『家忠日記』）。そして九月十三日、家康は来る十七日に、北条氏と連携して武田氏に対し軍事行動を開始することを伝えた（同前）。これを受けて、徳川方諸将は、九月十七日に軍勢を率いて続々と懸川に集結している（同前）。

氏政は、九月十四日に、家康の重臣榊原康政に書状を送り、徳川氏との協調成立を喜ぶとともに、協力関係が続くよう家康の入魂《じっこん》を期待すると伝え、万事は榊原康政に委任すると申し入れた（戦北二一〇五号）。この書状を見ると、北条氏と徳川氏との外交交渉は、榊原康政が窓口になっていたのであろう。

北条・徳川両氏の連携は、武田勝頼が本隊を率いて、沼津三枚橋城を支援すべく出陣してきたことを受けたものであった。すでに北条氏政は軍勢を率いて三島に在陣しており、既述のように泉頭城、長浜城の築城や足柄城の防衛強化など、駿豆国境の防衛に余念がなかった。そのうえで氏政は、徳川家康と連携して、武田軍の挟撃、撃滅を画策したのである。

勝頼、北条軍と駿豆国境で対峙す

天正七年九月四日に同盟を成立させた北条・徳川両氏は、九月十七日に駿河へ共同出兵に踏み切った。家康は氏政との盟約の通り全軍に出陣命令を下し、勝頼を氏政とともに東西から挟撃することを明らかにした（『家忠日記』）。

武田勝頼は、これより早い天正七年八月十五日、家康が近く駿河に侵攻するかも知れないとの未確認情報を察知していた。勝頼は、江尻城代穴山信君に書状を送り、厳重な注意を促し、来る八月十七日には、江尻城の番替として小山田備中守昌成を派遣すると伝えた（戦武三一五一号）。勝頼自身も本隊を率いて出陣する準備に着手していたらしく、同二十日には駿河に入っている（同三一五四・五五号）。この時の動向については判然としないが、『軍鑑』によると、天正七年八月、遠江高天神城に番替衆一千人を派遣したとあり、それらを率いたのは、岡《おか》部《べ》丹波守元信《たんばのかみもとのぶ》（もと遠江小山城将）、相木《あいき》（信濃衆、依田阿江木常林のこと）、旗本足軽大将江馬《えま》右《う》馬丞《まのじょう》（飛驒衆）、横田尹松《よこたただとし》らであったといい、その後高天神城将には岡部元信が就任したという。勝頼が駿河に出陣したのは、この高天神城防衛強化の手当てをまず行い、続いて沼津三枚橋城の築城支援をするためであったと考えられる。

北条氏政は、家康との約束通り九月十七日に軍勢を率いて伊豆に出陣し、沼津三枚橋城を拠点に布陣する武田軍と対陣した。武田軍は、三枚橋から浮島ケ原《うきしまはら》（沼津市）にかけて布陣し、対する北条軍は三島から初音ケ原《はつねはら》（三島市川原ケ谷《かわはらや》）に布陣した。両軍は黄瀬川《きせ》を挟んで対峙し、しばしば矢軍を交え、また日没になると双方の先陣がしばしば夜襲をかけあったが、大規模な会戦には至らなかった（『北条五代記』など）。

だが北条軍は、関東から招集した大軍を率いて出陣しており、武田軍の劣勢は否めなかったという。北条氏の兵力は、『甲陽軍鑑』が「北条氏政大軍を引つれ出陣なさるゝ」と記し、その兵力を三万六、七千人ほど、『信長公記』は六万余と記録している。『信長公記』の記述は風聞によるものと推測されるので、そのまま信用するわけにはいかないが、それでも「大軍」と記述されるように、かなりの兵力であったことは間違いない。これに対して武田勝頼の軍勢は、甲斐・信濃衆を中心に編制した一万六千人ほどであった。有力な西上野衆が含まれていないのは、鉢形城に在城し、上野国をうかがう北条氏邦への押さえのために、動員を見送り残留させたからであるという（『軍鑑』）。

北条氏政の出陣を知った徳川家康は、これに呼応して、約束通り九月十七日浜松城を出陣して懸川城に入り、深溝松平家忠らを牧野《まきの》原《はら》城に残留させ、同十八日には駿河国二山《にやま》（藤枝市末広にあった本宮山《ほんぐう》〈正泉寺山〉と藤五郎山《とうごろうやま》の総称）に陣取った（『家忠日記』）。なお、この直前の九月十五日、家康の嫡男徳川信康が遠江国二俣で自刃している。

家康は、武田軍が北条軍と睨《にら》みあって動けないことを見計らうと、九月十九日には当目峠の押さえであり、駿府への関門にあたる武田方の持船城《もちぶね》（用宗城《もちむね》）を攻撃した。徳川軍の兵力は、一万余であったといわれる（『軍鑑』）。持船城には、駿河衆三浦兵部助義鏡《みうらひょうぶのすけよしあき》と武田海賊衆向井《むかい》伊賀守正重《いがのかみまさしげ》らが守備していたが、徳川軍のうち牧野原城衆と掛川衆の猛攻を受けついに落城し、三浦・向井らは戦死した。勢いに乗った徳川軍は、九月十九日駿府に乱入して駿府浅間《せんげん》神社などに放火し、一部の部隊はさらに進んで由比《ゆい》（由井）・倉沢を放火して武田軍の背後を攪乱《かくらん》し、脅かそうと図った（『軍鑑』『家忠日記』、静⑧一四七七号）。

『甲陽軍鑑』によると、勝頼は、前面に北条氏政の大軍、後方から徳川家康の軍勢が迫るに及んで、武田氏の命運を懸けた一戦を遂げることを決意し、北条氏政に対して黄瀬川を越しての決戦を申し入れた。そして早速軍議を開き、勝頼は北条軍との決戦に際しての陣立ての策定を行った。勝頼の作戦とは、北条軍のうち、松田憲秀《まつだのりひで》隊には武田軍の小山田信茂《のぶしげ》隊、大道寺《だいどうじ》政繁《まさしげ》隊には山県昌満《やまがたまさみつ》隊、江戸の遠山政景《とおやままさかげ》隊には春日信達隊、北条氏光隊には武田信豊隊、北条氏照隊には穴山信君隊、北条氏規隊には一条信龍《いちじょうのぶたつ》隊、笠原政晴《かさはらまさはる》隊には土屋昌恒《つちやまさつね》隊、北条氏勝隊と北条氏政旗本衆には武田勝頼旗本衆があたるという陣立てであり、これをもって命運を懸けた一戦を行おうとしたという。

しかし、この陣立てが勝頼から提示されると、軍議は紛糾した。もっとも決戦に反対したのは、穴山信君であったという。信君は、「自分が相手とする北条氏照は、北条領国において城を五、六城も抱える大身の武将で、擁する兵力も多く、寡兵の穴山衆ではいかにも荷が重い」と言って難色を示したという。これを聞いていた小山田信茂が信君に対し、「勝頼の旗本衆をはじめとする武田軍全軍は、どれも三倍から五倍の数の敵を相手に合戦をしようとしているのであって、穴山だけが負担を強いられているわけではない。もし信君が二の足を踏むのであれば、北条氏照隊は穴山に代わって小山田があたろう」と主張したため、勝頼は北条氏照には小山田信茂を当てることにした。ところが北条氏政から勝頼からの決戦申し入れに対する返答があり、それは、「我らは自分の国を防衛するために出陣してきたのであって、合戦をして他国を取ろうとするために出てきたわけではない。勝頼が合戦をしたければ、家康とするがよかろう」というものであったという。

このため勝頼は、北条軍に戦意なしと看て取り、沼津三枚橋城に武田信豊・春日信達・城意《じょうい》庵《あん》・昌茂《まさもち》父子らを配置して、黄瀬川に布陣する北条軍の押さえとし、自らは残る全軍を率いて急遽《きゆうきよ》徳川軍を捕捉すべく、軍勢を西に向けた。この経過は、『甲陽軍鑑』の記述によっているが、そのすべてが事実かどうかは判然としない。沼津三枚橋城に残留した兵力は三千人ほどであったとされる（『集成』他）。ただし勝頼が氏政に決戦の申し入れをしたが、氏政がこれを断ったことなど、ほぼ同様の記述が『三河物語』『当代記』などにも見られるので、ある程度は事実を伝えているとと思われる。

なお『三河物語』によれば、黄瀬川を陣払いする際に、勝頼は氏政に使者を送り「家康が山西に攻め寄せ、遠目《当目》に陣取っているとのことなので、明日はここを引き払い家康に向かおうと思う。追撃されるのであれば覚悟して来られるがよい。また合戦をしようと思うなら結構だ、やってやろう」と伝達し、軍勢を駿府に向けたと記されている。また『当代記』には「剰氏政陣中へ以使者申けるは、家康駿河山西へ被相動之間、彼面へ可向、合戦於望者、明日歟明後日、何之所へ成共返答次第可出之旨也、北条不能返答、さて武田山西へ急罷向」とある。

勝頼、駿河に転進す

勝頼は、家康が持船城攻略後、当目峠を下りて布陣していることを知ると、「是ハ家康を餌壺に引入たり、其儀ならバ、宇津《うつ》の谷を行きて田中之城に移りて、後を取りて一合戦して果すべし」と思い、駿府に急行した（『三河物語』）。その兵力は一万二千人ほどであったという（『軍鑑』『集成』他）。持船城攻略後、家康が駿府に向けて進軍しなかったのは、重臣酒井忠次が自重するよう諫言したからであるという（『藩翰譜《はんかんふ》』）。

勝頼の作戦の成否は、軍勢の移動速度にかかっていた。家康は、武田軍は北条軍に拘束されまったく黄瀬川から動けないと思っていたので、武田軍が急速に接近していることに気づいていなかった。だが武田軍の進軍は二つの要因によって、著しく妨げられることになったという。

まず、家康への攻撃を、勝頼側近長坂釣閑斎《ながさかちょうかんさい》が思いとどまるよう諫《いさ》めたからである。長坂は、背後に北条氏政の大軍を置いたまま家康に向かうのは、いかにも危険であり、浮島ケ原に布陣してしばらく様子を見るのが得策であると主張した。勝頼は、氏政には戦意がなく、そのような配慮は無用であると返答したが、長坂はそのように敵を甘く見たことが長篠での敗戦を招いたのであると諌言し、勝頼に再考を促した。勝頼も、長篠合戦の教訓を持ち出されてはさすがに反論できず、それを聞き入れて、川成島《かわなりじま》（富士市）に布陣し、背後の北条軍の動向を監視することとした。

ところが、折しもその日の九ツ時（昼十二時頃）から雨が降り出し、富士川の水嵩《みずかさ》が増して、渡河するのが困難になってしまった。北条軍に動きがないことを確認した勝頼は、増水して渡河が困難であるにもかかわらず、家康を撃滅する好機を逃せないとして、全軍に富士川渡河を命じた。武田軍一万二千人は、勝頼がただ一騎で渡河を開始したのに続いて、一斉に川を渡り始めた。しかし、増水していた富士川の流れに呑《の》まれて、溺死する者が続出したという。武田軍は、富士川の渡河で多くの犠牲者を出しながらも駿府に入り、徳川軍を捕捉しようとしたが、事態を察知した家康は、すでに駿府を引き払い、全軍を率いて当目峠を越えて大井川を渡河し、色尾《いろお》（井籠、静岡県島田市阪本、戦国期の大井川渡河点）まで撤退してしまった後だったという。

ところで、武田軍が雨で増水した富士川の渡河に難儀した『甲陽軍鑑』の記事は事実なのであろうか。そこで『家忠日記』を繙《ひもと》くと、九月十九日の持船城攻略、二十日には天気の記述がないので、晴天だったと推定されるが、九月二十一日酉刻（午後六時頃）から降雨となり、二十四日まで雨天だったと記されている。とりわけ二十三日は「大風、雨降、酉時迄」とあり、かなりまとまった降雨だったことがわかる。富士川の増水をもたらしたのは、この四日間の降雨だったと考えられる。そして家康は、二十五日に色尾に撤退し、武田軍が入れ替わるように駿府に入ったと記されている。

勝頼の動向を、家康がこのように早く察知して危機を逃れた理由について、『甲陽軍鑑』は「甲州がた駿河先方よりかねて内通ありつると下々にて申候が、さやうにもあるやらん」と述べ、武田方の駿河衆のなかに、家康に内通している者がいて、そこから情報が漏れたのではないかと人びとが噂し合っており、たぶんそうなのであろうと推測している。

じつはこのことについて、『三河物語』は、武田軍が家康を目指して進軍中であることを「夢にも家康御存知なき所へ、大久保七郎《しちろう》右衛《え》門尉《もんのじょう》内に、嶋孫左《しままござ》衛《え》門《もん》と申者之甥に越後と申出家、付中（府中、駿府のこと）より走り入りて此由申上けれバ、取敢ゑず引退き給ふ」と記しており、駿府に住む徳川方の縁者（僧侶）からの通報であったと記録している。勝頼が駿府に到着したのは、九月二十五日夜のことであったが、すでに家康は陣払いをした後で、徳川陣中はもぬけの空だった。

そのころ徳川軍は、大井川の渡河点である色尾に到着していた（『家忠日記』、戦武三一七七号）。家康を駿府に封じこめて撃滅する作戦は、武田家中の内紛と富士川の増水による行軍の遅れから失敗に終わったのである。勝頼は家康を取り逃がしたことを知ると、「戦ってはならぬ長篠で合戦に及び、戦わねばならぬ今度の好機を逃したことは残念だ。家康を駿河で取り込めて撃滅できれば、織田信長がいかに勢力を大きくしようとも、家康がいなければ武田氏との合戦は思うに任せないはずである。家康を撃滅して、遠江・三河を手中に収めれば、信長の領国尾張に出兵することも可能となり、武田氏の勢力も持ち直したであろう。今ここで家康を取り逃がしてしまったことは、我が運の末である」と落涙し、切歯《せっし》扼腕《やくわん》して悔しがったという(『軍鑑』)。武田氏は、十月八日付で佐竹方の梶原政景に宛てた書状においても「此度家康被討漏鬱憤不浅次第候」と悔しがっている〈戦武三一七七号〉。

なお『三河物語』によると、家康は武田方に備えて石川数正に殿軍を命じたところ、持船城からの追撃を受けたといい、これを松平康安《やすやす》、酒井忠利らが撃退したというが、明らかな誤記であろう〈これは天正八年の事件と混同しているとみられる〉。

家康は、九月二十八日まで色尾に在陣して、勝頼の動向をうかがっていたが、北条氏政より作戦終了を知らせる使者を受けると、全軍に牧野原城まで後退するよう命じた。徳川軍全軍は九月晦日に牧野原城に帰投すると、十月一日には浜松城に帰陣した。家康は勝頼の動きに備えて、三河衆の半数だけを帰国させ、残りは浜松に駐留させている(『家忠日記』、なお氏政はこの共同作戦が上首尾であったことを喜び、これにより先の九月二十日に、家康の重臣榊原康政に書状を送り、あわせて今後の両氏の共同作戦について話し合いたいと申し入れている。そして、その相談のために家臣鈴木氏〈北条氏御馬廻衆の鈴木氏か〉を派遣すると述べている〈戦北二一〇五号〉)。

勝頼も、家康の撤退を知ると、駿府を出て江尻城に入った。勝頼が早々に帰国しなかったのは、なおも三島に在陣する北条軍に備えるとともに、同盟国佐竹義重ら北関東の諸大名が展開する作戦を支援するためでもあったようだ。事実、武田・北条両軍が駿豆国境で対峙していることを好機として、佐竹義重は、九月から十月にかけて下総や東上野で攻勢を仕掛けており、北条氏直らが出陣する事態となっている（後述）。

北条軍、沼津三枚橋城攻略に失敗す

いっぽう、北条氏政は、勝頼本隊が家康の後を追って黄瀬川対岸から去ったことを確認すると、ただちに渡河して沼津三枚橋城を包囲し、攻撃を開始した。しかし、籠城する武田信豊・春日信達らの激しい抵抗にあい、ついにこれを陥落させることができずに兵を退いた。とりわけ城意庵・昌茂《まさもち》父子、小幡豊後守昌盛《おばたぶんごのかみまさもり》、駒澤主税助《こまざわちからのすけ》（北信濃衆、川中島衆）が戦功を挙げたという（戦武三四七五号、『軍鑑』他）。しかし氏政はその後も三島に布陣して、沼津三枚橋城に在陣する武田軍と睨《にら》み合いを続けた。

勝頼はこの間、九月十九日に持船城で戦死した駿河衆三浦義鏡、海賊衆向井正重について、遺族を慰労し跡目を決めている。海賊衆向井正重については、十月十六日付で息子向井兵庫助正綱《ひょうごのすけまさつな》に父の知行を安堵し、武勇の者たちを集めて海賊衆として引き続き奉公するよう指示した（戦武三一七八号）。また三浦義鏡には実子がなく、老母と妹が残された。勝頼は十一月五日付で三浦老母に判物を与え、彼女の生活を保障するとともに、義鏡の供養などについて、老母の希望を叶えることを約束した。また義鏡妹に惣九郎《そうくろう》なる男子を婿として娶《めあわ》せ、三浦氏を相続させることなども約束している（同三一八九号）。

また徳川軍の襲来に備え、勝頼は十月十七日、高天神城に在城する栗田鶴寿《くりたかくじゅ》（信濃衆、善光寺別当)、江馬右馬丞(飛驒衆、旗本足軽大将)、横田尹松(甲斐衆)、直参衆、浦野弾正忠《うらのだんじょうちゅう》(上野衆、大戸《おおど》浦野氏)に宛てて書状を送り、城を堅固に保つようあらためて指示した(戦武三一七九号)。

このほかに、駿河江尻城でも大規模な改修が実施されたらしい。江尻城は天正七年十一月から十二月にかけて、新たな曲輪や土塁、塀をはじめ、櫓《やぐら》などが相次いで建設された。これらは穴山信君指揮のもと、大工頭高山飛驒守《たかやまひだのかみ》によって実施されている(戦武三二一六号)。とりわけ注目されるのは、江尻城に「百尺城楼」と称された高層の櫓が建設されたことである(同三一八七号)。これは武田氏が建設させた大矢倉であり、臨済宗の高僧策彦周良《さくげんしゅうりょう》(もと恵林寺《えりんじ》住持)によって「観国楼」と命名され、鉄山宗鈍《てつざんそうどん》の起草した銘文を伴う鐘が掲げられた。なお、銘文によると、この「観国楼」はわずか一月で完成したという(『戦国遺文武田氏編』では「期月而既成矣」、『清水市史資料中世』二四三号には「朞月而既成矣」とあり、ともに「期月」〈まる一月〉を意味する)。なお、策彦周良は、この高櫓を見ることなく、すでに天正七年六月晦日に京都天《てん》龍寺塔頭妙智院《りゅうじたっちゅうみょうちいん》で示寂《じじゃく》しており、櫓の命名が武田氏の依頼に応えた最後の事績となった。

ところで、この「観国楼」を、戦国期武田氏が築いた「天主《てんしゅ》」だとする意見がある(『日本城郭大系』9、『清水市史』第一巻他)。近世に描かれた「江尻城古図」などにも本丸に「天守」と明記されたものも存在し(『清水市史』第一巻所収)、また『駿河史料』巻之四十一も「天守」と呼んだと明記している。このことから、江戸時代にはかつて「天守」が存在したという伝承があったことがうかがわれる。しかし、この「観国楼」(「百尺城楼」)については、これ以上の

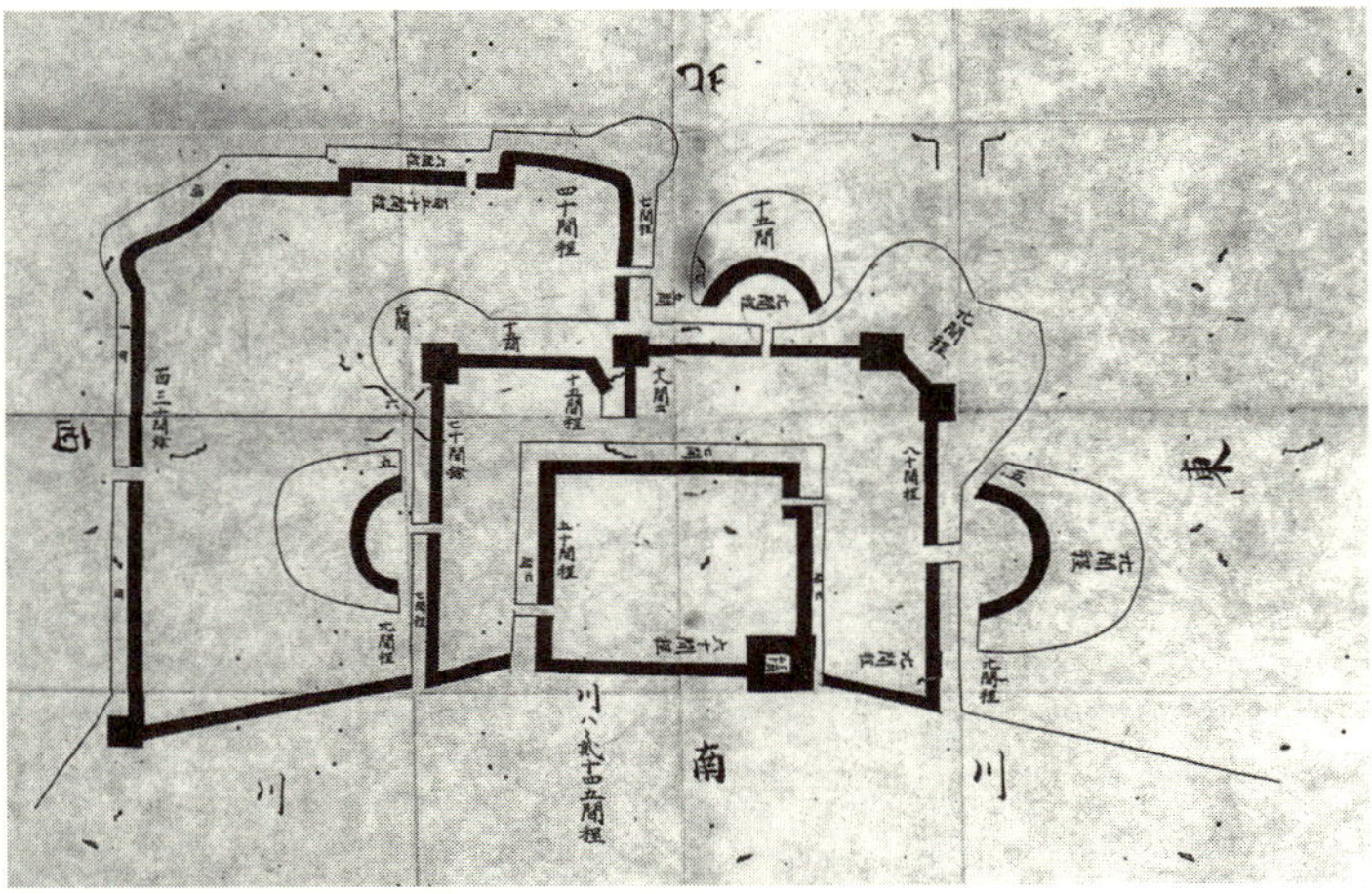

図７　駿河江尻古城図（藤枝市郷土博物館蔵）

詳細を知る史料が存在しない。

さて、武田勝頼は十月初旬以来、江尻城に在城して、北条・徳川両氏の動きを警戒しつつ、北関東の佐竹氏らの軍事行動が有利になるように活動を続けていた。「観国楼」建設を伴う江尻城の大改修も、勝頼指揮のもと並行して行われていた。そのため家康は、十月十五日、諸将に対し近日出陣するとの陣触を行い、自らは同十九日に懸川城まで出馬している。その後しばらく同城に滞在した家康は、二十四日に牧野原城に移動し、大井川を渡河する時期を見計らった。また、北条氏と協議するために、朝比奈泰勝を色尾崎（井籠崎）に派遣した。北条水軍の迎えは同二十七日にずれ込んだが、朝比奈は出迎えに来た北条水軍の船に乗り、小田原に向かった（『家忠日記』）。

その直後にあたる十一月二日、北条氏政

は関東の情勢が緊迫してきたことから、駿豆国境での在陣を諦めて、初音原（初音ケ原）から陣払いし、ついに小田原に引き揚げた（戦武四二八三号）。このため、家康は牧野原城まで出馬したが、結局大井川を渡河しなかった。北条氏政が撤退したので、大井川を渡河してまで武田軍を牽制する必要性がなくなったからであると思われる。

だが家康は帰国したわけではなかった。その後彼は、十一月十一日に牧野原城から懸川城に移動し、同十二日には懸川城を出て馬伏塚城に入り、徳川軍のほぼ全軍を横須賀城に配置して普請を強化させるとともに、高天神城を牽制した。この時の徳川軍の動向について、『三河物語』は高天神城攻略のための付城《つけじろ》構築が目的だったと記録している。時期は定かでないが、すでに徳川方は高天神城近くの小笠山《おがさやま》を制圧して、ここに小笠山砦を築いていた。これに続けて、大坂山に砦普請を始めたのだという。これが三井《みつい》山《ざん》砦である（増田又右衛門・増田實・一九六九年、小和田哲男・一九九三年）。家康は、勝頼が氏政との同盟破綻により、駿豆国境で釘付《くぎづ》けにされることを見越して、いよいよ高天神城奪回に向けた作戦を本格化させていく。

いっぽうの武田方は、高天神城確保のため、天正七年八月の大規模な番替による兵員補強とともに、兵粮の補給も実施していた。特に兵粮の補給は死活問題であるので、継続的な補給を行う必要があった。しかし武田方の補給は、それなりの規模の軍勢を編制してではなく、小規模な荷駄を、滝堺城などを経由させて継続的に送る方法であったらしい。ところが十一月七日には、徳川方の「かまり」（忍の者）が滝堺城の近辺で、武田方の荷物二十駄と雑兵十四、五人を捕獲している（『家忠日記』）。この事実は、徳川軍が前線を進出させたことにより、遠江の武田領にも徳川方の勢力が出入りするようになり、それが武田方の高天神城への散発的な補給を困難にさせていたと考えられる。

そのため勝頼は、北条軍の撤退を見届けると、ただちに軍勢を遠江に向け、十一月二十四日には田中城に入り、大井川を渡河して二十六日に高天神城へ入った（『家忠日記』）。武田方は、十一月二十二日の時点で、「家康・氏政退散」と認識しており（戦武三二〇四号）、この隙に高天神城への補給を行おうとしたのであろう。武田軍の進出に対抗するため、徳川軍も見付に進出したが、勝頼は二十七日に国安に布陣して横須賀城を牽制すると、十一月晦日には大井川を越えて駿河へ兵を退いた（『家忠日記』）。これは武田軍の進撃が、横須賀城の牽制と、高天神城への補給を主目的としたものであったからであろう。

勝頼は高天神城を出て駿河へ引き揚げると、三度駿東郡《すんとう》へ兵を進め、氏政が撤退した間隙《かんげき》を衝《つ》いて伊豆に侵入し、各地を攻撃して十二月九日にようやく甲斐に帰国した（戦武三二一五・三二二号）。しかし、これが遠江に侵攻した武田勝頼最後の軍事行動となった。

北条氏政、織田信長に接近す

北条氏政が、徳川家康との交渉を行った目的は、徳川氏との和睦・同盟を推進するためだけではなかった。氏政の意図は、家康の同盟者であり、武田勝頼の宿敵織田信長との和睦・同盟交渉を、徳川氏の仲介のもと実現することにあった。小田原で行われた両氏の交渉で、氏政が徳川方に信長への橋渡しを依頼したことは間違いなかろう。

『武徳編年集成』によれば、天正七年九月三日の双方の起請文交換に伴って、氏政が家康に、織田信長への紹介を依頼したとある。家康はこれを了承し、京都に滞在していた信長のもとへ、北条助五郎《すけごろう》氏規（氏政の弟）が大鷹三連を贈った際に、これを仲介したとされている。ただし『信長公記』によれば、天正七年九月十一日、京都に滞在していた信長のもとに、氏政の弟北条氏照から鷹三羽が贈られたとの記事があり、『武徳編年集成』の記事とは齟齬があるけれども、家康が信長と氏政の仲介役をしたのは間違いない。それにしても、家康との和睦・同盟成立が九月五日、そして早くも同十一日には、北条氏からの贈答品が京都の信長のもとに届けられているのであるから、これは八月中に小田原で始まった北条・徳川両氏の交渉の冒頭で、北条側から依頼したものであろう。これが、北条氏と織田氏との最初の接触となった。

そして、氏政が九月に黄瀬川で勝頼と対陣し、家康と共同作戦に入ると、織田方はこの動きを、北条氏が織田・徳川方の味方になったものと判断した。『信長公記』には「相模国北条氏政御身方の色を立てられ」たと記している。

北条氏政が、織田信長と結んだことを察知した武田勝頼は、氏政が信長と図って自分を滅ぼそうとしていることが明らかとなったが、信長に降参することは決してないと固く誓ったという（『集成』）。しかし、実際には次章で述べるように、じつは勝頼もまた生き残りを懸けて、新たな外交政策を展開しようと考えていたのである。

氏政は、その後よりいっそう織田信長との関係を緊密にするために、翌天正八年三月に本格的な同盟交渉に入った。三月九日、北条氏政より使者をもって、京都本能寺に在宿する信長のもとに、鷹十三羽と馬五頭が贈られた。この時に、取次役となったのが、信長の重臣滝川一益である。その後、滝川一益は、北条氏との交渉に際しての取次・指南役となるが、それは北条氏のみにとどまらず、下野国皆川広照《みながわひろてる》をはじめとする関東諸大名にも及んだという。このことは、北関東の反北条勢力も、織田氏との交渉を行っていたことを示しており、信長は北条氏や反北条勢力とも結ぶことで、関東への影響力強化を目論んでいたとみられる。さらに注目すべきは、信長がすでに天正八年の時点で、滝川一益を関東取次役に指名していたことである。のちに武田氏滅亡後、滝川一益が関東取次役として上野国箕輪城（のちに廏橋城）に入るのも、こうした前提があったためであろう。

京都に入った北条氏政の使者は、正使（氏政の使者）が笠原越前守康明《えちぜんのかみやすあき》であり、氏照の使者として間《ま》宮若狭守綱信《みやわかさのかみつなのぶ》（氏照家臣）、原和泉守《はらいずみのかみ》が随行していた（『信長公記』には「舎弟氏直の使者」とあるが誤記であろう）。三人は、この上洛《じょうらく》と信長への謁見を「御礼言上」のためと捉えていた。つまり、天正八年三月の北条氏の使者派遣は、それ以前に信長と氏政との交渉が成立したことへの「御礼言上」という意味合いが強かったのである。では、その「御礼」の内実とは、なんであったろうか。

それは『信長公記』の、天正八年三月十日条から知れる。この日、笠原康明らは信長のもとに「御礼言上」に赴き、織田重臣佐久間《さくま》信盛《のぶもり》を通じて、信長への贈答品の目録を献上した。その贈答品は、白鳥二十・熨斗《のし》一箱・鮑《あわび》三百・煎海鼠《いりこ》一箱・江川酒二荷と肴三種類などであったという。この際に、「公儀御執奏」として取次役となったのが、滝川一益であり、これを牧庵《ぼくあん》が下使として補佐した。笠原氏ら北条氏代表が奏上する趣旨を、信長の使衆として武井夕庵《たけいゆうあん》・滝川一益・佐久間信盛が受けたが、その際に北条側が奏上したのは「御縁辺相調へ、関東八州御分国に参るの由」であったという。つまり、この北条側の使者の目的は、これまでの交渉の結果合意に達した両氏の同盟条件（①北条氏と織田氏は婚姻を結ぶ、②北条氏が織田氏に従属する）を確認し、織田・北条同盟がめでたく成立したことへの「御礼言上」を行うことだったのである。

北条氏政、隠居を決意す

ところで、織田氏と北条氏との縁組みが成立したことについてであるが、じつはその詳細は、『信長公記』などをはじめとする諸記録に記されていない。だが、織田氏と北条氏が縁組みの約束をしたことは事実である。しかし、信長が北条氏政の嫡男氏直の正室に、誰を娶せようとしていたかは定かでない。なお、織田氏は、重大な政治・軍事情勢下のもとで、有力戦国大名と和睦、同盟交渉を行うにあたっては、縁組みを条件に盛り込むことが多かった。天正期でいえば、北条氏とほぼ同じころ、石山本願寺と分断する意図をもって毛利氏との和睦交渉を行っていた際に、やはり縁組みを申し出ているのである。これは交渉が挫折したので、雲散霧消してしまったが、信長が東西の強敵（武田勝頼と本願寺）に対抗すべく、北条氏、毛利氏ともに縁組みを交渉に盛り込んでいる事実は興味深い。

筆を戻そう。織田・北条両氏の縁組みは、天正八年三月に成立したものの、なかなか実現には至らなかった。のちのことになるが、武田氏滅亡直後、北条氏政は、信長との婚姻がなかなか実現しないことに焦りを覚え、次のような願文を三島大社に捧《ささ》げた（戦北二三一九号）。

願書

右、意趣者、信長公兼日如被仰定、御輿速当方《江》被入、御入魂至于深重者、即関東八州氏直本意暦然之間、早速対氏直可令助言者也、仍如件

天正十年三月廿八日　氏政（花押）

三島

神主殿

これは北条氏政が、かねてから信長と約束していた通り、織田氏の息女が輿《こし》入《い》れをしてくることが実現したら、北条氏の関八州支配は安泰となるから、それが実現するようにしてほしいとする願文である。なお、この願文には同日付の伊豆衆清水上野入道（康英）宛北条氏政書状がある（同二三二〇号）。これは氏政の側近板部岡江雪斎融成のもとへ、清水康英が書状を送ってきたことへの返書である。

このなかで氏政は、清水康英が織田信長息女の輿入れ実現のために、願文を捧げるべきであるとの意見を、板部岡融成を通じて申し入れてきたのをもっともであるとし、願書を書いて早速遣わしたとある。しかし、この願書は本来であれば、国主北条氏直が書くべきであるものの、織田氏息女の輿入れについては北条氏にとっては重大な用件であるので、氏直では子細を尽くせないであろうと考え、隠居氏政が自ら認めたと述べている。そして氏政は、この願文の写本

を、清水康英にも送ったらしい。また氏政は、「なて物」（撫物、神事祈禱の際に神前に供えられる分身の人形のこと）は、清水康英から氏直に対して、三島大社に送るように伝えてほしいと記している。これを見ると、北条氏直は清水康英とともに、この時期まだ駿河に在陣中であり、宿敵武田勝頼滅亡後の織田氏との関係を危ぶんだ清水康英が、氏直の意を汲《く》んで小田原の氏政に、意見を具申したものであろう。

だが肝心の織田信長はといえば、武田勝頼に対抗するため北条氏を利用しようと考え、そのために、当初はその嫡子氏直と、信長息女某との縁組みを考えていたものの、武田氏が滅亡した以上、そこまでして北条氏を利用する必要性を認めなくなっていたらしい。天正八年三月に成立した織田・北条同盟は、その後、武田氏が思ったより早く衰退の道をたどったため、信長も次第に積極性を欠くようになり、実現しないまま、ついに天正十年三月の武田氏滅亡を迎えたのだろう。北条氏は武田氏滅亡により、織田政権からの圧力が強まることが予想されたことから、一刻も早い縁組みの実現を望んだものの、信長にはもはやその意思はなかったようだ。結果的には、氏直と信長息女の結婚は実現しないまま、本能寺の変を迎えることになる。

いずれにせよ、天正八年三月十日に織田氏への「御礼言上」を無事につとめた笠原康明らは、信長の勧めもあって、滝川一益を案内役に京都見物を行った後に、安土城に招待され、信長自ら城中を案内するというもてなしぶりを受けた。そして同十三日には、信長から使者矢部《やべ》善七《ぜんしち》郎《ろう》を通じて、笠原・間宮らに金銀百枚が贈られ、京都で土産物を買い調えるようにとの伝言があった。さらに同二十一日には、信長から北条氏政への贈答品として虎皮二十枚・縮羅三百反・猖々皮十五枚が笠原康明に渡され、北条氏照へは緞子二箱が贈られた（『信長公記』）。
北条氏政に命じられた御礼言上が済み、織田氏との婚姻も確認され、信長から歓待を受けた笠原・間宮らの使者は、四月六日に帰国することとなった。笠原康明は、四月六日付で滝川一益に書状を認め、過分の歓待を受けたことに感激し、「一代之面目」を施したと記すとともに、佐久間信盛や武井夕庵の好誼《こうぎ》にも感謝を述べた。そして、信長が北条氏に示してくれた「御深重之御筋目」については、帰国してから北条家中に詳細に報告するつもりであり、これを聞けば家中は愁眉を開くであろうと記している（戦北二一六六号）。かくて、織田・徳川・北条同盟は成立を見たのであった。

　このように、北条氏政は織田信長との縁組みに大きな期待をかけつつ、織田・徳川両氏の協力を取り付け、武田勝頼や北関東諸大名と対抗しようとしていたのである。信長との同盟、婚約成立は、北条氏の家中にも大きな変化を与えずにはおかなかった。天正八年八月十九日、北条氏政は突如隠居を発表した。その譲状の写本が残されている（戦北二一八七号）。

「（包紙）氏政公御隠居之時、氏直公江御直ニ御団渡被成時御自筆也」
　天正八年庚辰八月十九日、氏直江直ニ相渡者也、仍如件
　天正八年八月十九日　　截流斎《せつりゅうさい》

この文書で重要なことは、氏政が「御団」（軍配団扇）を譲渡することを、自筆文書で表明したことである。軍配団扇は、いうまでもなく軍勢の指揮に使用する戦国大名当主を象徴するものであった。これを、氏政が氏直に譲渡するということは、北条軍の軍事指揮権を譲り渡す

こと、すなわち当主交替を意味した。そして氏政は、截流斎の斎号を称し、以後は北条家中で「御隠居様」と呼ばれることとなる。これに対し、氏直は「御屋形様」、彼の備は「大手」と呼称されるようになる（黒田基樹・二〇一二年）。

氏政が氏直へ家督を譲る決断をした八月十九日は、駿豆国境で北条氏直を主将とする北条軍は武田勝頼と対戦中であり、また北関東の佐竹義重らがこれに呼応して南下を始め、北条領国への侵攻を開始するという緊迫した状況下にあった。また、この譲状が作成される五日前の天正八年八月十四日に、氏政の家臣小笠原康広《おがさわらやすひろ》が浜松の家康のもとを訪れており、何事かを協議していた（『家忠日記』）。

その内容については、駿豆国境に展開する武田軍を牽制するため、徳川軍に遠江・駿河出兵を要請したものと考えられてきた。たとえば、『武徳編年集成』などには、八月十六日に北条氏家臣笠原某が、黄瀬川で北条軍が武田軍と対陣中であるので、駿河へ出兵されたいと要請していたことが記されている。ところで、『家忠日記』に、この時の北条氏政の使者が小笠原康広であることが明記されているので、『武徳編年集成』の記事は、まったくの誤記であるかといえば、そうとも言い切れない。ここに見える笠原某とは、後の駿豆国境戸倉《とくら》（徳倉）城主で、北条氏重臣松田憲秀の子笠原新六郎《しんろくろう》政晴のことと思われる。じつは、これに関する徳川家康書状写がある（静⑧一三三五号）。

今度高天神之一件契約相整令大慶候訖、就中申談意趣被及同心満足候、依之為労芳志刀一腰岩切丸贈之、猶期後会候

天正八年八月十六日　　　御判
笠原新六郎殿

この徳川家康書状写によれば、家康との交渉を担当していたのは笠原政晴で、小笠原康広は氏政と笠原の使者として派遣されていたと推察される。そして、交渉の内容は、武田軍の背後を衝くことではあったが、家康がもっとも重要視していた高天神城攻撃のための武田氏牽制策で合意したものと思われる。つまり北条氏は、駿河出兵を望んだものの、家康は同じ武田氏の背後を牽制するのであれば、徳川氏にとって戦略的重要性が高い高天神城攻撃を優先したいと主張し、北条方がこれを了承したのであろう。『武徳編年集成』の記事もあながち否定できない。

このように、氏政から氏直への家督相続が、北条氏にとって緊迫した情勢下で実現されたことは興味深い。かつて、北条氏康から氏政への家督相続が、永禄の大飢饉《だいききん》と長尾景虎の関東出兵に対抗するために実施されたことは、拙著『川中島の戦い』でも詳細に述べたが、北条氏政から氏直への家督相続も、武田氏や北関東諸大名の大規模な攻勢という、北条氏の危機を背景に実施されていた。そして、天正八年八月に家督相続が断行されたのは、北条氏にとって、武田勝頼や北関東諸大名に対抗するためには、織田信長や徳川家康の支援が是非とも必要であり、そのためにも三氏の関係をいっそう緊密化することが要請されていた時期だったからである。北条氏政は、これを鮮明にするために、三月に信長との間で正式に成立した嫡子氏直と信長の息女との婚約を政治的に利用すべく、信長の娘婿となる予定の氏直を自分に代わって家督に据え、織田・徳川両氏の援助を積極的に受けようとしたのであろう。時に、氏政四十三歳、氏直十九歳のことであった。

行き違う信長と氏政の思惑

ところで、ここで問題になるのは、北条氏側が「関東八州御分国に参る」ということを本当に言上したのかどうかということである。このことは確かに『信長公記』に明記されているが、その意味するところについては、大きく二説がある。

まず、これは織田氏側の認識であって、北条氏側とはズレがあるとする考え方である。これを強調する下山治久氏は、『信長公記』の記録は、織田信長の政治的な意図を反映しており、両氏間の婚姻約諾成立をもって、北条氏が織田氏に従属したと宣伝されたものと主張されている（下山治久・一九九六年）。

これに対し、黒田基樹氏は、氏政が織田氏と婚姻関係成立を契機に、自らの領国を織田領国のうちに参じることを申し出たことは、信長への従属表明にほかならないと主張されている（黒田基樹・二〇一二年）。また黒田氏は、氏政が信長に自らの領国を「関東八州」と呼称していることに注目した。なぜならば、当時北条氏は、まだ「関東八州」（関東全域）を領国に編入したわけではなかったからである。氏政は、いまだ実現できていない関東平定を、つまり武田勝頼と同盟を結ぶ佐竹・那須《なす》・宇都宮《うつのみや》諸氏を撃滅することについて、信長の承認を受け、さらに支援を仰ごうとしたと推察される、というわけである。

私は、この二説は対立するものではなく、それぞれ正当な指摘であると考える。北条氏政の意図は、織田・北条同盟の成立（織田氏の女性と北条氏直との婚姻）を背景に、関東平定を信長に承認、支援してもらうことにほかならなかった。これは、同時に武田勝頼と北関東諸大名との同盟（甲佐同盟などを軸とする）との対抗と分断を意図したものである。なぜならば、既述のように、北条氏とほぼ同時期に、下野国皆川広照らも滝川一益を取次役として、織田氏と接触していたからである。

このことは、北条氏にとって都合が悪い。信長と北関東の諸勢力との関係が緊密化し、同盟が成立してしまうと、北条氏が彼らと対決することにより、織田・北条同盟に亀裂が生じかねない。そこで氏政は、機先を制して、北条氏が関東八州の平定実現を織田氏に承認してもらうこと、すなわち織田氏が北関東の諸勢力と協調しないこと、また彼らが武田勝頼と連携しないよう牽制してもらうことを持ち出したと推察される。これが約束されれば、北条氏は織田氏に「関東八州をあげて（北条氏の総力を挙げて）」協力すると言明したのだろう。

この時点で氏政は、信長との関係を、婚姻と相互軍事援助を軸とした、あくまで対等な同盟と捉えていた可能性が高い。のちのことであるが、天正十年三月、武田勝頼が滅亡すると、信長は北条氏政からの贈答品などをことごとく撥《は》ねつけ、送り返すなど、不快感を露《あら》わにしていた。その理由について、『信長公記』などは明記していないが、これは、天正八年三月に北条氏が言明した「関東八州御分国に参る」＝織田氏に従属すること（これは織田氏側の認識）が果たされなかったことに由来するとみられる。恐らく信長は、北条氏政・氏直父子が彼のもとに参上しなかったこと、すなわち従属の意思表明をしなかったことを盟約違反と捉えていたのであろう。その結果が、北条氏を排除した、武田領国分割＝知行割に繋がったとみられる。

ここに、北条氏政と織田信長の意図が行き違っていた様子を看取できる。氏政は、あくまで対等な織田氏との同盟関係、信長は北条氏が従属を表明してきたことを確認したうえでの同盟成立と考えていたと思われる。この行き違いが、武田氏滅亡後、どのように推移する結果となったのかは明らかでない。本能寺の変が勃発したからである。ただ、武田氏滅亡以後、北条氏は織田氏の意向にまったく逆らえなくなり、下野国祇園《ぎおん》城明け渡しなど、信長の要請に唯々諾々と従うほかなくなっていたことが確認されている（平山・二〇一五年①）。

第六章　苦悩する武田勝頼

一、勝頼、関東を席巻す

不吉な予兆

甲相同盟が破綻し、甲越・甲佐同盟などの北条包囲網に固められた北条氏政は、この危機を打開すべく、徳川家康との同盟を実現させ、次いで織田信長との交渉にも成功した。かくて成立した織田・徳川・北条同盟は、武田勝頼包囲網の形成にほかならなかった。

これに対し武田氏は、上野国や北武蔵方面では佐竹義重《さたけよししげ》ら北関東の諸大名と連携し、戦局を優位に進めていた。だが駿豆国境や遠江方面では、次第に北条・徳川同盟に押され気味となっていた。武田方では、兵卒の間でもこのままでは武田氏は駿河すら確保できなくなり、甲斐に窄《すぼ》む以外になくなるのではないかと囁《ささや》かれるようになっていた（『軍鑑』）。武田氏は目に見えて劣勢に立たされるようになったのである。

こうした噂が武田方の口の端に上るようになり始めたころ、奇怪な事件が駿河で起きたと伝えられる。『甲陽軍鑑』は、武田氏滅亡後、勝頼のもと近習衆が回想して語ったという天正七年（一五七九）春の出来事を記載している。それは次のようなものであったという。

この年に駿河国富士大宮《ふじおおみや》（富士宮浅間《ふじのみやせんげん》神社）の大杉から煙が立ち上るという現象が起きた。これを伝え聞いた武田勝頼は、すぐさま吉田守警斎《よしだしゅけいさい》を召し出し、躑躅《つつじ》ケ崎《さき》館の常の間に招き、家臣団らが居並ぶなかで、それがなにを意味するものかを尋ねたという。勝頼は、この現象の吉凶を家中に包み隠さずに公開する決心をしていた。勝頼から下問された吉田守警斎は、神道の歌を引いて、吉凶について返答した。

ちはやぶる（千早振）我が心よりなす（成）わざ（業）を
　いづれの神かよそと見るべき
身はやしろ（社）心の神をもちながら
　よそをとを（問）こそおろか（愚）なりけれ

守警斎は、この二首を詠み上げた。この和歌には、富士大宮浅間神社への信仰と加護さえ信じていれば、何事も気に病むことはないと勝頼を慰める守警斎の心中が織り込まれている。そのうえで守警斎は、なにも気に掛けられることはないと言葉を重ねたという。

これを聞いた勝頼は、「少しも気にはしていない。なぜならば何事が起ころうとも滅亡する覚悟さえできていれば、心にかかることなどなにもない。だがこの日本を見渡すに、勝頼を追い詰めて滅亡させるほどの有力大名は、越後の上杉謙信、安土の織田信長、安芸の毛利元就か、小田原の北条氏政ぐらいのものである。このうち勝頼を滅亡に追い込む可能性があるのは、軍事諸般を考慮すれば上杉謙信が第一であろう。だが謙信は去年他界してしまった。また北条氏政は、勝頼よりも八歳年上ではあるが、父北条氏康とは違い武功では恐れるには足りない。安芸の毛利氏も元就が死去したばかりであるし、国も遠く隔てているので問題にならない。最後に織田信長と徳川家康であるが、彼らは連合して一度当家を滅亡させんと考え、長篠合戦後に駿河へ侵攻してきた。だが信長は、信濃には長篠後も手出しをすることが少しもできていない。これもまた家康も侵攻して来ながら、勝頼の軍勢の旗先を見ると即時に撤退してしまう有様だ。これもひとえに父信玄の威光によるものであろう。だが近年、信長・家康が氏政に内通しているそうであるから、ついには勝頼滅亡へと至るであろう。だが、たとえ滅亡することになっても、信長の風下に付くなどということは、御旗・楯無に誓ってありえないことである。勝頼がそのように決意しているのであるから、武田家滅却の物《もの》の怪《け》（前兆を示す怪奇現象）として富士大宮の大杉より煙りが立ち上るのであろう」

と満座のなかで独白し、少しも憂愁の面持ちを見せず、嘲笑《あざわら》うがごとく座敷を立ち、奥へと姿を消した。これを側で見聞していたもと近習衆は後日、春日《かすが》惣次郎《そうじろう》に、勝頼様は強い御屋形様でございましたと述懐したという。

この記事の信憑性《しんぴょうせい》について確認する術《すべ》はないが、駿河で起きた怪奇現象により身分の上下を問わず動揺が広まるなか、勝頼は、この事件と北条氏政との同盟関係悪化に直面して、自身の滅亡について初めて公式の場で発言をしたというのである。『甲陽軍鑑』のなかで、勝頼自身が武田氏の命運や滅亡についてこれほど明確な発言をした箇所は、これ以前には見あたらない。勝頼は氏政と信長・家康が協力関係に入ったことを察知しており、これが武田氏の死命を制することになると、自身も明確に認識していたことを示す記録として興味深い。

このように『甲陽軍鑑』は、勝頼が天正七年春の時点で氏政との同盟破綻（既述のように、勝頼が氏政との同盟破綻を宣言したのは三月であり、時期的に符合する）に直面しつつも、いかに追い込まれようとも織田信長の風下に付くことはないと発言していたと記している。つまり勝頼にとって、信長との関係改善は思いもよらなかったということになる。これは天正七年九月に、徳川・北条同盟が成立し、また家康の仲介で、氏政が信長とも接触したとの情報をつかんだ勝頼が、氏政は信長・家康と連合して武田氏を滅亡させるつもりだろうが、信長に降参することは誓ってないと述べたという徳川方の記録とも符合する（『集成』等）。だが、勝頼がこのように家中で述べていたとしても、彼は生き残りをかけてあらゆる手を打とうとしていた。

甲佐同盟、里見氏を誘う

甲相同盟の決裂と、甲佐同盟の成立により、勝頼の東上野経略は天正七年八月から本格化した。また、ほぼ時期を前後して断続的に佐竹義重・結城《ゆうき》晴朝《はるとも》らが北関東で蠢動《しゅんどう》し始めた。この動きを察知した北条氏は、嫡男氏直が下野方面に出陣し、手当てを行う必要に迫られていた（『北条氏年表』）。九月下旬になると、佐竹義重らは、下総相馬《そうま》氏の拠点守谷《もりや》城（茨城県守谷市）を攻めている。佐竹軍は、これを陥落させることはできなかったが、引き続き下総古河《こが》を脅かし、さらに十月初旬には進んで東上野の由良国繁《ゆらくにしげ》の籠もる新田金山城《にったかなやま》に押し寄せた（戦古一〇一一・一二号）。この作戦には、武田軍も参加し、付近を放火してまわっている。西上野衆が佐竹軍らに協力したのであろう。その後、佐竹・結城氏らは、十月下旬には古河を、十一月初旬には、古河、小山、栗橋《くりはし》などに攻撃を加えている（埼⑥一〇五一、戦武三二一五号他）。

このため、東上野や上武国境の国衆は、東西から大きな圧力を加えられることとなり、動揺し始める。その状況を示すのが、天正七年十一月八日付の武庵《ぶあん》（太田康資《おおたやすすけ》）宛梶原政景《かじわらまさかげ》書状である。そのうち、武田氏の動向を示す部分を抄録してみよう（千葉⑰四〇六）。

甲・南《（武田・北条氏）》之模様幷　武《（武蔵）》・上《（上野）》・常《（常陸）》・野《（下野）》　之様子申越候、有御勘弁、義頼《（里見）》へ御諌言尤ニ候、一甲・南于今対陣、節々懸合有之、幾度も南衆失利之由候、上州之義者、信州衆・箕輪在城之衆以談合鉢形へ相働、生城ニ打散候、一甲・越《（武田・上杉氏）》無二御入魂、九月《（ママ）》十七日従甲府越へ被入輿候、越国之義者悉一国平均ニ候、一新田《（由良氏）》・館林《（長尾氏）》之義も佐《（佐竹）》へ内々被申寄半ニ候、一北安《（北条芳林）》・那波《（顕宗）》方事も甲《（武田氏）》へ一味、日々向沼田懸引候、倉内之義者、従鉢形以番手被拘候、折角之体可為御察候、新田・館林至于手切者、通路可為断絶候条、尚以自落眼前候、一先日従岡本《（元悦）》預御使候、義重《（佐竹）》被及御挨拶段、具申宣候き、近日義重西口出馬、向古河・小山可被及調義分候、此節其国御塩味ニ相極由存候、一去比義重西表調議、古河・栗橋近辺無残所被打散候き、其上皆河山城守《（広照）》頻ニ梱望之間、被及赦免候、定可有其聞候、従結城《（晴朝）》も無手透懸引候間、小山落城不可有時刻候

この書状は、梶原政景が、一族で里見《さとみ》氏のもとに身を寄せていた太田康資（武庵）に宛てた

返書である。里見氏は、このころ天正六年五月二十日の里見義弘《よしひろ》死去に伴う家督相続問題が激化し、家中は義弘の子のうち義頼《よしより》派と梅王丸《うめおうまる》派に分裂して抗争（天正の内訌）を展開していた。この内乱は、天正九年九月に梅王丸擁立派の中心正木《まさき》憲時《のりとき》が滅亡して終結し、家督は里見義頼が継承するが、このころはちょうど抗争の最中であった。梶原政景は、太田康資に対して里見義頼を説得して、佐竹義重と結び、北条氏と対抗するよう依頼している。じつは同日付で、梶原政景はほぼ同文の書状を里見義頼にも出しており（千葉⑰四〇六）、天正五年の「相房一和」により上総から撤退することを北条氏政から強制されていた里見氏に、反北条同盟に加わるよう働きかけたのである。

この書状のなかで梶原政景は、数多くの貴重な情報を書き留めている。まず、武田氏・佐竹氏と北条氏の対立をめぐる武蔵・上野・下野・常陸の情勢についてであるが、武田氏は北条氏と対陣中で、双方がしばしば戦闘に及んでいるものの、何度も北条軍が撃退されていると述べている。この対陣の場所は駿豆国境のことで、当時勝頼は黄瀬《きせ》川で氏政本隊と対峙《たいじ》していた。また上野国の武田・北条両氏の動きであるが、信濃衆と内藤昌月《ないとうまさあき》らの箕輪《みのわ》衆が共同で軍勢を進めて、武蔵国鉢形《はちがた》城（埼玉県大里郡寄居町）に侵攻し、これに攻撃を加え、「生城」（外郭部を奪われ主郭部のみが抵抗を続けている状態）に追い込んでいると述べている。ここは北条氏邦《うじくに》の居城であるが、氏邦は氏政とともに駿河に在陣中で、当時は留守居衆が守っていたものと推察される。また武田勝頼の妹菊姫《きくひめ》が、上杉景勝のもとへ輿入れし、御館の乱も終結して越後が平定されたことも報じられた。

次に東上野衆のうち、北條芳林《きたじょうほうりん》のほかに、今村《いまむら》城主（群馬県伊勢崎市）那波顕宗《なわあきむね》も武田氏に内通して北条氏に反旗を翻し、さらに北条氏邦の家臣用土新左衛門尉《ようどしんざえもんのじょう》と番手衆が守る沼田城に対する調略と攻撃を開始していたことが判明する。北條芳林の武田氏従属に次いで、那波氏の帰属は東上野の情勢を急展開させた。

さらに、由良国繁と館林長尾顕景《ながおあきかげ》兄弟が佐竹義重の調略に心を動かし、佐竹氏へ帰属するとの内意を秘《ひそ》かに伝えていた。梶原政景は、もし由良・長尾両氏が佐竹方に転ずれば、武蔵と東上野の北条領国は分断され、要衝沼田城は武田・佐竹両氏の勢力圏のなかに孤立することとなるので、沼田陥落はもはや時間の問題であろうと述べている。甲佐同盟による東西からの攻勢が、東上野の旧上杉方諸将ばかりでなく、それまで一貫して北条方についてきていた由良・館林長尾氏への強力な圧力となり、この方面での北条勢力の崩壊を決定づけることとなった（ただし、由良国繁は結局、北条方から転じることはなかった）。

また下野では、佐竹義重の軍事行動により、古河城・栗橋城などが攻撃を受け、下野の皆川広照も降伏を申し出ていたことや、小山城へは結城晴朝が調略の手を伸ばしており、内応する者も出始めているので、落城も間近との見通しであることなども里見氏に伝えられている。

武田氏、東上野、北武蔵への攻勢を強める

かくて、甲佐同盟と甲越同盟成立に伴う関東の情勢は、北条氏にとって極めて不利になりつつあり、これを好機と捉えて梶原政景は、近日佐竹義重が古河城や小山城に向けて軍事行動を

開始する予定であるので、是非旗幟《きし》を鮮明にされたいと里見氏に申し送った（房総一七一三号）。佐竹義重も、里見義頼の決意を促すため、書状を送っていたらしく、里見氏がこれに応じれば、武田領国を起点とし、上杉・葦名《あしな》・結城・宇都宮《うつのみや》・佐竹を結んで、里見領国で閉じられる北条包囲網という大円環が形成される可能性があった。

だが、里見氏は当時家督をめぐる内乱が治まらず、この時はこれに加わることができなかった。また梶原政景が里見義頼への取り成しを依頼した一族太田康資は、当時正木憲時とともに、義頼と対立する梅王丸を支持していたことから、康資を通じて義頼に佐竹氏との同盟を勧めても、どれほど効果があったかは明らかでない。だが、里見氏は義頼が実権を掌握すると、武田勝頼や佐竹義重との同盟を結ぶことを了承し、反北条同盟に参加する。しかし、それは天正九年のことであり、そのころはもはや武田勝頼は織徳同盟と北条氏政によって、危機的な状況に立たされ、有効な軍事同盟として機能する時機を逸していたのである。

さて、武田氏の陣営に転じた北條芳林は、さらに武田氏に従属した那波顕宗らとともに沼田城の調略と攻撃を実施していた。氏政本隊や鉢形城の北条氏邦が駿豆国境で武田勝頼本隊に拘束されていたことから、上武国境などは比較的手薄となっており、北條・那波氏らの武田軍の攻勢に対して、沼田を中心に展開する北条軍は士気が振るわず、ほとんど抵抗らしい動きを見せることもなく、籠城の態勢にあったらしい。

武田勝頼は、十月二十八日に、箕輪城代内藤昌月の注進状を受け取り、それを披見したうえで、沼田に攻撃を加えている北條芳林に書状を送った。このなかで勝頼は、北条軍がたいした抵抗もせずに退却したとのことなので、加勢に派遣した信濃衆とともに、今後も攻勢を続けるよう指示している（戦武三一八四号）。

十一月初旬、武田氏に従属した東上野衆北條芳林、那波顕宗は協力して、沼田城への攻撃を行っていた（房総一七一四号）。同じころ、上野の武田軍は、要衝名胡桃《なぐるみ》城（群馬県みなかみ町）を攻撃している。だが、これを抜くことはできなかった（「鶏肋編《けいろくへん》」「上毛雑記」）。この時、名胡桃城を攻めたのは、時期的にみて北條芳林と那波顕宗の可能性が高い。

また時期をはっきり示す史料を欠くが、八崎《はっさき》城（群馬県渋川市）と多留《たる》城（樽、同前）を支配していた白井長尾氏の当主長尾憲景《のりかげ》も、相次ぐ東上野衆の武田氏帰属に動揺し、北條芳林を通じて武田氏に従属することを申し入れた（「石川忠総留書」）。勝頼はこれを了承し、そのまま八崎・多留両城と所領を安堵《あんど》したとされる（黒田基樹・二〇一五年）。ただし、この説には異論もあり、白井長尾氏は家中が分裂し、憲景自身は北条氏のもとに残ったが、多留城に拠《よ》る重臣牧《まき》氏は武田方に転じたと主張する論者もいる（高橋浩昭・一九九六年、飯森康広・一九九六年）。

長尾憲景自身の去就については、判断が難しいが、それをうかがう史料として天正八年三月十二日付北条氏邦宛北条氏政書状写があげられる（戦北二一四九号）。この書状には「入道指引由承候条、則遣書状候、将又宇野帰参、長入《（長尾入道）》入魂之筋目聞届候、肝要之助成之儀可申付候」とあり、これこそ長尾憲景（入道）が北条方として活動し、武田方についた諸将を調略（宇野《うの》氏の帰参など）していた証拠とされている。ただ、後述するように不動山《ふどうさん》城（群馬県渋川市）将河《かわ》田《だ》重親《しげちか》も北条方から離叛《りはん》するなど、長尾憲景を取り巻く情勢は厳しく、重臣牧氏が武田方に属したこともあり、一時的にせよ武田氏に帰属せざるを得なかった可能性も排除できない。ここでは、長尾憲景は武田氏に属しつつも、その去就は極めて不安定であったと解釈し、この書状は北条氏の調略に動揺する憲景の様子を示すものと解釈しておく。

北条氏政、滅亡の予感に戦慄す

筆を戻そう。武田軍の東上野・北武蔵侵攻や、佐竹方の調略による由良・館林長尾の動揺により、東上野の旧上杉方諸将は十二月になると相次いで武田氏に従属する意思を示した。まず、沼田領の小中彦兵衛尉《こなかひこべえのじよう》(上杉旧臣)が武田氏への従属を表明し、勝頼に誓詞を提出した。勝頼は、十二月十五日に書状を与え、小中の帰属を歓迎した(戦武三二一四号)。また武田氏重臣跡部勝資《あとべかつすけ》も、同二十五日に、小中氏の帰属を賞している(同三二一七号)。

さらに、北条氏政に冷遇されていた不動山城将河田重親も、十二月に武田方に帰属する意思を鮮明にし、加えて小中彦兵衛尉は、麾下《きか》の同心衆大橋・本間・鳥羽・上野・西・石田・小森沢・石蔵・小野・本井氏らをも説得し、同じく武田方に転じさせている。勝頼はこれを賞し、沼田城を攻略したら所領を与えることを約束した印判状を、十二月二十六日付で河田・小中両氏と、小中彦兵衛尉の同心衆に授けている(戦北三二一八〜二〇号)。

また内藤昌月らを主体とする武田軍は、既述のように十一月には武蔵国に侵攻して鉢形城を攻撃していたが、十二月二十八日に、武田方の倉賀野《くらがの》衆と北条氏邦麾下の宮古嶋衆が衝突し、北条方がこれを押し返していることから、この時期になってもなお、内藤らは鉢形城攻撃を継続していたのである（戦北二一二九号）。

武田軍の東上野と北武蔵への侵攻を知った北条氏邦は、急遽《きゅうきょ》鉢形城へ帰還したらしい。しかし内藤ら箕輪衆と信濃衆の混成軍団である武田軍は、氏邦麾下の鉢形衆を上回る人数を擁していたらしく、氏邦は天正八年元旦早々に、配下の吉田新左衛門《よしだしんざえもんのじょう》尉真重《さねしげ》とその同心衆らに急遽軍勢の招集を命じた。氏邦は人数不足を補うために、なりふり構わず少しでも武芸に嗜《たしな》みのある者があれば、根こそぎ動員するよう、番所・同心はいうに及ばず、鉢形領の諸郷村にも触れ回らせ、着到人数を増やすことに努めた。氏邦は「着到不足候得者、我々滅亡候」と記し、危機感を募らせている（同二一二七号）。その後、武田軍は天正八年一月八日に、武蔵国那賀《なか》郡大《だい》興寺《こうじ》（埼玉県美里町）に禁制を与えているので、なおも鉢形攻撃を実施していたことがうかがわれる（戦武三二三一号）。

武田軍の軍事行動は止むことなく続き、天正八年二月十二日には深沢《ふかざわ》（群馬県みどり市・桐生市）で北条軍と合戦に及び（戦北二一三七・三八号）、さらに同二十七日には山川（山川城、同県前橋市）でも軍事衝突があった（戦北二一四五号）。北条軍は氏邦麾下の軍勢が反撃に転じ、三月十二日に北条氏邦は、武田氏に帰属した白井長尾憲景に調略の手を伸ばし、宇野氏（憲景の家臣か）を帰参させることに成功した。

氏邦の調略に、憲景も動揺していたらしいが（戦北二一四九号）、三月十四日には氏邦家臣富《とみ》永能登守助盛《ながのとのかみすけもり》（のちの猪俣邦憲《いのまたくにのり》）が白井長尾憲景の重臣牧和泉守《いずみのかみ》が拠る多留城に攻撃を加え、城方に対して伏兵を配置し、牧和泉守の次男源六郎《げんろくろう》を討ち取る戦功を挙げているので（戦北二一五一号、「石川忠総書留」他）、これは成功しなかったらしい。

だが、白井長尾憲景は、武田信玄によって本拠地白井城を奪われ、越後上杉謙信のもとに亡命していた経緯があるので、必ずしも武田氏に心服していたわけではなかったらしい。「石川忠総留書」に、憲景は「世間のなミを見合甲州勝頼をたのミ可申」と判断したとあり、それは、周囲の東上野衆が続々と武田方に転じるなかにあって、ひとり孤高を守り北条方であり続けるのは、憲景の拠る八崎・多留城の地理的環境からいっても困難であると考えたからであろう。

だがこのころになると、由良国繁・長尾顕景が軍勢を配備して北条氏への敵意を露わにしたらしく、北条氏政は二月二十三日に北条氏邦に宛てた書状のなかで、事態の急変に驚き、これまで由良氏は永年協力しあい、一門・家老同前の扱いをしてきたはずなのに、武田氏と北条氏の対立を見て、翻心したものかと嘆じている。そして「此分に候者、当方終ニハ可向滅亡候哉、上州勝頼之物ニ罷成候共、慥氏政へ随身之様ニ者有間敷候、各後悔を見様ニ候」と書いている。氏政は、このままでは武田勝頼が上野を制し、北条氏は滅亡に追い込まれるかも知れないと危機感を募らせ、この状況では氏政に従ってくる者などいないと嘆息しつつも、いつか必ず後悔させてやると述べている。氏政の焦燥と、憤怒の心中をうかがわせる史料といえよう（戦北二一四一号）。

断言できないけれども、由良氏は佐竹義重のほかに、武田勝頼にも接近を図っていたふしがある。それは天正八年三月九日付の北條長門守《ながとのかみ》宛武田氏印判状において、武田氏は北條長門守に仁田山《にたやま》（群馬県桐生市）を与えたが、その際に「但由良被抽忠信者、以替地可被補」と見えるからである（戦武三二七六号）。つまり武田氏は、北條芳林の一族北條長門守に仁田山で知行を与えたが、由良国繁が武田方に帰属した場合には、この地域を由良氏に与える用意があったことを示しており、その際には北條長門守に与えた仁田山は召し返されることになっていたのである。これは武田氏と由良氏との折衝が水面下で行われていたことを示すものであろう。

こうして、東上野における北条方の勢力は、沼田城（用土新左衛門尉）、猿《さる》ヶ京《きょう》城（木内八右衛門尉《えもんのじょう》・尻高左馬助《しったかさまのすけ》ら、群馬県みなかみ市）、名胡桃城・小川《おがわ》城（小川可遊斎《かゆうさい》）などを数えるだけとなってしまった。東上野の北条領国は、天正七年十一月から同八年三月までの武田軍（箕輪衆・信濃衆・廏橋衆・那波衆ら）による攻勢でずたずたに分断され、さらに佐竹義重の調略で由良・館林長尾氏が動揺し、北武蔵にも影響が及ぶ事態となった。甲相同盟の崩壊は、氏政の関東支配に大きな危機をもたらしたのである。

二、織田氏との和睦交渉

生き残りを懸けた外交

織田・徳川・北条同盟成立を知った勝頼は、どんなに情勢が悪化しようとも、信長に降参せず滅亡を覚悟で戦い続けると述べたという『甲陽軍鑑』の逸話については先に触れたが、実をいえば勝頼は生き残りを懸けて、様々な外交を展開していた。

『甲陽軍鑑』にも、勝頼が安土城に和睦交渉のための使者を派遣したとの記述がある。それによると、長坂釣閑斎《ながさかちようかんさい》が勝頼に対して、織田信長へ使者を派遣し、連絡を取り付けるべきであると進言したという。だが小山田信茂《おやまだのぶしげ》をはじめとする家臣たちは、信長は尊大な人物であるから、武田方から使者を派遣すればするほど、これをありがたいとは思わず、むしろ武田氏を自分の配下に収めたと思うであろう。だから使者派遣などは止めたほうがよい。それに使者を派遣して関係改善を行おうとも、信長が武田氏を撃滅しようという意図や作戦を止めることはできないであろうと述べて、これに反対したとある。

だが、勝頼は長坂釣閑斎の献言を容《い》れ、安土城に使者を派遣したところ、無礼な返書が届けられただけであったという。この出来事は天正九年（一五八一）のこととされている。この記事はこれまで注目されてはこなかったが、勝頼が信長との交渉を推進し始めたことや、小山田信茂らのように家臣のなかには、これに反対する意見が少なからずあったという記述は十分検討の余地があるだろう。

勝頼が安土城に使者を派遣したことについて、『信長公記』などの織田方の記録には登場しないが、天正七年に勝頼が使者を安土城に派遣し、織田信長との和睦交渉を開始しようとしていたのは明確な史実である。これが確認できるのは、天正八年閏《うるう》三月二十三日付の小笠原貞慶《おがさわらさだよし》宛柴田勝家書状写である。この書状の一節に「従甲州御侘言之使者、御馬・太刀、去年より雖相詰無御許容候」とあり、勝頼が天正七年に安土城に使者を派遣し、信長との交渉に着手していたことがわかる（信長補遺二〇八号）。

だが、柴田勝家の証言によれば、信長と交渉すべく馬や太刀などの贈答品を携えた武田氏からの使者は、安土城に留め置かれたまま面会すら許されなかったという。信長は、武田氏を滅亡させこそすれ、同盟はむろん和睦することすら念頭にはなかったのである。では、武田勝頼は織田信長との和睦交渉を、いつ、どのようにして開始したのであろうか。

この武田・織田両氏の和睦交渉は、「甲江和与《こうごうわよ》」と呼ばれている（両氏の和睦交渉は、天正七年から八年と、天正八年末から九年の二度にわたって実施されている。本書では、前者を「甲江和与」、後者を「甲濃《こうじょう》和親」として区別する）。

では「甲江和与」の交渉は、天正七年のいつごろから始まったのか。それは、天正七年十月ごろであろう。ちょうど、甲相同盟破綻、北条・徳川同盟成立、家康仲介による織田・北条同盟の交渉大詰めという流れのなかでのことであった。勝頼は、信長との関係改善を実施し、ひいては家康との停戦をも視野に入れて、和睦交渉を始めようとした。そして、その仲介役を常陸国佐竹義重に依頼したのである。

既述のように、勝頼は甲相同盟決裂による北条氏対策として、天正七年十月ごろに佐竹氏と甲佐同盟締結に成功していた。この甲佐同盟は、佐竹氏を軸とする宇都宮・結城・佐野氏ら北関東諸大名との連携と、北条領国を東西から挟撃する軍事作戦を可能にした。しかし、そればかりでなく、天正三年以来織田氏と交渉のある佐竹氏に、和睦仲介を要請することも、甲佐同盟締結の目的のひとつであったと推定されている（丸島和洋・二〇一一年）。

そして甲佐同盟は大きな成果を挙げ、北条氏は危機的状況に立たされ、織田・徳川氏への依存度を強めただけでなく、ついには氏政が隠居して信長の女婿になる予定であった氏直への代替わりを決断させたほどである。

いっぽうの勝頼も甲相同盟決裂と、織田・徳川・北条三氏による武田包囲網に危機感を覚え、織田信長との和睦を決意するに至った。では勝頼には、果たして信長との和睦を実現できるとの見通しがあったのであろうか。交渉開始は、それが可能であるというある程度の根拠がなければなるまい。武田信玄の晩年から長篠合戦を経た武田・織田両氏の関係修復は、そう簡単ではなかったろう。信長も勝頼との和睦を承知するとすれば、なんらかのメリットが必要である。それを解く鍵は、二つあると考えられる。まずひとつ目は、武田氏が織田氏を交渉の場に引き出す切り札を握っていたこと。もうひとつは、当時織田信長が置かれていた情勢が、東国での安定を必要としていたことであろう。

甲江和与交渉始まる

天正七年は、信長にとって石山本願寺とその与同勢力を締め上げることに全力を傾注した年である。織田氏は、前年に謀叛《むほん》を起こした荒木村重《あらきむらしげ》らの勢力や、毛利氏を後ろ楯《だて》に抵抗を続ける播磨・摂津の別所《べっしょ》氏の勢力との激しい戦闘を続けていた。甲相同盟が破綻し、北条氏政が徳川家康と同盟を結んだ天正七年九月ごろになると、事態は織田方にとって好転し始め、十月までには本願寺を支援する勢力は、畿内では伊丹《いたみ》城の荒木村重と三木《みき》城の別所長治《ながはる》のみとなった。だが九月には荒木村重が伊丹城を脱走し、十一月には尼崎城が落城して荒木氏の勢力は壊滅した。また別所長治も羽柴秀吉に包囲され、毛利氏や本願寺の支援を受けられないまま天正八年一月十七日に自殺し、三木城は陥落した。

このように、勝頼が信長との和睦交渉を行っていた時期は、信長は本願寺包囲網を鉄壁なものとするために、なお時間を要していた。勝頼は信長の置かれている政治・軍事的立場を読んで和睦のための使者を送ったのであろう。

だが天正七年末になると情勢は変化し、信長優位に進み始めることになる。勝頼自身が派遣した使者も、また佐竹義重の仲介による和睦交渉もともに暗礁に乗り上げるのは、信長がもはや武田氏との安定を必要としなかったからであろう。

佐竹義重を仲介役とする「甲江和与」の初見は、天正七年十一月二十日付の上杉景勝宛武田勝頼条目である（戦武三二〇〇号）。この第一条目に「一甲江和平之儀、佐竹義重媒介之事」とあり、勝頼は甲越同盟によって友好関係にあった上杉景勝に対して公式に織田信長との和睦交渉開始を通知したのである。ただ、勝頼が景勝に通知したのは、もう少し早い十月ごろのことと思われる。それは、信長との交渉を勝頼が開始したのが十月ごろのことと推定されるからである。当時同盟国の上杉氏になんの通達もせずに、その敵国織田氏と交渉を始めたと想定するのは難しい。だが勝頼による信長との交渉開始は、上杉景勝に衝撃を与えることになった。

上杉景勝は天正七年十一月、勝頼に対して血判起請文《きしょうもん》の提出を求めているが、それは「甲江和与」の交渉開始に伴うものであったと思われる。既述のように勝頼はこれを了承し、十一月十八日に景勝の使者富永清右衛門《とみながせいえもんのじょう》尉の見守る前で起請文に血判を据え、榊《さかき》を取って内容に虚偽のないことを誓約した（戦武三一九七号）。これに対して景勝も起請文を作成し、使者宝蔵《ほうぞう》院《いん》・大石《おおいしう》右馬允《まのじよう》に託して勝頼に届けさせた。この返事として勝頼が送った条目が、十一月二十日付の条目であり、甲越相互の対話の第一の議題になったのはこのためであろう。勝頼は十二月二十六日に景勝に血判起請文到来について礼状を送っている（同前三二六四一号、『戦武』では、天正九年に比定しているが、筆者は天正七年と推定する）。

両者の血判起請文の取り交わしは、武田氏の東上野侵攻や「甲江和与」交渉の開始が背景にあったものとみられる。ただ残念なことに、上杉氏のもとには、この時に武田勝頼が送った血判起請文は伝えられておらず、具体的になにが誓約されたのか、その詳細は不明である。だが勝頼と景勝の血判起請文の交換がなされた理由が、おもに「甲江和与」に伴う武田・上杉両氏の関係調整であったことは、この後紹介する天正八年三月十八日付「春日山貴報人々御中」（上杉景勝）宛跡部勝資書状写の一節に「去歳以富永方就于御所望、勝頼被及大誓詞、剰執御榊深重申合、属甲江和睦者、貴国一統之儀、随分可被及才覚之旨、被申定候」とあることからも確認できる。

景勝は、勝頼が信長と和睦することにより、東国で孤立する可能性が出てきたことに危機感を抱き、甲越同盟の強化と織田氏との関係調整について、勝頼に確認したのだろう。その際に景勝が勝頼に約束させたのは、もし「甲江和与」が成功した場合には、この和睦に上杉氏を加えて甲越江三和の形態にするよう勝頼が奔走するというものであったらしい。

だが景勝の焦燥とは裏腹に、佐竹義重を仲介とした勝頼と信長の和睦交渉は進展せず、既述のように武田氏から天正七年に安土城に派遣された使者は、翌八年閏三月になっても信長と面会もしてもらえないというありさまであった。この間にも、武田氏は駿河・遠江で北条・徳川両氏の攻勢に遭い、防戦一方という状況に立たされていった。勝頼は事態を打開すべく、佐竹義重・結城晴朝らとともに上野・北武蔵に攻勢をかけ、北条氏を圧迫したが、駿豆国境の戦局転換には繋《つな》がらなかった。むしろ武田氏は、遠江の拠点高天神《たかてんじん》城を徳川氏によって包囲・封鎖される事態に至るのである。

武王丸の元服と御隠居様勝頼

佐竹義重を仲介とする「甲江和与」交渉が開始されてまもない天正七年十一月十六日、駿河に在陣し北条氏政と対陣中の勝頼は、甲府に十四ヵ条に及ぶ覚書を遣わし、留守居役を統括する重臣跡部勝忠《かつただ》に指示した（戦武三一九四号）。この一節に「一武王元服之祝言、支度之事、付、吉日之事」とある。勝頼は、嫡男武王丸《たけおうまる》を元服させることにしたのであった。この時、武王丸は十三歳。元服の正確な時期は、史料がなくまったくわからない。だが、勝頼が駿河から帰陣してまもなくの十二月には元服が行われ、太郎信勝《たろうのぶかつ》になったとみられる。

武田信勝が表舞台に登場した天正七年末から同八年にかけて、武田家中では目を惹《ひ》く変化が指摘されている。それは、武田一族や重臣の官途、受領が一斉に変更されていることだ。その事例は枚挙にいとまないが、武田左馬助《さまのすけ》信豊《のぶとよ》→相模守信豊、小山田左衛門大夫《さえもんのたいふ》信茂→出羽守《でわのかみ》信茂、穴山玄蕃頭《あなやまげんばのかみ》信君《のぶただ》→陸奥守《むつのかみ》信君、春日源五郎《げんごろう》信達《のぶたつ》→弾正忠《だんじょうのじょう》信達、山県源四郎《やまがたげんしろう》昌満《まさみつ》→三郎右《さぶろうう》

兵衛尉《ひょうえのじょう》 昌満、跡部大炊助《おおいのすけ》勝資→尾張守《おわりのかみ》勝資、跡部美作守《みまさかのかみ》 勝忠→越中守《えっちゅうのかみ》 勝忠、桜井《さくらい》右近助《うこんのすけ》信忠《のぶただ》→安芸守《あきのかみ》信忠、長坂五郎左衛門尉昌国《ごろうざえもんのじょうまさくに》（釣閑斎の子）→筑後守《ちくごのかみ》昌国、内藤修理亮《しゅりのすけ》昌月→大《やま》和守《とのかみ》昌月、今福市左《いまふくいちざ》衛門尉昌和《えもんのじょうまさかず》（今福長閑斎の子、諏方《すわ》郡代）→筑前守《ちくぜんのかみ》 昌和、今福新右衛門《しんえもんの》尉昌常《じょうまさつね》（長閑斎の子、昌和の兄弟）→和泉守昌常、曾根《そね》内匠助昌世《たくみのすけまさただ》→下野守《しもつけのかみ》 昌世、真田喜兵衛《さなだきへえの》尉 昌幸《じょうまさゆき》→安房守《あわのかみ》昌幸、などである。

この事実を初めて証明したのは、服部治則氏であるが（服部・一九七二年）、それではなぜ天正七年末から同八年初頭にかけて、武田一族や重臣に新たな受領、官途が与えられたのかについては明らかにされてこなかった。しかし、武田家中における受領、官途の一斉変更は、太郎信勝の元服と密接に関わると考えられよう。

それでは、なぜ勝頼はこの時期に信勝元服と、武田家中の刷新を図ったのであろうか。このことについて重要なのは、天正八年二月十九日、新宮《しんぐう》、村岡大夫《むらおかだいふ》に宛てた跡部尾張守勝資書状である（戦武三二五二号）。この文書は、駿河府中浅間《ふちゅうせんげん》社の神官新宮昌忠《まさただ》、村岡大夫が、武田氏のもとへ書状を送り、様々な申し立てをしたことへの返書である。新宮らの申し立ては、①神事の諸道具について、武田氏の命令で調えるよう指示が出されているのに、いまだでき上がっていないこと、②来る三月会の神事御頭役の勤仕について、その実現を求めたこと、③去年の大段銭の催促について援助を求めたこと、などであった。

跡部勝資は、①は事実関係をただし催促したところ、近日でき上がるとのことなので安心されたい、③については、穴山信君に相談し、その助力を得て催促すること、などと返答した。

問題なのは、②の部分である。それによると、駿河府中浅間社の三月会御頭役に「御屋形様」が当たっていると、新宮らは申請したらしい。驚いた跡部は、関東から帰陣したばかりの勝頼に、そのような事実があるか内々に尋ねたところ、そうした覚えはないとの返答だったという。困惑した跡部は、「御隠居様御代」にもそうした先例があったか調査するよう求め、もし事実ならば負担する用意があると報じている。

ここに登場する「御屋形様」と「御隠居様」について、丸島和洋氏は時期的にみて、前者を勝頼、後者を信玄とみなすことは難しく、御屋形様＝太郎信勝、御隠居様＝勝頼ではないかと指摘した（丸島・二〇〇四年②）。これは卓見であり、勝頼は天正七年末の信勝元服に伴い、家督を彼に譲り、隠居したと考えられる。

武田家中の刷新は、こうした政治的動向を踏まえて実施されたと推察される。ただし、その後の武田氏の動向や文書を追跡してみると、信勝が新屋形として政治、軍事を主導した形跡はなく、依然として勝頼がすべてを管掌している。すなわち、信勝家督は形式的かつ象徴的な意味にとどまり、実権はなおも勝頼が握っていたと思われる。それは信勝がまだ十三歳という若年であったこともあり、勝頼が引き続き政権を担ったのであろう。

それでは、なぜそうまでして勝頼は、信勝の元服、家督相続、家中の刷新という儀式を行わねばならなかったのか。それは、「甲江和与」交渉の開始に伴う、勝頼による信長に向けたシグナルであったと考えられる。信勝の生母龍勝院《りゅうしょういん》殿は、織田信長の養女（じつは美濃苗木《なえぎ》遠《とお》山直廉《やまなおかど》の息女）であり、武田・織田同盟（甲尾同盟）の証として輿入《こしい》れしてきた経緯があった。

つまり、信勝は織田氏との繋がりが強い人物であったわけである。そのため、信長と激しく対立してきた勝頼が武田氏の当主（屋形）のままでは、「甲江和与」交渉に影響が出ると判断した武田氏が、織田氏の女性を生母に持つ信勝を新屋形に据えることで、関係改善を真摯に望んでいることをアピールしようとしたのであろう。

武田氏のこの動きは、北条氏政の隠居と氏直への家督継承とまったく同じ動機にもとづくものであると推察される。武田、北条両氏ともに、織田氏との関係確立に向けて、新たな当主擁立を図ったのであろう。

切り札、織田源三郎

武田勝頼は、織田氏の養女を生母とする信勝を家督に据えることで、信長との関係改善を図ろうとした。さらに勝頼は、切り札を使うことで、「甲江和与」の実現を目指した。それは、人質として武田氏のもとにあった、信長の子源三郎《げんざぶろう》を送還することである。

織田源三郎は、幼名を坊丸《ぼうまる》（お坊、御坊丸）といい、織田系図の諸本では信長の五男とされ、諱《いみな》は勝長《かつなが》といわれてきたが、いずれも誤りであり、じつは四男であった可能性が高く、諱は信《のぶ》房《ふさ》が正しいとされるようになった（谷口克広・二〇〇三年）。坊丸は、信長の叔母が嫁いでいた東美濃岩村城主遠山景任《かげとう》の養子となったが、元亀三年（一五七二）に養父が急死し、さらに同年十一月、岩村遠山氏が武田方に転じると甲府に送られ、人質になったという（信長が、それ以前に人質として武田氏のもとへ送ったという異説もある）。その後の動向は定かでないが、武田氏のもとで養育されたことだけは確実である。

勝頼は、手元に置いていた織田源三郎を信長のもとに送り返すことで、暗礁に乗り上げていた「甲江和与」交渉の打開を意図したのではなかろうか。織田源三郎の送還の詳細については、管見の限り二つの史料が認められる。それを次に紹介しよう。

（a）『甲陽軍鑑』

天正九年巳に、てんきう《典廐》・長閑・跡部大炊助・大龍寺のりんがくおしやう《麟岳和尚》、四人の分別を以、信玄公の時御とり《取》候信長人じち《質》織田の御ぼう《坊》を、てんきうのむこ《婿》にと約束ありて、信長へ御返し候なり、信長の返事に、いかにもおふへい《横柄》に、内々迎をつかわすべき所に、其方より指上ゲらるゝ儀、よき分別也、武田四郎殿へ、と月付の下、日付の通りに、けつく《結句》すこしさげて返事なるハ、武田めつきやく《滅却》のしるしなり

（b）跡部勝資書状写（戦武三二八八号）

貴札拝閲忝候、仍甲江和与令成就、織田源三郎方被指上之由被聞召及、此処貴国へ不被申届条、当方表裏之様被仰下候、先以無余義候、但甲江和親之義、雖佐竹義重御媒介候、実儀無之候、一途之儀有之者、貴国へ可被申談之趣、数度被申達候キ、至今般甲江一和無落着候形候間、改而被申届子細無之候、扨又織田源三郎方上国之事者、佐竹へ可被相渡之旨、頻義重蒙仰候条、被任其意候、不被執合無事之善悪被指上事候、此処更貴国を被打抜申非被構表裏候、其上去歳以富永《晴右衛門尉》方就于御所望、勝頼被及大誓詞、剰執御榊深重申合、属甲江和睦者、貴国一統之儀、随分可被及才覚之旨、被申定候条、以佐竹之使者旅庵、菅谷九右

衛門方へも右之趣具被申達候、少も対貴国不可被存疎意候、慥当方之手違不被聞召届聊爾之御断可有如何候哉、於当口も自上方下向之輩者、従貴国阿土ニ御使者被付置候趣雖申廻候、凡下之惑説一向不被致信用候、畢竟相互被守数通之御誓詞之旨、一途両国御入魂之外、不可有他事候、寔如此之申事、雖遠慮多候、不貽心底達高聞候之趣、可得御意候、恐惶謹言

三月十八日　　跡部大炊介
　　　　　　　　勝資

春日山貴報
　人々御中

（a）は『甲陽軍鑑』に見える織田源三郎送還の模様である。この記事は有名なもので、天正九年に武田信豊、長坂光堅《こうけん》、跡部勝資、麟岳和尚《りんがくおしょう》（武田逍遙軒信綱《しょうようけんしんこう》の息子）らが勝頼に、御坊丸（織田源三郎）を武田信豊の婿にするとの約束を信長から取り付けて、いったん信長のもとに送還し、その後あらためて武田家に迎えるよう進言したという。勝頼はこれを容れて御坊丸を信長のもとに送還したが、信長は勝頼に対して極めて横柄な書状を寄越しただけで、武田信豊の婿にする件などにはいっさい触れず、相互の対話はこれによって閉ざされたという。

　特に信長が勝頼に宛てた書状というのは、こちらから内々に御坊丸を迎えにいこうと思っていたところ、勝頼の方から送ってきたのはよい分別であるとの内容で、しかも宛名を「武田四郎殿へ」と記し、その位置を月の下、日付と並んだところに据えるという、書札礼上きわめて

薄礼であり、相手を自分よりも格下と見なしていることを示している。これは宛名の書き方にも現れており、武田勝頼はすでに崩壊した室町幕府体制からの公認を得てはいないものの、甲信守護の地位にあり、さらに「武田大膳大夫勝頼」を公称していた。(註1)それにもかかわらず、勝頼を仮名の「四郎」と記し、しかも尊称も「殿」ではなく「殿へ」としていることなどを見ると、明らかに信長は武田勝頼を見下していた。(註2)

もはや交渉の余地はないということは明らかである。ただ『甲陽軍鑑』は、織田源三郎の送還を天正九年のこととするが、（b）を見るとそれは『甲陽軍鑑』の誤記で、実際には天正七年末から天正八年初旬にかけてのことであることが判明する。

跡部勝資が上杉氏に宛てた書状によれば、織田源三郎送還は『甲陽軍鑑』の記すような武田家中の意見によるものではなく、「甲江和与」を仲介していた佐竹義重からの強い要請であった。勝資書状によると、佐竹義重より人質の織田源三郎を引き渡すよう要請があり、武田氏がそれに応じたところ、佐竹氏がこれを信長のもとへ送ってしまったもので、これには武田氏はいっさい関知していなかったらしい。

『甲陽軍鑑』の記事と、跡部勝資書状の内容とどちらが正しいのであろうか。もちろん史料の信憑性でいえば、（b）の方が高いことはいうまでもない。しかしこの跡部勝資書状は、「甲江和与」が実現し、それを受けて武田氏のもとにいた織田源三郎が、信長のもとに帰還したとの情報に接し驚愕《きょうがく》した上杉景勝が、武田氏のもとに詰問の書状を送ったことに対する弁疎状である。そのため、ここに記された内容がすべて正しいと認定することには慎重でなければならない。この弁疎状には、武田方の言い訳や作為が入り込んでいる可能性があるからである。

ただ、この書状に佐竹義重の要請で織田源三郎を佐竹氏に渡したことについては、のちに天正八年六月十一日付佐竹義重宛のなかで、勝頼が「以旅庵江甲和与、貴国御策謀之儀ニ問着」と述べている部分があり（戦武三三五三号）、佐竹氏が余計な策謀を巡らせたために一問着《ひともんちゃく》あったと記しており、これが拗《こ》じれて武田・佐竹両氏の甲佐同盟は微妙な齟齬《そご》を来し、武田、佐竹両氏の上野出陣が遅れる原因のひとつとなったらしい。

この文書に見える「策謀」とは、織田源三郎の身柄引き請けと佐竹氏の独断による送還を、また「問着」とは彼の送還を知った上杉景勝との齟齬を指していると考えられるので、跡部勝資書状は事実を語っている可能性が高い。ただ武田氏としては、織田信長との交渉でなんらかの約束が果たされなければ源三郎の送還はあり得ず、またその条件をめぐって武田・織田・佐竹三氏の調整が付いていなかったことから、武田氏としては「甲江和与」はなんら進展していないと認識していた。そのため、同盟国上杉景勝にはまだ詳細を伝えるまでもないと考えていたのではなかろうか。

ところが、佐竹義重は和与の仲介をするに際して、切り札の織田源三郎の身柄確保を武田氏に持ちかけた。そこで武田氏は、織田源三郎を武田信豊の婿とすることを信長に承認させたうえで、それをもとに「甲江和与」を成就させることを条件に、佐竹氏のもとへ彼を引き渡したところ、案に相違してまともな条件も引き出さないまま織田氏に送還してしまった。さらに、これを伝聞した上杉景勝が激怒して勝頼に詰問したというのが真相ではなかろうか。もしこの推定が正しければ、織田源三郎は甲斐を出て、一度常陸国佐竹氏のもとへ下国し、さらに上方に向かったことになる。

織田源三郎のその後と勝頼

ところで、武田氏より織田源三郎が信長のもとへ送還されたのは、果たしていつのことなのだろうか。この問題については、確証がない。たとえば、『当代記』は「自甲斐国御坊信長息奉返、是無事之儀雖言上、信長曾て用不給、先是を奉返、彼以助言可相調策也」と記し、これを天正九年のこととする。また同書は続けて、「此御坊は信長末子、去永禄三年に東美濃岩村養《江》子、然を元亀三年に城主女性、信長の伯母也、武田信玄へ一味、其時御坊を甲州へ連申、御坊暫犬山に置被申、其後安土《江》依召被参上、則有元服、号源三郎、其時大名小名色々奉送物、其中に殊に勝たるは自羽柴筑前守銀子三千両、小袖二百進上」と記し、『信長公記』に「十一月廿四日、犬山のお坊、安土に至つて初めて御礼、是は先年武田信玄と御入魂の筋目これある刻、信長公の末子を養子仕りたきの由候て、甲斐国へ御出候を終に和談これなく候て、送り申候御子にて候を、犬山の城主になし申され候」（天正九年十一月条）とある。

右のうち、『当代記』は、御坊丸が元服して源三郎と名乗ったのが織田方送還以後のこととするが、これは明確な事実誤認である。御坊丸が天正八年三月時点ですでに元服して「織田源三郎」と名乗っていたことは、前掲の跡部勝資書状に明記されている。したがって、その諱の「信房」も武田氏のもとで元服した際に与えられたとみてよい。しかも、信房の花押は、武田信玄・勝頼の花押に酷似した武田様であり、極めて武田氏の影響を強く受けた人物であると推察されるのである（平山・二〇〇五年）。

もし信長のもとで元服したのであれば、信長が敵視する武田様の花押を使用させることは想定できない。なお『信長公記』などにはいっさい見えないが、織田源三郎は信長に対面し、犬山城主に任命された際に、織田氏の重臣池田《いけだ》恒興《つねおき》の女《めと》を娶ったとされている（『太閤記《たいこうき》』「織田系図」等）。

筆を戻そう。昨今まで、織田信房の送還を、『信長公記』の記事を根拠に、天正九年とする説が有力であった。だが、よく読むとこれは、武田方から送還された信房を、信長が犬山城主に任命し、その御礼言上のため彼が初めて安土城に伺候した時のもので、送還された時の記録ではない。またこの記事を見ると、織田信房は織田方へ送還されたものの、父信長はすぐに彼と対面せず、天正九年十一月になって初めて父子対面が実現した模様である。この点は、『当代記』が、信長は武田氏より送還された信房を犬山城にしばらく留め置き、その後安土に召し出して、正式に犬山城主に任命したとする記述に整合性が認められる。

ところで、織田信房が、佐竹義重を通じて返還されたとの情報を、上杉景勝が察知した天正八年三月を起点にすると、信長が対面を許す天正九年十一月まで一年半近くも織田信房は織田方の手元で放置されたままであったことになる。その理由は定かではないが、『当代記』にあるように、武田氏は「甲江和与」を実現すれば織田信房を送還するとしたが、信長はまず信房を返さなければ話し合いには応じないと突っぱね、彼を取り戻してから、彼を窓口にして交渉を行う腹づもりであったということと関係があるのではなかろうか。

事実、勝頼は、織田氏のもとへ帰還した信房に対して、旧交を温める書状を送っているが、その内実は信長への取成の依頼にほかならなかった（戦武三七三七号、この文書は破損が多く、しかも宛所が「□田源三郎殿」と一字欠損している。そのため、この文書の所蔵者が牧田氏であることから、牧田源三郎宛と推測されていた。だが、同文書の写本が徳川林政史研究所所蔵『古案』にあり、そこには「織田源三郎殿」と明記されているので、織田信房宛であったことが確認できる）。

しかし、織田家中に復帰したばかりの若年の信房に、父信長を動かすだけの影響力はなかった。それでも、織田信房は、武田方より帰国後、しばらく「甲江和与」のための仲介役を織田方の内部で担っていたが、それが結果的に不調に終わり、武田氏と織田氏との関係が完全に断絶したことから、正式に仲介役から解放され、犬山城主の地位を得て、あらためて織田家中に正式に迎え入れられたのではなかろうか。じつは、武田・織田両氏の和睦の交渉は、織田信房の安土伺候と犬山城主任命の直前である天正九年九月ごろまで実施されていた形跡があるからである。この点は後述しよう。

怒る景勝、宥める勝頼

いずれにせよ、武田氏は佐竹氏の仲介に期待し、「甲江和与」交渉を続けていたが、なんら成果を見せることなく、ついには交渉の切り札として温存しておいた織田信房も佐竹義重の一存で送還されてしまった。ところが、織田信房の帰還を伝え聞いた上杉景勝は、噂通り武田・

織田両氏の和睦が成立したに違いないと思い、ただちに詰問状を武田勝頼に送った。このままでは甲越同盟が決裂する危険性があると考えた武田氏は、重臣跡部勝資による弁疎の書状を遣わした。それが前掲の史料（b）である。

このなかで勝資は、「甲江和与」が成立したというのは噂であって事実ではなく、佐竹義重が仲介してくれてはいるけれども、交渉はうまくいっていないと弁じ、織田信房が信長のもとに帰ったのは、佐竹氏の要請に応じて彼の身柄を渡したところ、「無事之善悪」（和睦実現の見通し）もないまま佐竹氏が勝手に帰してしまったからだと述べている。つまり織田信房送還は、武田氏が上杉景勝を出し抜いて、先に織田氏との和睦を推進するためではなく、あくまで行き違いによるものであると力説した。さらに武田氏は、去年（天正七年）に上杉家臣富永晴右衛門尉の要請に応じて、勝頼が血判起請文を作成し自ら榊を取って、景勝との和親が不変であり、もし織田氏と和睦するのであれば、上杉氏を含めた甲越江三和の形態を取ることを約束した「大誓詞」は今も不変だと強調している。そしてこのことは、佐竹義重の使者旅庵を通じて、信長家臣菅屋《すがや》長頼《ながより》にも確実に伝わっており、上杉氏を疎略に扱った事実はないと記している。

ところが武田氏は、「甲江和与」交渉の過程で思わぬ情報を耳にしていた。じつは上杉景勝も、織田信長との和睦を望み、秘かに使者を安土城に派遣していたというのである。武田方は、これを織田領国から帰ってきた者たちから聞いた話としているが、跡部勝資はこの情報を「凡下之惑説」（下々の者たちが根拠もなく勝手に噂しているに過ぎない）と断じ、武田氏としては上杉氏との数度にわたる起請文の取り交わしや、甲越同盟の実績に鑑みて、決して景勝が勝頼を出し抜くような動きをしていると、当方は信じていないと述べ、暗に上杉氏を牽制《けんせい》している。

信長との関係改善に動く景勝

だが武田氏を難詰した上杉景勝も、じつは織田信長との和睦を望み、行動を開始していた。景勝は、飛驒を経由して越中に侵出する神保長住《じんぼうながずみ》らと、加賀を経て能登・越中に加えられる柴田勝家らの圧力に対処すべく越中出陣を実施しながらも、使者の派遣や信長家臣へ書状を送るなど、様々な方法により織田氏との交渉を行おうと腐心していた。景勝が天正八年三月の段階で、安土城へ秘かに使者を派遣していたことは、武田方が察知した通りであろう。織田氏は、天正六年三月の上杉謙信死去と御館の乱勃発を契機に、加賀・能登・越中に向けて攻勢を開始しており、天正八年には家臣菅屋長頼を七尾《ななお》城代として派遣した。景勝はこの菅屋長頼に書状を送り、織田氏との和睦を打診したのである。その史料として、次の天正八年のものと推定される十一月二十四日付菅屋長頼宛上杉景勝書状写は重要である（上越二二〇八号）。

先達以両使申述候処、不預回報無御心許候、兎角当国始末之儀、畢竟任入候、於様子者、巨砕各可中候、恐々謹言

霜月廿四日　　景勝御居判

菅屋九右衛門尉殿

この文書の年代について、『上越市史』は天正九年としているが、私は天正八年のものと推定する。その根拠は、菅屋長頼の北陸在任期間との突き合わせによる。菅屋長頼は、天正八年

八月二十三日に上杉方から織田方へ転じた羽咋《はくい》郡の国衆で末森《すえもり》城主土肥《どい》但馬守親真《たじまのかみちかざね》の知行地と、能登一宮気多《けた》神社の社領との調整を指示したことを初見に（「気多神社文書」）、能登での文書発給を実施し始め、翌天正九年三月には能登七尾城代に任命された（『信長公記』『総見記』）。その後長頼は七尾城にあって、能登・越中の織田方国衆とともに上杉方の諸城を攻め、同年七月には能登・越中国の諸城破却を実施した後に、八月には安土城に召還されている（同前）。

　このように見ると、上杉景勝が能登支配を担っていた菅屋長頼に書状を送るとすれば、天正八年しかない。この文書によれば、景勝は二度にわたって菅屋長頼に書状を送っていたが、長頼からは一向に回答が寄せられなかったため、焦燥した景勝が三度書状を送ったことが知られる。景勝が長頼になんのために使者を送ったのかについては、この書状のなかに「当国始末之儀、畢竟任入候」とあるように、景勝が「当国」（能登のこと）について菅屋長頼に申し入れをしており、それが能登国割譲の申し入れであったことをうかがわせる。これに対して菅屋がどのような対応をしたのかについては、残念ながら確認できない。

　菅屋長頼が上杉景勝に対して書状を寄せたことが確認できるのは、天正九年四月二十日のことである（上越二一一八号）。この長頼書状は、上杉景勝が天正九年三月に越中に出兵したことを難詰したものである。織田信長は、家臣や各地の織田方国衆を集結させて、天正九年二月に京都で馬揃えを実施した。これに参加すべく、北陸方面軍の柴田勝家・前田利家・佐々《さっさ》成政《なりまさ》・神保長住らも上洛《じょうらく》していた。この間隙《かんげき》を衝《つ》いて、三月九日に松倉《まつくら》城の河田長親《ながちか》が越中の織田方の拠点小出城を包囲したのである。

織田方はあらかじめ上杉方への手当てのために、加賀の府峠（二曲峠）に二曲城（不動下《ふとげ》城、石川県白山市）を築き、柴田勝家の兵三百人ばかりを籠城させておいたが、上杉方の加賀一向一揆衆がこれを陥落させ、籠城衆をことごとく討ち取った。また三月十五日には上杉景勝自ら越中に出陣し、河田長親の軍勢と合流して、小出城の包囲を強化したのである（『信長公記』）。加賀・能登・越中の織田方は重大な危機に陥った。信長は、安土城まで引き揚げていた越前衆・越中衆に対して小出城を包囲する上杉軍を撃破するよう指示した。このため、越中衆は飛騨経由で、また越前衆は北陸道を経て、夜を日に継いで越中に向けて駆け抜けたという（『信長公記』『上杉家御年譜』等）。菅屋長頼の書状は、上杉氏による一連の軍事行動についての詰問状であり、景勝重臣須田《すだ》満親《みつより》・上条《じょうじょう》宜順・山崎《やまざき》専柳斎《せんりゅうさい》秀仙《しゅうせん》に宛てられている。

まずこの書状で注目されるのは、上杉景勝が七尾城代菅屋長頼に対して、越中小出城攻撃のために出陣するに際して、あらかじめ書状を送っていたという事実である。長頼は景勝からの書状到来を驚いているようであるが、その内容は小出城攻撃のために出兵するという内容であったらしい。これに対して長頼は、佐々成政や神保長住が上洛のために留守中であるのをいいことに、軍勢を派遣するなどは許し難いと厳しく批判している。また佐々・神保が取って返してきたために上杉軍が敗北したようであるが、それは卑怯《ひきょう》な不意打ちを行ったこととあわせて、上杉氏の面目を失わせるものであると記している。

菅屋長頼は、越中に下って上杉景勝と会談するつもりであったらしいが、上杉軍の行動のためすべてがご破算になってしまったと述べ、また景勝は去年（天正八年）以来何度も長頼に書状を出したというが、こちらは一向に受け取っていないとしている。長頼は上杉景勝から織田方へ書状が送られてきたかどうかを調査したらしく、実際に松井友閑《まついゆうかん》より景勝からの書状を確かに受け取っており、これを信長にも取り次いだが一向に返事をする気配がないとの報告を受けたと述べている。信長は、勝頼と同じく、景勝とも話し合いをする意思などさらさらなかったのであろう。景勝が越中出陣に際して菅屋長頼に送った書状は、実際には五ヵ条に及ぶ条目であったらしい。その内容の全貌は明らかでないが、このうちの二ヵ条については、長頼自身の言及があるのである程度推測することができる。

まず景勝は、織田信長に対して敵対の意思がないことを申し入れたらしい。これに対して長頼は、上杉謙信在世の際には、上杉・織田両氏は入魂の間柄であったが、神保長住の扱いをめぐって関係が断絶したと述べ、今また神保氏をめぐって軍事行動を取ったのであるから、この言い訳は通らないと突っぱねている。また景勝は、包囲している小出城には佐々成政の親類や織田軍が籠城しているようであるから、これらには手出しはしないと書き送っていたようだ。これについても長頼は、いかなる策略か、とても信用できないと述べ、もし事実であれば相応の態度を示せと迫り、書状を結んでいる。

確かに菅屋長頼のいう通り、織田方の諸城に攻撃をかけながら、和睦を望む上杉景勝の態度には誠意がないと織田氏は見ていたであろう。だが景勝からすれば、天正八年以来、菅屋長頼に数通の書状を送ったものの、それがなぜか長頼自身の手元には届かず（ただし長頼自身が惚《とぼ》けていた可能性もある）、いっぽう松井友閑に送った書状は信長のもとに届いたものの、梨《なし》の礫《つぶて》であり、織田氏との和睦交渉は暗礁に乗り上げたままであった。その間にも、織田方の攻勢は強まるばかりであり、天正八年十一月には能登割譲を菅屋長頼に申し入れたものの無視され、織田勢力は越中中部に迫り、上杉氏の要衝魚津・松倉城も危機に直面した。

景勝は上杉領国の安全保障上の立場から、やむなく越中出兵を実施したのであろう。そのため、長頼の言い分は景勝からすれば難癖とも受け取れるものである。だが、そのようなすげない態度をとられながらも、上杉景勝は織田氏との和睦を、天正八年から九年にかけて懸命に模索し、複数の交渉ルートを通じて働きかけを行っていた。しかし結局成功せず、信長は柴田勝家・前田利家らの越前衆と、佐々成政・神保長住らの越中衆に命じて、西から上杉領国への攻勢を強め、さらに天正九年から表面化する上杉方の内紛に乗じて、離叛者を募り、いっそうの揺さぶりをかけるのである。

さて上杉景勝が織田信長との和睦交渉に失敗したころ、既述のように武田勝頼も信長との最後の交渉を行っていた。天正七年から同八年六月ごろまでの「甲江和与」交渉は、佐竹義重の仲介により行われたが、織田信房の送還をめぐり、武田・佐竹両氏の意見が対立した。勝頼は天正八年六月、佐竹義重宛の書状で、交渉仲介の行き過ぎにより上杉景勝と齟齬を来したことを強い調子で述べているので、甲佐同盟は継続されたものの、佐竹氏は「甲江和与」仲介から手を引いたらしい。以後、佐竹氏が「甲江和与」に関与した様子はいっさい史料には現れない。

かくて、佐竹氏を仲介とする「甲江和与」交渉は挫折した。

勝頼、甲濃和親を目指す

少し時間軸が進んでしまうが、その後の和睦交渉について触れておこう。武田氏は、なおも織田氏との和睦を望み、天正八年十二月に、交渉を再開したようだ。その際に仲介役を果たしたのは、臨済宗の僧侶たちであった。武田氏と臨済宗との繋がりは深く、とくに関山派に武田信玄が帰依していたことは著名である。武田氏の菩提寺《ぼだいじ》乾徳山《けんとくさん》恵林寺《えりんじ》は、京都妙心寺《みょうしんじ》、大徳寺《だいとくじ》、天龍寺《てんりゅうじ》をはじめとする臨済宗の古刹の住持を務めたこともある高僧を歴代住職に迎えていたことはよく知られており、武田晴信が出家して「信玄」と号したのも、岐秀元伯《ぎしゅうげんぱく》を導師とした結果であった。

勝頼は、当時恵林寺の住職として甲斐にあった高僧快川紹喜《かいせんしょうき》を通じて、京都の妙心寺など臨済宗の本山系寺院を動かし、信長との交渉を行っていたらしい。臨済宗では、美濃国大龍寺麟《だいりゅうじりん》岳淳厳《がくじゅんげん》と本田通玄寺《ほんでんつうげんじ》（岐阜県瑞穂市本田）の栢堂《はくどう》を織田氏との窓口とし、京都では妙心寺の南《なん》化玄興《かげんこう》が「甲濃《こうじょう》和親」交渉の中心を担った。

臨済宗は、京都妙心寺などが、織田信長から保護を受けており、その関係は緊密であった。たとえば、信長は傅役平手《ひらて》政秀《まさひで》が諫死《かんし》したことを悼み、尾張に政秀寺《せいしゅうじ》を建立し、ここに若年より帰依していた臨済宗の高僧沢彦宗恩《たくげんそうおん》を住職に招いている。沢彦は、信長が美濃国稲葉山城を陥落させてここに本拠を移した際に、「岐阜」と改称することを、また信長が使用する印判に刻む印文を「天下布武」とするよう提案したことでも知られる（『延宝伝灯録』『甫庵信長記』「政秀寺記」等）。また、信長が安土城の城域に、総見寺《そうけんじ》を建立したのは有名であるが、これも臨済宗の古刹である。さらに、今度「甲濃和親」の働きかけを行った南化玄興に至っては、信長から委嘱されて「安土山記」（「虚白録」）を起草したことは著名である。

　このように武田勝頼は、武田氏と臨済宗が強い絆《きずな》で結ばれていたことと、同じく織田信長が臨済宗に強く帰依していることに注目して、織田氏との和睦交渉にあたって、その仲介役を南化玄興らの高僧に依頼したのであろう。南化玄興は、麟岳淳厳・栢堂に脱公首座《だつこうしゅそ》を加えて、織田氏に武田氏との和睦を働きかけたのである（戦武四〇九四号）。快川紹喜がこれに積極的に関わった様子は史料から確認できないが、南化玄興や麟岳淳厳は快川の弟子にあたるので、快川の意思が入っていたことは間違いあるまい。また快川紹喜、南化玄興をはじめ、栢堂、淳厳らはいずれも美濃出身か、美濃の臨済宗の有力寺院を統べた高僧ばかりであり、織田氏と強い繋がりを持つ僧侶の影響力を通じて、「甲濃和親」を実現させようとしたのであろう。

　ここで注意しなければならないのは、武田氏が天正七年から同八年に実施した織田氏との交渉が「甲江和与」と呼ばれていたのに対して、天正八年末から同九年の交渉は「甲濃和親」とされていることである。これは、当時岐阜城にあった織田氏家督織田信忠と交渉を実施し、これを成功させることで、信長との和睦を実現させせようとしたものではなかろうか。また当時美濃には、送還された織田信房がいたわけで、栢堂・淳厳・脱公首座らは信房の協力も得て、織田信忠や信長と交渉していた可能性がある。

　それでは臨済宗の高僧たちを仲介とした二回目の交渉は、いつごろから始まったのであろうか。これについては、天正八年十二月十四日付の甲府（武田勝頼）宛上杉景勝条目がある（上越二〇六五号）。この条目は、上杉景勝が勝頼と話し合いをするための議題を箇条書きにしたものであるが、その第一条目に「一上口御刷之様子承度之事」と記されている。この場合の「上口」とは「上方」（畿内）のことであり、織田信長のことを指している。また「御刷」とは和睦の仲介のことを示すものであるから、臨済宗の高僧たちによる「甲濃和親」「甲江和与」交渉は天正八年末にはすでに開始されており、この情報は武田氏から上杉氏に今度は確実に伝達されていたことが知られる。そして景勝は、交渉の成り行きに注目していたのである。では、この交渉はどのような結果になったのであろうか。

その和睦交渉の結果については、天正九年九月三日付の岡本元悦《おかもとげんえつ》・同氏元宛梶原政景書状写がある（房総一八一〇号）。この書状は、梶原政景が里見義頼家臣岡本元悦・氏元に対して、佐竹氏が武田氏と共同で北条氏政を攻撃すべく、軍事行動を実施していることや、武田氏から里見氏との同盟交渉のため派遣された使者が、佐竹領に到着したことを伝えたものであるが、その追而書《おってがき》に「昨従甲府之説、従太田如到来者、江甲無為、過半落着候之由候」と見えている。つまり武田勝頼から佐竹義重のもとに、織田信長との和睦についてほぼ決着を見たとの情報がもたらされ、これが義重から梶原政景が伝えられたので、政景は里見義頼重臣岡本元悦・氏元に知らせたことが判明する。

そしてこの書状から、佐竹義重は今度の武田・織田両氏の和睦交渉には関与しておらず、交渉が妥結しそうであるとの結果報告を受ける立場であったことがわかる。この書状のほかに、天正九年の武田・織田両氏の「甲濃和親」の行方を示す史料は存在しないので、詳細はわからないが、書状の記述が事実とすれば、信長は勝頼との和睦を受け入れるとの姿勢を一時的に取ったのであろう。

だが実際のところ、信長が和睦を承諾したとすれば、武田勝頼を一時的にせよ油断させるための方便だったのではなかろうか。当時信長が、勝頼との和睦を受け入れることで得られるメリットはさほどなかったはずである。むしろ、そのころになると、上杉領国で信長と結んだ新発田《しばた》重家《しげいえ》の反乱が起こったように、武田領国の内部でも信長・家康の調略により秘かに勝頼から離叛する動きが始まっていた。また信長は、武田勝頼撃滅のために信濃・美濃・三河国境で準備を進め、三河へは大量の兵粮《ひょうろう》搬入を開始していた。

このような情勢のなかで、もし「甲濃和親」を信長が承諾したとすると、武田氏討滅に向けた準備を進めるための時間稼ぎであった可能性が高い。『軍鑑』が記した小山田信茂ら家臣たちがこぞって掲げた安土城への使者派遣に対する反対理由（使者を派遣しても信長は武田氏打倒の意思と策略を捨てはしない）は、妥当な見通しであったといえよう。

勝頼は天正五年十一月に織田信長より和睦の申し入れを受けたものの、長篠合戦での屈辱からこれを肯《がえ》んじず、拒否したといわれている（『軍鑑』）。信長が勝頼に突然の和睦申し入れを行ったのは、信長が上杉謙信との関係悪化や畿内での反織田勢力の攻勢などで危機的な情勢に追い込まれており、武田氏との関係安定が必要だったからである。この時の勝頼はまだ強気で、また長篠敗戦の屈辱からさほど時間が経過していなかったこともあり、信長の申し出を一蹴したのであった。この記述が事実とすれば、信長は勝頼に足下を見られたと思ったことであろう。

だが、今度は逆に勝頼が自ら選択した甲相同盟破棄によって危機的な状況に追い込まれつつあったため、信長に和睦の申し入れを行わざるを得なくなったのである。勝頼は、織田信長との和睦(「甲江和与」「甲濃和親」)により、さらに徳川家康との和睦をも実現させて駿河、遠江、信濃・美濃国境での戦闘を終息させ、佐竹氏との甲佐同盟を軸に北条氏政を主敵に定め、関東に領国を拡大させ、武田氏の勢力回復を目論《もくろ》んだとみられる。だが勝頼が目指した外交路線の転換は、今度は信長にまったく相手にされず、一時的にせよ上杉景勝との対立を生み、佐竹義重とも齟齬を来す結果を招いただけで、なんらの成果を出すこともなかった。すべては遅きに失した感がある。武田勝頼の苦肉の策は、こうして敗れ去ったのである。

(註1) 武田勝頼が父信玄と同じく、「大膳大夫」(従五位下)を公称し、「武田大膳大夫勝頼」と対外文書に自署していたことは、上杉景勝宛の書状にいくつか見られる（『上杉家文書』）。また信濃守護職であったことは、天正二年閏十一月三日の伊那郡安養寺棟札に「当国守護御屋形勝頼」とあることからも知られる(「安養寺文書」)。このほかに注目されるものとして、勝頼のことを「武田左京大夫」と呼称している史料が見られる(『言経卿記』天正十年三月二十二日条)。「左京大夫」(従四位下)の官途は、祖父武田信虎が大永元年(一五二一)四月に叙任されており、その後父信玄も天文五年(一五三六)正月ごろ「左京大夫」に叙任されている。ところが信玄は天文十年に信虎を追放すると、「左京大夫」の官途を捨てて、「大膳大夫」に遷任されている。これは武田信玄の方から遷任を要請した結果と推定されるが、官位相当に則れば官位が下がる「大膳大夫」を敢《あ》えて拝受したのは、信玄が信虎とは違う生き方を選択した決意の表れと見る学説がある(平山・二〇〇六年)。武田勝頼が自ら「左京大夫」を称した文書は、今のところ確認することができないが、武

田氏三代の経緯を見ると、勝頼が自称しており、それを世間が認知していた可能性は否定できない。もし勝頼の「左京大夫」自称が事実であれば、父信玄のような特殊な事情による変則的な叙任ではなく、「大膳大夫」→「左京大夫」となったのではなかろうか。この推定が正しければ、勝頼は滅亡直前に、「左京大夫」を名乗っていた可能性がある。

（註２）織田信長は、武田勝頼のことを、その生涯を通じて仮名「四郎」と呼んでいた。つまり武田勝頼が「大膳大夫」「左京大夫」などの官途を称したことを、信長は公式に認めようとしなかったのである。敵国の当主を呼称する際に、相手の権威を示す官途・受領などを認めないという事例は数多くあり、たとえば上杉謙信は伊勢氏による北条姓と「左京大夫」の公称を認めず、長い間「伊勢新九郎」と北条氏康のことを文書に書き続けた。これに対して北条氏康や武田信玄も、長尾景虎の上杉氏の家督相続と関東管領職継承を認定せず、「長尾景虎」「長尾輝虎」「長尾謙信」などと呼称していた（平山・二〇〇二）。織田信長は武田勝頼ばかりでなく、上杉謙信の跡を継いだ上杉景勝についても、「上杉」氏と「弾正少弼」の継承を認めず、「長尾喜平次」と呼称し続けている。『甲陽軍鑑』に見られる勝頼宛てに信長が書状を送ったのが事実ならば、本来対等の相手の大名間の書札礼は、通常は宛所の位置を月の数字に合わせて書かなければならず、またその宛所も「武田殿」と姓のみを尊号にのせて記すか、地名（甲府）や近臣に宛てる必要がある。ところが信長は、武田勝頼に対して、「武田四郎殿へ」という仮名を記し、尊号を「殿へ」と書き、宛所位置をわざと下げた書状を作成し送ったのである。これは信長の勝頼蔑視と、露わな敵意を知らしめるのに十分であったろう（丸島・二〇〇一年）。受け取った勝頼の心中は察して余りある。

第七章　武田勝頼と北条氏政の死闘

一、武田氏の関東侵攻と北条・徳川氏の動向

勝頼、東上野・北武蔵に出陣す

天正八年（一五八〇）正月早々、勝頼は軍勢を率いて甲斐を出陣し、上野国《こうずけのくに》に入った。その目的は、東上野と北武蔵への侵攻である。既述のように、すでに天正七年十一月から十二月にかけて、上野の武田方は、鉢形《はちがた》城をはじめとする北武蔵に大規模な攻勢をかけ、東上野の由《ゆ》良《ら》・北條《きたじょう》氏らは動揺していた。武田軍本隊の出陣は、その総仕上げという意味があったのだろう。

勝頼出陣を受けて、武田氏に従属していた菅原為繁《すがわらためしげ》は、上野国赤木神社に願文を捧げ、羽生《はにゅう》城（埼玉県羽生市）を奪回できたら、神社領を寄進すると誓った（戦武三二三〇号）。勝頼の目標は、羽生城をはじめとする北武蔵にあったことがわかる。勝頼は、今回の北武蔵、東上野侵

攻を有利なものとすべく、かつてこの地域に所領を持っていたが、今ではそれを喪失していた国衆たちに呼びかけ、作戦が成功したら、旧領を与えると約束した。上野国衆小幡《おばた》縫殿助《ぬいのすけ》（長根〈高崎市〉小幡氏）には、一月十八日付で、東上野の小林（群馬県藤岡市）、武蔵国毘沙出《びさど》（埼玉県児玉郡上里町）など、上条《じょうじょう》（後閑《ごかん》）宮内少輔《くないしょうゆう》には高林、岩松（群馬県太田市）などの旧領を、制圧ができ次第、必ず与えるとの判物を授けている（同三二三四・三二三五号）。武田軍は、碓氷峠を越えて信濃より西上野に進み、箕輪《みのわ》城に入ったらしい。勝頼は、箕輪衆大井《おおい》満安《みつやす》（もと信濃衆、小諸大井高政の子、上野箕輪に在城し転封を命じられていた）の私領白井、松原（高崎市）における竹木伐採を排除する禁制を与えているからである（同三二三三号）。武田軍襲来の噂は、すでに北武蔵に及んでいたらしく、大興寺《だいこうじ》（埼玉県同郡美里町）は早くも一月八日に、武田氏よりの禁制を獲得していた（同三二三一号）。

しかし、今回の作戦は、佐竹義重《さたけよししげ》ら同盟国にも通告せず、勝頼が単独で実行に踏み切ったものであったようだ。武田軍の東上野、北武蔵侵攻を知った北関東の反北条方は驚き、某氏（佐竹方であろう）は一月二十六日に勝頼に問い合わせの書状を送っている。この書状は、三月一日に勝頼のもとへ到着した。勝頼は、急な出陣であったため、佐竹義重にもなんら相談ぜずにいたことを陳謝し、決して疎略にしているわけではないと弁明するとともに、今後の作戦は事前にちゃんと申し入れるので、ご容赦願いたいとの返書を、三月七日に送っている（戦武三二七六号）。

ただし、勝頼はこの時すでに甲府に帰還していた。彼は、二月十九日には甲府にいることが確認できるので（同三二五二号）、勝頼の東上野、北武蔵侵攻は、一月早々から二月上旬までであったのだろう。この作戦で、武田軍が大きな戦果を挙げた形跡は認められない。恐らく鉢形城などの攻略を試みたものの、成功しなかったのだろう。しかし、これを境に、上野の武田方の動きが活発になっていく。

まず、二月十二日、上野国深沢《ふかざわ》（群馬県桐生市）で両軍の戦闘があり（戦北二二三七・三八号）、同二十七日には、鉢形衆と武田方の戦闘が山上戸張《やまがみとばり》（前橋市）で展開された（同二二四五号）。鉢形城主北条氏邦《うじくに》が、これまで無足で奉公してきた金井源左衛門尉に対し、三月六日に急遽《きゆうきよ》知行を与え、これまで以上の活動を奨励したのは、武田方の攻勢に直面した北条方の焦りが背景にあろう（同二二四七号）。氏政が、「このままでは上野は勝頼のものとなり、北条氏も滅亡に追い込まれてしまう」と危機感を露《あら》わにしたのは、ちょうどこの時期のことである。

北条方は、鉢形衆富永助盛《とみながすけもり》（後の猪俣邦憲《いのまたくにのり》）が、三月に上野国多留《たる》城（渋川市）を攻め、伏兵により城主牧和泉守《まきいずみのかみ》（白井長尾氏の家臣）の次男を討ち取る戦果を挙げ、懸命に反撃していた（戦北二二五一号）。三月二十七日には、上野国倉賀野《くらがの》、八幡崎《やわたざき》（高崎市）で両軍の衝突があり、鉢形衆新井入道（新井主水太郎の父）が戦死している（同二二五五号）。こうした情勢下、北条氏邦は、鉢形衆塚本舎人助に知行加増を約束し、昼夜を分かたぬ奉公と無駄死にをせぬよう命じる判物を与え（四月十二日付、同二二六七号）、北条氏照も滝山《たきやま》衆に対し陣触があり次第、夜中であろうがただちに参陣するよう通達を出した（閏《うるう》三月四日付、同二二五七号）。

このように、双方、息詰まる攻防を繰り広げていたが、北条氏との連携を完全に遮断され、孤立した要衝沼田城攻略に向けて、武田方の作戦が本格化している（この点は後述）。さらに、上武国境の武田方国衆の活動が顕著となっている。上野国三ツ山城（群馬県藤岡市）主長井《ながい》政《まさ》実《ざね》は、北武蔵の金谷、塩谷（埼玉県本庄《ほんじょう》市）を中心に勢力を張る土豪若林越後守《わかばやしえちごのかみ》を味方につけ、北条方への圧力を強め始めていた（戦武三三五〇・五一号）。また武蔵国本庄の旧領を失い、武田方に庇護《ひご》されていた堀籠甚之丞も、三月一日には武田氏より旧領安堵《あんど》の手形を授けられていたし（同三三六二号）、北條長門守《ながとのかみ》（北條芳林《ほうりん》の一族）も武田氏に訴えて、望み通り「仁田山《にたやま》（桐生市）一跡」を拝領することに成功した（同三三七六号）。これは由良国繁《くにしげ》の所領であったらしいが、まだ由良氏は武田氏に従属することを拒んでいたようであり、北條氏はその所領を与えられる約束を勝頼から取り付けたことで、積極的に由良領への攻勢を強めたのであろう（ただし勝頼は、由良国繁が武田氏に従属した場合は、仁田山は由良氏のものとし、北條へは替地を与えると予告している）。

だが当時の情勢を注意深く検討すると、勝頼の東上野、北武蔵侵攻は、北条氏政の注意を逸《そ》らし、もうひとつの重要な計画を成就させるための狙いもあったとみられる。それは、駿豆《すんず》国境の沼津三枚橋《さんまいばし》城の防備強化を目的とした大規模な改修工事が進行中だったからである。勝頼は、上野沼田攻略と上武国境での勢力拡大を目指しただけでなく、駿豆国境の防衛強化を実現させるべく、自ら本隊を率いて出陣したのであった。

沼津三枚橋城の防衛強化

関東出陣から帰国してまもない三月六日、勝頼は重臣原隼人佑昌栄《はらはやとのじょうまさひで》（昌胤《まさたね》の子）、浦野《うらの》孫六郎《まごろくろう》（上野国衆、浦野大戸《おおど》真楽斎《しんらくさい》の子、後に弾正忠《だんじょうのじょう》を称す、高天神《たかてんじん》城で戦死）、小笠原信嶺《おがさわらのぶみね》（信濃国衆）に対し、城普請のために昼夜活動していることを謝し、いっそうの奮励を要請した（戦武三三七一～七三号）。彼らが日夜普請に邁進《まいしん》したのは、駿豆国境の沼津三枚橋城であった。勝頼は去る天正七年七月に築城した同城の規模を、さらに拡張していたとみられる。沼津三枚橋城は、境目の城としての役割だけでなく、「船入」（船舶収容施設）を伴っており、武田水軍の基地としての役割をも備えていた。沼津は以前より、船舶の出入りが可能な湊《みなと》が存在しており、海上交通の拠点であった。沼津三枚橋城は、その機能を含み込んだ一大軍事施設であったのである（小川雄・二〇一四年）。

いっぽうの北条氏政も、これを座視してはいなかった。天正八年三月下旬、駿豆国境に出陣すべく準備に入った。北条氏の動員は大規模なものであったらしく、武蔵・上総・下総の人びとの過半を引き連れている（静⑧一二三〇九号）。これは北条氏が、里見氏と「相房和睦」を締結していたからこそできたのである。だが、武田・北条両軍の戦闘が大規模になるであろうとの噂は、関東に広まっていた。正木時長《まさきときなが》は、伊豆国河津の人びとに対し安否を尋ね、引き続き協力を求める書状を送っているが、そのなかで駿豆国境での抗争について「相甲案外之鉾楯、豆州忩劇」と呼んでいる（閏三月二十日付、同前一二三〇一号）。氏政出陣の情報を、勝頼は同二十四日に察知し、同盟国である下野那須資晴《なすすけはる》に書状を送り、氏政が豆州口に出陣するとの情報をつかんだ。好機到来であるから北条軍と決戦を遂げ、雌雄を決するつもりであると述べ、協力してほしいと申し入れている（戦武三二九三号）。

この時勝頼は、上野国の有力な家臣や国衆を駿豆国境に集結させ、北条軍の侵攻に備えるとともに、沼津三枚橋城の普請を急ピッチで進めていたらしい。北条軍の駿豆国境への侵攻は、閏三月十五日のことであった。北条軍は、箱根より山中（静岡県三島市）を越えて沼津に至るルートを取らず、足柄峠を越えて深沢城と御厨《みくりや》地方を攻撃し、各地を放火した。十七日まで深沢周辺を荒らし回り、足柄山麓（同県駿東《すんとう》郡小山町）に布陣した。

勝頼は、この情報を甲府で知った。だが出陣の準備が整わなかったのであろう。勝頼は、閏三月十八日、江《え》尻《じり》城代穴山信君《あなやまのぶただ》に条目を送り、①ただちに出陣すること、②家康の動向をよく探り報告すること、③駿河の各城の守備や普請に厳重な注意を払うこと、④駿河丸子城の在番衆がほとんどいないとの噂があるが事実かどうか、じつに不審であること、⑤樹木屋敷（軍需用の植物を栽培する施設）の管理を厳重にせよ、などを指示した（以上、戦武三三〇七号）。勝頼がもっとも懸念したのは、天正七年のように、氏政の駿豆国境出陣を支援すべく、家康が来援することであった。ところが、対徳川戦の重要拠点であり、駿府の関門を守る要衝丸子城の在番衆がほとんどいないという体たらくであった。

勝頼の条目によれば、ここの守備を命じられていたのは「小幡・内藤《ないとう》人数積之事」とあるので、上野国衆小幡信真《のぶざね》、重臣内藤昌月《まさあき》（上野箕輪城代）だったことがわかる。また、本領を失った、もと遠江の有力国衆天野藤秀に、知行として与えていた駿河国有度《うど》郡沼上郷（静岡市）において、検地増分が出来《しゅったい》した場合は、御重恩として安堵すると約束している（戦武三三二七号）。天野も、徳川氏を監視すべく駿河西部に配置されていたのであろう。勝頼は、北条・徳川両氏に挟撃されつつある駿河防衛のため、上野国で最大の軍事力を誇る小幡氏と、多数の国衆や直参衆、同心衆を率いる内藤昌月を緊急配備していたのである。

第一次沼津沖海戦と武田・北条両軍の動向

また戦闘は、海上でも起こっていた。四月、武田水軍（海賊衆）向井《むかい》兵庫助正綱《ひょうごのすけまさつな》、小浜民部《おばまみんぶ》左衛門《ざえもんの》尉景隆《じょうかげたか》らが軍船を率いて伊豆の諸浦の攻撃に踏み切った。これに対し北条水軍は、梶《かじ》原景宗《わらかげむね》がこれを沼津沖で迎撃し、両軍の間で海戦が行われた（本書では、以下これを第一次沼津沖海戦と呼び、天正九年三月から六月にかけて三度に及ぶ西伊豆沿岸での戦闘を第二次沼津沖海戦と呼び区別する）。この海戦では、武田水軍が勝利したらしく、伊豆沿岸部の数ヵ村を撃破し、北条方の軍船を拿捕《だほ》した（戦武三三三一・三三二号）。

恐らく、この海戦が『北条五代記』『鎌倉九代後記』『武徳編年集成』などで知られる武田・北条水軍の戦闘と考えられる。これら軍記物の記述は内容がまちまちであるが、おおよそのところを紹介すると、北条氏政の三島出陣に対抗すべく、勝頼も駿河に出陣した。勝頼は、家康の動向に配慮し、浮島《うきしま》ケ原《はら》に在陣し、武田軍は沼津から千本松原に布陣したという。これに呼応して、清水湊（静岡市）より武田水軍が、重須《おもす》（沼津市）より北条水軍がそれぞれ沼津沖に押し出し、北条水軍の梶原衆と、武田水軍の小浜・間宮衆が初めての海戦に突入した。勝頼は、この様子を浮島ケ原で観戦していたという。

伊豆・相模・武蔵・上総・下総などの海沿いに領国を保持していた北条氏は、優勢な水軍を擁しており、駿河一国を保持するに過ぎない武田水軍を凌《しの》ぐ規模の艦隊を押し立てて突入を企てた。勝頼は、このままでは武田水軍が壊滅的打撃を受けると憂慮し、旗本城織部助昌茂《じょうおりべのすけまさしげ》に命じて退却を下知したが、向井正綱はこれを拒否してなおも立ち向かい、当初押され気味であった戦局を挽回《ばんかい》した。武田水軍は、間宮《まみや》酒造丞《みきのじょう》信高《のぶたか》が負傷したほか、多数の戦死傷者を出した。また武田水軍を援護すべく、陸上の武田軍は、弓、鉄炮《てっぽう》衆が砂浜に出て、腰まで海水に浸《つ》かりながら北条水軍の軍船に攻撃をかけた。これに対抗して、北条水軍の軍船も応射し、終日撃ち合いが続いたという。やがて日没になったため、北条水軍は重須に引き揚げ、第一次沼津沖海戦は終わったという。この海戦では、武田水軍に被害が大きかったといい、勝頼は敵の水軍に利用されないようにと、千本松原の松をすべて伐採したと伝えられる。

ただし、軍記物が伝える第一次沼津沖海戦がどこまで事実かは明らかでない。諸書によると、海戦は三月十五日だったとされるが、勝頼はまだ駿河に出陣していない。このことから、天正八年四月の海戦は、勝頼の眼前で行われた事実はないと考えられる。また、この海戦に関する北条方の記録や文書が確認できず、とりわけ武田氏と違って感状が存在しないので、北条水軍は旗色が悪かった可能性がある。

いずれにせよ、軍記物のような大海戦があったかどうかは不明であるが、武田水軍と北条水軍の海戦があったことは事実であろう。なお武田氏は、水軍の強化を喫緊の課題と捉え、天正八年四月十九日には、駿河の太田忠左衛門尉に対し、塩釜役を免除するので、配下の者たちに早船の建造を行うよう指示している（戦武三三一八号）。

こうした緊迫した情勢のなか、勝頼は沼津三枚橋城の普請強化と、駿豆国境防衛のため、自身が本隊を率いて出陣するまで、錚々《そうそう》たる重臣層を沼津に集結させた。それは、春日《かすが》信達《のぶたつ》に加えて、真田《さなだ》昌幸《まさゆき》、山県《やまがた》昌満《まさみつ》、小山田《おやまだ》備中守《びっちゅうのかみ》昌成《まさなり》、内藤昌月である。このうち、山県は父昌景《まさかげ》以来駿河在国、春日は甲越同盟成立後、沼津に配置転換されていた。これに、上野経略を担当する真田と内藤、さらに信濃佐久郡内山城代小山田昌成までもが動員されたのである。彼らは、勝頼が到着するまで、昼夜を分かたず沼津三枚橋城の普請を実施しつつ、北条軍の動向を監視していたが、勝頼への報告が遅れがちであったらしく、五月十二日の勝頼書状で、彼らは厳しく叱責されている（戦武補遺五六号）。勝頼はよほど沼津の様子が気になっていたのであろう、同十三日にも原昌栄らに城普請を労《ねぎら》う書状を送っている（戦武三三四一・四三号）。

こうしている間にも、北条軍は沼津に接近しつつあったようだ。勝頼が甲斐を出陣し、沼津に到着したのは、それからまもなくの五月下旬のことであったらしい。武田軍本隊が到着すると、勝頼は伊豆に向けて新たな砦《とりで》を構築した（戦武三三五三・五四号）。これが天神ケ尾砦（沼津市岡宮）、もしくは沢田砦と推定されている（『沼津市史』通史編他）。勝頼は、自身と入れ替わりに、沼津に参陣していた内藤昌月を、西上野の箕輪城に戻したらしい（戦武三三五七号）。上信国境での防備強化のためであろう。勝頼は、なにか動きがあれば至急知らせるように指示している。

その後、武田軍と北条軍の対峙《たいじ》が続いたが、双方に大規模な戦闘は発生せず、六月九日、北条氏政が小田原に引き揚げたため、勝頼も同十二日までには甲府に帰陣し（同前）、戦闘は終結した。

駿豆国境での抗争

氏政が六月九日、勝頼が同十二日に帰陣した後も、駿豆国境の戦火が収まったわけではなかった。六月二十九日、勝頼は武田水軍の小浜景隆が、北条水軍の拠点である伊豆国の中小浦（中小の浦）を攻撃し、多数の郷村を撃破したばかりか、多くの敵を討ち取ったことを賞し、感状を発給した（戦武三三七二号）。武田軍本隊が引き揚げたとはいえ、水軍をはじめとする武田勢は活発に活動していたのである。

その一ヵ月後の七月二十日、北条氏は武田勢が侵攻してきたとの情報に接し、氏直が伊豆に出陣した（戦北二一八四号）。これが勝頼本隊であるかどうかは確認できない。ただ『甲陽軍鑑』に「天正八年九月、勝頼公駿河より御馬入て、甲府におゐて、高天神後詰の御談合」とあり、また『武徳編年集成』なども、八月に武田勝頼と北条氏直が黄瀬《きせ》川で対陣中であると記録しており、北条氏直が迎撃に出陣するほどであるから、この軍勢は武田勝頼本隊である可能性が高い。既述のように、ちょうど徳川家康が駿河国小山城、田中城を攻め、周辺で苅田を盛んに実施していたのと時期（七月十七日から二十六日まで）が一致する（『家忠日記』）。

その後武田軍は、北条軍と黄瀬川で対峙しつつ、八月には武田水軍を伊豆沿岸に展開させて、攪乱《かくらん》作戦に出ていたようである。これに対抗するため、北条氏は、八月三日に伊豆国井田・江梨（ともに静岡県沼津市）の人びとに対して、駿河湾を眼下に見下ろし、周辺の見通しが利く真城山（「さなぎ山」、沼津市）で、武田水軍の軍船の動きを監視するように指示し、敵船発見次第、狼煙《のろし》を上げて周辺に報じるように命じている。また、狼煙が一ヵ所で上がったら、周辺の諸浦でも一斉にこれに呼応して狼煙を上げるように指示し、狼煙が上がり次第、味方の軍船を出動させる態勢を整えることとした（戦北二一八六号）。両軍はふたたび黄瀬川を挟んで睨《にら》み合いとなり、氏直は勝頼の背後を牽制してもらうために、家臣笠原《かさはら》某を使者に立て、徳川家康に出陣を要請したという。家康はこの使者に八月十五日に引見したとされているが（『集成』）、徳川軍が動いた形跡はない。ただし、氏政より家康のもとへ使者小笠原康広《やすひろ》が派遣されたのは事実で、彼は八月十六日に浜松に到着している（『家忠日記』）。しかし、徳川軍が早急に動く気配はなかった。

このように、武田・北条両軍が駿豆国境で対峙していた時期は、既述のごとく、東上野、北武蔵で武田方の、また下野などでは佐竹・宇都宮・結城《ゆうき》氏らの攻勢が続き、上野国や下野国の北条方が続々離反するなど、氏政にとって危機的な状況にあった。氏政が、嫡子氏直への家督相続を実施した八月十九日は、まさにこうした事情を背景にしていたわけである。

八月二十日、武田軍は軍勢を進め、大平城《おおひら》（沼津市）を攻撃した。だが武田軍は城を落とせず、北条方に撃退された（戦北二一九三～九五号）。その後、両軍の戦闘に関する史料は見いだせない。戦局は膠着《こうちゃく》したのであろう。勝頼は、まもなく甲府に帰陣したものと推察される。

いっぽう、北遠江でも、徳川方の調略が盛んに行われていた。九月、信濃と遠江の国境に近い、遠江国奥山氏の家中で、徳川家康の調略による謀叛が起こった。おそらく、奥山大膳亮吉兼の居城久頭郷《くずごう》城（久頭合城、高根城、静岡県浜松市天竜区水窪《みさくぼ》町）で発生したのだろう。だが奥山大膳亮は、城内の警戒を強めていたため大事に至らず、謀叛は鎮圧され、少なからぬ者たちが捕虜となった。奥山は捕虜を甲府に送っている。勝頼は、九月二十一日付で奥山を慰労し、送られてきた捕虜を尋問して、徳川方の狙いを探るつもりだと伝えた（戦武三四二五号）。ちょうどこのころ勝頼は、二十日に甲府を出陣し、東上野に向けて馬を進めていた。この事情については、後述としよう。

家康、高天神城包囲網形成に動く

北条軍が三島に進出し、武田方と対峙しているなか、徳川家康もこれに呼応して宿願である遠江高天神城攻略に向けた作戦を実行しつつ、氏政を支援すべく駿河へと軍勢を派遣していた。このころの徳川家中は、既述のように、夫徳川信康《のぶやす》の切腹（天正七年九月十五日）ののちも、岡崎城に居住していた信康正室五徳《ごとく》（信長息女）が、信長のもとに引き取られることとなっており、徳川氏は彼女を、天正八年二月二十日に尾張へ送り届けていた（『家忠日記』）。これをもって、信康事件の処理は終息した。

家康は、五徳を送り出すとただちに、対武田戦を再開する。三月十三日、吉田城主酒井忠次に命じて、来る十六日に出陣するよう東三河衆に伝達させた。その目的は、高天神城包囲のための付城普請《つけじろ》にあった。酒井率いる東三河衆は、三月十六日に浜松に到着し、同十八日には大坂砦（三井山砦《みついざん》）の普請を開始した。さらに大坂砦（『家忠日記』には「相坂」ともあるが、大坂のことであろう）普請を実施していた徳川勢は、同二十五日には中村砦普請も並行して行った。中村砦は、わずか三日後の同二十八日には完成している。徳川方はさらに、同二十九日に大坂砦と中村砦の中継点として、新たな砦普請に着手した。これがどこを指すかは定かでないが、三井山砦近くの神宮寺砦を指すのであろうか。記して後考をまちたい。なお、大坂（相坂、三井山）砦普請は、閏三月七日まで行われていることが確認できる（以上『家忠日記』）。徳川軍は、高天神城包囲のための付城普請を着々と進めていたわけである。

徳川方が築いた主要な付城は、俗に「高天神六砦」と呼称される。それらは、小笠山砦《おがさやま》、大坂砦（相坂、三井山砦）、中村砦、火ケ峰砦、鹿ケ鼻砦、能ケ坂砦であるという（『三河物語』、増田又右衛門・増田實編・一九六九年他）。

高天神城包囲のための付城であるが、すでに天正八年以前より家康が少しずつではあるが、普請を開始していた形跡がある。まず、『浜松御在城記』は、天正四年条において、徳川方が横須賀城とともに、小笠山砦（掛川市入山瀬）を築いたとある。横須賀築城は、『家忠日記』により天正六年七月三日から十五日であることが確実だから、もし小笠山砦普請が並行して実施されていたとすれば、天正六年のことであろう。また、天正六年十一月八日に、風吹《かざふき》の番に西郷孫九郎《さいごうまごくろう》、足助衆《あすけ》、安部三助、鵜殿善六《うどのぜんろく》らが派遣され、同十日には松平家忠が入っている（『家忠日記』）。ここに登場する風吹とは、風吹砦（掛川市入山瀬）のことを指すとみられる。以

図8　高天神城周辺図（「土屋比都司原図」〈2009年〉をもとに作成）

上から、徳川方は、天正六年以来、高天神城の北方から東方にかけての地域を封鎖すべく、継続的に付城構築を行っていたと推察される。これらは、小山城から塩買坂《しおかいざか》を経て、高天神に繋《つな》がる内陸路と、小山城・滝堺《たきさかい》城を経て高天神に繋がる海沿いのルートを封鎖し、武田勝頼の本隊に対抗しようと築かれたのだろう。

これに対し、天正八年三月以後の付城構築は、高天神城の南西から南方を経て東へと取り巻くような形になっており、同城東方で、小笠山砦→風吹砦と繋がる付城ラインと連結される予定になっていたのだろう。確実な史料に恵まれないが、このほかに徳川方の付城と伝えられる城砦《じようさい》と、その築城、修築年代は矢本山砦（耳付砦、掛川市上土方嶺向、伝天正八年十一月）、林ノ谷砦（同市上土方嶺向、伝天正八年十一月）、安威砦（同市上土方、伝天正七年）などである（以上、『静岡県の中世城館跡』、増田又右衛門・増田實編・一九六九年による）。

このように、徳川軍の高天神城包囲は、駿河における北条氏との対峙により、勝頼の遠江出陣が困難になりつつある情勢のもと、着々と進行していたのである。徳川方の高天神城包囲の付城が、なぜこのような配置になっていたのかについては、本章第四節で述べる。

家康、駿河の武田方を脅かす

徳川軍は、三月中旬以来、遠江高天神城包囲の付城普請を実施していたが、北条氏政が駿豆国境に出陣すると、これに呼応して四月、懸川《かけがわ》城に移動して駿河をうかがい、勝頼が沼津に向けて出陣し北条軍と対峙すると、その背後を脅かすべく、武田軍本隊の動けぬことに乗じて駿河西部の諸城を攻撃した。家康は、五月二日から懸川より牧野原城に入り、さらに色尾《いろお》で大井川を渡河し、三日に田中城を攻撃した。田中城は守備を堅固にして徳川軍の攻撃を凌ぎ、これを寄せ付けなかったため、家康も強襲せず、周辺の苅田《かりた》を行って武田方を挑発した（『家忠日記』『三河物語』）。徳川軍はその後、田中城の攻撃を解除し、当目峠を越え駿府をうかがった。

しかし前年の天正七年に、徳川軍の猛攻を受けて陥落し、城将向井正重《まさしげ》らが戦死した持船《もちぶね》城（用宗城）は、新たに朝比奈《あさひな》信置《のぶおき》が守備しており、当目峠に守備兵を派遣して徳川軍の侵入を阻み、田中城への救援を行おうとしていた。そのため徳川軍は、峠を越えて駿府に侵入することなく撤退することとした。ところが、五月五日に、峠上に布陣していた朝比奈信置の軍勢が徳川軍を追撃したため、殿軍を担っていた石川数正、松平真乗《さねのり》（三河国荻生《おぎゅう》城主）らの軍勢と戦闘になり、朝比奈衆は長谷川《はせがわ》左近《さこん》、朝比奈市兵衛《いちべえ》ら勇猛な将卒三十二人が戦死した（『家忠日記』『三河物語』『軍鑑』ほか）。

『甲陽軍鑑』によれば、朝比奈信置自身は、持船城で家来奥原日向、久野覚之助と談合中で事態をまったく知らされておらず、峠を守備していた兵たちが勝手に戦端を開いてしまったため、徳川軍に付け入られたと記しており、こうした指揮系統の混乱は武田軍の末期的状況を示すものと記述されている（ただし『軍鑑』は天正九年五月の出来事としているが、実際は天正八年五月の誤記）。

このように、持船城衆の追撃を打ち破った徳川軍は、いったん大井川を越えて遠江に戻ると、軍を転じて六月十日に横須賀城に入り、さらに同十一日からは高天神城攻撃のための付城として新たに鹿ケ鼻砦（獅子ケ鼻砦、静岡県菊川市大石）の普請を開始した（『家忠日記』）。その後、同十七日には初めて高天神城下に接近し、根小屋を放火して引き揚げた。この時、武田・徳川両軍間で戦闘があったらしく、徳川方は二人が負傷している（同前）。『三河物語』によると、高天神城包囲の付城群は、天正七年に完成したとあるが、『家忠日記』などには天正八年六月の鹿ケ鼻砦まで付城普請の記事が続くので、これは誤記であろう。まもなく、家康をはじめ徳川軍は帰陣したらしい。

その後徳川軍は、勝頼が六月十九日に甲府に撤退すると、七月十八日に浜松城に集結し、先陣は十九日に見付《みつけ》、二十日には懸川、山口に進んだ。家康自身は、二十日に懸川城に入った。徳川軍は、二十一日に色尾に布陣し、七月二十二日に小山城に迫り、近辺で苅田を行った。小山城衆は徳川軍の苅田を黙止できずに出兵し、徳川軍と戦闘を展開し若干の損害を与えた。二十三日には、石川数正が大井川を渡河して田中城付近に陣を進めている。翌二十四日には、徳川軍も苅田を実施しつつ反撃に転じ、小山城を攻撃したが、本多忠勝衆の三人が城際で戦死するなど損害を受けている。

徳川軍はなおも二十五日、小山城を攻撃したが陥れることはできなかった。家康は二十六日に全軍を懸川まで撤収させ、二十七日に浜松に帰陣した。この時家康は、家臣らに対し陣番を無沙汰しないと誓約する起請文《きしょうもん》を提出させている（以上『家忠日記』）。家康は、高天神城攻略のため、付城群に家臣らを交替で詰めさせることにしたのだろう。そしてそれは長期に及ぶことを想定し、陣番を怠りなく務めさせることに腐心していたのである。

二、東上野攻略戦本格化す

小川城主小川可遊斎、武田方に転ず

天正七年（一五七九）末から同八年春にかけて、武田方は東上野と北武蔵で大規模な攻勢をかけた。武田軍の攻勢はこれにとどまらず、最後に残された東上野の北条方拠点沼田城の攻略に向けてなおも続いた。

さて、武田方は沼田城を孤立させることで開城に追い込むべく、東上野の北条方への調略を、天正八年二月から積極的に実施した。その中心を担っていたのが真田昌幸である。昌幸は、勝頼と行動をともにしつつも、叔父矢沢頼綱《やざわよりつな》と連携し北条方国衆への調略を試みた。接触したのは、小川城《おがわ》（群馬県利根郡みなかみ町月夜野）主小川可遊斎《かゆうさい》である。可遊斎を調略するにあたって、まずその家臣小菅刑部少輔《こすげぎょうぶしょう》を武田方に転じさせる工作に着手した。

昌幸は、勝頼より天正八年二月二十四日付で、小菅刑部少輔宛の二通の朱印状発給を実現させ、これを小菅に与えている。二通の朱印状のうち、まず一通目の朱印状は、小川城を乗っ取り、これを武田方に進上すれば、本領はもとより、ほかの所領をも知行として与えると約束したものだ（戦武三二五四号）。この小川城乗っ取りは、真田昌幸より勝頼に作戦実行について伺いが出され、了承を受けたものである。もう一通の朱印状では、小川可遊斎が武田方についた

ならば、彼を必ず引き立てると約束している（同三二五五号）。この二通の武田氏朱印状はともに、真田昌幸が奉者となっており、昌幸が勝頼に申請して朱印状を発給してもらったことがわかる。

勝頼から発給された二通の朱印状は、現地で沼田城攻撃を担っていた矢沢頼綱に届けられた。頼綱は、二月二十八日にこの二通の朱印状に、自らの書状を添えて小菅刑部少輔に届けた。頼綱の書状には、過日小菅から送られてきた書状を勝頼に披露したところ、望み通り武田氏朱印状が発給されたことを報じ、このうえは小川可遊斎が武田方に転じるよう努力してほしいと述べ、さらにもし必要であれば加勢を派遣する準備もできていると記している（戦武三二五七号）。矢沢頼綱は、もし小川可遊斎が武田氏への帰属を拒否すれば、小菅刑部少輔のもとへ軍勢を派遣し、城の内と外から示し合わせ小川城を奪取する計画を立てたであろう。だが、武田氏朱印状は効果を発揮し、三月中旬には小川可遊斎は小菅を通じて武田氏に従属する旨を申し入れた。

武田勝頼、真田昌幸はこれを歓迎した。三月十六日付で、勝頼は小川可遊斎に朱印状を与え、小川城を武田方にするとのことなので、望み通り利根川の西岸荒牧（群馬県利根郡みなかみ町）などを与えることとし、河東（利根川東部）のことは後で与えると約束した（戦武三二八六号）。また同日付で、真田昌幸は、小川家臣小菅刑部少輔に書状を送った（同前）。

この書状をみると、小川可遊斎は家臣小菅を通じて、武田方に転じるとの意思を伝えてきたことがわかる。そして武田方に従属する条件として、まず真田昌幸の起請文が欲しいと要請したらしい。これは身の安全と地位の保障について、昌幸が約束すると申し入れていたからであろう。そして、もし沼田城の北条方から攻撃された場合には、昌幸が加勢に赴くことを約束している。沼田城に近い小川城の内通により、武田軍は沼田攻略の足がかりをつかむこととなる。勝頼は四月二日に、小川可遊斎調略に功績のあった小菅刑部少輔に約束通り知行を宛行《あてが》う朱印状を与えている（戦武三三一六号）。小菅は可遊斎を支えつつ、その後も沼田情勢について、逐一武田重臣土屋昌恒《まさつね》のもとへ報告しており、勝頼より賞されている（同三三三〇号）。

猿ヶ京城の陥落

小川可遊斎の武田方帰属により、沼田情勢はいっそう武田方優位に傾いた。沼田城への攻撃を主導していた矢沢頼綱は、沼田衆と合戦に及び大勝した。頼綱はこの情報を、勝頼とともに駿豆国境に在陣している真田昌幸のもとへ注進状として送った。勝頼は昌幸より提出された注進状を見てこれを賞し、矢沢頼綱に書状を送り、ただちに加勢を派遣したので、引き続き沼田を調略するように命じた。また沼田城攻略のために、勝頼は真田昌幸に上野へ戻るように指示し、頼綱には三日のうちには昌幸が帰還するであろうと報じている（閏三月二十日付、戦武三三一五号）。

上野国に戻った真田昌幸は、四月八日に沼田に向けて出陣したという（「里見吉政戦功覚書」(註)）。折しも沼田城には北条氏邦が逗留《とうりゅう》しており、真田勢の進軍を知ると後閑で両軍が衝突したという。攻防戦の舞台になったのは、利根川に架かる橋であり、北条軍は真田勢を渡橋させぬよう二重の仕寄せを構築し待ちかまえていた。真田勢はこれに猛攻を加え、仕寄せの一重目を突破

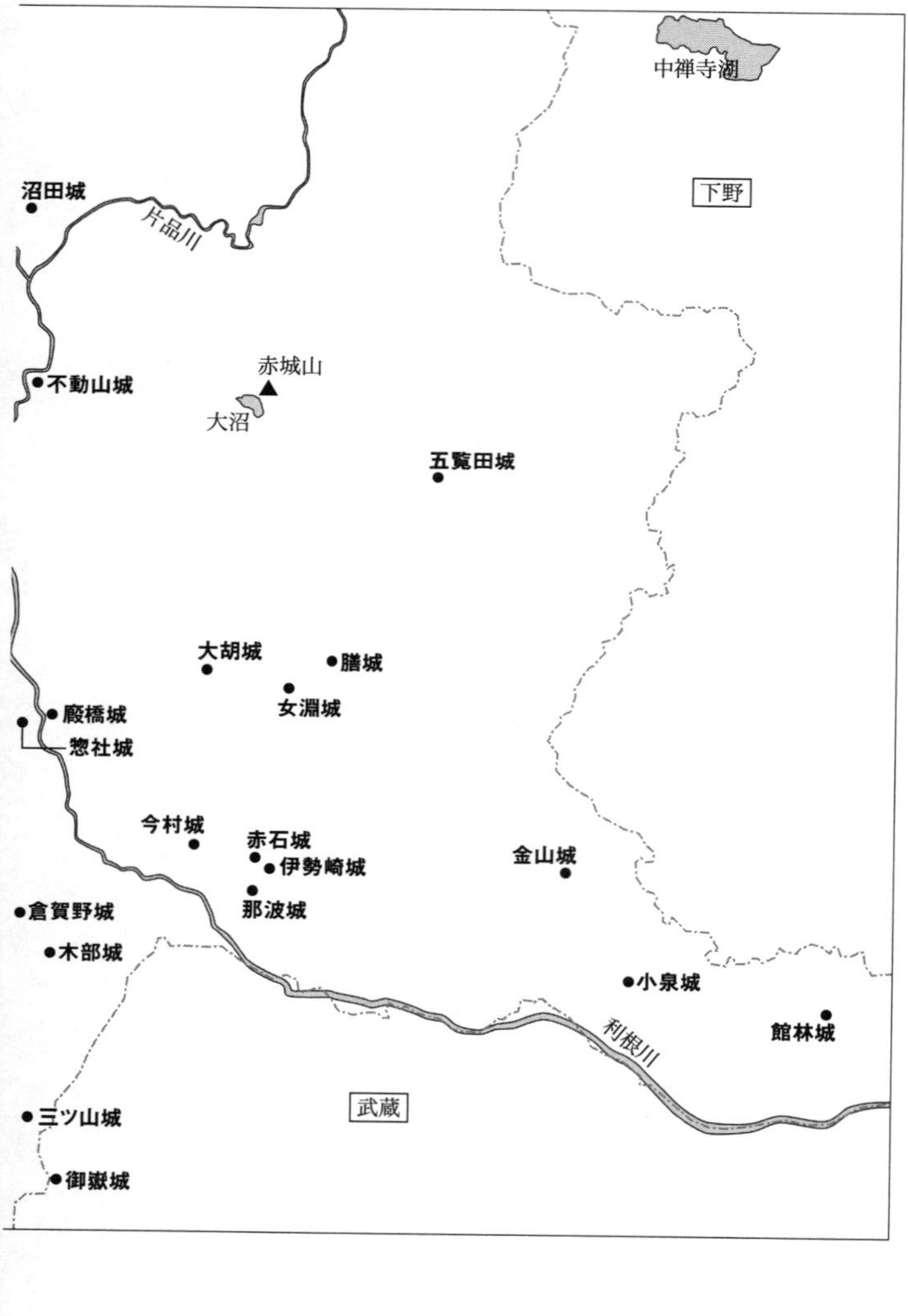
中禅寺湖
下野
沼田城
片品川
赤城山
不動山城
大沼
五覧田城
大胡城
膳城
女淵城
廏橋城
惣社城
今村城
赤石城
伊勢崎城
金山城
那波城
倉賀野城
木部城
小泉城
館林城
利根川
武蔵
三ツ山城
御嶽城

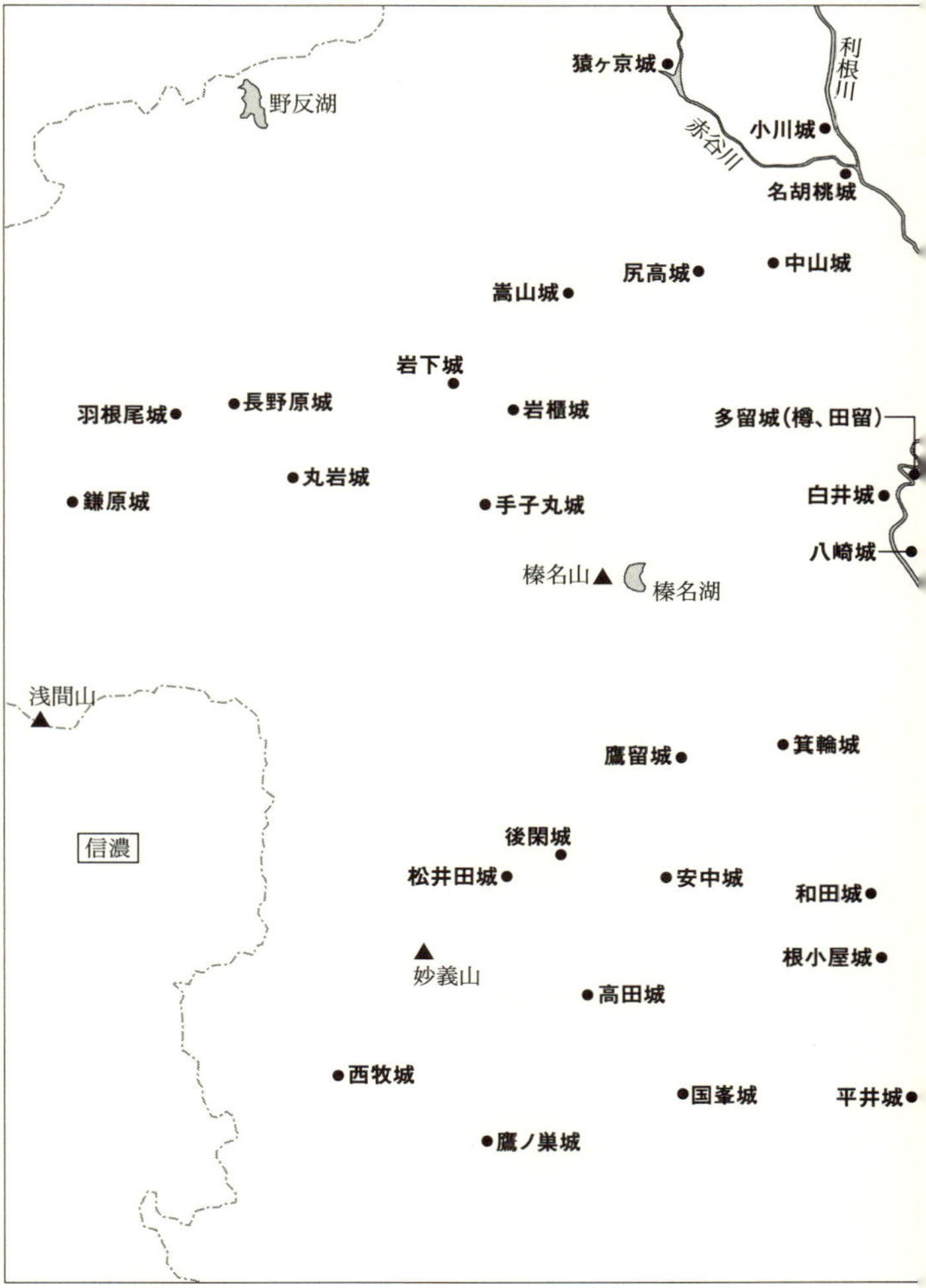
猿ヶ京城
野反湖
利根川
赤谷川
小川城
名胡桃城
尻高城
中山城
嵩山城
岩下城
羽根尾城
長野原城
岩櫃城
多留城（樽、田留）
丸岩城
鎌原城
手子丸城
白井城
八崎城
榛名山
榛名湖
浅間山
鷹留城
箕輪城
信濃
後閑城
松井田城
安中城
和田城
妙義山
根小屋城
高田城
西牧城
国峯城
平井城
鷹ノ巣城

図9　群馬県城郭図

し、二重目を破壊しようと懸命になっていた。あまりにもあっけなく仕寄せを奪われるありさまを目の当たりにした歴戦の武者黒沢帯刀《くろさわたてわき》、冨永勘解由左衛門《とみながかげゆざえもん》、里見吉政《よしまさ》の三人が鑓《やり》で反撃し、負傷しながらも真田勢から仕寄せを奪回したという。結局、この合戦で真田勢は後閑の橋を突破することを諦めたようだ。

また勝頼は、四月九日には廏橋《まやばし》城将北條芳林に条目を送った。芳林も東上野で武田方として軍事行動を展開中であったが、勝頼に依頼していたことなどがあったらしく、その返事を兼ねて勝頼は条目を送り、芳林と協議を行っている（戦武三三一九号）。まず勝頼は、芳林が展開している軍事行動の模様について、報告を要請している。次に今後の軍事行動の予定を尋ね、逆に勝頼と氏政の対陣の模様と、高天神城などの状況を知らせている。なお勝頼は、沼田城の戦局などもあわせて芳林に伝えているので、彼が活動していたのは、沼田城攻防戦ではなく、その他の地域であったらしい。沼田城のほかに武田軍の別働隊が軍事行動を展開していたことは、天正八年四月十日付で、今井郷・山王堂・堀口郷（以上、群馬県伊勢崎市）に武田氏の禁制が発給され、またこの地域の土豪石倉孫六が武田方に転じていることなどからも確認できる（同三三二一～二四号）。

この地域は、武田方に帰属した那波顕宗《なわあきむね》の領域にあたっており、この軍勢は由良氏を牽制《けんせい》するか、その領域を侵すために展開していた軍勢だったのだろう。北條芳林はここに在陣していた可能性が高い。また勝頼は、四月九日付条目において、特に一条を設けて、芳林の言い分は上杉景勝に伝えておいたと述べている。芳林は景勝を見限って景虎方へ、さらに北条方に転じ、現在は武田方に属したことなどを景勝に詫《わ》びたいと願ったのであろう。そのため、勝頼にその取り成しを依頼したものと思われる。なお、芳林はその後、勝頼を通じて景勝に、本国越後北条庄（新潟県柏崎市）における本領安堵を願い出ている（天正八年十月九日付北条安芸入道宛武田勝頼条目、戦武三四三四号）。

武田軍による沼田城攻防戦の詳細については、『加沢記《かざわき》』などに記述があるが、年代の相違や事実関係の明確な錯誤などがあり、どこまで信頼できるか検討を要する。だが、この時期の上野に関する史料は乏しく、検証することが難しい。ただ『加沢記』は、天正八年三月に名《な》胡桃《ぐるみ》・小川・猿《さる》ヶ京《きょう》城（みなかみ町）の陥落に危機感を覚えた北条氏直が、大軍を率いて来襲し、真田昌幸と交戦したことや、五月には小川可遊斎が北条氏に降伏したが許されず、放逐されて牢人したことなどを記しているが、いずれも事実とは異なることが近年明らかにされている。しかし、その内容には信頼すべき情報も含まれているので、今後の検証が必要ではあるけれども、『加沢記』などを参酌しながら、確実な史料を軸に沼田城攻防の模様を見ていこう。

小川可遊斎が武田方に転じると、次に真田昌幸は、上越国境の猿ヶ京城への調略に着手した。猿ヶ京城には、尻高左馬助《しつたかさまのすけ》・木内八右衛門《きうちはちえもん》尉《のじょう》らが籠城していた。猿ヶ京城も、武田方の勢力圏内で孤立していたが、意気軒昂《いきけんこう》であったらしく、木内八右衛門は閏三月には、三国峠を越えて越後国上田庄に侵攻し、上杉方の荒戸山城を攻略して、樋口《ひぐち》以下数百人を討ち取る戦果を挙げていた（戦北二一六三号）。

そこで真田昌幸は、猿ヶ京籠城衆のうち、中沢半右衛門を味方につけることに成功し、武田軍が攻撃を始めたら、これに応じて城内に放火するよう指示したらしい。そして五月初旬、真田昌幸らの武田軍は、猿ヶ京城を攻撃した。これに呼応して、中沢半右衛門は三の曲輪《くるわ》に火を放ち、城内を混乱させた。この攻撃では猿ヶ京城は陥落しなかったらしいが、大きな被害を与えたようだ。昌幸は五月四日付で、中沢半右衛門に知行を与える判物を発給した（戦武三三三八号）。また五月六日には、今後中沢氏が城内で工作を行い、調略によって猿ヶ京城が陥落したならば、所領を与えると約束した（同三三三九号）。

さらに昌幸は、中沢半右衛門とは別に、猿ヶ京城内に同調者を見いだしていた。それは森下又左衛門である。五月六日付で昌幸は、森下に対しても、猿ヶ京城が彼の調略によって陥落したら、須河《すがわ》（須川《すがわ》、群馬県利根郡みなかみ町）の本領以下を与えることを約束している（戦武三三四〇号）。ここに見える中沢・森下氏らは、のちに小川可遊斎宛の真田昌幸条目に見える須川衆のメンバーと思われる。武田軍は、これらの内通者を募ったうえで、猿ヶ京城に猛攻を加え、五月中旬までにこれを陥落させた。城を守っていた北条方の諸将は降伏したものと推測される。のちの記録ではあるが、『加沢記』『古今沼田記』『羽尾記』などによれば、天正九年に海野《うんの》輝幸《てるゆき》父子を沼田郊外の女坂に追い詰めて誅殺《ちゅうさつ》した際に、武田方に属して海野氏を追跡していた軍勢のなかに、木内八右衛門尉の名が見えるし、尻高左馬助ら尻高一族の名も散見されるからである。以上のように、小川城主小川可遊斎や猿ヶ京城が武田氏に属したのは、天正八年三月のことであり、『加沢記』などの記載とは大きく相違するし、また名胡桃城はまだ武田方のものとはなっていない。

沼田城攻略に向けた動き

しかし、猿ヶ京城・小川城が武田方の手中に落ちた意義は大きかった。沼田城は、武田氏の勢力圏に孤立しつつあった。沼田城を守る拠点としては、後閑城（明徳寺《めいとくじ》の要害、天神山城、みなかみ町）に渡辺左近允《わたなべさこんのじょう》・西山市之丞《にしやまいちのじょう》・師大助・沢浦隼人らが、また名胡桃城には鈴木主水《すずきもんど》が籠城していたとされ、沼田城には北条軍のほかに、上野衆として金子美濃守《かねこみののかみ》らが籠城していたという（『加沢記』他）。真田昌幸は、堅固な沼田城を力攻めにすることを避け、調略による攻略を目指し、すでに天正七年から城将用土新左衛門尉《ようどしんざえもんのじょう》や沼田衆金子美濃守らに、かねてより懇意にしている僧侶などを通じて盛んに武田氏に帰属するよう申し入れていたという。

武田方が沼田衆に対して調略を実施していたことは、天正七年十二月に小中彦兵衛尉《こなかひこべえのじょう》とその同心衆が北条方から転じていることからも事実と判断される（戦武三二一八・二二〇号）。昌幸が粘り強く調略を続けた結果、四月上旬には金子美濃守、渡辺左近允、西山市之丞の三人が昌幸の調略に応じ、城を脱出して名胡桃城に走ったという（『加沢記』、戦武三三七五号、ただし、この時期に名胡桃城が武田方の手中にあったことは確認できないものの、この頃までに名胡桃城が武田方に帰属した可能性は高い）。金子美濃守は、沼田開城に尽力し、金子一族の金子彦助や吉田新介を城内より追放したことを激賞され、天正八年六月晦日付で、武田氏より本領八十貫文と、新恩として薄根《うすね》（沼田市）で二十貫文の合計百貫文を与えられている（戦武三三七四号）。沼田一族金子氏の武田方帰参は、城内に動揺を生み、恩田《おんだ》・中山・発知らもこれに続いた。このほかにも、宮田衆なども真田昌幸の調略によって武田氏に通じたことで、勢多《せた》・利根郡の土豪層は相次いで武田氏に転じたことになる。

真田昌幸は、五月十九日に小川可遊斎に城（恐らく猿ヶ京城であろう）の在城を命じ、沼田城攻略を指示しているが、そのなかで沼田落城までの時限的措置をして、相又を除く宮野村を知行地として支配することや、須川衆（現群馬県みなかみ町の土豪層）らを可遊斎の麾下《きか》とすることなどを許している（戦武三三四七号）。次いで武田氏は、真田昌幸を通じて五月二十三日に吾《あが》妻《つま》衆海野長門守幸光《ながとのかみゆきみつ》・能登守《のとのかみ》輝幸兄弟と、帰順した金子美濃守・渡辺左近允の四人に対して、七ヵ条に及ぶ在城掟を与えた（同三三四八号）。これは沼田城からいち早く脱出してきた金子・渡辺氏と、西上野衆の海野父子を同じ城に配備して、城の守備とともに、敵地への調略を命じ、あわせてその方法を指示したものである。

それによると、①敵地（沼田）に対し狼藉《ろうぜき》をせず、懇切に扱うようにすること、②二の曲輪よりなかへ「地衆」の出入りをさせぬようにすること、③それぞれが担当する曲輪について、よく相談し、番や普請を入念に行うこと、とりわけ夜番は重要なので念入りに実施すること、④喧嘩《けんか》口論は厳禁、贔屓《ひいき》偏頗《へんぱ》による徒党（派閥）も禁ずる、⑤敵地への計策は油断なく実施せよ、そのために使者や書状を遣わす場合には、海野長門守と相談してから指し越すようにせよ、⑥在城衆は、互いにどんな遺恨があろうとも、今後のことは腹蔵なく相談せよ、⑦在城衆は当番の時はいうまでもなく、たとえ非番であっても城外に宿泊してはならない、と定められている。

この在城掟について『長国寺殿御事蹟稿』は、勝頼より沼田城代に任命された海野幸光らに与えられたものとされている。だが、この時期に沼田城はまだ北条方として健在であるので、海野幸光ら四人（原本は後欠と記されているので、宛所の人数はもっと多かった可能性がある）が在城を命じられたのは、沼田城ではない。通説ではこれは岩櫃《いわびつ》在城衆宛の城掟であるといわれており、吾妻衆海野兄弟が筆頭の位置を占めているので、妥当な推定とされているが、沼田衆金子・渡辺氏とともに敵地への調略を推進し、かつ厳重な城の守備が指示されているので、岩櫃城のような後方の拠点ではなく、沼田城に近い城の可能性も否定できないのではないかと思われる。その城は判然としないが、調略すべき敵地は沼田城とその周辺であると推定されることなどから、その拠点に当時もっとも適した前線基地として想定されるのは、名胡桃城ではないだろうか。

名胡桃城の武田氏帰属が確実な史料に見られるのは、七月一日であるので（戦武三三七九号）、武田氏による奪取は当然それ以前である。『加沢記』は、金子美濃守、渡辺左近允らが沼田城を脱出し、武田方の名胡桃城に入ったと記しており、猿ヶ京・小川城の陥落に続いて、名胡桃城が四月までに陥落したと推定することも困難ではない。記して後考をまちたいと思う。なお『加沢記』によれば、名胡桃城を守っていた鈴木主水重則《しげのり》は、昌幸の調略に応じて降ったという。この鈴木主水はその後真田昌幸の麾下となり、名胡桃城に在城していたが、天正十七年（一五八九）に北条方の猪俣邦憲の謀略によって城を奪われ自刃したといわれる。そして、この名胡桃城攻略がきっかけとなり、北条氏は豊臣秀吉の怒りを買い、滅亡に追い込まれるのである。

ところで『加沢記』には、沼田を脱出した金子美濃守は、武田氏の命令により富沢豊前守とともに「横尾八幡《よこおはちまん》の城」（横尾八幡山城、群馬県吾妻郡中之条町）に、渡辺左近允は「柏原の要害」（柏原城、根小屋城、同郡東吾妻町）に配置されたというが確証はなく、右の城掟を読めば四人は明らかに同じ城に在城していることがわかる。通説では、海野兄弟と金子・渡辺氏は岩櫃城に在城したとされるが、本書は名胡桃城に在城していた可能性が高いと推定しておく。

さて、名胡桃在城掟とみられる七ヵ条のうち、第一・第五条は敵地への調略に関する条文である。この二ヵ条から、海野氏らは敵方の国衆に書状や使者を、自らの判断で出すことが許されていた。ただしその際には、海野幸光との相談と許可が義務づけられていた。武田氏の場合、敵地への書状などの遣り取《やと》りは、「甲州法度之次第」によって謀叛《むほん》や内通に繋がる行為として厳禁されていたが、武田氏が特に許可した者については、例外として容認されていた。海野氏らは、同じ上野衆として北条方に身を置く国衆に知己が多かったであろうから、その人脈を活用し、敵方の調略を行うことが期待されていたのであろう。

この条文から、海野幸光が城内を統括する地位にいたことが知られる。また、敵地への調略をやりやすくするために、狼藉行為を控えるように指示している。残る条文は、城内の仕置に関するものである。第二条は地衆（地下人衆《じげにん》、土豪・有力百姓層のこと）に関する掟で、彼らを二の曲輪よりなかに入れてはいけないと定めている。これは戦国大名の城掟にはよく見られる条文で、当時この城には地域から動員された地下人衆が籠城していたことがわかる。ただ、彼らの動向に戦国大名は神経を尖《とが》らせており、重要な軍事力として認めながらも、敵方に内通しやすいため、監視が必要であるとの認識を持っていた。たとえば御館《おたて》の乱の際に、上杉景勝が上越国境の城砦を守備するにあたって、地下人だけに守らせるのはかえって敵に寝返り、その巣窟に変貌しやすいので危険であると考え、必ず景勝方の部将の指揮下に置くよう求めていたことは著名である（上越一五七九号）。また在城衆は喧嘩・口論が厳禁され、相互によく相談することや、城普請、夜番などが義務づけられ、在城中は非番であっても城を空けて他宿することは処罰の対象とされた。ここから、海野氏らの在城地が前線に近いことをうかがわせる。

なお第六条は、在城衆相互にこれまでの行き掛かり上の遺恨があったとしても、行動をする際には表裏なく相談するようにとあり、海野兄弟と、金子・渡辺氏らとの間に、なんらかの因縁があり、武田氏や真田氏はそれを承知していたのだろう。そのため、この条文をわざわざ挿入したと考えられる。のちに海野兄弟が誅殺されるという事件が発生したことを考えると、その背景を推察するうえで極めて重要な条文といえるだろう。

その後武田氏は、猿ヶ京城の中沢・森下・田村氏らに対し知行宛行を約束する朱印状を、六月二十七日付で一斉に発給した（戦武三三六九～七一号）。この朱印状は、真田昌幸が奉者となっており、昌幸が申請して発給されたことがわかる。この朱印状の特徴は、文中に「沼田御本意之上、右如此可被宛行」と記されていることで、武田方に転じたばかりの土豪層を沼田城攻撃に動員すべく、約束手形を大量に発給して、士気を鼓舞しようとしたことがうかがわれる。また勝頼は、このころから武田氏に帰属した国衆や土豪層への知行安堵・宛行等を開始しており、支配体制の構築に着手した。

まず七月一日、小川可遊斎は名胡桃において三百貫文、また藤原（みなかみ町）を武田氏に所望していたが、それらの場所はすでに武田氏に忠節を尽くしたことから、所領として与えるとの印判状を所持している者がいたため、可遊斎の希望に添えないと勝頼は伝え、その代わりの所領で望みの場所があれば申し入れるように指示している。可遊斎はとりあえず、沼田河東の本領を安堵された。また同日、小川可遊斎の家臣と思われる服部右衛門尉《はつとりうえもんのじよう》に河額《かわはけ》（群馬県利根郡昭和村）で知行を与える印判状を出している（戦武三三七九〜八〇号）。七月一日の知行宛行や安堵は、従属した小川城の小川可遊斎とその家中に対して一斉に実施されたものであろう（ただし、須田勘丞宛のものは判断できない。戦武三三八一号）。

このほかにも、西上野衆のなかで最大の勢力を誇る甘楽《かんら》郡小幡信真は、六月上旬に武蔵国日《ひ》尾《お》城（埼玉県秩父郡小鹿野《おがの》町）を乗っ取る動きを見せ、そのための工作として、同十一日に北条方の黒沢大学助《くろさわだいがくのすけ》に武蔵国小野沢付近での知行宛行の約束という好餌をもって味方に誘った。小幡信真は、黒沢大学助と新八郎に、一族とよく経略を練り、日尾城を乗っ取るように依頼し、もしそれが黒沢氏の手で実現できなくても策略で手中に入れれば、望みのままにすると伝えている（戦武三三五五号）。これが実現したかどうかは不明であるが、武田氏の積極的な調略の手が北武蔵にも伸びていたことが確認できる。

こうして猿ヶ京、小川、名胡桃城が武田方に帰属し、この地域の国衆や土豪のほとんどが武田氏に転じることとなった。沼田城の陥落は、もはや時間の問題であった。

武田氏、ついに本国甲斐侵攻を受ける

東上野、北武蔵で武田方の猛攻を受け、守勢に立たされた北条氏は、武田氏への反撃を実施する。滝山城（東京都八王子市）主北条氏照は、麾下の滝山衆を組織して、武田氏の本国甲斐侵攻を企てた。氏照は、甲斐国都留《つる》郡西原《さいはら》（山梨県上野原市）に軍勢を派遣し、この地域の奪取を試みたらしい。都留郡は、谷村を本拠に、岩殿城などを擁する小山田信茂《のぶしげ》が大きな勢力を誇っていたが（小山田氏の領域については、村田精悦・二〇一一年、丸島和洋・二〇一三年）、このほかの国衆として、小菅郷に小菅五郎兵衛尉《ごろうひょうえのじょう》（小菅城主）、西原に武田丹波守《たんばのかみ》有氏（西原武田氏、甲斐武田氏との系譜関係などは一切不明、西原館主）、上野原に加藤丹後守《かとうたんごのかみ》信景《のぶかげ》（上野原城〈内城館〉、長峰砦主）がそれぞれ存在していた。

甲武国境に展開していた武田方の国衆は以上であるが、北条氏照の支配領域との関係について紹介しておこう。武蔵西部から甲斐国東部の都留郡に入るには、おもに四つの道が利用されていた。まず北から紹介すると、武蔵国青梅を経て、二俣尾《ふたまたお》などを抜け、甲斐国丹波山に至る青梅街道（途中、川野から分岐して小菅に至る脇道もある）、次に武蔵五日市から檜原《ひのはら》を経て西原（西原峠を越える）、棡原《ゆずりはら》（浅間峠、日原峠、小棡《こゆずり》峠などを越える）に至る檜原街道（五日市街道）、また旧大石氏の本拠地由井《ゆい》領を通る案下道《あんげみち》（陣場街道）は、恩方（下恩方にある浄福寺城は、北条氏照が滝山築城まで在城したと推定されている）から和田峠を経て、上野原に至るルートである。最後に、八王子の追分から案下道と分岐し、小仏峠を越え寄瀬を経て上野原に至る甲州道

（のちに甲州道中）などである。戦国期の記録によると、近世の大動脈であった甲州道は、さほど利用された形跡がなく、永禄十二年（一五六九）に実施された武田信玄の関東出兵、小田原包囲戦の際に、小山田信茂勢が利用したとされるのがほぼ唯一の事例である。どちらかといえば、案下道が主要なルートであり、檜原街道なども頻繁に利用されていた。

天正八年五月十五日、滝山衆は西原に侵攻し、武田方と交戦に及び、これに少なからぬ損害を与えたらしい。滝山衆が甲斐侵攻の際に利用したのは、右のうち檜原街道であろう。檜原から西原峠を越えて侵攻したと推定される滝山衆は、ここで武田方（西原武田氏であろうか）と激戦を展開した。氏照は、この合戦で戦功を挙げた坂本四郎左衛門に感状を与え、米俵を褒賞として授与している（戦北二一七六号）。この西原合戦に関する武田方の史料は、管見の限り認められない。恐らく、武田方の被害が大きかったため、感状などが発給されなかったと推察される。武田氏は、ついに本国甲斐に敵の侵攻を許すに至った。それは、天文七年（一五三八）十月、北条軍が都留郡上吉田を襲撃して以来（『勝山記』『妙法寺記』）、じつに四十二年ぶりのことであった。北条氏照の甲斐侵攻は、それ以上の広まりを見せることなく終結したようだ。武田方の懸命の防戦もあったためだろう。

石山本願寺降伏

天正八年は、武田勝頼にとって極めて重大な外交問題が発生した年であった。それは浅井長《あざいなが》政《まさ》、朝倉義景《あさくらよしかげ》ら亡き後、武田氏にとってもっとも重要な同盟国である石山本願寺が、信長と和睦し、対織田戦から脱落したことである。

すでに天正七年十二月、信長と本願寺の和睦交渉が始まっていた。これは信長自身が、正親《おおぎ》町《まち》天皇に対し、本願寺との和睦打診を奏上したことがきっかけであった。これを受けて天皇は、本願寺に信長との和睦を勧告した。天正八年一月、羽柴秀吉の包囲下にあった播磨国三木《みき》城が陥落し、城主別所長治《べっしょながはる》は自刃した。また毛利水軍も、天正六年の大坂湾海戦で織田水軍の「鉄の船」などに敗れて以来、本願寺への補給を行えないままとなっていた。大坂湾は海上封鎖され、兵粮《ひょうろう》、武器、兵員の補給は断たれた。かくて、本願寺を支える勢力は大きく後退した。こうした本願寺不利の形勢下、ついに顕如《けんにょ》は天正八年閏三月、信長との和睦を受諾した。これを受けて、信長は、本願寺を包囲する佐久間《さくま》信盛《のぶもり》らや、本願寺側の勢力と対峙する羽柴秀吉、柴田勝家らにこの事実を伝え、停戦を指示している。

ところが、顕如の息子教如《きょうにょ》が、突如信長との和睦を拒否し、あくまで抗戦を続けると主張し始めた。そればかりか、諸国の門徒に抗戦継続を伝達し、援助を求めるに至ったのである。驚いた顕如は、信長から提示された石山退去の期限である七月を待たず、急遽退去することで、和睦の実現を堅持しようとしたのである。ちょうど同じころ、越前柴田勝家が、加賀に侵攻しており、金沢御坊は陥落寸前に追い込まれていた。これは、信長が提示した和睦条件三ヵ条のうち、加賀の二郡（江沼《えぬま》・能美《のみ》郡）は本願寺に返還するという項目に明確に反するものだった。教如は、この事実から、和睦は信長の謀略と捉え、和睦はすでに破綻しており、このままでは加賀の二の舞になるだけだと主張し、顕如に石山退出を思いとどまるよう訴えた。こうした事情を知った鞆浦《とものうら》の足利義昭は、四月、教如を支援するよう毛利氏に要請した。

だが顕如は、教如を振り切って、四月、紀伊国鷺森《さぎもり》（和歌山市）に退出し、諸国門徒に対して、教如に味方しないよう伝達した。かくて、本願寺と諸国門徒は、顕如派と教如派に分裂していくこととなる。教如は、懸命に織田軍と戦うが、結局七月、抵抗叶《かな》わずと観念し、信長に和睦を申し出た。信長はこれを受諾し、八月二日、教如も石山を退去して紀伊国雑賀《さいか》に移った。石山は、近衛前久《このえさきひさ》が受け取ったが、この直後、謎の失火により本願寺は二日間にわたって炎上し、焼け落ちた。これは当時から、教如が退去した後に、ただちに火をかけるよう、信長が秘《ひそ》かに指示していたためだと噂された（『多聞院日記』他）。かくて信長を苦しめ続けた石山本願寺は、この世から消え去り、顕如を頂点とする諸国門徒は、もはや抵抗することはなかった。なおも諸国を流浪しながら、抵抗を組織しようとする教如がいたが、それは信長に脅威を与えるだけの力はなかった。

既述のように、武田勝頼は、石山合戦の期間中、甲斐・信濃の一向宗門徒が、本願寺へ兵粮米を送ったり、献上金の集金や送付を行うこと、また合力のために兵として参加したりすることなどをすべて容認し、むしろ積極的に援助していた。石山合戦は、武田氏にとって、信長を牽制する重要な同盟国の戦いであり続けてきたわけであるから、その本願寺が勅命講和による和睦とはいえ、事実上降伏したことは、計り知れぬ打撃となった。もはや信長を牽制する勢力は、西国では毛利氏などに過ぎず、勝頼は織田・徳川・北条三氏の圧力に直面することとなったのである。

真田昌幸、沼田城を攻略す

筆をふたたび上野国に転じよう。天正八年五月までには、東上野の北条方諸城のうち、猿ケ京、小川、名胡桃城は相次いで真田昌幸らの調略により武田方となり、また河田重親《かわだしげちか》、那波顕宗、北條芳林らの有力国衆も武田方に転じた。かくて、武田方の勢力圏に沼田城は遠く取り残され、真田昌幸らを主力とする武田軍に包囲されていた。城下は放火され、沼田城は完全に封鎖された。このため城内は次第に追い詰められていった。

『沼田記』などによれば、城代藤田能登守信吉《ふじたのとのかみのぶよし》は、鉢形城の北条氏邦のもとへ後詰を要請した。そこで北条氏政は、関八州の軍勢五万余騎を率いて出馬し、勝頼もこれを知って上野に入り、小川城に入ったという。勝頼出陣を知った氏政は、沼田城に近づくことができなくなり、藤田に城を死守するように命じただけで、帰陣してしまった。沼田城の失望を看取した真田昌幸は、すかさず調略の手を藤田に伸ばし、武田方へ内応させることに成功した。藤田信吉は、以前から鉢形城主北条氏邦に遺恨があったためであるという（実家の藤田家を氏邦に乗っ取られた）。そして武田軍が追手口へ殺到すると、本丸から藤田信吉が呼応して、ともに籠城していた小田原衆へ鉄炮を撃ちかけたという。内外からの攻撃を受け、籠城していた小田原衆富永・成田らは窮地に陥った。そこで真田昌幸は、小田原衆へ降伏と退去を申し入れたことから、富永らもこれを了承し、双方は矢留《やどめ》を行って小田原衆の沼田城退去を実現させ、城を接収したという。

だが、この『沼田記』の記述については、まず武田勝頼や北条氏政の沼田出陣は事実ではなく、また沼田城代藤田能登守信吉はこの当時用土新左衛門尉と名乗っており、藤田信吉と称するのは武田氏従属後のことであるなど、内容にいくつもの問題点があり慎重な検討が必要である。だが、真田昌幸の調略により用土新左衛門尉が武田方に転じたことなどは事実である。なお沼田城攻防戦を描いた『古今沼田記』『加沢記』などは、沼田城を上杉景勝方とするなど、事実誤認が多く、あまり信頼できない。

ただし、勝頼が沼田城を攻略すべく、出陣しようと考えていたことは事実である。勝頼は、八月五日に小川可遊斎が勝頼の出馬を要請したことを受けて返書を送り、一左右次第出馬するつもりであると述べている（戦武三三九三号）。

一方、沼田城包囲戦を指揮していた真田昌幸（当時は名胡桃城に在城していた）は、沼田城代用土新左衛門尉に秘かに連絡を取り、武田方に内応するよう働きかけ、八月中旬には用土新左衛門尉も同意する旨を昌幸に伝えていた。八月十七日、昌幸は名胡桃城より用土新左衛門尉に密書を送っている（戦武三四〇七号）。

この文書から、沼田城攻略の内幕を考察してみよう。真田昌幸は、沼田城代用土新左衛門尉とは旧知の関係にあったらしい。用土新左衛門尉の父は関東の有力国衆藤田右衛門佐《うえもんのすけ》泰邦《やすくに》の一族用土新三郎《しんざぶろう》（新左衛門尉）業国《なりくに》と推定されている（黒田基樹・一九九七年）。この用土業国は、永禄六年まで藤田氏を継承した北条氏邦の麾下として活動しており、真田昌幸は父真田幸綱らとともに西上野の経略に関わっていたことから、甲相同盟期間中を通じて用土業国と関係が生じたのであろう。昌幸が用土新左衛門尉を知っていたのは、以上のような背景があったからである。

　昌幸は旧知の関係を利用して、用土新左衛門尉に調略の触手を伸ばしたわけで、その際に仲介役となっているのが、熊井土《くまいど》氏である。熊井土氏は、上野国衆小幡信真の有力家臣であり、この時期の熊井土氏の当主は、熊井土対馬守重満《つしまのかみしげみつ》（永禄年生島足島《いくしまたるしま》神社起請文）か、その子と推定される熊井土甚内《じんない》（天正十七年十月十五日付小幡家印判状写、「黒沢建広氏所蔵文書」）であろう。沼田城を包囲する武田軍の中に、小幡信真らの軍勢も参加していたことが知られる。小幡氏やその家中熊井土氏も、かつて同じ関東管領上杉憲政《のりまさ》の家臣であり、用土氏と旧知であったことは確実である。

　昌幸の調略は奏功した。用土新左衛門尉は、懇意であった真田昌幸のことを忘れておらず、武田方に転じることを承諾し、沼田城を乗っ取るべくクーデターを決意した。そこで用土新左衛門尉は、その趣旨を起請文に認《したた》めて昌幸に届けたのである。起請文を受け取った昌幸は喜び、軍事行動については双方の合意と調整が必要であると述べている。そして、武田方に転じるにあたって、昌幸は今後の処遇については、用土新左衛門尉が望み通りになるよう力添えをすると約束し、決して昌幸を疑わないでほしいと申《ま》し送った。また昌幸は用土新左衛門尉の不安を払拭するため、用土の使者と推定される真下《ましも》の眼前で起請文を認め、血判を捺《お》している。この真下とは、真下但馬守《たじまのかみ》のことで、彼は沼田開城後の天正八年十二月二十九日、武田氏より藤田信吉帰属の際に、困難を切り抜け飛脚として活躍したことを賞され、信濃で知行を与えられている（戦武三四七六号）。

このように昌幸は、用土新左衛門尉の身の安全と、処遇についての確約を与えると、沼田城攻略の計画を一刻も早く実行するための調整の実施を提案し、もし少しでも遅れると計画が露見する可能性があるので、内応した用土新左衛門尉の身の安全のためにも一両日中に軍事行動を決行する必要があると強調している。そして明晩に、井古田氏〈詳細不明、昌幸の家臣か〉のもとへ必ず連絡を入れて、昌幸と行動計画を打ち合わせるように依頼している。また昌幸は、沼田城代用土新左衛門尉が武田方に内通したことを、味方にも秘密にしており、勝頼から沼田城包囲軍のもとに派遣されていた武田重臣跡部《あとべ》勝資《かつすけ》と土屋昌恒の二人だけに打ち明け、了承を得ていると伝えている。

こうした調略を経て、沼田城は武田氏の軍門に降った。沼田落城の正確な日時は明らかでないが、真田昌幸の密書に「一両日中」の軍事行動が用土新左衛門尉との間で約束されているので、八月下旬ごろではなかろうか。また城外から攻め寄せる武田軍と、内応して城内で決起した用土方の挟撃にあい、小田原衆が降伏したと諸記録が伝えている部分は、事実の可能性がある。なお『甲陽軍鑑』には、沼田城代用土新左衛門尉は牢人して越後に去り、沼田城代には信濃国衆西条治部少輔《にしじょうじぶのしょう》が任命されたとあるが、これは明確な事実誤認である〈ただし、天正九年六月に西条治部少輔が沼田在番を命じられたのは事実である〈戦武三五七〇号〉〉。沼田城を陥落させたことにより、武田氏はついに東上野の旧上杉領の過半を手中に収め、上野では圧倒的優位に立った。

用土新左衛門尉、藤田信吉となる

武田氏は、上野の要衝沼田城をついに手中に収めた。その最大の功労者は、沼田開城に大きく貢献した用土新左衛門尉である。勝頼は彼を厚遇し、武田氏の通字「信」を与えて信吉と名乗らせた。さらに信吉自身は、藤田へと改姓し、受領を能登守と称した。これは藤田宗家を継承していた北条（藤田新太郎）氏邦と、上野経略の先鋒《せんぽう》を務める氏邦重臣富永能登守助盛（のちの猪俣能登守邦憲）に対する強烈な対抗意識の所産とされている（黒田基樹・浅倉直美編・二〇一〇年参照）。

以上の事実から、藤田信吉は武田氏の勢力を背景に、北条氏に奪われた藤田氏の家督を、その一族としての立場から近い将来奪回することを目指し、さらに上野国における地位の正統性を主張しようとしたのであろう。このことは、武田氏は北武蔵経略に向けて、その血筋といい、武蔵・上野での影響力といい、重要な切り札として藤田信吉を厚遇したことを意味しよう。『管窺武鑑《かんきぶかん》』によれば、藤田信吉は勝頼の斡旋《あっせん》により、信玄の次男で勝頼の異母兄海野龍宝の息女を正室に迎えたと記されている。これが事実かどうかは、確実な史料からは確認できないが、勝頼が許可した信吉改名の意図といい、彼の莫大《ばくだい》な知行の規模といい、これらを考慮すれば、武田一族の息女を与えられた可能性は十分にある。

じつは、信吉は、武田方に内通し沼田城を乗っ取るにあたって、武田氏と知行について綿密な交渉をしていたといわれる。その内容については、利根東郡（利根郡片品川沿岸の地域）三百貫文を与えるとの証文を武田氏より与えられていたとも（『加沢記』）、沼田城領三千貫文とそのほかをあわせて五千七百貫文という莫大なものだったともいわれる（『管窺武鑑』）。

そこで確実な史料を追ってみると、天正九年七月十日、真田昌幸が沼田衆に対し「沼田過半藤田能登守依忠勲被下置候」「藤田能登守方依忠信、沼田過半被下置候」と述べているので、沼田城周辺の所領は、ことごとく用土新左衛門尉に与えられたことは事実である（戦武三五八二・八三号）。

では藤田の知行の実態はどうであったか。藤田信吉と武田氏との関係を示す史料は、天正八年六月晦日付勝頼判物写が初見とされ、著名である（戦武三三七三号）。この文書は、勝頼が藤田に対し、北条氏に忠節を尽くし長期にわたって沼田城を保持し降伏を肯《がえ》んじなかった功績を褒め、真田昌幸を通じて武田方に降り城を開城したことを激賞したものである。勝頼はそのうえで、忠節の見返りに、「利根川東郡」で三百貫文を与えることとした（同三三七三号）。この勝頼判物写は、『加沢記』に収録されているものであるが、この時期、まだ沼田城は開城しておらず、用土新左衛門尉も藤田能登守信吉と改名していないので、明らかな偽文書といえるだろう。

実際に、藤田信吉が武田氏より知行宛行状を拝領したのは、天正八年十二月九日のことである（戦武三四五六号）。この文書で勝頼は藤田信吉に対し、沼田城（倉内）を明け渡したことを賞し、信吉が武田氏に差し上げることを申し出た土地を除く千貫文と、利根南雲（渋川市）、利根河東などの沼田の地をすべて藤田に与えると通達している。これは、真田昌幸を通じて勝頼より藤田信吉に伝えられたが、破格の厚遇といえるだろう。千貫文を超える知行宛行は極めて異例であり、沼田領のほとんどが藤田に与えられたのは事実であろう。しかし、これがもとで、武田氏は新たな問題を抱えることとなり、その処理に苦慮しなければならなくなった。この点は後述しよう。

藤田信吉は、その後も武田氏の東上野支配を統括していた真田昌幸の麾下に入り、引き続き沼田城にいたようであるが、城は真田一族矢沢頼綱《よりつな》によって統括された。『加沢記』に、沼田城は本丸に藤田信吉、二の丸に海野能登守父子・下沼田豊前、北条曲輪に渡辺左近允・恩田越前守、大膳曲輪に久屋《ひさや》左《さ》馬允《まのじょう》、保《ほ》科《しな》曲輪に西山市之丞が配備されたとあるが、検討を要する。なお藤田信吉は、沼田城に近い所領片品郷の須沼城に入ったとされている（『加沢記』）。

これに対して北条氏が、相次ぐ武田氏の東上野侵攻に対処するための有効な手立てを取っていたことを示す史料は今のところ見いだすことができない。わずかに、天正八年十二月一日に、北条氏邦が武田領国への塩荷物の搬出を停止する塩留めを実施したのが判明するに過ぎない（戦北二二〇二号）。氏邦は、長谷部備前守をして、栗橋《くりはし》・五十子《いかつこ》・仁手《にって》・今井・宮古島・金窪《かなくぼ》を結び、神流川《かんながわ》を境界にした線と、深谷上杉氏の所領榛沢《はんざわ》・沓掛《くつかけ》・阿那志《あなし》・十条を結んだ線より上野側に向けて搬出される塩荷物を差し押さえるように命じているので、明らかに武田氏に対抗した措置と考えられる。ただ、天正九年になると情勢は変化し、北条氏に有利な情勢に傾いていく。これは後述することにしよう。

沼田開城後の戦後処理問題

勝頼は、天正八年十二月、沼田城開城（同年八月）をもって終了した沼田領制圧と中小国衆や土豪の帰属を受けて、知行宛行や安堵の仕置を一斉に行った。

沼田開城に際し、用土新左衛門尉のもとまで使者として往復し、内通に功績のあった真下但馬守にも武田氏から知行が与えられた（天正八年十二月二十九日付真下但馬宛武田氏印判状写、戦武三四七六号）。また勝頼は十二月七日には小川可遊斎に、荒牧・須川（相又・猿ヶ京を除く、ともにみなかみ町）・河上谷・木工河上・小河（以上、みなかみ町）であわせて千百十貫文を与え、可遊斎は一挙に藤田信吉に匹敵する有力国衆にのし上がった（同三四五五号）。しかしこれらの知行地のなかに、沼田城周辺の郷村はまったく存在していない。これは、沼田一帯のほとんどが藤田信吉に与えられた影響と推定される。このため「沼田本意之上」（沼田城を制圧したら）、その沼田周辺で知行を与えるとあらかじめ武田氏より約束されていた多くの国衆や土豪たちに対し、勝頼は約束が履行できなくなり、その変更に苦慮することとなる。

沼田攻略に尽力した小川可遊斎は、沼田領での新恩が与えられず、その代替措置として、藤田信吉に勝頼が知行を安堵した同じ十二月九日に武田氏より、①可遊斎の私領分に対する諸役を免除する、②ただし公用の諸役と、御城普請はその限りではない（武田氏より命じられる臨時役と城普請など重要な課役は免除されない）、③天正八年から同十年十二月まで、上方（対織田・徳川戦）への動員を免除する、との朱印状を与えられた（戦武三四五七号）。さらに翌天正九年二月二十一日、可遊斎は武田氏より「武州御静謐《せいひつ》」（武蔵を征服）したら、千貫文の地を与え、彼の身上を必ず引き立てると約束された（同三五〇四号）。これは実態のあるものではなく、約束手形であり、そこを占領しない限り履行されることのないものである。そのため武田氏は、その後、国衆らに約束した知行を与えることができなくなり、代わりに信濃での代替地や、武蔵や東上野で敵地を占領したら与えるという苦しい言い訳で、彼らを説得しようとする事例が目につくようになる（同三五八二・八三号）。

また真下但馬守も、上野国ではなく信濃国曾利町（長野県松本市）で知行を与えられていたが、そこに賦課されていた諸役のすべてを免除すると、天正九年二月二十日に武田氏より朱印状で約束されていた（戦武三五〇三号）。彼の知行地は、東上野ですらなく、遠隔地の信濃であった。それほど武田氏は、沼田開城に尽力した新規の家臣たちに与える知行地不足に悩まされていたのである。藤田信吉の降伏に伴う、沼田領の過半給与により、武田氏の沼田領処理は大きく混乱した。勝頼は、沼田城攻防戦に武田方として参加した人びとに報いるためにも、信濃での知行給与や上野の所領への諸役免許などで懸命に対応しようとしていたのである。そしてその後も勝頼は、東上野の人びとに約束した知行宛行を履行すべく、知行地の組み替えや代替地の選定などを懸命に行っているが、大幅な時間を費やす結果となった。

そのため、沼田城奪取後一年ほどを経過してやっと国衆や土豪層への知行宛行が実行されるという状況を生み出すことになる。この沼田領の知行割については、勝頼も気を使っていたらしく、天正九年六月七日に真田昌幸に宛てた条目のなかで「一沼田知行割之模様、能々被聞届、各不恐怖様可策媒（謀）事」とあり、いまだに決着がついていないことが知られる（戦武三五五八号）。

しかし、この所領の知行の再編成や、約束の履行をめぐる混乱は、武田氏の上野支配に大きな影響を与えたものと推察される。この問題が、高天神城陥落とあいまって、天正九年の上野国衆の相次ぐ離叛《りはん》や謀叛計画などの遠因となっていくのであろう。

勝頼、新田表出陣の準備に入る

ここで少し時間を戻す。勝頼は、天正八年八月、真田昌幸による沼田城攻略が時間の問題になってきたのを受けて、上野出陣の準備に入っていた。その過程で、同盟国佐竹氏や宇都宮氏らとの協議も進めていた。

天正八年八月五日、勝頼は下野国宇都宮家臣今泉但馬守に書状を送った。これは佐竹義重より、当秋の共同作戦について申し入れがあったことへの回答の一環であった。勝頼は、佐竹氏よりの申し入れを喜び、協議を重ねてその実現を目指したいと述べている（戦武三七二三号）。「甲江和与《こうごうわよ》」をめぐる行き違いで、一時関係が悪化した武田・佐竹両氏であったが、対北条戦に向けて義重より申し入れを受けたことを、勝頼は素直に喜んでいる。また武田信豊《のぶとよ》は同九日、宇都宮国綱《くにつな》に対し書状を送った（同三三九八号）。これは宇都宮氏が、沼田在陣中の真田昌幸を通じて武田氏に申し入れをしてきたことへの回答である。これも当秋の共同作戦への申し入れについて、その実現に向けて協議を重ねたいとの内容である。

こうした佐竹、宇都宮氏らと協議すべく、勝頼は家臣跡部淡路守《あわじのかみ》家吉を使者として北関東に派遣した（戦武三四〇二号）。跡部家吉は、下野国宇都宮家臣芳賀《はが》右馬亮《うまのすけ》らの支援のもと、天正八年から九年にかけて、甲府と北関東を頻繁に往復することとなる。

　いっぽう佐竹義重は、すでに七月二十四日には宇都宮に到着し、下野国の北条方をうかがっていた。義重は、宇都宮より甲府の勝頼に書状を送り、武田軍の支援を要請した。この書状は八月十日に甲府に到着し、同十六日勝頼はただちに上野国新田表に出陣することを約束した（戦武三四〇四・〇五号）。ところが、佐竹方の動きはその後停滞した。武田氏は、佐竹・宇都宮・結城らの軍勢が上野や武蔵に一向に侵攻しようとしないことに疑問を抱き、同二十七日に武田重臣跡部勝資は、佐竹一門東義久《あずまよしひさ》にその事情を問い合わせている（同三四一五号）。佐竹方も、武田軍本隊の出陣を待って侵攻しようとしていたのではあるまいか。

　武田氏は、新田表出陣を目前にして、様々な施策を講じていた。まず、軍事力強化のため、とりわけ鉄炮装備を充実させるべく、鉄炮を持参して参陣した者に対し「御普請役」を免許することとした。これは仁科盛信《にしなもりのぶ》が、八月十一日付で仁科領に通達した軍法のなかに見られるものであるが、こうした施策が武田氏の指示であると明記されている（戦武三四〇〇号）。盛信は、「俄之出陣」（急遽の出陣命令）であると記しているので、武田氏より緊急の動員が通達されたのであろう。また八月十日、上野に在陣していた秋山下野守《しもつけのかみ》に対し、鉄炮玉十万発を確保するよう指示した（同三四一四号）。さらに、八月二十九日には、家臣や信濃国衆らに来る九月五日、上野表に出陣することとなったので、必ず七日には信濃国佐久郡岩村田（長野県佐久市）に着陣するよう命じた（同三四一七・一八号）。なお、この出陣は、二十日を超えない短期間の作戦であることを伝え、通常の着到人数よりも多くの兵員を動員するよう求め、「増益之衆」（超過動員分）については、武田氏より兵粮米を支給することとした。このほかに、八月二十六日、廏橋の商人外郎源七郎に対し、松井田（群馬県安中市）に移住することを指示した（同三四一六号）。廏橋周辺が戦場になることがほぼ確実な情勢下で、有力商人外郎氏を保護しようとしたのであろう。

勝頼の東上野侵攻

勝頼の出陣は、当初の予定九月五日を果たせず、結局、同二十日となった。勝頼は上野に入ると、利根川を越えて新田《にった》金山《かなやま》領に侵攻した。攻撃目標は、佐竹氏に内通する意思を示しながらもなお旗幟《きし》を鮮明にしていなかった由良国繁であった。武田軍は新田金山城の近辺まで押し寄せてここに布陣し、太田宿をはじめ、根小屋まで放火するなど、由良氏を圧迫した（戦武三四三八号）。とりわけ太田町（太田宿か）では、由良勢と武田方の室賀《むろが》源七郎満俊《げんしちろうみつとし》（信濃国衆、屋代秀正《やしろひでまさ》の実弟）が奮戦したという（「室賀源七郎覚書」）。そして金山城から、打って出てきた由良勢に百人余を討ち取り、城の外郭を落とし、「生城」ばかりの状況に追い込んだ。だが勝頼は金山城を落とすことができず、包囲を解いてそのまま小泉領の富岡対馬守《とみおかつしまのかみ》を攻め、さらに進んで館林領に侵入し、由良国繁の弟長尾顕長《あきなが》を攻撃している。武田勝頼本隊の攻勢により、小泉・館林・新田領は蹂躙《じゅうりん》され、郷村の多くが放火された（同三四三八号）。武田軍の勢いを恐れた下野国足利の鑁阿寺《ばんなじ》、足利学校は、武田氏に禁制の発給を求め、十月三日付でその交付を受けている（同三四三〇・三一号）。

勝頼はさらに由良氏の所領膳《ぜん》（前橋市）に差しかかり、ここで膳城主河田備前守《びぜんのかみ》と衝突した。世に言う「膳城素肌攻め」である。なお、河田備前守は、天正五年十二月二十三日に上杉謙信が作成した「上杉家家中名字尽」（上越一三六九号）に登場する河田九郎三郎と同一人物であることが指摘されている（栗原修・一九九六年）。

『甲陽軍鑑』によると、武田勝頼は高天神城への後詰を一族・重臣層から反対されたため、武田氏衰亡の兆候と見なされぬために東上野に出陣して、敵の小城をひとつでも手中に入れようと思い、軍勢を率いて東上野に侵攻し、大胡《おおご》・山上・膳などを巡見したという。勝頼は攻撃すべき城を見定めて、巡見した次の日から軍勢を動かそうと思っていたため、武田軍の各侍大将衆は兵卒に小旗ばかりを持たせ、甲冑《かっちゅう》を着装しない、いわゆる「素肌」の状態で勝頼に従った。ところが、これを見た膳城の敵方は、足軽を押し立て、武田軍の安中衆に襲いかかってきた。このため、武田軍は全軍が反撃に転じ、膳城へ殺到したのである。敵の攻撃に憤激した軍勢が、城へ攻めかかったのを見た武田信豊が、勝頼に膳城攻撃を正式に下知すべきと進言したところ、勝頼はかねてより決定しておいた軍事行動を無視して、突発的に城攻めを行うのは、今後の軍法に影響するのでいかがなものか。信玄の時代にもこのような安易な合戦はしたことがないといって困惑したが、その間にも武田軍は膳城に殺到して激しい攻防戦を繰り広げてしまったという。

この合戦で、膳城は陥落し、一条信龍《いちじょうのぶたつ》衆・土屋昌恒衆・原隼人佑衆らが活躍し、一条衆薊清大夫が膳城主（河田備前守か）を討ち取った。だが、武田軍も「素肌」のままで戦闘に及んだため、城方の弓矢・鉄炮をはじめとする武器による抵抗で戦死傷者を多く出した。重臣原隼人佑昌栄は首に刀による深手を負い、甲府に帰還したのちに死去したという。また元高天神小笠原信興《のぶおき》衆で、勝頼旗本衆に編入されていた林平六なども戦死したと記されている。膳城攻略後、勝頼は早く嫡男信勝に家督と大将の地位を渡して頭を剃《そ》り、家老のようになって軍勢の先鋒を務めたいものだと述べたという。

『甲陽軍鑑』の記述の詳細が事実かどうかは判断できないが、この戦闘で膳城が落城したことは事実で、しかも城主河田備前守と、その婿でかつて沼田城将として河田重親とともに在城していた、旧上杉家臣上野《うえの》忠務少輔家成《いえなり》（河田備前守の婿）も戦死したとされている（『管窺武鑑』）。なお膳城攻略は、「赤城神社年代記録」に「八庚辰十月六日膳城落ル、千余人討死一時之内ナリ」とあり、十月六日だったことがわかる（『山岳宗教史研究叢書17　修験道史料集』1東日本編、名著出版、一九八三年所収）。勝頼は、この合戦で戦功を挙げた高橋桂介に、十月八日付で感状を与えている（戦武三四三三号、なおこの文書は検討の余地があるかも知れないが一応紹介しておく）。またこの城攻めで、武田方の室賀源七郎満俊（信濃国小県郡の国衆）は、後年この戦闘を特記している。思い出深い戦いだったのだろう（「室賀源七郎覚書」）。

武田軍の東上野侵攻に危機感を募らせた氏政は、十月二日、勝頼との決戦を意図して、新当主氏直とともに出陣すると通達した。氏政・氏直父子の出陣は三日と伝達された（戦北二一九七号）。

『甲陽軍鑑』によると、勝頼は膳城攻略後軍勢を引き揚げ、甲府に帰陣したというが事実ではない。勝頼はなおも、上野に在陣し、北条氏政の動向を見守っていた。実際には北條芳林に宛てた十月九日付の条目で勝頼が「一氏政至境目出張之由候之条、此節可討果之旨、無二令覚悟候之間、自善直越河候之処、則時退散候様子之事」と述べているので、膳城に留まっていたらしい（戦武三四三四号）。果たして、由良・足利長尾・富岡氏らが武田勝頼の猛攻にさらされていることを知った北条氏政は、後詰のため武蔵国本庄（埼玉県本庄市）に到着した。これを知った勝頼は、利根川を越えて北条氏政に合戦を挑もうとしたらしい。だが氏政は、勝頼の接近を知ると、軍勢を返して武田軍との合戦を回避した。そのため勝頼は、北条軍を捕捉できず、やむなく上野に引き返した（戦武三四三四号）。その後勝頼は、氏政の動向を見極めるべく上野にしばらく在陣し、その間、十月十日には、上野国玉村《たまむら》の領主宇津木《うつぎ》下総守《しもうさのかみ》に、今後忠節を尽くせば武州において所領を宛行《あてが》うとの約束手形を出し、武蔵侵攻の意図を鮮明にしている（同三四三五号）。

いっぽう、佐竹義重、宇都宮国綱、結城晴朝《はるとも》らは、下野国小山城を攻略した。勝頼は約束通り、佐竹勢らが足利方面にさらに侵攻してくることに期待を寄せていた。ところが佐竹勢は、小山表での戦後処理を終えると、十月十日までに帰陣してしまった。驚いた武田方は、同日付で武田重臣跡部勝資が佐竹一門東義久に書状を送り、突然の帰陣に抗議している（戦武三四三六号）。このため勝頼は、なおも単独で北条軍との決戦を模索していたようだが、氏政が動く気配がないことから、勝頼は十月二十日には上野を後にして甲府への帰路についた（同三四三八号）。

しかし、佐竹義重らの下野侵攻と、武田勝頼の東上野侵攻は、東上野や下野の北条方に対して大きな圧力となり、十一月には下野国壬生義雄《みぶよしかつ》が、さらに翌天正九年二月までには、金山城主由良国繁、館林城主長尾顕長が相次いで佐竹方に転じた。この結果、北関東では佐竹方が、東上野では武田方が優勢となり、なおも北条方に属していたのは、下野国足利長尾氏、小泉城（群馬県邑楽《おうら》郡大泉町）の富岡氏などに過ぎなくなった。

（註）「里見吉政戦功覚書」とは、上野国里見郷（群馬県高崎市）の土豪里見吉政が寛永五年（一六二八）二月九日、当時七十八歳の時に子孫のために書き残した覚書である。里見吉政の先祖は、関東管領上杉氏の重臣で上野国箕輪城主長野氏の被官「里見衆」であったと推定されている。吉政は、天文二十年（一五五一）生まれと推定され、その活動は天正四年から確認でき、当初は北条氏照に仕え、その後鉢形城主北条氏邦に仕えて武田・真田氏と対決した。ところが武田氏滅亡直前に、理由は不明ながら北条氏邦のもとを去って本拠地里見郷で牢人したが、天正十年三月の武田氏滅亡の混乱でふたたび滝川一益に仕えた。本能寺の変後、上野国衆安中《あんなか》氏のもとに身を寄せ、北条氏に再仕官した後にまた牢人となり、今度は上方へ転じたという。やがて豊臣秀吉の九州出兵に参加し、天正十八年の小田原合戦では浅野長吉《あさのながよし》の軍勢に加わった。北条氏滅亡後、浅野長吉に本拠地里見郷の回復を願い出たところ、長吉はこれを徳川家康に伝えたことから、関東入国後に実現し、箕輪城主となった井伊直政《いいなおまさ》に仕えた。里見氏は、関ヶ原合戦後、井伊氏とともに彦根《ひこね》に移ったが、吉政自身はやがて彦根藩を退身して里見郷に戻り、さらに隣村の秋間に移住して生涯を終えたという。吉政の子どもらは彦根藩士として続き、幕末に至っている。「里見吉政戦功覚書」は、彦根を退身し上野国に隠棲《いんせい》してから書かれたと推定されている。「里見吉政戦功覚書」については、千葉県館山市立博物館「収蔵資料紹介 里見吉政の覚書」（『館山市立博物館報ミュージアム発見伝』六十六号、二〇〇〇年）、竹井英文「史料紹介 館山市立博物館所蔵『里見吉政戦功覚書』の紹介と検討」（『千

葉大学人文研究』第四十三号、二〇一四年）を参照されたい。

三、新府築城と高天神城の陥落

勝頼、新府築城を開始す

天正九年（一五八一）一月、武田勝頼は甲府に代わって新たな本拠を韮崎《にらさき》に建設することを決め、築城を開始した。これが新府城である。新府築城については、天正九年一月二十二日付の真田昌幸書状がある（戦武三四八五号）。この書状は宛所が切断されており、誰に出されたものかは判然としない。『長国寺殿御事蹟稿』は、真田家臣でもと埴科《はにしな》郡国衆出浦《いでうら》氏が所持していたと記すが（当時の所蔵者は出浦右近助《うこんのすけ》とある）、すでに当時から宛所は切断され、失われてしまっていたことがわかる。

ところでこの真田昌幸書状は、二〇〇九年に原本が発見され話題になったことは記憶に新しい（『長野市立博物館だより』七四号、二〇〇九年）。原本を見ると、やはり宛所が切断されており、誰に出したものかはわからない。宛所については、大戸《おおど》氏（上野国衆大戸浦野氏）宛もしくは出浦氏宛ともいうが決め手に欠ける。ただ後述するように、真田昌幸の管轄下にある国衆に宛てたものであることは確実であろう。また写本と原本を比較すると、前者に文言の誤写があることがわかり、訂正が必要である。以下、写真による解読を掲げる。

就于　上意令啓候、仍新御館被移御居候条、御分国中之以人夫、御一普請可被成置候、依之、近習之方ニ候跡部十郎左衛門方、其表為人夫御改被指遣候、御条目之趣有御得心、来月十五日ニ御領中之人足も着府候様ニ可被仰付候、何も自家十間人足壱人宛被召寄候、軍役衆ニ者、人足之粮米ヲ被申付候、水役之人足可被指立之候由　上意候、御普請日数三十日候、委曲跡十可被申候、恐々謹言

正月廿二日　　真安
　　　　　　　昌幸（花押）

（宛所欠）

この通達は、①新府城の普請は武田領国全域から動員される人夫（「御分国中之以人夫」）によって担われること、②各領主の所領（「御領中」）から徴発する人夫については、勝頼近習跡部十郎左衛門が人足改を実施したうえで決定すること、③徴発された人夫は来る二月十五日までに甲府に集まること、④人夫の動員基準は家十間につき一人の割合であること（人足改は棟別改だったのであろう）、⑤軍役衆（武田軍の兵卒）は人足の食糧と水役の人足（普請中の湧水除去や飲み水運搬の人足であろう、近世の水役とは意味が相違する）を負担すること、⑥動員の日数は三十日であること、などである。この真田昌幸文書の他に、詳細を指示した武田氏の「御条目」が発給されていたらしい。

この文書を検討すると、新府築城は極めて重い負担を要求するものだったことがわかる。まず指摘できるのは、新府築城が、従来武田氏が分国に賦課していた人足普請役（棟別役）とは

別途と捉えられていたことである。武田氏の人足普請役は、①郷村や町宿ごとの棟別（「郷次」「町次」「宿次」）に賦課され、②武田氏の必要性に応じて他国へも派遣されたこと（平山・二〇〇六年）、③人足普請役は通常月三日間、年間三十日に限定されていたこと（鈴木将典・二〇一二年）、④武田氏の人足普請役には、通常の普請役と「惣国一統」「一国一統」の普請役に区別され、後者は戦国大名「国家」の危機に対応する形で賦課されるものであったこと（同前）、⑤人足普請役は、武田氏の要請に応じて参陣する郷村や町宿の軍役衆（在村被官）に対しては免許されていた（柴辻俊六・一九八一年）と指摘されてきた。

ところが新府築城の動員令は、武田氏の普請役賦課原則から逸脱する新規の規定と捉えられる。なぜなら、新府築城動員のために、武田氏より直接近習が派遣され、国衆領での「人足改」＝棟別改が実施され、恐らく帳簿が作成されていること、またほんらい様々な諸役免許特権を受けているはずの軍役衆には、人足の食糧負担と水役の人足負担が別途命じられていること、新府築城のための人足は家十間につき一人とすること、人足の動員日数は三十日とされ、それは通常の人足普請役一年分に相当する臨時役であること、などである。

そして、この「御一普請」（新府築城）に対する見返り（免除規定）が一切ないことは重要である。つまり武田氏は、新府築城の「御一普請」と、通常の人足普請役、「惣国一統」「一国一統」の普請役を並立させることとなったと考えられる。しかも、それまでの武田氏の政策の根幹に関わる変更を盛り込んだうえでのことなのである（武田軍を構成し戦争に参加する軍役衆は、信玄以来すべての諸役負担が免除されていた）。だが勝頼は、新府築城のためにその特権の一部を撤回したのであった。

なお、この真田昌幸書状を根拠に、彼が新府城の普請奉行であったとする説があるが、彼は上野国利根、吾妻郡司としての職権で指示したのであって、普請奉行であったとは証明できないことを特記しておく。

新府築城をめぐる諸問題

新府城をめぐっては、築城そのものを問題視する説と、築城に伴う負担の増加が武田氏からの離叛を生んだとする説が古くから指摘されている。

まず新府築城が、武田氏衰亡を早めたとする考え方について検討しよう。『甲陽軍鑑』によると、新府築城は穴山梅雪《ばいせつ》の献策によるものだったとされる。梅雪は、天正九年七月、勝頼に「信長と家康の勢力が次第に大きくなり、当年三月には遠州城飼郡《きこう》（高天神城のこと）も家康に奪われてしまった。また北条氏政も敵となっている今の状況は、信長・家康・氏政が一丸となって武田領に侵攻してきたら、諸方の敵も一斉にこれに呼応するのは間違いない。そうなってしまったら武田は防ぎようがないだろう。越後の上杉家と同盟を結んでいても、謙信の時代ならば信長・家康・氏政を敵に回しても勝てるかも知れないが、景勝はまだ若くとても頼りにならない。むしろ上杉家の支援は受けられないと考えたほうがよい。信玄公は屋敷を構えるのみで、甲斐国四郡に築城をしなかったが、ある時に謙信・信長・家康・氏康が連合して信玄を攻めようとした際に、甲斐の岩殿城、駿河の久能《くのう》城、上野の吾妻城（岩櫃城）を強化したのは、いざというときの籠城策であった。その時は、謙信が四大名で信玄一人を討ち取ろうとするのを潔しとしなかったため、結局実現しなかったが、今度はそうはいかないだろう」と述べたといい、勝頼はこの意見を容れて韮崎を城に取り立てる決意をしたという。

『甲陽軍鑑』の記事は、天正九年七月とされるが、これは誤りであり、恐らく天正八年のことだろう。新府城は、穴山氏の本領穴山郷に隣接する地域であり、梅雪が所領を進上したことを受けて築城が始まったともいわれるが、その事実関係は不明ながら、穴山氏との調整が必要だったことは確かだろう。

だが、この決断を『甲陽軍鑑』は「甲州にらざきに新府中をとりたて給ふハ、武田の家めつきやく《（滅却）》の本となりとハ、のちこそしられたれ」と記しており、これが武田氏滅亡を決定づけたと記している。

こうした考え方は、同時代史料からも確認できる。武田氏滅亡直後の、天正十年四月、穴山梅雪が亡母南松院殿（信玄の姉）の十七回忌法要を実施した際に作成させた「南松院殿葵庵理誠大姉十七年遠忌之香語」に「武田勝頼が当主であった十年間は、讒人《ざんにん》を登用して政治を乱し、これを諫《いさ》めようとする親族の意見を聞こうとしなかった」とあり、続けて「昨年秋には古府を廃し新府を築こうとした。だが古府は破壊されたものの、新府は完成せず、四方より敵が攻め寄せてきた。ああこれも天命か。一族や家臣たちは誰も勝頼を護《まも》ろうとはせず、すぐに散り散りになってしまった」と記した（県内記録二〇六号）。このことは、新府築城について武田一門衆や家臣の根強い反対があったことをうかがわせる。『甲陽軍鑑』では、梅雪が新府築城を進言したとあるが、もし事実とすれば穴山氏はすでに織田・徳川氏と数年前から内通していたので、武田氏を自壊させるよう誘導していた可能性もあるだろう。記して後考をまちたいと思う。

また、新府城周辺に伝承される家臣団の屋敷跡といわれるものを検討すると、長坂釣閑斎《ながさかちようかんさい》屋敷、安倍加賀守屋敷、秋山摂津守《せつつのかみ》屋敷、山県屋敷、隠岐殿《おきどの》屋敷〈加津野《かづの》〈真田氏〉か〉、穴山屋敷など、いずれも勝頼側近のものばかりである（『山梨県の中世城館跡』他）。一部、山県昌満《まさみつ》ら重臣や一族の屋敷もみられるが、穴山梅雪の場合、武田氏滅亡時に甲府屋敷が依然として機能していることが確認できるので、新府城下の穴山屋敷に人質を置き、機能させていたとはいえない。ましてや武田信綱、一条信龍をはじめとする一族や重臣層のほとんどは新府に屋敷を持っていなかったとみられ、この事実は新府築城をめぐる勝頼と一族、重臣との対立を物語るものといえるだろう。

次に、新府築城に伴う負担の増加が武田氏滅亡の要因であったとする説を検討しよう。たとえば、巷間《こうかん》伝えられる木曾義昌《きそよしまさ》の叛乱《はんらん》は、勝頼から木材供出を求められたことが原因とする逸話があるが、これはいずれの記録にも登場しないフィクションである（恐らく、新田次郎の小説『武田勝頼』の創作だろう）。義昌謀叛の動機について、『木曾考』に「勝頼ノ代ニ至テ色々ノ課役ヲ云付ラル、ニ依リ、是ヲ厭テ是非ナク信長ノ麾下ニ属ス」とあるが、必ずしも新府築城を指すわけではない。ただ、武田勝頼の時代に、新規課役が増えて領民の負担が重くなり、人びとは武田氏に不満を抱いていたというのは、『信長公記』にも「近年武田四郎新儀の課役等申付け、新関を居、民百姓の悩尽期なく、重罪をば賄を取りて用捨せしめ、かるき科をば、懲の由申候て、或は張付に懸け、或は討たせられ、歎き悲しみ貴賤上下共に疎果」と記録されており、事実と考えられる。

それでは、武田氏の史料から、領国民の負担増加をうかがい知ることが可能なのだろうか。まず、普請役についてはすでに指摘したので、他の事例を紹介しよう。まず、武田氏の税制と軍制の支柱である棟別役についてである。武田氏は、信虎時代から郷村や町宿の家に課税する棟別を賦課していた。それを武田信玄が家督相続直後の、天文十一年（一五四二）八月以来整備に着手し、郷村や町宿ごとに棟別帳を作成させている。その上で、一年に春と秋の二度にわたって、家一軒（間）ごとに棟別銭を徴収していた。当初は、村の本家だけに賦課していたが、その後、新家（本家の一族）にも課税の裾野を拡げている。その棟別銭であるが、弘治元年（一五五五）十二月（甲斐国放光寺領の事例）は、本家二百文、新家五十文であった（戦武四六二号）。武田領国の棟別銭は、家一軒（本家を基準とする）で、すでに北条氏の四倍、伊達氏や朽木《くつき》氏の二倍の額に相当する。ところが長篠敗戦の翌天正四年七月（甲斐国黒沢郷の事例）には、本家二百文、新家百文とあり、新家の負担が倍増している（同二六九四号）。そして天正八年十月になると（甲斐国井口郷の事例）、本家約二百四十二文、新家百文となり、井口郷全体では棟別銭が約三〇パーセント増額（「今度改出」）されていることが判明する（同三四五二号）。このように棟別銭増額は、確かに武田勝頼の時代に、二度にわたって実施されていることが認められる。

この他に、天正六年から同七年にかけて、信濃では諏方《すわ》大社上社、下社両社の式年遷宮が勝頼主導のもと実施されている（小林純子・二〇〇七年）。この時、武田氏により造宮帳が作成され、造宮役の納入が信濃全域（木曾郡を除く）に賦課された。この課役賦課に対し信濃国内では反発も強かったが、武田氏の強権によって推進されており、この時各地に関所が設置されたことも確認できる（戦武二九一七・二二号）。

以上のことから、武田勝頼の時代に新儀課役が増加したというのは史実と考えられる。この背景には勝頼の家督相続後、連年にわたる織田・徳川氏との対決、さらに甲相同盟崩壊後は北条氏との対決も加わったことがあり、事態に対応すべく課税強化が逐次実施されていったのだろう。それは研究史上、すでに武田信玄の晩年に始まっていたことが指摘されているが、勝頼はさらにそれを推進しなければならぬ状況に追い込まれていたのである。そして新府築城の動員は、事態をより深刻化させる契機になったのは間違いなかろう。

加えて武田勝頼の求心力を失墜させる事態が、新府築城着手後まもなく発生する。それは遠江国高天神城の陥落である。

高天神城将岡部元信という人物

武田氏が遠江で確保していた要衝高天神城は、天正七年四月、武田勝頼が本隊を率いて大規模な補給を実施して以後、ほぼ兵員交替や兵粮搬入は行われなくなった。そして、天正七年以来、それまでの遠江国吉田城の在番にかわって、高天神城の在番を命じられ、城兵を統括した人物が岡部《おかべ》丹波守《たんばのかみ》元信《もとのぶ》である。岡部元信は、以来三年間にわたって高天神城を預かり、籠城を指揮した。ここで岡部元信という人物について紹介しておこう。彼は、永禄三年（一五六〇）

桶狭間合戦に参戦し、その際は鳴海城《なるみ》を守り、合戦後は、織田氏と交渉して今川義元の首級を貰《もら》い受け、その代わりに鳴海を明け渡し、駿河への帰途、刈谷水野氏を討った人物として知られる。

この岡部元信について、近年小川雄氏による注目すべき研究が発表された。以下、小川氏の研究に導かれながら紹介しよう（小川雄・二〇一四年）。

今川氏滅亡後、岡部元信は、武田氏より元亀三年（一五七二）夏に岡部惣領《そうりよう》職を与えられることとなり、翌天正元年十一月二十七日に勝頼から判物を与えられた（戦武二二二二号）。

岡部元信は、今川海賊衆と深く関わっており、桶狭間合戦の際に鳴海城に在城していたのは、今川海賊衆を指揮下に置いていたからであった。そのため、岡部元信ら一族は武田海賊衆の編制に深く関与することとなる。伊勢海賊の小浜景隆、向井正重らが武田氏のもとに参じたのは、岡部氏から駿河渡海を打診されたのを受けてのことであった。武田信玄は、出仕した海賊衆に駿河・遠江各地で知行を与えて海賊衆編制を実施したが、その知行地給与は「浜手」と「山手」という区分があったという。「浜手」とは船舶の繋留《けいりゆう》や整備などの拠点となる沿岸部の平野地を指し、「山手」とは船舶の建造、修理に必要な森林資源の供給地となる内陸の丘陵地を指す。武田氏は、これを組み合わせ、海賊衆に対し、駿河・遠江両国において万遍なく知行を与える配慮をしたとされている。

岡部元信は、天正二年三月には、駿河国で五百二十八貫四十文、同五年二月七日に同じく駿河国で同心給百三十貫文、同月九日には遠江で一千五百五十八貫九百文、総計二千二百十五貫

小川隆司「武田・徳川両氏の攻防と城郭」（『藤枝市史研究』2号、2000年）をもとに作成。

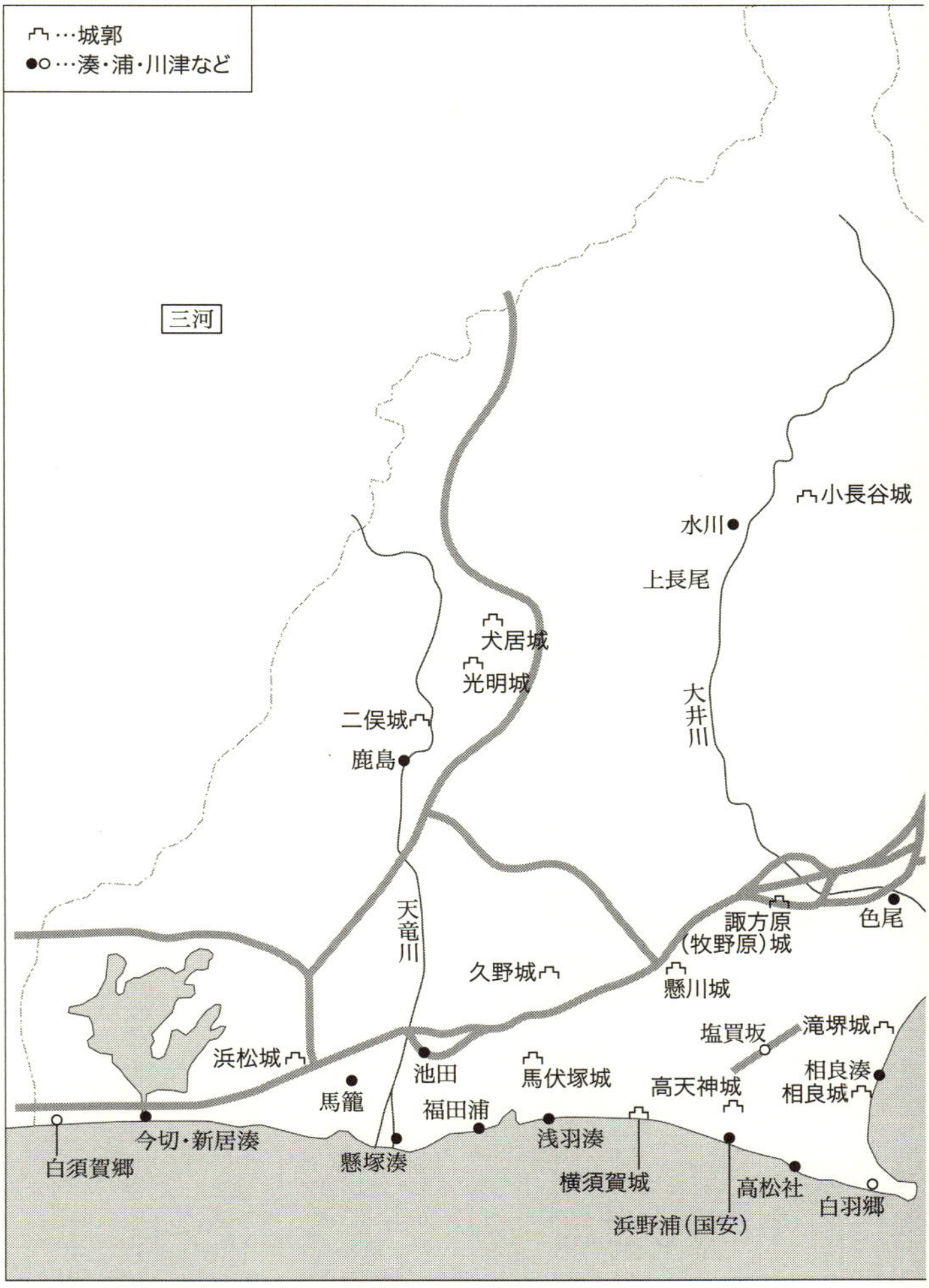

図10　駿河・遠江における主要城郭と湊・浦

九百四十文の知行を安堵された（戦武二二七七・二七六四・六六号）。これらの知行地は、もともと今川時代に岡部元信が保持していた地域で、武田氏はその事実を承知しており、勝頼は高天神城攻略と遠江東部制圧を実現すると、元信の遠江の旧領を給与、安堵したとみられる。注目すべきは、知行地の分布である。彼の知行のうち、その最大規模を誇るのは、遠江国青柳（静岡県榛原《はいばら》郡吉田町神戸）、勝間田（牧之原市）である。前者は、湯日川中流域で、大井川に合流する位置にあたり、岡部元信が在城していた小山城（吉田町）の至近距離にある。この小山城は、大井川や海上との海運に関与していた可能性が高く、麓に舟を繋留していたとの伝承が残る。

次に後者の勝間田地域は、勝間田川下流に河崎湊が所在し、ここは小山城と滝堺城（牧之原市）の中間地点にあたっていた。また、武田氏が小山・滝堺・高天神城の繋ぎの城として築城したといわれる相良《さがら》城（牧之原市）も相良湊を控える海の城だったといえる。事実、武田氏滅亡後の天正十六年三月、駿府築城を実施していた徳川氏は、兵粮を送るべく、相良から船で持《もち》船《ふね》（用宗《もちむね》、静岡市）に運ばれている事例があり、相良城と相良湊が海上軍事に直結していたことは確実といえよう（『家忠日記』天正十六年三月二十日条）。このように岡部元信の所領は、遠江の海上交通と小山・滝堺・相良城を結ぶ役割を果たしていたのである。当然のことながら、所領から収取される年貢・公事は、岡部氏の海上交易の原資であるとともに、諸城を維持する兵粮として機能したことは想像に難くない。

小川氏の分析によれば、岡部元信の知行地は、①駿河中央部（北矢部・岡清水・安東など）、

②西駿河・東遠江（勝間田・青柳など）、③東駿河（石田など）であり、これは武田氏が海賊衆に与えた知行地分布と一致する。すなわち岡部元信は、海賊衆統括の重要な一角を担い、その拠点は勝間田・河崎ラインを中心としつつも、武田氏の海上軍事体制全体に関与しうる存在だったことがわかる。

以上のような、岡部元信の知行地支配の実態をみると、武田勝頼が長篠敗戦後、危機的状況に陥った遠江国高天神城の城主として彼を配備した理由がはっきりしてくるだろう。武田氏は、駿河今川遺臣の中心的人物の一人である岡部元信を配備することで、駿河・遠江衆をあげてこれを支援させ、同城の維持を図ろうとしたと考えられる。しかし、それ以上に重要なことは、高天神城保持のための補給を如何に実現するかという問題があった。それを解決できる人物は、岡部元信しかいなかったのである。それは海賊衆を通じて高天神城周辺の海上交通と軍事を握っていた人物こそ、元信だったからであり、船舶による物資輸送によって同城を維持できるのは彼が適任だったためである。

そこで注目されるのは、高天神城周辺の地形である。近年、遠江国沿岸部の中世地形の復元的考察が進んでいる。それによれば、宝永四年（一七〇七）の東海大地震により沿岸部の土地が隆起して海岸線が後退し、さらに近世から近代にかけて土地の干拓や開発が進んだため、近世中期以前と以後では地形が大きく異なるという。中世は、内陸部にまで深く海が入り込んでおり、そのため、高天神城と正対していた馬伏塚《まむしづか》城や横須賀城は、内海や湿地帯の中に浮かぶが如く様相を呈していたと推定されている（『浅羽町史』通史編、『図説浅羽町史』、『磐田市史』

通史編、榎原雅治『中世の東海道をゆく』中公新書・二〇〇八年他）

同様の研究は、近年土屋比都司氏によって高天神城周辺でも進められ、戦国期の海岸線は、高天神城の城下まで入り込んでいたことが明らかとなった（土屋比都司・二〇〇九年）。高天神城下まで入り込んでいた入江は、菊川によって形成されたもので、『高天神記』にも「大キ成ル沼地湖水満満ト湛タリ」と記録され、『三河物語』にも高天神城の至近に「入江の様なる処」があったとあり、土屋氏は「菊川入江」と呼称されている。中世の当時、高天神城へ陸路で行くには塩買坂から国安に入り、国安の西にあたる三俣より「菊川入江」を舟で渡って川久保、南大坂、三倉（三舟）などで対岸に上がり、城に向かうと想定されている。戦国期に今川領国の「諸浦湊」の一つに数えられた浜野浦も（戦今一七八八号）、地理的に見て「菊川入江」に存在していたことは間違いない。

土屋氏の研究は、高天神城は「菊川入江」を通じて遠州灘に繋がっていることを明快にした画期的な成果である。ここに、武田勝頼が岡部元信を高天神城の城主に任命した背景があった。元信は、海を掌握する有力武将であり、それ故高天神城維持という任務を遂行できる唯一の人物として武田氏の期待を一身に集めていたと考えられる。

四、織田信長、武田勝頼撃滅を企図す

徳川氏の高天神城包囲網とその意味

高天神城将岡部元信の地位と役割、そして彼が指揮、掌握していた遠江・駿河方面の海上交通と軍事、さらに高天神城下の「菊川入江」と海上との結びつきを念頭に置きつつ、徳川氏が高天神城攻略のために築いた付城の位置関係をみると、その意味が明らかとなる。

徳川方が築いた付城群について、『三河物語』は次のように記している。

> 同年《（天正七年）》、高天神の取出、中村に二つ、同鹿鼻、同なふが《（能ヶ）》坂に取出を被成ければ、小笠・大坂・中村に二つ、鹿鼻、なふが坂、以上六つの取出を取らせ給ふ

大久保忠教《ただたか》は、高天神城包囲網形成の付城を六カ所と記している。この付城群は地元でも「高天神六砦」と伝承されており、今も遺構が残されている。この「高天神六砦」と城将についてまとめると表2のようになる。

これらの配置をみると、徳川方は高天神城の北から東南にかけて円形に付城を構築している。このような付城配置にしたのは、高天神城と武田方の滝堺城、相良城、小山城との連絡や補給を封じるためであった。図10をみると、滝堺城から浜沿いに国安に来るルートと、塩買坂を経て国安に来るルートなど、陸上のルートを遮断する意図があったようにみえる。ところが「菊川入江」の存在を前提に地図を見直してみると、徳川方の付城群は、単に陸上の補給、援軍侵攻の進路に対抗するためだけではなく、滝堺城や相良城から遠州灘を経て「菊川入江」や浜野浦などに接岸する船舶からの補給をも阻む意図があったことがわかる。

徳川方による付城構築は、陸上交通による補給、兵員交替を阻止するだけでなく、海上輸送

表2　高天神城包囲の主要付城（高天神六砦）一覧

No.	砦名	砦名	守備担当者	築城年代	普請時期	出典
1	小笠山砦	掛川市入山瀬	石川家成持	永禄11年		三河・武徳・高
2	能ケ坂砦	掛川市小貫	本多康孝持	天正7年		三河
3	火ケ峰砦	掛川市下土方他	大須賀康高持	天正8年		三河・高
4	鹿ケ鼻砦	菊川市大石	大須賀康高持	天正7年	天正8年6月	三河・家忠
5	中村砦	掛川市中	大須賀康高持	天正7年	天正8年3月	三河・家忠・武徳
6	三井山砦	掛川市大坂三井	酒井重忠持	天正7年	天正8年	三河・家忠・武徳

（註）出典のうち、三河は『三河物語』、家忠は『家忠日記』、武徳は『武徳編年集成』、高は『高天神記』を示す。

による補給をも遮断することが目的だったといえる。武田勝頼は、「海の武将」ともいえる高天神城将岡部元信の属性を、同城維持の頼みの綱としていた。そして、それを知っていた徳川方は、岡部元信と海とを断ち切ることで、高天神城の死命を制すべく付城群を陸上交通路に対してだけでなく、「菊川入江」を封じるように配置したのである。もはや、高天神城を救う手立ては、武田勝頼本隊の後詰以外になくなった。

追い詰められる高天神城

「高天神六砦」が完成すると、家康は高天神城の封鎖を鉄壁なものとすべく、天正八年（一五八〇）十月二十二日に同城の際まで全軍を進め（『家忠日記』）、その上で城の四方に幅広い堀をめぐらせ、高土居を築いて高塀をかけ、さらに竹で結ったもがりを渡して土塁を容易に突破できないようにはかった。また堀の城側には城に向けて七重八重の柵を構築し、「一間に侍一人づゝの御手当を被成、切っても出バ、其上に人を増し給ふ御手立て」とした（『三河物語』）。まさに蟻《あり》の這《は》い出《で》る隙もないほどであり、大久保忠教は「城中よりハ鳥も通わぬ計なり」と形容したほどである。

この大堀と大土塁の普請は、城を包囲した翌二十四日から開始され、二十六日まで三日かけて行われている（『家忠日記』）。

そればかりではない。家康は勝頼が軍勢を率いて後詰にやってくることを考慮して、武田軍に対する備えも万全にした。高天神城包囲の普請は、その後も十一月から翌天正九年三月の城陥落まで継続されているので、十月二十四日から二十六日にかけての普請は、城を取り急ぎ封鎖する急ごしらえであったのだろう。その後、土塁と大堀は、高天神城とは反対の駿河方面に対処する目的で改変がなされ、駿河に向けた堀も構築された。勝頼が後詰してきた時に、徳川軍はこの大堀と土塁を拠《よ》り所《どころ》に、武田軍と高天神城兵の双方に対抗しようと図ったのである。『三河物語』には「（高天神城に向けた堀と土塁の）後にハ、後詰のためと被成て、広く深く大堀を掘らせ給ひて、城之ごとくに被成」と、その堅固ぶりを特記している。勝頼が軍勢を率いて城を救援しようとしても、そう簡単に徳川軍を追い払うことはもはや容易なことではなくなっていた。

高天神城を囲む堀と土塁、砦遺構については、土屋比都司氏による現地調査と史料分析を踏まえた労作がある（土屋比都司・二〇〇九年）。それによると、この土塁、空堀、塀の普請は、天正八年十一月一日から翌九年二月二十七日まで行われている。このうち、天正八年十一月一日から十二月十四日までは「たち花かや」（橘ケ谷《たちばなや》）で普請が行われている。ここは、高天神城の搦手口《からめて》にあたり、矢本山砦跡がこの時の普請で完成したと推定されている。また十二月十五日からは「萩原普請」、さらに十二月二十五日からは「萩原口東ノ普請候」とあり、以後

「萩原筋普請」が、天正九年二月二十七日まで続いている。この「萩原」とは、高天神城西側にある萩原峠付近を指しており、ここには萩原口砦跡が残されている。

また土塁跡は六砦跡からさらに城に接近した、林ノ谷砦—矢本山砦—山王山砦（伝家康陣城）—畑ケ谷砦—星川砦を結ぶラインであったと推定されている。これをみると、高天神城は完全に封じ込められたことがわかる。

このことを、『信長公記』も「遠州高天神の城、武田四郎人数入置き相拘へ候を、家康公推詰め、しゝ垣結ひまはし、取籠めをかせられ、御自身御在陣候なり」（天正八年条末尾）と記している。

信長は、高天神城包囲陣が固められつつあったことを知ると、使者として福富秀勝・長谷川秀一・猪子高就・西尾吉次を派遣した。彼らは、十二月二十日に高天神の徳川方陣所に到着し、小笠山砦で家康以下諸将の出迎えを受けた。福富・長谷川・西尾は、二十二日に徳川方の陣場を検分してまわり、二十三日には帰国の途についた。家康と酒井忠次は、彼らを浜松まで見送っている（『家忠日記』）。徳川方の陣所の普請は、明けて天正九年二月まで続いている（同）。

高天神籠城衆の援軍要請

『甲陽軍鑑』によると、高天神籠城衆は、天正七年秋に城将岡部元信・栗田鶴寿《かくじゅ》・江馬《えま》右馬丞《うまのじょう》をはじめ、城内の小者までが連署した救援要請の書状を、甲府の武田勝頼のもとに進上し、城への後詰と番手衆の編制替えを懇願したという。武田勝頼本隊による大規模な高天神城への補給は、天正七年十一月を最後に完全に途絶していた。

その後は、十一月七日に、武田方の滝堺城を中継拠点として、荷物数十駄を雑兵数十人に警護させ、細々と補給を行おうとしていたが、徳川軍が各地に放っていた「かまり」(忍びの者)や伏兵に襲われ、それもうまくいかなくなっていた。

天正八年八月二日、武田方は徳川軍の陣場に攻撃を仕掛けたらしい。『家忠日記』の八月七日条に「大坂去二日ニ地やき候て、船にてのき候由」と記録されている。この時、ちょうど松平家忠は深溝《ふこうず》城に帰還中で、高天神にはおらず、伝聞を記したらしい。これによると、武田方は船で大坂砦に接近し、付近一帯を放火して海へ退去したのだという。武田海賊衆による夜襲と推定される。遠州灘から菊川入江に入ってきたのだろうが、徳川方にどれほどの損害を与えられたかははっきりしない。しかしながら、散発的な夜襲を仕掛けられても、高天神城に兵粮や武器、兵員の補給を実行することはできなかったようだ。あまりにも、徳川方の付城と土塁による包囲網が厳重だったからである。

このほかに、『家忠日記』には、天正八年十二月五日に「酒左陣所ニ火事出来候」、同六日に「石川伯耆《ほうき》陣所ニ火事出来候」とあり、酒井忠次と石川数正の陣所で火事が発生している。これが失火によるものか、城方の攻撃によるものかは定かでない。

それでも徳川軍の包囲網をかいくぐった者もいたようだ。大久保忠教は、匂坂《さきざか》甚大夫という者がこの堀、土塁、柵をすり抜けて外に出て、また戻ってきたことを後に知り驚愕《きょうがく》している(『三河物語』)。それでも徳川方は、包囲網を鉄壁なものと信じていたらしい。『三河物語』には「匂坂甚大夫と申者が入て、又出たると云（中略）然るとハ申せ共、林之谷と申ハ、山高くして可出様もなし、たとへ出たると云共、行先ハ国中、其外、小笠、懸河《かけがわ》、諏訪《すわ》の原、南ハ大坂、横須賀にハ上様之御座候へバ、出て行べき方もなし、然間、陣之可取らいもなけれバ、大久保七郎右衛門請取なれ共、はるかに隔たりて、遠くに陣を取、上より之御状にハ、とても林之谷へ出る事ハあらじ、然ば時の番之者を六人づゝ、指置申せと御状なり」とある。

徳川方は、厳重な包囲を容易《たやす》く出入りできるとは思っておらず、もし高天神城から出ようとしても、「林之谷」は山が高くてとても出られるようなところではなく、もし仮に脱出できたとしても、出口はすべて徳川方の砦で塞いでいるので、そこを抜け出ることはできないはずだと信じていた。ここにみえる「林之谷」（林ケ谷）とは、高天神城の搦手方面の谷筋をいい、堂ノ尾曲輪「犬戻り・猿戻り」の間に展開する深い谷を指す（逆に大手方面の谷筋は、南が「鹿ケ谷」である）。

確実な史料によると、高天神衆匂坂甚大夫・暮松三右衛門尉は、しばしば飛脚として城と甲府を往来しており、勝頼はその功績を讃《たた》え、天正九年一月十七日、二人に駿河と遠江で六十貫文を与え、そのことを城将岡部元信に通達している（戦武三四八四号）。敵の包囲を突破して、書状を確実に届けることが、当時いかに困難であったかを物語る。だが、この武田氏朱印状において、武田氏は後詰のことには一言も触れていない。勝頼は、高天神城支援について沈黙を続けたのだった。

高天神籠城衆、徳川軍に矢文を送る

天正九年一月三日、安土城で正月を迎えていた織田信長のもとに「武田四郎勝頼、遠州高天神の城後巻として、甲斐・信濃一揆《いっき》を催し罷出るの由風聞」との情報がもたらされた。信長は、家康を支援し、勝頼を撃滅すべく、息子織田信忠軍に出陣を命じた。信忠軍は、すぐに岐阜城を出陣し、清洲城に入って様子をうかがった。

さらに信長は、同日、水野監物《けんもつ》忠守・水野惣兵衛忠重と大野衆を、家康が在陣する横須賀城に派遣し、徳川軍支援の態勢を固めさせた。水野・大野衆は、四日に到着している（『信長公記』『家忠日記』）。だが、この情報は虚報であったらしい。勝頼が高天神城に向けて出陣した事実はなかった。あるいは、武田方がそうした虚報を流し、織田・徳川・北条三氏の動きを注視したのではなかろうか。

かくて高天神城の将卒らは、籠城三年に及び、武田勝頼からの後詰を受けられないまま徳川軍の重囲に陥り、完全に進退谷《きわ》まった。通説によれば、高天神城の岡部元信以下は、家康からの降伏勧告を肯んぜずに抵抗を続け、最後は全軍が討って出て壊滅したといわれている。しかし実際にはそうではなかった。高天神籠城衆は、一月二十日頃、徳川軍の陣所に矢文を送り、降伏の意思を表明したらしい。家康と重臣らは協議の結果、その矢文を信長のもとへ転送し、指示を仰いだ。信長は、一月二十五日付で高天神に在陣する水野忠重に書状を送り、自らの考えを表明した（信長九一三号）。

矢文の全文は残念ながら伝わっていないが、何が書かれていたかは、信長の書状でうかがい知ることができる。それによると、矢文では、①降伏を申し入れたい、②その際に、籠城衆すべての生命を保証してほしい、③その交換条件として、高天神城はもちろん、小山城と滝堺城をも明け渡す用意があること、である。

信長は、この降伏と小山・滝堺両城の開城申し出について、助命してくれれば実現するとの条件提示は、信憑性《しんぴょうせい》が高く傾聴に値すると述べている。信長がこのように判断したのは、矢文の発信者が相当の有力者であり、遠江国の諸城に強い影響力を持つ人物であったからであろう。小山・滝堺城など、遠江国の武田方に対し大きな影響力を持つ人物といえば、小山城の城将を長く務め、高天神城将に就任していた岡部丹波守元信しか考えられない。恐らく、矢文の発信者は岡部元信だったのだろう。そして矢文の内容は、籠城衆の総意であり、彼らの期待を集めていたと推察される。

だが信長は、この降伏と三城開城の申し出受諾に躊躇《ちゅうちょ》していた。書状の中で彼は、武田勝頼は現状からみて高天神城を後詰できないであろうし、もし出陣してきたらそれなりの対応を取ればよい。降伏を受諾すれば、家康は遠江を容易く奪回できるだろうが、それでは来年に予定している甲斐・信濃の武田領攻撃に影響が出てくるだろう。もし自分が出陣して、甲斐など険峻を越えようとしたものの、そこで長期戦を余儀なくされれば、信長の体面に傷がつく、と述べた。高天神城の扱い如何《いかん》で、織田軍の武田攻めに違いが出るというのが、信長の予想だった。信長は、勝頼を見くびっていたわけではなく、山岳地帯の武田領国の地の利を活《い》かして反撃されることを恐れていたのである。

信長の意見開陳は続く。もし当方が、降伏の申し出を拒絶し、勝頼が後詰できないという状況下で高天神城を陥落させることができれば、来年の武田攻めに際し、駿河の城はこの影響であっけなく落ちるはずだ、と。しかしながら、苦労して城攻めを行っているのは、徳川軍であり、どちらがよりよい方法であるかは、自分ではにわかに判断できない。だから水野忠重は、自分の意見について家康に詳しく報告し、最終的には徳川家中の決定に委ねるようにせよ、と記し、書状を結んでいる。

つまり信長は、味方の犠牲がある程度出ることを覚悟して高天神城攻めを続行し、降伏勧告を拒否して勝頼が後詰をせず、城を見殺しにしたという演出をせよと、家康に勧告したわけである。さすれば、武田氏に忠節を尽くし、籠城したのに、救援してもらえず、見殺しにしたと世間に見せつけることができる。このことは、武田方に勝頼頼みにならずとの印象を浸透させることになり、今後の織田・徳川方にとって計り知れない利点となり、作戦がしやすくなると信長は判断していたのだろう。

徳川家康は、結論から言うと、信長の勧告に従ったようだ。高天神城は、その後も約二ヵ月ほど籠城を続けているからである。勝頼はこのころ、新府築城を開始し（一月）、上野国で北条方の反攻（沼田平八郎の乱）が起こるなど（三月）、対応に追われていた。勝頼は、三月に駿河出陣を決定するが、それは高天神城後詰ではなく、伊豆出陣（対北条戦）だったようだ。しかし、この時期に勝頼が駿河に出陣した形跡はない。実現しなかったのだろう。

かくて高天神城は、武田勝頼だけでなく、織田・徳川方からも見殺しにされてしまったのである。勝頼は後詰をせず、織田・徳川方は降伏をさせずというありさまで、籠城衆は三氏の政治的思惑によってスケープゴートとされる格好となった。

高天神城ついに陥落す

天正九年二月、京都で馬揃を挙行すべく、安土から京都に向かう直前の信長のもとに、高天神城包囲中の家康より、近況報告と良馬が贈られた。信長はこれを喜び、二月十九日で家康に返書を送り、高天神城がいよいよ追い詰められ、陥落間近だとの情報に満足し、西尾吉次の副状でそれでも敵を侮り油断せぬよう申し送っている（静⑧一三七六号）。また、信長家臣余語久兵衛勝盛も、馬揃の準備のなか、高天神の徳川氏に見舞いの使者を送ったらしく、家康は二月五日付で礼状を出している（同一三七四号）。

降伏申し出が拒絶された高天神城の籠城衆は、ついに兵粮も尽きて進退谷まり、天正九年三月二十二日に城を討って出て徳川軍陣地を攻撃した。その模様を、『家忠日記』は次のように記している。

戌刻ニ敵城をきつて出候、伯耆（石川数正）、手前（松平家忠）、足助衆所々にて百三十うたれ候、相のこり所々にてうたれ候頸数六百余候

籠城衆は、戌刻（午後八時頃）に城から切って出て徳川軍陣地に突撃し、六百人ほどが戦死したとある（後掲の織田信長書状にも、城兵の突出を「戌刻」と明記されている）。『信長公記』は、事情をもう少し詳しく記している。

> 三月廿五日亥刻、遠江国高天神籠城の者過半餓死に及び、残党こぼれ落ち、柵木を引破り罷出で候を、爰《ここ》かしこにて相戦ひ、家康公御人数として討捕る頸の注文（中略）頸数六百八十八

『信長公記』が、高天神城陥落を三月二十五日としているのは誤記である。また亥刻（午後十時頃）とあるのは、『三河物語』にも「三月廿二日之夜四つ時分」とあるので誤記ではなさそうだ。ちなみに、戌刻は午後八時頃から同十時頃までを指すという考え方もあり（『日葡辞書』）、松平家忠と太田牛一、大久保忠教の時間認識に隔たりはなさそうである。

これによると、高天神籠城衆のほとんどが城内で餓死しており、生き残った者たちだけが突撃してきたとある。戦死者は、頸帳《くびちょう》に記載された六百八十八人に及んだ。落城の翌二十三日は、徳川軍による山狩りが行われ、脱出した敵兵の探索が行われている（『家忠日記』）。ただ、その成果については明らかでない。

戦闘の模様は、この戦いに参加していた大久保忠教の『三河物語』に詳しい。高天神籠城衆は、二手に分かれて城から突出した。まず一手は、「足助・尾原・石河長土守之持口ハ入江の様なる処」を目指して突撃したという。ここは、城の大手口とみられ、「入江」とは「菊川入江」のことであろう。城方は、徳川方の防備が弱いとみて攻撃を仕掛けたが、すでに堀が設けられていたため、城兵らはここに入り込んでしまい、三方から徳川方に囲まれてことごとく戦死した。遺骸は、堀いっぱいに散乱し、徳川方は夜明けを待って首を取ったという。

いっぽう、城将岡部元信と武田重臣横田尹松《ただとし》は、林の谷に向けて突出したという。ここは大

久保忠世が守っており、忠教も兄とともに在陣していた。家康から、「番の者六人を派遣せよ」との指示があったので、忠世は弟忠教に選《よ》りすぐりの武士十九騎をつけて敵に当たらせた。乱戦の場に到着した大久保忠教は、一人の敵に切りかかり、これに手傷を負わせ、同心の本多主水に首を討たせた。後にこの武士こそ、城将岡部元信であったことが判明し、名乗っていたならば寄子に討たせることはしなかったのにと、忠教は悔やんでいる。忠教らはそこで、その他に敵数人を討ち取ったが、疲れ果て、すべてを討ち取ることができなかったといい、やがて兄忠世らが応援に駆け付けてくれたことで、戦闘はほぼ終息した。

ところが、ほっとしたのもつかの間、城の大手口で生き延びた城兵らが、北の谷に迂回《うかい》し、真っ黒に固まりながら、水野勝成の陣地に突撃してきた。当時勝成は、旗本として家康の側におり、陣地には名代として水野正重、村越与惣左衛門尉がいた。彼らは、城兵の攻撃を防ぎきれず、備えを突破されてしまった。隣の陣所にいた大久保忠世らが加勢に駆けつけ、ようやく敵兵を討ち取ったという。

その後、城内に入って点検した徳川方は、餓死した多数の城兵を目撃した。ところが、たった一人、石牢に幽閉され生き延びていた一人の男を発見、解放した。彼は徳川家臣大河内源三郎政局といい、天正二年に、小笠原氏助のもとへ目付として家康の命により派遣された人物であった。ところが、氏助が武田勝頼に降伏した際、大河内は節を曲げなかったため、石牢に閉じ込められ、七年の獄中生活を送っていたという（異説もあり、大河内は家康に内通し城内の情報を伝えていたとも、今川氏の人質として駿府にいた家康によく奉公していたため、大河内が城内にいることを知った家康が、落城の時に石風呂に隠れているよう伝えていたともいう（『朝野』）。いずれにせよ、これが事実とすれば、凄惨《せいさん》な高天神城の城内で一人生き延びたのは、大河内だけだったことになる。

戦死した者たちと生き延びた者たち

このように、城兵のほとんどは壮烈な戦死を遂げたが、その数は明らかでないものの、籠城衆の中には、徳川軍自慢の包囲網を突破して生き延びた者もいたらしい。このことは、『三河物語』にも記されているが、『当代記』にも「三月廿二日、高天神落去、兵粮断絶之間、不及了簡、城中より出たり、然間所々の塀柵きわにて討之、但随分の者共少々切抜けると也」とある。

特に有名なのは、武田重臣横田甚五郎尹松で、彼は深い山を縫って脱出したとされ、彼の脱出口は「犬戻り・猿戻り」と俗称される隘路《あいろ》だったとの伝承があり、現在では「甚五郎抜け道」と呼ばれている（『高天神城戦史』他）。

彼が、徳川の重囲を切り抜けることができた経緯については、乱戦の中、尹松は徳川方の旗を拾い、それを身に着けて敵を欺いたという逸話や（『浜松御在城記』）、尹松は脱出の時に足を踏み抜いてしまったため、じっとその場を動かず、戦闘が終結し、徳川方の兵たちが自陣に引き揚げ始めると、彼らの中に交じり、徳川兵の負傷者を装ってまんまと城外に出たという記録もある（「前橋酒井家旧蔵聞書」）。この他に、大久保忠世と大須賀康高の陣所の間にある柵を

表3　高天神城で戦死した武将一覧

No.	戦死者名(信)	戦死者名(恵)	人名比定	地位	経歴その他	区分(信)	実際の区分
1	岡部丹波守	岡部丹波守	岡部丹波守元信	惣頭	高天神城将	駿河先方衆	駿河衆
2	三浦右近	三浦右近	三浦右近助	(惣頭)	三浦一族か	—	駿河衆
3	森川備前守	森川備前	森川備前守	惣頭	詳細不明	駿河先方衆	駿河衆
4	——	森川備中	森川備中守	記述なし	『信長公記』に記録なし	記述なし	駿河衆
5	孕石和泉守	孕石和泉守	孕石和泉守元泰	惣頭	朝比奈河内守真重の子、朝比奈真定の兄弟(戦武3557号)	駿河先方衆	駿河衆
6	朝比奈弥六郎	朝比奈弥六	朝比奈孫六郎真定	惣頭	朝比奈河内守真重の子、孕石元泰の兄弟(戦武3557、3634号)	駿河先方衆	駿河衆
7	進藤与兵衛	進藤与兵衛	進藤与兵衛	惣頭	『雑本』には「丸山勘三郎義明」の注記があるが詳細不明	駿河先方衆	駿河衆
8	油比可兵衛	油井加兵衛	由比賀兵衛尉忠次	惣頭	由比氏の当主	駿河先方衆	駿河衆
9	油比藤大夫	油井藤太夫	油比藤大夫	惣頭	由比忠次の一族か	駿河先方衆	駿河衆
10	岡部帯刀	岡部帯刀	岡部帯刀	惣頭	岡部一族か	駿河先方衆	駿河衆
11	松尾若狭	松尾若狭	松尾若狭	惣頭	詳細不明	駿河先方衆	駿河衆
12	名郷源太	名郷源太	長尾源太	惣頭	長尾源太の誤記(戦武3557号)	駿河先方衆	駿河衆
13	武藤刑部丞	武藤刑部	武藤刑部丞	惣頭	詳細不明	駿河先方衆	遠江衆か
14	六笠彦三郎	六笠彦三郎	六笠彦三郎	惣頭	六笠周辺の土豪か	駿河先方衆	遠江衆か
15	神応但馬守	神応但馬	神応但馬守	惣頭	『信長公記』には「神応但馬守」とあり	駿河先方衆	駿河衆
16	安西平右衛門	安西平右衛門	安西平左衛門	惣頭	安西平左衛門の誤記か、安西有味(勝頼側近)の嫡男か	駿河先方衆	甲斐衆
17	安西八郎兵衛	安西八郎兵衛	安西八郎兵衛	惣頭	安西有味の一族か	駿河先方衆	甲斐衆
18	三浦雅楽助	三浦雅楽助	三浦雅楽助	惣頭	三浦右近の一族か	駿河先方衆	駿河衆
19	栗田刑部丞	栗田刑部	栗田刑部丞鶴寿	(惣頭)	甲斐・信濃善光寺別当	信濃衆	信濃衆
20	栗田彦兵衛	栗田彦兵衛	栗田彦兵衛	栗田衆	『信長公記』には彼の弟二人(但し姓名の記述なし)も頸注文に記録されている。栗田一族か	信濃衆	信濃衆

No.	戦死者名(信)	戦死者名(恵)	人名比定	地位	経歴その他	区分(信)	実際の区分
21	勝役主税助	勝俣主税助	勝俣主税助	栗田衆	栗田鶴寿の家臣	信濃衆	信濃衆
22	櫛木庄左衛門	櫛木庄左衛門	櫛木庄左衛門	栗田衆	栗田鶴寿の家臣	信濃衆	信濃衆
23	水嶋	水嶋備中	水嶋備中守	栗田衆		信濃衆	信濃衆
24	山上備後	山上備後	山本備後守	栗田衆		信濃衆	信濃衆
25	和根川雅楽助	和根雅楽助	和根雅楽助	栗田衆		信濃衆	信濃衆
26	—	—	大戸浦野弾正忠	(大戸衆)	大戸浦野氏の当主、真楽斎の子、『信長公記』などには所見されないが、戦死したことは確実	—	上野衆
27	大戸丹波守	大戸丹波	大戸浦野丹波守	大戸衆	大戸浦野氏の一族か	記述なし	上野衆
28	浦野右衛門	浦野右衛門	浦野右衛門	大戸衆	大戸浦野氏の家臣	記述なし	上野衆
29	江戸右馬允	江戸右馬允	江馬右馬丞	大戸衆	江馬右馬丞の誤記、武田氏の足軽大将	記述なし	飛騨衆
30	土橋五郎兵衛	土橋五郎兵衛	土橋五郎兵衛	横田衆	横田尹松の家臣	記述なし	甲斐衆
31	福嶋本目斎	福嶋本目斎	福嶋本目斎	横田衆	横田尹松の家臣	記述なし	甲斐衆
32	与田美濃守	依田美濃	依田美濃守立慶	依田衆	佐久郡湯原依田氏で依田常林の一族	記述なし	信濃衆
33	与田木工左衛門	依田杢左衛門	依田杢左衛門	依田衆	依田一族	記述なし	信濃衆
34	与田部兵衛	依田武兵衛	依田武兵衛	依田衆	依田一族	記述なし	信濃衆
35	大子原	—	不明	依田衆	『信長公記』にのみ記載あり、同書の写本には「大子原川三蔵」「奈良川三蔵」などと記載され、混乱がみられる	記述なし	信濃衆
36	川三蔵	河上三蔵	河上三蔵か	依田衆	『信長公記』には「川三蔵」とあり	記述なし	信濃衆
37	江戸力助	江戸主税助	江馬主税助か	依田衆	江馬主税助の誤記であろう、江馬右馬允の近親か	記述なし	飛騨衆

(註)戦死者・区分の(信)は『信長公記』の記述を、戦死者(恵)は、『乾徳山恵林寺雑本』所収「高天神討死注文写」(静⑧1385号)を示す。人名比定や経歴などは『武田氏家臣団人名辞典』などを参照。

破って脱出したとも、大久保忠世と榊原康政《さかきばらやすまさ》の陣所の間の柵を破ったともある（『高天神軍記』『朝野』他）。

いずれにせよ、横田尹松は甲斐に帰還し、高天神城陥落と落城の模様を勝頼に報告したという。勝頼は、尹松の戦功と生き延びた武勇を讃え、太刀を褒美に与えようとしたが、尹松は一度それを拝受した後に、勝頼に返還し褒美を辞退した。祖父原美濃守虎胤、養祖父横田備中守高松、父横田十郎兵衛康景らの戦功に比べて、城から脱出して帰還したことは戦功とはいえず、褒美を拝領することはできないと述べたという（『軍鑑』）。

また、『甲陽軍鑑』によると、信濃国衆相木市兵衛も脱出に成功し、横田とともに帰還したという。この相木市兵衛とは、佐久郡の国衆相木（阿江木《あえき》）常林のことであり、依田《よだ》一族でもあった。そのため阿江木依田氏とも呼称される。籠城衆で戦死者の中に、依田氏が多数みられるのは、彼の指揮のもと、一族がともに籠城していたからであろう。このほかに、遠江衆西尾久作も包囲網を突破して生き残った数少ない一人で、後に仁左衛門宗次と称し、武田氏滅亡後は結城秀康に仕え、越前松平家臣となった。この西尾仁左衛門こそ、大坂夏の陣で真田信繁を討ち取る戦功を挙げた人物である（平山・二〇一五年、長野栄俊・二〇一六年）。

いっぽう、最後の戦いで戦死した人びとは、どのような人物だったのだろうか。このうち「物頭」（指揮官クラス）の頸注文が『信長公記』に記載されている。これは、徳川方が捕虜の証言をもとに作成した頸帳が典拠と思われ、家康はこれを早速信長のもとに送付したとみられる。ここに列挙された武将名を、他の史料を参考にしながら作成したのが表3「高天神城で戦死した武将一覧」である。

　これをみると、城将岡部元信、三浦、朝比奈、由井氏など、錚々たる駿河の有力国衆の名字が並んでいる。また、信濃国衆ではもと信濃善光寺別当で、当時は甲斐善光寺別当を務めていた大身の栗田鶴寿、相木依田氏、遠江衆では神尾氏（当時は信濃海野衆となっていた神尾一族と推定される）、武藤氏が、そして甲斐衆では勝頼側近安西氏、横田尹松の長衆土橋・福嶋氏が、上野国衆では大戸浦野氏、飛騨《ひだ》衆では江馬氏が記録されている。いずれも、武田領国各地の大身クラスの国衆ばかりであった。

　武田勝頼は、各地で影響力を持つ国衆の当主、一族を見殺しにする結果となってしまった。このことは、勝頼に計り知れない政治的打撃を与えた。『信長公記』は次のように記している。

> 武田四郎御武篇に恐れ、眼前に甲斐・信濃・駿河三ヶ国にて歴々の者上下其数を知らず、高天神にて干殺にさせ、後巻仕らず、天下の面目を失ひ候

　当時の人々は、勝頼が信長の武威を恐れ、武田領国各地の名だたる人々を救援することなく、餓死させてしまったと認識していたようだ。華々しい戦場での「討死」ではなく、「干殺」と喧伝《けんでん》されていることに注意したい。それは惨めで無残な死にざまとみられたことであろう。かくして勝頼の求心力と威信は完全に失墜し、もはや取り返しのつかぬ事態となったのである。

　高天神城で戦死した武田方将兵の遺骸は、城下の各地に埋葬されたといい、下土方《しもひじかた》の千人塚、橘ケ谷の「お千山」（千家山）、獅子ケ鼻山の西にある八坂神社南に首塚、大坂の中川原に骨塚などが伝わる（増田又右衛門・増田實編・一九六九年、藤田鶴南・一九八八年）。

狂喜する信長

高天神城陥落の情報は、安土城の織田信長にも伝えられた。これまで、信長が高天神城陥落をどのように受け止めていたかを知る史料は見いだされていなかった。ところが数年前、高天神城陥落時に発給された織田信長書状が発見され、話題となった。その全文を示そう（柴辻俊六・千葉篤志編・二〇一三年）。

尚々、重而敵地被取詰候事、遠慮専一候、猶西尾小左衛門尉申含差越候、行子細者可被申越候

注進之趣、委細令披見候、仍高天神籠城候族、去廿二日戌刻崩出候処、一人も不漏、被打果之由、尤以可然候、連々所申無相違候、猶様躰重而具可被申越候也、謹言

三月廿五日　　信長（花押）

三河守殿

これは、徳川方より高天神城陥落の注進を受け、信長が家康に宛てた書状である。安土には落城から三日後の三月二十五日に、注進がもたらされたとみられる。

注目すべきは、この書状が花押を据えた文書であることだ。信長の書状といえば、著名な「天下布武」朱印を捺したものがほとんどで、花押を据えた文書は極めて少ない。とりわけ安土城に入ってからは、ほとんど管見がなく、天正八年七月十七日に本願寺教如に宛てた起請文が終見であった（信長八七八号）。この書状の発見により、終見が天正九年三月まで下がることになったばかりか、信長は花押を本願寺教如に宛てた時のものより、少し形態を変更させてい

ることも判明した。

では、なぜ信長は家康に朱印ではなく、花押を据えた書状を送ったのだろうか。その理由は、文面にあふれている。それは、武田氏の要衝高天神城陥落が喜ばしかったからに他ならない。それほど、同城の戦略的重要性が高かったといえる。しかし、何よりも「連々所申無相違候」とあるように、家康が水野忠重を通じて申し送ったアドバイスを忠実に履行し、高天神城の降伏を拒絶してあたかも勝頼が城を見殺しにしたかのように演出してくれたことに満足したからであろう。これで、勝頼の政治的威信は地に墜《お》ち、来年に予定していた武田攻めが容易になったと信長は確信したに違いない。この喜びと満足感が、珍しい花押を据えた書状が作成された背景であろう。

信長は、家康のもとに家臣西尾吉次を派遣し、これ以上武田領への軍事侵攻は無用であることを伝達した。そして城陥落の詳細を、重ねて報告してくれるよう要請している。

勝頼はなぜ高天神城救援に向かわなかったのか

いっぽう、武田勝頼はなぜ高天神城救援に行かなかったのだろうか。甲相同盟破綻後は、救援しようという行動すら起こしていない。前掲のように、その理由を『信長公記』は、信長の武威を恐れたからだと喧伝していた。

これに対し、武田方の史料には何と記されているか。この経緯について記録しているのは、『甲陽軍鑑』だけである。これによると、高天神の籠城衆は、天正七年秋に城内の小者に至るまでが連署した書状を勝頼のもとに送った。

そこには「信長・家康の勢いは次第に強くなってきており、城を明け渡そうとしても、城だけを受け取り、番手衆を無事に帰してはくれまい。東美濃岩村城の秋山虎繁、座光寺《ざこうじ》らのように騙《だま》し討《う》ちにされてしまうだろう。だから勝頼公にぜひ後詰をしていただき、自分たちを引き取って国に帰していただきたい」と記されていたという。

ところが、同じく高天神城に籠城していた横田尹松だけは、別に飛脚を仕立てて、勝頼のもとに意見具申したという。そこには「御館様が出陣し、後詰なされる必要はありません。なぜなら出陣され、高天神城を引き続き維持できるのならともかく、現状では勝頼公の後詰を受けても、番手衆を撤収させるためのものであり、城は捨てるつもりなのでしょう。だったら、捨てるためだけの出陣など無駄です。また、勝頼公が出陣してくれれば、家康は武田軍本隊を足止めし、その間に信長を引き出すつもりでしょう。その時、武田軍が決戦もせずに撤退すれば、戦いもせず逃げたとの悪評が広まり、味方の動揺を誘うだけです。

もし決戦をしようとすれば、長篠合戦の時のように、敵は柵、堀、土手を構えて武田軍を待ち受けるでしょう。それに用心して、武田軍が対峙する構えを取れば、徳川軍に信長が援軍を付け、金谷を越して駿河に乱入し、武田軍の退路を遮断するでしょう。さらに、これに北条氏政が呼応して、甲斐国都留郡か、上野から信濃に侵攻する作戦に踏み切るに違いありません。ですから、ぜひとも高天神城と籠城衆を見捨て、兵力を温存すべきです。もし御館様がどうしても後詰に出陣されるというのなら、何月何日ごろ遠江に来られるか割符を城方にいただけますよう算段してください。塩買坂に武田軍の旗が見えたら、籠城衆はそれを合図に一斉に切って出て、勝頼公のもとに合流するよう努力します。それでも、生き残って合流できる番手衆はごくわずかで、ほとんどが討ち死にするでしょう。でも、それならば御館様に災厄が及ぶことありません。なぜなら、籠城衆は後詰を待ちかね、切って出て、皆討たれたのであって、御館様が非難されることはないからです。ですが、武田家のためを思えば、後詰に出陣することは無用であって、城は捨てなさるべきです。私は、どんな厳しい状況でも、切って出て甲府に帰還するつもりです」と記されていたという。

勝頼は、横田尹松の武勇と決意を褒めたたえつつも、自分は何としても後詰をして高天神城を救いたいと思っていた。だが、重臣跡部勝資・長坂釣閑斎の反対により、後詰は取りやめとなった。その後勝頼は、駿河から帰陣してまもなくの天正八年九月、高天神城後詰の評定を行った。ところが、跡部・長坂はもちろん、武田信豊、大龍寺麟岳和尚（武田逍遙軒《しょうようけん》信綱の息子、勝頼の従兄弟）が、横田尹松の意見を採り、城を見捨てるよう諫言《かんげん》したため、ついに後詰を断念したという。勝頼は無念やるかたなく、東上野に出陣して膳城などを奪い、鬱憤を晴らした。

以上が、『甲陽軍鑑』の記す高天神城後詰断念の経緯である。ここには、高天神城を救いたい勝頼と、これを押しとどめようとする一族・重臣層との意見の相違があり、勝頼は押し切られたのだという。残念ながら、『甲陽軍鑑』の記述がどこまで正しいか、検証する史料に恵まれない。ただし、『甲陽軍鑑』は興味深い記述をしている。同書は、勝頼が後詰を断念していく経過を記すと同時に、跡部・長坂の献策により、織田信長との和睦交渉が始まったと記録している。

確かに、高天神城攻防戦が実施されている時期に、武田勝頼は信長との和睦交渉（「甲江和与」「甲濃和親」）を行っていたことは既述の通りである。そこで、あらためて二度に及ぶ武田・織田両氏の和睦交渉と、高天神城攻防戦との関係を検討してみよう。それが表4「甲江和与、甲濃和親関係年表」である。これをみると、勝頼が佐竹義重を仲介として信長との「甲江和与」交渉に入ったのは、甲相同盟決裂直後のことである。信長は、交渉を行ったものの、まるで焦《じ》らすかのようにして交渉を長引かせている。その間に実現したことは、天正八年三月、織田・徳川・北条同盟（勝頼包囲網の形成）と、事実上の人質として武田氏の手元にあった息子織田源三郎信房を取り戻したことであった。その直後の六月、交渉は決裂したとみられる。

勝頼と信長の二度目の和睦交渉（甲濃和親）は、天正八年十二月から始まった。このころ、徳川家康は高天神城包囲網の強化を実施していた。勝頼は、織田との和睦を契機に家康とも和睦し、高天神城を救おうと考えていたのではあるまいか。ところが、ここでも信長は、交渉を長引かせ、一向に進展させることはなかった。その間、高天神城は追い詰められ、落城したのだった。そして信長は、上杉景勝の家臣新発田《しばた》重家を叛《そむ》かせ、景勝を危機に陥らせると、勝頼との交渉を打ち切っていることがうかがわれる。

こうした状況をみると、信長が最初から締結する意思のない武田氏との和睦交渉を行ったの

表4　甲江和与・甲濃和親関係略年表

年号	月	織田・徳川・北条氏の動向	武田勝頼の動向
天正7年	9月	北条・徳川同盟成立、北条氏は織田氏との接触も開始	勝頼、北条氏と駿豆国境で開戦、甲相同盟は完全に破綻
天正7年	10月	このころ「甲江和与」交渉開始か	
天正7年	11月		「甲江和与」交渉開始に伴い、上杉景勝が武田勝頼に起請文を求める
天正7年	11月		勝頼、嫡男武王丸元服の支度を重臣に指示
天正7年	12月		武田信勝元服、翌8年1月にかけて武田一族、重臣層が官途、受領を一斉に変更
天正8年	3月	織田・北条同盟成立	上杉景勝、織田信房が佐竹義重を通じて織田氏に返還されたとの情報を察知
天正8年	閏3月	信長、昨年以来武田氏より安土に派遣されている使者に未だ対面せず	
天正8年	6月	「甲江和与」交渉決裂か	
天正8年	8月	北条氏政隠居、嫡男氏直が家督相続	
天正8年	12月	このころ「甲濃和親」交渉開始か	
天正9年	1月	高天神籠城衆、降伏を徳川氏に打診するが拒否される	
天正9年	3月	徳川家康、遠州高天神城を攻略	高天神城陥落により勝頼は政治的威信を失墜する
天正9年	6月	越後新発田重家、信長に内通し上杉氏より離叛	
天正9年	9月	関東で、武田・織田両氏の和睦成立の噂が流れる	
天正9年	10月	「甲濃和親」交渉決裂か	
天正9年	11月	信長、織田信房との対面を果たす	

は、二つの狙いがあったと推察される。ひとつは、家康の高天神城奪回を後押しすることである。甲濃和親交渉が続けられている限り、武田氏は織田・徳川方に対し攻勢に出られなくなる。もし攻撃すれば、交渉は打ち切りとなるからである。

もうひとつの狙いは、甲越同盟を揺さぶることであった。上杉領国で謀叛を起こさせることに成功すれば、武田・上杉両氏が連携して織田氏に対抗することは難しくなる。ましてや、景勝自身も秘かに信長のもとへ和睦交渉の使者を送っていたから、ここでも信長は交渉を焦らして、景勝を揺さぶっていたと推察される。つまり信長は、勝頼と景勝の足下を見て、自分や家康に有利な状況を作り出すため、和睦交渉に応じる素振りを見せ、その間に、高天神城の包囲と攻略、新発田重家への調略を行い、成功させたのであろう。

勝頼は、信長との和睦という方法で、高天神城を救い出そうと考え、軍事行動による後詰を控えたのであったが、じつはそれこそが信長の策略であった可能性が高い。勝頼は、和睦交渉という信長の時間稼ぎに踊らされ、高天神城を救援する機会を永久に失ってしまったと私は考えている。『甲陽軍鑑』にみられる一族、重臣層の高天神城後詰反対論が事実とすれば、信長との交渉がうまくいきそうな見通しが出ている中で、追い詰められる高天神城の状況に焦燥し、後詰に出陣しようとする勝頼を押しとどめたとみるべきであろう（実際に信長との和睦は、ほぼ実現しつつあるとの情報が関東で流れている）。

第八章　斜　陽

一、暗雲漂う上野情勢

沼田平八郎の乱

まず、天正九年（一五八一）の上野《こうずけ》情勢について述べよう。この年、それまで上野国で武田勝頼に圧倒されていた北条氏政《うじまさ》は、反攻を開始した。それは、天正九年三月、沼田平八郎による沼田奪回の動きから始まる。確実な史料から証明することが困難であるが、『加沢記』『古今沼田記』等をはじめとする上野国の諸記録や、真田氏の『長国寺殿御事蹟稿』等に記録されているので、紹介しておこう。

北条氏が企図したのは、天正八年秋に奪われた沼田城の奪回であった。その奪回計画の中心を担ったのが、沼田平八郎景義《かげよし》である。沼田景義は、沼田万喜《まんき》斎《さい》（顕泰《かげやす》）の末子といわれ、沼田氏の内部抗争によって没落し、上杉謙信の庇護《ひご》を受けたとされている。

天文末期、北条氏の勢力が上野に迫ると、沼田家中では、去就をめぐって沼田顕泰と嫡男左衛門三郎（憲泰《のりやす》）が対立し、左衛門三郎は父顕泰に廃嫡されたとも、殺害されたとも伝わる。顕泰は、家督を次男沼田弥七郎（則安《のりやす》・朝憲《とものり》）に譲り、万喜斎と称したが、永禄元年（一五五八）までの間に、今度は弥七郎と対立したという。これは、沼田氏が山内上杉憲政・長尾景虎《かげとら》に帰属するか、北条氏康《うじやす》に帰属するかをめぐるものであり、ついに万喜斎は弥七郎を討伐して沼田家中の北条派を一掃しようと謀った。この結果、万喜斎は弥七郎を討ち取ることには成功したが、弥七郎の妻の実家厩橋《まやばし》長野氏と、北条氏による攻撃を受け、沼田城を支えることができずに、越後《えちご》に没落した。その際に、末子平八郎を伴っていたとされる。

沼田万喜斎・平八郎父子の没落により、沼田城は北条氏康によって接収され、氏康は永禄二年ごろ、暗殺された沼田弥七郎の養子に北条一族玉縄北条綱成《つなしげ》の次男康元《やすもと》を入れて、沼田康元（北条康元）とし、沼田衆の統括をさせた。ところが永禄三年八月に長尾景虎が越山して関東侵攻を開始し、まず上野国を攻略して、小田原侵攻への足がかりとした。その際に、沼田康元（北条康元）は抵抗を試みたが、長尾軍に撃破され戦死したとされてきた。しかし近年の研究により、これは長尾景虎の誇大な戦果報告によるもので、実際には康元は虎口を逃れて沼田を退去し、北条氏のもとで生き延びていることが明らかにされている（康元は、その後北条治部《じぶ》少輔《しょう》氏秀《うじひで》と称したともいわれるが、確証がない）。

だが沼田万喜斎・平八郎父子が、沼田城に復帰することはなかった。沼田城は、上杉謙信の手中に入ったが、謙信は沼田父子を復帰させず、関東出兵の拠点として直轄化し、以後譜代衆を配置する。まもなく万喜斎は史料から姿を消し、平八郎景義が沼田氏を担うこととなった。沼田景義は、謙信により女淵《おなぶち》城に配置されることとなった。だが女淵城は、横瀬（由良《ゆら》）氏・足利長尾氏・富岡氏などの北条方国衆と直接対峙する、上杉領国の最前線に位置していたことから、北条軍の圧力をまともに受けることとなり、このため沼田景義の去就は不安定であったらしく、まもなく北条方に転じたようだ。

上杉謙信は、天正二年三月に下総《しもうさ》関宿城と武蔵羽生《はにゅう》城を救援するために越山し、上野国勢多《せた》郡を席巻して赤堀・膳《ぜん》・山上・女淵城等を陥落させた。その際に謙信は、女淵城に配置しておいた沼田景義が横瀬氏の調略により上杉氏に背いていたことから、これを追放しており、以後女淵城には上杉家臣後藤勝元が入城している（以上、黒田基樹・一九九〇年・一九九七年・二〇一二年、栗原修・一九九五年）。

沼田景義のその後の動向は不明であるが、『加沢記』等によれば、会津に逃れていたとされるので、葦名《あしな》氏のもとに匿われ、その後上野に戻ってきて、由良氏のもとに身を寄せていたと推察される。由良氏は上杉氏によって追放、没落させられた国衆を多く匿っていた形跡があり、たとえば御館《おたて》の乱で沼田城を河田重親に追われた上野家成、膳城の城主であった膳氏、女淵城の新井氏等はいずれも由良氏が匿い、後押ししていたらしい。これは由良氏が北条氏の先鋒《せんぽう》として、東上野を経略する際に、もとの領主層を先頭に押し立てることで、調略をしやすくできるという戦略的意図によるものであろう。

天正九年二月に、沼田景義が沼田城の奪回に動いた際にも、由良氏が後援していたのである。

由良国繁と北条氏政が、この時期に沼田城の奪回を意図したのは、武田勝頼の軍事行動が、徳川・北条同盟によって次第に鈍化してきたことや、遠江国《とおとうみ》高天神城《たかてんじん》の陥落が間近に迫ったことなどが考慮されたためであろう。

『加沢記』『古今沼田記』によれば、このころ沼田景義は、由良氏の一族矢羽氏の婿となり、女淵城で牢人生活を送っていたという。この矢羽氏は、正しくは矢場氏のことを指し、由良一族の横瀬能登守繁勝《のとのかみしげかつ》（由良国繁《くにしげ》の弟、宗久とも称す）を指すものと推測される（峰岸純夫・一九九六年）。なお女淵城は、天正六年九月には、もとの城主新井氏が由良氏の支援のもと上杉方後藤勝元から奪取しているので（戦武三〇二二号）、当時、由良氏の影響下にあったのは事実であり、沼田景義も新井氏とともにここに在城していた可能性は否定できない。

女淵城に在城する景義のもとへは、沼田譜代衆がかつての好誼《こうぎ》を忘れずに、しばしば挨拶に参上していた。景義は、沼田方面が武田・北条両氏の争奪戦により政情不安であったことから、沼田に散在するかつての家臣たちに呼びかけ、これに乗じて沼田城の回復を考えるようになった。そこで由良氏の家臣で岳父矢場氏に沼田奪回を打ち明けたところ、矢場氏は家来石橋与惣左衛門・四郎父子を加勢として付け、ただちに沼田を奪回するよう激励したという。

矢場氏の支援を取り付けたということは、由良氏の後援を得たことを意味しており、沼田景義の軍事行動は由良氏を軸に展開されていたことを示している。だが、景義を支援したのは由良氏だけではなかった。諸記録が記す景義派の面々の名を見ると、由良・桐生《きりゅう》・大胡《おおご》・那波《なは》・愛久沢（阿久沢《あくざわ》）氏等が列挙されており、これらはいずれも、東上野で武田方の廏橋北條氏、沼田城藤田・真田（矢沢）氏と境界を接して対峙する有力国衆である。ただ、このうち那波氏は当時武田氏に従属していたと考えられるので、もし景義に荷担したのが事実であれば、この時期に北条方に再び転じたか、那波一族の誰かが那波氏宗家と袂《たもと》を分かって景義に与《くみ》したのであろう。景義は、由良氏らの参陣を待って、天正九年三月一日に行動を開始した。

この企ては、すでに沼田城の藤田信吉《のぶよし》・海野《うんの》輝幸《てるゆき》が察知しており、海野輝幸はただちに甲府に詰めていた真田昌幸《まさゆき》に注進した。昌幸は、急遽《きゅうきょ》甲府を出立し、岩櫃《いわびつ》城に入った。

景義は女淵城を出陣すると、三月三日に和久見に入って、ここの土豪津久井氏を味方につけ、次いで同四日に南越生《なごう》に布陣した（『加沢記』によれば、糸井に入って津久井氏と合流したとある）。沼田景義の沼田侵攻を知ったかつての譜代衆和田・発知・久屋・岡内・鶴川・小野・桑原・星野氏らがこぞって参集し始め、軍勢の数は次第に膨れあがったという。『加沢記』によれば、軍勢の人数は三千余騎にも達し、勝利を確信してそのまま「阿楚の要害」（阿曽の砦、群馬県利根郡昭和村）を占拠したとある。

これに対して、沼田城に在城していた矢沢頼綱《よりつな》は、恩田氏らを率いて片品川で沼田方と交戦したが、これを打ち破ることができなかった。頼綱はやむなく沼田城に籠城することとし、真田昌幸に支援を要請した。そこで昌幸は、一計を案じ、武田方に属していた金子美濃守《みののかみ》に大幅な加増を約束して、景義暗殺を持ちかけた。金子美濃守はその妹（「ゆのみ」という名であったと『加沢記』にある）が沼田万喜斎に嫁ぎ、その間に誕生したのが平八郎景義であったことから、景義の伯父にあたっていた。そのため昌幸は、景義を調略するのに適任と見なして、金子美濃守に白羽の矢を立てたのである（以上『古今沼田記』等）。昌幸は、沼田景義調略のために金子美濃守を利用したいと武田勝頼に具申し、勝頼から賛同を得、さらに金子を説得するための手段として、計略が成功した暁には大幅な加増を行うとの約束手形を、すでに二月十二日には、勝頼から貰《もら》い受けていた。

勝頼は、二月十二日の証文で、「計策」で沼田平八郎を殺害できたら、川西（利根川西岸）で千貫文を与えると約束していた（戦武三四九八号）。ただ、この文書は書札礼や文言に不審な点があり、信憑性の高い史料として扱うには慎重でなければならない。なお『加沢記』によると、勝頼は、この証文を金子美濃守に与えるにあたり、重臣跡部勝資《あとべかつすけ》と真田昌幸の起請文《きしょうもん》も添えさせ、彼を信用させたという。

この結果、金子美濃守は、甥《おい》沼田景義を誘《おび》き寄《よ》せて謀殺する計画に手を貸すことを了承し、中山右衛門尉・山名弥惣・岡谷平六と謀って、南越生の景義の陣中に赴き、景義に味方して沼田城を乗っ取ると約束した。景義は伯父金子美濃守が味方に転じたことや、沼田城乗っ取りの手引きをするとの申し出を大いに喜び、これを承知したという。なお、『真田御武功記』『沼田昔物語』等には、金子美濃守らの真意を疑った景義は、彼や沼田城内の旧沼田衆から起請文の提出を求めたので、金子美濃守は欺いて鶉《うずら》の血で血判を据えた起請文を作成し、景義に届けたため、景義は内応の偽装を見抜けず、金子らを信用したとある。

金子・中山らは、このまま沼田城を攻めずに在陣して時日を過ごせば、甲斐《かい》から武田軍が後詰にくる懼《おそ》れがあるので、一挙に事を決するべきと進言し、その手段として金子・中山らが今夜沼田城に帰り、内応の準備を整え、その間に景義らは町田（沼田市）の観音堂に移動して城内からの知らせを待つべきであると主張した。景義ら一同はこの意見に賛成し、金子らは沼田城に急遽帰還し、沼田軍は南越生から高平を経て、町田の一音坊に布陣した。その後の景義らの動向については、諸記録によりまちまちで一定しない（たとえば『加沢記』には、三月十一日に沼田城の藤田信吉・海野輝幸らが田北原で、沼田勢と合戦に及んだものの、多勢に無勢で城に引き揚げ、沼田勢はその余勢を駆って戸神《とかみ》〈不明、沼田市戸神〉・高王《たかお》〈高王山城、沼田市石墨・発知新田〉の要害を攻め落として沼田城をうかがったとある）。

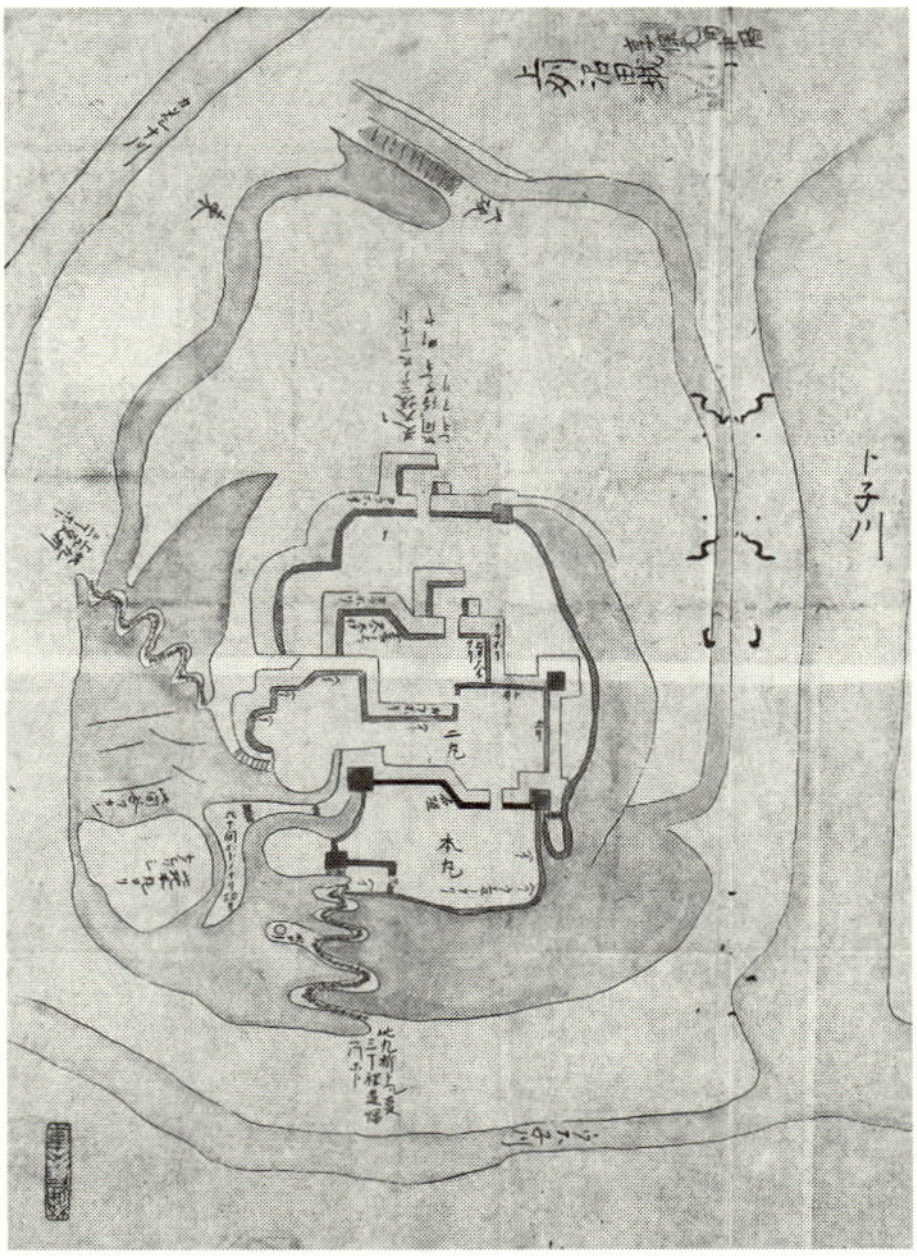
図 11　上州沼田城図（名古屋市蓬左文庫蔵）

その後、諸記録のおおよそ一致するところを記すと、三月十五日、金子美濃守が城内に入る手筈《てはず》を整え、金子の指示により内応の役目を担っていた中山右衛門尉・山名弥惣らが、夜中に水の手から城内に侵入した景義ら二十四人を導き入れ、門の際まで来たところで合図とともに、景義を刺し殺し、従者たちも相次いで殺害されたという。『加沢記』には、案内役をしていた金子美濃守が、景義の隙を見計らって脇腹を三カ所刺し通し、殺害したといい、景義は金子の名を三度絶叫して息絶えたと記されている。また景義の死を、法城院本『平家沼田氏系図』（『沼田市史』通史編1）は三月十四日とする。恐らく十四日夜から行動を起こし、深夜（十五日未明）に殺害されたのだろう。

景義の従者のうち、石橋与惣左衛門ただ一人が城外に脱出したが、これも武田方の追っ手に討ち取られた。かくて沼田景義の沼田城奪回は失敗に終わり、由良氏らは撤退したという（『加沢記』には、景義に荷担した人々の多くは、会津に逃れたと記されている）。景義の死により、上野国沼田氏は滅亡した。だが上野の人びとは、身分の上下を問わず、景義の横死《おうし》を憐《あわ》れみ、これを欺いて殺した金子美濃守を深く恨み、軽蔑したと伝え（『長国寺殿御事蹟稿』）、真田昌幸は金子美濃守を信頼しなくなり、天正十八年（一五九〇）北条氏滅亡後、真田家中から追放され、吾妻《あがつま》郡厚田村で窮死したという（『加沢記』）。なお、沼田景義の首級は沼田城本丸で首実検がなされたと伝わり、城下に彼を祀《まつ》る沼田大明神と墓所（沼田市町田町）が残されている。

ただ右の沼田景義の沼田侵攻については、次に紹介する海野幸光・輝幸兄弟誅殺事件とともに確実な史料がなく、なお検討を要する。いずれにせよ、天正九年に入って、上野における北条方の反攻が開始されたのは事実であろう。

河田重親、長尾憲景ら相次いで武田氏から離叛す

天正九年は、北関東で退潮を余儀なくされていた北条氏が、巻き返しに転じた時期である。天正八年十一月、下野国《しもつけのくに》壬生《みぶ》義雄《よしかつ》が北条氏から離叛《りはん》し、佐竹方に転じた。この結果、下野の足利長尾氏のみが北条方に残り、あとはすべて武田・佐竹方に与する事態となっていた。明けて天正九年二月、金山城主由良国繁・館林城主長尾顕長《あきなが》は、北条方の小泉城主富岡秀長を攻め、佐竹氏に援軍を要請している。

こうした甲佐同盟優位のさなか、上野国衆の中から、にわかに北条氏の調略により武田氏より離叛する動きが始まる。三月の沼田平八郎の乱は、その第一弾であったのだろう。武田氏から離叛し、北条氏に再度転じたのは、不動山城将河田重親《しげちか》と多留城主長尾憲景《のりかげ》(白井長尾氏)、宇津木下総守(廏橋北條氏の家臣)である。

既述のように、不動山城将河田重親は、上杉謙信から沼田城将に任じられ、上野家成らとともにここを守備し、北条氏政・武田勝頼と対峙していたが、御館の乱に乗じて上野家成を放逐し、沼田城代の地位を独占すべく上杉景虎・北条氏政方に帰属した。だが御館の乱の過程で、沼田城代は約束されたものの果たされず、景虎滅亡後は北条氏政により不動山城に所領を与えられたのみで、約束は反故《ほご》にされてしまった。これが背景となって河田重親は、天正七年十二月には武田勝頼の調略に応じて北条氏を離叛している。そして重親は、武田方の国衆として天正八年七月一日に、須田勘丞に対して、南雲(渋川市)において三十貫文の所領を宛行《あてが》っている(戦武三三八一号)。

ところがこれを最後に、河田重親は史料から姿を消す。その後の行方については、『上杉家御年譜』『寛永諸家系図伝』『寛政重修諸家譜』等から、北条氏政に属し、天正十八年の北条氏滅亡後は徳川家康に仕えたことが知られる。つまり、河田重親は北条氏から武田氏に転じた後に、再度北条氏に帰属したことがわかる。それでは、その時期は何時のことであったろうか。

これを知る手がかりとして、天正九年七月十日の真田昌幸朱印状写がある（戦武三五八二・八三号）。これは、上野国勢多郡の南雲衆須田新左衛門尉らに宛てた証文である。これによると、南雲衆は不動山城乗っ取り（天正六年六月三日）を実行し、武田方（真田昌幸）に忠節を尽くした。だが、不動山城は北条方の抗議により、武田氏はこれを明け渡している。この時、南雲衆須田新左衛門尉・狩野左近《かのうさこん》は、石田・平原・狩野・須田・持木・新木氏ら十一人とともに本拠を退去し、武田方に身を投じた。昌幸はこの功績を賞し、沼田城攻略を実現させたら、沼田で知行を与える約束をしていた。ところが、藤田信吉が沼田城を武田氏に明け渡すと、勝頼はその功績を賞し、藤田の望み通り、沼田領の過半を恩賞として彼に与えたのである。その結果、沼田城攻略に伴い、知行宛行をあらかじめ約束していた多くの上野国衆や土豪らに、恩賞の履行ができなくなってしまった。

しかも、この二通の文書で注目されるのは、この南雲衆の一人須田勘丞《かんのじょう》は、不動山城将河田重親の同心衆とみられ、天正八年七月一日に、重親より南雲で知行を与えられていた。ところが、真田昌幸朱印状によれば、この時期南雲は、河田重親ではなく武田氏の管轄下に入っており、真田氏が南雲衆へ知行宛行を実行していることである。

つまり、河田重親の姿が見えないばかりか、河田氏と南雲衆の関係も解消され、真田氏が南雲衆を指揮下に置いているわけである。このことから、天正九年七月十日以前に、河田重親は、武田氏から離叛し、不動山城を退去して北条方に転じていたと推定される。

ではなぜ河田重親は、武田氏から離叛したのだろうか。確実な史料に恵まれないが、まず重親は武田氏のもとでも、沼田城復帰が叶《かな》わず、しかも藤田信吉が厚遇されたばかりか、約束であった沼田領での知行宛行も実行されなかったため、これに憤慨したのであろう。だが同心衆であった須田・狩野・石田・持木・平原・新木氏らは武田氏のもとに留まることを選択し、真田昌幸より知行を与えられたと考えられる。

さらに天正九年五月七日、武田方であったはずの多留城主長尾憲景も、北条方に転じ、武田・佐竹方と対決していた（戦北二二三五号）。憲景の離叛は、この直前であったとみられ、北条方になったため、上野国の武田方や下野国榎本まで出陣していた佐竹義重《よししげ》らの脅威にさらされていたらしい。北条氏政は、佐竹らに対処すべく武蔵と下総の軍勢を派遣したと伝え、もし勝頼が出陣してくるようならば早々に氏政自身が出陣するので、守りを堅固にするよう指示している。

このほかに、廏橋城主北條芳林を武田氏に従属させるための工作に関与し功績があった、那賀郡玉村（玉村町）の領主宇津木《うつぎ》下総守も、天正九年五月までには北条氏の調略に応じ、武田氏から離叛した（戦北二二三一号）。この結果、宇津木氏は、廏橋北條氏からの自立を果たし、北条氏邦《うじくに》とともに廏橋城攻略の最前線を担うこととなった。

このように、河田重親・長尾憲景・宇津木下総守謀叛《むほん》の意味は大きく、東上野の一角が北条氏の手中に落ち、武田氏の勢力伸長は、沼田城攻略後、ほとんど停滞することとなるのである。それとは逆に、天正九年には北条氏の攻勢が目に付くようになる。

こうした北条方の反攻に対処するためであろうか、勝頼は沼田城や上野領国の防備を強化するため、天正九年六月七日に真田昌幸に条目を与え、吾妻（岩櫃）城・中山城・猿ヶ京城・沼田城の普請や在番を強化させ、長引く沼田領の知行割を安定的かつ円滑に実施するように指示した。また藤田信吉・小川可遊斎《かゆうさい》・渡辺左近允《さこんのじょう》の居住地（居城のことか）について、昌幸に何らかの指示を出している。恐らく在城にあたっての様々な指示は、昌幸から出すように命じたものであろう。さらに、まもなく予定されている軍事行動に向けて出陣の準備を進めるよう求め、また同盟国である佐竹義重・葦名盛隆との連絡を緊密につけられるよう相手方と往還について相談するように命じている（戦武三五五八号）。

勝頼は箕輪《みのわ》城代内藤昌月《まさあき》に対しても、六月十九日付の書状で、佐竹氏から派遣されてきた使者が、路次不通により下野国佐野（栃木県佐野市）で足止めされていることを伝え、跡部淡路守《あわじのかみ》と相談して甲府に案内するように命じているので、北条氏の活発な動きにより、甲佐同盟の連携がうまくとれなくなっていることがわかる（同三五六九号）。

真田昌幸は、六月七日付の勝頼朱印状を甲府で受け取ったらしく、これを携えて、上野に戻った。勝頼は同日、沼田城将藤田信吉に書状を送り、昌幸を甲府より沼田へ帰城させたことを報じ、その間関東で何か起こったらただちに注進するように指示している（戦武三五五九号）。また沼田城の防備を強化するため、六月二十一日には川中島衆であった西条治部少輔を沼田在番衆に編制替えし、在城を命じている。ところが、武田氏は西条治部少輔に在城領を与えてはいるが、ここでも沼田領の過半が藤田信吉に宛行われていることが響いており、与えるべき所領が不足していた。そのため武田氏は、西条氏の所領に対する普請役を免許し、また今後は西条領への検地を実施しないことを約束した（同三五七〇号）。

武田氏は、国衆の所領や寺社領などに検地（土地調査）を繰り返し実施することで、彼らの所領における新田開発や隠田（大名にその存在を申告していない田地）等を摘発し、所領の課税基準額である貫高とその後の増加分（増分）を把握して、知行貫高を改定し、課税を強化する方針で臨んでいた。だが西条氏の場合、沼田在城のための在城領を与えることができなかったため、武田氏は西条氏の所領に増分が発生していてもこれを許し、今後は課税しないとの特権を与えたのである。そして所領については、武蔵を攻め取ったら必ず与えるとの約束をしたに過ぎなかった（同前）。家臣団に与えるべき恩賞としての所領の不足は、そのまま武田氏の勢力圏拡大が停滞していたことを物語る。

だが、このような事態の背景を探っていくと、沼田開城後の知行割をめぐる混乱が、上野国衆の離叛に結びついていることがうかがわれる。また、河田重親・長尾憲景の離叛は、天正九年四月以後であるとみられ、やはり高天神城陥落の事実が響いているのだろう。籠城衆の中には、上野国大戸浦野氏も含まれており、武田氏に味方していて大丈夫なのか、不安に思う人々が増えていったとしてもおかしくはないだろう。

海野兄弟の誅殺

天正九年、上野国の武田領国では、三月の沼田平八郎の乱、五月から六月にかけての河田重親・長尾憲景の離叛に続き、十一月には吾妻郡の国衆海野長門守《ながとのかみ》幸光《ゆきみつ》・能登守輝幸兄弟と、海野輝幸の子中務大輔幸貞《ゆきさだ》が謀叛を計画したとの嫌疑により、誅殺される事件が起こったという。だが、この事件も、その事実関係を裏付ける確実な史料が、現在に至るも発見されていない。以下は、『加沢記』『羽尾記』『古今沼田記』等の記述を参酌しながら、紹介していくことにしよう。

海野兄弟は、吾妻郡羽根尾城主羽尾景幸《かげゆき》の子で、幸全《こうぜん》（道雲入道）の実弟であるという。彼らがなぜ海野を称したかは定かでないが、滋野一族であることは事実であり、上野に亡命し没落した海野棟綱《むねつな》の名跡を継いだ可能性もある。兄にあたる羽尾幸全とは、永禄七年に、岩下城主斎藤越前入道とともに上杉謙信に内通して武田信玄に背き、没落した羽尾修理亮業幸《しゆりのすけなりゆき》と同一人物と推定される。この時、海野兄弟は武田方に留まり、頭角を現した。

『加沢記』によると、その後真田昌幸は、海野長門守幸光を岩櫃城代に任じたものの、その麾《き》下《か》から、吾妻郡の鎌原・湯本・植栗・池田・浦野・西久保・横谷氏の国衆を除外した。これは、吾妻郡での海野氏の勢力拡大を防ぐ意味があったと推察される。海野兄弟は、吾妻一郡を恩賞とするよう要請したが、実現しなかった。これに不満を持った海野兄弟は、天正九年十一月上旬に逆心を企てたといい、事態を察知した湯本ら七人衆によって、真田昌幸に報告された。昌幸は驚き、ただちに甲府の武田勝頼に報じ、また海野輝幸の息子幸貞を娘婿としている叔父矢沢頼綱に事情を伝え、協力を求めた。頼綱は、娘と孫には不憫《ふびん》だが、謀叛は許し難いのですぐに誅殺すべきだと同意したという。

『古今沼田記』によれば、海野能登守輝幸は奢《おご》り強き性格であったことから、沼田城に在番する諸将との折り合いが悪く、このため城将藤田信吉すら武田氏の威を借りて傍若無人に振る舞う輝幸を疎み、武田氏に付き従うよりも、北条氏に通じた方が前途が拓《ひら》けると秘《ひそ》かに思うようになっていたという。海野輝幸のために、上野国の要衝沼田城で在番衆が分裂し、北条氏政や上杉景勝に調略される事態になれば憂慮すべき結果を招くと考えた矢沢頼綱は、海野輝幸誅殺を真田昌幸に進言したとある。

ところで『古今沼田記』『羽尾記』等は、この事件を天正八年十月二十三日のこととしている。さらに事件の経過についても、『古今沼田記』には、海野幸光は、海野輝幸・幸貞父子の死を聞いて海野氏の命運が尽きたことを悟り、自刃したことになっていて、武田・真田氏が海野幸光を自刃させた後に、海野輝幸・幸貞父子の誅殺を実行したと記す『加沢記』とは事件の時系列が逆になっている。どちらが正しいのか判断する傍証史料に欠けるので、詳細は定かでないが、本書では通説に従って、事件を天正九年十一月のこととし、その内容は『加沢記』の記述を軸に紹介することにしたい。なお、海野長門守幸光の自刃の様子は、『加沢記』がもっとも詳細であり、海野能登守輝幸・中務大輔幸貞父子の死については、他に『羽尾記』『古今沼田記』等に記載があるが、その内容は『加沢記』を含めてほぼ一致していることだけを指摘しておく。

海野兄弟の謀叛を知った勝頼は、昌幸実弟加津野隠岐守昌春《かづのおきのかみまさはる》を援軍として派遣した。昌春は出浦昌相《いでうらまさすけ》、鎌原宮内少輔《くないのしょう》、湯本三郎左衛門尉ら一千余人とともに、十一月二十一日正午、岩櫃城に到着し、城下の海野屋敷を包囲した。

海野長門守幸光は勇猛で聞こえた武将であったが、すでに齢《よわい》七十五を数え、近年は老衰のため眼を患い、ほとんど盲目であったという。海野屋敷を囲んだ真田方には、吾妻郡の土豪たちが味方につき、幸光を討ち取ろうと、屋敷内に殺到した。異常な事態を察知していた海野幸光は、眼が不自由ではあったが、甲冑《かっちゅう》を身に着け、居間の座敷に麻の殻を撒《ま》き散らし、敵が近寄ってきたことを、殻を踏む音で聞き分け、その方向に向かって三尺五寸の太刀を振るい、たちまち十四、五人を切り伏せたという。だが、勇猛で鳴る老将も切り抜けることは叶わず、館に火をかけ、その場で自刃して果てたという。

館から脱出した幸光の妻と娘は、妻の縁を頼って越後に逃れようとしたが、真田方の重囲に陥っていた館から脱出できず、家来渡利常陸介《ひたちのすけ》に殺害された。幸光室は三十五歳、息女は十四歳であったと伝える（以上『加沢記』）。幸光室の出自などの詳細は明らかではないが、越後に逃れようとしたとされているので、上杉氏の家臣の息女であったと推察される。海野幸光の墓所は、羽根尾城下に現在も残されている。

さて、海野幸光を誅殺した真田昌幸・昌春兄弟と検使田口又左衛門尉は、岩櫃城を池田・鎌原・湯本氏に預け、その日の夜のうちに吾妻郡を出発して、川田郷（沼田市下川田）に到着した。沼田城へ向けて大規模な軍勢の移動の目的が、海野能登守輝幸・中務大輔幸貞父子の成敗であることを秘匿するため、加津野昌春はあらかじめ沼田城の藤田信吉・海野輝幸に、使者として小池太郎左衛門尉・上原浅右衛門尉を派遣し、今度武田勝頼が上野に出陣するので、自分が準備のため沼田に入り、軍勢の招集の任務にあたることとなった。また今後の作戦等を打ち合わせたいので、加津野昌春を沼田城の本丸に入れ、藤田・金子・恩田・下沼田・発知・久屋氏らとともに評定に参加されたいと、海野輝幸に申し入れた。しかし海野輝幸は不穏な空気を察し、富沢水右衛門尉を本丸へ派遣して、評定の参加を遠慮しようとしたところ、富沢は本丸で討ち取られてしまった。

これで、加津野昌春らの沼田出張が、自分を誅殺する任務であることを確認した海野輝幸は、自分は逆心した覚えがないのに、佞人《ねいじん》の讒言《ざんげん》によって誅殺されるのは口惜しいと、今一度申し開きの使者として家臣安中勘解由《かげゆ》を本丸に送ったが、彼もまた本丸に繋《つな》がる橋の上で、真田方の雑兵たちに斬りかかられ、橋の下に追い落とされてしまった。これを見た海野輝幸は、息子中務大輔幸貞を呼び寄せ、敵がどれほど攻め寄せようと恐れるものではないが、逆心を企てたわけでもないので、ここは抵抗せず、迦葉山《かしようざん》弥勒寺に立ち退いて、そこで申し開きすることを告げた。輝幸・幸貞父子は、妻子と郎党たちを集め、庄村山城守を先頭に海野輝幸が城を脱出し、その後ろを吾妻郡折田（中之条町折田）の土豪佐藤将監《しようげん》とともに妻子たちを警固しながら海野幸貞が従った。城外には、沼田衆と信濃衆が参集していたが、海野父子が城を出てくると、斬りかかることもなく道を開いて一行を通したという。

海野父子が沼田城から脱出したことを知った加津野昌春、藤田信吉らは、ただちに追撃を命じ、海野父子の一行に襲いかかった。これに対して海野幸貞は、父輝幸や妻子らを先に逃がし、自身は佐藤将監とともに踏みとどまって戦った。海野幸貞主従の奮戦により、真田方は一時兵を退かざるを得なかったという。幸貞主従は、その間に鎌倉坂（沼田市横塚町鎌倉）まで退却したところ、またもや攻撃を受けたが、幸貞主従は再度これを退けた。そして父海野輝幸の後を追って、利根川を渡河し大雲寺（沼田市岡谷町）付近まで来たところ、激しく争う音がするので急行してみると、海野輝幸らは、沼田城の早鐘を聞きつけて出陣してきた木内八右衛門尉らと戸神原（同）で死闘を繰り広げていたという。これを見た幸貞主従が輝幸らに加勢したことから、海野方が勢いを盛り返し、輝幸は木内八右衛門尉を討ち取り、長野舎人に深手を負わせたという。

勢いに圧《お》された真田勢は、一時兵を退いた。兄海野幸光の身を案じていた海野輝幸は、この隙に佐藤将監に急ぎ吾妻郡に立ち返り、事態を報告するように命じてその場を去らせた。するとまもなく真田勢も行動を再開し、海野父子を討ち取ろうと襲いかかってきたので、輝幸らはこれに応戦し、武田氏の検使田口又左衛門尉を斬殺した。このため真田勢は気勢を削《そ》がれ、遠巻きに海野父子らと対峙するばかりであったという。だが追い縋《すが》る真田勢を前に、遂に海野父子は迦葉山に逃れることを断念し、女坂《おなざか》（阿難坂、沼田市岡谷町）で差し違えて自刃したという。海野輝幸は享年七十二、幸貞は三十八と伝わる（『古今沼田記』だけは、海野輝幸は、木内八右衛門尉を討ち取った直後に山遠賀与左衛門に鑓《やり》を付けられ、また幸貞は田口又左衛門尉を討ち取った後に大勢に取り囲まれて討たれたと記している）。海野輝幸・幸貞父子の墓所は、現在も沼田城

から少し離れた女坂に「海野塚」として現存する。（註）

　幸貞の妻女矢沢氏とその子三人（女二人、男一人）は、この混乱の中、先に沼田城の本丸の橋で辛うじて凶刃を逃れた安中勘解由に伴われて、下沼田に落ち延び、長岡寺（長広寺のこと、天台宗、沼田市下沼田）に身を隠していたが、訴人があったことから藤田信吉によって捕らえられ、沼田城内に押し込められた。だが幸貞の妻は矢沢頼綱の女であったため、父頼綱が身柄を預かり、その年のうちに信濃へ送られたという。なお、海野幸貞の子女三人は、矢沢頼綱によって養育され、息女は原監物《けんもつ》（原隼人佑貞胤《はやとのすけさだたね》の子）、禰津志摩守《しまのかみ》幸直にそれぞれ嫁ぎ、また当時八歳であった男子は成人して原郷左衛門尉（『古今沼田記』には、当初海野久三郎と名乗り、改名したとある）と名乗り、沼田真田信吉（信之の子）に仕えて、元和元年（一六一五）大坂夏の陣で戦死している。

　このように真田昌幸は、武田勝頼の許可を得て、天正九年十一月二十一日、吾妻郡で大きな勢力を誇った羽尾氏の流れを汲《く》む海野氏を族滅させたのである。それまで西上野計略の過程で、武田氏や真田氏に協力して、斎藤氏などを攻略するのに功績があり、また沼田城奪取の際にも、金子美濃守らとともに武田方の城砦《じょうさい》を守り、北条氏と対峙していた海野氏を何故滅亡させたのであろうか。その詳細は確実な史料もないので、判断が困難であるが、海野氏は吾妻郡を本拠に大きな勢力を持っていたので、その動向が不安定であることは、武田・真田両氏にとって極めて不都合であったからであろう。

　海野幸光・輝幸兄弟は、真田氏に協力すれば、本拠地吾妻郡を与えるとの約束を信じて武田氏に転じたのであり、それが履行されなければ、真田氏の調略に応じた意味がないと考えるようになったという。その不満が、海野氏の不穏な動きに結びついたのだろう。

当時海野氏は、同じ吾妻郡の鎌原氏らと所領問題をめぐって対立しており、それが吾妻郡における海野氏の立場を悪くしていた。そこへ海野氏が吾妻一郡の拝領を、武田氏に強く申請したのだから、これを嫌う鎌原氏らとの軋轢《あつれき》も大きくなっていったと想像される。このことが鎌原氏ら七氏の連署による「海野逆心」の出訴の引き金になったのではないか。真田氏は、吾妻郡の支配権分与を執拗《しつよう》に要求する海野氏を、この事件をきっかけに排除し、上野国の安定を選択したのではないだろうか。

逆にいえば、それまで海野氏を利用することにより、吾妻郡支配と東上野計略を行っていた武田・真田両氏にとって、海野氏なしでも吾妻郡支配は軌道に乗り、安定していると認定されたものと思われる。また吾妻郡の鎌原氏らも、海野氏排除を実現することにより、積年の所領問題を一挙に解決できるとの思惑を持っており、ここで武田・真田氏と吾妻郡の国衆との利害が一致することとなったのであろう。この協力関係の構築が、武田・真田氏の吾妻郡支配安定に貢献していくのであり、武田氏滅亡後は、真田氏の領国形成に大きく寄与することとなる。

いずれにせよ、天正九年に相次いで発生した、上野国衆の謀叛の動きは、沼田開城に伴う知行地不足、それが恩賞宛行の遅延と混乱に繋がり、さらに高天神城陥落による武田氏の求心力低下が相まって相次いで起こったのだろう。当面の危機は、真田昌幸らの努力で回避されたが、武田氏衰退の兆候は上野国でも現れ始めたのである。

（註）最近、海野能登守輝幸を成敗した際に発給された、（天正九年）九月六日付高橋桂介宛真田昌幸書状が発見された（『川中島の戦いと真田』長野市立博物館、二〇一六年）。これによると、高橋桂介は、海野成敗の時に、加津野隠岐守昌春が検使として派遣されてきたところ、彼の眼前で浦野周防と組み打ちした戦功を褒賞されている。だが、文書の写真を見ると、当時のものとは思えない。また文言も異質で、感状なのに付年号がないこと、海野誅殺の時期が九月とあることなど、不審な部分が多い。そのため、本書では考察の対象から外した。

二、高天神城陥落後の情勢

勝頼の戦後処理

高天神城陥落後、勝頼は戦死者の跡目相続や、駿河《するが》・遠江防衛のための戦後処理に追われていた。まず、三ヶ年の籠城の末、戦死した高天神城将岡部丹波守《たんばのかみ》元信の息子五郎兵衛尉に対し、天正九年（一五八一）五月十四日付で、亡父の忠節を賞し、元信と五郎兵衛尉が岡部氏の嫡流であることを認定し、元信の同心・被官や駿河・遠江の知行をすべて安堵《あんど》するとともに、今後も昵懇の関係を維持すれば身上を引き立てると約束した（戦武三五四四号）。また、同五月二十五日には、善光寺別当栗田鶴寿《かくじゅ》の息子永寿に（同三五五四号）、さらに孕石和泉守《はらみいし》元泰の子主水佑《もんどのすけ》元成に対しても同様の安堵状を与え、さらに孕石元成には知行地の増分を重恩として与える朱印状を発給している（同三五九二・九三号）。

だが、高天神落城は徳川氏の遠江、駿河侵攻を本格化させ、武田方はその防備と戦死者の後継者確定を早急に迫られることとなった。その間、徳川方は武田方に揺さぶりをかけるべく、五月に駿河国田中城に攻撃を仕掛けた。勝頼は、用宗《もちむね》城将朝比奈信置《のぶおき》を当目《とうめ》峠に出陣させ、徳川軍を牽制《けんせい》させた。これを知った徳川重臣石川数正は、朝比奈勢を峠から下ろすために、わざと寡兵を峠に向かわせて小競り合いを行わせ、峠下の平場に誘い込んだという。石川数正は、すぐさま朝比奈勢への攻撃を命じ、逃げようとする彼らを追い打ちにした。さらに家康の旗本衆が横槍《よこやり》を入れたため、朝比奈勢は総崩れとなり、「甲兵大ニ敗北、宗徒ノ士衆七十余輩討死シメ給フ」というありさまであった（「大沢基遖軍忠覚」静⑧一四〇一号）。この時、松平真乗《さねのり》（大給《おぎゅう》松平氏）の軍勢では、九個の首級を得たが、このうちの八個は兜首《かぶとくび》であったという（静⑧一四〇〇号）。

この事件は、『甲陽軍鑑』にも特記されている。同書によれば朝比奈信置は用宗城にまだ在城しており、朝比奈重臣の奥原日向《ひゅうが》、久野覚助《かくすけ》は信置と協議中であったため、三人は戦死を免れたという。実のところ、信置は当目峠を警戒させ様子をみる考えだったらしいが、峠に布陣していた若者たちが血気に逸《はや》って徳川軍に手を出してしまったがための敗戦だったといい、こうした混乱こそ、武田氏滅亡の予兆だったと指摘している。

いずれにせよ、徳川氏の攻勢が強くなってきたことを受け、駿河の武田方の立て直しは急務であった。そこで岡部元信戦死後、駿河・遠江の武田方を指揮、監督する立場となったのは、

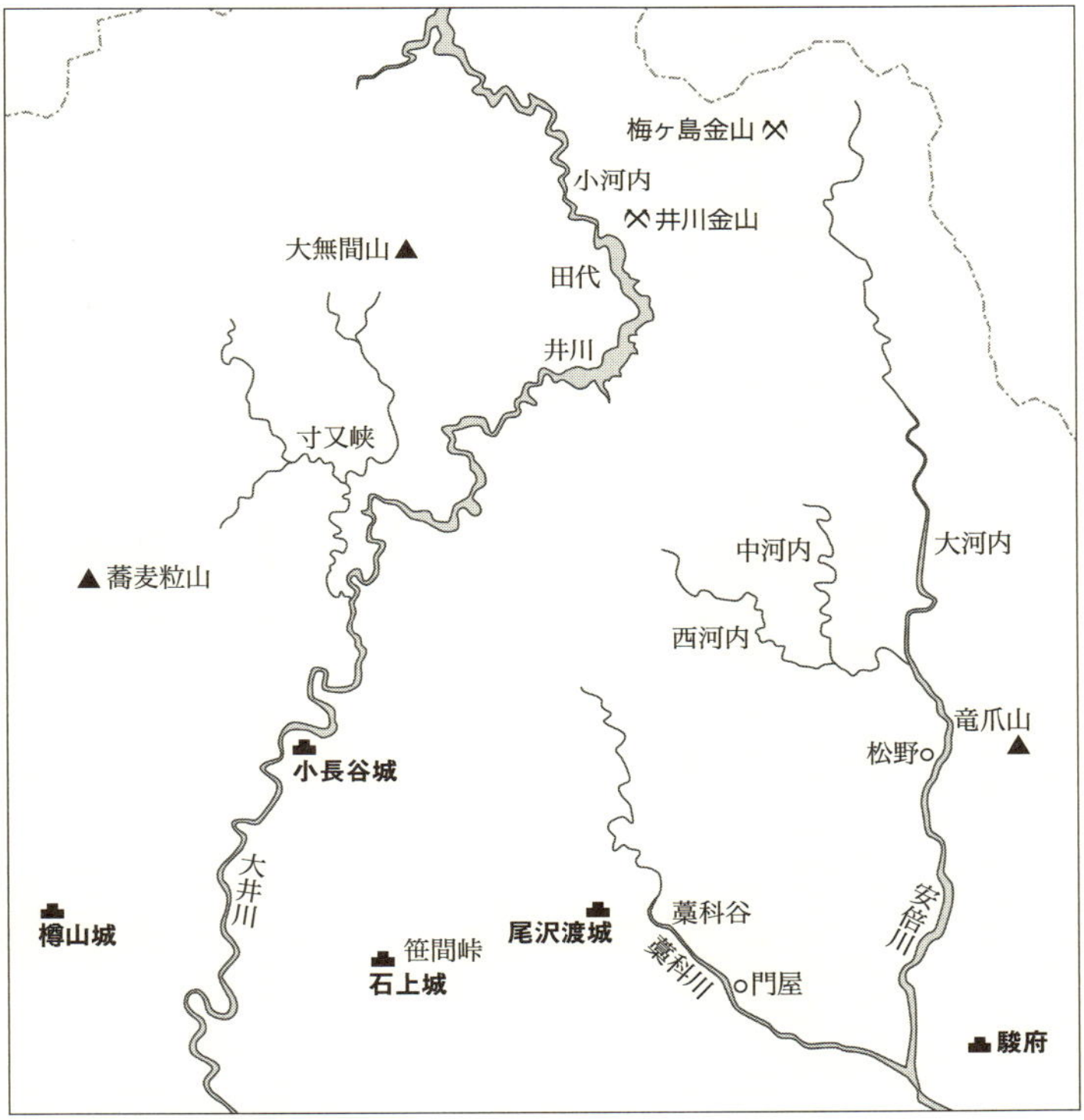

図12　井川・梅ケ島周辺図

江尻城代穴山梅雪《ばいせつ》（信君は、天正八年十二月頃出家し、梅雪斎不白と号す）であった。梅雪は、天正九年六月六日、勝頼側近土屋昌恒《まさつね》に十三ヶ条に及ぶ覚書を送り、駿遠両国の仕置状況を伝え、勝頼への披露を依頼し、それらへの指示を申請した（戦武三五五七号、なお誤記・誤読が多く、『楓軒文書纂』影印本により修正した）。これをみると、駿遠の武田方が徳川方の反攻に対処すべく、躍起になっていたことがよくわかる。以下、全十三ヶ条について紹介しよう。

①篠間《ささま》（笹間、静岡県島田市川根町）の仕置について、よい方法を見いだすよう武田氏より指示されたので、天王山《てんのうざん》（小長谷《こながい》城、小長井城、本川根町、以下小長谷城で統一）御普請衆が帰陣したら、藁科《わらしな》谷に集結させ、寄居（城砦）の普請について助言します。

この一ヶ条目は、大井川上流にあたる笹間の防備について、武田勝頼より穴山梅雪は厳しく指示されたようだ。笹間には、石上城跡があり、これは笹間から笹間峠を経て藁科川沿い（藁科谷）の川根街道に繋がる交通の要所であり、しかも笹間の東、甲駿国境では梅ヶ島金山が稼働していた。また小長谷城は、大井川上流の要所で、井川に続く道と、川根街道（藁科谷）へ続く道の分岐点にあたり、しかも井川では井川金山が稼働していた。

小長谷城と笹間は、徳川氏の手に落ちていた樽山城と正対する位置にあり、ここを確保することが金山、田中城と駿府の北側の守備に直結していたのである。また武田氏は、藁科谷の警戒を厳重にするため、ここに寄居（城砦）の普請を計画していた。この城は、恐らく尾沢渡《おさわど》城（静岡市尾沢渡）を指すものと考えられる。ここを突破されれば、下流の駿府は危うくなる。

②石上兎角・大橋を早々に甲府に伺候させるように命じます。

二ヶ条目は、一ヶ条目と密接に関連すると推定される。じつは、笹間の石上城は地元の伝承によると、石上兎角の居城であり、天正三年の二俣《ふたまた》城攻防戦で彼は戦死したのだという。これが事実かどうかは明らかでないが、石上兎角が実在の人物であり、笹間の防備について相談すべく、勝頼より甲府に召し出されていた事実が浮かび上がる。もし天正三年の石上兎角戦死が史実ならば、この文書に登場する石上兎角はその息子の可能性がある。また大橋氏は、笹間の近隣にあたる伊久美《いくみ》郷の土豪であろう（『駿河記』）。

③「天神瓦」御門道具について、四、五日前に、内記《ないき》豊前守《ぶぜんのかみ》（勝長）によって沼津城や興国寺城に届けたとのことであります。

三ヶ条目は、「天神瓦」の門についての報告である。この条文について、『楓軒文書纂』の影印本を確認したところ、「瓦」は「尾」の誤読であるとみられ（ともに草書体は酷似している）、ここは「天神瓦」ではなく「天神尾」と解読できる。つまり、これは「天神ケ尾」（天神ケ尾砦・岡宮砦、沼津市）を指すとみるべきであろう。武田氏は、北条軍の攻撃目標となっていた沼津三枚橋城と興国寺城の防御を高めるべく、天神ケ尾城の城門を解体し、これらに移築したのだろう。北条軍の攻撃に迅速に対応すべく、城門の新規建設を諦め、すぐに設置できる移築の方法を採用したとみられる。なお天神ケ尾城は、その後も武田方が維持・管理し、天正十年に北条氏によって攻略されている。なお、内記勝長はこの時天神ケ尾城に在城していたと思われる。内記はこの前年と推定される十二月十三日に、勝頼より在城地の「用心普請」を指示されているが（戦武三六三五号）、その場所は天神ケ尾城であろう。

続く④から⑨までは、高天神城で戦死した武将の後継者に関する報告である。

④三浦右近《うこん》の陣代については、先年高遠《たかとお》で奉公していた朝比奈助一郎が三浦右近の一族でもあるので、彼に委ねると決定し、先日武田氏の奉行衆にも引き合わせたところであります。このことは、勝頼からも指示があったので、甲府に参上するよう命じたところ、三浦右近の未亡人や三浦対馬《つしま》入道は何を考えたのか、陣代は違う人物にしたいと言い出しました。朝比奈助一郎を陣代にすることは、武田氏の決裁を得ているので、すぐに甲府に参府させるようにします。

⑤長尾源太の名跡については、長尾伊賀《いが》入道と三浦平兵衛尉が問答となったので、双方を召し寄せられたところです。ところが、三浦平兵衛尉は、ただいま興国寺城に在番中でして、帰宅次第、そちらに送ります。

⑥由井賀兵衛の知行所が荒れ地となっており、妻子が途方に暮れているとのことについて、武田氏から重ねて指示があると父由井憩閑《いかん》に伝えておきました。

⑦進藤与兵衛の陣代に（甲府に）参上するよう指示しておきました。

⑧孕石（元泰）・朝比奈孫六郎は、彼らの父河内守（朝比奈河内守真重）が奉公するとのことなので、それを承知したとの（武田氏からの）指示を申し伝えました。

⑨岡部元信同心の陣代については、しかるべき人物を任命するよう、岡部五郎兵衛尉（元信の子）に厳重に伝達してあります。

⑩岡部同心衆のうち、御恩帳に未登録の者が数人いるとの情報が（武田氏の耳に）入り、お

尋ねがあったので調査を行い、ただいま書付に記して進上しましたので御覧いただければと思います。

以上の④から⑩は、高天神城で戦死した人物の跡目相続、遺族の堪忍分、同心衆の処置などである。いずれも問題山積で、武田氏が甲府で裁定せねばならぬ事柄が多かったことがうかがわれる。またこの文書により、『信長公記』『乾徳山恵林寺雑本』などに記録されている高天神城戦死者の名前に誤記が多いことも判明する。たとえば、「名江〈郷〉源太」は長尾源太（名字の音が似通っていたための誤記であろう）、「朝比奈弥六」は朝比奈孫六郎のそれぞれ誤記であることがわかる。

この後、駿河の城郭の処置に関する条文が続く。

⑪「峠御普請」については、人手がおらず実行不可能と申しあげたところ、延期してよいとの指示を受けました。ただ肝要の場所でもありますので、手透きとなりましたら必ず普請をするよう心がけます。

⑫「関部」（用宗城）の御普請のため、駿河久能《くのう》城に動員されるはずの定期の普請人足を、十日や十五日の日数ならば回すようにご命令を受けました。賢雪《けんせつ》（朝比奈信置）に城普請の指図をするよう指示しておきました。

以上の⑪⑫は、用宗城の防衛強化についての指示である。⑪の「峠普請」とは、恐らく焼津から用宗に抜ける遠目峠（当目峠）に砦を構築することと思われ、現地に残る当目砦を指すと推定される。

⑬江尻城の三の曲輪《くるわ》は、塀普請が一両日以前に完成しております。去る六月二日は吉日でしたので、三の曲輪の仕切りの築地を作るため、土台を平らにする普請を行いました。それが完了しましたので、小屋場を外宿に移動させ、穴山の譜代衆を曲輪に配置しました。これより、明日中には御門の建設に取りかかります。そして余裕ができましたら、御堀普請を行います。このことについては、物主《ものぬし》を配置し加勢を頂けましたら、計画通り来月中には完成すると思います。以上の事柄につきまして、勝頼に披露していただけますようお願い申しあげます。

以上のように、勝頼は駿河の城砦と、高天神城戦死者の後継者問題を懸命に処理し、防備を固めようとしていたことがうかがわれる。

勝頼が防備を固めようとしていたのは、東海地方だけではなかった。後述するが、織田・徳川方は、天正九年になると信濃・三河国境で蠢動《しゅんどう》を開始しており、信濃は脅威にさらされていた。そこで勝頼は、信濃の防衛強化のため、異母弟仁科盛信《にしなもりのぶ》を武田家に呼び戻したらしい。盛信は、御館の乱が勃発した天正六年以後、勝頼を支え、甲越国境で奮戦し、越後国不動山城などを接収すると、以後その管理を委ねられていた。盛信は、渋田見《しぶたみ》氏などの仁科衆を越後不動山城、根知城などに派遣し、越中方面の織田軍を監視していた。

盛信は、天正九年二月まで、「盛信」であったことが確実であるが（戦武三五〇五号）、同年五月七日、大町の霊応寺に与えた禁制に「信盛」と署名している（同三五四三号）。このことから、仁科盛信は何らかの事情で、諱《いみな》を「信盛」に変更したと考えられる。その理由を探る手掛かりとして、天正九年に成立した「伊勢内宮道者御祓くばり帳」（同三六四四号）に興味深い記述がある。

この記録は、伊勢神宮内宮の御師荒木田（宇治）久家が信濃国安曇《あずみ》・筑摩郡などの旦那廻りをした時のものである。ここに「にしなの分」として、仁科衆の国衆や土豪らの名前が列挙されているが、筆頭に「何時なり共仁科殿に御なり候かたへ　熨斗《のし》三把、上之茶十袋、かつほ壱連」とある。このことから、当時、仁科家には当主が不在であり、荒木田は誰が仁科の当主に就任するかわからないが、決定次第その方に贈ってほしいと記述していたことがわかる。つまり、仁科盛信はすでに仁科氏を出ており、当主不在という状況だったと推察される。この事実と、仁科盛信が諱を「信盛」に変更したことをあわせて考えれば、彼は兄勝頼からの命令で武田家に呼び戻され、武田信盛になった可能性が高い（以下では、仁科信盛と記す）。

そして勝頼は、天正九年に仁科信盛を伊那郡高遠城に配備し、信濃防衛の要とした（『甲乱記』）。信盛は、天正十年三月、織田軍を迎え撃ち、壮烈な戦死を遂げるまで、兄勝頼を支え続けることとなる。

武田海賊衆の活躍

天正九年、北条氏は上野国衆を盛んに調略し、武田氏に揺さぶりをかけていた。いっぽう、両氏は駿豆《すんず》国境と甲斐・武蔵国境で軍事衝突を繰り返した。ここでは、天正九年六月までの状況を紹介する。

この年は、三月から六月にかけて、武田海賊衆による攻勢が目立ち、北条方は防戦を強いられていた。この一連の戦闘を、第二次沼津沖海戦と呼ぶ。三月二十九日、伊豆国久竜津（静岡県沼津市西浦久料）を、武田海賊衆小浜景隆《かげたか》・向井政綱《まさつな》・伊丹《いたみ》虎康《とらやす》らが攻撃した。北条海賊衆梶原備前守景宗《かじわらびぜんのかみかげむね》は迎撃に出たが、船三艘を撃沈もしくは拿捕《だほ》され、数十人の戦死者を出した。小浜同心小野田筑後守《ちくごのかみ》は、北条方の船を拿捕し、勝頼から褒賞されている（戦武三五三四〜三六号）。

いっぽう北条氏政は、四月二十二日に駿河国深沢（静岡県御殿場市）に侵攻し、御厨《みくりや》一帯の麦刈りなどを行って、武田方を揺さぶった。これに対し、武田方の諸城は防備を固めたらしく、氏政本隊への警戒を強化するだけで、迎撃には出てこなかった。また勝頼本隊も動かず、氏政は同二十七日には小田原へ引き揚げた（戦北補遺①一〇〇号）。

五月に、今度は伊豆国田子浦（賀茂郡西伊豆町）が、武田海賊衆（「駿州四海賊」）に襲撃された。武田海賊衆は、夜半に田子浦に上陸したらしく、ここを拠点とする山本太郎左衛門尉正次の「屋敷構」に攻めかかった。山本氏らは懸命に防戦し、「明之五ツ」（午前八時頃）まで戦い、ようやくこれを撃退したという。当時山本正次には、満足な兵力がなかったが、山本は自身も負傷しながら、懸命に「屋敷構」に拠《よ》って武田方の攻勢を防ぎきったという。

この知らせを受け取った伊豆郡代清水康英《やすひで》（当時は伊豆韮山《にらやま》城将）は、五月十五日に山本正次の戦功を小田原へ至急便で伝達している（静⑧一三九四号）。この時の戦闘が行われた山本氏の「屋敷構」とはどこであったかははっきりしない。田子港にせり出した「城ヶ崎」（田子城）

がそれに相当すると考えられるが、遺構などはまったく残されていない（『静岡県の中世城館跡』他）。さらに、六月には、武田海賊衆小浜景隆は、伊豆国子浦（賀茂郡南伊豆町）にも襲いかかり、周辺の郷村に甚大な被害を与え、多数の敵方を討ち取り、同十九日付で武田勝頼より感状を与えられている（静⑧一四〇九号）。このように、武田方の四海賊は、伊豆半島の西沿岸に攻勢をかけていたことがわかる。

　武田海賊衆の攻撃に危機感を抱いた北条氏光《うじみつ》（小机城主、当時は駿河大平城将と足柄城将を兼務）は、駿河国獅子浜《ししはま》（沼津市）の土豪で、口野五ヵ村（獅子浜・江浦・尾高・多比・田連）の代官植松佐渡守《さどのかみ》に朱印状を与え、新船の建造をするよう命じている。すでに、植松はこのことを以前より命じられていたが、新船建造が捗《はかど》っておらず、氏光から怠慢だと叱責されている。氏光は、諸役免許や年貢免除などを条件に船の大小を問わないので、至急建造して上納するよう厳命した（戦北二二三九号）。当時、北条海賊衆は、船舶数や船の大きさなどで、武田海賊衆に圧《お》されていた可能性がある。

　こうした武田方の攻勢に対し、北条氏は武蔵・相模の北条方を動員し、武田氏の本国甲斐に侵攻させ、勝頼を牽制した。四月十七日、北条方の津久井衆小崎氏、檜原《ひのはら》衆平山氏重《うじしげ》ら、滝山衆来住野氏らは、甲斐国都留《つる》郡棡原《ゆずりはら》（山梨県上野原市）と武蔵国多摩郡小河内《おごうち》（東京都西多摩郡）で武田方と交戦している（戦北二二二六・二二二八〜二二三二号）。この地域は、甲武国境で上野原に繋がる青梅街道（武蔵国青梅、二俣尾などを経て甲斐国丹波山に至る）と、檜原街道（これは五日市、檜原を経て西原峠を越え西原と、浅間峠や日原峠、小棡《こゆずり》峠を経て棡原に至るルートがある）

が存在し、人馬の交流が盛んであった。
上野原には武田方の有力国衆加藤丹後守信景《たんごのかみのぶかげ》がおり、棡原もその支配領域に当たっていた。また武蔵国小河内郷方面を警戒していたのは、小菅《こすげ》五郎兵衛尉（小菅城主）であり、また小菅と上野原間に位置する西原郷には西原武田丹波守有氏がおり、小菅・西原武田・加藤氏は、甲武国境の警戒に当たっていた。棡原と小河内で北条方と戦ったのは、この三氏とみて間違いあるまい。

武田氏が、本国甲斐への侵攻を受けたのは、去る天正八年五月の都留郡西原への北条方による攻撃以来のことである。勝頼は甲武国境から北条方が侵攻してくるのを予想しており、すでに三月二十日には、都留郡岩殿城に甲斐衆荻原《おぎわら》豊前守（武田氏旗本衆、横目衆）とその同心十人に在番と城普請を命じている（戦武三五一三号）。

荻原豊前守は、甲斐国都留郡北部の防衛に問題が起きた場合は、加藤氏と協力し小菅氏・西原武田氏・小俣氏らを率いて活動する役割を与えられていた人物である（戦武一三九〇号）。北条氏の都留郡侵攻という事態にあたって、荻原豊前守が岩殿在城を指示されたのは、こうした役割によるものであろう。岩殿城は小山田信茂の持城であるが、軍事的危機に際しては、国衆の本城、支城に関係なく、武田軍が進駐し防備を固め、前線を維持するのが通例であった（黒田基樹・二〇一五年）。

北条氏、駿豆国境の守備を固める

天正九年六月十九日、北条氏は駿河・相模国境にある浜居場城《はまいば》（神奈川県南足柄市）に、五ヶ条に及ぶ城掟を与えた（戦北二二四〇号）。ここには、北条重臣松田憲秀の家来須藤源二郎・村野安芸守《あきのかみ》・小澤孫七郎が在番していた。城掟には、①城西側（武田方の方向）の草木は一切伐採してはならない。伐採は東側（味方の側）ならば問題ない、②人馬の糞尿《ふんによう》は毎日城外に捨てること、ただし遠矢の届く範囲内に捨ててはならず、できるだけ遠方に遺棄せよ、③当番の者が城外に出ることは厳禁する、鹿や狸の類を捕るのだと称して山に入ることはあってはならない。違反者は処刑とし、物頭《ものがしら》も重罪に処す、④昼夜矢倉に見張りを配置し、欠落したりする者を発見し捕縛したら、身分によらず忠節とする、⑤夜中の用心は厳重にせよ、と規定されていた。浜居場城は、北条方の最前線足柄城を背後から支える要所であった。

さらに北条氏は同日付で、浜居場と足柄間の往還の通行を封鎖させた。往還の橋梁《きょうりょう》は、北条氏の命令で架けられてはいたが、指示なくして双方から通行することは禁止された。またこれらの橋は引き橋で、通常は外されており、番屋も設置され、昼夜の監視が配備されていた。間道を抜けようとする者がいたら、ただちに捕縛し小田原へ報告する手筈も整えられていた（戦北二二四一号）。

いっぽうで、天正九年は災害が続いた年でもあった。六月に大雨を伴う大風が吹き、さらに八月十日には亥刻より丑刻まで大風雨となり、東海地方で甚大な被害が出た（『日本中世気象災害年表稿』）。このため、武田・北条両氏ともに、駿河・伊豆での被害状況を調査し、その手当てに必死になっていたようだ。とりわけ八月の台風被害は、北条氏の方が大きかったらしい。

武田方では、駿河興国寺城の兵卒が捕縛した北条方の捕虜から、この大風雨で北条海賊衆の安宅船など多数が破損し、海上軍事が不可能になっているとの情報をつかんでいる（戦武三三六〇一号）。

ちょうどこの頃、北条氏は、伊豆国徳倉《とくら》で城普請を実施していた（小田原②一三八三号）。氏政は、八月十三日に伊豆衆岡本越前守政秀に対し、徳倉城普請とその概要を報告するよう命じている。さらに同十八日には、岡本に「新城」（徳倉城）に移動し、遠山・福嶋らと相談し、四百人を動員し五日間で要所に絞って普請を行わせ、残った部分がどれほどかを報告するよう指示した（戦北二三九七号、年次比定などは『沼津市史』通史編による）。このことは武田方も察知していた。勝頼は、江尻城代穴山梅雪に対し、氏政が駿豆国境にやって来ているようだが、どうやら城砦を構築するためらしい。そうならば、氏政を援助するために徳川家康がやって来るだろうから、田中城・小山城・天王山城（小長谷城）などの用心が肝要だと述べ、また城が大風雨で破損する時期にあたっているから、よくよく注意するよう指示している（戦武三三六〇一号）。

北条方は、駿豆国境に加勢を派遣した。『北条記』によると、武田氏との最前線長久保城に清水太郎左衛門尉正次《まさつぐ》（清水康英の子）、徳倉城に北条氏光、獅子浜城に大石越後守、泉頭《いずみがしら》城に大藤長門守（式部丞政信の誤記か）・多米（多目）周防守らを配備したといい、後に、徳倉城将として北条氏光に代わって重臣笠原新六郎政晴（松田憲秀の長男）を配置したという。さらに八月三日に北条氏は、伊豆三島一揆《いっき》に動員と忠節を命じている（戦北一四二一号）。この場合の一揆とは、村々の百姓のうち十五歳から七十歳までの男子を「一揆帳」に登録しておき、いざというときに出陣を依頼した村の兵たちの総称である（藤木久志・一九九三年）。北条氏は、前年の天正八年三月に伊豆で触れを出し、一揆帳の作成に踏み切っていた（静県史料①四二二）。武田氏の攻勢に対処するためである。それが天正九年八月になって機能するようになったとみられる。

北条方は、徳倉城普請を実施しつつも、沼津三枚橋城などにしばしば攻撃を仕掛けていたらしい。八月に、北条方の小野沢五郎兵衛、金沢与五郎らが沼津三枚橋城の城下町（宿城）に攻め込み、武田方を討ち取っている（戦北二二七〇・四九三四号）。さらに八月二十三日には、北条氏の足軽頭大藤式部丞《しきぶのじょう》政信が、駿河国天神ケ尾城に乗り込み、武田方に被害を与えている（同二二六八号、なお『戦国遺文後北条氏編』は上野国利根郡の天神ケ尾城に比定しているが、駿河天神ケ尾城であろう）。

勝頼は、北条方の動きに警戒を強め、八月二十日、穴山梅雪に対し、念のため数日後には援軍を派遣すると伝え、何か緊急事態が起こればただちに出陣すると述べている。当時、甲府に相当数の軍勢が招集されていたらしく、勝頼は事態を注視していたのだろう（戦武三六〇一号）。

北条氏は、駿豆国境への攻勢を強めるべく、八月十五日に湯本（神奈川県足柄下郡箱根町）から箱根越えの道の普請を命じた（戦北二二六〇号）。往還の宿の人々を動員し、道の細いところは脇を切り開かせ、馬の蹄《ひづめ》で土が掘られたところや、ぬかるんでいるところは埋め立てるよう指示している。それは小荷駄が倒れぬよう、安定した道を確保するためであった。北条氏は、武田方との対決のため、補給路の整備に力を入れていたのである。

三、北条包囲網の形成と挫折

里見義頼、武田氏に接近す

天正九年（一五八一）三月十九日、勝頼は佐竹義重に書状を送り、佐竹氏を介して安房国《あわのくに》里見義頼からの使者が到来し、里見氏が武田・佐竹両氏と連携したいと申し入れてきたことを報じ、同盟交渉を進めてくれるよう求めた（房総一七八九号）。里見義頼は、北条氏政を討ち、安房と上総《かずさ》の安寧を保つために、今後は武田・佐竹氏と協力し、軍事行動をともにしたいと申し入れたらしい。勝頼はこれを喜び、歓迎する意向を示した。ここに、武田・里見同盟（甲房同盟）が成立する運びとなった（以下は、丸島和洋・二〇〇三年、二〇〇六年、二〇一一年）。

里見義頼《よしより》は、父義弘《よしひろ》の病死（天正六年五月二十日）後、その後継者として擁立された梅王丸に対し、天正八年四月に挙兵、当時は激しい内戦（「天正の内訌《ないこう》」）の最中であった。義弘は生前、安房を義頼、上総を自身と梅王丸が支配するという体制を作り上げていたが、義弘死後、それは安房国衆を擁する義頼と、上総国衆を擁する梅王丸との対立に繋がっていった。

梅王丸が擁立されたのは、彼の生母が古河公方《くぼう》足利義氏《よしうじ》の姉妹だったことが背景にある（しかも義氏生母は北条氏政の姉妹）。それは、古河公方を奉戴する北条氏政の支持も得られるからであった。当時里見氏は、北条氏と房相同盟を締結していた。

一方、義頼の妻も北条氏政の息女であったが、彼女は天正七年（一五七九）三月に死去しており、北条氏との縁は断絶してしまっていた。それればかりか、安房には、古河公方足利氏―北条氏と対立する小弓《おゆみ》公方足利頼淳《よりずみ》が亡命していた。このことは、周辺諸国の義頼認識を大きく規定した。つまり、義頼は梅王丸とは違って、反北条ではないかという評価である。事実、御館の乱で上杉景虎・北条氏政と対決していた上杉景勝は、義頼に支援を求めていたし、常陸佐竹義重ら「東方之衆」も義頼が反北条同盟に参加するよう、しきりに誘いをかけていた。

だが、義頼は当初これに応じる気配を見せず、北条氏との関係を維持し、また梅王丸に対しても沈黙したまま動こうとはしなかった。ところが、天正八年四月に義頼は挙兵し、同九年には佐竹氏らをはじめ、武田氏との連携を模索し始めるのである。義頼が、父義弘死後、二年もの沈黙を破ったのは、御館の乱を契機に、武田・北条の甲相同盟が破綻し、駿河・伊豆・甲斐・上野・武蔵という両氏の領国の境界線で戦闘が始まったことにある。さらに甲佐同盟が成立し、佐竹義重を盟主とする「東方之衆」と武田勝頼との連携が成功裡《せいこうり》に進み、北条氏の勢力は後退を続けていた。その結果、氏政が里見氏を牽制もしくは制圧する余裕はなくなったのである。義頼が、梅王丸打倒の行動を開始したのは、こうした背景があったからである。

甲房同盟成立への動き

管見の限り、里見義頼自らが、積極的に武田勝頼へ接近を始めたのは、天正九年一月のことである。交渉を担ったのは、義頼家臣岡本氏である。今日、残されている史料では、一月十一日付の梶原政景宛岡本氏元書状がもっとも早い（房総一七七七号）。梶原政景は、佐竹義重のもとにあり、武田氏をはじめとする反北条方との外交を担っていた人物である。

それによると、里見義頼方は、「従甲・佐節々雖御通用候、在存分爾々与不被申合候、就之此度使以被申入候、万端可然様ニ御取合、専肝存候」と述べ、武田・佐竹両氏よりこれ以前からしばしば誘いを受けていたが、思うところがあって手を携えることができなかった。だが今後は連携していきたいので、緊密な関係を築きたいとの意向を示したのである。

岡本氏元は、なおも続く里見梅王丸、正木《まさき》憲時《のりとき》方との内戦の状況を報じつつ、彼らを北条氏が援助できぬよう、佐竹義重の後詰が必要であり、北条領国への軍事侵攻を切望すると伝えた。またこのことは、武田勝頼へも使者をもって要請したと記している。そして、義頼が帰陣し、武田・佐竹との関係を緊密にし、連携がうまくいけば、関東平定も順調に進むであろうと述べている。

これは天正八年秋以来、武田・佐竹氏の連携により、上野・下野両国で順調な成果を挙げていることを受けての、里見義頼方の認識であったといえる。そして岡本氏元は、武田勝頼のもとへ派遣した使者について、無事に甲府へ到着できるよう配慮してほしいと求めた。勝頼が、天正九年三月十四日に佐竹義重に宛てた書状に、里見義頼から使者が到着したとあるのは、この時のものである可能性が高い。なお、この時派遣された里見義頼の使者は、家臣福原信濃守であったらしい（房総一八〇六号）。

勝頼と里見義頼からの書状は、四月九日、梶原政景より上野国新田方面に在陣中の佐竹義重のもとに届けられた（房総一七九一号）。義重は、梶原に一昨年以来の筋目は世の中が移り変わっても、一切変更がないので、今後とも連携協議を重ねたいと、里見方に申し入れさせた（同一七九二号）。

勝頼使者跡部昌忠の焦慮

いっぽう、武田勝頼は家臣跡部修理亮昌忠《まさただ》を使者として里見氏のもとへ派遣した。跡部昌忠は、六月に常陸佐竹氏のもとへたどり着き、小田城の梶原政景に、安房へ入るための援助を求めた。政景は、三橋美作守宗玄《みまさかのかみそうげん》を案内者とし、跡部に同行させる手筈を整え、六月二十一日付の里見義頼、岡本元悦《げんえつ》・氏元《うじもと》父子宛の自らの書状を託した（房総一七九九・一八〇〇号）。

ところが、跡部昌忠、三橋宗玄の二人は、途中、敵地北条領国を通行する目途が立たず、小田城に留まっていた。これを知った政景の父太田三楽斎道誉《さんらくさいどうよ》は、六月二十六日付の岡本氏元宛書状で、使者が通行可能な経路の確保を至急整えてくれるよう求めている（房総一八〇一号）。

しかし、勝頼の使者跡部昌忠は、七月二十八日になっても、安房へたどり着くことができなかった。昌忠は、何度も北条領国突破を試みたが、うまくいかずに、途中から身の危険を感じて引き返さざるをえなかった。佐竹義重も、努力を重ねたらしいが、不首尾に終わっていた。そこで梶原政景は、案内者の三橋宗玄が単独で先に安房に入ることに成功しており、しかも加藤九左衛門尉も在国しているので、しっかりとした回答をよこしてほしいと岡本父子に要請した。このまま武田氏の使者が、里見氏と会見できず調整がつかなければ、里見義頼の違却と認定され、仲介役の自分にとっても甚だ迷惑だと述べている（同一八〇六号）。

そこで梶原政景は、勝頼からの書状と跡部昌忠の書状を、途中まで三橋宗玄まで取りにこさせるよう求めた。あまりに強い口調で、里見氏に対応を求めたことが気にかかったのか、政景は追而書《おつてがき》で「愚事者、以不思義之子細、義頼蒙御懇意候、然者貴国・甲・当方、近日とも走廻事候間、不顧憚愚意、露書面候、御用捨尤候」と言い訳している。

政景が岡本父子に書状を書いた同じ七月二十八日、跡部昌忠も岡本元悦に書状を認《したた》めた（房総一八〇七号）。跡部は、勝頼の使者としてそちらに行きたいと何度も北条領国通過を試みたがうまくいかず、南は布河《ふわ》（茨城県北相馬郡利根町布川）、東は野手《ので》（千葉県匝瑳《そうさ》市野手）まで赴いたが、ついに通過できなかったと述べ、このうえは、里見氏が船で海路を使って自分を安房まで運んでくれるよう懇請した（房総一八〇七号）。

だが、里見方からは梨《なし》の礫《つぶて》だったらしい。安房に潜入させた三橋宗玄も帰還しないまま、九月を迎えた。その間、情勢は動き始めていた。武田勝頼は伊豆に向けて行動を起こし、これに対抗すべく北条氏政も軍勢を相模に集結させつつあった。これを好機とみた佐竹義重も上野国新田表に出陣すべく準備に入っていた。梶原政景は、九月三日、義頼家臣岡本元悦・氏元父子に書状を送り、一刻を争う重要な局面になってきたので、三橋に武田・佐竹両氏への義頼の回答を持たせ、送ってほしいと強く求めた。遠国でもあり、連絡が容易ではないことは十分承知しているが、里見氏の協力こそが重要なのだと、かきくどくかのような内容である（房総一八一〇号)。

当時、里見義頼は、梅王丸攻略が大詰めの段階に入っており、武田・佐竹両氏と連携して行動するのは、容易ではなかった。しかし、義頼は小田喜《おだき》（大多喜、千葉県夷隅郡大多喜町）を九月二十九日に攻略し、正木憲時を討って上総攻略を果たし、「天正の内訌」に勝利したのである。これを、義頼はただちに佐竹義重に報じ、さらに佐竹・武田両氏と連携することを約束する証文を送るべく、十月、三橋宗玄を帰還させた。三橋は、義頼から武田勝頼宛の返答も持参していたらしく、跡部昌忠は横田治部少輔とともに甲府への帰路についた。横田は、跡部昌忠の帰りが遅いことを不審に思った勝頼が、追加で派遣した家臣とみられる（房総一八二一号）。

あとは、武田・佐竹・里見間で血判起請文の交換をするばかりになったらしい。梶原は、岡本父子に、血判起請文に記す神名をどうすべきか問い合わせている（房総一八二一号）。これは武田氏とも同様であったのだろう。跡部昌忠は、十月中に甲斐に帰還したようで、勝頼は里見義頼が同盟締結を了承したことを確認し、これで甲房同盟は成立したとみられる。ここに、武田氏を起点に、佐竹氏ら「東方之衆」と続き、里見氏で閉じられる北条包囲網は完成を見たのであった。

小弓公方足利頼淳の暗躍

天正九年十月、甲房同盟が成立すると、里見義頼のもとにあった小弓公方足利頼淳が政治活動を活発化させた。正木憲時を滅ぼし、梅王丸派を押さえ込んだ里見義頼が、家督相続と房総平定を実現すると、このことを頼淳は、太田道誉に十一月二十七日付の書状で伝え、北条氏を撃破するために、武田勝頼と佐竹義重が、里見氏と緊密に連携して行動に移るよう強く求めた。また、この書状には、頼淳家臣佐野為綱《ためつな》と小曾禰胤盛《たねもり》の副状があり、頼淳は彼らを「御使節」と呼んでいた。まさに公方としての体面を整えた政治活動に着手したのである。

頼淳は、北条氏の庇護のもとにある古河公方足利義氏への対抗心を露《あら》わにし、甲・佐・房の三国同盟が成立する見通しになったことを契機に、里見義頼庇護のもとで活発な活動を始め、古河公方（関東公方）―北条氏（関東管領《かんれい》）の秩序に挑戦する意思を明確にしたといえるだろう。

ところが、肝腎の里見義頼は、北条氏との関係を断絶させ、甲佐同盟と結びつく行動を起こすことはなかった。義頼は、武田・佐竹氏との連携に意欲を見せつつも、いっぽうで北条氏に対して、援軍派遣を含めた軍事協力について積極的な姿勢を示していた。この義頼による両面外交もあって、里見氏は、武田氏の伊豆出兵、佐竹氏の上野・下野出兵などと呼応し攻勢に出ることはなかった。

天正九年十一月二十四日、梶原政景は里見重臣岡本元悦・氏元父子に書状を送り、伊豆国徳倉城主笠原政晴《まさはる》が、北条氏を離叛し、武田方に転じたことを報じ、勝頼が伊豆に出陣したこと、また佐竹氏も武田・笠原を支援すべく十一月十六日に上野・下野方面に出陣したことを伝えた。そして、勝頼からも同じような知らせが届いているだろうから、里見氏もこれに呼応し、動いてくれるよう依頼している（房総一八三二号）。

しかし、この絶好の機会に、里見氏は動くことはなかった。義頼は、極めて慎重に行動し、東国情勢を見守っていた。彼の行動原理はあくまで「天正の内訌」を勝ち抜き、上総国の梅王丸派の鎮定のために、北条氏の眼を房総から逸《そ》らすこと、武田・佐竹氏との連携は、そのことを容易にするためだけにあったといえるだろう。そして房総平定を成し遂げた義頼にとって、武田・佐竹氏とも、また北条氏とも提携しつつ、自らは動かず、東国情勢の推移を見守ることに終始し、情勢次第でどちらかに転じるという虚々実々の態度に徹することが、自らの存立を保障すると考えていたのだろう。つまり、小弓公方足利頼淳すら、義頼に踊らされていたことになる。

かくて甲房同盟は、対北条戦で有効に機能することなく、まったくの不発に終わり、まもなく武田氏は滅亡に追いやられるのである。

「東方之衆」の動向

甲房同盟の成立により、武田氏は甲佐同盟を軸とした「東方之衆」とともに、北条氏の挟撃を本格化させる意向であった。ところがいっぽうで、「東方之衆」は、北条氏政に対抗するため、織田信長との結びつきを強めようと動き始めていた。

既述のように、織田信長と佐竹・小山氏ら「東方之衆」とは、長篠《ながしの》合戦直後の天正三年十一月に交流を開始し、その時信長は、今後武田氏を撃滅するために協力するよう求めた。当時、武田・北条の甲相同盟は、「東方之衆」攻略のための軍事同盟として機能していたからである。その後、天正五年十一月、信長は「東方之衆」に向けて、来る天正六年には関東に出陣する意向であると伝えた。これに、佐竹氏のもとにいた太田道誉・梶原政景父子、結城《ゆうき》晴朝《はるとも》に属していた水谷勝俊《みずのやかつとし》（下館城主）らは大いなる期待を寄せた（信⑭二二二〜三、同⑮二二三）。しかしこれは結局、実現しなかった。

ところが天正六年に転機が訪れる。上杉謙信急死と御館の乱勃発を契機に、武田・北条両氏の不協和音が始まり、同七年に甲相同盟は破綻した。甲佐同盟は、これを背景に締結されたわけだが、氏政は危機感を抱き、天正七年九月に徳川氏と、さらに同八年三月に織田氏と同盟を成功させ、「関東八州」の領有を宣言した。これは北条・徳川・織田同盟が、甲佐同盟に向けられたことを意味した。

ここから「東方之衆」は、武田氏と連携しつつも、独自に織田・徳川氏に接近し、北条氏の北関東侵攻に彼らが同調しないよう働きかけようと考えたとみられる。彼らが信長・家康に対し積極的に接近し始めたのは、天正七年の徳川・北条同盟成立の直後からだったようだ。

天正七年十一月、佐竹氏のもとにいた梶原政景は、徳川氏のもとへ書状を送り、提携を求めたらしい。家康重臣大久保忠泰は、同二十日付で返書を送り、今後とも結びつきを強めたいと応じた（新修徳川①七〇）。梶原が徳川氏のもとへ提携を求める書状を送ったのは、「上相被遂和心」（徳川と北条の和議）を知ったことにあったようだ。佐竹氏も急遽家康との連携を確保し、北条氏の侵攻を牽制しようとしたのだろう。

天正八年閏《うるう》三月には、下野国宇都宮氏も家臣立川三左衛門を使者として安土城に派遣し、信長に駿馬《しゅんめ》を献上した。信長は非常に気に入り、立川に大層な返礼を持たせて帰国させている

（『信長公記』）。

もっとも積極的であったのは、下野国皆川城主皆川広照であった。皆川は、天正八年に徳川家康と通交するようになり、天正九年十一月一日、安土城への使者を送り、名馬三頭を献上した（『信長公記』）。これは徳川氏の仲介で実現したもので、家康は十一月十二日付で皆川広照に書状を送り、皆川の使者が無事に安土での役目を果たしたこと、信長が贈られた馬を気に入り喜んでいること、使者はたいそうな歓待を受けたこと、などを報じている（家康二六九）。

こうした「東方之衆」の動きを、勝頼も警戒していたようだ。天正九年秋、武田方は、領国を通過しようとしていた侍を捕らえ、甲府に監禁した。この人物は、結城晴朝に属する水谷勝俊の家臣石野持次であった。石野は、水谷より徳川家康のもとへ使者として派遣され、無事に浜松にたどり着き、家康からの返書を拝受して帰国の途についたのである。しかし、武田領国にさしかかったとき、石野は武田方に見咎《みとが》められ逮捕され、甲府に連行されてしまった（家康二八二）。恐らく、持参していた家康から水谷宛の書状は没収されてしまったのだろう。これで武田方は、「東方之衆」が織田・徳川氏に接近している事実を知ったとみられる。石野は甲府に監禁され、そのまま放置された。殺されなかったのは、やはり甲佐同盟の手前もあって、味方の家臣を殺すことは憚《はばか》られたからだろう。

しかし勝頼は、「東方之衆」が織田・徳川に接近することを咎め立てることはできなかった。武田氏は、甲佐同盟と甲房同盟を利用し、北条氏攻略を今まで以上に積極的に進める以外になかった。だがそれも、翌天正十年の武田氏滅亡により不発に終わった。

なお、甲府に監禁されていた石野持次は、武田氏滅亡後、獄舎で生き延びていたことがわかり、織田・徳川方によって救出され、家康の援助で北条領国の通過を許され、下野に無事帰還を果したという（家康二八二）。

北条家臣笠原政晴、武田氏に転ず

天正九年八月、北条氏は駿豆国境に徳倉城を築き、加勢を続々と派遣して、武田方の沼津三枚橋城や興国寺城をはじめとする諸城への攻勢を強めようとしていた。このため勝頼は、沼津三枚橋城に、甲斐衆曾禰河内守らを加勢として派遣している。

曾禰河内守は、八月二十八日、勝頼に北条方の動きを報じた。勝頼は、八月三十日付で返書を送っている（戦武三六〇六号）。その中で勝頼は、①北条方は山中（山中城か）に撤退したとのことだが、今後は事態が変わったら報告すること、②沢田砦（静岡県沼津市沢田）の破損場所を修復すること、さらに信濃衆に沼津三枚橋城の普請を命じること、③小笠原信興が須津《すど》（富士市）まで帰陣したことは了承した、今後は各々がよく相談し、城の普請と防備を行うことが重要だ、と指示している。

ところが、天正九年十月、北条氏を震撼させる事件が起こった。築城がなったばかりの駿豆国境徳倉城将笠原新六郎政晴が突如武田方に寝返ったのである。沼津城将の一人曾禰河内守らの調略を受けてのものであったという。

十月二十九日、笠原が味方に転じたことを知った勝頼は、曾禰河内守に書状を送った（戦武三六一九号）。そこで勝頼は、①笠原政晴の忠節は比類なく、それが実現したのはあなたの努力の賜物《たまもの》である、②戸倉（徳倉）へは加勢を派遣し、人数に不足のないよう手配せよ、③笠原の有力家臣から人質を取ること、④近郷の地下人《じげにん》（有力百姓）は妻子を連れて戸倉へ移すこと、⑤泉頭城から敵が足軽を出撃させてきたところ、安井次大夫をはじめとする戸倉衆が迎撃し、これを打ち破って城に追い込み、近辺の郷村を放火したとのこと、じつに心地よい、⑥笠原家臣や地下人のうち、戸倉に残留した者と敵地に逃れた者とを調査して報告せよ、⑦獅子浜城が自落したとの情報があるが事実か確認すること、⑧穴山梅雪をはじめ、信濃・上野の軍勢を今朝そちらに派遣した、沼津三枚橋城に到着したらよく相談するようにせよ、勝頼も近日出馬する、なお敵の様子を探り逐一注進するようにしてほしい、と指示している。また勝頼は、笠原支援のため、異母兄武田龍宝配下の信濃海野衆二百余騎を配備したという（『北条記』）。

笠原政晴が北条から離叛した理由については、定かでない。『甲陽軍鑑』によれば笠原新六郎は、勝頼が天正七年の武田・北条両氏対陣の際に、背後を徳川軍によって脅かされ、前面には四万に及ぶ北条軍が控えていたにもかかわらず、果敢に北条軍に決戦を挑み、また軍勢を返して徳川軍の攻撃に向かうという武功を見て、北条氏の先行きは見えたと判断して武田方になったと記している。

笠原政晴逆心についての詳報は、十一月十三日に伊豆に駐留する富岡六郎四郎秀長・北見喜右衛門尉・富永久太夫らから書面で北条氏政・氏直父子に報じられた。これに対して北条氏直は、十五日に小田原に到着した書状を披見すると、ただちに返書をさきの三人宛てに認めた。

その中で氏直は、徳倉城が逆心したことは残念なことであるとしつつも、事態を重視し、ただちに徳倉城に対抗するための軍勢を派遣し、あわせて城郭を構築するように指示した。そして詳細は側近の石巻康敬から伝達させると述べている（戦北二二八九号）。この時、北条氏が新たに築城したのが、大平城の向かいにある出城山《てしろやま》城（手白山、沼津市と駿東郡清水町の境）と推定されている（『沼津市史』通史編古代・中世、『静岡県の中世城館跡』『北条記』）。これは、沼津方面から伊豆韮山へ抜ける道を封鎖するように構築された城郭である。出城山城に、急遽北条氏光を呼び戻し、千騎余で守らせたという（『北条記』）。

こうして北条軍の動きはにわかに慌ただしくなった。笠原政晴の逆心と徳倉城の失陥は、駿豆国境の軍事バランスに重大な影響を与え、北条氏は一転して危機に陥った。そのため、駿豆国境に展開する北条方は、ただちに徳倉城奪還を開始したらしい。とりわけ徳倉城に近接する泉頭城の在番衆は、今後武田軍の猛攻を受ける事態が想定されたことから、徳倉城攻撃に積極的に出たらしい。

当時、北条氏の家臣だった桜井武兵衛は、後年、自身が参戦した合戦の模様と武功の覚書（「桜井武兵衛戦功覚書」）を残しているが、その中に、彼が笠原に対抗するために泉頭城に在番していた時の様子が記されている（群⑦三六九三号）。この時桜井は、湯河表（清水町）で笠原ら武田方との戦闘に遭遇した。武田方の朝比奈又太郎が馬を繰って突入してきたため、泉頭衆は大混乱に陥り、追い崩され、多数の戦死傷者を出した。桜井武兵衛は、ただ一人とって返し、朝比奈に鑓を二度突き入れた。桜井は朝比奈を討つことはできなかったようだが、この活躍で武田方の追撃が止まったといい、これが北条方では「高名」と称賛されたという。この他にも、伊豆衆清水氏も後の覚書（「清水正花武功覚書」）の中で「一伊豆国笠原、甲州江心替之時、我等父子高名討取候事」と証言しており（群⑦三六九四号）、笠原政晴の逆心を知ると、周辺の北条方の諸城が間髪を容《い》れず攻勢に出て、徳倉城の奪回を図ったと推定される。

いっぽうの武田方も、十月二十八日に、笠原政晴らが伊豆韮山城を攻め、北条氏規《うじのり》衆と合戦に及んだ。城は落とせなかったが、韮山衆に被害を与えた模様である（戦武三六三一号）。

十一月下旬、北条方の大藤式部丞政信が一軍を率いて駿豆国境を越え、武田領に侵入し、興国寺城付近へ進み、武田方の軍勢と衝突している。この時に大藤軍は、武田方の兵卒六人を討ち取り、伊豆へ引き揚げ、首級を小田原へ送り、十一月二十八日付で北条氏より褒賞されている（戦北二二九一号）。この戦闘は、「清水正花武功覚書」に「一光国寺逗夜被中候、窪小屋江乗込候、敵六人自身討取候働之事」とあるのと同じものである可能性が高く、大藤軍の攻撃は夜襲であったと考えられる（群⑦三六九四号）。武田軍の後方攪乱《かくらん》を意図した軍事行動であろう。

勝頼は十一月初旬には伊豆に出陣した。氏政も事態を重く見て伊豆に出陣した。武田軍は、北条氏政・氏直父子に対し、十一月十三日頃と、二十日に合戦を仕掛けようとしたが、氏政は武田軍との正面衝突を恐れ、「大切所」を構えて武田軍に対抗し、決戦には一切応じなかった（戦武三六二三・二七号）。この「大切所」とは、勝頼が「氏政豆州口出勢幸候条、即時ニ乗向可決戦負旨令覚悟、陣前へ乗懸候処、例式取入于大切所、構陣城蟄居候間、不覃一戦、無念至極候」（同三六三〇号）と述べているので、陣城であったことが知られる。

北条軍が陣城を構え、これを拠《よ》り所《どころ》にして、決して武田軍と決戦をしようとしなかったことは『甲陽軍鑑』にも見えている。勝頼は氏政との決戦を望んだが、川を前面に当てて土塁を築き、柵を構えて鉄炮《てっぽう》足軽衆や弓衆を五重に折り敷かせて待機する北条軍の陣容を見て、武田信《のぶ》豊《とよ》は長篠合戦の再現となることを恐れ、合戦を回避するよう諫言したという。勝頼は決戦に応じぬ氏政に激怒した。笠原政晴の帰属で優位に立ったとはいえ、北条軍本隊が後詰に出てくると、武田軍にはこれを撃破して、駿豆国境に勢力を拡大することは困難であった。

十二月、双方の本隊同士は対峙中であったが、武田方の別働隊は駿豆国境で攻勢を開始した。徳倉城の笠原政晴は、勝頼から海野衆らの加勢を受けると、大平城に向けて進撃した。これを察知した大平城では北条氏光が、家臣笠原平左衛門照重ら八十騎を迎撃に差し向けた。両軍は、出城山（手白山、沼津市と清水町の境）で衝突したが、北条軍は武田軍の猛攻の前に総崩れとなった。この合戦で、武田方は安井次大夫が戦死したが、北条軍は笠原照重以下多数が戦死する甚大な損害を受けたという（『北条記』『鎌倉九代後記』等）。

北条軍と武田軍は、天正九年十二月から翌天正十年一月にかけて大平城と徳倉城を挟んでしばしば戦闘に及んだが、北条方は次第に劣勢となり、大平城では多くの将兵が死傷したため、このままでは落城の危険性が出てきた。そのため、城主北条氏光は小田原へ加勢を乞わざるを得なかったという。この合戦が事実かどうかは明らかでないが、十二月五日に伊豆国玉川（清水町）で両軍の合戦があったことは事実なので、それに近い出来事はあったのだろう（戦北二二九五号）。

勝頼は、駿豆国境で北条軍と対峙したまま、身動きがとれなかった。そこで、佐竹・結城・佐野氏ら「東方之衆」や安房里見氏に書状を送り、笠原政晴の帰属と氏政との対峙を報じ、北条軍を背後から牽制するため、出陣を要請した（戦武三六二三・三〇号、静⑧一四七一号）。また佐竹氏のもとにいた梶原政景も、十一月二十四日、里見氏に書状を送り、笠原政晴が北条氏から離叛し、勝頼についたことを報じ、ともに北条攻めに加わるよう促している（房総一八三二号）。しかし、里見義頼はついに動かず、佐竹氏らの動きも、北条氏を混乱させることはできなかった。

北条方は武田軍の攻勢に備えて、各城郭の警備を万全にするよう指示を出したが、特に徳倉城に備えるために築城された鷲津山砦（新荘古城、沼津市）に在番する磯彦左衛門尉（鷲津山明神神主）と在番衆に対しては、天正九年十二月十二日付で水曲輪より上の木を伐採せぬよう厳命している（戦北二二九六号）。

勝頼は、駿豆国境の備えを万全にして、十二月十九日に甲府に帰陣した（戦武三六四一号）。氏政の動きは定かでないが、勝頼が駿豆国境から引き揚げたのは、北条軍が撤退したからではなかろうか。甲府に帰った勝頼は、軍装を解く間もないほど慌ただしく甲府を引き払う作業に追われる。この年の春から実施されていた新府築城がほぼ成就し、勝頼は、本拠地を甲府から新府に移転することとなっていたからであった。

四、武田勝頼、新府城に本拠を移す

勝頼と穴山梅雪の関係悪化

天正九年（一五八一）、武田氏にとって重大な局面を迎えたこの年に、武田家中では重大な事態が起こっていたという。それは勝頼と武田一族穴山梅雪の険悪化である。その事情を唯一伝えるのが『甲陽軍鑑』である。

それによると、穴山梅雪は、勝頼との関係を緊密なものとするために、嫡男穴山勝千代《かつちよ》と勝頼の息女との婚姻を実現しようと思い、勝頼に申し入れたのだという。ところが、勝頼の従兄弟武田典廏《てんきゅう》信豊《のぶとよ》もまた、自分の嫡男武田次郎に勝頼の息女を迎えたいと考えていた。信豊は、梅雪が勝頼の息女を貰い受けたい意向だと知ると、彼を出し抜くべく、長坂釣閑斎《ながさかちょうかんさい》、跡部勝資、大龍寺麟岳和尚《だいりゅうじりんがくおしょう》（武田逍遙軒信綱《しょうようけんしんこう》の子、勝頼・信豊の従兄弟）に盛んに贈り物をして裏工作を行ったという。果たして、武田家中での談合の席上で、どちらの息子に勝頼の息女を輿入《こしい》れさせるかが議題になった際、「穴山かつちよ殿とハ、勝頼公御りやう人様《（御料人様）》にさまは、御あいしやうあしき《（相性悪）》」との意見が彼らの口々から出され、「てんきうの次郎殿をむこになさるべき」ということで一致したという。そのため、勝頼も宿老会議での結論を尊重し、梅雪の申し出を断り、典廏信豊の嫡子次郎との婚姻を決断した。そのため、梅雪と正室見性院《けんしょういん》（信玄息女、勝頼異母姉）は激怒し、勝頼との関係が悪化したという。武田氏はもっとも大事な時期に、武田一族の重鎮穴山梅雪と険悪な仲になってしまった。

しかし、穴山梅雪はすでにこの時点で、織田・徳川方に秘かに内通していたのである。この縁談も、梅雪が疑われぬよう申し出たものなのかも知れない。

勝頼、甲府から新府城へ

武田勝頼は、天正九年十二月十九日に伊豆から帰陣すると、すぐに甲府から新府城への本拠地移転を断行した。祖父武田信虎が、永正十六年（一五一九）十二月に居館を川田《かわだ》（甲府市）から移転し、甲府を開いて以来、信玄・勝頼の三代、およそ六十二年にわたって整備、拡張が進められた躑躅《つつじ》ケ崎《さき》館と武田城下町は、韮崎《にらさき》の新府城に移転することとなったのである。

新府移転は、年も押し詰まった十二月二十四日に実施された。その模様は、『理慶尼記《りけいにき》』に「御台所の館ゑ御うつりのときは、金銀、珠玉を鏤《ちりば》めたる輿車《よしゃ》、あたりもかゞやくばかりにて、御供の衆かずしらず、古府より新府のその間、三百よてうと申せしを、よびつる、さしつる、うつらせたもふ、比は十二月廿四日なりし（下略）」と記録されている。このことは『信長公記』にも「去年十二月廿四日に、古府より新府今の城へ勝頼・簾中・一門移徙の砌《みぎり》は、金銀を鏤め、輿車・馬・鞍美々敷して、隣国の諸侍に騎馬うたせ、崇敬斜めならず、見物群衆をなす、栄花を誇り、常は簾中深く仮にも人にまみゆる事なく」とあり、新府移転の華麗な様子が記録されている。

新府移転を祝い、同日、諏方大社上社神長官守矢《もりや》氏や権祝《ごんのほうりや》矢島《やじま》氏より守符と御玉会が贈られており、移転がこの日であったという『理慶尼記』の記述を裏づけている（戦武三六四〇・四二号）。

ところで『理慶尼記』をみると、新府城移転時の行列は、勝頼夫人は金銀や珠玉を鏤めた輿車に乗り、扈従《こしょう》する人々は数知れず、その行列は甲府・新府間の三百余町を、人が呼んだり、遮ったりするなかを移っていったのだという。まさに武田氏の本拠地移転を誇示するかのような、壮麗な行列であったかにみえる。しかしここで気になることは、ほんらいは目出度いはずの新城完成と移転であるのに、誰が勝頼一族と主従の煌《きら》びやかな行列を呼び止めようとしたり、遮ろうとしたというのか。ここに、勝頼の新府移転が必ずしも慶事だったとはいえぬ一面がはかなくも記録に残されているといえるのかも知れない。

新府城の実態

勝頼が甲府を廃し、移り住んだ新府城は、実は完成してはいなかった。『甲陽軍鑑』に「半造作」とあるがまさにその通りで、本丸や三の丸は削平《さくへい》が完全になされていない部分や、土塁と虎口にも普請が中途であった状況が指摘されている（『日本城郭大系』『図説中世城郭事典』二、萩原三雄・二〇〇一年）。とりわけ、『甲陽軍鑑』の記述に「半造作にて更に人数百と籠へき様無之」とあり、とても籠城できる状況ではなかったというのである。

ところで、この「半造作」とは、城を守る兵卒の拠る建物を指し、それがまったくの未完成だったとの指摘がある（萩原三雄・二〇〇一年）。確かに「造作」とは、家屋敷などの建造物のことで、土塁や堀などを指すものではない。そして、現在も進行中の新府城発掘調査では、これを裏づけるデータが出ている。現状では、二の丸跡の広場では建物の遺構はまったく検出されなかった。それだけではない。搦手門《からめて》には礎石と焼け落ちた門の炭化木材、焼土層が検出され、確かに門が存在したことが証明されたが、丸馬出《まるうまだし》を伴う大手門跡からは礎石、柱穴痕、炭化木材、焼け跡を示す焼土層など、門の痕跡は確認されていない。このため、現在大手門とされている部分が本当にそうなのかという問題すら提起されていない状況なのである。

武田氏は、天正九年十一月には新府城が完成し、まもなく引っ越すことを内外に明示している。たとえば「近々韮崎へ依御移居、不大方御取乱」（十一月六日付、浦野民部右衛門尉〈上野国衆大戸浦野氏〉宛土屋昌恒書状、戦武三六二〇号）、「新館之普請令出来之旨、被聞召及、為祝詞三種幷柳五十贈給候、誠御入魂之至、不知所謝候、内々近日可移居心底ニ候」（十一月十日付上杉景勝宛勝頼書状、戦武三六二二号）などとある。しかし、完成したと上杉、佐竹、里見氏らに披露したのは、十月上旬だったようだ。天正九年十月十八日に、梶原政景が里見重臣岡本元悦・氏元父子に宛てた書状に「甲府ニ者、号韮崎地被築新城、去月普請悉出来候」と記されているからである（房総一八二二号）。武田重臣土屋昌恒の書状によれば、引っ越しに忙殺されていたところ、伊豆出陣になってしまったとあるから、もし笠原政晴の離叛がなければ、新府移転はもう少し早かったのだろう。

とするならば、「半造作」とは何を意味するか。それは勝頼一族が新府城に越しても十分生活が可能な本丸の御殿などは完成していたが、城を守るための門、兵舎、矢倉、塀などの建物は不十分だったということなのだろう。勝頼は、日常生活に不自由なく、また政務が執れる建物さえ完成していれば、それで十分だと考え、新府移転に踏み切ったのだろう。城を守るための建物は、追い追い完成させればそれでよいと思ったと推察される。このことはもちろん、織田・徳川氏に備えるために移転を急いだと思われるが、また同時に、敵の武田攻めがすぐに開始されるとはまったく予想していなかったことを暗示している。

しかし新府城未完成問題は、城内の戦闘用建築物だけに留まらなかった。城下町の建設や家臣団の屋敷割、そしてそれらの移転もほとんどなされないまま強行されたものだったとみられる。『甲斐国志』古跡部に記録される、新府周辺に残されていた家臣団の屋敷跡といわれるものをみてみると、伊藤屋敷（伝武田廿人頭伊藤玄蕃《げんば》、穴山村伊藤窪《いとうくぼ》）、山県《やまがた》屋敷（伝山県昌満《まさみつ》、同伊藤窪）、長坂屋敷（伝長坂釣閑斎、同次第窪《しだいくぼ》）、大学屋敷（伝小山田大学助《だいがくのすけ》〈小山田備中守《びっちゅうのかみ》昌成《まさなり》の弟〉、同次第窪）、穴山屋敷（伝穴山梅雪、同次第窪）、甘利氏屋敷（同次第窪）、青木氏屋敷（同次第窪、武川衆青木氏か）、弾正《だんじょう》屋敷（伝高坂源五《こうさかげんご》郎《ろう》、坂井村）などがあり、さらに地名として隠《お》岐《き》殿（真田信尹《のぶただ》か）が残る。

これらの地名と屋敷伝承がどこまで事実を伝えているかはわからないが、一見しても、そこには武田一族武田逍遙軒信綱、一条信龍《いちじょうのぶたつ》らの屋敷は一つもなく、重臣も山県、甘利、小山田（備中守系）、春日《かすが》（高坂）しかみられない。ただし、小字「隠岐殿」からは、二〇〇八年度の発掘調査で、二棟の礎石建物跡と一棟の掘立柱《ほったてばしら》建物跡が検出された。これらは建て替えられ

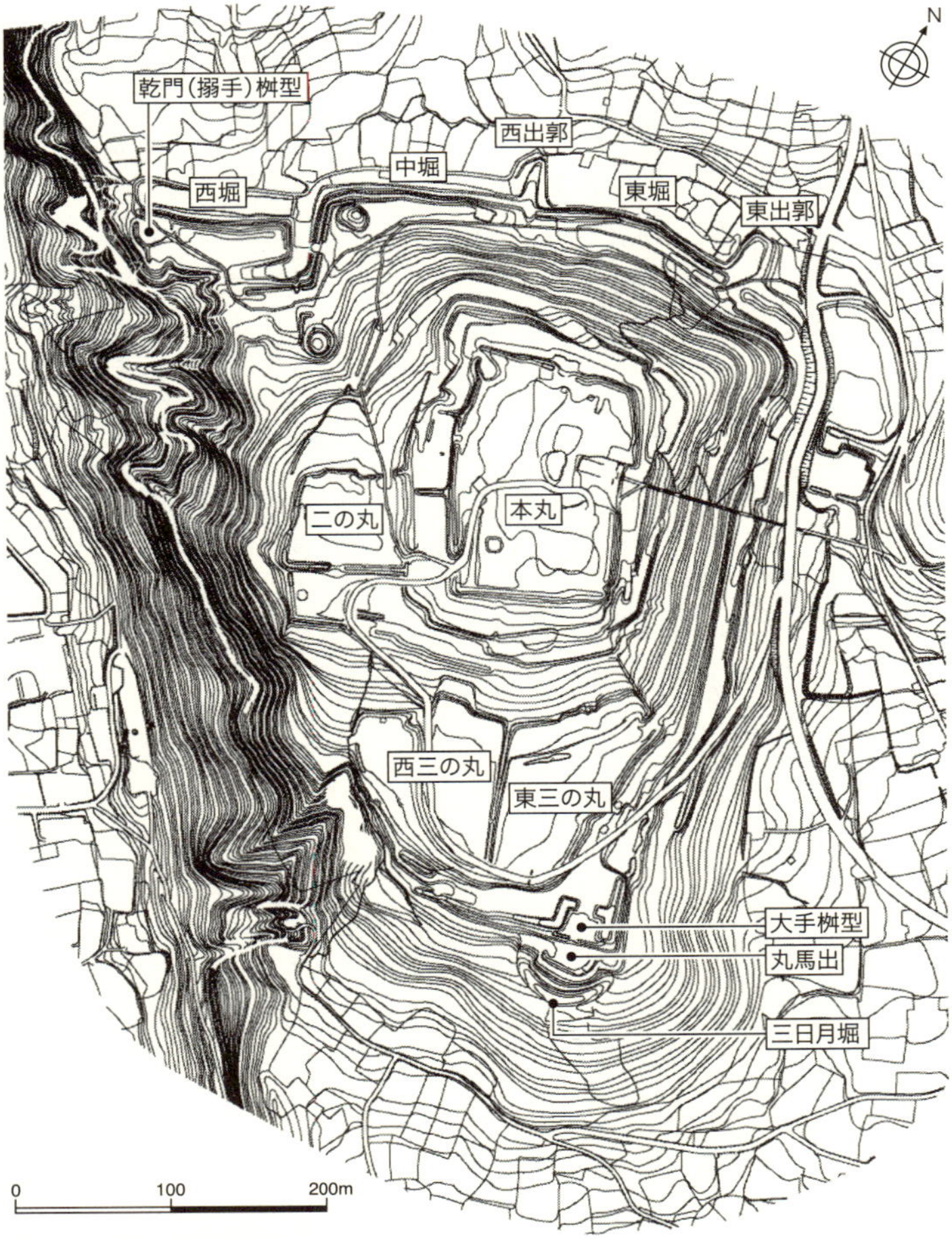

図13　新府城測量図（提供:韮崎市教育委員会）

た痕跡はなく、一時期に存在したもので、出土遺物は青磁、白磁、染付（青花）の碗、皿などの貿易によってもたらされた陶磁器類、天目茶碗、茶入れなどの国産陶磁器類、碁石、漆椀など多様であった。それら遺物の年代は伝世品の青磁を除き、ほぼ十六世紀後半のもので、新府城と同時期に存在したものと推定されている。

それればかりか、この建物は火災で焼失し、それ以後復興されることがなかったことも判明している。遺跡全体は焼土層に覆われ、出土遺物も火を受けていることなどから、隠岐殿遺跡は、新府城と同時に焼失したと推定される貴重な遺跡と考えられる（山下孝司・二〇一六年）。このことから、新府城下に、勝頼に近い一部の家臣は屋敷を構えたらしいが、武田一族や重臣のほとんどは屋敷を持たなかったと推察される。実際に、一条信龍（信玄異母弟）は、甲府の屋敷を保持したままで、後にここは織田信忠の陣所になっている（『信長公記』）。また穴山梅雪も、夫人見性院と嫡男勝千代を甲府の屋敷に置いたままであった（同前）。さらに信濃国伊那郡の有力国衆小笠原信嶺《のぶみね》（松尾城主）も、甲府に屋敷を置いており、人質の老母はここで自刃している（『開善寺過去帳』）。

では、なぜ武田一族や重臣層は、新府城下に屋敷を建設しなかったのか。それは穴山梅雪が、武田氏滅亡直後の天正十年四月に、亡母南松院殿（信玄の姉）の十七回忌法要を営んだ際に作成された「南松院殿葵庵理誠大姉十七年遠忌之香語」からうかがい知ることができる（県内記録一一〇六号）。そこには「本州大守勝頼公、在其位已十歳、常用讒人乱、不聴親族諫、去歳秋之孟、壊古府欲築新府、古府已破、新府未成、今茲春之季、敵軍雪起遍四辺、吁呼天乎命乎、一族士卒不動干戈」とあり、勝頼は在位十年の間、常に「讒人《ざんにん》」を登用して政治を乱し、一族の諫言《かんげん》に耳を貸さなかったという。そして極めつけが古府（甲府）を破壊し、新府城移転を行ったことだと梅雪は指摘する。

甲府は破壊されたが、新府は未完成であり、そしてこの春、敵軍が四方から侵攻してきた。これも天命か、もはや武田一族も家臣らも、勝頼を護《まも》るために動こうとはしなかったという。ここでも新府城は未完成と記されているが、この移転に梅雪をはじめとする武田一族は反対だったことがうかがわれる。このことが、新府城下に彼らの屋敷が一切存在しない理由なのだろう。

加えて城下町については、地名にすら痕跡をとどめていない。このことは、商人や職人を町割を実施して移転させてはいなかったことを暗示していよう。『甲斐国志』古跡部は、わずかに「今善光寺」（穴山村石水）を記録し、ここに甲府善光寺を移転させる予定であったと記録するのみである。甲府の町人、職人たちも、移転には反対だったのだろう。『理慶尼記』が記録した、新府に移転しようとする勝頼一族と家臣らの行列に呼びかける声、なんとか引き留めようとする人々の姿は、それを朧気《おぼろげ》ながら伝えるものである。

勝頼は、甲府への未練を断ち切るために、躑躅ケ崎館を徹底的に破壊し、館内にあった古松などの名木もすべて伐採したといい、館跡は「今は狐狼の栖となりて、寔に浅ましき次第なり」という無惨な姿になったという（『武田三代軍記』）。この記述がどこまで事実かは定かでないが、甲府から新府への移転が、勝頼と武田一族、重臣、そして領民との分裂を決定的にしてしまったのは間違いなかろう。

戦国大名の本拠地移転には、困難が伴う。それに反対する叛乱が勃発することも珍しくない。勝頼の祖父信虎が、甲府に本拠地を移転した時もそうであった。信虎はそれを力で押さえ込み、甲斐統一をなし遂げた。勝頼は、織田・徳川氏を迎撃するための拠点づくりに邁進《まいしん》し、武田氏を立て直そうとしたのであろうが、それは勝頼の孤立化を決定づけてしまう結果をもたらした。しかし、新府城の戦略的価値とその優れた機能は、皮肉なことに宿敵徳川家康が、天正壬午《てんしょうじんご》の乱で証明したのである（平山・二〇一五年①）。

五、織田信長、武田氏打倒に向けて動き出す

武田攻めの準備

織田信長は、天正八年（一五八〇）、石山本願寺との十年戦争を終結させると、武田氏攻略に向けて動き出した。信長が、武田攻めの意思を公式に表明したのは、天正九年一月のことである。高天神城を攻略目前に追い込んだ徳川家康に、来年春の武田攻めを明かしている（信長九一三号）。

その準備として、織田方は信濃・三河国境に城砦を建設すべく、滝川一益に三河国設楽《したら》郡の国衆奥平喜八郎信光《おくだいらきはちろうのぶみつ》へ書状を出させ、相談させた（愛⑪一四六三号）。

至信州境目御取出可被仰付旨候、就其様子可申渡候之間、其元御越弥被示承合、御越奉待候、委曲牧伝ニ可申入候、恐々謹言

十月十三日　　一益在判

奥喜八殿
御宿所

奥平信光は、三河国設楽郡名倉（愛知県北設楽郡設楽町）を本拠とする国衆で、山家三方衆《やまがさんぽうしゆう》奥平信昌《のぶまさ》の一族である。織田氏が信濃侵攻の拠点として、どこに砦を築くように指示したのかは、この文書では判然としないが、奥三河を武田攻めの拠点の一つにしようとしたことは事実である。名倉奥平氏は、その後武節《ぶせつ》城に入ったと伝わるので、あるいは同城への移動と準備を指示されたものであろうか。

いっぽう、高天神城を天正九年三月に陥落させた徳川家康は、遠江での地歩を固めながら、駿河の武田領侵攻に向けての準備を進めていた。高天神城の陥落は、遠江の武田方に大きな影響を与えたらしく、その後まもなく高天神城への中継拠点として武田方が確保していた相良《さがら》城や滝堺《たきさかい》城は自落したらしく、徳川方がこれを接収している。

徳川家康は、高天神城奪取後しばらくは安土城への御礼言上や、領国の仕置に時日を費やし、六月中旬になってようやく全軍に出陣の準備を始めさせた。徳川軍の出陣が間近であることは、まもなく徳川領国一帯に噂として広まったことから、これを聞きつけた家臣の中には浜松へ事実関係を問い合わせる者もいた（『家忠日記』天正九年六月十二日条）。これに対して家康は、六

月十三日に出陣延引を通達し、同二十七日にあらためて三河衆に出陣命令を下した。そして家康自身は、二十八日に浜松城を出陣して見付《みつけ》に布陣し、その後晦日に馬伏塚《まむしづか》城へ入っている。

この出陣は、高天神城陥落後はじめてのもので、高天神城やその周辺の仕置や軍事拠点の整備が目的であったらしい。七月一日には、徳川軍のうち、松平家忠が相良城（相良砦）に軍勢を進めてここに入り、七月十一日まで同城の普請を実施し、堀などの修復を行っている（『家忠日記』）。この記録から武田方の拠点であった相良城が、これ以前に放棄されていたことが判明する。また相良城と指呼《しこ》の間にある滝堺城は、高天神城陥落後、武田・徳川両氏の史料から姿を消し、さらに武田氏滅亡時に武田方の軍勢が在城していたのが、遠江では小山城のみであることなどを考慮すると、相良城と同じく徳川方に接収され、軍事機能を相良城に統合される形で廃城になったものと思われる。

こうして徳川氏は、高天神城陥落後、拡大した遠江の領土の仕置を実施し、さらに武田領国に侵攻する拠点として相良城を確保したのであった。武田方は、この動きを牽制することも、反撃することもできず、遠江の徳川領は安定に向かっていた。それは家康が天正九年十二月十五日に馬伏塚で鷹狩《たかが》りを行ったことからも知られる（『家忠日記』）。かつては武田氏との抗争の最前線であった馬伏塚で鷹狩りができるほど、家康には余裕ができたのである。

織田信長は、十二月十四日、家臣西尾小左衛門尉吉次《にしおしょうざえもんのじょうよしつぐ》を家康のもとに派遣した。西尾小左衛門は、同日に三河国吉良《きら》に入っている（『家忠日記』）。西尾の派遣は、来春に予定していた武田領侵攻作戦に備えて、軍勢の兵粮を確保するためであった。西尾吉次は、十二月十八日に大量の兵粮を三河国東条城へ搬入させた。西尾自身は松平家忠らに警固されて相良城に赴いている（同前）。これは相良城の検分のためであろう。その兵粮の量については、八千石とも（『集成』「大三川志」等）、一二万石ともいわれるが（「泰政録」）、『信長公記』によれば、信長は西尾小左衛門に黄金五十枚（五百両）を与え、これで兵粮八千余俵を調達させたとある。

　西尾が徳川領の吉良に最初に入ったのは、この地域で兵粮を調達するつもりであったからであろう。この事実は、それだけ大量の兵粮米を、黄金を元手に確保できるほど、活発な流通が存在していたことをうかがわせる。吉良は知多半島に位置し、太平洋に面した地域であるので、これは太平洋海運によって取引されていた物資の中から買い集めたものであろう。だが、この大量の兵粮米は、武田領国侵攻作戦が短期間で終了したため、結局使われることはなく、後に信長はすべて家康とその家臣団に分け与えている。

武田方への調略進む

　信長は、早くから武田氏の一族や家臣団の中から、秘かに内通者を募っていた。『甲陽軍鑑』には、天正八年ごろから武田氏の先方衆をはじめ、譜代衆や御親類衆の中からも内通者が出始めていたと記されている。駿河の先方衆は、徳川家康に内通する動きを始めており、また武田譜代衆や御親類衆は、信長の嫡男岐阜城主織田信忠に内通する者もあったという。さらに信長家臣菅屋九《すがやきゅう》右《え》衛門尉長頼《もんのじょうながより》に密書を送った者もいたという。こうした内通の動きを、武田勝頼は知らなかったと『甲陽軍鑑』は記している。

武田家中に不穏な動きがあることは、勝頼側近跡部勝資・長坂釣閑斎らはすでに察知していたが、これらの情報を勝頼の耳に入れることはなかったといい、また内通を噂されるようになった者たちは、これを隠蔽するため、わざと長坂釣閑斎らに近づき、歓心を得ることに腐心した。このため長坂らは、内通は噂に過ぎないと思うようになり、事実関係もわからないのに内通の噂を勝頼に上奏するのも如何なものかと判断し、その結果、勝頼には織田・徳川両氏と内通する者があるとの情報は知らされなかったという。

『甲陽軍鑑』の記述は、ある程度信頼が置けるものと考えられる。まず武田方の中から、信長家臣菅屋長頼を通じて信長への内通が行われたというのは事実である。武田氏滅亡のきっかけを作ることとなる信濃国木曾《きそ》郡の国衆で武田一族の木曾義昌《よしまさ》は、菅屋長頼を通じて織田方に内通しているからである(『信長公記』)。先に、上杉景勝が織田氏との和睦交渉を実施するに際して、菅屋長頼を窓口にしていたことは記しておいたが、武田氏も佐竹義重を仲介に、菅屋長頼を取次にして「甲江和与《こうごうわよ》」の交渉を行っていた。このような事実を見ると、菅屋長頼は、武田・上杉氏と織田氏とが交渉する場合に窓口となる取次役であった可能性がある。そのため、武田方の中から織田氏に内通しようと決意した者たちが菅屋長頼に使者や密書を送ったのであろう。

これより早く、織田氏に秘かに通じたとされる人物に、武田氏の重臣曾根《そね》下野守《しもつけのかみ》昌世《まさただ》がいる。『甲陽軍鑑』によれば、武田氏を滅亡させ、武田領国の国割を実施していた織田信長は、曾根昌世のことを思い出し、菅屋長頼を召し出して、曾根がどこにいるかを尋ねたという。長頼が、曾根は駿河国富士郡興国寺城に在城していると返答したところ、信長は、曾根昌世という者は、武田信玄死去の直後から、十年にわたってしばしば信長の家臣になりたいと秘かに密書を送ってきており、内通の意思を鮮明にしていたため、特に興国寺城を安堵し、これに河東《かとう》（富士川以東の富士・駿東《すんとう》郡の総称）の所領を添えて与えるようにと特に指示したという。

しかし知行割に際して、駿河一国は徳川家康に与えることとなっていたことから、信長は家康に河東一万貫文を借用する形式を取り、これを曾根昌世に与え、穴山梅雪とともに家康の麾下にしたという。さらに、今後北条氏政を滅亡させたら、伊豆を曾根に与え、駿河国河東を家康に返却するつもりでいたという（『集成』「大三川志」等）。ここでも曾根昌世の内通と動静について、情報を把握していたのが、菅屋長頼であったと記されている。

曾根昌世は、永禄八年に発生した義信事件に連座し、失脚したことがあったといわれる。「甲斐源氏曾根系図」によれば、昌世の実子曾根周防《すおう》は、武田義信や飯富《おぶ》兵部少輔虎昌《ひょうぶのしょうとらまさ》とともに信玄暗殺を企て、発覚して処刑されたという。曾根周防が義信派に属したのは、その妻が飯富虎昌の女で、義信の乳母であったからであるという。曾根周防が事件に連座したことから、曾根昌世は本拠地曾根（甲府市中道町）を焼き払い、所領を武田氏に進上して、一時駿河国に蟄居《ちっきょ》していたとある。

その後、曾根昌世は召し返され、武田氏の重臣となったが、昌世は武田氏を秘かに恨んでいたとされている。この逸話はどこまでが事実かは不明である。なお曾根昌世は、本能寺の変後、徳川家康の家臣となり、旧武田領国を徳川領国へ編入し、武田遺臣を調略する任務を担当するが、その後家康から武田氏を裏切ったことを疎まれ、徳川氏から放逐されたと伝わり、会津蒲生氏郷《がもううじさと》の家臣となっているが（『国志』『蒲生氏郷記』）、蒲生氏没落後の詳細は不明である。

また穴山梅雪も、数年前から織田氏に通じていた節がある。その際に仲介役になっていたのは、徳川家康であった可能性が高い。『甲陽軍鑑』によれば、穴山梅雪は、駿河の有力国人衆岡部正綱《まさつな》とともに、一両年ほど前から、織田・徳川両氏に内通していたと記している。また詳細は後述するが、『信長公記』には、織田・徳川軍の武田領国への侵攻の開始と同時に、信長は穴山梅雪に織田方に忠節を尽くすようにとの命令を出したところ、彼はこれに応えて謀叛を起こしたとある。これは以前より穴山梅雪が信長に内通していたことを示しており、信長の天正十年三月三日付織田信忠宛書状に「仍於駿州穴山依謀反、四郎甲州へ北退（中略）穴山此方へ内々申子細候間、定可為実儀候」（信長九七五号）とあり、また三月十七日付松井友閑《まついゆうかん》宛信長書状に「此表之事、最前穴山可抽忠節之条、成朱印、信長至信州出馬之刻、可色立之由」とも記されており（同九七八号）、信長から穴山梅雪に秘密裏に朱印状が届けられ、織田軍が信濃に侵攻したら、謀叛を起こす密約が存在していたことがうかがわれる。

では穴山梅雪の内通はいつ頃、どのようにして始まったのであろうか。現在のところ、これを明確に示す史料は発見されていない。しかし、天正七年五月十七日、遠江国馬伏塚城を守備していた大須賀康高《おおすがやすたか》が、天正七年五月に城番替のため浜松に到着していた松平真乗《さねのり》に送った書状に、奇妙な文言が見られる（静⑧一二〇〇号）。それには「只今江尻より被退候者御座候、浜松へ御注進申入候、体ニより夜中ニも人を可進候」とある。穴山梅雪が在城する駿河江尻城から脱出してきた者が馬伏塚城に駆け込んできたこと、その知らせを早速浜松の家康のもとへ注進すること、が記されている。そして康高は、場合によっては夜中でもその身柄を送る用意があると述べており、江尻から脱出してきた者のもたらした情報が一通りのものではなかった様子がうかがわれる。これが穴山梅雪からの密使であるとはとても断定できないが、穴山衆をはじめ駿河の武田方の主力が守る江尻城の中から、徳川方に脱走する者がいたことが知られ、穴山梅雪の足下が不安定であったことがわかる。『甲陽軍鑑』は、天正八、九年ごろから穴山梅雪は織田・徳川方に内通していたといい、それは先の信長書状などで確認できる。

梅雪は、甲相同盟破綻後、徳川・北条両氏の挟撃を受ける駿河・遠江の守備を任され、極めて厳しい立場に置かれていた。いっぽうで、武田氏外交では、かつては今川・徳川・浅井・朝倉・六角《ろっかく》・葦名《あしな》・足利将軍家との取次役を務めていたが、徳川・葦名・足利将軍家を除きすべて滅亡し、徳川との関係は断絶、足利将軍家との交渉は武田信豊に変更された。梅雪は、わずかに葦名氏との交渉を担っていたに過ぎず、武田家中での発言力は低下していたと想定されている（丸島和洋・二〇一一年）。こうした武田家中での発言力低下が、梅雪の不満を生み、また勝頼との意見の対立などもあって、織田・徳川方に内通したと推察される。

この他にも、織田信長に従属し、信濃はもちろん、越後をはじめ東国や東北の諸大名や国衆を調略し、織田方への勧誘を行い成果を挙げた小笠原貞慶《さだよし》の活動も特筆される（中川治雄・一九七二年、粟野俊之・一九九〇年、平山・二〇一五年①参照）。

かくて、信長による勝頼打倒の策は、着々と実を結びつつあった。

信長打倒に執念を燃やす高僧の動き

武田勝頼・上杉景勝が次第に織田・徳川氏に追い詰められているころ、織田領国を突破して、東を目指す僧侶の一行があった。彼らの中心にいた高僧は、武田・上杉と結んで、信長を打倒することに執念を燃やしていた人物であった。彼こそ、石山本願寺で徹底抗戦を続けた教如《きょうにょ》である（以下の記述は、小泉義博・二〇〇四・二〇〇七年、大桑斉・二〇一三年による）。

天正八年四月、父顕如《けんにょ》が織田信長と和睦し、紀伊国鷺森《さぎもり》（和歌山市）に退去した後も、その子教如は本願寺に籠城を続けた。だがそれも続かず、八月二日、教如も降伏し、本願寺は織田方に明け渡された。教如は、鷺森に退去したが、父顕如は彼を許さず義絶したのである。教如と行動をともにした門徒たちにも、容赦なく「破門」が下される苛烈さであった。この時から二年間、教如は流浪する。

だが本願寺が降伏したとはいえ、各地で一向一揆《いっき》やそれらの結集核となる有力寺院はなおも活動を展開していた。教如は、これらを結集させ、将来的には新たな一向宗集団を形成しようと意図していたと推定されている。すなわち、教如が信長の眼を逃れて各地に潜伏し、動き回ったのは、単なる流浪ではなく、一向宗門徒やその核となる寺院、それらを支える村の道場などを巡り、布教を行いつつ彼らとの繋がりを強化する「秘回」と呼ばれる宗教行為であった。それはまた、信長打倒を秘めた行為であり、彼への屈服をあくまで峻拒《しゅんきょ》する、形を変えた大坂籠城（「大坂抱様《おおさかかかえざま》」）の継続に他ならなかった。

紀伊国鷺森を出た教如とその家臣、門徒らは、和歌浦から大和を経由して美濃国の岐阜願誓《がんせい》寺《じ》を頼り、さらに長良《ながら》川を北上して同国郡上《ぐじよう》郡に入ったという。教如が目指した場所は、最終的には武田勝頼のもとであったと推定されている。武田氏は、父信玄以来本願寺と関係が深く、石山合戦にも一向宗寺院や門徒がこれを支援するのを後援していたことは、すでに本書でも述べた通りである。「秘回」の過程で、教如のもとに結集する有力寺院が増えてきていた。そこで教如は、「秘回」という潜伏行動に終止符を打ち、どこかに新たな拠点を建設しようと考えたといわれる。そこで教如が目指したのは甲斐国であり、支援者は武田勝頼であった。その他に、越後上杉景勝を頼ることも、選択肢のうちに入っていたといわれる。

郡上郡では、この地域の有力国衆遠藤氏が教如を庇護し、越前国大野郡を支配する織田家臣金森長近《かなもりながちか》も協力した。ともに織田氏に帰属し、一向一揆を攻めた経緯を持つ彼らが、教如を庇護したのは、その領国に潜在的に強力な勢力を保持する一向宗門徒を取り込むためであったと推定されている。天正八年から同十年春まで、教如の「秘回」の足跡は、飛驒・越前・美濃郡上郡などに残り、これらは越中・越前・越後・信濃・加賀との境目であった。ここに、教如の影響力は、織田・上杉領国の北陸一帯に広まり、武田領国のうち一向宗の力が強い北信濃などにも及ぶこととなった。

そして天正十年二月、教如は満を持して甲斐に向かって動き出した。ところが、教如は行く手を阻まれ、「山の中」（恐らく飛驒であろう）まで退避を余儀なくされた。甲州へ向かう路次は封鎖されていたのである。教如は「甲刕へ心かけ候へハ、俄ニ路次不合期故、か様の始末候」と書状に記した（「教如上人消息」1―64〈『真宗史料集成』第六巻〉、なお年代推定は大桑斉氏による）。彼を阻んだのは、またもや織田氏であった。教如が甲斐を目指し、足を向けたちょうどその時、信長の武田攻めが始まってしまったのである。自分を庇護してくれた金森長近や遠藤氏も、武田攻めに出陣していった。そのため教如は、武田氏のもとに向かうことをいったん断念し、越前国大野郡の富島南専寺《とびしまなんせんじ》（福井県大野市）に潜伏した。

そして、武田勝頼の危機を救うべく、越前、加賀、越中、信濃の一向宗門徒に蜂起を呼びかけ、加賀山内の一向一揆蜂起、越中一向一揆の蜂起（三月）、北信濃一向一揆の蜂起（四月）は、いずれもこれに応じたものと指摘されている。しかし残念なことに、教如が一向一揆蜂起を促して後方支援を行おうとした武田勝頼は、三月十一日に滅亡してしまう。教如の支援は間に合わず、信長の武田攻めを牽制することはできなかったのである。

第九章　武田氏滅亡

一、天正十年一月

一月——駿豆国境

天正九年（一五八一）十月の徳《と》倉《くら》城将笠原政晴《かさはらまさはる》離《り》叛《はん》により、駿豆《すんず》国境の北条方は、武田方の攻勢にさらされることとなった。とりわけ、同十一月、勝頼本隊が到着すると、武田方の動きは活発となり、十二月には北条方の出《て》城山《しろやま》城と大平《おおひら》城周辺で両軍の衝突がしばしば起こり、北条方は劣勢を余儀なくされていた。北条氏政・氏直は、これを黙視できず、相模国玉縄《たまなわ》城主北条左衛《さえ》門太《もんた》夫氏勝《ゆううじかつ》とその与力間《ま》宮備前守《みやびぜんのかみ》・朝倉能《あさくらの》登守《とのかみ》・行方弾正《なめかただんじょう》忠《のじょう》直清《なおきよ》ら八百余騎を、天正十年正月に派遣し、北条氏光と交替させることとした。大平城を囲む武田方は、この情報を察知しており、北条氏勝らの軍勢を待ち伏せていたが、氏勝らの大平入城を阻止することができなかったという（『北条記』等）。だが、駿豆国境の軍事情勢は、北条氏勝が派遣され補強されたとはいえ、武田方に有利に展開していたことは否めなかった。

一月二十五日――木曾義昌、織田氏に内通す

『当代記』によると、信濃国木曾《きそ》郡の有力国衆であり、武田一門衆（義昌《よしまさ》正室は信玄息女真龍《しんりゅう》院殿《いんでん》）でもあった木曾義昌は、この日秘《ひそ》かに東美濃の苗木《なえぎ》城主苗木遠山久兵衛《とおやまきゅうべえ》（遠山友忠）を通じて、岐阜城の織田信忠に忠節を尽くすことを申し入れたという。この情報は、ただちに安土《あづち》城の織田信長にも報じられた。武田領国の一角が、ここに崩れ始めたのである。管見の限り、これが木曾義昌内通の初見である。

一月二十七日――木曾義昌謀叛の第一報

『甲乱記』によると、天正十年一月二十七日払暁、木曾義昌側近千村右京進がたった一人で新府城に馳《は》せ参《さん》じ、土屋右衛門尉昌恒《うえもんのじょうまさつね》に秘かに驚愕《きょうがく》の情報を披露したという。これが、木曾義昌謀叛の第一報であった。千村が土屋に語ったところによれば、義昌は去年（天正九年）秋頃より、武田勝頼に逆意を企て、織田信長に内通しており、織田方へ転じた場合の条件についての交渉を行い、それが落着を見て、去る一月二十日に信長より義昌宛の朱印状が発給されたというものであった。そして、義昌と信長は、信濃と美濃国境の雪が消えたら、ただちに武田領国に軍事行動を起こすことで合意したといい、これについては明確な証拠があると千村右京進は言上した。

訴えを聞いた武田勝頼は、千村右京進の情報をにわかに信じがたかったが、証拠を揃えての言上であったため、このような凶事が起きたという情報に接しながら、手を拱《こまね》いていることもできないとして、ただちに陣触を出した。この時、千村が提出した証拠がどのようなものであったかは明確でない。また、木曾義昌の謀叛の動機についても明記していない。武田信玄没後、勝頼の代になってから、何か遺恨を含むところがあって、織田信長に密通したと述べているにとどまっている。

『木曾考』などによれば、織田信長は武田氏を滅ぼすためには、信濃国木曾谷の峻険《しゅんけん》を越えねばならず、ここを木曾義昌に封じられればどうにもならないので、苗木（遠山）久兵衛を通じて義昌にしばしば降伏を勧告したという。義昌は、妹が甲州におり、正室も信玄息女なのでなかなか承知しなかったが、勝頼の代になって様々な課役を賦課されるようになったため、次第に嫌気が差し、信長の誘いに乗ったのだという。

東美濃の苗木城主遠山久兵衛尉友忠が義昌の調略を実施したのは、『信長公記』にも記録されており、事実であろう。ただ、義昌の武田氏離叛の要因が過重な課役賦課であったことを示す史料は管見の限り検出されない。なお、巷間《こうかん》に新府築城の加重負担が、義昌謀叛の原因だとする俗説が流布しているが、それは新田次郎『武田勝頼』の創作である。

また義昌謀叛を武田氏が察知したのが、一月二十七日であると記すのは『甲乱記』しかない。義昌が謀叛を公然化させ、織田氏に援軍を要請したのは、二月一日のことである（『信長公記』）。これは武田軍の木曾侵攻が始まったことを受けてのことであろう。なお後述するように、北条氏は一月晦日に何らかの情報を察知し、色めき立っている。これらを勘案すると、『甲乱記』の記事は信頼できると考えられる。

既述のように、武田勝頼は、長篠敗戦後、織田・徳川方の反攻が信濃・美濃・三河国境で始まることを予想し、その準備を怠ってはいなかった。とりわけ、三方を敵方に包囲される木曾義昌の動向に着目し、謀叛を起こさぬよう、また起こしてもすぐに察知できるよう対策を講じていた。木曾家中から、起請文《きしょうもん》を取り、不穏な動きがあれば、すぐ訴え出るよう周知徹底させていたのである。その意味で、千村右京進が勝頼に報告してきたのは、武田氏の木曾対策が見事に機能したといえるだろう。問題は、その後の対応だったと考えられる。

一月二十八日——武田軍動き出す

一月二十八日、勝頼は、木曾義昌攻撃のための大規模な軍勢派遣に踏み切った。主力軍として、武田信豊を主将に、山県三郎兵衛尉昌満《やまがたさぶろうひょうえのじょうまさみつ》・今福筑前守昌和《いまふくちくぜんのかみまさかず》・横田十郎兵衛尉《よこたじゅうろうひょうえのじょう》ら三千余騎が信濃国府中（深志《ふかし》）方面から木曾谷を目指すこととなり、これを支援する軍勢として、高遠《たかとお》城将仁科信盛《にしなのぶもり》を主将に、諏方頼豊《すわよりとよ》・諏方伊豆守《いずのかみ》ら諏方・高遠衆二千余騎が上伊那《かみいな》口より木曾谷に侵攻することとなった。

このうち、武田信豊らの主力軍は、深志から鳥居峠を突破して、木曾谷になだれ込む作戦をとったと推定されるが、これを支援する仁科信盛以下の高遠・諏方衆が進もうとした上伊那口とはどのルートであるのか判然としない。もっとも可能性が高いルートは、権兵衛《ごんべえ》峠を経由して木曾谷に入る権兵衛街道が想定される。いずれにせよ、両軍が侵攻するルートは、ただでさえ道が険阻で軍事行動を取ることが難しいばかりか、この時期は残雪も消えてはおらず、攻め手としての武田軍は極めて不利な状況であった。このため、木曾谷に迫ったものの、「大切所」と表記されるほどの峻険な山道と残雪を恐れ、武田軍は木曾谷を目前にして徒《いたずら》に布陣するだけとなってしまった。

さらに木曾義昌より、重臣千村三郎左衛門尉（右衛門尉重政の誤記か）・山村七郎右衛門尉良候が、武田方に派遣され、謀叛の嫌疑に関して陳弁が行われた。千村・山村両氏はともに、義昌謀叛の情報を武田氏に伝えた千村右京進は、木曾家中で失態を犯し、罪に問われようとしたところを脱走したもので、武田方に訴えたのはこれを逆恨みした讒言《ざんげん》であると主張した。そして、千村・山村両氏は、千村右京進が訴え出たことは厳密に調査されるものとばかり考えていたところ、いきなり武田軍が木曾谷の境目に出陣してきたことに驚いていると述べ、いまさら繰り返すまでもないが、武田氏と木曾氏は、武田信玄の代から勝頼の代に至るまで特別な関係にあり、その芳情を忘れたことはない。骨肉の関係を結んで年久しく、しかもしばしば誓詞・血判によって両者の関係は強化されているのであるから、武田氏に対して木曾氏が疎意を構えるわけがない。時節が到来すれば、年来の御恩に報じようとの意思に変わりはなく、ましてや武田氏に対して謀叛を企て、敵対するほどの恨みを、木曾氏が持つ謂《い》われがない。無体な軍事行動はぜひ慎んでいただくことが、世のため、人のための仁政というものであると、慇懃《いんぎん》に訴えた。

ところがこの千村・山村両氏の陳弁は、木曾義昌の時間稼ぎであり、その隙に織田軍を木曾谷へ引き入れようと画策しているのだと考える人びとが、武田家中には多かった。勝頼もこれを重視し、木曾への軍事行動を続行させた。『甲乱記』は、この武田勝頼の木曾谷侵攻を明確な失策として批判している。その理由として、木曾義昌が反逆したことを察知しても、とりあえず知らぬふりを決め込み、木曾より陳弁の使者が来たならば、たとえ偽りの内容であったとしても、それを聞き入れ、逆に懇切な扱いをしたならば、再び帰伏することもあったであろう。それなのに、軍事行動を起こして、木曾義昌に圧力を加えたことが、敵に心を動かしていた者をさらに敵方に追いやる結果になった、と述べている。

木曾谷は大軍をもってしても攻略することが至難であることは、すでに知られていたことなのに、粗忽《そこつ》に軍勢を派遣したことで、かえって乱を招くことになったとし、軍事力で決着させることが困難であるならば、財産をなげうって、策謀をめぐらせることこそ重要であるのに、やみくもに軍事力に依拠することで、敗亡のきっかけをつくってしまったと家中で眉を顰《ひそ》める者も多かったという。

しかし、『甲乱記』の勝頼批判は、後世の結果論という印象が強い。木曾義昌の謀叛は、織田信長の継続的な調略と、圧力の結果であり、勝頼がいかなる仁政を施そうとも、義昌を繫《つな》ぎ止めることはできなかったであろう。これは、まもなく謀叛を起こす穴山梅雪《あなやまばいせつ》も同様である。勝頼にチャンスがあるとすれば、信長を取り巻く諸情勢が、織田方に不利に傾くことのみであったが、もはや石山本願寺は降伏し、毛利輝元は織田勢力に押され、上杉景勝も越中で防戦するのがやっとという情勢下では、もはや望むべくもなかった。勝頼には、武田氏興亡の一戦を信濃で行うことしか、もはや残された選択肢はなかったのである。

二、天正十年二月

二月一日――木曾義昌、織田方に属す

木曾義昌は、武田軍の侵攻に直面し、信長に帰属するので、ぜひ援軍を派遣してくれるよう、調略を担った苗木遠山氏に要請した。義昌の要請を受けた苗木遠山友忠は、岐阜城の織田信忠に言上した。信忠は、家臣平野勘右衛門を安土城の信長のもとへ派遣し、事情を説明させた。信長は、信濃・美濃国境の軍勢を至急義昌のもとへ派遣すること、義昌から人質を取ることなどを指示し、自身も出馬すると宣言した。これを受けて、義昌は実弟上松蔵人《あげまつくろうど》を人質として織田氏に差し出した。織田氏はこれを喜び、家臣菅屋《すがや》九右衛門尉《きゅううえもんのじょう》長頼《ながより》に預けた（『信長公記』）。

二月二日――武田勝頼の出陣

勝頼は、木曾義昌謀叛に対処すべく、嫡男信勝、従兄弟武田典厩《てんきゅう》信豊《のぶとよ》らとともに新府城を出陣し、一万五千余の軍勢を率いて諏方上原城に到着した。勝頼は、木曾攻略に向けて、諸方面へ指示を出した（『信長公記』『当代記』他）。そしてこの日、場所は定かでないが、武田軍と

木曾軍が最初に衝突した。この戦闘で、木曾方は優勢であったらしい。義昌は、この戦闘で活躍した家臣原半左《はらはんざ》衛門尉《えもんのじょう》に感状を与えている（信⑮八四）。

『信長公記』『当代記』『三河物語』『甲乱記』『軍鑑』などの諸記録をもとに整理すると、天正十年二月時点での、武田領国の主要な防備は、以下のようなものであったと想定される。

（1）甲斐国（●印は勝頼とともに出陣中、？は推定や伝承による）

都留《つる》郡

上野原城（内城館）・長峰砦（上野原市）……加藤丹後守信景《かとうたんごのかみのぶかげ》・千久利丸《せんくりまる》

小菅《こすげ》城（北都留郡小菅村）……小菅五郎兵衛尉《ごろうひょうえのじょう》●

岩殿城（大月市）・谷村館（都留市）……小山田出羽守信茂《おやまだでわのかみのぶしげ》●

国中《くになか》（甲府盆地）

要害山城（甲府市）……在番衆

上野城（一条《いちじょう》氏館、八代郡市川三郷町）……一条右衛門大夫信龍《うえもんだいぶのぶたつ》・一条上野介信就《こうずけのすけのぶなり》

新府城・能見《のうけん》城（韮崎《にらさき》市）……武田勝頼・信勝●

（2）信濃国

下伊那郡

滝沢要害（平谷《ひらや》村）・吉岡城（下條村）……下条伊豆守信氏《しもじょういずのかみのぶうじ》・兵庫助信正《ひょうごのすけのぶまさ》・兵庫助頼安《よりやす》

松尾城（飯田市）……小笠原掃部大夫信嶺《おがさわらかもんだいぶのぶみね》

飯田城（飯田市）……保科弾正忠正直《ほしなだんじょうのじょうまさなお》（高遠衆）・坂西織部亮《ばんざいおりべのすけ》・小幡因幡守《おばたいなばのかみ》（上野国衆）・

大島城（松川町）……小幡五郎兵衛《ごろうひょうえ》（因幡守の弟）

武田　逍遙軒信綱《しょうようけんしんこう》・日向《ひなた》玄徳斎宗栄《げんとくさいそうえい》・日向次郎三郎《じろうさぶろう》（玄徳斎の子）・安中七郎三郎《あんなかしちろうさぶろう》（上野国安中城主）・小原丹後守継忠《おばらたんごのかみつぐただ》・阿江木常林《あえきじょうりん》（依《よ》田能《だの》登守《とのかみ》、佐久郡）

上伊那郡

高遠城（伊那市）……仁科五郎信盛《ごろうのぶもり》・小山田　備中守昌成《びっちゅうのかみまさなり》・小山田大学助《だいがくのすけ》・渡辺金大夫照・飯島民部丞《いいじまみんぶのじょう》（伊那郡飯島城主）・飯島小太郎（民部丞の弟か）・春日河《かすがかわ》内守《ちのかみ》（伊那郡伊那部《いなべ》城主）・諏方勝左衛門尉頼辰《しょうざえもんのじょうよりたつ》（諏方頼忠《よりただ》の弟）

諏方郡

上原城（諏訪市）……武田勝頼・信勝父子（二月二日～二十八日）

茶臼山高島城・島崎城（現在の高島城）……今福筑前守昌和（諏方郡司〈郡代〉）

筑摩郡

深志城（松本市）……馬場美濃守《ばばみののかみ》・多田治部右衛門・横田甚五郎尹松《よこたじんごろうただとし》

佐久郡

小諸城（小諸市）……下曾根岳雲軒浄喜《しもそねがくうんけんじょうき》

埴科《はにしな》郡

海津《かいづ》城（長野市）……安倍加賀守宗貞《あべかがのかみむねさだ》（川中島郡司）●

（3）上野国

利根郡
沼田城（沼田市）……真田《さなだ》安房守《あわのかみ》昌幸《まさゆき》●（利根郡司）・矢沢《やざわ》薩摩守《さつまのかみ》頼綱《よりつな》
吾妻《あがつま》郡
岩櫃《いわびつ》城（東吾妻町）……真田安房守昌幸●

（4）遠江国
榛原《はいばら》郡
小山城（吉田町）……大熊《おおくま》備前守《びぜんのかみ》長秀《ながひで》？・甘利《あまり》甚五郎《じんごろう》？・在番衆

（5）駿河国
志太《しだ》郡
田中城（藤枝市）……依田右衛門佐《うえもんのすけ》信蕃《のぶしげ》・三枝《さいぐさ》土佐守《とさのかみ》虎吉《とらよし》
有渡《うど》郡
丸子《まりこ》城（静岡市）……屋代《やしろ》左衛門尉《さえもんのじょう》秀正《ひでまさ》・室賀《むろが》兵部太輔《ひょうぶだゆう》正武《まさたけ》
用宗《もちむね》城（静岡市）……朝比奈《あさひな》駿河守《するがのかみ》信置《のぶおき》（朝比奈賢雪斎道与《けんせつさいどうよ》）・同右兵衛大夫《うひょうえのたいふ》信良《のぶよし》・関甚五《せきじんご》兵衛《ひょうえ》
久能《くのう》城（静岡市）……今福丹波守《たんばのかみ》虎孝《とらたか》・今福善十郎《ぜんじゅうろう》（虎孝の子）
駿府《すんぷ》館（静岡市）……武田上野介信友（信玄異母弟）・武田左衛門佐《さえもんのすけ》信堯《のぶたか》（信友の子）
江尻《えじり》城・蒲原《かんばら》城・横山城（静岡市）……穴山梅雪斎不白
駿東《すんとう》郡

沼津三枚橋《さんまいばし》城（沼津市）……春日弾正忠《だんじょうのじょう》信達《のぶたつ》・曾根《そね》河内守《かわちのかみ》
興国寺城（沼津市）……曾根下野守昌世《しもつけのかみまさただ》
深沢城（御殿場市）……駒井《こまい》右京　進昌直《うきょうのしんまさなお》
徳倉城（清水町）……笠原新六郎政晴

二月三日——信長、武田領侵攻を下知

信長は、安土より武田領国への侵攻について、各方面に指示を出した。駿河口は徳川家康、関東口は北条氏政、飛騨口は金森長近《かなもりながちか》、信濃伊那口は織田信忠と信長、となっていた。伊那口への侵攻は、信長・信忠父子が二手に分かれて実施することとなった（『信長公記』）。ただし、信長が北条氏政にどこまで本気で参戦を求めたのかは定かでない。というのも、北条氏は信濃で何かが起こったようだが、それが何なのかをまったくつかめず、織田方からも詳細がもたらされなかったからである。

この日の辰刻（午前八時頃）、小田原城の北条氏政は、実弟で武蔵国鉢形《はちがた》城主北条氏邦《うじくに》より、一月晦日付の書状を受け取った。書状には、長尾新五郎顕長《あきなが》（上野国館林城主）と上方（織田氏）からの書状の写しが添えられており、氏政は上方へはきちんと返事を出しておくこと、上方からは詳細は追って書状で知らせるとあることを確認した、とある。氏政は、自分の所見は上方からの使者が到着したら述べるとし、秩父谷（埼玉県北西部）からの注進が心配だがたいしたことはないだろう、長尾と上方の書状の写しはそちらに返却すると記している（戦北二三

○二号）。これによると、織田氏からの書状は、北条氏邦にまず届けられたようである。恐らく織田氏の取次役だったからであろう。これは、木曾義昌の帰属を受けて、織田氏が北条氏に武田攻めを始める予定であると報じた第一報だったのであろう。だが、詳細は追って使者を派遣するとあるのみの、簡単なものだったようだ。いっぽう、北条方も秩父谷を経由して、信濃で変事が起きたらしいことを察知した。これが長尾顕長の注進を指すとみられる。この日、北条氏邦は、兄氏政に二度目の書状を送っているが、その内容は判然としない。

織田信忠は、麾下《きか》の尾張・美濃衆を動員し、森勝蔵長可《もりしょうぞうながよし》・団平八郎忠正《だんへいはちろうただまさ》を先陣として、木曾口（妻籠《つまご》口）・岩村口に向けて出陣させた。また、岩村城将河尻与《かわじりよ》兵衛《へえ》秀隆《ひでたか》の軍勢も、同じく伊那を目指して進撃を始めている（秀隆は、信忠と合流するのを待っているので、動いたのは一部の軍勢であろう）。

いっぽう徳川氏は、木曾義昌が織田氏に援軍を要請したところ（二月一日）、まだこの事実を知らなかったらしい。二月三日、徳川重臣酒井忠次は、近日武田領の境目に城砦《じょうさい》普請を実施するので、準備をするようにと松平家忠らの三河衆に通達を出している（『家忠日記』）。

二月五日――北条氏政、焦る

二月五日酉刻（午後六時頃）、氏政のもとに弟氏邦より三日付の書状が届いた（戦北二三〇三号）。だがこの書状にも、確信の持てる情報は記されていなかった。氏政は、確かな情報を探り、報告するよう求めるしかなかった。やはり信長は、北条氏に正確な情報を伝達するのにあまり積極的ではなかったようだ。

二月六日——下条信氏・信正父子、追放される

織田軍と最初に接触する、信濃・美濃・三河国境の平谷《ひらや》・浪合《なみあい》・根羽《ねば》を守備していたのは、吉岡城主下条伊豆守信氏・兵庫助信正父子であった。下条氏は、天文二十三年（一五五四）の武田信玄による伊那侵攻の際に、武田氏に降伏したが、信玄は境目を支配する下条一族を重視し、下条時氏の嫡子信氏に妹（生母は松尾氏）を娶《めあわ》せて、武田一族にしたという（異説もある）。

下条信氏・信正父子は、織田軍の侵攻を聞くと、信濃・美濃国境の滝沢要害（長野県下伊那郡平谷村、ただし現在城跡は確認されていない）に籠城し、ここで織田軍を迎え撃とうとした。下条氏の領域のうち、美濃や三河との国境である平谷、浪合は道幅が狭く、道も険阻で、大軍の軍事行動には不向きな地形であり、寡兵で大軍を凌《しの》ぐには格好の難所（切所）であった。これは織田方も認識しており、下条信氏が布陣する伊那口を「節所」と記している（『信長公記』）。また『甲乱記』も、平谷・浪合口を「三日路の大切所」と記述しており、織田軍も恐れる難所であった。

『甲乱記』によれば、この「大切所」を頼みに、下条信氏・信正父子、小笠原信嶺（松尾城主）ら三千余騎が防戦にあたるべく集結したという。ただ、『信長公記』等には、平谷・浪合口を防衛すべく布陣していたのは、下条信氏のみであり、小笠原信嶺は見られない。しかし、下条氏とともに下伊那防衛の柱石であったのは、小笠原信嶺であるので、ともに織田軍を引き

受けて一戦に及ぼうとしたとしても、おかしくはないだろう。

　だが、武田軍の士気は低下の一途をたどっていた。陣中では、織田軍は何十万とも知れぬ大軍を擁して向かってきているとの流言が飛び交い、兵卒は浮き足立っていた。流言飛語は、兵卒の上下を問わず、不安に巻き込み、やがて陣中で不穏な動きを呼ぶことになる。織田軍の大軍を目前にして、下条軍の中から、武田氏を見限って、織田方に降伏してはどうかと考える者が出始めたのである。その中心になったのが、下条信氏の弟で、駒場の領主下条九兵衛である。(註)これに同調したのが、下条信氏の譜代原民部と熊谷玄蕃であった。

　熊谷玄蕃は、根羽に勢力を張った熊谷一族の出身であろう。下条九兵衛・原民部・熊谷玄蕃は、信氏・信正父子に従い同陣していた。迫り来る織田軍が、未曾有《みぞう》の大軍であることを知った下条九兵衛は、原・熊谷両氏を呼び寄せて、織田方への帰属を相談した。下条九兵衛は、現在の武田氏の状況を見ると、木曾義昌謀叛が発覚するや、信濃・上野の人々も動揺しているらしく、このため勝頼は塩尻を確保することもできなくなり、甲府に撤退したとも、諏方に在陣しているともいわれる。このような状況下では、ここで織田軍と戦っても、我らは討ち死にすることは避けられない。それだったら、いっそのこと今のうちに織田信忠に降伏すれば、伊那郡の過半を恩賞として申し受けることも可能であろう、と述べて武田勝頼を見限ることとした。その際、下条九兵衛は「侍は渡り者」（主君を替えることは不名誉ではない）と主張し、下条信氏に織田方への帰属を進言しようと持ちかけたのである。

　下条九兵衛の意見に原・熊谷氏も同意し、早速下条信氏・信正父子に謁見して、密談を持ちかけた。下条九兵衛と譜代の原・熊谷氏から、密談の内容を聞いた下条信氏・信正父子は驚愕した。信氏は、これまで武田氏の御恩を受けることで、子孫ともに栄華を極めてきたのである。それなのに、大軍が迫ってきたからといって、命惜しさに、年来の恩を忘れていいものか。節に臨んで変心することは、勇士のすることではない。ここで命の限り防戦して、戦死することこそ、これまで武田氏に与えられてきた恩を報じ、また下条氏の名を後世に残すことでもある。おまえたちはどのように身を処そうとも構わないが、信氏父子はもはや決心は変わらぬと声を荒らげて、下条九兵衛以下の進言を退けた。

下条九兵衛らは、下条信氏父子が耳を貸さぬことを知ると、興醒《きょうざ》めした面持ちでその場を退出し、自らの陣場に帰った。そして、信氏父子と訣別《けつべつ》し、独自に行動することを決め、親類縁者に織田方に降伏するよう触れ回ったのである。このため、下条九兵衛・原民部・熊谷玄蕃らに同調する者が続々と集まり始め、その数は四、五百人に達した。武田方を見限り、織田方につかんとする人びとの人数が次第にふくれあがるにつれて、陣中は不穏な空気が漲《みなぎ》り始めた。これを聞いた下条信氏・信正父子は、彼らが反乱を起こし、信氏父子を血祭りに上げ、その首級を手土産に織田方に降伏することを恐れ、ついに陣地を放棄して、脱出することにしたのである。敵の手にかかって戦死するのは本意であるが、自分の家来どもの手にかかり、父子の首を手土産にされるのであれば、ここより脱出して、勝頼の面前で潔く討ち死にしようと決心したものであると、『甲乱記』は記している。下条信氏父子が陣所を脱出したのが何時のことかについて、『甲乱記』には記述がないが、『信長公記』等には、二月六日のことであると記されている。

下条九兵衛らが下条信氏を追放するクーデターを決行したのは事実で、『信長公記』には次のように記されている。

御敵、伊奈口節所を拘へ、滝か沢に要害を構へ、下条伊豆守を入置き候処、家老下条九兵衛逆心を企て、二月六日、伊豆を立出し、岩村口より河尻与兵衛人数引入れ、御身方仕候

「三日路の大切所」といわれ、織田軍が恐れた平谷・浪合口は、こうしていとも容易《たやす》く突破されてしまったのである。下条九兵衛が、河尻秀隆を引き入れたのは、河尻の家中と交流があったからだと『当代記』は記している。当時河尻は、東美濃岩村城に在城しており、下条氏とは領域を接していたことや、岩村と下条はもともと交流があったので、それが機縁となり内通したのであろう。

ところで、下条信氏・信正父子の動向であるが、『甲乱記』の記すように徹底抗戦を主張して家老下条九兵衛らと対立し、クーデターで追放されたとするのは事実と考えられるものの、不可解な点も残されている。まず、下条信氏父子は、『甲乱記』の記すように、平谷口を脱出した後、武田勝頼の本陣諏方に向かった形跡はなく、諸記録はともに妻子を連れて奥三河に潜んだと記録している。下条信氏は遠江国宮脇（静岡県掛川市）に潜伏していたが、天正十年六月二十五日に五十四歳で急死し、信正は、三河国黒瀬谷（玖老勢《くろぜ》、愛知県新城市《しんしろ》）に潜伏していたが、武田氏滅亡後まもなくの天正十年三月二十二日に父に先立ち三十一歳で病死したという。信正の嫡子牛千代丸（後の康長《やすなが》）と実弟の下条頼安は、信氏・信正父子の死後、徳川家康

に庇護《ひご》され、本能寺の変後、本領の帰還に成功し、下条九兵衛・次郎九郎父子、九兵衛に与《くみ》した長岳寺住職祐教法師（下条信氏・九兵衛弟）を、旧臣らと連絡を取り合い、謀殺して吉岡城に帰還したと伝えられる（平山・二〇一五年①）。

こうした経緯を見ると、下条信氏・信正父子のもとには、すでに織田方はもちろん、国境を接する徳川方からの調略の手も伸びており、信氏父子は織田派の下条九兵衛らとの抗争に敗れた際に、勝頼のもとへは行かず、家康を頼って三河・遠江に落ち延びたとみるべきかも知れない。信正・頼安・牛千代丸らが潜伏した黒瀬谷は、山家三方衆《やまがさんぽうしゅう》の有力者で、家康の娘婿奥平《おくだいら》信昌《のぶまさ》の支配領域であり、奥平領と下条領は国境を接していた。つまり、下条氏への調略を継続的に担当していたのは、正対する奥平氏であった可能性が高く、その縁を頼って、下条信正らは黒瀬に落ち着いて後日を期したのであろう（詳細は平山・二〇一五年①）。

徳川方にも、木曾義昌の帰属と信長出陣の情報がもたらされた。第一報は酒井忠次が受け取り、ただちに出陣準備が家康より下された。そのため、予定していた境目の城砦普請は延期となり、出陣の準備をして一左右次第に駆けつけられるよう支度せよとの下命であった。松平家忠は、この指令を西郷新右衛門尉から知らされている（『家忠日記』）。忠次のもとに、織田方から知らせが届けられたのは、酒井が取次役だったからである。

さて、木曾義昌であるが、彼は武田軍の脅威が迫っているなか、なかなか織田方から援軍が派遣されてこないことに焦慮していた。そこで織田信忠家臣塚本三郎兵衛尉に五ヶ条の覚書を送り、支援を促した（信⑮八四）。義昌は、①織田信忠の出馬が遅れるようならば、信濃近辺の二、三人を将として伊那に派遣してくれれば、諏方・府中（深志）の情勢は一変することでしょう、②もしこれも遅れるようなら、木曾口が凶事に見舞われるのは目前です、③美濃国より小笠原貞慶《さだよし》を派遣していただき、東（武田領国）への計略を行っていただきたい、④敵方（武田方）より到着した書状を御覧いただくために送ります、⑤援軍を送っていただければ、方々に調略を行う余裕もできるでしょう、と述べている。

義昌のもとへは、勝頼から説得の書状が届けられていたらしい。木曾には、この覚書にみられるように、武田軍を単独で迎え撃つ力はなく、援軍が派遣されなければ攻め潰される可能性が高かった。だが勝頼は、諏方に在陣したまま木曾谷に乱入する気配を見せなかった。これが義昌の時間稼ぎに繋がり、勝頼にとって痛い失策となった。

二月九日──信長、甲信出陣にあたり指示を出す

信長は、二月九日、甲信出陣を前に、各方面への指示（「条々」）を十一ヶ条にわたって詳細に行った（信長九六七号）。それによると、信長とともに出陣を命じられたのは、大和衆（筒井《つつい》順慶《じゆんけい》が統率、ただし高野山在陣衆を除く）、摂津国《せつつのくに》の池田元助《もとすけ》・照政《てるまさ》兄弟（父恒興《つねおき》は留守居）、茨木城の中川清秀、多田の塩川勘十郎・同橘太夫、上山城衆、長岡忠興《ながおかただおき》・興元《おきもと》兄弟（父藤孝《ふじたか》は留守居）、一色五郎《いつしきごろう》、明智光秀らであった。その他の大和衆、河内衆、和泉衆は紀州の雑賀《さいか》や高野山方面に配置させた。また三好康長《みよしやすなが》には四国出陣を、羽柴秀吉には中国地方の配置をそれぞれ指示している。

この出陣に際し、信長が気にかけていたのは兵粮《ひようろう》であった。「条々」の末尾では、出陣に帯同する軍勢はできるだけ少なく、在陣中兵粮が続くだけを目安に引率するよう指示している。いっぽうでできるだけ人数を多く連れてくるよう、人びとに促している。このことは、彼らに多くの兵粮を準備させ、軍勢を増やす努力をするよう暗に命じたわけである。だが、信長の懸念は後に現実のものとなり、織田軍は兵粮に窮す事態になっている。

いっぽう、小田原城の北条氏政は、弟氏邦が六日に認《したた》めた注進状を、辰刻（午前八時頃）に受け取った。氏邦からの情報を見た氏政は、そこに書かれていた信州表の状況がにわかには信じられず、「正説」（本当のところ）はどうなのかしっかり探るよう求めた。氏政自身も、西国から人が下ってこず、そのため情報がまったく入らないのだと嘆いている（戦北二三〇四号）。武田方の路次封鎖（情報封鎖）が機能していたことがうかがわれる。

二月十二・十三日――織田信忠出陣、徳川軍陣触れ

岐阜城の織田信忠は、二月十二日に出陣し、その日は土田《どだ》（岐阜県可児《かに》市）に滞陣した。いっぽうの徳川方のもとに、「信州一篇」（信濃の情勢が大きく変化した）との情報が入り、家康は近日駿河に出陣するとの陣触を出した。これは酒井忠次から伝達され、深溝《ふこうず》城の松平家忠のもとへは岡崎城代石川数正より来る十六日に浜松に来るよう指示がもたらされた（『家忠日記』）。

翌十三日、信忠は神篦《こうの》（瑞浪《みずなみ》市）に滞陣した後、十四日に東美濃の岩村城に入った。信忠に

従ったのは、滝川一益・河尻秀隆・毛利長秀・水野《みずの》監物守隆《けんもつもりたか》・水野惣兵衛《そうべえ》忠重《ただしげ》らである（『信長公記』）。このうち、河尻以下は信忠麾下《きか》の家臣であるが、滝川は信長から付けられた援軍であった。

二月十四日――小笠原信嶺離叛、飯田城自落、浅間山噴火

信忠が東美濃岩村城に着陣した日、信濃国下伊那では、松尾城主小笠原信嶺が織田方に帰属すると申し出た。このため、妻籠口（長野県木曽郡南木曽《なぎそ》町）で待機し様子をうかがっていた先陣森長可・団忠正の軍勢は、清内路《せいないじ》（阿智《あち》村）を進んで木曾峠（大平《おおだいら》峠、飯田市・南木曽町）を越し、梨子野《なしの》峠（下伊那郡阿智村）に進んだ。すると、これを知った小笠原信嶺は狼煙《のろし》を上げて、織田軍に合流する合図を送った（『信長公記』）。

このことから、小笠原信嶺は妻籠と清内路口を防衛するために、松尾城を出陣していたことがわかる。すでに第2章第4節で指摘したように、武田勝頼は長篠敗戦後、織田軍の信濃侵攻を予期し、その防衛策を立て実行に移していた。それによると、小笠原信嶺は、妻籠城の後詰と清内路口警固のため、軍勢を率いて山本（飯田市）に在陣するよう指示されていた（戦武二五一四号）。『信長公記』の記述から、この時も信嶺は山本に在陣し、ここで抗戦を諦め織田方に転じ、狼煙を上げて合流を図ったと推定される。

小笠原信嶺は、武田逍遙軒信綱の息女を正室としており、武田氏の下伊那防衛の要であった。その松尾小笠原氏が、織田方に転じたことは、下伊那の武田方に深刻な動揺をもたらした。下

条・小笠原両氏の謀叛を知った一騎合の下伊那衆（武田氏の同心衆で、有力国衆に附属されることもあった身分の低い武士層）は、雪崩を打つが如く武田氏を見限り、次々と織田軍のもとへ参集した（『甲乱記』）。

騒然とした状況のなか、飯田城には、保科正直・坂西織部亮らが在城しており、これに勝頼から援軍として小幡因幡守・小幡五郎兵衛尉（小幡因幡守の弟）・波多野《はたの》源左衛門尉《げんざえもんのじょう》（高遠衆）ら五百人が派遣され、籠城していた。

『甲乱記』によると、飯田城の籠城衆は、寄合所帯であったことから、指揮系統が一本化されず、保科衆と武田方援軍との間の連携に齟齬《そご》が生じており、互いに啀《いが》み合って指示を受け入れないなどの対立が発生していたという。これは、混乱の最中においてはなおさら致命的な組織上の欠陥となり、飯田城の士気を阻喪させる事態を招いてしまったのである。城内では、織田軍が明日未明にも押し寄せてくるとの噂が飛び交い、しかも飯田城攻撃の案内者として、かつての味方下条・小笠原両氏が織田軍につき、先鋒《せんぽう》として向かってくるとの情報が流れるに及んで、城内の混乱はひどくなった。

こうした混乱の中でも、飯田籠城衆は、城下の宿所を敵に焼かれぬ先に焼き払い、戦闘に備えようと、城下に火をかけたのである。ところがその夜、矢倉から城外を見張っていた番衆から、織田軍が夜襲を仕掛けてきた、城外に夥《おびただ》しい鉄炮《てっぽう》の火縄の明かりが見えるとの報告が入った。この知らせを受けた人びとは、挙《こぞ》って矢倉に上り、城外の様子を見ると、確かに数知れぬ小さい火が揺らめいていた。これを見た城方は、大軍に包囲されつつあり、まもなく夜襲が始まると思い込み、激しく動揺した。籠城衆の動揺は、ただちに城内に避難してきていた地下人《じげにん》たちに伝染し、城内の外曲輪《そとぐるわ》に小屋掛けしていた彼らは、ことごとく城外へ脱出し始めた。外曲輪の地下人たちの逃亡は、籠城衆の一層の動揺を誘うこととなった。地下人たちの逃亡を、内通者が出たことと勘違いした籠城衆は、我先にと逃げ始めたのである。具足や兜《かぶと》を脱ぎ捨て、弓・鉄炮などの武器も堀や谷に投げ捨て、惨めな風体で落ち延びようとする将兵が続出した。持ち場を維持せよとの声は、籠城衆の誰からも上がることはなかったという。

一夜あけて、焼け野原となった城下を見ると、織田軍の鉄炮の火縄の火と武田方が思ったものは、実は城下を焼き払った際に燃えた馬糞《ばふん》の火が消えないまま、夜になっても小さな火となって燃えていたものを誤認したことが判明したという。『甲乱記』は、かつて源平合戦の際に、水鳥の一斉に羽ばたく音を聞いて、源氏の軍勢が夜襲をかけてきたものと誤認し、総崩れになった平氏の軍勢になぞらえてこの部分を描写しているが、馬糞に脅かされて城をあけて逃げたとは世にも珍しい敗軍であると嘆いている。ただ、この逸話が事実かどうかは、確実な史料からは確認できない。『信長公記』によれば、二月十四日に小笠原信嶺が織田軍の侵攻に呼応して狼煙を上げたことから、飯田城の保科正直・坂西織部らは籠城することは困難と判断し、夜になって逃亡したとある。飯田城の自落によって、下伊那は完全に織田軍の制圧するところとなった。

飯田城から逃げ出した保科正直・小幡因幡守・小幡五郎兵衛尉・波多野源左衛門尉らは高遠城に入り、抗戦を続けようとした。いっぽう、飯田城主であった坂西織部亮は、木曾谷に逃れようとしたが、途中、松尾小笠原氏の伏兵に襲われて戦死したといい、その地は「勝負平」と呼ばれるようになったという（『箕輪《みのわ》記附録』）。同書は、この事件を永禄五年（一五六二）のこととするが誤記で、天正十年二月のことであろう。坂西織部亮の消息を伝えるこれが唯一の記録である。かくて坂西氏は滅亡した。

ところが、この日の晩、浅間山が天文三年（一五三四）以来（『続本朝通鑑』）、じつに四十八年ぶりの大噴火を起こしたのである。このことは、天正十年二月十四日の『多聞院日記』『蓮成院記録』などに記されており、「今夜初夜ノ時分、丑刁ノ方大ヤケ也、何トモ不見分、卅三間焼了」（『多聞院日記』）、「十四日夜蒼天北方分赤色也、タトヘハ如朱色、南北へ筋多シ、上天過半也、希代之事也、人々不思議之由申合畢」（『蓮成院記録』）とある。十四日初夜（戌刻、午後八時頃）に丑寅の方角（北東）の空が大焼けのように真っ赤に染まり、天空を覆い尽くしたといい、人びとは不思議がったという。そして原因は、京都三十三間堂が焼けたためだとの噂が流れた。

しかし、二月十八日になってそれはまったくの虚報で、不届きな雑説だと『蓮成院記録』は怒りを露《あら》わにしている。これは京都でも確認され、「天正十年二月十四日夜、従北方赤雲天下ヲ、イ、其色光明しゆのことし、信長大吉事云々」と記録され（『立入左京亮入道隆佐記』）、勧《か》修寺晴豊《じゅうじはれとよ》も「今夜天あかく雲こと〳〵しき事申候」と書き留めた（『晴豊記』）。さらにルイス・フロイス『日本史』も「東方から空が非常に明るくなり、信長の最高の塔の上方では恐ろしいばかり赤く染まり、朝方までそれが続いた」（第五十五章）と、安土城の上空が真っ赤だったと記録しており、そればかりかこの現象は遠く豊後国でも観測されたとの情報も書き留めている。かなり広範囲に見られた現象だったようだ。信長は、これを大吉事だと喜んだという。

　そして、その本当の原因が大和国にもたらされたのは、二月二十三日のことであった。『多聞院日記』は「先段天ノ雲ヤケト見タルハ、信州アサマノタケノ焼タル也、今度ノ浅間ノ嶽ノ焼ルハ、東国ノ物恠也ト古キ老人語ト此間沙汰シアリシト（云々カ）ノ不思儀ノ事也、又此間大風霰飛火逆雨以下ハ、内裏ヨリ信長ノ敵国ノ神達ヲ悉被流了、信長本意摂ハ可有勧請トノ事云々、神力人力不及事也、一天一円可随ト見タリ」と記している。

　この記事は、武田勝頼父子と典廏信豊の首級が信長のもとへ届けられたとの記事に続けて綴《つづ》られた記述である。これによると、二月十四日に天が焼けたかのように真っ赤に染まったのは、信濃国の浅間山が噴火したためだったというのである。当時の人びとの間では、甲斐・信濃をはじめとする東国で異変が起こる時には、浅間山が噴火すると信じられていた。また、浅間山噴火の前後に見られた大風や降雨、霰をはじめ、空に火が飛ぶ現象は、何れも天皇の祈禱《きとう》により、信長に敵対する勝頼を守護する神々がすべて払われてしまった結果であって、さらにこの噴火は一天一円（世の中）が信長に随《したが》うようになる現象に思える、と述べている。

　じつをいうと、後述するように信長の武田勝頼攻めは、「年来之朝敵」「東夷追伐」という位置づけであり、そのための出陣と宣伝されていた。そのための祈禱が、京都などで実施されており、この戦いは通常の戦国大名どうしの決戦ではないと認識されていた。ただでさえ、高天《たかてん》神《じん》城見殺しにより求心力の低下していた勝頼は、信長によって「東夷」「朝敵」と指弾され、天皇や畿内寺社の呪詛《じゆそ》の対象になっていたのである。そして、織田軍の信濃侵入と符合するかのように、浅間山が噴火したのであった。

甲斐・信濃の異変と東国の政変を告げる浅間山噴火は、まさに武田勝頼没落と信長の勝利を告げる天変地異と受け止められた。当時の人びとに、浅間山噴火は東国異変の象徴という認識が浸透していたとしたら、武田氏の家臣、国衆や民衆は、もはや天に見放された勝頼を支えようとはしなかったであろう。

そしてまさに飯田城自落は、夜になって逃亡したとあるので、浅間山噴火の直後に起きたとみられる。城外の夥しい火縄の明かりに驚いたというのは、じつは空を覆う浅間山噴火の真っ赤な明かりだったのだろう。この日を境に、武田領国の諸城は戦うことなく瓦解していくことになる。天変地異とはいえ、そのタイミングはあまりにも悪すぎたのだった。

二月十五日――森長可、松岡城周辺を制圧す

織田軍の先鋒森長可は、二月十五日、飯田城から三里ほど先行して北に進み、市田（下伊那郡高森町）で逃げ遅れた武田方の将卒と遭遇し、十騎ほどを討ち取った（『信長公記』）。この市田は、伊那郡の国人衆松岡氏の居城松岡城が存在しているので、森長可は松岡城を攻略すべく先行して動いたが、すでに松岡城は自落していて、逃げ遅れた敗残兵が若干いるのみであったのだろう。

松岡氏は、下伊那の国人衆で、当時の当主は松岡兵部大輔頼貞であった。松岡頼貞は、織田

軍の侵攻に際しては、武田方の他の城に退避したとする記録が見られず、武田氏滅亡後も生存が確認できるので、居城の松岡城を放棄してどこかに避難していたのであろう。松岡氏は、天正十三年十二月に、頼貞の子松岡右衛門大夫貞利が豊臣秀吉に内通して徳川家康に背き、山小屋に籠城しようとしていたところを、伊那の国人衆座《ざ》光寺《こうじ》為時《ためとき》や伊那郡司菅沼定利《すがぬまさだとし》らに捕縛され、駿府で詮議の上、改易されたという（平山・二〇一一年①）。織田軍侵攻の際にも、松岡城を捨てて山小屋に退避していたのであろう。

　安土城で出陣の準備に忙殺されていた信長は、この日、信忠の様子を案じ、小者二人に二月十五日付の滝川一益宛書状を託し、信濃に派遣した（信長九六八号）。信長は、戦功に逸《はや》る信忠が心配でならなかったようだ。この前の注進で、信濃の切所を越えたことは承知したが、それより先に進むことは大人数で圧せば容易く平定できるだろうから、私たちが出馬するまで用意だけをするようにせよ。出陣の日程は追って知らせるから、短慮な行動はくれぐれも止めるように。信忠は若く、これを機会に名を挙げようという様子がみえるので、これを押しとどめ、勝手に動くことのないようにしてほしい。私たちが到着したら、一気に武田氏を討ち果たす予定である。もし粗忽な動きをして、万一失敗するようなことがあったら、たとえ命を永らえたとしても、二度と私の前に出られないから覚悟せよ、と厳しい口調で述べている。信長は、武田勝頼を見くびってはいなかった。どこかで、興亡の決戦を挑んでくると考えており、信忠に勝頼を撃破できるか不安だったのである。

二月十六日――鳥居峠合戦

下伊那口の崩壊が伝えられるなか、武田勝頼は木曾谷を攻略すべく、二月十六日についに軍勢の派遣に踏み切った（『信長公記』、ただし同書は、今福昌和が藪原《やぶはら》〈木曽郡木祖《きそ》村〉から鳥居峠を目指し、いっぽうの木曾義昌は奈良井坂より駆けのぼったとあるが、これは地理的に真逆であり、完全なる誤記である）。合戦の模様は、『甲乱記』に詳しい。その模様を紹介しよう。

勝頼自身は、諏方上原城から塩尻に陣を進め、鳥居峠攻撃には、諏方郡司今福筑前守昌和を武者大将とする三千余人が編制、派遣された。武田軍は、奈良井（塩尻市）より鳥居峠に向かったが、山道は急峻《きゅうしゅん》で切り立った断崖を脇に控える難所であり、当時は残雪が深くて、足場は極めて悪く、木曾軍を攻め上がる立場に置かれていた武田軍にとって、状況は不利であった。

これに対して木曾軍は、山岳戦に馴《な》れた兵卒が多く、鳥居峠付近を知り尽くした案内者を確保するなど、地の利を生かして武田軍を迎え撃とうとしていた。木曾軍は、案内者を先頭に、武田軍が攻め上がってくるのを、方々に伏せて待ち受け、一斉に弓矢・鉄炮を撃ちかけた。戦闘の火蓋は、巳刻（午前十時頃）に切って落とされた。鳥居峠を攻め上がるには、細い道を上るしかなかったため、武田軍は縦隊編制を採らざるを得ず、峠付近の諸処に分散して展開する木曾軍に対応することができなかった。このため隊列は崩れ、武田方は分散して攻撃を凌ぐしかなかった。

こうして武田方の先頭が乱れたのを見計らって、木曾軍は一斉に武田軍に襲いかかった。木曾軍の攻勢に、武田方の先頭は抗しきれず、谷底に追い落とされる者が続出した。先頭の部隊が、木曾軍の攻撃を受けていることは、まもなく後続部隊にも伝わったが、狭い道のため、助けにいくこともままならず、武田軍の後続部隊は別のルートを探して鳥居峠を目指したり、鳥居峠下の戦場が見える峰などに移動して、事態の成り行きを見守るしかなかった。

不意打ちを受けた武田軍の先頭は、それでも木曾軍を引き受けて善戦し、木曾軍を峠に向かって次第に押し上げ始めた。このまま木曾軍を圧倒すれば、武田軍は鳥居峠まで攻め上がることも可能かと思われたが、木曾軍は別働隊が峠に向けて攻勢に出ていた武田軍の側面を攻撃したことで、形勢は再び逆転し、武田軍は数百人の戦死者を出して敗色が濃厚となった。そこに、別のルートを通じて鳥居峠を目指していた、諏方頼豊・諏方伊豆守・秋山紀伊守《きいのかみ》らの武田軍が到着し、困難な戦いを強いられていた先頭部隊を援助した。

峠下では、両軍の死力を尽くした戦いが続いたが、鳥居峠を破られれば、木曾氏は危機的状況に陥ることが目に見えていたため、木曾軍は峠の確保に必死であった。そしてついに武田軍は、鳥居峠攻略を果たせず、申の刻（午後四時頃）に追い落とされてしまった。この日の合戦で、武田軍は被害が大きく、再度峠を攻略することができなくなり、全軍は奈良井と贄川《にえかわ》（塩尻市）に撤退した。

『信長公記』によれば、この合戦には、織田方より木曾義昌への加勢として、苗木遠山久兵衛友忠・友政父子が加わっていたとあり、その後義昌とともに鳥居峠を確保した織田方の武将として、織田長益・織田（津田）孫十郎・稲葉《いなば》彦六《ひころく》・梶原平次郎景久《かじわらへいじろうかげひさ》・塚本小大膳《つかもとこだいぜん》・水野藤次郎・梁田彦四郎・丹羽勘介氏次の名が挙げられている。鳥居峠合戦に勝利した木曾・織田軍は、一挙に峠を下りて筑摩郡に乱入することはせず、峠を確保して深志城の馬場美濃守と対峙《たいじ》した。じつは、深志城将馬場美濃守（信春の息子）は、武田勝頼の命令により「いねこき口」（稲核《いねこき》、松本市安曇《あずみ》）に安曇郡古畑伊賀守・西牧又兵衛らの深志衆を派遣させていたという（『岩岡家記』『二木壽斎記』『溝口家記』他）。つまり勝頼は、正規軍の今福昌和ら諏方衆を木曾軍の正面にあたる鳥居峠に差し向け、側面を衝く別働隊を深志衆に組織させ、木曾軍を殲滅《せんめつ》しようと考えていたものと推察される。

この作戦は、かつて武田信玄が木曾氏を降伏させた時に採用したものとまったく同じである。信玄は、本隊を鳥居峠方面から差し向け、別働隊を稲核を経て、小木曾を占領させ、鳥居峠に向かおうとする木曾軍の動きを封じ、これに乗じて鳥居峠を制圧した。そして鳥居峠に砦を構築して木曾氏に対抗する橋頭堡《きょうとうほ》とし、稲核や小木曾を封鎖した別働隊を、飛驒街道沿いに侵攻させて、王滝城の攻撃に向かわせ、木曾と飛驒の流通路を封鎖するとともに、木曾氏を南北から挟撃する作戦を採った。このため、木曾義康《よしやす》・義昌父子は、抵抗できないと諦めて降伏したのである。

勝頼は、父信玄が木曾氏攻略の際に採用した作戦を、義昌攻略のために再び用いようとしたのであろう。だが、思わぬ事態が発生した。馬場美濃守が派遣した古畑・西牧らの軍勢は、逆に木曾義昌に内通し、十六日に稲核へ向かう途中の諸郷から人びとを催し、大野田《おおのたかどう》の夏道砦に籠城してしまったのである。この結果、深志城の武田軍は、逆に稲核に通じるルートを反乱軍によって塞がれてしまい、鳥居峠に向かう本隊と連携を取ることができなくなってしまった。

武田軍の鳥居峠敗戦は、木曾・織田軍の側面を牽制し、鳥居峠を制圧する本隊を支援する別働隊が、反乱軍によって逆にその動きを封じられ、勝頼の作戦が思惑通りに進まず、敵の総力が待ち受ける鳥居峠に、攻め上がらざるを得ないという不利な状況に置かれたことが最大の原因であったと思われる。

古畑・西牧氏の反乱は、筑摩・安曇郡の武田方を動揺させた。古畑氏らの反乱を知った岩岡《いわおか》佐渡守《さどのかみ》・織部《おりべ》父子も武田方を見限って反乱に合流し、本拠地岩岡の居館(「とんがり屋敷」〈尖屋敷〉、松本市梓川)を捨てて、近郷の人びとを率いて、中塔小屋《なかとう》(中塔城、松本市)に籠城した。この城は、武田信玄に追われた小笠原長時《ながとき》が、最後まで籠城した堅城として知られる。かくて馬場美濃守は、深志城から動けなくなってしまった。

いっぽうの織田方も、武田攻めは始まったばかりであり、作戦の趨勢《すうせい》が明らかにならないうちは、木曾・織田軍も無理な前進はできなかったのであろうし、後に見るように織田信長は、信長本隊の到着以前に、武田領深く侵攻することを、織田信忠らに対して厳しく戒めていたので、鳥居峠の軍勢も信長の指示により動かなかったものと思われる。

鳥居峠合戦で、武田軍は跡部《あとべ》治部《じ》丞《ぶのじよう》・有賀《あるが》備後守《びんごのかみ》・笠井(河西か)氏・笠原氏ら四十余の名だたる部将が戦死した(『信長公記』)。この戦死者のうち、跡部治部丞は、諏方衆で有徳人として知られる諏方春芳軒宗富《しゆんぽうけんそうふ》の関係者と推定され、有賀備後守は諏方西方衆、また河西氏も武田氏の諏方支配を担った河西但馬守虎満本人か、その係累であろうとみられる。鳥居峠攻撃隊の武者大将が、諏方郡司今福昌和であるので、この方面で戦ったのは、諏方衆が中心であったのだろう。このことから、諏方頼豊・諏方伊豆守らが参戦したとする『甲乱記』の記述は、信用できるものと考えられる。

織田軍の木曾谷進出と、織田軍の下伊那口制圧の情報は、鳥居峠の敗報とともに、武田方を動揺させた。勝頼は、織田方が木曾に加勢に来たことを知ると、木曾義昌攻略を諦め、織田軍と興亡の一戦を行おうと決意するのである。そこで、鳥居峠の木曾・織田軍の進出を食い止めるべく、木曾口に備えた砦を二、三カ所、塩尻峠に構築し、ここに軍勢を籠めると、自身は全軍を率いて諏方上原城に戻り、次の作戦に備えたのである。

織田信忠は、この日岩村城を出陣し、信濃・美濃国境の峻険な山道を越えて平谷に滞陣した。信忠も、信濃に侵入したわけである。

いっぽうの北条氏は、情報をつかめず、なおも右往左往していた。この日、小田原の氏政のもとへは、二月十三日・十四日付の北条氏邦書状が立て続けに届けられていた。そこには、信濃の情報が記されていたらしいが、氏政はそれを信用していなかった。氏政は、十六日付で氏邦に返事を送った（戦北二三〇六号）。本当のところはどうなのか、確信が持てない氏政は、粗忽に軍勢を動かすことを躊躇《ちゅうちょ》していた。どんな手段を使っても構わないから、本当のことを探り報告してほしい、こちらにも武田領から逃げ込んで来る者がいないので、甲斐・駿河の備えについては十日以降まったく情報が入っていないのです。こちらも何とか手を廻《まわ》して、情報を取りたいと思っています。武田方の様子が、本当に知らせ通りなら、すぐに出陣するつもりです。しかし不確実な情報を信じて出陣することはできません。西上州の半手の郷村（境目で両属の村々）に褒美を差し出して探れば、どんなに秘密にしようとも正確な情報を取れるのではないか。そのように熟慮して懸命に情報を探り、注進してほしい。氏政は、このように氏邦に書き送った。

氏政のもとに届けられていた信濃の情報がどの程度なのかは定かでないが、その内容を彼は信用できなかったようだ。あるいは、木曾義昌謀叛や下伊那の崩壊などが正確に記されていたのかも知れないが、氏政にはとても信じられなかったのだろう。それほど、武田氏が容易く崩壊することなど、想像もつかなかったからであろう。

また武田方も、織田・徳川方と北条方との連絡を封鎖する努力をしており、それがかなり成功していたようだ。国境封鎖は、有効に機能していた。こういうところからも、武田がそんなに脆《もろ》いわけがないと、氏政は考えていたようだ。

そしてこの日、遠江で武田方が最後まで確保していた小山城が自落した。在城衆は城を捨てて逃亡したからである。徳川家臣松平家忠は、この日、三河国深溝城より歩行衆と夫丸《ぶまる》を先発させ、浜松に向かわせた（『家忠日記』）。

二月十七日――大島城自落

織田信忠は、この日、大軍を率いて平谷を出陣し、無血で占領した飯田城に入った。ここで織田軍は、先陣の森・河尻・団氏らと合流し、伊那谷を北上することとなった。

迫り来る織田軍に対抗するため、軍備を整えていたのが大島城である。大島城は、伊那において、飯田・高遠城とならぶ武田氏の戦略的要衝で、天正三年の武田勝頼の防衛策でも、下伊那防衛の軸と位置づけていた堅城である。ここには、日向玄徳斎が物主《ものぬし》として在番していたが、勝頼は、叔父武田逍遙軒信綱・重臣小原丹後守継忠・上野衆安中七郎三郎・信濃衆依田能登守（阿江木常林）ら七百人を派遣していた。大島城には、織田軍の侵攻に備えて、兵粮・鉄炮・玉薬・兵楯などを豊富に備蓄してあり、援軍を含めて一千人の軍勢が籠城していた。

大島城に籠城する武田軍は、この堅固な城を橋頭堡にして、織田軍を食い止め、その間に勝頼が武田軍本隊を率いて後詰に来てくれれば、双方の死力を尽くした合戦が数度にわたって行われるであろうとの見通しを立てていた。この戦略的見通しは、城方の上層部が軍議で語っていたばかりでなく、城兵たちもそのように噂していたという。しかし、織田軍の侵攻が間近に迫ってきたにもかかわらず、勝頼以下の武田軍本隊が駆けつける様子が一向に見えない。しかも大島城の前面に位置する飯田城が、まったく抵抗せずに自落してしまい、ここに織田軍が無血入城するに及んで、ようやく大島城に籠城する武田方に動揺が広まり始めた。飯田城が陥落した情報が城内に流れると、大島城に立て籠もっていた地下人ら千余人が、外曲輪に火を放って、織田軍へ寝返ったのである。籠城衆の周章狼狽《しゅうしょうろうばい》ぶりは目を覆うばかりであった。火事騒ぎの最中、援軍として大島城に在城していた武田信綱は、秘かに城を脱出して甲州に逃げ帰った。これを知った籠城衆は、さらに大騒ぎとなり、城から相次いで逃げ出したのである。

これを見た物主の日向玄徳斎は、息子の日向二郎三郎を呼び寄せ、自分は大島城を預かって数十年に及び、武田氏から受けた恩顧は計り知れない。もはや武田逍遙軒信綱も逃げてしまったのであるから、城を支えることは不可能であろう。このうえは、自分は城を枕に自刃するつもりである。二郎三郎はこのまま甲斐に引き返して、武田勝頼の御前に参じ、降参不義の族に同意して不忠を企てることなく、勝頼の御前で討ち死にするように言い渡し、切腹しようとした。しかし、日向二郎三郎や一族・家臣たちが、こぞってこれを押しとどめ、勝頼の危機はこれからであると説得して馬に乗せ、迫る敵兵を振り払って大島城を脱出したという（『甲乱記』）。

『信長公記』によれば、大島城は織田信忠軍が迫るに及んで、城を維持することができないと判断し、二月十七日の夜半に自落したとある。ただ『甲乱記』にあるように、地下人らが外曲輪に放火して、落城のきっかけをつくったということは記録していない。

『甲乱記』の記事で注目されるのは、織田軍の侵攻に直面して、信濃の地下人（有力百姓）らが続々と武田方を見限り、織田方に帰属し始めたとあることである。『信長公記』によると「先々より百姓共、己々が家に火を懸け、罷出で候なり」とあり、織田軍が迫ると、付近の郷村の人びとは、自らの家に火をかけて織田方の陣地に参じたという。自らの家に火をかけるのは、いわゆる「自焼没落」（徹底抗戦の意思表示）の他に、「侘言」「降伏」の作法として知られる（藤木久志・一九八七年）。それでは、なぜ信濃の郷村の百姓たちは、武田氏を見限り、織田方に続々と帰属し始めたのであろうか。もちろん、軍事的に敗退を続ける武田方に同心する道理がなかったのは当然であるが、武田氏が課した重税や、賞罰の不公平などを不満としていたという。

> 近年武田四郎新儀の課役等申付け、新関を居、民百姓の悩尽期なく、重罪をば賄を取りて用捨せしめ、かろき科をば、懲の由申候て、或は張付に懸け、或は討たせられ、歎《なげ》き悲しみ、貴賤《きせん》の上下共に疎果、内心は信長の御分国に仕りたしと、諸人願ひ存ずる砌《みぎり》に候間、此時を幸いと、上下御手合せの御忠節仕候

ここに見える、武田勝頼が近年領国に賦課した課役が具体的に何であるのかは不明であるが、可能性として考えられるのは、天正六年から七年にかけて、信濃一国（木曾を除く）を対象に実施された諏方大社上社・下社の造宮事業である。この事業は、武田氏の強い後押しで実施されたものだが、先例調査や造宮銭徴収などは村々の抵抗にあい、困難を極めた。しかし勝頼はこれを強行し、諏方大社は上社、下社ともに壮麗な造宮をなし遂げたのであった（小林純子・二〇〇七年）。そして天正九年から始まった新府城築城も、「惣国普請」として人足が動員され、しかも軍役衆にも特権の一部剝奪《はくだつ》を伴ったのだから、負担増の大きな要因に挙げられるであろう。民衆に不評であった新たな関所の設置なども、武田氏が財源確保のため、課税の裾野を広げようと躍起になっていたことを物語っている。だがそれが結果的に、民心を武田氏から遠ざける結果となってしまったのである。また賞罰に賄賂が横行したり、その執行が明らかに不公平であったことは、武田氏の領国支配の法的正当性を疑わしめることとなった。しかも賞罰の不公平を矯正する動きが、武田氏の家中からは出なかったことが、民心をさらに武田氏から引き離すことに繋がったのである。

『信長公記』が記すように、もはや武田氏の領国であるよりも、織田信長の領国に編入される

ことを民衆が秘かに望んでいたという記述は慎重に検討されるべきであるが、それにしても武田氏の信濃における諸城や国衆・軍役衆が相次いで一戦も交えることなく織田方に降っていったのも、彼らの拠《よ》って立つ基盤である所領の諸郷村の人々が、武田氏を快く思わず、籠城や抗戦に非協力的であったという背景が存在していたのではなかろうか。戦国の戦争は、侍衆のみの活動で展開していたわけではないのである。信長はこのことを「大百姓以下ハ草のなひき時分を見計物にて候条、其節用ニ可立かと存候」と述べており、織田方が有利となれば百姓は雪崩を打って味方に参じるだろうし、そうなれば彼らを自分たちの役に立つよう使うこともできるようになると考えていた（信長九七二号）。

織田軍は、大島城が自落したことを知ると、織田信忠本隊が早速入城して、これを接収した。信忠は、留守居として河尻秀隆・毛利長秀をここに配備し、森長可・団忠正・小笠原信嶺に先陣を命じて飯島（上伊那郡飯島町）に派遣した。ここは、武田氏が伊那防衛の最後の要衝と位置づける高遠城と、諏方へ抜ける有賀峠へ通じる街道の分岐点にあたり、織田軍は諏方に布陣する武田勝頼本隊の動向を睨《にら》みつつ、高遠城攻撃への準備に入るのである。伊那は、高遠城を残すのみとなった。

しかし、これ以後、信忠はしばらくの間、大島城に在陣し行軍を停止する。恐らく、二月十五日に信長が派遣した二人の小者智・犬が到着し、滝川一益宛の書状が披露され、信長の口上が伝えられたからであろう。信忠はこれを承知したと、小者の智・犬の二人に返答したといい、彼らは至急安土に帰還して信長に復命している（『信長公記』）。

いっぽう、筑摩・安曇郡でも武田方は押されていた。深志城将馬場美濃守は、二月十七日に軍勢を率いて、中塔城を攻撃した。しかし、士気が阻喪していた武田方は、上野原や黒沢馬場で反乱軍と交戦したものの、これを撃滅することができなかった。逆に岩岡佐渡守らは、中塔城から出撃して細萱《ほそがや》氏館などを襲い、深志の武田方と寺所河原などで合戦を展開した。武田方は、多数の戦死者を出し敗退した。

かくて信濃は木曾・伊那がほぼ織田軍の手中に入り、筑摩・安曇郡でも武田氏の権益は掘り崩され始めていた。信濃の武田領国は、崩壊しつつあった。

徳川家康は、この日浜松城を出陣し、遠江国懸川《かけがわ》城に入った（『家忠日記』）。この時、織田信長からは家康のもとへ西尾《にしお》小左衛門尉吉次《しょうざえもんのじょうよしつぐ》が派遣されていたらしい（二月二十六日条参照）。徳川氏に武田攻めを伝達するとともに、しばらく同陣して、家康軍の戦いぶりを視察する目的だったのであろう。

二月十八日──戸惑う北条氏政

十八日辰刻（午前八時頃）、小田原城の北条氏政のもとに、弟氏邦より十四日戌刻（午後八時頃）付の書状が届いた。それには、二通の手紙も添付されていたらしく、恐らく氏邦の手元に届いた報告だったとみられる。氏政は、氏邦に返書を認めた（戦北二三〇七号）。その中で氏政は、氏邦の報告と二通の書状に目を通したが「あまりにも虚説ではないだろうか、とても信用できない」と戸惑いを隠せなかったようだ。そこにどのような情報が盛り込まれていたかは定かでないが、武田氏の実力を知る氏政にとって信じられない内容が書かれていたことは事実だろう。氏政は、今月中には確かな情報が欲しい、どのような手を使ってでもよいから、噂の真偽を探り出し報告するように、と述べている。

当主氏直もまた、同日、叔父氏邦に信州口の様子の確たる情報を一刻も早く入手するよう督促している（戦北二三〇八号）。

氏政は、まだ北条方が探り出した信濃の武田方の様子が信じられなかったらしい。彼もまた情勢に取り残されないように焦っていたが、手元に来る情報は氏政のこれまでの経験では考えられない武田方の体たらくだったようだ。それが彼の判断を鈍らせ、決断を遅らせる結果となったのである。

二月十九日——深志城の馬場美濃守孤立す

深志城の武田方は、反乱を起こした岩岡氏らを押さえ込むことができず、各所で敗退し逆に押され始めた。すると、それまで武田方に従っていた二木《ふたつぎ》一族岩波平左衛門も逆心し、中塔城の岩岡佐渡守らと合流した。中塔城は、古畑・西牧氏らが籠城する大野田の夏道砦と連携し、深志方の七、八カ村を焼き払い、下神林・野溝・平田辺で深志の武田軍と激突した。だがこの合戦でも、深志の武田軍は、反乱軍を打ち破ることができず、馬場美濃守は深志城に籠城することとなった。

これを知った諏方上原城の勝頼は、中塔城の岩岡父子や岩波平左衛門に、城を破却して降伏するよう圧力をかけたが、彼らはこれに従わなかった。そしてまもなく、勝頼は穴山梅雪の謀叛を知り、甲斐へ退去した。そこで岩岡佐渡守・古畑伊賀守・岩波平左衛門らは、秘かに深志城に籠城する二木氏・横田氏といった旧小笠原家臣に連絡を付け、武田方を見限って味方になるよう盛んに勧誘した。その結果、二木氏らは深志城を脱出して、中塔城に合流したという(『岩岡家記』等)。かくて、筑摩・安曇郡の武田領国も崩壊の危機に見舞われることとなった。

いっぽうの徳川軍は、この日家康が牧野原《まきのはら》城(諏方原城)に入城し、諸軍は金谷に陣取り、いよいよ駿河侵攻を開始しようとしていた(『家忠日記』)。武田方が放棄した遠江小山城は、この頃徳川方によって接収されたらしい。

そしてこの日、武田勝頼の正室北条夫人は、武田氏の氏神である武田八幡宮に願文を奉納した(戦武三六五九号)。そこには、木曾義昌がこれまでの恩寵《おんちょう》を顧みず、人質の母すら捨てて敵に通じ、勝頼に刃を向けた。勝頼は運を天に任せ、敵を討つために出陣していった。だが勝利はおぼつかず、士卒の心もまちまちである。どうか勝頼に、武田家の祖武田太郎以来の加護を与えていただきたい。もし勝利したら、私は勝頼とともに社壇、御垣、回廊などを建立します、とかき口説くかのような内容が綴られている。ただ、この願文は内容などに疑問が出されており、今後に課題を残している(柴辻俊六・二〇〇三年他)。

小田原の北条氏政は、この段階になってもまだ、自分の手元にもたらされる情報に確信が持てなかった。この日の酉刻(午後六時頃)、北条氏邦より十六日付の書状が届けられた。氏政は返事を認めた(戦北二三〇九号)。その中で氏政は、氏邦の報告には、これまで何度も届いていた情報が記されていることから、それは本当なのだろうと思いつつも、まだ確信が持てないと逡巡《しゅんじゅん》していた。その理由は、「是者安可為聞様候」（軽い話を聞いているように思える）というものだった。

情報源は、半手の村々だったらしく、氏政はいい加減な人物を探りに行かせているのだと思っており、しっかりとした者を情報を探りに派遣せよと指示している。そして今度は、情報を入手した者を小田原に出頭させ、こちらで事実関係を究明するとまで述べている。氏政が情報の確度を疑ったのは、境目からの注進状には、仲介者の名もなく、誰が言った話なのかが裏づけられていないというのに尽きた。そして、ここで初めて北条方がつかんでいた信州表の情報の内容が書かれている。それは、木曾義昌が武田氏から離叛したことである。氏政は、もし木曾の離叛が事実なら、美濃から織田軍が乱入するだろうと考えており、武田方がこれをどこでどのように防ぐのか皆目見当がつかないと思っていた。

ともかく氏政は、木曾が敵対したら、勝頼に防戦はできないと判断していた。しかし木曾以外の境目の状況がわからないので、にわかに判断できないと氏邦に吐露している。同日、氏直も氏邦に引き続き信州表の情報探査を依頼した（戦北二三一〇号）。それにしても、石橋を叩《たた》いても渡らぬ氏政の慎重さには驚かされる。

だがこの書状を認め、氏邦のもとに送った後、氏政は確度の高い情報を入手することに成功し、再度氏邦に書状を送ったらしい（同二三一一号、ただし現存しない）。

二月二十日──徳川軍、駿河に侵入、上杉景勝の好誼

この日、徳川家康は大井川を越えて駿河に侵入し、依田信蕃・三枝虎吉の守る田中城を包囲し、攻撃を開始した（『家忠日記』）。軍記物などによると、徳川軍は大須賀康高・榊原《さかきばら》康政《やすまさ》・牧野《まきの》康成《やすしげ》らの軍勢が大手口を破り、武田方八十余を討ち取ったというが確実な史料では確認できない（『集成』他）。だが田中城は降伏も開城もせず、依田信蕃は奮闘した。家康は、田中城をやり過ごして先に進んだ。徳川軍本隊の侵攻を守るため、鳥居元忠らが殿軍を務め、田中城から出撃してきた鉄炮足軽の攻勢を凌ぎ、これを城内に撃退したという（同前）。その後も、徳川方による田中城包囲は続いた。

また上野でも、境目の北条方が動き出したようだ。上武国境の三ツ山城（群馬県藤岡市）に在城していた長井《ながい》政実《まさざね》は、この日北条方の軍勢と衝突し、これを退けたらしい。政実は、家臣飯塚六左衛門尉に感状を与え、北谷《きただに》（藤岡市）で知行を与えると約束している（戦武三六六一号）。

いっぽう、木曾義昌謀叛の情報を知った越後の上杉景勝は、同盟国武田勝頼の身を案じ、援軍の派遣を申し出た。勝頼は、過日、景勝のもとへ木曾が謀叛を起こしたとの情報があると伝達していたが、それが明確になったことを報じた。そして、木曾を討つべく軍勢を動かし、木曾谷をほぼ制圧したが、敵は切所に立て籠もっているので、打倒に時間がかかっており、無念に思っていたところ、下伊那でも地下人と賊徒が蜂起したので、分国の軍勢を招集し退治する覚悟である。他国の聞こえもあり、また軍勢が不足しているわけではないが、もし援軍を派遣

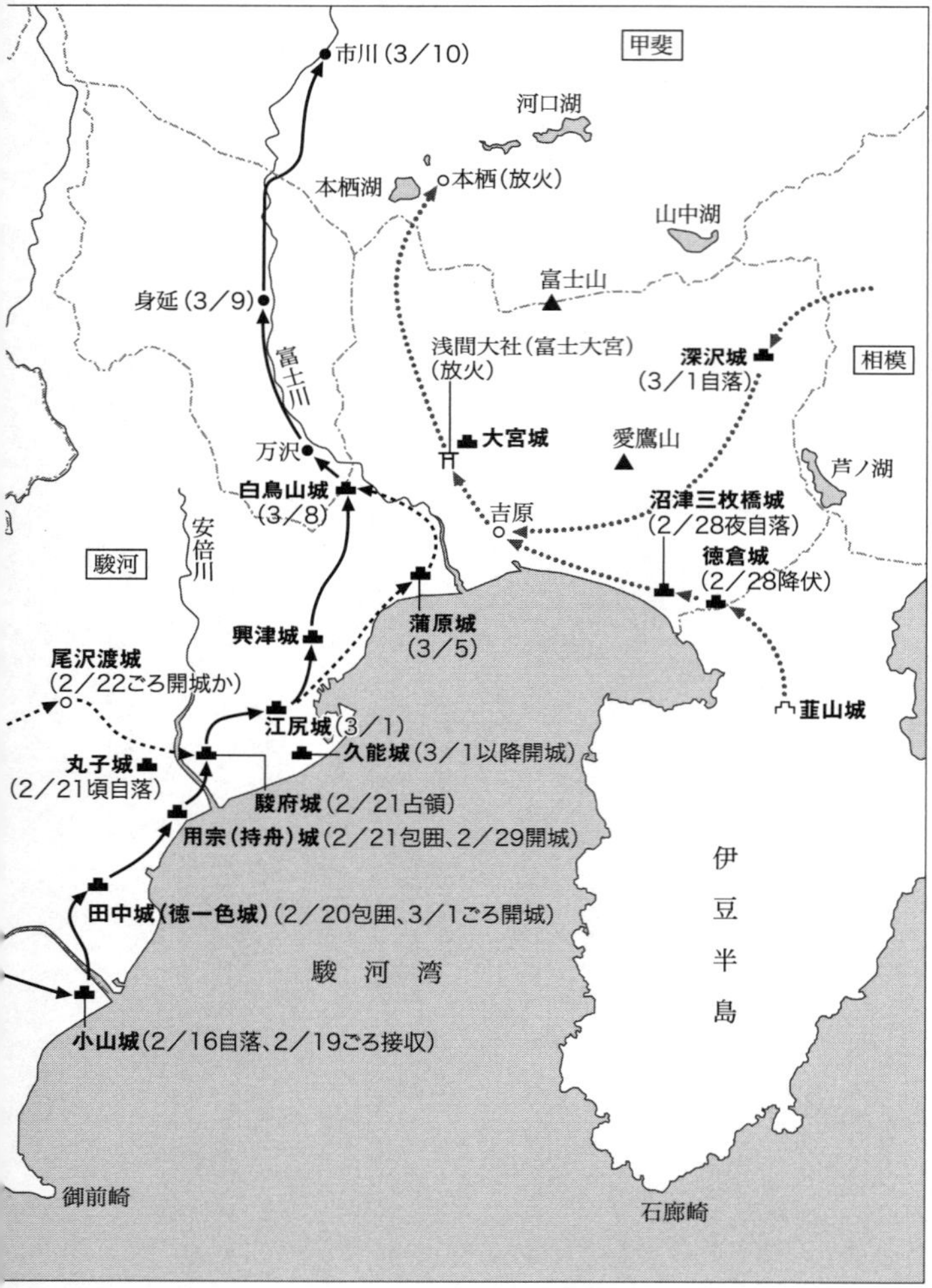

甲斐
市川（3／10）
河口湖
本栖湖
本栖（放火）
山中湖
富士山
身延（3／9）
富士川
浅間大社（富士大宮）
（放火）
深沢城
（3／1自落）
相模
大宮城
愛鷹山
万沢
芦ノ湖
白鳥山城
（3／8）
吉原
沼津三枚橋城
（2／28夜自落）
安倍川
駿河
徳倉城
（2／28降伏）
蒲原城
（3／5）
興津城
尾沢渡城
（2／22ごろ開城か）
韮山城
江尻城（3／1）
久能城（3／1以降開城）
丸子城
（2／21頃自落）
駿府城（2／21占領）
用宗（持舟）城（2／21包囲、2／29開城）
伊
豆
半
島
田中城（徳一色城）（2／20包囲、3／1ごろ開城）
駿　河　湾
小山城（2／16自落、2／19ごろ接収）
御前崎
石廊崎

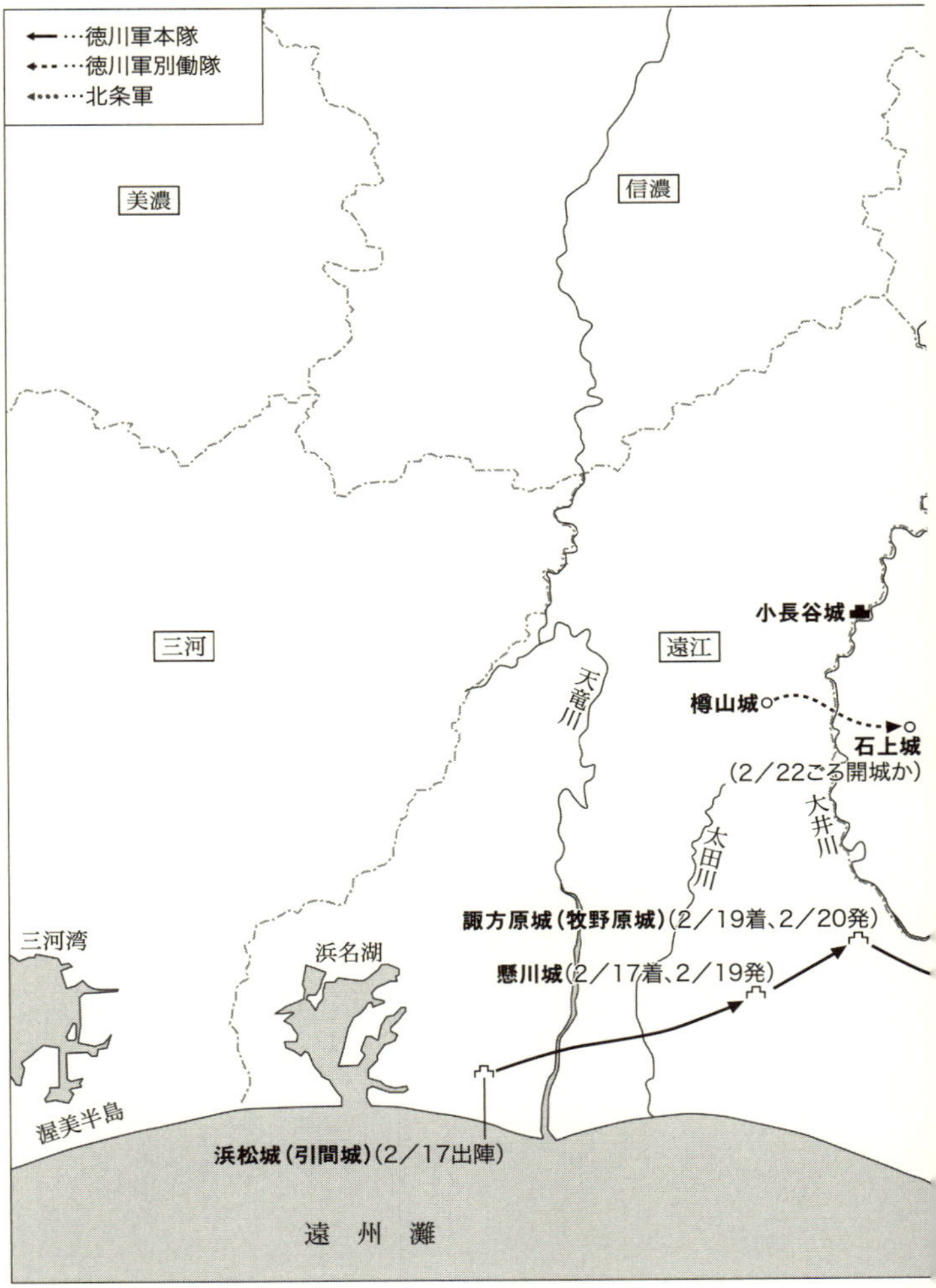

図14　徳川・北条軍侵攻図

して下さるというのであれば、二千でも三千人でも早々に派遣していただけるとありがたい、と綴っている（上越二二八三号）。

勝頼は強がってはいるが、もはや劣勢は否めず、木曾谷の過半を制圧するどころか、足を踏み入れることも叶《かな》わず、下伊那も失陥した状況下にあった。甲越同盟は、対織田・徳川戦に果たして機能するのか、その真価が問われようとしていた。なお、これが現存する最後の武田勝頼書状である。

そして、この日、北条氏政はようやく出陣を決断した。氏政は、確度の高い情報を自らつかんだらしく、氏邦に昨日のうちに第一便を送り、そして二十日に第二便を送ったのである（戦北二三二一号）。北条氏は、この日終日評定を行い、軍事作戦についての手配を済ませたという。まずは、早々に多波川（多摩川、東京都）まで軍勢を派遣することが決定された。その間に、西上野、甲斐、駿河方面への作戦展開を考えるとしている。そして氏邦に、出陣の準備を整えるよう求め、「当方弓矢此時候」（今が北条氏の勢力拡大のチャンスだ）と述べている。北条氏は、領国に陣触を出し、ようやく重い腰を上げたのだった（同二三二四号）。

二月二十一日――家康の駿府占領

この日徳川軍は、田中城を包囲したまま、軍勢の主力を駿府に向け進めた。三河衆は、当目峠を突破して用宗城を包囲し、家康は遠江衆を率いて駿府を占領した（『家忠日記』）。この時、朝比奈信置（賢雪斎道与）は、家臣奥原日向守ら数百人を当目峠（当目砦）に配備し、防戦させたものの突破されたというが、確実な史料では確認できない（『集成』他）。また、徳川軍に味方することを申請し、禁制を受け取る村々も現れた。

当目郷（焼津市）・広野・小坂《おさか》・足窪《あしくぼ》（足久保、以上静岡市）、高根郷（藤枝市瀬戸ノ谷付近か）は、この日徳川氏より禁制の発給を受け、軍勢の狼藉《ろうぜき》を免れた（家康二七五、静⑧一四八八号）。このうち、前二者は当目峠から用宗にかけての村々であり、高根郷のみが笹間《ささま》（篠間）方面に抜ける道筋に当たっている。このことは、徳川軍の別働隊が、笹間（石上城）、小長谷《こながい》城などの制圧に向かったことを示唆するものであろうか。

もはや徳川方の行く手を阻むものは、江尻城代穴山梅雪、久能城代今福虎孝（駿河郡司）・善十郎父子だけとなった。時期は定かでないが、家康が駿府を占領すると、穴山梅雪は手筈《てはず》通り織田・徳川方に転じ、江尻城を明け渡すことを正式に申し入れるべく、家臣佐野弥左衛門尉《さのやざえもんのじょう》（駿河国富士郡内房《うつぶさ》郷〈富士宮市〉の土豪、穴山重臣佐野越前守泰光《えちぜんのかみやすみつ》の甥《おい》）に命じて、駿府の徳川陣に向かわせた（戦武四〇〇五号）。

ばいせつ（梅雪）、ほさかひたち（保坂常陸）に申つけられ、しやうくんさま（将軍様）するがふちう（駿河府中）ニ御馬御たて候ちふん（時分）、ゑしり（江尻）のしろ（城）御わたし（渡）なさるへく候とて、御ちやう（状）われら（我等）ニさしつかわされ候、そのちふん（時分）くの（久能）・同やまかすじ（山家筋）より、かまり出し申候ゆへ、つうろ（通路）御さなく候へ共、御ちうせつ（忠節）たるへくよし申され候間、御ちやう（状）かちまいり（歩行）候て、ほんたしやうさえもんとの（本多庄左衛門殿）を以あけ（上）申候

佐野弥左衛門尉は、梅雪から家康に宛てた書状を届けるよう、穴山重臣保坂常陸介君吉《ただよし》に託

され、駿府を目指した。ところが、路次には久能城より放たれた武田方の「かまり」（忍びの者、野伏）に封鎖されており、難儀したと回想している。佐野は、駿府に到着すると、徳川重臣本多《ほんだ》庄左衛門《しょうざえもんのじょう》尉信俊《のぶとし》に梅雪の書状を手交した。これにより、かねてよりの密約通り、穴山梅雪は織田・徳川氏へ転じる意思表示を明確にしたのである。

この日、北条氏邦は武蔵鉢形城を出陣し、上野国多野《たの》郡に侵攻、三巴《さんば》川（三波《さんば》川、藤岡市鬼石）に至り、ここで武田方と交戦し、これを撃退した（戦北二三一二号）。地域的にみて、これは武田方の三ツ山城主長井政実の軍勢とみられる。長井氏は、これ以後史料に姿を見せなくなり、完全に没落した。政実は本領を放棄して沼田城の藤田信吉を頼り、後にともに上杉氏に身を寄せている。

二月二十二日――北条氏、攻め口に迷う

徳川軍が駿府を占領したことを知ると、宇津谷《うつのや》峠を守る丸子城の屋代秀正と室賀正武は、かなわずとみて城を捨て逃亡した。駿府館を警固していた武田信友・信堯父子も館を捨て逃れ去ったという（『朝野』他）。ただし、時期的にみてこの動きは、駿府占領と同日の二十一日であった可能性が高い。

この日、駿河国阿倍三ケ郷が、徳川方に忠節を尽くしたことを賞し、家康は禁制を与えた（新修徳川②三四）。この阿倍三ケ郷とは、大河内《おおこうち》・中河内《なかごうち》・西河内《にしごうち》を指し、門屋と松野村を起点にした安倍川上流の奥地一帯と井川を指す広域呼称である（宮本勉・一九九一年）。恐らく、

樽山《たるやま》城の徳川方が家康本隊の侵攻に呼応し、武田方の小長谷城、石上城（篠間）、尾沢渡城などを降伏させ、藁科《わらしな》川沿いを駿府に向けて進んだと推定され、阿倍三ケ郷の人びと（その中心は、土豪末高、朝倉、海野、望月、狩野氏らであろう）はこれに味方して、案内を務めたと推定される。前日には、田中城包囲から瀬戸ノ谷（高根郷）に向けて進む徳川の一軍があったと考えられるので、徳川方は、二方向から駿河北部を制圧し、さらに藁科街道を進んで駿府に接近したと思われる。実際に、藁科川と安倍川の合流点に近く、藁科街道に面した建穂寺《たきようじ》（静岡市）も徳川氏の禁制を拝領しているので（家康二七六）、駿府を山岳地帯からうかがう軍勢があったのは確かだと思われる。かくて駿府周辺の人びとは、ほぼ完全に徳川氏に靡《なび》いたのであろう。

さて、北条氏政は、二十日に陣触を出しており、五日のうちに軍勢をかき集めるよう指示したが、肝心の作戦方面は未だに決定していないありさまだった（「動之筋者、于今無落着候」）。武田勝頼の命運も決まったようなので、砦を築いたりするような慎重なことはするつもりはないが、どこを攻め口にしたものか迷っていると述べている（戦北二三一四号）。また氏政は、織田軍が信濃の平地に大軍で押し出してきたら、勝頼に勝ち目がないと考えていた。すでに信忠や滝川一益が出陣していることを察知していたが、その情報源は織田方の書状などではなく、「勢州舟之者共」（伊勢の船乗りたち）からの情報だったという。氏政は、弟氏邦に対し、廐橋《まやばし》城主北条芳林《きたじょうほうりん》を調略するよう指示し、上野の状況を逐一報告するよう求めた。軍勢が集まらぬことといい、どこを攻めるか定まらぬことといい、北条氏の狼狽《ろうばい》ぶりと対応の遅さは、後に信長の不興を買う結果を招く。

二月二十三日――徳川方、用宗城への攻撃開始

徳川軍は、竹束などを用意し、架橋を行って、用宗城攻めを開始した（『家忠日記』）。朝比奈父子は、頑強に抵抗し、降伏の気配を見せなかった。

この日信長は、二月十九日付で河尻秀隆より送られてきた状況報告に返事を書いた（信長九六九号）。全七ヶ条の内容は、①飯田・大島城が落城し、武田方が確保しているのは高遠城だけになったとのこと、そこで以前に命じたように、伝城（連絡、補給、緊急時の防御を目的として中継地点に構築した小城のこと）を二、三カ所普請することが必要である、②勝頼が諏方高島城にいたが、甲州へ撤退したとのこと、事実かどうかを確認し知らせるように、③勝頼の新城「にらか崎」（韮崎《にらさき》）は普請が完成せず、しかも相当大きいとのことなので事実なのだろう。念を入れ勝頼の居場所を探り出すようにせよ。勝頼は各方面に兵を送り、防備を固めているので、手元に置いている軍勢は少人数だろう。たとえ人数が揃っていても、ここまでくれば退治するのに手間はいらないだろう。とにかく私たちが出馬せぬ前に短慮で前進してはいけない、④信忠には、信長が出馬するのでむやみに前進することのないよう、滝川一益と相談し堅く申し聞かせておくようにせよ、これがもっとも大事なことである、⑤森長可・梶原景久はおまえたちに相談なく先へ先へと進んでいるとのこと、若い者たちは戦功と高名を得て、自分にそれを披露したいのだろうが、短慮な行動は無用であるとくれぐれも伝えるようにせよ。河尻らが彼ら

を補佐することが必要である、⑥木曾義昌の人質（実弟上松蔵人）は、こちらに寄越そうが、岩村城に置こうが同じである、私が出馬した際に召し連れ、確保すればよい。若者とのことなので、何かの役に立つであろうから、彼の代わりに幼児を寄越すよう義昌には伝えておいた、とりあえず今の人質は菅屋長頼に預けておいてある、⑦高遠方面に布陣しているそうだが、各々がよく相談し落ち度のないように配慮せよ、などであった。信長の不安は消えてはいない。

二月二十四日――徳川軍の用宗城攻撃続く

徳川軍のうち、旗本衆が用宗城の攻撃を止め、府中に移った（『家忠日記』）。用宗城の包囲はなおも続くが、後詰のない状況で、城方は絶望的な戦いを続けていたらしい。

いっぽうこの日、信長家臣野々村三十郎《ののむらさんじゆうろう》に伴われて、安土城を訪問した本願寺顕如《けんにょ》の使者藤《ふじ》井《い》八郎左衛門《はちろうざえもん》は、出陣の準備で騒然とした城内を見ながら、信長に対面した。その際に信長は、藤井八郎左衛門に対して、来る三月五日に、信濃へ出陣するつもりであると述べ、城内の騒然とした事情を説明した。信長は、岐阜まで一日か二日の日程であるが、まずは岐阜城に入って領国から動員された軍勢の集結を待つつもりであるといったという。信長との対面を終えた藤井八郎左衛門は、二月二十九日に安土を発ち、三月三日に鷺森に帰還して、復命した。藤井は、顕如へ信長の説明を言上し、織田軍本隊が信濃出陣の準備中であることを述べたが、安土を発足した後の様子はわからないと報告している（『宇野主水日記《うのもんどにっき》』）。

二月二十五日――穴山梅雪離叛

駿河国江尻城に在城していた武田一族穴山梅雪は、穴山衆の中でも屈強な武者を四、五百人ほど選抜して甲府に送り、人質として在府させていた穴山梅雪夫人（見性院《けんしょういん》、信玄の女、勝頼の異母姉）、嫡男勝千代《かつちよ》らを救出して、本拠地下山（山梨県南巨摩《みなみこま》郡身延町）へ帰還させるように指示した。穴山衆は、雨の降る夜半、甲府の穴山屋敷を訪れ、夜陰と雨に紛れて、見性院と勝千代を秘かに連れ出そうと謀った。しかしこの動きに、甲府の地下人・町人たちが気づき、これを押しとどめようと、二、三百人が集まる騒ぎになった。

甲府の町衆や地下人たちは、人質を連れ出そうとする穴山衆を止めようとしたが、武者たちはこれを相手にせず、平然と甲府を脱出しようとした。だが、甲府の町衆・地下人たちは執拗《しつよう》に穴山衆を翻意させるべく追《お》い縋《すが》り、どこまでも後をついてこようとしたため、穴山衆はついにとって返して彼らに襲いかかり、二、三十人を殺害してこれを退散させた。穴山梅雪の謀叛はこれで明白となり、甲府の町は混乱の巷と化した（『甲乱記』『信長公記』）。

しかし、『甲陽軍鑑』によれば、穴山梅雪は、駿河の有力国人衆岡部《おかべ》正綱《まさつな》とともに、一両年ほど前から、織田・徳川両氏に内通していたと記し、『信長公記』には「今度忠節仕候へと上意の処に、則御請け申、甲斐国府中に、妻子を人質として置かれ候を、二月廿五日、雨夜に紛に偸《ヌスミ》出」とあり、さらに織田信長が三月三日に織田信忠に与えた返書の一節で「仍於駿州穴山依謀反、四郎甲州へ北退（中略）穴山此方へ内々申子細候間、定可為実儀候」（信長九七五号）と述べていることから、穴山梅雪は信長と隠密裡《おんみつり》（「内々」）に内通の交渉をしていたことが知られる。『甲陽軍鑑』の記述は事実であろう。

徳川家康が二月二十一日に駿府を占領した後、進撃を止めたのは、降伏後の穴山梅雪の身柄保証と、信長への帰属に際しての諸条件の交渉が、家康と梅雪との間で非公式に行われていたためであり、また信長の許可（「上意」）を家康が受け取って、梅雪に伝達するのに時間がかかったためであろうと思われる。

この推定については、三月十七日付で、信長が堺奉行松井《まつい》友閑《ゆうかん》に宛てた書状の中で、「此表之事、最前穴山可抽忠節之条、成朱印、信長至信州出馬之刻、可色立之由、路次・日限ヲ相計、早々令風聞、穴山足弱等、従甲斐府中彼等カ館へ引越候キ」（信長九七八号）と見えることからも証明できる。つまり信長は、甲斐侵攻の直前に、穴山梅雪に宛てて秘かに朱印状を送っていた。これに対して梅雪は、信長が信濃へ出馬した頃合いを見計らって「色立」（謀叛）を起こすと返答していたことが知られる。

実際に梅雪は、織田軍の動向に関する情報を精力的に収集して検討し、それをもとにタイミングを見計らって甲府の人質奪還に動いたことが判明する。『信長公記』に見える信長の「上意」とは、織田軍の信濃侵攻を報じ、それにあわせて謀叛を促す内容の朱印状であった可能性が高い。この朱印状は、恐らく家康のもとへ派遣された信長家臣西尾吉次が持参していたと考えられる。西尾は、穴山梅雪が人質を取り戻し、武田氏に離叛したことを見届け、安土に帰還することとなる。

二月二十六日──織田家臣西尾吉次の帰国、高遠城下焼失

この日、家康のもとに派遣されていた織田家臣西尾吉次が安土に帰還することとなった。松平家忠らが駿遠国境の大井川まで警固と見送りを行っている。その後、家忠らは依然として陥落しない田中城攻めに加わった（『家忠日記』）。

いっぽう、織田信忠は、高遠城の動揺を誘うために、高遠の町を放火しこれを焼き払った。これは「調儀」による放火と文書に登場するので、織田方に通じた者の手引きによる放火であった可能性が高い。河尻秀隆は、信濃での戦況を安土の信長のもとへ書状で報告している（信長九七三号）。

二月二十七日──朝比奈信置、用宗開城を決断、勝頼、穴山離叛を知る

徳川軍の攻撃を凌いでいた用宗城は、すでに外郭など多くの曲輪が奪われ、落城は時間の問題となった（『集成』他）。徳川方は、朝比奈信置に降伏を勧告し、朝比奈はこれを受諾する方向で動き出した（『家忠日記』）。この時、朝比奈信置が石川数正に宛てた書状が残されている（戦武三七四二号）。日付が「則日」とあるのみで、具体的な日付はわからないが、石川より降伏を促す書状を受け取り、すぐに出した返事であることがわかる。

この中で朝比奈は、昨日徳川方の「わかき衆」や「酒左」（酒井忠次）より折紙をいただいたと記している。内容は定かでないが、家康をはじめ徳川家中には、馴染《なじ》みの人びとが多くおり、「旧好之御好」で懇ろな申し出をいただいたと喜んでいる。そして自分は老齢なので命を

惜しむものではなく、行く末も諦めているので、潔く果てるものと思っているので、重ねての誘いは不要であるものの、城内には甲斐・信濃から派遣された番手衆がおり、彼らに徳川方からの誘いを申し聞かせ、その意見を聞いたうえでまた返事をしたいと思う、と述べている。そして朝比奈は、酒井忠次、本多広孝らがそちらにおられるとのこと、久しぶりにお会いしたいものだとも記している。朝比奈は、用宗在城衆に徳川方からの降伏勧告を披露したらしい。そして城は開城することに決定したようだ。城内では、引き渡しの準備に入ったとみられる。

いっぽう、武田勝頼は、諏方上原城に在城し、織田軍が諏方に迫ってきたら、塩尻峠か有賀峠の切所を頼みに、武田家興亡の決戦を行うことを評定で決定し、路次や戦場となることが想定される場所などを精力的に巡見して廻っていた。そこへ、甲斐から飛脚が到着し、穴山梅雪が甲府の人質を奪回し、敵方に内通したとの驚くべき情報がもたらされた。勝頼や一族、家臣らは茫然自失《ぼうぜんじしつ》となり、木曾や下伊那が敵の手に落ちたということだけでも一大事なのに、駿河を押さえる柱石の一族穴山梅雪が離叛したとなれば、どのように防戦すればよいか、人びとは暗澹《あんたん》たる思いに沈んだという（『甲乱記』）。

二月二十八日――北条軍駿河に侵攻、勝頼、新府城に撤退

諏方上原城に在城していた勝頼は、織田軍との決戦は、駿河口を穴山梅雪が押さえていることで、初めて実現できる作戦であったのに、肝心の梅雪が敵方になったとすれば、本国甲斐が危うくなる。信濃の防衛も大事だが、甲斐も心許《こころもと》ないと考え、ついに勝頼は諏方を引き払い、

新府城に撤退した。だが武田方の動揺は激しく、撤退を始めた時には七、八千人ほどいたはずの軍勢は、途中で逃亡者が続出し、新府城に到着した時にはわずか千人足らずに激減していたという（『信長公記』『甲乱記』）。

この日信長は、信忠のもとにいる河尻秀隆に書状を送り、繋城（伝城）をしかるべき場所を精査して構築するよう命じた（信長九七一号）。さらに同日、信長は河尻にもう一通書状を送り、道が整備されていなければ人足など在陣中の用事に支障が出るので、下条、駒場、松尾、大島のどれでもよいから、二、三カ所の普請をしっかりさせ、警固のために軍勢を配置するとともに、道の整備も行わせるようにせよ。そうすれば撤収のときに役に立つだろう。各々が分担して普請をしっかりするようにしてほしい。私が出馬する前に、完成させるように。大百姓などは、草が靡くようにこちらの味方となるだろうから、彼らを使役すれば役に立つだろう。勝頼がいる付近へは、信長が出張ったら大軍をもって押し詰めるので、それまで手出しはしないように。このことは、信忠のところにも折紙で指示しておいた。滝川一益にも同様の命令を出してある。それぞれ相談し、油断なく「つなきの城」（繋城、伝城）を整備せよ、と重ねて指示した。信長は、万全を期して勝頼を攻めるつもりだったのである。

武田領国の上野でも、情勢は緊迫してきたようだ。この日、越後国上田庄の栗林肥前守《くりばやしひぜんのかみ》は、春日山《かすがやま》城の直江兼続《なおえかねつぐ》のもとに書状を送り、上野情勢を報告し、上杉景勝への披露と指示を仰いだ（上越二二九二号）。そこには、上野国小川城主小川可遊斎《かゆうさい》が越後に亡命したいと申請してきていること、さらに廏橋北條芳林が北条氏への帰属を懇望していること、女淵《おなぶち》城に鉢形城主北条氏邦のところから軍勢が派遣され、多数が在城していること、その他の境目は今のところ何事もないこと、などが列挙されていた。武蔵の北条方が、上野の武田方にいよいよ手を伸ばしてきており、小川可遊斎らは動揺し始めていたことがうかがわれる。

さらに、攻め口を迷っていた北条氏は、ようやく駿河に侵攻することを正式に決定し、実行に移した。駿河に決めたのは、これより三日以前に、武田方の天神ケ尾城が自落したことを察知したためで、もはやこの方面の武田方に戦意がないと判断したのだろう。氏政は、北条氏規・太田《おおた》源五《げんご》郎《ろう》（氏政の次男）・北条氏秀を派遣し、これに大平城・出城山城の北条氏光・氏勝、韮山《にらやま》城の北条氏規をはじめとする駿豆国境の北条軍が加わり、武田領国に乱入したらしい（黒田基樹・二〇一一年）。北条軍はまず天神ケ尾城を接収すると、すぐに徳倉城を攻めた。笠原政晴ら武田方の軍勢は、北条軍と激戦を展開したが、一人も漏らさず討ち取られた（戦北二三一九・二〇・四七四〇号）。

『北条記』によると、北条軍は徳倉城を包囲し猛攻撃を加えようとしたところ、笠原政晴が降伏を申し出てきた。そこで北条氏勝らは、小田原の北条氏直に報じたところ、笠原は北条重臣松田《まつだ》憲秀《のりひで》の息子であるので、父の功績に免じて今回は赦免する、その代わり出家して城を出よ、ただし城内の甲州衆は討ち取るようにせよ、と指示した。

氏勝らは、城を枕に討ち死にすると息巻く甲州衆に対し、その必要はない、すぐに本国に帰還するがいいと伝えた。甲州衆は、これを信用せず、撤退に際して安全を保障するための証人（人質）を申し受けたいと言ってきた。そこで当時十六歳であった、笠原政晴秘蔵の小姓御宿《みしゅく》又太郎《またたろう》を証人として預けた。その時、北条方は甲州衆をだまし討ちにする手筈であったため、これを知っていた政晴は、駿馬《しゅんめ》を又太郎に与え、隙を見て逃げるように教えたが、彼は北条軍が甲州衆を追い打ちにした時に巻き込まれて落命したという。なお御宿又太郎は、武田一族油《あぶら》川信恵《かわのぶよし》の曾孫《そうそん》にあたるのだといわれるが（『武田源氏一流系図』、県外記録一八二号）、事実かどうかは確証がない。

徳倉城開城と甲州衆全滅を知った沼津三枚橋城の曾根河内守、春日信達らは浮き足立った。すると、夜半になって北条軍が城に夜襲を仕掛けてきた。城方は籠城せず、城を捨てて逃亡し始めた。北条軍は、逃げる甲州衆を吉原まで追撃し、多数を討ち取ったという（戦北二三一九・二〇・四七四〇号）。

『甲斐国志』は、沼津三枚橋城が落城直後に謡われたものとも、駿河の巷間に伝わる童謡ともいわれるを謡歌を記録している。それは「沼津の城か落たやら　弓と箭と小旗の竿が流るゝ」というものであったという（人物部第五）。勝頼が精魂を傾けて築城し、要害堅固を誇った沼津三枚橋城も、あっけなく北条氏の手に落ちてしまった。

二月二十九日――用宗城開城、仁科信盛、織田方の降伏勧告を拒絶す

この日、用宗城が徳川軍に明け渡された。在城衆はすべて退去したとみられる。城将朝比奈信置は、駿河久能城まで退去することとなり、松平家忠が彼を送っていった（『家忠日記』）。

またこの日は、穴山梅雪と徳川方との降伏と江尻城開城に向けた交渉が大詰めを迎えていた。

梅雪は、三ヶ条の「内覚」を家康に提示した（戦武三六六三号）。梅雪は家康に、①再三にわたってお願いしているところですが、甲州での所務（年貢収納）が実施される前なので、御合力（扶助）を与えることを保障する「御一行」（家康の証文）をいただきたい、②日頃より妻子に付けている者たち（侍臣、侍女ら）については、今もそのままにしております、念のため申し添えます、なお二、三之曲輪に穴山家中の妻子らを置いてあります、③徳川軍が動き出す一日前には、城の番手衆を寄越して下さい、心静かに諸曲輪の仕置について相談したいと思います、と申し入れた。

家康はこれを了承したらしい。かくて、穴山梅雪の降伏と江尻開城が決まったのである。

いっぽう、伊那郡飯島に在陣する織田信忠は、高遠城将仁科信盛ら籠城衆に降伏勧告の書状を送ったといわれる（戦武四〇九八号）。この書状を信忠は、僧侶に持参させたという（『甲乱記』）。

信忠は、仁科信盛以下の高遠籠城衆に対し、武田氏が信玄・勝頼二代にわたって、誓約を違《たが》え織田氏へ不義に及んだことが、今度の出兵の趣旨（「退治」）であると述べている。そして、織田軍の侵攻により、木曾・小笠原・下条氏以下の国衆もことごとく降参してしまい、すでに要衝飯田・大島城も自落しているという絶望的な情勢下で、なおも高遠城が堅固に籠城の意思を示していることは称賛に値する。だが、すでに昨日（二月二十八日）に勝頼が諏方から撤退し、小山田信茂ら甲斐国衆もこちらに呼応するといってきているので、もはや高遠城は、武田軍による後詰は期待できない、これ以上の籠城は無駄であるので、降伏して織田氏に出仕するべきである、と説いた。もし出仕すれば、所領は望みのところを差し上げるであろうし、当座の褒美として、降伏すれば黄金百枚（千両）を与えると記して、この書状を結んでいる。

この書状を受け取った仁科信盛は、内容を一読すると、ともに籠城する小山田備中守昌成・同大学助昌貞兄弟らを召し寄せ、この書状を見せて、どのようにするべきかを諮問した。それに対して小山田昌成は、相談するには及ばず、我らは高遠城に入った時から、自分の命を主君勝頼に差し上げている。飯田・大島両城の臆病者どもが、敵が来ぬうちに命を惜しんで城を捨てて逃げ出し、名を落としただけでも悔しいのに、まさか高遠城までもが敵に誑《たぶら》かされて城を明け渡すことはない。他の面々はいざしらず、小山田兄弟は鑓《やり》や刀が折れるまで戦って討ち死にする所存であり、そうしてこそ甲州武士の名を上げるものであると主張した。これを聞いた信盛は小山田昌成の意見に満足し、また居並ぶ諸将もこれに同意した。そこで、信盛は、信忠に対して返書を認めた（『甲乱記』）。この返書は、矢文であったと伝わるが、確認できない（戦武三六六四号）。

信盛は、父信玄以来、武田氏は織田信長に対して積年の恨みがある。もし雪が消えたら、尾張・美濃国に向けて勝頼が出陣し、これまでの鬱積を散じようとしていたが、そちらが出兵してきたのは、ともに考えるところが同じであったからであろう。高遠城に籠城する人々は勝頼のこれまでの恩義に報いるべく、命を捨てているのであるから、恩義を忘れた臆病者たちと一緒にしてもらっては困る。早々に攻めて来られるがよい。武田信玄以来鍛えられた武勇をお目にかけようではないか、と記した。

『甲乱記』によれば、信盛はこの返書を認めると、使者としてやってきた僧侶に対し、出家の身は、仏の使いであるべきで、このような使者を引き受けるべきではなく、それをあえて引き受けた僧侶は出家として失格である。命ばかりは助けてやるが、耳と鼻は所望する。今度やってきたら、間違いなく首を切ると述べて、僧侶の耳鼻を削《そ》ぎ落《お》とし、返書を持たせて城外へ放逐したという。耳鼻を削ぎ落とされた僧侶は、織田軍の陣中に戻って、一部始終を信忠に言上した。信忠はこれに激怒し、城の奴らは一人も生かさずに殺すべしと下知し、全軍を高遠城に向けて前進させたという。

　これらの書状は、『甲乱記』『武家事紀』など多くの記録に収録されている著名なものであるが、当時のものとは思えぬ書札礼、文言などが使用されており、恐らく後世の偽作であろう。ただし、このような遣《や》り取《と》りがあった可能性は高く、参考までに紹介しておく。

　この日、北条家臣山角康定《やまかくやすさだ》が織田信忠のもとにいる滝川一益に書状を送り、北条軍が駿河口に出陣し、天神ケ尾・徳倉・沼津三枚橋城などを攻略したことを報じ、軍事行動は吉原川を境界に停止する予定であると伝えた（戦北四七四〇号）

　しかし信長は、北条氏の行動を「後走の人数を出だし」（遅きに失した行動）と苦々しく思っていた。そればかりか、北条軍は吉原に進出すると、中道往還《なかみちおうかん》を甲斐国本栖《もとす》（山梨県富士河口湖町）まで進み、富士大宮浅間神社、大宮城、本栖宿などを放火して廻った。織田方は、この地域を「身方地」（味方の支配領域）と認定しており、ここに放火した北条氏に不快感を露わにしていたようだ。このことが、武田領国解体時の論功行賞で北条氏排除へと信長が動く背景になったとみられる。

（註）下条九兵衛は、『甲乱記』に「下条九右衛門」とあるが、天正七年二月の諏方大社上社の前宮造宮帳に、伊賀良庄下条領早田郷の代官として「下条九兵衛」が見えるので、下条九兵衛が正しい。なお実名は、確実な史料によって確認することはできないが、下条氏長とする説がある（『下伊那郡誌資料』上）。

三、天正十年三月

三月一日――高遠城攻撃準備進む、駿河の武田領国崩壊

飯島に在陣していた織田信忠軍は、この日天竜川を渡河し、貝沼原《かいぬまはら》に進んだ。仁科信盛らが籠城する高遠城攻撃に向けた準備のためである。土地勘のない織田方を案内したのは、松尾城主小笠原信嶺であった。信嶺の案内で、河尻秀隆・毛利長秀・団忠正・森長可と足軽衆が先に立ち、信忠自身も母衣《ほろ》衆十人ばかりを連れて高遠城の偵察に赴いた。信忠らは、城を見下ろすことができる高い山に登り、ここから城内の様子を探ったという。その日信忠軍は、貝沼原に滞陣した（『信長公記』）。貝沼原には、現在も「一夜城」と呼ばれる一重の土塁（空堀は現存しないが、二〇一一年の発掘調査で確認された）を持つ方形の屋敷跡が残されている。これは、織田信忠の陣城跡として、貴重な遺構と指摘されている（中井均・二〇一一年）。

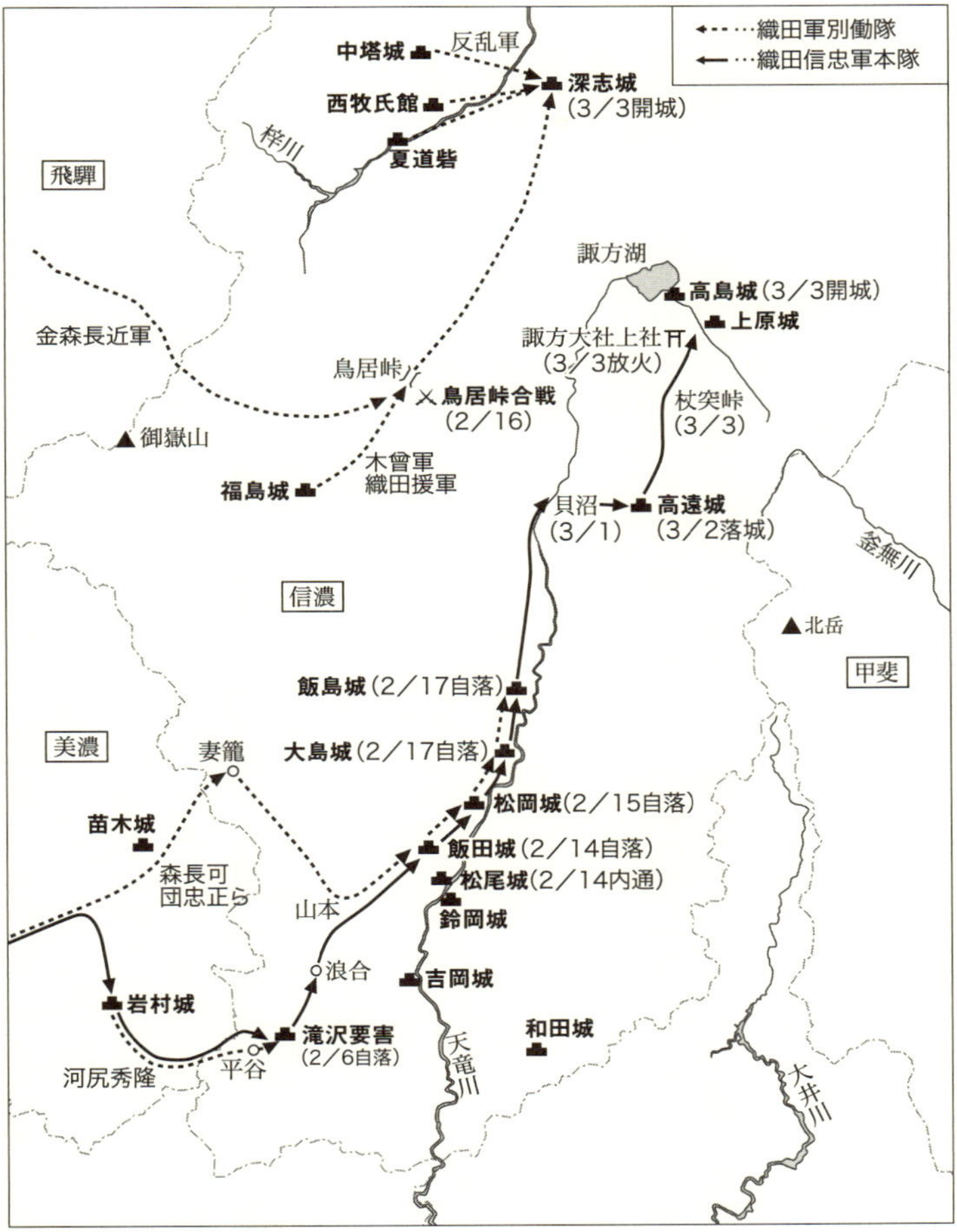

織田軍別働隊
織田信忠軍本隊
中塔城
反乱軍
深志城
(3/3開城)
西牧氏館
梓川
夏道砦
飛驒
諏方湖
高島城(3/3開城)
上原城
金森長近軍
諏方大社上社
(3/3放火)
鳥居峠
鳥居峠合戦
(2/16)
杖突峠
(3/3)
御嶽山
木曾軍
織田援軍
福島城
貝沼
(3/1)
高遠城
(3/2落城)
釜無川
信濃
北岳
甲斐
飯島城(2/17自落)
美濃
妻籠
大島城(2/17自落)
松岡城(2/15自落)
苗木城
飯田城(2/14自落)
森長可
団忠正ら
松尾城(2/14内通)
山本
鈴岡城
浪合
吉岡城
岩村城
滝沢要害
(2/6自落)
和田城
天竜川
平谷
河尻秀隆
大井川

図15　織田軍侵攻図

安土城の信長は、この日、河尻秀隆から送付されてきた二月二十六日付の書状を読み、返書を送った（信長九七三号）。それには、①去る二十一日に、私が出馬する前に、後方に伝城を構築しておくよう指示した書状が二十五日に到着し、信忠以下に伝えたとのこと、今後もそのことを厳守し、油断なく準備することが重要である、②信長は、来る五日に安土を出陣する、やがてそちらと合流するであろうから、様子を見計らって一気に武田を討ち果たす所存である、このことを心得、信忠らに申し聞かせ、うかつに前へ出ぬようにせよ、何度もいうが勝頼を弱敵と侮ってはいけない、③森長可・梶原景久については、そちらから報告があったので、信長から申し付けておいた、それなのに態度を改めないのは曲事である、若き者たちは戦功を立てて信長に申し立てようと考えているのだろう、信忠もしっかりと彼らに厳命しないのは問題だ、こうしたことも、自分が出陣すればやむことだろう、とにかく今は、現地の陣所を固め、これまで制圧してきた地域の仕置をしっかりとすることである、④高遠の町を調儀で焼き払ったとのこと、それはよいことである、今後も様々なことを考えているとのことなので、よく話し合って実行せよ、ただし迂闊《うかつ》な行動は厳禁である、⑤信忠や、滝川・小川（水野信之）・刈屋（水野忠重）・高橋衆の陣所の場所については報告を受けた、それ以上前へ前進してはならない、と指示がなされていた。

信長は、信忠が森長可ら若者たちと歩調を合わせ、信長からの指示を受け、諫言する滝川・河尻のいうことをなかなか聞こうとしないことに苛立《いらだ》っていたらしい。信長は、勝頼がどこかで信忠を攻撃してくるということを懸念していたようだ。

いっぽう新府城に撤退した勝頼は、上野国衆浦野民部左衛門尉が自分の所領の村々より鉄炮を集めた功績を称《たた》え、知行安堵《あんど》と借銭免除の朱印状を与えた（戦武三六六七・八号）。これが現在確認される武田氏最後の朱印状となった。なお武田氏は、この日、新府城下の上野豊後守屋敷に預けられていた木曾義昌の人質三人を躍《おどり》踊原《はら》で処刑したという。嫡男千太郎（光明寺木曾浄高大禅定門）享年十三、義昌老母（宝光寺玉輪妙関大姉）享年七十、千太郎姉（六観院幻屋法身大姉）享年十七と伝わる（『国志』『系図纂要』）。

駿河国駿東郡・富士郡では、北条軍が武田方諸城の攻撃を続けていた。この日、深沢城が自落し（戦北二三三〇号）、城将駒井昌直らは、甲斐に逃亡した。これにより、北条氏は駿東郡制圧を果たした。また二月二十八日夜に、自落し逃亡する沼津三枚橋城の城兵らを追撃しつつ、富士郡に進んでいた北条軍は、ほぼ戦闘を終了したらしい。ただし、なぜか興国寺城には手を出していない。城将曾根昌世は、織田・徳川方に早くから内通していたので、北条方も攻撃を自重したのであろう。北条軍は、興国寺城をやり過ごして、吉原方面に進んでいる。かくて駿河東部の武田領国は崩壊した。

駿府に在陣する徳川家康は、この日家中に江尻城代穴山梅雪の降伏と帰属を発表した。松平家忠は「江尻穴山味方ニすミ候」と記録している（『家忠日記』）。こうした情勢下、駿河で唯一、抵抗を続けていたのは、田中城の依田信蕃・三枝虎吉らであった。江尻城に入った徳川家康は、家臣成瀬《なるせ》正一《まさかず》（一時武田氏に仕官した経緯がある徳川家臣）を依田信蕃のもとに送り、武田方が相次いで城を明け渡している事実と、勝頼滅亡はもはや時間の問題であることを報じ、開城を勧告させた。信蕃はこれを拒否し、それが事実かどうかを武田重臣からの書状で確認できなければ是認できないと回答した。そこで家康は、穴山梅雪に命じて信蕃に書状を送らせ、武田氏は滅亡寸前であり、もはや城に籠城しても意味がないことや、開城すれば本領を安堵すると説得させた。すると信蕃は、実情を察して開城を決意し、二俣《ふたまた》開城の際に知遇を得た徳川家臣大久保忠世に城を明け渡したという。

家康は、信蕃を家臣として迎え入れようと招いたが、勝頼の存亡が判然としないので、今は返答できない、事態が明らかになったら仕官するといって、信濃国佐久郡の本領に帰還しようとしたという。だがすでに信濃は混乱の巷《ちまた》となっており、帰還はかなわず、しかも織田信長は、依田信蕃を処刑者リストの筆頭に挙げたため、家康は信蕃を密かに甲斐国市川の陣所に招き、遠江国二俣の奥小川（浜松市天竜区）に匿《かくま》ったという（『集成』他）。信蕃が頼ったのは、大久保忠世だったとされる（『三河物語』）。信蕃は、後に家康の苦難を救うこととなる（平山・二〇一五年①）。また三枝虎吉も、家康の勧めで田中城下の東雲寺（洞雲寺か、藤枝市）に隠れ、信長横死まで庇護されたという（『寛永伝』）。依田信蕃の降伏により、駿河の武田領国は完全に瓦解した。

なお、今福虎孝・善十郎父子の守る久能城がいつ開城したかは定かでない。ここには、用宗城を明け渡した朝比奈信置も合流していたが、彼は本領の庵原《いはら》郷（静岡市）に退去し、四月八日に滅亡したと伝わる（関口宏行・一九七八年）。一説に、今福父子は徳川方に説得され開城した際に謀殺されたとも、城下で開城の責任を負って自刃したともいわれる。記して後考をまちたいと思う。

いっぽう、勝頼に援軍を送るべく、上杉景勝は家臣大石播磨守元綱《おおいしはりまのかみもとつな》を使者として上杉一族上条宜順《じようじようぎじゆん》のもとへ派遣し、信濃出陣の命令を伝達した（上越二二九四・五号）。宜順は事態の重大さを知っていたので逡巡したようだが、景勝の強い要請を受け受諾した。

また勝頼の命により、越後国根知城（糸魚川市）に在城していた八重森因幡守家昌《やえもりいなばのかみいえまさ》は、織田軍の信濃侵攻を聞いて、心配でいたたまれず、勝頼に無断で城を上杉家臣大石芳綱《よしつな》に預け、赤見《あかみ》・吉江《よしえ》両氏を引き連れて、上杉方の援軍に合流すべく春日山を目指した。折しも、根知城を出発しようとしていた八重森のもとに、使者がやってきて、武田軍が下伊那地域で、織田軍を天竜川に追い込んで撃破し、千人余を討ち取ったとの朗報がもたらされていた（これは織田方が流した虚報だった）。

家昌は、その日のうちに春日山に入ろうとしたが、足弱（人質の老人、女性、子供ら）を連れていたため遅々として進まず、途中で宿泊しなければならなかった。家昌は、武田氏を守るために、勝頼に無断で甲斐に戻ろうとしていたのである。

ところで、織田方に阻まれ、甲斐武田氏のもとへ行く道をふさがれた教如は、飛驒に退去すると越中五箇山《ごかやま》に進み、勝頼を支援するため、北陸の一向一揆《いっき》に蜂起を命じたらしい。加賀国山内《やまのうち》では、二月下旬には一向一揆が蜂起し、織田方と戦った。しかし加賀山内の一向一揆は、織田軍に敗北し、数百人が捕縛され、磔《はりつけ》に架けられたという（『宇野主水日記』、小泉義博・一九九九年・二〇〇四年・二〇〇七年）。

三月二日――高遠城攻防戦、最後の軍議

織田軍は軍勢を三手に分け、川を渡って高遠城を囲んだ。まず、三月一日の夜に、小笠原信嶺を案内とした森長可・団忠正・河尻秀隆・毛利長秀の軍勢は、川下の浅瀬を渡って高遠城の所在する台地に上がり、大手口に向かって布陣した。これに対して、織田信忠の本隊は、高遠城へ通じる台地の尾根伝いに兵を進め、三月二日明け方に搦手《からめて》口に布陣した（『信長公記』）。

武田軍は、織田軍の来攻を待ち受けていたので、城内は少しも騒がず、静寂に包まれ、最後の決戦に士気は上がっていた。小山田備中守昌成は、仁科信盛に、今日を限りの命であるからには、城の外に出て合戦すべきであると言上し、その様子を信盛は城内から見物していてほしい。一合戦した後に自分は城内に戻るので、その後自害なされるのがよい。備中守も冥途への御供をしたいと述べると、実弟大学助と渡辺金大夫照ら五百余人を従えて、大手口から打って出たという（『甲乱記』）。武田軍が城外に展開していたことは、織田軍と武田軍が、城外で数刻にわたって激戦を展開したという、『信長公記』の記述からも事実と考えられる。

しかし、開戦に先立って、高遠城内には不穏な動きがあった。飯田城に籠城したものの、織田軍を恐れ逃亡した保科正直が、高遠城に籠城していたのである。保科正直が高遠城に入ったのは、その妻女が高遠城に人質として在城していたことによるものと推定される。既述のように、天正三年（一五七五）に定められた武田氏の信濃防衛策でも、高遠城には人質を置くこととされていたが、それは伊那郡の諸将も同様であったらしい。

『信長公記』によれば、三月一日の夜、高遠城攻撃準備を急ぐ織田軍の陣中に、保科正直から使者が送られてきたという。使者の来訪を受けたのは、もと武田方で、同じ下伊那防衛の柱石として保科氏と関係の深い小笠原信嶺であった。信嶺のもとに派遣されてきた使者は、保科正直は城中に火をかけて、織田軍を引き入れるつもりだと申し入れた。信嶺はこれを聞いて、ただちに織田信忠へ言上しようとしたが、その時間もなく夜明けを迎えてしまい、戦闘が始まってしまったと記している。その後、保科正直がどうなったかは記されていないが、正直はその後も生き残り、高遠城主を経て徳川氏の麾下に入っているので、城を辛くも脱出したようである。『当代記』によると、裏口から逃げたとある。

『保科御事歴』『赤羽記』（『保科記』）によれば、脱出の経緯は、『信長公記』の記述と若干趣を異にする。まず、保科正直の離叛は、織田方から持ちかけられたという。それは、保科正直の実弟が、上野国箕輪城代内藤大和守昌月《ないとうやまとのかみまさあき》（内藤修理亮昌秀《しゅりのすけまさひで》の養子）であったので、織田方は、正直さえ味方につければ、上野国の平定が平穏に進む可能性が高く、さすれば、北条氏政を出し抜けると考えたからであるという。

内藤昌月が、保科正直の実弟（保科正俊の子）であることは事実で、武田重臣内藤修理亮昌秀の養子となり、内藤源三と称した。その後、養父内藤昌秀が天正三年の長篠合戦で戦死すると家督を継承し、天正五年頃に内藤修理亮昌月となり、同七年に上野国箕輪城代に就任、同八年から大和守の受領を称し、武田氏滅亡後は織田氏、北条氏に属し、天正十六年（一五八八）に歿《ぼっ》した人物である。

保科正直の調略を通じて、内藤昌月の誘因を企図した信忠は、高遠城内から正直を誘い出す方策として、仁科信盛に和睦勧告を行い、その交渉役に保科正直を指名し、城外へ出てくるよう申し入れたという。小山田昌成らはこれに反対したが、籠城衆の多数が正直を城外に出して交渉させることに賛成したので、備中守も渋々これに同意した。そこで正直が数人の家臣を連れて、城の二の丸の外にでたところ、それを合図に織田軍が一斉に城へ攻めかかり、保科正直一行の帰路を分断して織田方へ引き込み、戦闘に突入したという。そのため、正直は城へ戻れず、かといって織田方にも留まる気になれず、そのまま上野箕輪城の内藤昌月のもとへ身を寄せたという。なお、保科が城を出ようとしたとき、その行動を怪しんだ渡辺金大夫と小菅五郎兵衛が彼らを止めようとしたところ、敵の攻撃が始まり、乱戦のなか、渡辺は城内に戻ったが、小菅は渡辺の呼び止めるのも聞かずにそのまま逃亡し、後に小山田信茂と合流して非業の最期を遂げたと記されている。

この記述は、『信長公記』の記載などからしてこのまま受け取るわけにはいかず、多分に保科氏の離叛を隠蔽するための作為が感じられる。『保科御事歴』『赤羽記』などは保科氏側の人物によって作成された記録であるため、父祖である保科正俊・正直についての後ろ暗い部分についてては、それを糊塗《こと》するために、このような話が作り上げられたのだろう。

しかし、保科正直が城を脱出したのは、開戦間もなくであったことは間違いなく、混乱に乗じて織田軍の先鋒を受け持っていた小笠原信嶺の陣地に奔《はし》ったのではないかと思われる。また、この脱出劇は秘密裏に、かつ性急に進められたらしく、正直以下少数の側近のみが従っただけであった。それを証明するものとして、城内には正直の妻（跡部越中守息女）と一族、家臣の一部が取り残されており、正室以下は落城とともに命を落としている。『保科御事歴』などによれば、戦闘で敵味方が入り乱れ、落城を目前に控えた城内は阿鼻叫喚《あびきょうかん》の巷と化しており、正直家臣春日戸左衛門・伊沢清左衛門は、正直の正室跡部氏を守りながら脱出口を探し、城内を彷徨《ほうこう》したが、本城に火の手が上がり、櫓下《やぐらした》まで追いつめられたため、観念して正室を刺殺し、自身も殉死したと記されている。この記述には粉飾があると思われるが、正直の正室が高遠城で落命したことは事実である。『保科御事歴』によると、正直正室の遺骸《いがい》は高遠の満光寺住僧午王和尚により発見され、彼の手で弔われ、「柏心妙貞禅定尼」の法号がつけられたという。これらは『高野山成慶院信州日牌帳』に「天正拾年壬午三月二日　栢心妙庭大禅尼霊位　信州伊奈郡高遠保科肥後守殿御老母奉為御菩提是御立候、慶長八年癸卯三月廿一日」とあることから証明できる（丸島和洋・二〇〇九年）。

さて、開戦早々、保科正直の離叛があったが、正直が目論《もくろ》んだ城内の放火は実現せず、武田軍は城外へ出て織田軍を待ちかまえた。大手口を出た小山田兄弟は、接近してくる織田軍に向かって、五百人を率いて真っ向から切り込んだ。命を捨てて切り込む凄《すさ》まじい武田軍の攻撃に、織田軍は備えを乱し、馬を巧みに操り、太刀を振るう小山田兄弟に苦戦したという。織田軍は、あれほどの小勢に切り負けるなと、多勢を頼んで、小山田隊を取り囲み、討ち取ろうと必死になった。小山田隊は、織田軍に囲まれると、これを切り抜けて軍勢を整え、さらに敵の備えを破るという縦横無尽の戦いをしたという。

存分の戦いをした小山田隊は、大手口まで退却して、ここで小休止をした。その際に、小山田昌成は端武者《はむしゃ》に構わず、織田信忠一人を討ち取れと将士に呼びかけ、指物や立物などを投げ捨てて、最後の決戦を挑むべく、生き残りの将兵を率いて、信忠軍に突入していった。しかし、信忠軍も屈強の兵が揃っており、決死の小山田隊の奮戦によって多数の死傷者を出したが、遂に小山田隊を撃退した。昌成は目指す信忠を発見できず、股肱《ここう》と頼む渡辺金大夫も戦死し、自身も七、八カ所に及ぶ深手を負い、将兵も残りわずかとなってしまい、戦闘継続が困難となった。また実弟の小山田大学助も半死半生の重傷を負っていた。昌成はやむなく残余兵に城内への退却を命じ、本丸に帰って仁科信盛に復命した。

信盛は、小山田兄弟の武勇を誉め、今度は信盛自らが参戦しようとした。しかし、小山田兄弟は大将とは士卒に戦をさせ、自身は指揮するのが本分であり、もし進退窮まれば尋常に切腹することこそが大将の役目であると言上し、出陣しようとする信盛の鎧《よろい》の草摺《くさずり》に取り縋《すが》って諫言した。そのため信盛は出陣を思いとどまり、最後の支度を急がせたという(『甲乱記』)。小山田隊をはじめとする武田軍が、城外で激戦を展開したのがどれほどであったかははっきりしないが、『信長公記』では「数刻相戦」とあり、また『武田三代軍記』などには、辰刻(午前八時頃)から午刻までであったと記され、織田軍は二百七十余人、武田軍は百七人が戦死したと記されている。

小山田隊の城内退却によって、織田軍の攻撃が激しさを増した。織田信忠は、総大将であるにもかかわらず、自身が武器を携え、味方の士卒と先を争って高遠城の塀際に取り付き、塀に上がって全軍に城内への突入を下知した。これを見て、総大将信忠に後れをとらぬよう、御小姓衆や御馬廻衆《おうままわりしゅう》もこぞって城内に突入し、これを防ごうとする武田軍と入り乱れての戦闘が始まった（『信長公記』）。織田軍は、大手・搦手口や、城の方々から城内に侵入し、両軍の戦闘の舞台は二・三の曲輪へと移った。これを聞いた信盛主従は、最後の酒宴を開いた（『甲乱記』）。

大軍を擁する織田軍の攻撃に、武田軍は次第に追いつめられていった。城内で戦ったのは、男ばかりではなかった。武田方の女房衆は、これを宰領する上臈が、城内の子供たちを一人ずつ刺し殺し、最後は自分も刀を抜き、女房衆を率いて織田方に突入して存分の働きをした。特に諏方勝左衛門尉《しょうざえもんのじょう》の女房（その名は「はな」と伝わる）の活躍は、「比類なき働き前代未聞の次第」と織田軍に讃えられた。また十五、六歳の美貌の若衆も、たった一人で弓を構え、台所の隅から織田軍の士卒を多数射倒し、最後は矢が尽きたため、刀を抜いて戦い、壮烈な戦死を遂げたという（『信長公記』）。

落城が迫ったことを感じた信盛は、本丸の櫓に上がり、小山田兄弟と別れの盃《さかずき》を交わした。まず小山田昌成が酒を満たした盃を七、八杯傾け、脇差を抜いて切腹すると、脇差を信盛の前に置いてうつ伏した。これを見た信盛は、昌成の脇差を腹に突き立てて十文字に掻《か》き切り、盃と脇差を小山田大学助に渡して絶命した。大学助も信盛から渡された盃で酒を十杯も飲み干し、信盛と兄昌成の後を追って自刃した。これを見た城内の生き残りの士卒たちは、大将たちは自害した、我らも切って出て討ち死にせんと呼ばわり、妻子を刺殺し、城内に火をかけ、切っ先をならべて織田軍に突入し、七、八度に及ぶ突撃を繰り返して敵に損害を与え、ついに一人残らず戦死した（『甲乱記』）。

武田軍の戦死者は、四百余人であったと伝えられ、仁科信盛以下、確実な記録に残されているその姓名は、春日河内守（伊那衆）、渡辺金大夫照（牢人衆）、波多野（畑野）源左衛門（丹波国波多野氏か）、非持越後守《ひじえちごのかみ》・神林十兵衛（高遠衆）、小幡因幡守・小幡五郎兵衛・小幡清左衛門（西上野の小幡一族か、飯田城から落ち延び籠城）、諏方勝左衛門頼辰（諏方頼豊、頼忠の弟）、飯島民部丞・飯島小太郎（伊那衆）、今福筑前守昌和（諏方郡司、但し異説もある）、今福又左衛門（甲斐衆、今福昌和の近親か）、保科善兵衛（保科正直の弟）などである。

この他に、確実な記録にはみられないが、和田遠山景俊（伊那郡和田城主）・同刑部・同弥蔵も戦死したと伝わる（『箕輪記』『遠山氏史蹟』他）。籠城していた有力者の名を見ると、下伊那の諸城から落ち延びてきた者を除けば、そのほとんどが高遠衆を中核に、諏方郡と上伊那の人々で構成されていたことがはっきりとわかる。これは高遠城が管轄する高遠領が、現在の上伊那郡をほぼカバーしていたので、籠城衆は上伊那衆が中心であったのは当然であろうが、これに諏方衆が多く加わっていたことが特徴である。高遠城は、もとは武田勝頼が長年在城していた事情を考慮すれば、諏方・上伊那の人々は、勝頼を最後まで守り抜こうとしたと推定できる。勝頼は武田勝頼ではなく、やはり諏方勝頼と意識されていたのではないだろうか。

織田信忠は、高遠城を陥落させ、仁科信盛らを討ち取ると、すぐに父信長側近長谷川秀一に書状を送った（信⑮一一六）。信忠は、唯今巳刻（午前十時頃）、本城に立て籠もっていた敵を、慈悲もなく即時に乗り崩し、三百余を討ち取りました、大将分の首注文を別紙にして進上します、この首は「四郎弟」（勝頼の弟）なので（家臣に）持たせ、進上させます。よろしく父信長に披露をお願い致します、と得意げに記している。

仁科信盛の首級は、織田信忠より本隊織田信長のもとへ送られた。東国においてその強さを知られた武田勝頼に真っ向から勝負を挑み、信濃の切所を越えて、遂に名城といわれた高遠城を陥落させたことにより、信忠の名声は一気に高まった（『信長公記』）。

戦死した仁科信盛は、享年二十六であった。伝承によれば、戦後、仁科信盛、小山田昌成・大学助兄弟、渡辺金大夫、諏方勝左衛門妻（諏方はな）らの首のない遺骸は、非持村の人々によって秘かに荼毘《だび》に付され、裏山に葬られたという。現在、その山は、仁科五郎信盛にちなんで五郎山《ごろうざん》と呼ばれ、山麓から山頂にかけて、彼らの墓が点在している。

この合戦で、織田方は美濃衆坪内源太郎家定・同喜太郎利定父子が、それぞれ首を一つずつ取り、三月五日付で信忠より感状を受けている（信⑮一一六）。坪内父子は、鉄炮で活躍したが、この戦闘で負傷したらしく、心配した信忠は、彼らに馬と銀子を与え、本国に帰還させている。坪内父子の負傷は、遠く中国地方で戦う羽柴秀吉麾下のもとに聞こえたらしく、そこに在陣していた堀尾《ほりお》吉定《よしさだ》（可晴《よしはる》）は心配して三月十三日付で見舞状を送っている（同一一七）。また、織田信家（岩倉織田信安の子）もこの戦闘で戦死したという（谷口克広・二〇一〇年）。記録が乏しいので判然としないが、織田方の被害も少なくなかったらしい。

高遠城攻防戦で、織田方として活躍した松尾城主小笠原信嶺の老母が、同じ日、甲府で自害した。息子が武田氏から離叛し、高遠攻撃の先鋒になったことを知り、追い詰められたのであろうか。「円成院殿亀算栄聚大姉　小笠原掃部太夫信嶺公老母、於甲府生害、信貴公簾中也、三月二日」と記録されている（『開善寺過去帳』）。

この日、穴山梅雪のもとに徳川家康からの証文が届けられた。これは梅雪が待ち望んでいた「御一行」と呼ばれるものである（家康二七七、戦武四〇九九号、御用一三四号）。

就甲州乱入、彼国可為進所《（逆所）》之旨、所務無之以前茂、二年も三年も従安土被加御扶持候様可申成候、若首尾於相違者、従此方合力可申候、為其一筆進達候、恐々謹言

天正十年

三月二日　　家康御判

穴山殿

この内容は、穴山梅雪が徳川氏に要請した二月二十九日付条目の一ヶ条に対する家康からの証文である。文意が取りにくく、写本であるため「進所」か「逆所」かの判断も困難である。ここでは、徳川軍が甲州に侵攻するにあたり、甲斐国は穴山に与えられると約束されているとのことなので、その被害により年貢収納が途絶しても、二年でも三年でも信長から扶持が与えられるよう取り成しをしましょう。もしそれがうまくいかなければ、徳川が合力することを約束します、と理解しておこう。

穴山氏と徳川氏の交渉は、穴山家臣小沼《こぬま》雅楽助《うたのすけ》や清蔵主《せいぞうす》（穴山氏菩提寺《ぼだいじ》竜雲寺《りゅううんじ》）らが使者となって両者のもとを往復して行われたらしく、無事に成就したことを喜んだ梅雪は、それぞれに知行給与を約束する判物を与えている（戦武三六六九・三六七三号）。

そして、新府城に赤裸の体の男十人ほどがやって来た（『甲乱記』）。彼らは高遠城で織田軍と戦い、落城とともに包囲網を突破して、新府城に報告にきたものたちであった。恐らくその時刻は、深夜であったと推定される。彼らは武田勝頼に引見を許され、その場で高遠城が昨二日に落城したことを伝えた。

勝頼以下、武田方はその報告に衝撃を受けた。高遠城は他国にも聞こえた要害であり、仁科信盛以下、小山田昌成・大学助兄弟をはじめ、武田軍でも屈強の兵卒を一千人余も籠城させ、しかも兵粮・矢・鉄炮・玉薬なども十分に配備してあったことから、二十日や三十日は籠城して、織田軍の侵攻を食い止めるであろうと予想していた。その間に、新府城の普請を急がせ、今後の軍事行動の策定をしようと計っていたところに、案に相違して高遠城がわずか一日で陥落してしまったとの情報が入ったからである。

高遠落城の知らせに、新府城内は大混乱に陥った。すでに織田信忠軍が、新府城攻撃の態勢に入っているなどの噂が飛び、満足な対策も立てられないまま、身分の上下を問わず、武田方では新府城から脱出しようとするものが出始めた。彼らは妻子を促し、荷物をまとめることに忙しく、武田軍は作戦の立案のしようもないほどとなった（『信長公記』）。

勝頼は諸将を集めて、新府城で軍議を開いた。その軍議の模様は、『甲陽軍鑑』や『甲乱記』によってよく知られている。

『甲乱記』によれば、新府城は未完成で櫓一つないありさまであったことから、籠城は叶わぬと見た跡部《あとべ》尾張守勝資《おわりのかみかつすけ》が、勝頼に甲斐国では都留郡（郡内）が険阻な地形であることから、大軍を引きうけて戦うには唯一の場所と進言した。そこで勝頼は、小山田出羽守信茂を召し出して下問したところ、信茂がこれを快諾したことから、郡内に移ることに決めた。勝頼は、妻子などを郡内に移したら、軍勢を総動員して、勝沼あたりで織田軍と雌雄を決するつもりであったという。

勝頼は、武田家の興亡は、小山田信茂の決断にあると問うたところ、信茂が郡内は道が険しく、しかも隘路《あいろ》であり、たやすく敵が侵入できる場所ではないので、ここを足場に味方が命を捨てて心を一つにし、力戦すれば運も開けるであろうと述べたことから、意気阻喪していた勝頼をはじめ、諸大将や近習衆らも気分を直した。勝頼は、早速小山田信茂に一足先に郡内へ帰り、明日途中まで迎えに来るよう命じた。そして勝頼の前から退出しようとした信茂に、当家一門の身命は、小山田信茂に預ける旨を申し渡し、自ら盃を三献注ぎ、腰に差していた愛用の太刀である伊勢《いせ》光忠《みつただ》と、奥州黒《おうしゅうぐろ》という駿馬を、金覆輪《きんぷくりん》の鞍《くら》を置いたまま、与えたという。

信茂は面目を施して退出し、新府城を出て、本領である郡内に向かった。この場面に居合わせた人々は、このような一大事に勝頼らを迎え入れることを決断した信茂を誉めそやし、その武勇を羨んだという。ここには、有名な軍議の模様は描かれていない。

巷間伝える最後の軍議の模様は、『甲陽軍鑑』によるものである。この時、勝頼の嫡男信勝が、堂々と父や長坂《ながさか》・跡部・武田信豊らが主導してきた方針を批判し、新府城で滅亡すべきだと説いたという。そもそも、甲斐にまともな城がないのは信玄の無分別ゆえだと批判し、甲府を捨て、未練を残さぬよう徹底的に居館を破壊したのに、今になって新府城が未完成だからといっても、もはや帰る場所はない。山小屋などに逃れるよりも、未完成とはいえこの新府城で切腹すべきである。今さらどこに行って、この世の栄華を夢見ようとするのか、潔く武田家の家宝御旗・楯無《たてなし》を焼いてこの場で自刃すべきです、と主張したという。だが信勝は、自分はこれまで強く主張することができなかった。なぜなら、自分の生母は信長の養女であり、敵将信忠とは従兄弟にあたるため、織田に近いと思われるだろう。だから、諫言できなかったのだと信勝は言ったという。これには、さすがの勝頼以下重臣層も言葉がなかった。

すると、真田昌幸が上野国岩櫃城に籠城するよう献策した。いっぽう、小山田信茂が都留郡岩殿城へ落ち延びるよう進言する。この三つの案が出たところで、長坂釣閑斎《ちょうかんさい》が思案し、真田は父一徳斎《いっとくさい》からまだ三代しか過ぎぬ国衆である。それに対し、小山田氏は譜代なので信頼に値すると勝頼に進言し、かくて勝頼一族は、都留郡に逃避行することとなったのだという。

いっぽうこれらの記述と明確に異なるのは、『理慶尼記』である。これによると、勝頼は新府で敵を待ち、潔く滅亡する覚悟であったといい、岩殿城に落ち延びることを勧める小山田信茂の意見に「かたきにうしろを見すべきか、これにて待あはんと大きに御腹たゝせたもふ」と記されている。しかし信茂の懸命の説得に折れたというが、それは彼が「御大将はさこそましますとも、御台所、いまたつぼみて春をまちたもふ、梢の花のわか君さま、かれと申これという」とあり、まだうら若い北条夫人と信勝のことを思いやり、ついに説得に応じたのだという。同書は別のところで「かの都留の郡と申は、相模ちかき所なれば、いかなる風の便も、御身ふるさと、さかみへおくりまいらせ、我身いかにもなれんとおもひしゆへなり」と勝頼が夫人に告げたと記し、岩殿城に移る理由は、北条夫人を氏政のもとへ送り返し、後顧の憂いなく戦うためだったという。

新府城最後の軍議の模様は、『甲陽軍鑑』などの軍記物にしか記述がなく、そのほとんどは『軍鑑』の話をベースにした内容になっている。『甲乱記』『理《り》慶尼《けいに》記《き》』には、真田昌幸の岩櫃籠城策はまったく記載されていない。いずれにせよ、勝頼は、岩殿城に落ち延びることに決め、翌三日払暁に新府城に火を放ち、東に向かうこととした。

いっぽう、北信濃の長沼城（長野市）に在城していた武田家臣河野家昌・山下家吉・雨宮忠辰・漆戸《うるしど》虎秀《とらひで》が連署で長井《ながい》丹波守《たんばのかみ》昌秀《まさひで》に連署状を送り、景勝からの援軍を待ちわびていると伝えた（上越二二九六号）。長井昌秀は、景勝正室菊姫（勝頼異母妹）の側近で、当時は春日山城に在城していた。河野らは、すでに武田氏の退勢を悟った長沼周辺の人々が「侍衆の家中、悉く逆心の体に候」と記すほど、危機的な状況にあった。河野らは、勝頼の命を受け、上杉援軍の早期派遣と長沼城確保に躍起になっていたのである。

また三月一日に越後根知城を出発し、春日山に向かっていた武田家臣八重森家昌は、ようやくたどり着いた。だが疲労困憊《こんぱい》していたため、彼は長井昌秀に到着を伝えるに留まり、上杉景勝への謁見と援軍に合流して帰国したいという希望を上申してくれるよう依頼した（上越二二九七号）。

三月三日——新府城焼け落ちる、信濃の武田領国崩壊

三月二日に高遠城を陥落させた織田信忠は、翌三日に高遠を発ち、杖突峠を越えて諏方に着陣した。上諏方に到着した信忠は、方々を放火してまわったが、特に武田信玄・勝頼の崇敬があつかった諏方大社に火を放ち、壮麗な伽藍《がらん》は灰燼《かいじん》に帰した。この諏方大社上社・下社はともに、去る天正六年から同七年にかけて、武田勝頼が信濃国の諸郷村に命じて祭礼銭を差し出させ、壮麗な造宮が行われたばかりであった。その伽藍を、信忠は放火して灰にしてしまったのである（『信長公記』）。後に、神長官守矢信実は、本能寺の変で織田信長が横死したことについて、諏方大明神の神罰であると断じている（信⑮四〇五）。

諏方が織田軍によって占領され、諏方大社が放火されると、諏方に残っていた武田方に動揺が走り、諏方湖畔に築かれていた高島城に籠城していた安中氏は、城を津田源三郎《げんざぶろう》（織田源三郎信房《のぶふさ》）に明け渡して、本国上野へ退去した。安中七郎三郎は、大島城を脱出した後、高島城に入城していたのである。しかし、武田勝頼本隊が新府城へ撤退し、高遠城が陥落してしまったことから、抗戦できずとみて開城したのであろう。またこの城請取を行ったのが、武田氏のもとで成長し、天正八年に父信長のもとへ帰った織田信房であるというのも興味深い。諏方大社上社神長官守矢信実は、自身の身の安全と本拠地還住の保証を、織田信房に願い出たらしい。信房は、兄信忠に申請してこれを許可してもらうことに成功し、守矢信実の申請を聞き届け、これを保証する証文を与えている（県外文書一九〇九号）。

かくて諏方は織田氏の手に落ちた。諏方大社から上がる火焔《かえん》と煙は、新府城からも見えたはずである。

安土の信長は、二月二十九日付で信忠より送られた書状をみて返書を送った（信長九七五号）。駿河の穴山梅雪謀叛により勝頼が甲斐に逃げ込んだとのことだが、穴山はすでにこちらと連絡を取り合い、内通済みなので情報は事実なのだろう、追々報告を寄越すようにせよ、信濃国大島から飯島に陣替えしたことは仕方がないが、そこから先への手出しは無用である。信長が近日出馬するので、合流すればあっという間に勝負はつくだろう、とにかく手出しは無用である、このことは河尻秀隆にも伝えてあるので承知しておくようにと述べている。だが、信長の心配を余所に、信忠は前進を続け高遠城を陥落させ、諏方にまで押し出したのであった。

いっぽう、新府城放棄は慌ただしく始まった。『信長公記』によれば、新府城に火がかけられ、勝頼主従が郡内に向かって出発したのは、三月三日卯刻（午前六時ごろ）であったという。このように記録を並べてみると、勝頼が高遠城陥落の知らせを受けたのは、日付がかわってまもなくの深夜であり（高遠城からの生き残りが、落城を昨日二日と報告している）、それから慌ただしく軍議が開かれ、新府城の放棄と郡内への退避が決定されたのであろう。高遠城落城を知ってから、軍議を経て城を退去するまで、わずか六時間ほどしかなかったと推定される。

『甲乱記』によれば、勝頼は郡内へ退避するために、新府城にある物資や妻女たちを運ぶため、夫馬《ぶうま》三百疋、人夫五百人を新府城まで出すように国中に触れたが、甲斐の地下人《じげにん》（土豪・有力百姓層）たちは山野にかくれてしまい、国中は織田軍の侵攻と武田方の敗戦を知り騒然としていて、遂に夫馬も人夫もまったく姿を見せず、勝頼夫人の輿《こし》を担ぐ輿かきすら逃げ失《う》せてしまっていた。そこで家来たちが手分けをして、夫馬一疋をようやく探しだし、これに草鞍《くさぐら》を敷いて北条夫人を乗せたという。

また新府城を放棄する際に、勝頼は従兄弟の武田典廏信豊と別れることにした。『信長公記』には、信濃国佐久郡小諸城（長野県小諸市）に籠城して、ここを支えるべく、城を預かる下曾根岳雲軒を頼って行ったと記しているが、勝頼に対して心変わりをしたとか、逃亡したとは記していない。『甲乱記』には、信豊は勝頼とは幼年期から仲がよく、勝頼が家督を相続してからは、特に信豊を重用していたので、信豊の意思は勝頼の意思であると、武田領国の人々から認識されるほどであったという。

勝頼は新府を退去するにあたって、信豊を呼び寄せ、信濃国を信豊に譲与すると伝え、小諸城は要害堅固の城であるから、ここを足場に、舅《しゅうと》である上野国小幡上総介信真らを頼み、真田昌幸・内藤昌月らと協力して上信の軍勢を集め、信長が勝頼の後を追って甲斐に侵攻したら、後詰をしてほしいと依頼した。これを聞いた信豊は、信濃を譲られたことは光栄であり、今生の思い出としたい。だが譲られても、もし上信の国衆が協力してくれなければ、結局は徒労に終わるほかない。だからこそ、どこまでも勝頼と行動を共にし、その行く末を見届けたいと述べて、勝頼が小諸へ行くように促しても決して肯《がえ》んじなかったという。だが勝頼は、気持ちはありがたいが、一門が同じ場所に同じように落ち行くならば、計略なきに等しい。枉《ま》げて勝頼の下知を了承し、後詰の作戦を実行してほしいと信豊を説得し、佐久郡や上野衆を付けて新府城から去らせたという。

武田信豊は『軍鑑』などによると、勝頼を見限って本拠に引きこもってしまったとされていたが、そもそも小諸城は信豊の本領ではない。恐らく、『甲乱記』の記述は事実であり、勝頼最後の作戦は、郡内で小山田衆とともに勝沼で織田軍を防ぎ、その間に小諸城で上信の軍勢を集めた信豊軍が、織田軍の背後を封鎖するというものであったと推定される。これは、その後徳川家康が、本能寺の変後に、甲斐を経略しようとした際に、北条氏直の大軍を屈服に追い込んだ作戦とほぼ同じであり、勝頼や信豊が家臣団に見限られなければ、ある程度効果が上がる可能性は存在した。しかし、歴史の現実はそれを許さなかったのである。

勝頼は退避の準備を慌ただしく終えると、未完成の新府城に火を放った。城内に残されていた各地の人質たちは、城の一角に閉じこめられたまま火をかけられ、焼き殺されたという。彼らが断末魔の叫び声をあげながら焼け死ぬありさまは、凄まじいものであった（『信長公記』）。高遠城から脱出した保科正直の嫡男保科正光は、この時に新府城に人質として在城していたが、混乱に乗じて辛くも脱出したという（『保科御事歴』等）。

勝頼が新府城を後にした際に、付き従っていた人々について、『信長公記』は次のように記している。

> 勝頼の御前・同そば上臈高畠のおあひ・勝頼の伯母大方・信玄末子のむすめ・信虎京上臈のむすめ、此外一門・親類の上臈、付き〳〵等、弐百余人の其中に、馬乗り廿騎には過ぐべからず、歴々の上臈・子供、踏みもならはぬ山道を、かちはだしにて、足は紅に染みて、落人の哀れさ、中々目も当てられぬ次第なり

この記事に見える勝頼御前は北条夫人のことであり、「勝頼の伯母大方」は祖母の誤記で、

勝頼の外祖母でもと諏方頼重《よりしげ》夫人（麻績氏）を指し、武田家中では「御大方様」と呼ばれた女性である。また「信玄末子のむすめ」は勝頼の異母妹で、仁科信盛の実妹於松（後に出家して信松尼）のことである。この他にも、天正二年に死去した武田信虎（信玄の父、勝頼の祖父）に付いて武田氏のもとに来た、信虎縁の女性などもこの中には混じっていたことが確認される。このうち、その後の消息が知られるのは、武蔵国八王子に落ち延びた於松だけである。勝頼の外祖母御大方様も、勝頼が滅亡した際に、殉死した女性たちの中にその存在を見いだすことができない。江戸時代の記録になるが、『甲国聞書』という史料の中に、「御ダイボウ様と云たるは甲乱の時行方不知」と記されている。女性と子供たちは、およそ二百人余りだったが、ほとんどが歩行、裸足のありさまで、すぐに足は血で染まったという。

『甲乱記』は、勝頼が新府城を出て、竜地《りゅうじ》（甲斐市）に向かう道筋には、様々な資材雑具が散乱し、夫とはぐれてしまった女房や、親の姿を見失った子供たちが泣き叫ぶありさまであったと記す。兵卒よりも、女性の方が多いこの一行は、敵が後ろから迫っているという流言に怯《おび》えながら、転ぶように歩いたというが、慣れぬ険しい道のりを歩いたため、足からは血が流れ、脱落するものが続出した。たとえ敵に捕らわれようとも、もはや一歩も歩けないと座り込み、泣き伏す女たちの姿が彼方此方で見られたという。

北条夫人は、新府城を退去するにあたって、煌《きら》びやかな行列を連ねて新府に入ったのは、十二月二十四日であったのに、この三月三日にはここを去らねばならないことを嘆き悲しみ、新府に住んだことは春の夢のごとくであったとの思いを込めて、

うつゝには　おもほへかたき　此所　あたにさめぬる　はるのよのゆめ

と詠じた。そして慣れぬ馬に乗った際に、早朝であったため空にはまだ月が昇っており、それを仰ぎ見て、さらに、

春霞　たち出れとも　いく度か　跡をかへして　三日月の空

と詠じたという（『理慶尼記』）。その落ち行く様は、かつての栄華を誇った武田氏にとってはあまりにも惨めであった。『甲乱記』をはじめとする軍記物は、一様に木曾義仲の没落や平家の都落ちになぞらえて、その有様を描写している。

新府城に火を放ち、東への逃避行を始めた勝頼主従であるが、どのような道筋を辿《たど》って、郡内岩殿城を目指したのであろうか。『甲乱記』は、勝頼主従が「泣々竜地が原迄あゆみ着せ玉い、跡を顧玉へば、早城には火がかゝり、作リ雙べたる宮殿楼閣、只雲一片に焼上ル」と記している。ここに見える「竜地が原」とは穂坂路の拠点竜地を指しており、勝頼一行が、新府城のある七里岩をいったん降りた後に、穂坂台地に上がって、穂坂路を通ったことがわかる。現在でも、かつての穂坂路には、勝頼伝説が多く残されている。その跡を追ってみると、次のようになる（山梨郷土研究会・一九七〇年、上野晴朗・一九七八年）。

新府城→光明寺→躍踊原→北下条《きたげじょう》→相垈《あいぬた》→権現沢→阿弥陀ケ森（涙の森）→上ノ山→回看《みかえり》塚《づか》→法喜院→宇津谷《うつのや》→妙善寺→志田→下今井→泣き石→塔の越《とうのこし》→竜地→島上条→甲府

勝頼一行は、やっとの思いで甲府に到着し、一条信龍の屋敷で休息を取ることができたが、すでに甲府は混乱の極みにあった。身分の低い武士たちが、自分の家に火を放ち、山中に逃げ

こもうと右往左往していたからである。彼らは、西郡《にしごおり》（甲府盆地西部）、東郡《ひがしごおり》（同東部）、北の帯那《おびな》や御岳《みたけ》（甲府市）などの山中や、穴山梅雪の領域下山を安全な場所と考え、続々と甲府を退去していった。勝頼に従っていた旗本衆なども、自分の妻子が心配になり、次々に領地に戻ってしまった。彼らは領主として、領地の百姓から年貢を取り立てていたので、日頃の怨《うら》みから自分たちの妻子と財宝を守るため、西郡に領地のある者は東郡の山へ、東郡の者は逸見《へみ》（北杜市《ほくと》）へと逃亡した。かくて勝頼一行の数は激減し、もはや六、七百人に過ぎなくなったという（『軍鑑』）。

勝頼は、まもなく一条屋敷を出て、勝沼に向かった。一行が一条小路を経て和田平町《わだびらまち》にさしかかったとき、勝頼に向かって駿河の侍が「その昔、今川氏真が信玄の旗先をみて徳山に逃げ込んだのを、武田方は嘲笑《ちょうしょう》したものだ。ところが信長の旗先すら見えていないのに、慌てふためき郡内に逃げ込もうとは、勝頼は氏真の十数倍も見苦しいではないか」と言って哄笑《こうしょう》したという。すると勝頼は「侍は一度は栄え、一度は衰えることは古今珍しいことではない、源義朝の武勇は平清盛よりも強かったが敗れた、新田義貞も同様に足利尊氏に敗れた、運が尽きて時節が来ればこのようになるものだ」と返答し、御中間衆に命じてその駿河侍を討たせたという（『軍鑑』）。

勝頼一行が甲府善光寺に到着したとき、家臣小幡豊後守昌盛（『軍鑑』の編者小幡景憲の父）が土屋昌恒を奏者に頼み、勝頼に謁見を願い出、暇乞《いとまご》いをした。小幡は、天正九年十一月より病気に罹《かか》り、この時腹部が異常に膨れあがっていたという（彼の症状は、山梨県の風土病日本住血吸虫病の最古の記録といわれる）。小幡は籠輿《かごこし》に乗ってやってきたといい、勝頼は落涙して彼の忠節を賞した。小幡は籠輿に乗ったまま、しばらく勝頼の警固を行い、在郷の人々が叛乱《はんらん》を起こすかも知れないので、今夜までに柏尾《かしお》（甲州市勝沼）に着くようにしてほしいと献言し、在所の黒駒（笛吹市）に帰ったという（『軍鑑』）。小幡は、武田氏滅亡を知ることなく、三日後の三月六日に死去したと伝わる（『国志』『軍鑑』）。

勝頼一行は、甲府→善光寺→石和→春日居の渡→田中→下矢作《しもやはぎ》→小城《こじょう》→中尾→南野呂→下岩崎→上岩崎→勝沼（大善寺）というルートを辿ったという。この道筋は、秩父往還や甲州道とほぼ重なり、各地に勝頼伝説が残されている。勝頼一行は、この日の夕方に、ようやく柏尾大善寺に到着した。途中で落伍《らくご》する者、逃亡する者が続出し、人数はさらに減っていたという。女子供を連れていたにもかかわらず、かなりの強行軍だったことがうかがわれる。一行を理慶尼らが出迎えたという。北条夫人は、自らの運命を悟っており、大善寺の本尊薬師如来に夜通し祈願を続けた。そして「西をいで　東へゆきて　後の世の　宿かしわを（柏尾）と　頼む御ほとけ」と詠んだという。ところが、勝頼一行がやって来たことを知った近辺の千鳥堂の人々は、自らの家に火をかけて退散した。勝頼らを迎え入れたと織田方に誤解されぬよう行動したのだろう。この火事に驚いた従者たちの多くは、散りぢりに逃げていったという。そのため、勝頼が側近を呼んでも、そのほとんどが逃げてしまったといい、土屋昌恒が側に供奉するだけになってしまった（『理慶尼記』）。このことについては、『軍鑑』によると、勝頼が大善寺に敵の調伏祈禱を命じたところ、山伏たちが拒否したため、柏尾の人家を壊すよう命じたのだという。もはや、寺院の人々も勝頼に従おうとはしなかった。後難を恐れたとみられる。

いっぽう、真田昌幸は新府から岩櫃城に向かったが、野伏などにしばしば襲撃され、帰るまで幾多の苦難を経験したという。一説に、昌幸だけが先に戻り、まもなく勝頼から人質を免じられた山之手殿（昌幸夫人）、信幸、信繁ら兄弟が後から新府を出て、岩櫃（真田郷とも）に向かい、一揆に襲撃されながらもこれを切り抜けて帰り着いたともいう（平山・二〇一五・一六年）。

いっぽう徳川家康は、甲斐侵攻の準備を慎重に進めていた。すでに徳川軍の侵攻ルートにあたる甲斐国河内領（穴山領）の寺社からは、徳川軍の乱暴狼藉を抑止する禁制発給を求める動きが活発化していた。穴山氏の菩提寺南松院（山梨県身延町）、松岳院（南部町）、古刹《こさつ》大聖寺（身延町）をはじめ、駿河国臨済寺、清見寺《せいけんじ》などにも禁制が発給された（家康二七八〜八〇）。また、駿府商人松木与左衛門が穴山氏を通じて徳川方のもとに出頭し、駿府商人衆の安全保障を嘆願したらしい。徳川家臣本多忠政はこれを承知し、駿府の安堵を約束している（戦武四一〇〇号）。穴山梅雪も、家臣小沼雅楽助が家康との交渉で奔走したことを賞し、この日知行加増を約束した判物を与えている（同三六七三号）。

筆を信濃に転じよう。諏方に織田信忠が進軍し、諏方大社に放火すると、鳥居峠で情勢を窺っていた織田長益・木曾義昌らも行動を開始し、筑摩郡深志城に迫った。織田軍は、征矢《そや》野《の》・鎌田《かまた》に布陣し、深志城攻略の準備を整えた。義昌は、大野田の夏道砦と中塔城に籠城した古畑・西牧・岩岡氏らを召し出し、深志城の様子を尋ねた。義昌は、被害を避けるため、できるだけ開城させたいと考え、諸将に調略を依頼したという。そこで、当時城内には、横目付衆の横田（甚五郎尹松か）が在城していたので、彼が馬場美濃守を説得し開城させたのだという（『岩岡家記』『二木壽斎記』『溝口家記』他）。馬場美濃守は、織田長益に深志城を明け渡し、退散したという（『信長公記』）。彼のその後は定かでないが、織田軍と戦って牧之島城で戦死したとも、処刑されたとも伝わる（『寛永伝』『軍鑑』他）。深志城の陥落をもって、信濃の武田領国は事実上崩壊した。

三月四日――勝頼、駒飼に到着

勝頼は、夜明けとともに柏尾大善寺を後にし、駒飼《こまかい》宿の石見某のもとにたどり着いた。柏尾ではあまりに不用心だと考えたからだという（『甲乱記』『理慶尼記』）。勝頼は、ここで小山田信茂の迎えを待つこととした。すでに鶴瀬から郡内にかけての道筋に、小山田方によって木戸がいくつも作られており、勝頼をお迎えし、敵に対処するためだと噂されていた（『軍鑑』）。

勝頼は、東へ落ち延びる途中、自らの運命を悟り、遺品を高野山に送り菩提を弔ってもらうことを考えた。そこで勝頼は、慈眼寺（笛吹市一宮町）の僧尊長に遺品と金子を託し、これを高野山引導院（持明院）に送り届けてくれるよう依頼した。尊長はこれを承知し、勝頼滅亡後の四月十五日、自らは病気のため果たせなかったが、たまたま慈眼寺《じげんじ》を訪れた根来寺住山の空円房に遺品と金子十両を託し、高野山に納めさせた。この遺品の中には、著名な武田勝頼・同夫人・信勝画像が含まれていた（戦武三七四三・四四号）。なお、遺品目録の別紙には、武田信虎と信玄の寿像、『理慶尼記』なども含まれているが（同三七四五号）、検討を要す。だが、勝頼の遺志を実現させた尊長の努力で、武田氏の数少ない遺品が今日まで残されることとなった。こうした事実が原因か、慈眼寺は織田軍によって掠奪《りゃくだつ》、放火されたといい、伽藍は灰燼に帰したと伝わる（『国志』他）。

穴山梅雪と徳川家康がこの日対面し、梅雪から太刀折紙、鷹一羽、馬一疋が贈られ、家康からは返礼として刀、鉄炮百挺が贈られた（『家忠日記』）。対面の場所については、『甲乱記』に蒲原城とあり、その可能性は高い（徳川軍が三月五日に「みくら」に陣替をしているが、「みくら」は蒲原の異称であるので、ここを経由して甲斐に侵攻しているからである）。なお、吉原まで進出した北条軍からも、家康に弓が贈られてきたという（『家忠日記』）。

上杉景勝は、出陣の準備が整わぬ上条宜順に構わず、松本房繁《まつもとふさしげ》・水原満家《すいばらみついえ》・新津《にいつ》勝資《かつすけ》・竹俣《たけのまた》房綱《ふさつな》ら十人を選抜して援軍を編制し、武田家臣長井昌秀を付けて、信濃国長沼城に向けて出陣させた（上越二三九九号他）。上杉の援軍がようやく動き出した。

三月五日――織田信長出陣

織田信長は、動員をかけた軍勢の安土城下集結が完了したため、漸く出陣した。信長はこの日、近江国《おうみのくに》柏原《かしわばら》の上菩提院《じょうぼだいいん》（成菩提院、滋賀県米原市、天台宗）に宿泊している（『信長公記』他）。

いっぽう、徳川重臣酒井忠次は、この日駿府に進出した。穴山梅雪が明け渡した江尻城には、本多作左衛門重次《さくざえもんしげつぐ》が入城し、牧野衆、本多忠勝、大須賀康高《おおすがやすたか》、懸川衆、田原衆は「みくら」（蒲原）に進んだ（『家忠日記』）。なお家康は、駿府の留守居として、今川氏真を配置したという（『宇野主水日記』）。

上杉援軍は、この日、信濃国水内郡牟礼《みのちむれい》（飯綱町）に着陣した。だが上杉軍はここで行動を停止している。それは、景勝が派遣する予定だった重臣千坂景親《ちさかかげちか》・斎藤朝信《さいとうとものぶ》の到着をまっていたからである（上越二二九九〜二三〇一号）。

三月六日――甲府陥落

近江国上菩提院を出発した信長は、美濃国に入り、呂久《ろく》の渡しにさしかかったところ、信忠より仁科信盛の首級がもたらされた。信長はこれを岐阜に運び、長良川原に晒《さら》し、人々の見物に供させ、自身は岐阜城に入った（『信長公記』『当代記』他）。『当代記』によると、仁科信盛の首級を見た信長はご満悦だったというが、『祖父物語』には違う描写がなされている。信忠の飛脚が曲物《まげもの》に入った仁科信盛の首を信長にさしだした。その首は、大髻《おおまげ》で年齢は二十歳ばかりにみえたという。菅屋長頼、野々村三十郎正成、福富平左衛門秀勝らが馬から飛び降り、信長に祝辞を述べたところ、彼の顔色が変わり、何が目出度いものか、若輩どもが敵地に深入りし、追い立てられて普通に討ち死にするのは滝川だけで、他の連中は灰を捨てるようになるだろう、信忠らが残らず戦死しても遠方なので、そう易々《やすやす》と弔い合戦ができるわけもない、と言い、大いに立腹していたという。

筆を上野国に転じよう。上野国でも、武田氏の滅亡が時間の問題となったことが明らかになると、国衆が様々な動きを始めていた。不穏な情勢を察した真田昌幸は、岩櫃城から沼田城の叔父矢沢頼綱に書状を送り、頼綱の眼に叶う人物がいれば、彼の判断で知行を配当することを許可し、城を守る兵力を確保すること、彼の指揮下にある牢人衆に城米（兵粮）の分配を認めること、真田氏の料所を知行として配分するので牢人衆をただちに雇用すること、何としても兵力を確保して城を死守すること、などを指示した（戦武三六七五号）。城米の扱いは武田氏の専権事項であったが、昌幸は緊急事態に対処すべく、独断で動いていたのであろう。

駿河国富士郡吉原に在陣していた北条氏規・太田源五郎らの軍勢は、富士・駿東郡の仕置を始めていた。この日、北条氏は富士郡の金山衆、麓衆や富士大宮浅間神社の大宮司らが帰属を申し出てきたのを許した（戦北二三二一号）。また山小屋に籠城していた小屋揚がりの村人たちも、続々と北条氏に帰属を申し出てきた。山小屋に籠城することは、敵対行動でもあったので、赦免を願い出たのである。北条氏は小屋に籠もる布沢郷《ぬのざわ》（富士宮市）、「さかさはやし」（精進川《しょうじんがわ》村の小字坂林《さかばやし》、同市）の人々を赦免し、北条軍による乱暴狼藉を禁止した（同二三二三・二四号）。

いっぽうの家康は、この日北条氏から贈られた江川酒を麾下の諸将に下賜し、慰労している（『家忠日記』）。徳川軍の駿河での作戦は完了しており、甲斐侵攻の準備が進められていた。

上杉援軍は、千坂・斎藤の到着が遅れたため、なかなか信濃長沼城にまで到達しなかった。痺れをきらせた飯山城将禰津松鷗軒常安《ねつしょうおうけんじょうあん》は、上杉景勝に援軍を催促している（上越二三〇〇号）。いっぽうで禰津をはじめ北信濃の武田方は、上杉援軍の緩慢な動きとその真意を疑っていたらしく、景勝が混乱に乗じて北信濃を掠《かす》め取るのではないかと危惧していた。これを知った景勝は、千坂ら十頭の援軍を信濃に派遣したのは、木曾義昌逆心以来、武田方が苦戦しているのを見かねてのことであり、しかも勝頼とは何度も起請文を取り交わした同盟国なので、世上に流布しているような野心は毛頭ないと、武田方の福王寺、梅仙軒に弁明している（同二三〇一号）。

そしてこの日、織田信忠の軍勢が甲府に入り、これを占領した（『家忠日記』）。ただし、信忠自身は翌日甲府に入っているので、六日に甲府を制圧したのは、滝川一益、森長可らの先陣だったのであろう。

さて、勝頼は、駒飼に滞在したまま小山田信茂の迎えを待ち続けていた。だがなかなかやってこなかったという（『軍鑑』）。ところが、『理慶尼記』のみ記述が食い違う。同書によると、小山田信茂が岩殿城への早期入城を勧めたにもかかわらず、駒飼に留まったまま動こうとしなかったのは勝頼だったというのだ。このことは信茂にとって、まったくの想定外であり、生母を都留郡に迎え入れる時機を逸してしまったと焦慮するようになったという。六日の夕方、敵の姿がみえたとの報告を聞いた信茂は、土屋昌恒を奏者にして勝頼に、早々に岩殿城に移ってほしいこと、自分の生母に暇をいただきたいこと、自分は先に岩殿城に行き北条夫人の御座所を用意したうえで迎えに参上するつもりであること、などを言上した。勝頼はなぜか、まだ岩殿城には行く時機ではないと考えたという。しかし信茂の機嫌を損ねたくないので、勝頼は彼の生母を引き渡し、信茂とともに先に都留郡へ行くことを許したという。なお、『理慶尼記』は、勝頼が駒飼に留まり続けた理由を記していない。しかしながら、諸記録を勘案すると、

『甲陽軍鑑』の記述にある如く、信茂の迎えを待ち続けたと考えるのが妥当であろう。

また諸記録では裏づけることが出来ないが、『武田三代軍記』によると、この日、沼津三枚橋城を放棄し甲斐に退去した春日信達（高坂源五郎《こうさかげんごろう》）が、勝頼のもとを軍勢を率いてやって来たという。だが勝頼は、城をあっけなく北条軍に明け渡した彼の真意を疑い、お目見えも許さなかったという。春日信達は愁訴し、起請文を提出して同行を願ったが許されず、信濃国海津城に戻っていったという。この逸話は、事実の可能性がある。というのも、同じ沼津三枚橋城に在城していた曾禰河内守が、弟掃部助《かもんのすけ》とともに、三月十日まで勝頼主従と駒飼に滞陣しているからである（後述）。春日は退去を命じられ、曾根が同行を許された理由は定かでない。

三月七日――織田信忠、勝頼の捜索を命ず

この日徳川軍は、いよいよ甲斐に向けて動き出した。松平家忠らは甲駿国境の興津に進んでいる（『家忠日記』）。

織田信長は三月六・七日の両日、岐阜城に留まり、各地からの軍勢の到着を待った。やがて岐阜城に集結した武将は、織田信澄・菅屋長頼・矢部善九郎家定・堀久太郎秀政・長谷川秀一・福富平左衛門尉秀勝・氏家源六行継・竹中久作重矩《しげのり》・原彦次郎政茂・武藤助康秀・蒲生忠三郎賦秀《ますひで》・永岡与一郎・池田勝九郎元助・蜂屋兵庫助頼隆・阿閉淡路守貞征《あつじあわじのかみさだゆき》・不破彦三直光《ふわひこぞうなおみつ》・高山右近・中川瀬兵衛清秀《なかがわせべえきよひで》・明智光秀・惟住五郎左衛門《これずみごろうざえもん》（丹羽長秀）・筒井順慶ら、錚々《そうそう》たる顔ぶれであった。

織田信忠は、諏方を出陣して甲府に入り、一条信龍屋敷に本陣を張った（『信長公記』他）。信忠は、勝頼の行方を探らせるとともに、武田一族や家臣らの探索も命じ、発見次第処刑している。織田氏による残党狩りが始まった。確実な記録では判然としないが、信忠はその後本陣を甲斐善光寺に移したと伝わる（『国志』他）。

織田軍が新府城を放棄した後の、勝頼一行の足取りを見失っていたのは事実であった。京都で流布していた噂について、『宇野主水日記』は次のように記している。

彼城（高遠城）落居、勝頼ハ甲州迄退散、駿州富士ノ麓ノ辺、山中へ二千計にて落ち行かれると云々、但し雑説不同ニ候条、実儀計らい難き也

これによると、武田勝頼は高遠城の陥落により、甲斐に退却し、そのまま駿河国の山中に二千人ばかりを率いて落ちていったとの流説が京都の巷間に広まっていたことが知られる。また同書は、三月二十一日の記事の中で「東国之儀は、信州高頭の城にて一戦これあり、穴山別心につきて即時に相果たす、勝頼は二日計にて行方知れずと云々」とも記録しており、勝頼の行方を一時的に見失っていた可能性を示唆している。

信忠が甲府に入ると、甲斐・信濃・上野・駿河の人々が続々と参集し始め、織田氏への帰属を申請したといい、その様子は門前市をなす状況だったという（『信長公記』）。

また信忠は、諏方から異母弟織田源三郎信房を上野国に向けて出陣させた。信房には、団忠正・森長可と足軽衆を附属させ、上野の武田方を引きつけるよう指示している。信房が上野に入ると、小幡信真らは早速人質を進上して帰属したという（『信長公記』）。

いっぽう上杉景勝は、北信濃衆市川信房に書状を送り、勝頼支援のためには何でもする決意だと述べ、今後の協力を依頼している（上越二三〇二号）。また景勝は、飯山城将禰津常安と連絡を取り合っているものの、意思の疎通が思うに任せず、彼の疑念を解くために家臣大石元綱、岩井《いわい》民部少輔《みんぶのしょう》信能《のぶよし》を使者として禰津のもとに派遣した。景勝は禰津常安の身を案じ、すぐにどこかに隠れるよう勧告するとともに、さらに岩井信能の父岩井備中《びっちゅう》入道《にゅうどう》昌能《まさよし》も送っている（同二三〇三号）。だが、上杉援軍は結局、武田勝頼を支援し、織田軍を牽制することはできなかった。

越中では、上杉景勝と一向一揆が連携し、蜂起が各地で起こり始めていた。これは、越中五箇山に移った教如の指示を受けてのものであった。景勝は、後に教如との連携を探り、織田軍と対抗しようとしている。柴田勝家らは、一揆や上杉軍の松倉口進出に対処しようとしていた（信長九七六号）。

この日の夜半、勝頼の許しを得て、生母を確保していた小山田信茂は、生母ら人質を連れて、目立たぬよう駒飼を発ったという。この時、すでに信茂は変心していたというが（『理慶尼記』）、確実な史料で確認できない。

三月八日――徳川軍甲斐に侵入

徳川軍のうち、松平家忠らは甲駿国境「まくさ」（万沢、山梨県南部町）に入った。家康は興津に進んだという（『家忠日記』）。信長本隊は、軍勢の集結を終えると、八日に岐阜を出発して犬山城に入った。信長はここで、北陸で上杉景勝や一向一揆と対決していた柴田勝家の書状を披見し、北陸の情勢の報告を受けると、ただちに返書を認めて、今後の対策を指示するとともに、武田勝頼攻撃が思いの外うまくいっていることを知らせている。

信長は、勝頼が新府城を「自焼」して山奥に逃げ込んだことを知ると、もはや勝負はついたと思い、自分が出馬するまでもなくなったと記し、初めて安堵したようだ。そして自身の出陣は「関東見物」をするためだと述べた。信長は、決戦をすることもなく山奥に逃げ込んだ武田勝頼を、「武田氏歴代の名誉を汚してしまった」と記した。信長は、どこかで必ず勝頼ならば織田軍に決戦を挑んでくるだろうと予想しており、勝頼相手では信忠にはいささか荷が重いと感じていたようだ。しかし信長の懸念は、雲散霧消した。信忠らへの怒りも解けていたらしい。

三月九日——家康、甲斐に侵入す

徳川軍先鋒は、身延山久遠寺《くおんじ》に入り、家康は万沢に到着した。徳川方のもとに、信忠が六日に甲府に進駐したこと、勝頼が山に逃げ込んだことなどの情報が届けられている（『家忠日記』）。

信長は三月九日に、信濃に出陣中の家臣森長可の本拠地兼山《かねやま》城（岐阜県可児市）に到着し、ここで一泊している（『信長公記』）。

三月十日——小山田信茂離叛、上野の武田領国崩壊

信長は、十日神篦《こうの》に着陣した。先を急ぐ必要がなくなったので、余裕の行軍である。

穴山梅雪を案内者とする徳川軍先鋒が、市川に到着し、家康も少し遅れてその日のうちに着陣した（『家忠日記』）。家康が陣所としたのは、市川の文殊堂であった（『信長公記』『国志』他）。家康は甲府に入ると、ただちに織田信忠のもとに参上し、挨拶を行っている（『当代記』他）。なお、徳川軍は上野城（市川三郷町）に籠城していた一条信龍・信就父子を攻め、これを攻略し、一条父子を市川で処刑したと伝わる（『国志』他）。

上野国では、国峯《くにみね》城主小幡信定（信真の養嗣子）が軍勢を率いて、安中七郎三郎の所領に攻め込み、混乱に乗じて領域拡大を目論んだ（以下「里見吉政戦功覚書」）。小幡勢は安中領の各所を放火し、郷原《ごうばら》（安中市郷原）に乗り込んだ。当時、鉢形城主北条氏邦のもとを退身し、本拠地里見郷（高崎市）に引きこもっていた土豪里見吉政は、小幡勢の行動と勝頼没落を知ると、安中氏を支援すべく武具を身に纏《まと》い、指物を着けて松井田近くの名山（安中市郷原字名山）という小山に登り、ここに騎馬衆や歩兵を集結させ、郷原に乗り込んだ。そして小幡勢と戦い、多数を討ち取ってこれを撃破したという（「里見吉政戦功覚書」）。武田氏という上位権力者を失った上野国では、国衆らが自力次第で勢力を拡大する剝《む》き出しの戦国世界へと、再び逆戻りしてしまったのである。

こうした情勢下、和田城（高崎市）主和田信業《のぶなり》、箕輪城代内藤昌月は生き残りを図り、秘かに八崎城主長尾憲景の調略を受け、北条氏に従属する決断を下していた。北条氏邦も、神流川《かんながわ》を越え、西上野に侵攻しており、それが圧力になったとみられる（戦北二三二五号）。北条氏邦は、廏橋城を開城させてここに入り、軍勢を箕輪城にも入れたらしい。かくて上野国の武田領国も崩壊した。

小山田信茂の離叛が明らかになった時期については、諸記録で混乱がある。『甲乱記』は勝頼が駒飼に移ったその夜に、人質であった信茂老母が行方知れずとなり大騒ぎになったとある。駒飼到着は三月四日なので、その間の事情を考えると誤記と思われる。『甲陽軍鑑』は、三月九日夜とあるが、そうすると勝頼が小山田の離叛を知った後、まる一日も笹子《ささご》峠麓の鶴瀬にいたことになり、いかにも不自然である。

つまりは、信茂離叛を三月十日夕刻と記す『理慶尼乃記』（『理慶尼記』の写本、松本憲和氏所蔵本）の記述がもっとも整合性があるだろう。駒飼に滞留すること七日、勝頼は信茂が迎えを寄越すのを待っていたが、いつまで経ってもその気配がないので、家臣に小山田を迎えに行かせたところ、笹子峠で多くの武者が陣取って行く手を塞ぎ、都留郡に入ることを拒んだ。驚いた家臣が、このことを報告すると、信茂に騙《だま》されたことを察した勝頼は「かのものに、誑《たぶら》かれしことのくちおしさよ」と嘆じたという。

信茂が変心したとの情報は、たちまち駒飼に在留する家臣らに伝わり、大騒ぎになった。勝頼を見限った者たちが、駒飼の各所に放火して立ち退いたので、騒ぎはいっそう大きくなったという。『理慶尼乃記』には「おやまだ心がわりのよしをつたへきゝ、よしミの曾禰河内守も十日の暮方にハ陣屋へ火をかけ、弟かもんのすけ（掃部助）召れ、是もさゝご（笹子）へ引退られけれバ、御ぢん（陣）にハかにさわぎたち、あたりのいゑに火をかくれバあるにあられぬ御ありさま、めもあてられぬけしきなり」と記され、火をかけたのがもと駿河国沼津三枚橋城の城将曾禰河内守・掃部助兄弟だったとある。彼らは、二月二十八日夜半に城に放火し、甲斐に逃げ帰り、勝頼と合流していたらしいが、駒飼の陣屋に火を放つと、笹子に退いたとあるから、小山田信茂のもとへ逃げ込んだとみられる。

『甲陽軍鑑』によると、都留郡から小山田八左衛門尉が到着し、勝頼に謁見した。彼は勝頼のお気に入りであったので、大いに喜んだという。ところが、八左衛門尉は甲冑《かっちゅう》も着けずにやってきたので、勝頼は自分の召し替え用の甲冑を下賜した。勝頼は、八左衛門尉に対し、初鹿野《はじかの》伝右衛門《でんえもんのじょう》尉はこないのかと下問したところ、彼は恵林寺《えりんじ》の奥山にある川浦に入り、鶴瀬に出て勝頼に合流しようとしたところ、村人たちが初鹿野の妻女を人質に取り、どうしても行くというのなら殺すと脅したため、断念したのだと返答し、国内はどこも同じような状況だと伝えたという。初鹿野の妻女を人質に取った村人らは、彼の知行地の百姓らだったと推察される。もし領主の初鹿野が勝頼に味方すれば、織田方からどのような報復を受けるかが恐ろしかったのだろう。

ところが、小山田八左衛門尉と武田左衛門佐信堯（勝頼従兄弟）が申し合わせて勝頼を裏切り、信茂の人質を奪って都留郡に逃亡し、追いかける勝頼家臣らに鉄炮を撃ちかけたという。これで家臣は離散してしまい、勝頼の側には、わずかに四十三人が残るだけになったという。

じつは、小山田八左衛門尉の離叛については、『三河物語』にも記述がある。それによると、小山田八左衛門は勝頼と行動をともにしていたといい、勝頼は、信茂のもとへ迎えに来るよう彼を使者として派遣したところ、すでに信茂が変心しており、八左衛門もまた帰って来なかったとある。これを知った勝頼の供衆は、怖じ気づき散りぢりになって逃亡してしまったという。ここには、人質についての記述がない。すでに人質は、信茂のもとに戻されていたと思われ、迎えを寄越すよう催促の使者として小山田八左衛門が派遣されたが戻らず、さらに使者を送ったところ、笹子峠で阻まれ、小山田離叛が明らかになったと思われる。

そして気づいてみると、勝頼の側を固めていた長坂釣閑斎光堅、秋山摂津守昌成、秋山内記、小山田彦三郎らは姿をくらませていたのであった。彼らは土壇場で、勝頼を見捨てたのだった。それはばかりか、秋山摂津守は、まもなく勝頼の命をつけねらうことになる。小山田信茂にも叛かれ、行き場を失い彷徨する勝頼一行の様は悲惨そのものであった。敵方だった太田牛一ですら『信長公記』に「闇ヨリ闇道ニ迷ヒ、苦ヨリ苦ニ沈ム、噫《ああ》哀れなる勝頼哉」と記して嘆じた。

三月十一日――越中の一向一揆蜂起

小山田信茂に離叛された勝頼は、もはや甲府に戻ることもならず、行き場を失っていた。勝頼主従は、十一日朝、駒飼を発ち、鶴瀬を経てやむなく「天目山《てんもくさん》」に入ろうと日川渓谷に足を向けた。小山田信茂は、勝頼主従が「天目山」の方向に去ったのを知ると、都留郡の用心を厳重にするよう下知し、新関を次々に設置して番衆を置き、路次を封鎖したうえで、居館（谷村か）に帰還したという（『甲乱記』）。

いっぽう越中五箇山に移っていた教如は、越中一向一揆にも蜂起を指示していた。すでに、越後上杉景勝に呼応して、越中では一揆が各地で蜂起していたらしい（信長九七六号）。折しも、北陸では「信長父子が信州表に出陣したところ、武田勝頼が切所を構え、一戦を行いこれをことごとく討ち果たした。今が絶好の機会なので、越中も一揆を蜂起させ、織田の手から奪い取り思いのままにするがよい」との情報が流れたという（『信長公記』）。実際に、三月二日に、越中との国境に近い越後根知城に在城していた武田家臣八重森家昌は、「下伊那口で敵がことごとく敗軍に及び、天竜川に追い込まれ千人余を討ち取った、味方の利運だ」との情報を察知している（戦武三六七〇号）。これは織田方が流した虚報と推定される。

これを信じた越中小島氏らは、織田方の神保長住《じんぼうながずみ》を富山城に幽閉し、一揆を組織して蜂起した。だが、あらかじめ蜂起を予想していた柴田勝家・前田利家・佐々成政らが反撃に転じ、富山城を包囲し、まもなく一揆勢を壊滅させた（『信長公記』）。教如が企図した、一向一揆蜂起による武田氏支援は、まったく効果がなかったのであり、そしてこの日、勝頼は滅亡したのであった。

信長本隊は、東美濃の険阻を越えて、十一日に岩村城に到着した（『信長公記』）。信長が予定通りに出陣したことを知った本願寺顕如は、ただちに陣中見舞いの使者を派遣することを決し、川那部右衛門を使者に指名し、信長の滞在地についての情報収集に努めている。しかし、本願寺が得た情報は虚実入り交じったものであったらしく、「只今ノ御陣床ハ、東美濃霧カ城ト其沙汰あり」と正しく記したのに続いて、「上様（信長）御出馬ノ事色々風聞候ツレドモ、五日ニ安土ヨリ岐阜まで御馬ヲ出サレ了、其後東美濃までは御馬ヲス、メラレニトモ申也」とも記しており、京都で取りざたされる様々な噂に幻惑され、織田信長本隊の所在を正確に摑みかねていることがうかがわれる。本願寺はその後、陣中見舞いの使者川那部右衛門を、三月十八日に京都から派遣している（『宇野主水日記』）。信長は、勝頼父子が滅亡した三月十一日には、本願寺が最初につかんだ通り、「霧カ城」（岩村城）に在城していた。だがまだ彼は、武田氏滅亡の事実を知らなかった。

四、武田勝頼の最期

田野古戦場

　武田氏滅亡の地は、「天目山」とされ、広く人口に膾炙《かいしゃ》している。これは日本史の教科書や参考書、地図にもそう明記されている。だが、それらは事実ではない。「天目山」というのは天目山棲雲寺《せいうんじ》のある地域一帯の通称で、実際にそのような山は存在しない。棲雲寺と木賊《とくさ》村がある一帯の山名は、正確には木賊山《とくさやま》という。しかしながら、実際の山名よりも、寺院の山号がそのまま地域の呼称になり、定着してしまったと推察される。しかも「天目山」という地域呼称の使用は、まちがいなく戦国期にまで遡る。

　これまで『甲乱記』『軍鑑』『三河物語』『理慶尼記』などの記述をみてきたが、それらすべてに「天目山」という記載がある。また『家忠日記』にも「武田勝頼父子、てんもく澤《山》と云所ニ山入候を、滝川手へ打取候てしるし越候」（天正十年〈一五八二〉三月十一日条）とあることからも、当時から使用されていた地域呼称だったことが確認できる。

ところが勝頼主従と戦った滝川一益の認識は違う。実際に勝頼らと戦い、彼らを滅ぼした一益にとって、武田氏滅亡の地は「田野《たの》」なのである。史料を示そう（御用二三七五号）。

去ル十一日於甲州都留郡多野（田野）合戦刻、秋山紀伊守討捕之、無比類高名遂骨《本ノマヽ》之至候、仍為忠賞信州佐久郡葱田（蘆田）分之内弐百貫令宛行候、全知行不可有相違之状、如件

三月廿四日　左近（滝川一益）判

菅沼又五郎殿

これは滝川一益が、武田氏滅亡の十三日後に、家臣菅沼又五郎に与えた感状である。菅沼は、勝頼重臣秋山紀伊守を討ち取る戦功を挙げ、信濃国蘆田《あしだ》で知行を与えられている。ここで注目すべきは、戦いの名称が「多野合戦」であることだ。武田氏滅亡の地は木賊山の麓にあたる「田野」であり、広域名称の「天目山」の範囲にも相当しない。従って厳密にいえば、「天目山の戦い」という呼称は誤りであり、誤解が前提となって名付けられたものだといえる。本書では、武田氏最期の合戦を「田野合戦」と呼び、「天目山の戦い」とは一切呼称しない。

田野周辺には、今も勝頼伝説が数多く残されている。甲府や大月方面から日川渓谷沿いを田野に向かって遡ると、水野田の集落に至る。ここが武田方と織田方の最初の戦場となった「四郎作古戦場」と伝わり、小宮山内膳が奮戦した場所といわれ、現在石碑が建てられている。なぜ「四郎作《しろうづくり》」と呼ばれているかわからないが、高柳光壽氏は「城作り」が訛化したものであろう」と推定している（高柳光壽『青史端紅』一九六二年）。この一帯は、両軍が激しく弓矢を射

懸け合い、矢が地面に無数に突き刺さったので「矢立」とも呼ばれている。そして日川を渡ると、「鳥居畑古戦場」の石碑が建っている。ここで、土屋昌恒、秋山紀伊守らが奮戦し、勝頼自刃の時間を稼いだと伝わる。

勝頼父子と北条夫人が自刃したとされる場所には、菩提寺の天童山景徳院があり、武田勝頼一族と家臣、侍女らの墓所がある。周辺には、侍女たちが投身自殺したという「御姫淵」、勝頼らの首級を織田方の将兵が洗ったという「首洗い池」が伝えられている。さらに「天目山」に向かって上っていくと、土屋昌恒が「天目山」から下りてくる敵を単身で防いだと伝わる「土屋惣蔵片手切の遺跡」や、勝頼が一揆に行く手を阻まれ、進退谷まって思案したという「思案石」が大蔵原にある。田野古戦場には、こうした数多くの伝説が残されている。では、実際の合戦はどうだったのか。そして、勝頼主従の最期はどう記録されているのだろうか。

勝頼主従、田野に追い詰められる

三月十日夜、勝頼一行が、麓の田野までたどり着いたとき、「天目山」の地下人たちや、甘利左衛門尉《さえもんのじょう》・大熊備前守・秋山摂津守が手を携えて、勝頼主従の入山を拒むべく、弓・鉄砲を撃ちかけたという。このため、女子供は泣き叫び、男たちは周章狼狽するだけだった（『甲乱記』）。このことは、『三河物語』にも「（勝頼主従が）天目山へ入らせ給ハんと被成けれバ、天目山へハ御普代久敷甘利甚五郎と大熊新右衛門尉が聟舅、先に入て手替をして、矢・鉄炮を出して射かけ打ちかけけれバ」とあり、甘利と大熊が天目山棲雲寺方面より勝頼主従を攻撃し、行く手を阻んだことが記録されている。

また『甲陽軍鑑』によると、天目山の百姓六千人余が一揆を起こし、辻弥兵衛に率いられて勝頼に弓や鉄炮を撃ちかけたのが、十一日巳の刻（午前十時頃）だという。彼らは、織田方の河尻秀隆・滝川一益を手引きし、道案内を買って出て、裏側からまわりこみ、勝頼に攻めかかったという。武田方は、三度これを撃退したが、ついに叶わず滅亡したと記す。

どちらが正しいかは判断できないが、勝頼主従が天目山棲雲寺を目指したのは事実らしい。また、「天目山」で一揆が蜂起したのも事実で、京都では「甲州令敗軍、武田四郎父子・典廐三人、於天目谷一揆討取之」（『兼見卿記』天正十年三月二十二日条）との噂も流れていた。『理慶尼記』は、小屋に籠もる人々は、勝頼主従がやってくることを知ると「こなたゑ御越なされん事、思いもよらず」といい、慌ててこれを防いだとある。彼らが勝頼主従を阻んだのは、もし「天目山」に入れてしまったら、小屋上がりの人々は武田方に味方したと認定され、織田軍の討伐対象になってしまうからであろう。ただでさえ、小屋上がりは敵対行為であった。通常は、優勢な敵軍が来たら、抗戦するか降参するかが選択され、降参する場合はその旨を相手に申し入れ、赦免を受ける必要があった。小屋に籠もる地域住民らが、勝頼主従を拒み、これを攻めたのは、武田方に敵対したという事実を織田方にアピールし、後難を避けるためだったと推定される。

北条夫人は「このような野原で果てることになろうとは予想もしませんでした。こんなことになるならば、韮崎で死ぬことができた身であるのに、ここまで落ちてきて死ぬことになろうとは。死後にも悔しさが残ることです」と嘆じたという。すると勝頼は「自分もそう思ったが、小山田に騙されたのも、あなたのことが可哀想だと彼に説得されたからなのだ。なぜここまで来たかといえば、都留郡は相模国に近いので、どんなことをしてでも貴女を実家に帰し、自分は潔く死のうと考えたからなのだ」と告白した。北条夫人は驚き、自分はどんなに命じられても実家に帰ることはない、命ある限りはいうまでもなく、死後も勝頼と離れたくないと返答したという（『理慶尼記』）。

かくて勝頼主従は、往くもならず、退くこともできず、遂に田野で進退窮まった。

ところが、この日の早朝、籠の鳥の如く田野に追い詰められた勝頼主従を追いかけて来た人物がいた。小宮山内膳である。父は小宮山丹後守虎高といい、武田氏の譜代であった。しかし内膳は、勝頼の出頭衆跡部勝資・長坂釣閑斎・秋山摂津守と仲が悪く、さらに勝頼のお気に入りの小山田彦三郎と喧嘩《けんか》をしたため遠ざけられ、逼塞《ひっそく》を命じられていたのだという。内膳は、土屋昌恒に取次を乞い、三代の御恩を果たすべく供をしたいと申し出た。これには、土屋や秋山紀伊守らも感動し落涙した。内膳は、土屋昌恒の許可を得て、伴ってきた生母と妻子を、弟の小宮山又七と同心の脇（和気）又市（駿河先方衆）に託し、落ち延びさせた。そして小宮山は、自分を陥れた者たちが、すでに逃亡していたことを知ると、勝頼の運のなさを嘆いたという。

かくて勝頼主従は、田野を死に場所と定め、敵を迎え撃つ用意を整え始めた。『信長公記』には「田子《（田野）》と云ふ所、平屋敷に暫時柵を付け居陣候」とあり、百姓の民家の周辺に柵を構え、ここで織田方を待ち構えていた。勝頼は、扈従《こしょう》していた麟岳和尚《りんがくおしょう》（武田逍遙軒信綱の子、勝頼の従兄弟）に対し、ここから落ち延びて、自分たちの菩提を弔って欲しいと頼んだが、彼はこれを断り、師資の盟浅からざるばかりか、一門である以上、勝頼一族を見捨てがたく、ここに至れば冥土黄泉までも同道し、師資の契約を全うしたいと述べたという（『甲乱記』）。

すでに敵は、善光寺にあたりまでやって来ているとの報告がもたらされた。勝頼らは、ここで別れの盃を交わした（『理慶尼記』）。武田勝頼主従の運命は、ついに定まった。

なお『理慶尼記』に、この別れの酒宴の席で、土屋昌恒が忠節の証に五歳になる息子を刺し殺し、夫人と二歳の息女を被官に託して落ち延びさせたことが記されているが、この逸話は事実ではない。土屋の五歳になる息子は生き延びており、後に土屋忠直と称し、徳川氏に仕えて久留里《くるり》城主になっている。

土屋昌恒の悲壮

明けて三月十一日、武田勝頼父子、夫人、一門らが駒飼の山中に引き籠もったとの情報をつかんだ滝川一益は、険難、切所を山中へ分け入り、ついに勝頼らの居場所を発見した（『信長公記』）。『甲乱記』によると、敵が接近してきたとの報告が入ると、跡部勝資は動揺し、勝頼に小山田の変心で郡内に入れない以上は、この地域の地下人を計策して天目山に入り、世の中の情勢をうかがうべきだと言上した。すると、跡部が言い終わらぬうちに、土屋昌恒が進み出て、出過ぎたことではあるが、このような状況では老若の別ではなく、心の剛胆こそが肝要なので、私を信じて欲しい、跡部の言い分は未練である。そのような無分別な意見を言いつのってきた結果が、このような有様になり、御家滅亡に追い込まれたのだ。よくよくお考えいただきたい、小山田が敵となり、天目山の地下人にも叛《そむ》かれた不運のもとでは、もはやいかなる鉄城、鉄山に立てこもろうとも、運が開けるとは思えない。侍は死ぬべき場所で死ななければ、必ず恥を見るといわれているのは、よくご存じでしょう。源氏の祖八幡太郎義家も、侍たる者は死ぬべきところを知ることが肝要だと仰《おつしや》っておられたはずで、今こそそれを思い起こすべきです。

たとえ小勢であっても、新府城に踏みとどまり、敵が寄せてきたなら命を限りに戦い、矢尽き弓が折れたら一門がそこで自刃してこそ、代々の武田の名を顕《あらわ》し、信玄以来の武勇を残せたのに、小山田のような恥知らずを信じてここまで逃れて来て、卑夫の鏃《やじり》を受け、一門の屍《しかばね》を山野にさらすことになるとは、後代までの恥辱とは思いませんか。戦の勝ち負けは、時の運によるものなので、戦って敗北することは恥辱ではない。ただ戦うべきところで戦わず、死ぬべきところで死なぬことは、弓矢の家の瑕瑾《かきん》というべきです。ある書物に、進むべきを見て進まざるを臆将といい、退くべきを見て退かざるを闇将という。だから合戦の進退は、つまるところ分別工夫によるものと心得ます。

跡部勝資の分別は、軽率であり、ここに及んで今更言っても仕方ないが、もはや胸臆を包み隠さず申し上げれば、先年御館《おたて》の乱で景勝と景虎が争った時、景虎に対し不義の行動をとったが故に、武田氏は天下に悪名を乗せ、諸人の嘲笑を買った。甲相同盟が破綻し、それまでの重縁が切れて怨敵となり、その結果が今の状況だ。小山田をはじめ、多くの恩顧の人々が武田家を見放したのも、ここから始まっている。敵は余所にはいないものだ。土屋昌恒は一度は怒り、あとは落涙しながら主張すると、跡部は赤面し平伏したまま一言も抗弁できなかったという。

勝頼は、土屋の諫言を聞くと、敵も迫り、小屋の地下人らもことごとく逆心し、進退谷まり逃れるべき術もない以上は、ここで自害すると決断した。

迫り来る敵

天目山方面を一揆と甘利・大熊らに塞がれ、田野で進退谷まった勝頼主従の眼前に、ついに滝川一益の軍勢が鶴瀬方面から姿を現した。滝川の先勢は、津田小平次（秀政）・篠岡平右衛門であったという（『甫庵《ほあん》信長記』）。土屋昌恒らが、これを防ぐべく立ち向かう。『三河物語』によると、この時に跡部勝資が馬に乗って逃げ去ろうとしたという。これを見た土屋が「尾張守は今さらどこに落ち行こうというのか」と怒鳴り、弓を射懸けたところ、狙い誤らず跡部の胴の真ん中を射抜いた。跡部はたまらず落馬し、殺到してきた敵に頸《くび》を取られたという。

土屋は、矢束を解き、細い橋のある場所を越えて攻め寄せてくる敵を、次々に射落とした。織田方の兵卒は、弓で射抜かれ、落馬し川に転落する者、卒倒する者が相次いだ。だが遂に矢が尽きたため、土屋は太刀を振りかぶって、敵二、三百人が控えている真ん中に切り込んだ。土屋の後に安西伊賀守・小山田式部丞・秋山源三・小宮山内膳らが続き、小勢ながら死に物狂いで戦ったので、織田方は切り立てられ、甚大な被害を受けたという（『甲乱記』）。『信長公記』にも、土屋昌恒が弓矢で織田方を悩ませたことが特記されている。

かくて最後の戦いの幕が開けた。

武田信勝の最期

武田信勝は、当時十六歳であったが、父勝頼と並んで敵を切って廻り、その姿は勇猛さと華麗さとをあわせたものがあったという。ところが鉄炮の流れ弾が股にあたり負傷した。信勝は父勝頼の御前に行き、負傷したことを告げ悔しさを露わにしたという。勝頼は、私もお前も今日討ち死にする命なのだから、どちらが先に死ぬかの違いだけだ。名残惜しいことなどあろうか、重傷ならばそこで切腹せよ、薄手ならば敵中に切って入り、討ち死にせよと諭した。すると信勝は、心得ましたと言い放ち、敵中に切って出た。信勝には、麟岳和尚が出家の身ながら寄り添い、武士に負けぬ働きをした。それはあたかも、源義経と弁慶主従のごとき様子だったという。

敵を切り伏せ、一息ついた麟岳は、信勝の武勇を褒め讃えつつも、十六歳で死なねばならぬ運命に落涙した。これをみた武田方の侍も涙に暮れたという。すると信勝が、皆臆したか、すべてのものに終わりがある、松樹の千年も槿花《きんか》一日の栄えも、同じことである。百年の歓楽も、信勝の十六年の生涯もまた同じように夢のようなものなのだから、命を惜しむものではない。ただ返すがえすも悔しいのは、新府に踏みとどまり、信長を待ち受けて討ち死にすべきものを、臆病者どもの意見に従いここまで逃れ来て、野人の手に懸かって屍を山野にさらすことだ。賊徒の手に懸かるより、麟岳と刺し違えれば、冥土までの導きを恃《たの》むこともできるだろう、と言うと、信勝と麟岳は互いに脇指を抜き持つと、刺し違えて息絶えた。これを見た河村下総守は、信勝幼少時より奉公してきた私こそ、お供いたしますと言い放ち、腹十文字に掻き切り、信勝の遺骸に抱きついて果てたという（以上『甲乱記』）。

　ところで『甲陽軍鑑』には、信勝最期の模様は記録されていない。勝頼とともに十文字鑓を振るって奮戦したことが記されているだけである。信勝は、父勝頼から武田家重代の家宝御旗・楯無の鎧を奉じて山道を越え、武蔵国に出て奥州に落ち延びるよう勧められたが、父こそ北条氏政の婿なのだから落ち延びられよ、自分は十年前の祖父信玄の遺言に従い、御家督を頂戴しここで尋常に自害するといい、まったく動こうとはしなかったという。

　また『理慶尼記』には、信勝は継母北条夫人、父勝頼の自刃後に切腹したと記す。信勝は覚悟を決めると正座し、土屋昌恒の弟秋山源三に介錯を命じ、辞世の句を詠んだ。

　　あだに見よ　誰もあらしの　桜花　咲ちるほどは　春の夜の夢

　これに秋山源三が返歌を詠んだ。

　　夢とみる　程もおくれて　世の中に　あらしのさくら　ちりはのこらじ

秋山は、最期の時を待つ信勝の風貌をみて、いつにも増して立派で美しく、この世の人とは思ぬほどであり、天人が姿を現したものかと思い、雪のような白い肌のどこに剣を立てればよいのか途方に暮れた。

　信勝は「願以此功徳、普及於一切、我等与衆生、皆具成仏、我人成仏」と『法華経』（化城《けじよう》喩《ゆ》品《ほん》第七）の回向文を唱え、自刃した。介錯をした秋山源三は、信勝の遺骸に抱きつき、悲しみのあまりしばらく気を失ったという。

どの記述が正確なのかは、もはや検証の仕様がないが、『信長公記』には「武田太郎齢は十六歳、さすが歴々の事なれば、容顔美麗、膚は白雪のごとく、うつくしき事、余仁に勝、見る人あつと感じつゝ、心を懸けぬはなかりけり、会者定離のかなしさは、老ひたるを跡に残し、若きが先立つ世の習、朝顔の夕べをまたぬ、唯蜉蝣ノ化命なり、是又家の名を惜み、おとなしくも切つてまはり、手前の高名名誉なり」とあり、また麟岳について「りんがく、長老中にも比類なき働きなり」と記しており、『甲乱記』に近い記述がなされている。信勝は、麟岳とともに大いなる働きをした後に、刺し違えて亡くなったのであろうか。なお、記録を見る限り、信勝はこれが初陣であったと見られ、彼にとって田野合戦が最初で最後の戦場となったと推察される。

北条夫人の最期

勝頼は自刃を決意すると、安西伊賀守・秋山紀伊守を使者として北条夫人のもとへ送り、女の身で自刃するには及ばない。ここから逃れ、小田原に帰り、自分の菩提を弔ってくれるよう伝えた。北条夫人はこれを聞いて驚き、夫婦になった縁は来世までのもので、ともに死出の山、三途の川を越える覚悟であると言ってこれを拒否した。北条夫人は子をなすことがなかったことが唯一の心残りだと思い、自分の亡き後、小田原の実家で菩提を弔ってほしいことなどを文に認めた。

そして小田原から付いてきた侍臣早野《はやの》内匠助《たくみのすけ》・劔持但馬守《けんもちたじまのかみ》・清六左衛門《せいろくざえもん》・同又七郎《またしちろう》（六左衛門の弟）を召し寄せ、ここから脱出して小田原の実家に文を届けるよう命じた。彼らは妻子を捨ててここまでお供してきたのであるから、ともに死ぬことを願い出たが、北条夫人はこれを許さず、女性ではあるが、早雲以来の家に生まれた身である以上、どのような最期を遂げたか、汚き自害ではなかったことをよくよく報告するよう彼らを諭した。四人は涙ながらにこれを承知し、文を拝受した。北条夫人は髪を少し切り、文に添えて渡したといい、辞世の句を詠んだ。

　黒髪の　乱れたる世ぞ　はてしなき　思《おもい》に消《きゆ》る　露の玉の緒

四人のうち、劔持但馬守は、三人に自分だけは最期までお供する、せめて一人ぐらいはお供しなければ北条家への聞こえも悪いだろう、わが妻子には北条夫人の供をしっかりと勤めたと伝えてほしいと言ったという。

　かくて三人は田野を脱出し、劔持は夫人の側に残った。まもなく勝頼から、自分の御座所にも鉄炮がはげしく撃ち込まれるようになったので、少し移動して岩陰に移るよう指示があったが、北条夫人は、これから自刃しようとしている身を庇《かば》い、命を惜しんでも仕方がないといい放ち、西に向けて念仏を高らかに百返ばかり唱えると、勝頼はどこにおられますか、私はもう自害いたします。お急ぎ下さい、お待ち申し上げております、と叫ぶと、脇指を抜き、胸元に突き立てて衣をかぶったまま、前に倒れて絶命した。御上臈はこれをみて、私もお供いたしますというと、自刃して北条夫人の足下に取り付き果てたという（以上『甲乱記』）。

　いっぽう、『理慶尼記』の伝えるところを記そう。最期の時が近づいたことを悟った北条夫人は、法華経の第五巻を取り寄せさせ、心静かに読経した。それが終わると、勝頼は土屋昌恒を呼び、北条夫人の介錯を命じた。土屋は引き受けて夫人の御前に出たが、その可憐さと美しさに、さしもの彼も介錯をためらった。すると、北条夫人は守り刀を抜き、口に含むと下を向いて伏した。勝頼はこれをみて急ぎ近づき、彼女の介錯を済ませると、しばらくは遺骸を抱いたまま言葉を発しなかったという。土屋三兄弟は、北条夫人の最期を見て次々に殉死する上臈、侍女たちの介錯を勤めたが、その混乱ぶりは凄まじいものであったという。北条夫人は、享年十九であった。

謎に包まれる武田勝頼の最期

勝頼の最期の模様も、諸記録によってまちまちである。ここでもまずは、『甲乱記』の記述を見てみよう。

勝頼は敵を四、五人相手に戦っていたが、そこへ秋山紀伊守が駆けつけてきて、御前がはや御自害なさいましたと報告すると、すぐにとって返し、北条夫人の遺骸ににじり寄り、衣を取り去ってその死に顔を見つめた。雪のような肌は血に染まり、化粧も色あせてみえ、すべては朝顔の花が露にしおれたように見えた。勝頼はさすがに心を乱し、落涙しつつ彼女の髪を自分の膝にかき上げ、生きている人に語りかけるように「さても思いがけずこの戦は始まったが、まさかこのようなことになるとは思わなかった。ついに立て直すこともかなわず、この頃はどれほど心配されていたか気になってはいたが、とうとう涙のうちに果ててしまわれたことは本当に悲しいことだ。不運な者と契られて、悪縁にひかれてこのような最期を遂げられるのも、前世の宿縁であろうから、人の力の及ぶところではない。しばらくお待ちください。死出の三途の川とかは自分が手を取ってお渡しいたそう」と言うや、勝頼は、北条夫人が自刃に使用した血まみれの脇指を遺骸から引き抜くと、衣の端で血をぬぐい取り、白く清い肌を出し、腹十文字に掻き切り、腑をつかんで四方に投げ捨て、夫人と同じ枕に伏し倒れたという。

『三河物語』には、土屋昌恒は奮戦ののちにとって返し、北条夫人と御側の女房衆に暇乞いをした後、勝頼・信勝父子の介錯を行い、自らも腹十文字に掻き切って殉死したとある。

次に『理慶尼記』の記すところをみよう。勝頼は自刃した北条夫人の遺骸を抱きかかえたままであったが、ようやく思い切ったように立ち上がり、土屋昌恒に向かって、妻とともに死のうと思ったが、皆と一緒に敵を待ちたい。自ら刀を振るうのは家名に反することだが、考えた末にこれならば見苦しくないと思い直したのだ、と言ったという。土屋が同意すると、勝頼は息子信勝に向かって自分の運命は「一栄一落、これ春秋」であるが、お前は年も若く、武田家の当主になることもなく死に往くのは、まだ蕾《つぼみ》のまま春を迎えることなく嵐に翻弄されるようなもので、誠に残念だ、と言った。すると信勝は、にっこり笑って少しも辛くなどない、「松樹の千年、ついにくちぬ、槿花の一日は、おのづから栄なおす」との譬《たと》えもあり、早くとも遅くとも同じく残るものではないのです、と返答し、次のように詠んだ。

まだき散る　花とおしむな　おそくとも　ついに嵐の　春の夕暮

勝頼はこれを聞き、息子の成長ぶりとその覚悟に瞠目《どうもく》しつつも、涙を禁じ得なかった。するとそこへ敵が迫ってきたので、全員が武器を取って激しく戦った。土屋三兄弟は、先頭をきって進んでくる敵を全て討ち取ったので、後続は気後れし、進んでこなくなった。これをみた勝頼は、ここが潮時だと思い、土屋昌恒に、敷皮を直せ、ここで切腹すると言った。土屋は謹んでこれを承り、敷皮を直して勝頼に場所を譲ると、自らは介錯の準備をした。勝頼は正座し、辞世の句を詠んだ。

朧なる　月のほのかに　雲かすみ　晴て行衛《ゆくえ》の　西の山の端《は》

これを受けて、土屋昌恒が返歌を詠んだ。

俤の　みおしはなれぬ　月なれば　出るも入るも　おなじ山の端

勝頼は「毎自作是念、以何令衆生、得入無上道、速成就仏心（仏身）」と『法華経』（如来寿量品第十六）の偈文《げもん》を唱えると、潔く自刃した。介錯を終えると、土屋は勝頼の遺骸に抱きつき、すぐにお供いたしますと言って慟哭《どうこく》した。

以上は、最期の模様はともかく、勝頼が自刃したと一致して記している。それに対して、勝頼は敵の手に懸かって戦死したのだとする記録もある。代表的なのは『軍鑑』の記述である。

それによると、土屋昌恒は弓矢をつがえていたが、矢が尽き、刀を抜こうしたとき、敵の鑓が六本一度に彼目がけて突きかかってきた。土屋ははねのけることが叶わず、鑓に刺されてしまった。勝頼は走り寄って、左の手で鑓をはねのけ、六人の敵をすべて切り伏せた。ところが、そこへさらに三本の鑓が突きかかり、勝頼の喉に一本、脇の下に二本を突き刺した。たまらず勝頼が倒れ込むと、敵は勝頼を押し伏せて頸を取ったという。だが、勝頼を討った敵は、相手が勝頼だとは気づかなかった。というのも、勝頼側近小原丹後守継忠が御女房衆の介錯をつとめた後に、毛氈《もうせん》を敷いて切腹しており、それを勝頼だと勘違いしていたからだという。小原の頸は、勝頼のものと取り違えられ、公卿《くぎよう》（檜の白木で造られた台）の上に載せられていた。

この誤解は、織田方に寝返っていた関甚五兵衛（尾張牢人、足軽大将）が気づき、公卿に据え直したという。勝頼最期の模様は、武田信勝に仕えた御納戸奉行の侍が、田野の後ろの山に隠れながら望見しており、それが語り伝えたのだという。

勝頼を討った人物として、伊藤伊右衛門永光という人物がつとに有名であるが、彼は『三河後風土記』にしか記述がなく、史料の信憑性に問題が残る。『信長公記』にも、勝頼主従はことごとく討ち死にしたと記述しているのだが、『当代記』のみが、次のように記録している。それは「勝頼討し侍に、自信忠吉光のわきさし、馬一疋、金五百両被下」とあり、織田信忠が勝頼を討った武士に恩賞を与えたという。しかしここではその殊勲者の名前も登録されておらず、またこの他にこれを証明する記録に乏しい。

以上のように、勝頼には自刃説と戦死説とが対立したままであり、その最期の模様は今も謎に包まれている。勝頼は享年三十七であった。

家臣らの散華

北条夫人、信勝、そして勝頼が相次いで死ぬと、小宮山内膳が「大将ははや夫婦ともに自害なされた。誰のために戦っているのか」と呼ばわった。土屋昌恒や安西伊賀守らはこれを聞く

No.	名前	戒名	備考
32	齋藤作蔵	即応浄心居士	御鷹師(『軍鑑』)
33	河村下総守	河泊道総居士	信勝側近(『甲乱記』)
34	大龍寺麟岳和尚		武田逍遙軒信綱の子、勝頼の従兄弟
35	円光座元		円首座(『軍鑑』『甲乱記』)、秋山民部助の二男、甲府長松寺住持(『国志』巻81、『甲斐国社記・寺記』2巻406頁)
36	秋山善右衛門尉		『甲乱記』のみに記載あり、秋山紀伊守弟
37	秋山弥十郎		『武田三代軍記』のみに記載あり、秋山民部助の子
38	小山田式部丞		『甲乱記』のみに記載あり
39	剱持但馬守		北条夫人侍臣、『甲乱記』のみに記載あり
40	松代	妙法禅定尼	伏見織部正延熙女
41	桜子	妙普禅定尼	佐久間石見守信貞女
42	呉竹	妙蓮禅定尼	横手監物養女
43	菖蒲	妙門禅定尼	藤巻越前神廣貞女
44	黒江	妙経禅定尼	清水左京太夫義重女
45	玉章	妙品禅定尼	駒井越後守信為女
46	松江	妙華禅定尼	小澤宮内少輔宜澄女
47	小笹	妙第禅定尼	初鹿野伝右衛門左京昌久女
48	美佐保	妙観禅定尼	長澤主膳正氏女
49	錦子	妙二禅定尼	窪田右近丈長次女
50	白妙	妙世禅定尼	河西式部少輔良昌妹
51	梅子	妙十禅定尼	八巻十郎兼直女
52	富士江	妙音禅定尼	今福筑前守義則女
53	紋糸	妙五禅定尼	五味与惣兵衛長遠女
54	花里	妙菩禅定尼	手塚左京亮光平女
55	三保野	妙薩禅定尼	清水主郎義内女
56	——	——	小原下総守妻(『高野山』)

(註)「景徳院過去帳」「同位牌」(景徳院蔵)、『甲斐国志』をもとに作成。『高野山』は丸島和洋・2001年による。

表5　武田勝頼・同夫人・信勝の殉死者一覧

No.	名前	戒名	備考
1	小宮山内膳	忠叟道節居士	小宮山丹後守の子
2	土屋惣蔵	忠菴存孝居士	土屋右衛門尉昌恒
3	土屋源蔵	源興道屋居士	詳細不明、土屋昌恒の近親か
4	金丸助六郎	金渓道助居士	土屋昌恒の弟、秋山源三の兄
5	秋山紀伊守	秋峯道紀居士	高遠以来の勝頼側近
6	秋山民部	観応月心居士	秋山民部助、諏方郡有賀の出身
7	秋山宗九郎	傑伝宗英居士	秋山惣九郎、秋山昌詮（土屋昌恒の兄）の近親
8	秋山宮内	清寒霜白居士	秋山宮内丞、秋山紀伊守の子か
9	秋山源三	賢英了雄居士	土屋昌恒・金丸助六郎の弟
10	山下杢之輔	水府山谷居士	御徒衆（『軍鑑』）
11	跡部尾張守	跡叟道張居士	跡部勝資
12	安倍加賀守	度室道賀居士	安倍宗貞、海津城代
13	安西伊賀守	西安道伊居士	安西有味、御鑓奉行
14	小原丹後守	鉄巌恵船居士	小原継忠、高遠以来の勝頼側近、小原下総守の弟（『甲乱記』）
15	小原下総守	空岸東海居士	高遠以来の勝頼側近、小原継忠の兄
16	小原下野守	一峰宗誉居士	小原継忠の一族か
17	小原弥五左衛門	寒山全性居士	小原継忠の一族か
18	小原清次郎	原清道次居士	小原清二郎、小原継忠の一族か
19	小山田掃部	洞巌泉谷居士	小山田掃部助、もと百足衆（『軍鑑』）
20	小山田平左衛門	中原実宝居士	詳細不明、武田氏龍朱印状の奉者をつとめる
21	小山田弥助	明監道白居士	小山田掃部助の子、使番十二人衆（『軍鑑』）
22	小山田小児	久桂芳昌居士	小山田掃部助の子、小姓、享年16（『軍鑑』）
23	温井常陸守	常叟道温居士	信勝傅役、御曹司様衆
24	多田久蔵	円応寒光居士	多田久三（『甲乱記』）、多田三八郎の近親か
25	神林清十郎	清神道林居士	神林刑部少輔（『甲乱記』）、高遠以来の勝頼家臣か
26	有賀善左衛門	賀屋道善居士	諏方西方衆有賀氏か
27	窪沢次太夫	天真了然居士	詳細不明
28	皆井小助	本光道如居士	薬袋小助、御徒歩衆（『軍鑑』）、信勝側近（信勝睦衆）であったという（『武田三代軍記』）
29	岩下惣六郎	月窓江海居士	武田信虎生母岩下氏の一族か
30	貫名新蔵	松峰道鶴居士	御徒歩衆
31	山野居源蔵	虚室道幽居士	山居源蔵（『軍鑑』）

と「人を切るのが面白くて、大将のお供に付いていかなかったのは残念である。ではもう一度最期のひと戦をして腹を切ろう」と言いながら、大軍の中に切っ先を揃えて突入し、獅子奮迅の働きをした。しかし多勢に無勢で、彼らはみな討たれてしまったという（『甲乱記』）。

また『理慶尼記』は、金丸助六郎が「勝頼、信勝は自害なさった。思い残すことはない。いざ敵の中へ突入し討ち死にしようではないか」と言ったので、土屋昌恒、秋山源三兄弟も勝頼たちの遺骸に別れを告げ、敵中に突入した。その奮戦ぶりは炎のようであり、多くの敵兵を死傷させた。すると、金丸助六郎が「とうてい生きながらえる身ではない。あまりに人を殺したので、自分の死後の罪になるだろう。いざ互いに刺し違えて死のう」と言ったので、兄弟たちも賛成し、三人は刺し違えて死んだという。この最期をみた者は、一騎当千ぶりといい、主君に対する思いといい、彼らの死を惜しまぬものはなかった。

この他に、家臣らの戦死の様子を記しているのは、『三河物語』に土屋昌恒が奮戦の後に、勝頼父子の介錯をつとめ自刃したこと、『軍鑑』に土屋は敵の鑓にかかって戦死し、安倍加賀守は川端で戦死したことを記すのみである。

いずれも記録が混乱しており、彼らが戦死したのか、自刃したのかすらわからないのが実状である。滝川軍と戦って戦死したことが確実なのは秋山紀伊守のみである（六六五頁参照）。なお、滝川一益は他に管見の限り、三月二十四日付で、中野藤大良（太郎）、樋口源四郎に感状を与えているが、前者は「首二討捕之」、後者は「首一つ討捕之」とあるのみで、武田方の誰なのかが明記されていない（信補遺上五四八、九）。また諸記録で一致しているのは、土屋兄弟を除き、小宮山内膳、安西伊賀守らは戦死したことであり、このあたりは信じてよかろう。

なお、家臣らが散華したとき、男たちの介錯で、上臈、侍女たちはすべて自刃していたとみられる。男たちは、後顧の憂いなく思い思いの最期を遂げたのだろう。勝頼に殉じた家臣について、確実な記録は残されていない。『信長公記』に掲げられている殉死者にも、逃亡し後に甲府で処刑された長坂釣閑斎が登録されているなど、混乱がある。現在、判明する限りの殉死した家臣は三十九人であり、その氏名と戒名は表5の通りである。また上臈、侍女は十七人だったと伝わるが、これ以上の詳細は判然としない。ちなみに『信長公記』は、殉死した侍分四十一名、上臈・侍女は五十人だったと記録している。何か根拠があったのだろうが、残念ながら伝わらない。もしこれが正しければ、侍分はあと二人、女性は三十三人が誰なのか不明ということになる。『軍鑑』は、殉死した家臣は四十四人だったとする。記して後考をまちたいと思う。

ただ、殉死した人々をみると、勝頼の高遠時代以来の家臣が多く、その他に諏方衆とみられる人物も見受けられる。これに対し、武田氏の譜代では土屋・秋山兄弟が目立ち、跡部・河村・安西氏などがいるだけである。小山田一族にも、勝頼に殉じた者がいたようだが、山県・原・内藤・馬場・春日などの上級譜代の縁者は一人もいない。高遠城の奮戦といい、殉死者の構成といい、勝頼はやはり武田勝頼ではなく、どこまでも諏方勝頼としての運命を背負っていたとの印象が強い。

かくて武田氏は、天正十年（一五八二）三月十一日巳刻（午前十時頃）、田野で滅亡した。

第十章　勝者のふるまい

一、織田信長の出陣

武田信豊の最期

勝頼《かつより》から信濃《しなの》国を譲られ、小諸《こもろ》城に入った武田信豊《のぶとよ》は、佐久《さく》郡や西上野《にしこうずけ》の国衆らを糾合し、織田軍を背後から攻め、勝頼を救おうとした。小諸城には下曾根《しもそね》浄喜《じょうき》が在城しており、信豊を迎え入れると返答したが、実はすでに織田方に内通していた。信豊一行が根小屋《ねごや》に入ったところを、下曾根は城兵に命じて城門を閉じ、彼らに向けて攻撃を開始した。驚いた信豊は、こうなったら城中に攻め入り討ち死にしようと家臣らに呼びかけ、葛山右近《かずらやまうこん》、甘利右衛門らとともに奮戦した。だが、全身に傷を受けるとここまでと覚悟し、自刃したという（『甲乱記』）。

下曾根が内通していたのは事実で、これは信長書状にもみられる（信長九七八号）。すでに信豊が頼みにしていた舅小幡信真は、三月七日に織田方に帰属し人質を進上していた。また、諏《す》方《わ》から織田源三郎信房《げんざぶろうのぶふさ》が軍勢を率いて上野国に向かっており、下曾根が離叛《りはん》したのは、織田信房軍接近に伴うものだったのだろう。

『信長公記』によると、信豊はわずか二十騎ばかりで小諸城に入り、二の丸に滞在した。ところが三月十六日、下曾根がここに放火したため、進退谷まり、若衆朝比奈弥四郎《あさひなやしろう》の介錯《かいしゃく》で自刃したという。信豊の姪聟桃井《めいむこももい》（百井）将監《しょうげん》も、朝比奈とともに奮戦し、信豊の後を追って自刃した。信豊に殉じた侍分は十一人であったといい、下曾根は信豊の首級を織田方に進上し、長《は》谷川与次《せがわよじ》が信長のもとに持参した。また同書は別のところで「爰（新府城――筆者註）より典《てん》厩《きゅう》引別れ、信州さくの郡小諸に楯籠り、一先相拘ふべき覚悟にて、下曾根を憑み小諸へのがれ候」と、また信長書状にも「典厩事、西上野近辺小諸城楯籠候」とあり（信長九七八号）、実際には小諸城に籠城《ろうじょう》していたのかも知れない。だが織田信房軍の包囲により動揺した下曾根が、織田の調略を受けて変心し、信豊は城内で自刃したとみられる。そのように考えないと、織田信房軍の侵攻と小幡氏の従属が三月七日であるのに、信豊の死没が三月十六日と遅いこととの整合性がつかないだろう（ただし『武田源氏一流系図』〈県外記録七四〇号〉には、信豊の死を三月十二日とある）。

『当代記』は、信豊は関東に逃れようと小諸に入ったが自刃したと述べている。勝頼の従弟武田典厩信豊は、享年三十四であった（『当代記』）。なお息子次郎は一緒に死去したとも、一月ほど生き延び、四月十三日に死去したともいう（『国志』）。信豊生母（養周院日藤尊尼居士）も、三月二十日に小諸で死去したという（同前）。息子を追って小諸に来たが、彼の死を知って自刃したものか。かくて武田典厩家も、小諸で滅亡した。

信長、勝頼父子の首級と対面す

信長は、武田氏が滅亡した三月十一日には、東美濃の岩村城に在城していた。織田信忠《のぶただ》は、甲府で勝頼父子の首実検を行うと、家臣関可《せきか》平次《へいじ》・桑原助六《くわはらすけろく》にこれを持たせ、ただちに父信長のもとへ送った。信長が、勝頼滅亡の情報に接したのが何時、何処であったかは定かでない。信長は、三月十一日から十三日まで岩村城に滞在し、十三日には信濃へ向けて出陣しているが、同日付で、信長は北陸で上杉・一向一揆《いっき》軍と対戦中の柴田勝家《しばたかついえ》・前田利家《まえだとしいえ》・佐々成政《さっさなりまさ》・不破直《ふわなお》光《みつ》に宛てた書状の中で、武田勝頼主従の滅亡を伝えているので（『信長公記』）、勝頼滅亡を知ったのは、十二日か十三日のどちらかであろう。

信長は、岩村城を出てその日は根羽《ねば》（長野県下伊那郡根羽村《しもいな》）に着陣し、翌十四日には根羽から平谷《ひらや》の険を越えて、浪合《なみあい》（長野県下伊那郡阿智村《あち》）に布陣した。そしてここで、信忠使者の関可平次・桑原助六が携えてきた武田勝頼・信勝《のぶかつ》父子の首級と対面したのである。信長は、勝頼・信勝父子の首級到来を大いに喜び、使者としてやってきた信忠家臣関可平次と桑原助六に、馬一疋《ぴき》と金百両ずつを与えたという。また、勝頼父子の首級を前に、次のような狂歌を詠んだ。

かつよりとなのる武田のかいもなくいくさにまけてしなのなければ

これは、武田勝頼が信長との決戦に敗れて家を滅亡させたことを諷刺《ふうし》して詠んだものである

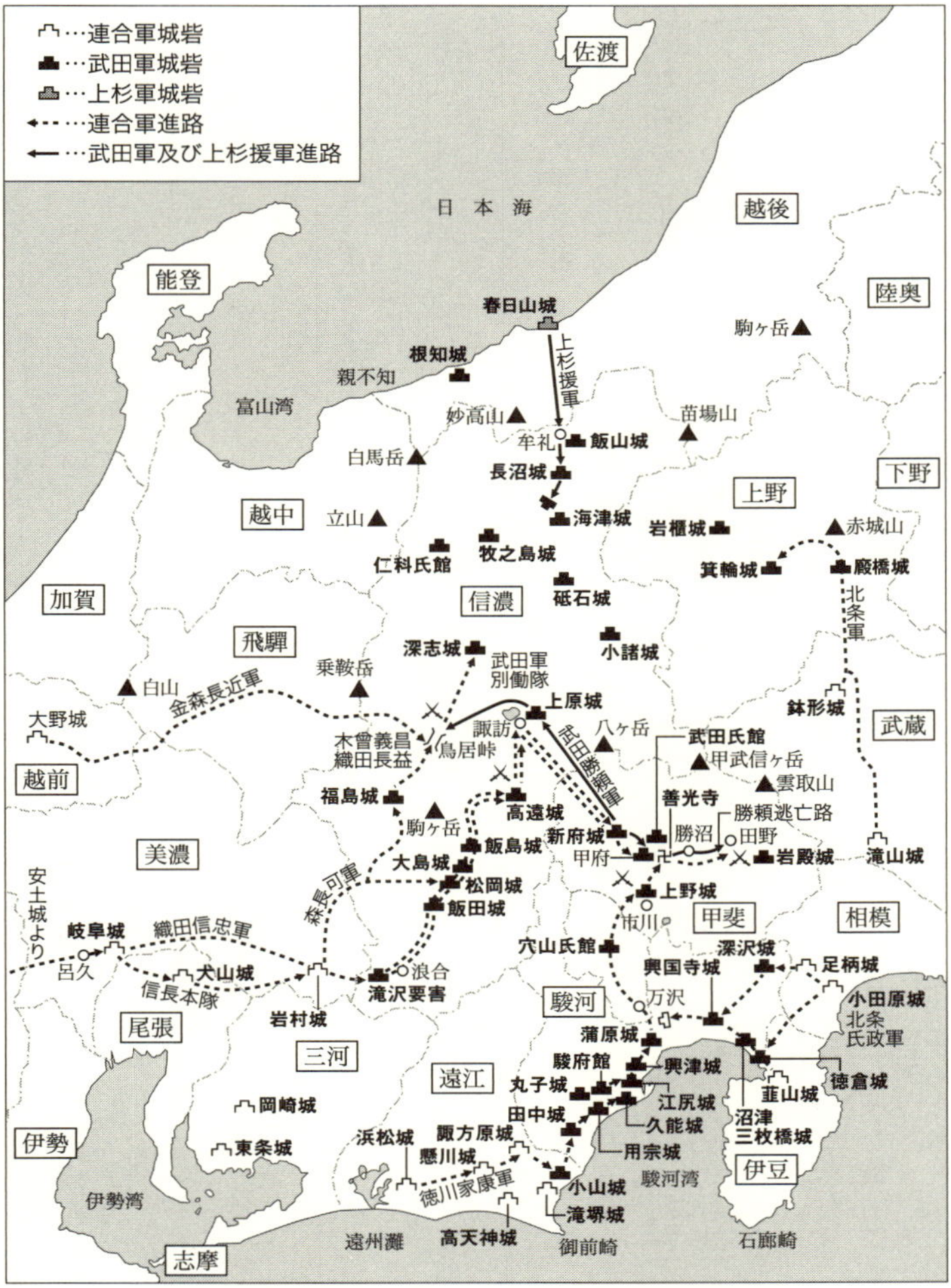

図16　天正10年(1582)の織田・徳川・北条連合軍の武田領侵攻

が、戦いの甲斐《かい》もなく敗れ、信濃をもなくして滅亡したとの意味の中に、「甲斐もなし」（武田氏の本国甲斐をかけている）と、「しなのなし」（武田領国の主柱であり、なおかつ勝頼の出身地信濃を織り込んでいる）が込められている。信長はまさに得意の絶頂にあったのであろう（『当代記』、なお同書は、勝頼父子の首級到来を十三日としているが、これは誤記であろう）。信忠からは、勝頼・信勝滅亡を祝して、使者両名を通じて、荒波という名の太刀と、鹿毛《かげ》の馬、帷子《かたびら》百枚が進上された（同前）。

信長が、勝頼父子の首級と対面した時の模様については、諸説ある。信長は、信忠とともに勝頼の首に向かって雑言を吐いたといい、それを嫌がって首は面を背けた。これをみた信長・信忠父子は、今度心変わりをした家臣たちをみな滅ぼしてやろうというと、首は初めて前を向いたという記述がある（『軍鑑』『理慶尼記《りけいにき》』）。信長が勝頼の首に罵詈《ばり》雑言を浴びせた逸話は、近世の軍記物に数多い。

ところが『三河物語』は「勝頼御親子之首級を信長之御目にかけけれバ、信長御覧じて、日本に隠なき弓取なれ共、運が尽きさせ給ひて、かくならせ給ふ物かな」と述べたと記録しており、ぞんざいな扱いをした様子は見受けられず、勝頼の不運に同情していたようである。恐らく、大久保《おおくぼ》忠教《ただたか》が伝聞したものが実態に近いのだろう。

勝頼父子の首級は、信長軍とともに再び信濃方面へと運ばれた。信長は、勝頼父子の首級を、家臣矢部《やべ》善七郎《ぜんしちろう》家定《いえさだ》に命じて飯田《いいだ》に運ばせた。信長軍は、三月十五日に浪合から飯田に進み、午刻（正午頃）に飯田に到着し、ここに布陣すると、勝頼父子の首級を飯田に晒《さら》した。勝頼父子の首級が晒されていることを知った飯田の人々は、こぞって見物したという。信長は、飯田城に三月十七日まで滞在する。

　勝頼父子の首級が晒された翌十六日、信長のもとに、小諸城に落ち延びていた武田信豊の首級がもたらされた。信豊は、小諸城将下曾根岳雲軒浄喜の謀叛《むほん》に遭って、この日横死していた。下曾根浄喜は、信豊の首級を信長家臣長谷川与次に渡し、信長のもとへ伺候した。信長は、信豊の首級を早速検分し、勝頼父子の首級と一緒に晒した。そしてこの日は、武田勝頼主従を殲《せん》滅《めつ》した織田信忠軍より、様々な戦利品が、信長のもとにもたらされた。まず、仁科信盛《にしなのぶもり》が秘蔵していた芦毛《あしげ》の駿馬《しゅんめ》と、武田勝頼が愛蔵していた大鹿毛の駿馬が、織田信忠より信長に進上された。そして、勝頼を追いつめた滝川一益から、勝頼が最後まで差していた太刀も、信長に献上された。信長は、これを喜んで受納すると、武田勝頼秘蔵の駿馬は、織田信忠に下賜し、滝《たき》川一益《がわかずます》の使者稲田九蔵《いなだきゅうぞう》には小袖《こそで》を与えた（『信長公記』）。

　信長は、武田勝頼・信勝父子、武田信豊の首級を、岐阜に晒していた仁科信盛の首級とともに京都に運び、獄門に処すよう長谷川宗仁《はせがわそうにん》に命じた。そして、三月十七日に飯田城を出発すると、その日は飯島に布陣した。そしてこの日、信長は堺《さかい》代官松井友閑《まついゆうかん》に宛てて、甲斐遠征に関する詳細な書状を送り、戦局を報じている（信長九七八号）。この書状は、松井友閑より写本が紀伊《きい》国鷺森《さぎもり》にいた本願寺顕如のもとにも届けられている（『宇野主水《もんど》日記』）。織田方は、武田氏を滅ぼした威勢を誇示しようとしたのだろう。

二、武田領国の解体

信長、論功行賞を実施す

信長は、三月十八日に飯島から高遠《たかとお》城に入った。ここで一泊すると、十九日に杖突《つえつき》峠を越えて諏方に入り、上諏方の法華寺に本陣を据えた。すでに、織田信忠によって諏方大社上社は焼き払われており、その神宮寺である法華寺周辺は、恐らく焼け野原だったであろう。

信長が上諏方に着陣したことを知ると、旧武田領国各地から、信長に伺候する国衆が続々と参集し始めた。最初に信長のもとに伺候したのは、武田氏滅亡のきっかけを作った木曾《きそ》義昌《よしまさ》であった。

義昌は、信長が諏方に到着したことを知ると、その翌二十日に、信長側近菅屋《すがや》長頼《ながより》を通じて信長へ出仕した。信長は義昌の訪問を大変喜び、滝川一益を当座の奏者に指名し、義昌に梨子《なし》地《じ》の豪勢な細工を施した太刀とともに、黄金百枚（一枚は十両、およそ一千両）を与えた。さらに信長は、義昌に対して、新たに信濃で二郡を与えるとの内命を伝え、義昌が退出する際には、自ら縁側まで見送るという破格の待遇を示したのである（『信長公記』）。

『当代記』によれば、義昌は出仕の際に、黄金二百両と太刀一腰、馬二疋《ひき》を進上したとある。また、信長が義昌に与えると内示した信濃二郡とは、筑摩《ちくま》・安曇《あずみ》両郡であったとも記している。

信長の上機嫌ぶりがよくうかがわれる記事であるが、どのような言葉が義昌にかけられたのかについては、これらの記事では把握しえない。しかし、その内容が簡単ではあるが、今日伝えられている。それは、信長に従って出陣していた足利義昭《あしかがよしあき》旧臣山口秀景《やまぐちひでかげ》が、三月二十三日付で、徳川家康に宛てた書状から知られる（信補遺上五四七）。

一上州《(織田信長)》、信州諏方之宮ニ御幡被立候事
一木曾御礼申上候、今度之忠節無比類候て、御詫なされ、御腰物幷金子百枚台ニつませられ候て被下事、諸人驚目事
一関東諸侍我先に御礼申上度との事

この書状によれば、信長が諏方に着陣して、旗を据えると、木曾義昌が早速お礼に参上したことが確認される。そして義昌に引見した信長は、「この度の忠節は、比類ないものである」と賞し、自分の腰物を与えるとともに、台の上に黄金百枚を積み上げて義昌に与え、見る人々の度肝を抜いたという。信長の諏方着陣と、木曾義昌の出仕を知った関東の諸将は、我先に信長のもとに出仕する者が相次いだようである。

次いで、二十日の夜に、信長のもとに伺候したのは、穴山梅雪《あなやまばいせつ》である。梅雪は、恐らく徳川家康に伴われて諏方に出仕したのであろう。家康が、甲府を出て、諏方に何時ごろ到着したのかについては確証がない。『家忠日記』の、三月十七日条には「上様信濃諏方迄御着にて、家康御越候」とある。だが、信長は三月十七日にはまだ大島城から飯島にかけての伊那谷《いなだに》を行軍中であり、諏方には到着していない。恐らく、『家忠日記』の三月十七日の記事とは、信長か

ら甲府に布陣する織田信忠・徳川家康らに対して、まもなく諏方到着の予定であることが知らされ、家康が信長を出迎えるために出発したことを指しているのであろう。
『信長公記』には明記されていないが、『当代記』には家康が十九日に市川を出発し、二十日に信長のもとに出仕したとある。家康の、十九日市川出発という記述は首肯できないが、二十日出仕は、穴山梅雪を伴ってのものと考えると蓋然《がいぜん》性が高い。家康は、三月十七日に甲府を出発し、諏方で信長の到着を待ち、信長が諏方に到着して一息ついた翌二十日に、木曾義昌に続いて、穴山梅雪とともに、信長に伺候したのであろう。なお、織田信忠は、武田勝頼が滅亡したとはいえ、甲斐国内の混乱が安定し、東国の情勢を見極めるために甲府に残留しており、この時は家康と行動をともにしていない。

家康に引見した信長は、この度かほどに早く武田勝頼を滅亡させ、本意を達することができたのも、先年長篠《ながしの》合戦において、家康が協力して、武田軍の精鋭を討ち果たしておいたが故であると述べ、家康が同伴した奥平信昌《おくだいらのぶまさ》（長篠合戦の功労者）に対しては、特に懇《ねんご》ろな扱いをしたという（『当代記』）。

こうして信長は、家康とその家臣の祝辞を受けた後、家康の取り持ちで穴山梅雪を引見した。梅雪は、信長に国久の太刀一腰と黄金三百両を進上した（『当代記』による。なお『信長公記』は馬進上のみを記録している）。これに対して信長は、梨子地の蒔絵《まきえ》作りで、地彫りが施され、金がちりばめられた豪壮な脇指と、柄《つか》まで梨子地の蒔絵作りの小刀の二本を下賜し、梅雪によく似合うと誉めそやし、さらに提げ鞘《ざや》と火打ち袋をも添えて、梅雪に渡したという（『信長公記』による。なお『当代記』は半俗の脇指を三本下賜したとある）。そして信長は、梅雪の本領安《あん》堵《ど》を承認したのである。こうして、梅雪が家康に降伏するに際して、最後まで気にかけていた本領安堵は、あっけなく実現したのである。なお『信長公記』には、「御領中仰付けられ候ひき」とあるのみで、本領の範囲を具体的に記述していない。『当代記』には「甲斐・駿河《するが》の本領致安堵」とあるが、これはその後の知行割によって事実ではないことが明らかであるので、「御領中」とは、甲斐の河内谷《かわうちだに》のみということであろう。

また穴山梅雪に続いて出仕したのは、伊那郡松尾城主で、武田一族の小笠原信嶺《おがさわらのぶみね》である。信嶺はぶちの馬を信長に進上した。信長は、この馬をたいそう気に入り、秘蔵の馬としている。信長は、信嶺に対して、「この度の忠節比類なし」とその行動を賞し、矢部善七郎と森乱《もりらん》を使者にし、本領安堵の朱印状を手交した（『信長公記』）。しかし、残念ながら、この朱印状は本文はもちろん、写本も伝わっていない。

翌三月二十一日には、北条氏政《うじまさ》の使者端山《たんざん》が諏方を訪れ、氏政から信長への贈り物を、滝川一益を通じて進上した。『信長公記』によれば、それは「御馬并に江川の御酒・白鳥、色々進上」とあるが、『当代記』には「太刀・馬・金千両・江河の酒十柳・白鳥十・漆桶二千進上」とあり、他を圧する規模の贈り物であったらしい。

こうして信長は、武田勝頼を滅亡させ、武田遺臣の重鎮たちを自らの麾下《きか》に組み込むことに成功し、積年の宿願を達成したのである。

なお、信長が諏方に滞陣していた際に起こったと伝わる逸話がある。それは、信長が同陣していた明智光秀を激しく叱責《しっせき》し、面罵したというのである。この話は『祖父物語』等に記されており、その顚末《てんまつ》は次のようなものである。

武田勝頼の滅亡を祝って、明智光秀は、本陣の法華寺で信長に祝辞を述べた。光秀は、かように目出度《めでた》いことはない。われらも日頃から骨折った甲斐があって、諏方郡をはじめ武田領は上様のものとなった、と述べたという。これを聞いた信長は、眼を剝《む》いて怒り出し、骨を折った甲斐があったといったが、光秀はいったいどこで骨を折って武功を立てたのかと面罵し、しかも光秀の頭を寺の廊下の欄干に押しつけて打擲《ちょうちゃく》したという。

こうした事実があったことについては、否定する意見が多いが、明智光秀が信長に怨恨《えんこん》を持つに至ったきっかけの一つが、対武田戦であったというのは、『軍鑑』にも見える。ただ、同書によれば、明智光秀は、天正十年（一五八二）二月ごろから武田勝頼に内通しており、信長に謀叛を企てているので、協力を願いたいと申し入れたと記述されている。だが、勝頼は先年佐久間《さくま》信盛《のぶもり》に謀叛を持ちかけられて、これに乗ったところ、実は信長方が仕組んだ謀略であり、ひどい打撃を受けた前例もあったので、信用せず、長坂釣閑斎《ながさかちょうかんさい》の献策もあって一蹴《いっしゅう》したという。

だが、勝頼が滅亡し、武田一族穴山梅雪が信長に従属したことから、光秀は内通の事実が露見することを恐れ、謀叛に踏み切る決心をしたとも記されている。しかし、このころ武田氏は織田・徳川連合軍に追いつめられており、勝頼が光秀と謀議を凝らして信長を打倒することなどまったく不可能であった。

法華寺での打擲事件といい、光秀の勝頼への内通といい、こうした逸話は、おおよそ信用することはできない。だが、武田氏攻略への軍事行動の過程で、何らかの事件が起こったことは、実際にあったのかも知れない。それが信長と光秀との不仲の原因になったとする、諸書の記事に脚色されたのではなかろうか。実は、信長は、京都から駆けつけた前関白近衛《このえ》前久《さきひさ》とも、陣中で対立したと伝えられており（『軍鑑』）、当時の信長は感情の起伏が激しく、それが言動に反映しているようにも思えるが、少なくとも『信長公記』等の記述から、そうした事実を窺い知ることはできない。

なお、信長のために中部、関東、東北の大名や国衆と交渉し、武田・上杉氏を打倒するための活動に東奔西走していた小笠原貞慶《さだよし》は、約束されていた信濃国筑摩・安曇郡の安堵を受けるべく、贈答品を携え、旧臣らを従えて諏方法華寺門前にやってきた。ところが、信長は面会を許さず、彼を追放したという。貞慶は、信長に使い捨てられたのである。失意の貞慶は、上方に去った。彼が本領回復の宿願を達成するのは、本能寺の変後、天正壬午《てんしょうじんご》の乱においてである（平山・二〇一五年①）。

信長、知行割を発表す

織田信長が諏方に着陣すると、木曾義昌・穴山梅雪・小笠原信嶺ら武田氏の一族・重臣クラスが真っ先に出仕のために法華寺を訪問した。その後も、信長のもとに出仕する武田氏の旧臣や、武田氏討滅を祝う織田方の人々の訪問がひきもきらず、門前市をなすが如き光景であったという。

三月二十一日、兄信忠の命を受けて上野国に侵攻していた織田源三郎信房は、安中城に入り、ここで上野国衆に帰属を呼びかけていた（上越二三二一号）。すでに三月七日には、小幡上総介《かずさのすけ》信真が織田信房に人質を出して従属を申し出ており（『信長公記』）、安中七郎三郎《あんなかしちろうさぶろう》も従属を申請し、城を信房に明け渡していた。だが、上杉方の矢野綱直の報告によれば、まだ岩下（真田昌幸）、倉内（沼田城、矢沢頼綱《やざわよりつな》）、箕輪《みのわ》（内藤昌月《ないとうまさあき》）、倉賀野《くらがの》（跡部家吉《あとべいえよし》）は出仕に応じていない（上越二三二一号）。

彼らは、武田氏滅亡翌日の三月十二日段階で、いずれも八崎《はつさき》城主長尾憲景《ながおのりかげ》の調略を受けて、北条方に帰属する意思を見せていた（信⑮一五四）。しかも、三月十三日には、北条氏邦軍が、倉賀野城に向け進撃していた（『武田氏家臣人名辞典』）。この時点では、上野国において、北条方が武田方の取り込みを順調に進めており、優位になったことがわかる。ところが、時期は定かでないが、安中・真田・内藤ばかりか、長尾憲景までがまもなく織田に従属し、北条方から離叛するのである。

三月二十三日、信長のもとへ滝川一益が参上した。一益は、武田勝頼を追いつめて滅亡させた勲功により、上野国一国と信濃国内で二郡が与えられ、上野国廐橋《まやばし》在城を指示された。さらに信長は、自分の腰物を一益に与えたという（『当代記』）。『信長公記』によれば、信長は一益が高齢であることに同情しつつも、関東八カ国の警固を命じ、老後の名誉のためにも上野国に在国し、東国に関する一切を取り仕切る「御取次」役に任じたという。さらに信長は、秘蔵の葡萄《ぶどう》鹿毛の馬を一益に与え、これに乗って晴れの入国を果たすようにいった。そのため、滝川一益は面目を施して退出したという。

いっぽう、甲府に在陣する織田信忠のもとに、三月二十五日、上野国衆小幡信真が出仕してきた。小幡氏は上野国の武田領国では、最大勢力を誇り、織田軍の上野侵攻に際しては、いち早く降伏していた。今度の甲府参上は、信忠への見参と、正式な出仕を目的としたものであった。信忠に出仕を認められた小幡信真は、貞宗の脇指と金五百両を進上して、臣従を誓ったという。信忠はこれに対して、左文字の脇指を与えて厚遇し、帰国する際には上野国に赴く滝川一益と同道するように命じられ、甲府を退出した（『信長公記』）。

そして三月二十九日、信長は論功行賞に伴う知行割を発表し、あわせて甲斐・信濃の国掟《くにおきて》を定めた（『信長公記』）。織田信忠を支え、先陣として武田氏討滅に功績ありと認められた滝川一益は、上野国と信濃佐久・小県《ちいさがた》郡を、河尻秀隆《かわじりひでたか》は甲斐国（穴山領を除く）と信濃国諏方郡を、森長可《もりながよし》は川中島四郡（高井・水内《みのち》・埴科《はにしな》・更級《さらしな》郡）を、毛利長秀は信濃伊那郡をそれぞれ与えられた。なかでも滝川一益は、「関東御取次役」を命じられ、織田政権の東国政策の中枢に位置づけられたのである。また徳川家康は駿河一国を与えられたが、このうち江尻《えじり》城とその城領は穴山梅雪に、さらに興国寺城とその城領は曾根下野守昌世《まさただ》（武田遺臣）に安堵され、家康の知行対象から外されたらしい。

このほかに、武田氏滅亡のきっかけをつくった木曾義昌は、木曾郡を安堵され、さらに筑摩・安曇郡を加増された。こうして、武田領国は解体されたのである。この時、武田滅亡の直前に参戦した北条氏は完全に無視され、知行割の対象から外された。それればかりか占領してい

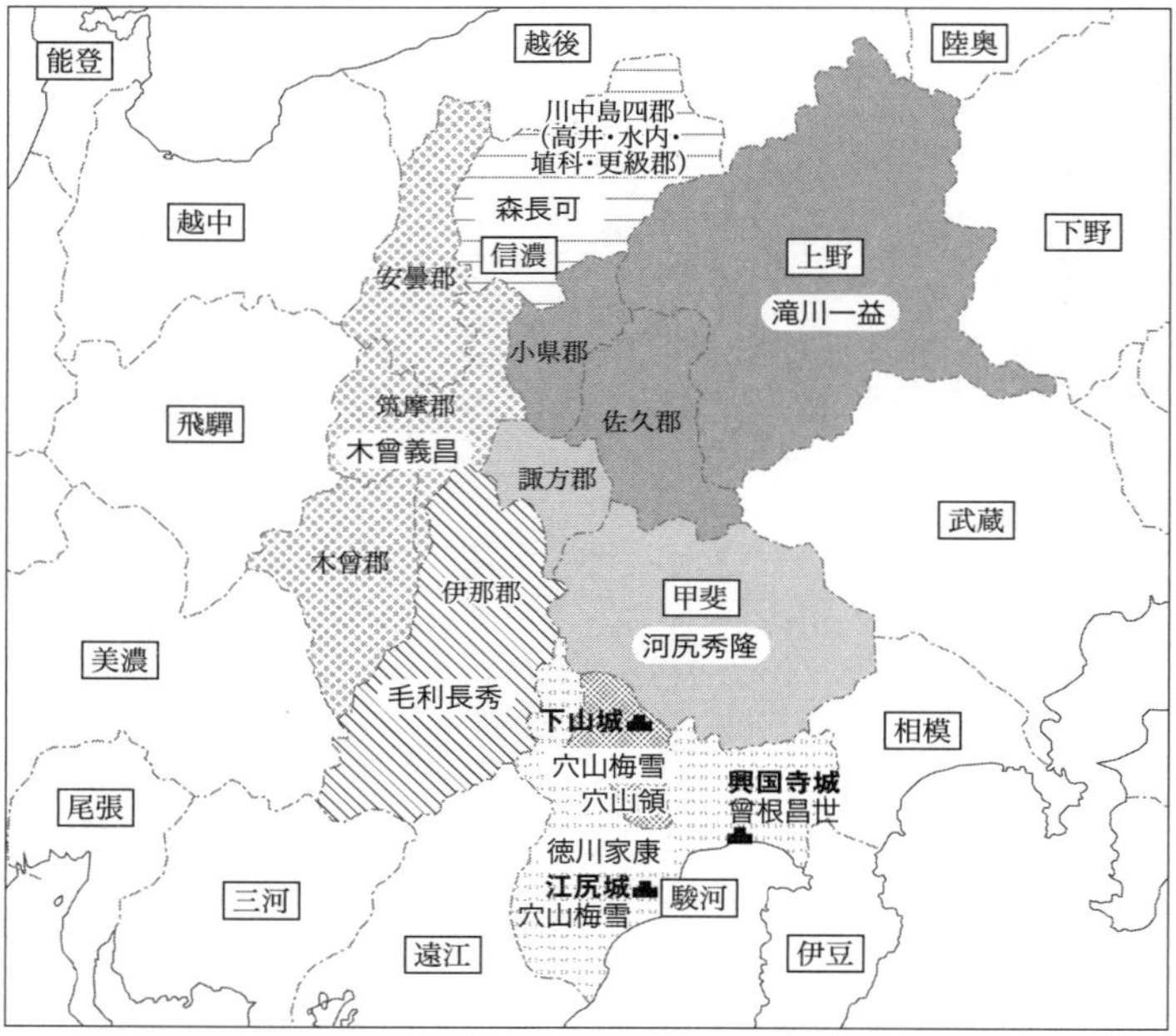

図17　織田信長の知行割図

た西上野の一部や駿河国駿東《すんとう》郡・富士郡も信長に取り上げられ退去を迫られている。信長は北条氏政を無視し、現状の規模のまま関東に封じ込めようとしていたのであろう。

信長は、氏政に不快感を抱いており、贈答品も兵粮《ひょうろう》を除きすべて突き返している（『信長公記』）。それは、織田氏と同盟を締結した際に、関東御分国を差し出し、信長に臣従すると申請しておきながら、氏政・氏直父子が出仕しなかったことが原因とみられる。

なお、注目すべきは、徳川家康が、信長より駿河一国を知行として宛行《あてが》われたことである。これまで家康は、織田氏の同盟者としての地位にあった。だが、信長が強大化するにつれ、次第に目下の同盟者となり、織田一門格の大名になりつつあった。そして、武田氏滅亡を契機に徳川氏は、信長との主従制下に組みこまれ、完全に織田大名になったと考えられる。

いっぽう三月二十四日ごろから、織田軍は大軍であるがゆえに兵粮の欠乏に悩まされるようになったらしい。信長自身も家臣に命じてその確保に当たらせたが、到底間に合わず、やむなく、急遽《きゆうきよ》着到にもとづき、深志城から接収した兵粮の分配に踏み切っている。奉行菅屋長頼は、着到をもとに軍勢の人数を把握し、兵粮を分配したという（『信長公記』他）。織田軍が兵粮米の確保に苦しんでいたことは、前掲の三月二十三日付山口秀景書状からも知られる（信補遺上五四七）。

一信州雪ふかく、一段とこふり（凍）候て、人馬足も立かね申候事、寒儀御推量外候

一つまり物は兵粮にて候、諸陣迷惑不過之候体候、大略かけおち仕候、恐々謹言

織田軍は、信州の豪雪と寒気による氷結に苦しみ、さらに兵粮の欠乏も加わって困難な状況にあったらしく、陣中から脱走するものが後を絶たなかった。信長が、急遽着到をつけて、それに応じた兵粮の分配に踏み切ったのも、軍勢への手当の他に、脱走兵が出た場合、今後はそれを追求できるように名簿を整備する必要性を認めたからであろう。

また徳川家康も織田軍に兵粮を進上し、また北条氏政から贈られた米千俵も諏方に急遽輸送されている。また織田軍を悩ませたのは兵粮だけではなかった。この年の甲信は厳冬で寒気が厳しく、積雪も甚だしかったといい、信忠の中間《ちゆうげん》が二十八人も凍死するほどであったという

No.	武将名	受領・官途等	区分	出典	処刑地	備考
32	秋山昌成	摂津守	尾張牢人	信、甲乱	甲府	勝頼側近、万可斎の子
33	秋山内記		尾張牢人	軍	高遠	勝頼側近、昌成の子
34	諏方頼豊	越中守	信濃衆	信、甲乱	諏方	諏方頼重の従兄弟
35	諏方伊豆守		信濃衆	甲乱	諏方	頼豊の弟
36	諏方刑部		信濃衆	信	伊那？	事績不明
37	諏方采女		信濃衆	信、当	伊那？	菅沼刑部丞の妻女
38	清野美作守		信濃衆	信	不明	事績不明
39	朝比奈信置	駿河守	駿河衆	信、甲乱	駿河	駿河用宗城将
40	朝比奈信良	兵衛大夫	駿河衆	甲乱	諏方	信置の子
41	菅沼刑部丞		三河先方衆	信、当、寛政	伊那	田峰菅沼氏、小法師・新三郎
42	菅沼伊豆守		三河先方衆	信、当、寛政	伊那	長篠菅沼氏
42	菅沼新兵衛尉		三河先方衆	信、当、寛政	伊那	伊豆守の子
43	飯狭間右衛門尉		美濃先方衆	信、当	？	明知遠山氏
44	大熊長秀	備前守	越後牢人	軍、甲乱	伊那	足軽大将
45	小林和泉守		小山田重臣	国巻71	甲斐善光寺か	3月24日処刑とあり信茂の命日と同日

（凡例） 軍…『甲陽軍艦』、甲乱…『甲乱記』、信…『信長公記』、当…『当代記』、高…『高野山成慶院過去帳』、寛政…『寛政重修諸家譜』、国…『甲斐国志』

（『当代記』）。もし武田方が各地で籠城戦に持ち込み、織田軍との戦いを長期化させていたら、さしもの信長も苦境に陥っていたであろう。

三、勝者の爪痕

信長の甲斐入国と残党狩り

信長は三月二十九日に、知行割と国掟の告知を行うと、富士山の裾野《すその》を見物しつつ、駿河、遠江《とおとうみ》を経由して帰国すると宣言し、軍勢の頭（指揮官クラス）だけに同道を命じ、残る諸卒の帰国を許した。兵粮の確保が覚束《おぼつか》なかったからであろう。帰国を許された兵卒は、諏方から続々と木曾口や伊那口を経由し、美濃、尾張《おわり》を目指して引き上

表6　織田信長の残党狩り(天正10年)により殺害された武田家臣一覧

No.	武将名	受領・官途等	区分	出典	処刑地	備考
1	武田信綱	逍遙軒	一門衆	信、甲乱	甲府	勝頼叔父
2	武田信友	上野介	一門衆	甲乱	甲府	勝頼叔父
3	一条信龍	右衛門大夫	一門衆	信、甲乱	甲斐市川	勝頼叔父
4	武田龍宝	御聖導	一門衆	信、甲乱	甲府	勝頼異母兄
5	葛山信貞	十郎	一門衆	信、甲乱	甲斐善光寺	勝頼異母弟
6	武田信豊	典厩	一門衆	信	小諸	勝頼従兄弟
7	武田信堯	左衛門佐	一門衆	甲乱	甲府	勝頼従兄弟
8	一条信就	上野介	一門衆	甲乱	甲斐市川	勝頼従兄弟
9	小山田信茂	出羽守	譜代	信、甲乱	甲斐善光寺	郡内小山田氏当主
10	山県昌満	三郎兵衛尉	譜代	信、甲乱	甲斐都留郡	昌景の子
11	馬場民部少輔		譜代	軍、甲乱	信濃	信春の子、信濃深志城・牧之島城将
12	長坂光堅	釣閑斎	譜代	信、甲乱	甲府	勝頼側近
13	長坂筑後守		譜代	甲乱	甲府	釣閑斎の子
14	跡部勝忠	越中守	譜代	甲乱	甲府	勘定奉行
15	日向玄徳斎宗栄		譜代	甲乱、高	甲斐村山	日向虎頭、本領で自刃
16	日向次郎三郎		譜代	甲乱	甲斐村山	宗栄(虎頭)の子
17	今井肥前守		甲斐衆	甲乱、高、寛政	甲斐	新左衛門尉信衡か
18	今井惣一郎		甲斐衆	甲乱、寛政	甲斐	肥前守の子
19	岩手信景	右衛門尉	甲斐衆	甲乱	甲斐	武田一族
20	今井信仲	右近大夫	甲斐衆	甲乱	甲斐都留郡	今井氏嫡流か
21	今井刑部左衛門		甲斐衆	甲乱	甲斐小尾	足軽大将か
22	曾根河内守		甲斐衆	甲乱	甲府	駿河戸倉城将
23	曾根上野入道		甲斐衆	甲乱	甲府	河内守の父
24	曾根掃部助		甲斐衆	甲乱	甲府	河内守の弟
25	市川十郎右衛門		甲斐衆	甲乱	甲府	織田氏との取次役
26	加藤信景	丹後守	甲斐衆	甲乱	武蔵箱根ケ崎	都留郡上野原城主
27	小山田掃部助		甲斐衆	甲乱	武蔵	事績不明
28	小山田佐渡守		甲斐衆	甲乱	武蔵	事績不明
29	小山田八左衛門尉		甲斐衆	信、甲乱	甲斐善光寺	勝頼側近、小山田信茂の従兄弟
30	小菅五郎兵衛		甲斐衆	軍	甲斐善光寺	山県同心
31	秋山万可斎		尾張牢人	信、甲乱	甲府	勝頼側近

げていった（『信長公記』）。信長は四月二日に雨の降るなか諏方を発《た》って甲斐に入り、台が原（北杜市）に到着した。すでに御座所が設《しつら》えられており、滝川一益が賄いを担当したという。翌三日、富士山を眺めながら新府城の焼け跡を検分した後に、甲府に到着した。すでに織田信忠によって躑躅《つつじ》ケ崎《さき》館跡に仮御殿が建設されており、信長はここに入って武田領の仕置を続けた。なお、丹羽《にわ》長秀《ながひで》、堀秀政《ほりひでまさ》、多賀《たが》貞能《さだよし》に暇《いとま》を与え、草津へ湯治に行くよう勧めたという。彼らは謹んで暇を賜り、草津に赴いている。

　織田信長・信忠父子は、勝頼を滅亡させ、家臣への知行割を実施すると、あわせて武田一族や重臣層の追及に着手し始めた。いわゆる残党狩りが始まったのである。このことは、信長が定めた甲信の国掟にも「忠節の人を立て置く外、廉かましき侍を生害させ、或いは追失すべきのこと」と定められており、織田政権の政策として実施された。織田方は、その行方を探り当てるため、武田方の者を捕縛した者には褒美（懸賞金）を与えると村々に通達したといい、そのために村人によって捕らえられ、織田方に差し出された者も少なくない（『信長公記』他）。この結果、数多くの武田一族や重臣が織田方に捕らえられ処刑された（表6）。

　武田一族、信玄登用の譜代、甲斐の有力国衆などは、ほぼ族滅させられた。ただし、厳しい追及を受けたのは、甲斐衆が中心で、武田氏の征服地である信濃・上野・駿河・遠江・飛騨などの外様国衆は、織田・徳川氏に抗戦した者や、武田勝頼に近い縁者などを除き、ほとんどが処刑されることなく帰属を許されている。また、小山田信茂などのように、勝頼から土壇場《どたんば》で離叛した者たちも容赦なく断罪された。信茂は穴山梅雪や曾根《そね》昌世《まさただ》らと違って、数年前から内通していたのではなく、勝頼滅亡を確信し突然変心したことが容認されなかったからである。

かくて甲斐の有力国衆は、多くが滅亡するか、大打撃を受け衰退し、生き残った者たちも栗原、今井、大井氏のように旗本として徳川氏に臣従し命脈を保つに過ぎなくなるのであり、昔日の勢力はまったく失われることとなった。

恵林寺炎上と寺社の受難

武田勝頼を滅亡させ、さらに武田氏の一族や有力家臣を探索して処刑を継続していた織田軍は、各地で寺社などにも大きな被害を与えていた。甲斐・信濃・駿河などは織田・徳川軍による乱取りや放火、破壊の危機に曝《さら》されたのである。そこで民衆や寺社はこぞって織田・徳川両氏から、これを抑止するための禁制獲得のため、独自に動き出していた。織田・徳川氏が武田領国に発給した禁制は表7、8の通りである。

これを見ると、徳川氏の禁制発給は、その軍事行動にあわせて、軍勢の侵攻路沿いに見られ、その発給範囲は駿河・甲斐南部に限定されている。(註)これに対して、織田信長・信忠父子のものは、甲斐・信濃に広く発給されている。だが徳川家康の侵攻路にあたる駿河には、禁制発給は見られない（上野にもなし）。また、甲信の寺社には、宗派の区別なく禁制が発給されており、偏りも認められず、打撃を受けたのはやはり武田氏との縁が深いところに限られていると思われる。ところで、織田信長・信忠父子が武田領遠征に際して発給した禁制は、それまでは見られなかった新たなタイプの禁制として注目される。

表7　織田氏発給禁制一覧

No.	文書名	年号	月	日	宛所	所蔵者	出典	国	郡名	備考	宗派
1	織田信忠禁制	天正10	2		興禅寺幷門前中	興禅寺文書	信⑮110	信	伊那郡		曹洞宗
2	織田信忠禁制	天正10	2		林郷	宮嶋氏所蔵文書	信⑮110	信	伊那郡		―
3	織田信忠禁制	天正10	3		乾福寺	建福寺文書	信⑮111	信	伊那郡		臨済宗
4	織田信忠禁制	天正10	3		(欠、佐久郡か)	井出文書	信⑮112	信	佐久郡?		―
5	織田信忠禁制	天正10	3		円蔵院	円蔵院文書	県内1216号	甲	巨摩郡		臨済宗
6	織田信忠禁制	天正10	3		恵雲院	恵運院文書	県内57号	甲	山梨郡		曹洞宗
7	織田信忠禁制写	天正10	3		瑞洞院	瑞洞院文書	新甲109号	甲	山梨郡		?
8	織田信忠禁制写	天正10	3		轟木	万福寺文書	新甲716号	甲	山梨郡		浄土真宗
9	織田信忠禁制	天正10	3		二宮郷	美和神社文書	新甲1128号	甲	八代郡		―
10	織田信忠禁制写	天正10	3		竹井足河惣郷	三澤文書	新甲1301号	甲	八代郡		―
11	織田信忠禁制写	天正10	3		久恩寺	久遠寺文書	新甲1374号	甲	巨摩郡		日蓮宗
12	織田信忠禁制	天正10	3		正岳院	甲斐小山田文書	新甲2429号	甲	巨摩郡?	巨摩郡松岳寺か	臨済宗?
13	織田信忠判物	天正10	3		聖応寺幷門前祢々窪	聖応寺文書	県内883号	甲	八代郡		臨済宗
14	織田信忠禁制	天正10	3		大聖寺	大聖寺文書	県内1034号	甲	巨摩郡		真言宗
15	織田信忠禁制	天正10	3		大聖寺	大聖寺文書	県内1034号	甲	巨摩郡		真言宗
16	織田信忠禁制	天正10	3		奈良原	広済寺文書	県内847号	甲	八代郡		臨済宗
17	織田信忠禁制	天正10	3		南松院	南松院文書	県内1182号	甲	巨摩郡		臨済宗
18	織田信長禁制	天正10	3		信州諏訪明神社家	守矢家文書	信長986号	信	諏訪郡		―
19	織田信長禁制	天正10	3		信州諏訪神宮寺境内	宮坂家古文書	信長987号	信	諏訪郡		―
20	織田信長禁制	天正10	3		上坊	如法院文書	信長988号	信	諏訪郡		―
21	織田信長禁制	天正10	3		上坊院内	宮坂家古文書	信長999号	信	諏訪郡		―

No.	文書名	年号	月	日	宛所	所蔵者	出典	国	郡名	備考	宗派
22	織田信長禁制	天正10	3		仁科郡栗尾山満願寺	満願寺文書	信長990号	信	安曇郡		真言宗
23	織田信長禁制	天正10	3		信州下諏訪慈雲寺境内	矢嶋文書	信長991号	信	諏訪郡		臨済宗
24	織田信長禁制	天正10	3		乾福寺	御判物古文書写	信長992号	信	伊那郡		臨済宗
25	織田信長禁制	天正10	3		吉野郷	丸山氏所蔵文書	信長993号	信	安曇郡		―
26	織田信長禁制	天正10	3		信州小県内南方村	滝沢文書	信長994号	信	小県郡		―
27	織田信長禁制	天正10	3		武井ノ庄田辺郷	武居文書	信長995号	信	諏訪郡		―
28	織田信長禁制	天正10	3		小林村	諏方家文書	信長996号	信	諏訪郡		―
29	織田信長禁制	天正10	3		大野郷両方	横沢文書	信⑮185	信	筑摩郡		―
30	織田信長禁制	天正10	3		比持郷	池上文書	信長998号	信	伊那郡		―
31	織田信長禁制	天正10	3		大嶋町	宮下文書	信長999号	信	伊那郡		―
32	織田信長禁制	天正10	3		保□村	延命寺文書	信長1001号	甲	巨摩郡?		―
33	織田信長禁制	天正10	3		奈良原	諸国古文書抄	信長1002号	甲	八代郡		―
34	織田信長禁制	天正10	3		川口郷	本庄文書	信長1003号	甲	都留郡		―
35	織田信長禁制	天正10	3		甲州巨麻郡伝嗣院境内	伝嗣院文書	県内1367号	甲	巨摩郡		曹洞宗
36	織田信長禁制	天正10	4		岩手郷	上野家文書	県内470号	甲	山梨郡		―
37	織田信長禁制	天正10	4		岩手郷信盛院	信盛院文書	県内508号	甲	山梨郡		曹洞宗
38	織田信長禁制	天正10	4		巨摩郡山神郷	三井家文書	県内1332号	甲	巨摩郡		―
39	織田信長禁制	天正10	4		恵雲院	恵運院文書	県内58号	甲	山梨郡		曹洞宗
40	織田信長禁制	天正10	4		甲州(諏訪社)	歌田家文書	県内1407号	甲	巨摩郡		―
41	織田信長禁制	天正10	4		甲州府中長慶寺	長禅寺文書	県内217号	甲	山梨郡		臨済宗
42	織田信長禁制	天正10	4		山［	東林院文書	県内682号	甲	山梨郡		曹洞宗
43	織田信長禁制	天正10	4		山梨郡［	雲峰寺文書	県内290号	甲	山梨郡		臨済宗

No.	文書名	年号	月	日	宛所	所蔵者	出典	国	郡名	備考	宗派
44	織田信長禁制写	天正10	4		実相院	慈眼寺文書	県内820号	甲	八代郡		真言宗
45	織田信長禁制	天正10	4		小室郷	妙法寺文書	県内1019号	甲	巨摩郡		—
46	織田信長禁制	天正10	4		西山慈照寺	慈照寺文書	県内1258号	甲	巨摩郡		曹洞宗
47	織田信長禁制写	天正10	4		息障院	明王寺文書	県内1011号	甲	巨摩郡	明王寺のこと	真言宗
48	織田信長禁制	天正10	4		仏師原郷	網野家文書	県内282号	甲	山梨郡		—
49	織田信長禁制	天正10	4		法善護国寺境内	法善寺文書	県内1357号	甲	巨摩郡		真言宗
50	織田信長禁制	天正10	4		檜原郷光西寺境内	広済寺文書	県内848号	甲	八代郡		臨済宗
51	織田信長禁制写	天正10	4		八幡宮	社記	信長1018号	甲	巨摩郡	島上条八幡宮	—
52	織田信長禁制写	天正10	4		御嶽山	甲州古文書	信長1019号	甲	山梨郡		—
53	織田信長禁制写	天正10	4		甲州二宮社	美和神社文書	信長1020号	甲	八代郡		—
54	織田信長禁制写	天正10	4		甲州二宮郷	美和神社文書	新甲1129号	甲	八代郡		—
55	織田信長禁制写	天正10	4		千塚郷穀蔵寺	寺記	信長1023号	甲	山梨郡	攀桂寺のこと	曹洞宗
56	織田信長禁制写	天正10	4		中郡仁勝寺	寺記	信長1024号	甲	山梨郡	小瀬	臨済宗
57	織田信長禁制写	天正10	4		山梨郡少林寺	寺記	信長1028号	甲	八代郡		曹洞宗
58	織田信長禁制写	天正10	4		(欠ママ、法正寺か)	寺記	信長1031号	甲	山梨郡		浄土真宗
59	織田信長禁制写	天正10	4		甲州塩山向岳寺門前	向岳寺文書	信長1032号	甲	山梨郡		臨済宗
60	織田信長禁制写	天正10	4		柏尾山境内	大善寺文書	信長1035号	甲	山梨郡		真言宗
61	織田信長禁制写	天正10	4		甘利内須沢郷	名取文書	信長1036号	甲	巨摩郡		—
62	織田信長禁制写	天正10	4		山梨郡神戸郷	感状写	信長1038号	甲	山梨郡		—
63	織田信長禁制写	天正10	4		下宮地郷	今沢文書	信長1040号	甲	巨摩郡		—
64	織田信長禁制写	天正10	4		甲州上〔	窪田文書	信長1041号	甲	巨摩郡	甲州上条郷か	—
65	織田信長禁制写	天正10	4		甲州下井尻郷	井尻文書	信長1042号	甲	山梨郡		—

No.	文書名	年号	月	日	宛所	所蔵者	出典	国	郡名	備考	宗派
66	織田信長禁制写	天正10	4		山梨郡岩下郷	甲州古文書	信長1043号	甲	山梨郡		—
67	織田信長禁制写	天正10	4		甲州西保郷	甲斐史料集成稿	信長1044号	甲	山梨郡		—
68	織田信長禁制写	天正10	4		甲州於曽郷	甲州古文書	信長1045号	甲	山梨郡		—
69	織田信長禁制写	天正10	4		八代郡西海郷	西湖共有文書	信長1047号	甲	八代郡		—
70	織田信長禁制写	天正10	4		(欠ママ)	桜林文書	信長1048号	甲	?		—
71	織田信長禁制写	天正10	4		(欠ママ)	甲州古文書	信長1049号	甲	?		—
72	織田信長禁制写	天正10	4		(欠ママ)	巨摩郡古文書	信長1050号	甲	?		—

(註)出典の略号は、本文に準じる。?は推定もしくは不明を示す。

表8　徳川氏発給禁制一覧

No.	文書名	年号	月	日	宛所	所蔵者	出典	国	郡名	備考	宗派
1	徳川家禁制	天正10	2	21	とうめ郷中	原田文書	家康275	駿	志太郡		—
2	徳川家禁制写	天正10	2	21	広野・小坂・足窪	足久保文書	家康275	駿	安倍郡		—
3	徳川家禁制	天正10	2	22	安部三ケ郷	安倍郡美和村誌	※	駿	安倍郡		—
4	徳川家禁制	天正10	2	22	建穂寺	建穂寺文書	家康276	駿	安倍郡	廃寺	真言宗
5	徳川家禁制	天正10	3	3	臨済寺	臨済寺文書	家康278	駿	安倍郡		臨済宗
6	徳川家禁制	天正10	3	3	清見寺	清見寺文書	家康278	駿	庵原郡		臨済宗
7	徳川家禁制	天正10	3	3	円蔵院	円蔵院文書	県内1214号	甲	南部町		臨済宗
8	徳川家制札写	天正10	3	3	円蔵院	円蔵院文書	県内1215号	甲	南部町		臨済宗
9	徳川家禁制	天正10	3	3	松岳院	南松院文書	県内1181号	甲	身延町		臨済宗
10	徳川家禁制写	天正10	3	3	大聖寺	大聖寺文書	県内1035号	甲	中富町		真言宗

11	徳川家禁制	天正10	3	3	南松院	南松院文書	県内1180号	甲	身延町		臨済宗
12	徳川家禁制	天正10	3	3	龍花院	龍華院文書	県内906号	甲	中道町		曹洞宗
13	徳川家禁制写	天正10	3	5	(小室妙法寺)	妙法寺文書	県内1018号	甲	増穂町		日蓮宗
14	徳川家禁制	天正10	3	6	鏡之寺	法善寺文書	県内1356号	甲	若草町	加賀美山法善寺のこと	真言宗

(註)出典の略号は、本文に準じる。　※宮本勉・一九九一年。

それは、これまでの戦国大名が発給した禁制は、申請者が大名に礼銭などを支払うことで獲得できたものであった。ところが信長禁制には、乱暴狼藉《ろうぜき》、還住《げんじゅう》百姓への煩《わずら》い、不当な課税禁止とともに「右条々、若有違犯之輩者、忽可被処厳科者也、御判銭・取次銭・筆耕等、不可出候」と明記されていた（信長一〇一七号他）。これは、織田権力が武田氏をはじめとする東国の戦国大名とは違い、禁制（領域の安全保障）は無償で実施する新たな権力であることを誇示する意図があったと推定される。

織田軍の侵攻は、旧武田領国の村々に脅威を与えていたらしく、「先々より百姓共、己々が家に火を懸け、罷出で候」（『信長公記』）とあり、家を自焼きして降伏する村が続出していたという。自らの家を焼き、出仕する行為は、降参と侘言の意思表示であった（藤木久志・一九八七年）。こうした自焼きと降参を行った村々には、織田権力より禁制が無償で下賜されたのであろう。

禁制を獲得した寺社や郷村は、織田・徳川両軍による乱取りや放火等の惨禍を免れることができた。しかし、獲得できなかった寺社には過酷な運命が待ちかまえていた。確実な史料をもとに確定できる事例は少ないが、『甲斐国志』や『甲斐国社記・寺記』をもとに、天正十年（一五八二）武田氏滅亡時に、織田軍による放火・略奪・寺領没収等により衰微したと伝わる寺社を拾い出したのが表9である。

これによれば、恵林寺《えりんじ》・慈眼寺《じげんじ》・窪八幡《くぼはちまん》神社をはじめとする有力寺社がかなりの被害を受けていることがわかる。そして、織田軍による被害を受けたのは、ほぼ例外なく武田氏の菩提寺《ぼだいじ》、氏寺、祈願所など、武田氏と密接な関係にあった寺社であった。それほどまでに織田氏は、武田氏の影響力を消し去ろうとしていたのであろう。

織田氏のこうした政策は、武田氏の一族や家臣団等の有力国衆の処刑と一体のものであったと推察される。武田氏滅亡に乗じて、織田氏はその後に続く政策を旧武田領国全体に貫徹させるために、国衆や寺社など地域社会に大きな影響力を持つ勢力を壊滅させようと目論《もくろ》んだのであろう。これらを壊滅させることは、地域社会を統合、支配する核を除去することであり、逆に織田氏からすれば新たな支配秩序を上から構築することが容易《たやす》くなるのである。

武田氏が甲斐を統一し、その後信濃・駿河・上野などに侵攻してこれらを併合した際に、武田信虎・信玄・勝頼は頑強に抵抗した場合を除いて、有力国衆や寺社をできるだけ従属させてその勢力をそのまま温存し、彼等の持つ地域社会の実績を統合する形で領国を拡大し、支配を形成していった。だがこうした地域社会に強く根を張る有力国衆などを温存したことによって、武田氏は強力な支配を構築することを困難にしていた。これは武田氏に限ったことではなく、上杉・佐竹氏など、列島社会に割拠した戦国大名に共通する課題であった。

表9　織田軍の乱妨による甲斐寺社の被害状況一覧

No.	寺社名	所在地	現市町村	武田氏との関係	被害状況	出典	勤番・宗派
1	南宮明神	甲府	甲府市	武田家世々崇敬	頗る大社であったが壬午の乱後社領烏有	国巻55	●
2	賀茂・春日明神	賀茂村	笛吹市	武田氏社領寄進	天正壬午の乱の兵火により焼失	国巻56	●
3	大宮権現	上万力村	山梨市	武田氏修復	乱妨により神主・社僧離散、殿舎大破	国巻56、社44	●
4	窪八幡神社	八幡北村	山梨市	武田氏氏神	織田氏乱入の時、社領をすべて没収される	国巻56、社6	◎
5	石和八幡宮	市部村	甲州市	武田氏氏神	武田家滅亡の兵火により焼失	国巻58、社164	◎
6	国玉明神	国玉村	甲府市	甲斐国三宮	天正十年の兵火により赤地となる	国巻60、社298	◎
7	八幡宮	上黒沢村	北杜市	武田家世々崇敬	天正壬午の乱の兵火により焼失	国巻65	●
8	諏方明神	大八田村	北杜市	武田氏世々修復	天正壬午の乱の兵火により焼失	国巻65	●
9	苗敷山権現（穂見神社）	上条南割村	韮崎市	国建の神として崇敬	天正壬午の乱の兵火により焼失	国巻66	
10	金桜神社	歌田村	山梨市		武田家滅亡の時に焼亡	社187・188	
11	熊野権現	大野寺村	笛吹市	武田家崇敬	武田家滅亡の時に焼亡	社243	
12	表門神社	白井河原村	甲府市	武田家崇敬	武田家滅亡の時に焼亡	社264	
13	熊野権現	三椚村	笛吹市	武田氏社領寄進	織田氏に社領を没収される	社269	●
14	石橋八幡宮	石橋村	笛吹市	武田氏世々修復	織田氏に社領を没収される	社273	●
15	熊野権現	小黒坂村	笛吹市	武田氏社領寄進	織田氏に社領を没収される	社293	●
16	日枝神社	下小河原村	甲府市		織田氏に社領を没収される	社321	
17	天神宮・稲荷大明神	柳沢村	北杜市	武田氏世々崇敬	天正壬午の乱の兵火により焼失	社361	
18	若宮八幡宮	白須村	北杜市	武田家祈願所	織田・木曾氏の乱入により衰微	社372	●
19	一条南宮大明神	古府中塔岩村	甲府市	武田信義以来産神	天正十年の乱で焼失し再興かなわず	社459	
20	恵林寺	小屋敷村	甲府市	武田氏菩提寺	織田の焼打ちにより全山壊滅	本文参照	臨済宗

No.	寺社名	所在地	現市町村	武田氏との関係	被害状況	出典	勤番・宗派
21	大聖寺	八日市場村	身延町	武田・穴山氏崇敬	信長より禁制を貰うも、寺領は没収	寺②34	真言宗
22	最勝寺	最勝寺村	富士川町		天正年中兵乱により焼失	寺②38	真言宗
23	光台寺	中条村	韮崎市	武田勝頼庇護	武田氏滅亡時の兵火により焼失	寺②70	真言宗
24	棲雲寺	木賊村	甲州市	武田信満墓所	武田氏滅亡時の兵火により焼失	寺②162	臨済宗
25	東光寺	東光寺村	甲府市	武田義信墓所	武田氏滅亡時の兵火により焼失、仏殿は焼失を免れるも刀傷が残る	寺②271	臨済宗
26	法城寺	東光寺村	甲府市	国母地蔵安置	武田氏滅亡時の兵火により焼失	寺②278	臨済宗
27	宝樹寺	上飯田村	甲府市	武田有義開基	武田氏滅亡時の兵火により焼失	寺②339	臨済宗
28	観音寺	市部村	笛吹市	武田信成開基	織田の兵火により焼失	寺②387	臨済宗
29	長松寺	長松寺村	甲府市	武田満信開基	織田の兵火により焼失	寺②406	臨済宗
30	雲峰寺	杣口村	山梨市		天正年中の火災で焼失	寺②424	臨済宗
31	海岸寺	上津金村	北杜市	甲斐源氏以来の庇護	織田信長の兵火により焼失	寺②431	臨済宗
32	竜淵寺	上津金村	北杜市		天正十年の乱で焼失	寺②432	臨済宗
33	少林寺	大蔵村	北杜市		織田信長の兵火により焼失	寺②448	臨済宗
34	長谷寺	鎮目村	笛吹市		織田信長の兵火により焼失	寺②513	真言宗
35	慈眼寺	末木村	笛吹市	武田氏崇敬	織田の兵火により焼失	寺②526	真言宗
36	長盛院	徳永村	南アルプス市	金丸・土屋氏菩提寺	武田氏滅亡時の兵火により焼失	寺③239	曹洞宗
37	光雲寺	大野村	山梨市		天正年中の兵火で焼失	寺④62	浄土宗
38	円福寺	下石森村	山梨市	武田家帰依	天正年中の兵火で焼失	寺④63	浄土宗
39	立正寺	休息村	甲州市		武田氏滅亡時の兵火により焼失	寺④155	日蓮宗
40	法正寺	中萩原村	甲州市	武田家祈願所	武田氏滅亡時の兵火により焼失	寺④536	浄土真宗

No.	寺社名	所在地	現市町村	武田氏との関係	被害状況	出典	勤番・宗派
41	長延寺(光沢寺)	甲府	甲府市	長延寺実了師慶、武田龍宝の寺	武田氏滅亡時の兵火により焼失	寺④558	浄土真宗
42	上行寺	勝沼村	甲州市		武田氏滅亡時の兵火により焼失	寺④627	日蓮宗
43	文殊院	白須村	北杜市	武田氏祈願所	武田氏滅亡時の兵火により焼失	寺④763	修験本山派
44	真鏡寺	長沢村	富士川町		武田氏滅亡時の兵火により焼失	寺④854	修験当山派

(註1)出典の略称は次の通り。『甲斐国志』→国＋巻数、『甲斐国社記・寺記』全四巻→社は第一巻、寺は第二巻から四巻を意味し、数字はページ数を示す。
(註2)勤番とは、武田信玄が永禄3～4年にかけて、甲斐の有力大社10社を除く、160社をおよそ2社ずつ全82組に編制し、各組を府中八幡神社に二日二夜ずつ参籠させ、武田氏の武運長久祈願などを行わせた府中八幡勤番制度に動員した神社を指す。この160社は、各地域の人々に崇敬された有力社であった。
●は勤番社、◎は勤番から除外された甲斐国内有力10社に含まれる神社を示す。
(註3)被害状況に記される「天正壬午の乱」は、学術用語としてのものではなく、史料に登場する呼称で、武田氏滅亡を指すこともあれば、それ以後の織田軍の跋扈を含むこともあり、また学術用語としての意味に近い内容の場合もあるなど、多様である。そのため、必ずしも織田軍による兵火とは断定できないが、武田氏滅亡後の混乱の中で焼失したと解釈し、掲載したことをお断りしておく。

大名権力が支配を強化しようとすれば、有力国衆との軋轢《あつれき》を引き起こすこととなり、反乱や離叛の可能性を増大させた。そのため大名当主は、これを防止しつつ、権力強化を図るための政策を推進しなければならなかったのである。だが織田氏は、武田領侵攻を契機に、崩壊し組織的抵抗をすることもなく解散した旧武田方をあくまでも追及し、一条・山県《やまがた》・馬場・小山田・長坂氏らを族滅させた。これは、将来織田氏の甲斐支配に際して抵抗勢力となりうる有力国衆を根絶やしにしたことを意味している。織田氏はこれと並行して、武田氏と関係の深かった有力寺社を解体させ、寺社領等を没収し、織田権力の強化を図ったのであろう。こうした織田氏の政策のもと、最も悲惨な運命を辿ったのが、武田信玄の墓所があり、武田氏の菩提寺として著名な恵林寺であった。

織田信長が甲府に入ったのと同じ四月三日、恵林寺は織田軍によって包囲された。その経過について記した信頼できる史料としては、『信長公記』が唯一であり、それは次のように記されている。

去程に、今度恵林寺において、佐々木次郎隠し置くに付いて、其過怠として三位中将信忠卿より仰せ付けられ、恵林寺僧衆御成敗の御奉行人

織田九郎次郎（津田元嘉）・長谷川与次・関十郎右衛門・赤座七郎右衛門尉

已上

右奉行衆罷越し、寺中老若を残さず山門へ呼び上せ、廊門より山門へ籠草《こめくさ》をつませ、火を付けられ候、初めは黒煙立つて見えわかず、次第々々に煙納まり焼き上、人の形見ゆる処に、快川長老はちともさはがず、座に直りたる儘働かず、其外の老若・児・若衆、踊り上り、飛び上り、互に抱付き悵焦《モダヘコガシ》、焦熱、大焦熱の焔に咽《ムセヒ》、火血刀の苦を悲しむ有様、目も当てられず、長老分十一人果され候、其中存知の分

宝泉寺の雪岑《セッシン》長老・東光寺の藍田《ランデン》長老・高山の長禅寺の長老・大覚和尚長老・長円寺長老・快川長老

中にも快川長老、是は隠れなき覚の僧なり、これに依つて去年内裡にて、忝くも円常国師と御補任頂戴申され、近代国師号を賜る事、規模なり、都鄙の面目これに過ぐべからず、

四月三日恵林寺破滅、老若上下百五十余人焼殺され訖

これによれば、恵林寺の包囲は織田信忠が命じたものであり、その理由は織田氏の敵佐々木

次郎（六角氏）を寺内に匿《かくま》ったことにあった。織田信忠はこれ以前の三月中には佐々木氏の隠匿を甲府在陣中に察知しており、これをもって恵林寺の包囲と放火は既定方針として決定されていたものと推察される。そして織田信長の甲府到着を待って、信忠は恵林寺の成敗に動いたのであろう。これは武田信玄の墓所であり、武田氏の菩提寺でもある恵林寺を全山放火することで、武田氏の滅亡と織田氏の隆盛を内外に誇示する意味があるものと見られ、しかもそれを信長の甲府到着と時を同じくさせることに特に意味を持たせたのである。恵林寺炎上の顚末については、『甲乱記』の記事が詳しい。それをここで紹介しておこう。

詰問三ヶ条の信憑性

当時の恵林寺は、武田信玄の菩提寺に相応《ふさわ》しく、金銀をちりばめた七堂伽藍《がらん》が立ち並ぶ威容を誇った寺院であったという。武田氏滅亡の混乱の中、この恵林寺には僧俗を問わず、多くの人々が避難していたらしい。そこへ河尻秀隆より使者が遣わされ、快川紹喜《かいせんしょうき》に対して三ヶ条の詰問がなされた。その内容はまず、自刃した武田勝頼父子の遺骸《いがい》を織田方に何の断りもなく勝手に引き取り追善供養をしたこと、次に近江《おうみ》国佐々木中務大輔と室町幕府将軍足利義昭の上使成福院《じょうふくいん》、大和淡路守《おおわあわじのかみ》を寺内に匿ったこと、そして小屋銭を賦課・徴収したこと、以上の三ヶ条は実に不届きであるとのことであった。これに対して快川紹喜は、まず勝頼父子は恵林寺の檀那《だんな》でしかも甲斐の国主である。だから勝頼父子の遺骨を拾い集めて追善供養を行ったのである。また佐々木・成福院・大和淡路守らを匿ったことや、小屋銭を賦課したことなどは、愚僧の与《あずか》り知らぬことであると返答したという。

『甲乱記』の記す織田方の詰問三ヶ条のうち、快川紹喜が恵林寺まで勝頼父子の遺骸を引き取ったとあるのは他に傍証する史料がなく、確認できない。後述するが、『理慶尼記』等によれば、勝頼主従の遺骸は最後の合戦後、山野に打ち捨てられたままであったといい、また曹洞《そうとう》宗の古刹広厳院《こさつこうごんいん》の拈橋《ねんきょう》和尚（小宮山内膳の実弟と伝わる）が合戦後まもなく田野《たの》に入った際にも、遺骸はそのままであったといわれる。実際に勝頼主従らの遺骸の埋葬と供養にあたったのは、拈橋和尚らであったとされているが（『甲斐国志』）、恵林寺の僧侶《そうりょ》がこれに関わったという記録は今のところ見いだすことが出来ない。但し、勝頼・信勝父子の辞世などが、京都妙心寺に知らされているところをみると、恵林寺僧らが田野に入った可能性は高いと思われる。

次に恵林寺が佐々木（六角）氏を匿っていたという織田方の指摘については、『信長公記』にも記述が見られるし、信長が松井友閑に宛てた書状の中で、「亦尾張之浪人、始土岐美濃守、岩倉・犬山等、小屋ニ蟄居候、是ハソレ〳〵ニ相計候、佐々木承禎子次郎并若狭之武田九郎、是モ小屋ニ蟄居候ヲ搦捕腹ヲ切セ候」とあり（信長九七八号）、佐々木氏が甲斐に在国したことは事実であろう。しかし注意しなければならないのは、ここに切腹を命じられたのが「佐々木承禎子次郎」であって佐々木承禎《じょうてい》（六角承禎）ではないということである。

佐々木承禎（六角承禎）は慶長三年（一五九八）まで、またその子六角義弼《ろっかくよしすけ》は慶長十七年までともに生き延びている。また六角承禎の子六角義弼は、六角氏の惣領《そうりょう》の仮名である「四郎」を名乗っており、「次郎」を称した事実はない。これについては『多聞院日記』に「江州ノ佐々木四郎弟次郎殿并若狭武田ノ五郎殿ハ生取テ討」とあり、また『兼見卿記《かねみきようき》』には「其外生捕、土岐・犬山・佐々木四郎舎弟小原」と記されていることから、恵林寺に匿われ、その後小屋に隠れていたのは六角承禎の子で、義弼の弟次郎ということが判明する。これは大原次郎を称していた六角賢永のことであろう（「佐々木系図」等）。この他に、若狭武田氏の武田五郎（信豊四男信方か）、室町幕府将軍足利義昭の上使成福院、大和淡路守、尾張国牢人犬山（犬山鉄斎《てつさい》、織田信清）、岩倉（岩倉織田氏の人物か）、土岐頼芸《ときよりなり》（もと美濃国土岐氏当主）らが寺内に匿われていた。

次に恵林寺が小屋銭を賦課していたことについては明確にはならない。この小屋銭というのは、恵林寺に逃れてきた人々が境内に小屋掛けをして避難生活をしていたものに対し、役銭《やくせん》を賦課したことを指すものと推察される。織田方はこの行為を寺家にあるまじき欲心深き行為と論難するが、寺院が境内に小屋掛けをして戦争の惨禍を逃れようとした人々に対して小屋銭を賦課するのは珍しいことではない。これについては、播磨《はりま》国斑鳩《いかるが》庄に所在した斑鳩寺の事例がよく知られている（藤木久志・一九八七年）。

このように、六角賢永らを匿ったことを除いて、いずれの詰問も織田方の難癖に近いものであった。だが快川紹喜は、六角賢永らを秘《ひそ》かに逃亡させると、河尻秀隆からの使者と対面し、何れの詰問にも臆することなく平然と返答した。このため河尻の使者は、それでは寺中をくまなく探索すると詰め寄ると、快川は随意にすればよいと返答し、織田方が寺内に入って家捜しすることを許した。このため織田方の兵卒は続々と恵林寺の境内に乱入し、家捜しを始めたという。

するとと織田方から、御出家衆はその間に山門に登って待機するようにとの申し入れがあった。快川紹喜をはじめとする僧侶や喝食《かつしき》、若衆に至るまで、恵林寺の人々は山門に集まり、ここに収容された。だがこれは織田信忠の命令を受けていた河尻秀隆の策略であった。織田軍は、僧侶たちが山門に登り切ると、梯子《はしご》を取り外して逃亡できないようにし、恵林寺門前の草屋を壊してこれを山門の下に積み重ね、火を放ったのである。

驚いたのは山門に上がった僧侶たちであった。猛火はたちまち山門を包み、逃げ場を失っていた若衆たちは柱に抱きついてそのまま焼死するもの、覚悟を決め互いに刺し違えて炎の中に身を投げるものが相次いだ。また喝食、若衆の中には、僧侶たちに取り付き、泣き叫ぶものもいたという。悲鳴や鳴き声、自刃、悶死《もんし》など様々な断末魔の地獄絵図が展開する炎の山門にあって、独り快川紹喜だけは泰然自若として動じることなく、従容《しょうよう》として遷化《せんげ》した。その姿は前掲の『信長公記』にも記され、織田方からも賞賛された。

恵林寺炎上の模様は、『甲陽軍鑑』にも簡単な記述がある。それによれば、織田信長は武田信玄にかつての居城岐阜城近辺まで攻め入られて放火された恨みを忘れておらず、その鬱憤を散じるために、信玄の墓所を焼き払うように自ら指示したという。そのため快川紹喜大通智勝国師《こくし》、高山和尚、大綱和尚、睦庵和尚ら五十人程が焼き殺されたという。

この他に、恵林寺放火と快川紹喜の殺害は、織田信長が当初から意図していたとする記録もある。『常山紀談』によれば、禅僧の伝えるところとして次のような逸話を載せている。それは、快川紹喜が美濃に在国していたころ、織田信長が熱心に自らのもとへ来ることを勧めたがこれを肯《がえ》んじず、今川氏の誘いに応じて去り、さらに武田信玄の熱心な勧誘を受けて恵林寺の住持となった。そのため信長は快川を憎んだという。その後、武田信玄が病死したとの風聞が流れた際に、信長はその実否を探るため、快川にこれを問うたが、快川は返事を寄越さなかったためますます憎しみを募らせたという。そのため、武田氏を滅亡させると、快川を恵林寺もろとも焚殺《ふんさつ》するつもりであったとある。もちろん『常山紀談』の信憑性《しんぴょうせい》からいって慎重な扱いが必要であるが、興味深い内容である。

「滅却心頭火自涼」の偈

さて、織田軍に放火され炎上する山門楼上で快川紹喜は、有名な偈《げ》を残して遷化した。それは「安禅不必須山水、滅却心頭火自涼」というものであったと伝えられる。この句は快川紹喜の創作ではなく、『碧巌録《へきがんろく》』第四十三則「洞山無寒暑《とうざんむかんじょ》」に対する圜悟克勤《えんごこくごん》の「評唱」に記されているもので、この句にはさらに典拠が存在しており、それは唐の詩人杜荀鶴《とじゅんかく》の七言絶句「夏目悟空上人の院に題す」の一節である。この詩人の一節が禅僧の書に引用され、当時の禅僧に知られていたのは、禅定《ぜんじょう》するためには必ずしも山水という静寂な場所が必要ではない、無心に禅定に入るのであれば、たとえ火中であっても清涼となるのである、という禅の奥義が込められていたからである。だがこの偈は、快川紹喜が燃えさかる山門楼上で偈破し、遷化したことから大変有名になった。

ところが、快川紹喜がこの偈を唱えて従容と火定《かじょう》したという確実な根拠は見あたらないのである。例えば『信長公記』には、快川の泰然自若とした様子が賞賛とともに記されているが、この偈のことについては全く触れられていない。これは当時の人々の日記にも記述がなく、『甲陽軍鑑』をはじめとする軍記物にも所見がない。わずかに『甲乱記』がこの偈について記述しているが、それは快川紹喜と高山和尚との問答の中に見られる。しかも驚くべきことに、『甲乱記』はこの偈を唱えたのは、快川ではなく高山和尚であったと記している。その遣《や》り取《と》りの部分を引用すると次のようになる。

猛火次第に焼上けれども、国師は少も騒給はずして、長禅寺之長老高山和尚に問曰《といていわく》、三界《さんかい》無《む》安《あん》、猶如火宅《なおかたくのごとし》向何処《いずれのところにむかいて》廻避《かいひせん》、答曰覿面露《てきめんろ》堂々《どうどう》、又問、作麼《そも》生是堂々底《さんこれどうどうのてい》、答曰滅却心頭火自涼、其後国師は結跏趺坐、叉手当胸して、綿密の工夫之外更無他事

『甲乱記』の描写する快川紹喜最後の模様は、長禅寺二世の高山和尚と燃えさかる山門の中で最後の問答を試み、少しも騒がず従容として入寂したのである。この問答は、快川が高山和尚に対して、三界（人間界）には安らぐところがなく（煩悩が多く悟るところがない）、まるで「火宅」のようである、この期に及んでどこへ逃れようというのかと問いかけたことから始まる。快川の問答の出発点は、煩悩による人間界の混乱や不安を意味する「火宅」と、炎に包まれる山門楼上の現実（炎に包まれる家宅）をかけた当意即妙なものであった。これに高山和尚は、この現実を受け入れて堂々としていることだと返答した。これを受けて快川は、再び高山和尚に、それではこの「火宅」の現実の中で堂々としていることの底意は何かと重ねて問うた。こ

れに対して高山が返答したのが、著名な偈だったのである。
　ところがその後、この遺偈が快川紹喜のものであるとされるようになり、その壮烈な最期とともに人口に膾炙《かいしゃ》され、伝承されてきた。ではこれを快川紹喜のものであるとする記録は、いったいいつごろから出てきたのであろうか。これを追究した今義博氏によれば、それは卍元《まんげん》師蛮《しばん》が著した『延宝伝灯録』（延宝六年〈一六七八〉成立）、『本朝高僧伝』（元禄十五年〈一七〇二〉成立）の二書であるという（今義博・一九九三年）。両書はともに快川紹喜を取り上げ、その事績を詳細に記述しているが、織田軍に焚殺された顛末については、両書ともほぼ同じ内容となっている。それは次のようなものである。
　織田軍は、恵林寺の僧侶らを山門に上げると、その下に薪《まき》を積み上げてこれに火を放った。このため山門の四面はたちまち炎に包まれ、これを包囲する織田軍は刀剣を携えて逃れ出る者のないよう厳重な警戒を敷いた。炎上する山門には宝泉寺雪峰・東光寺藍田《らんでん》・長禅寺高山をはじめとする学者百余人がいたが、皆騒ぎ立てることもなく威儀を整え、炎と煙の中にあって端座していた。そして快川紹喜が僧侶たちに向かって垂語《すいご》を述べた。

　　諸人即今向火焔裡《しょじんそっこんかえんのうちにむかう》、如何転大法輪《いかにしてだいほうりんをてんずる》、各著一転語《おのおのいってんごをつけて》、為末期句《まつごのくとなせ》。

　快川は猛火が迫り来る中にあって、僧侶たちに仏法とは何かをこの場に臨んで熟考し、それぞれが思うところを述べて、末期の句とせよと呼びかけたのである。この呼びかけに応えて僧侶たちは次々と語を下し、最後を引きうけた快川が「安禅不必須山水、滅却心頭火自涼」と唱え、猛火が法衣《ほうえ》に燃え移ったにもかかわらず、恬然《てんぜん》として微動だにせず、端座したまま化したという。この逸話がいつしか巷間《こうかん》に流布し、通説となっていったのである。

だが少なくとも『延宝伝灯録』成立以前の諸記録には、快川が有名な遺偈を唱えて火定したとの記述は見えず、わずかに『甲乱記』が快川ではなく、高山和尚が快川との問答の中でこの偈を唱えたとあるのが確認されるだけである。つまり、快川遺偈は事実ではなく、もしこれが燃えさかる山門の楼上で唱えられたとすれば、それは高山和尚が唱えたものである。だがいつしか、快川の恬然として火定した姿に、高山和尚の遺偈が相応しいものとして混同されるようになり、快川が唱えたという逸話が成立したのではあるまいか。

ただし、快川紹喜が『碧巌録』の一節を好んで用いていたということについては徴証がある。それは、快川が記した「見桃録」の中で、彼はこの一節を五カ所にわたって引用しており、禅の極意を表現する文章として注目していたことは間違いあるまい（「恵林寺文書」）。それはまた当時の禅僧たちに広く膾炙されたフレーズとして常に彼らの念頭にあり、高山和尚が燃えさかる山門上で快川と問答に及んだ際に、とっさに引用されたのも、そのような背景があったからであろう。

かくて恵林寺は、全山灰燼《かいじん》に帰した。この際に快川紹喜とともに山門で焼死した人々は、高山和尚（長禅寺）、藍田和尚（東光寺）、雪岑《せっしん》和尚（法泉寺）、大覚和尚長老、長円寺長老（以上『信長公記』）、大綱和尚、睦庵和尚（以上『軍鑑』）などであったという。そしてその総人数は、快川紹喜をはじめとする「長老分十一人」を含む「老若上下百五十人余」（『信長公記』）とするものや、「国師（快川―筆者註）を始として紫衣《しえ》の東堂五人、黒衣の長老九人、惣而僧たち七十三人、少人十一人、以上八十四人」(『甲乱記』)、「よき出家五十人ばかり焼殺給ふ」(『軍鑑』)など様々で一定していない。また『甲斐国志』は根拠を示していないが、死者の数を東堂、黒衣の長老、僧侶、児、喝食ら七十余人としている。

いずれにせよ、無辜《むこ》の僧侶と若衆・子供たち多数を織田軍は焼き殺し、武田氏の栄花を湛《たた》えていた恵林寺の大伽藍は烏有《うゆう》に帰した。織田軍が引き揚げた後、恵林寺は焼け静まり山門の跡には焼け炭のようになった快川らの遺骸が折り重なるようになっていたという(『甲乱記』)。武田信玄の墓所で、武田氏菩提寺の恵林寺炎上は、武田氏滅亡と織田氏の隆盛という事実をこれ以上ないほど強烈に印象づけた事件となった。

なお『常山紀談』は、法灯の断絶を惜しんだ快川紹喜の命を受けて、その弟子「南華」(湖南の誤記)が燃えさかる山門楼上から飛び降りてその場から脱出したと記している。湖南宗岳に続いて飛び降りた僧侶が十六人ほどおり、彼等はいずれも生命に別条はなく、その場を逃れた。その際に、まわりを包囲していた織田軍の兵卒たちは、鑓《やり》を伏せて湖南たちが恵林寺を立ち去るのを黙認したと伝えている。目前で繰り広げられたあまりにも酷《ひど》い僧侶たちの焚殺に、織田軍の兵卒もさすがに山門から飛び降りて奇禍を逃れようとした僧侶たちを殺害することができなかったのであろう。

この逸話は事実らしく、湖南は師である快川紹喜の法衣を抱いてその場を逃れ、後に九州豊《ぶん》後《ご》国臼杵《うすき》(大分県臼杵市)の月桂寺開山になった。快川のものと伝わる焼け焦げた跡が残る法衣の断片は、今も寺宝として伝わっている。この他にも、炎上する恵林寺から逃れた僧侶が入山したと伝える臨済宗寺院が各地にあるようであるが、残念ながら確認する手段を持たない。記して後考をまちたいと思う。

信長の帰国

甲斐の仕置をすべて終えた信長は、四月十日に甲府を出立し、その日は右左口《うばぐち》に一泊した。すでに徳川家康によって、右左口には信長の宿所が完成していたばかりか、信長本隊の兵卒が宿泊する小屋も建設されており、その数は千軒に及んだという。また警固のための柵も厳重に設えられ、右左口より駿河へ抜ける中道《なかみち》往還の難所迦葉坂《かしようざか》も整備し直されていたほどの念の入れようであり、信長は家康の配慮に感謝したという（『信長公記』）。

翌十一日、信長は右左口を出立して本栖《もとす》に泊まり、十二日には念願の富士山を感慨深く見物しながら駿河に入った。信長は、駿河・遠江を家康の丁重なもてなしを受けつつ、安土を目指した。この時の接待については、『信長公記』に詳しく記されているが、家康は短期間のうちに、天竜川（大天竜）に舟橋を架けたばかりか、千五百間ごとの道沿いに小屋を多数設置して、信長軍の兵卒の賄いを行ったといい、信長のためにわざわざ京都・堺に人を派遣して諸国の珍奇を集め、御膳を献じたという。信長は、家康の苦労を察してか、天竜川を越えたところで、御小姓衆や御馬廻衆《おうままわりしゆう》に暇を与えて先に帰国させ、自身の警固には御弓衆・御鉄炮衆だけを残留させた。

また信長は、家康の負担を慮《おもんぱか》り、前年に武田攻めに備えて三河国東条城に備蓄させてあった兵粮米八千余俵を徳川氏に譲渡している。信長は、富士大宮(四月十二日)→江尻城(同十三日)→田中城(同十四日)→懸川城《かけがわ》(同十五日)→浜松城(同十六日)→吉田城(同十七日)→池鯉鮒《ちりゆう》(知立《ちりゆう》、同十八日)→清洲城《きよす》(同十九日)→岐阜城(同二十日)と宿泊を重ね、四月二十一日に安土城に凱旋《がいせん》した。

信長は、家康と別れる間際に家康より穴山梅雪を伴って安土に御礼の参上をしたいとの申し入れを受け、これを了承している。

安土に帰った信長は、息つく間もなくさまざまな所用に忙殺されることとなった。なかでも正親町《おおぎまち》天皇より勅使が派遣され、信長に「太政大臣、関白、征夷大将軍の何れかの官位を贈呈したい」との叡慮《えいりょ》がもたらされた。信長はこの時明確な意思を示さず、上洛して奏上することとしたとも、その場で辞退したともいわれる(いわゆる「三職推任問題」)。さらに備中国高松で毛利軍と対峙《たいじ》する羽柴秀吉より援軍の要請がもたらされたことから、信長は京都での参内を終えたら、毛利攻めに出陣する意思を固めた。また、家康と穴山梅雪の安土出仕が間近となったことから、信長は道普請と家康・梅雪一行の接待を道筋の諸将に指示し、特に丁重にもてなすよう厳命を下したと伝わる(『信長公記』等)。信長の指示を受けていた諸将のうち、近江の担当に丹羽長秀、安土での接待役は明智光秀が指名されていた。長秀は、近江国番場《ばんば》に仮御殿を建設し家康・梅雪一行の到着を待った。

かくして信長は、いよいよ自らは毛利攻めに邁進《まいしん》し、子息や家臣らには、四国長宗我部《ちょうそかべ》氏征討、上杉景勝征討を委ね、天下一統を目指した。だが六月二日、彼は明智光秀の謀叛《むほん》により、京都本能寺で横死を遂げる。嫡子信忠や織田信房も自刃して果て、織田権力は、崩壊への道を歩むこととなる。それは、武田氏滅亡から、わずか八十日後のことであった。

（註）徳川軍も、甲斐侵入後、通過した穴山領で乱取などの略奪を行ったらしく、家康は三月十三日に「うやニて取候馬、人、穴山所江かへし候」（『家忠日記』）と指示している。「うや」とは礼を意味する。家康は、甲斐に無事侵攻することができたのは、穴山梅雪の忠節によるものと認定し、穴山領で徳川方が略奪した人馬を返還したのであろう。徳川軍も乱取を行っていたことを示す貴重な記録である。

終章　残響

勝頼らの首級の行方

織田信長の首実検を終えた勝頼《かつより》・信勝《のぶかつ》父子と武田信豊《のぶとよ》、仁科信盛《にしなのぶもり》の首級はどうなったのであろうか。信長は、信濃《しなの》国伊那《いな》郡飯田《いいだ》に滞在中の三月十六日、武田信豊の首級が送られてきたので、すでに同所で晒《さら》していた勝頼・信勝父子の首級とともに、仁科信盛の首級を含めて、長谷《はせ》川宗仁《がわそうにん》に命じて京都に送った（『信長公記』）。この時、信盛の首級は岐阜の長良川で三月六日以来晒されていた。

天下に仇《あだ》なす者が討たれると、その首級は京都に運ばれ、晒されるのが通例であった。信長は当時の慣例に従って、勝頼父子らの首級を京都で晒したのである。

そして三月二十二日、勝頼らの首級は、京都に到着した。このことは、公家などの日記に記録されている。『晴豊記《てんきゆう》』の天正十年（一五八二）三月二十二日条に「十一日うちとるとて武田四郎・同太郎・典廏馬頭首三ツのほる也、下五りやうまとのある所ニかけられ候、八時見物申也、首三ツかけらるゝ也、典廏おち也」とあり、また『兼見卿記《かねみきょうき》』の同日条に「廿二日庚辰（中略）武田四郎父子幷典廏三人之首自甲州上、梟獄門、洛中・洛外鼓騒云々」、『宇野主水《もんど》日記』には「一、廿二日、甲州四郎父子幷典廏三人ノ首京着、則獄門ニカケラル、ト云々、所ハ一条モドリバシノ辺、モガリヲユイマハシ、棚ヲシテ公卿三方ニスヘラル、ト云々」とある。勧修寺晴豊《かじゆうじはれとよ》、吉田兼見らは、勝頼・信勝・信豊三人の首級が到着したことを伝えている。ところがこの中に、仁科信盛の首級は記録されていない。これはどの史料を点検しても見当たらない。恐らく信盛の首級は腐敗が激しく運ばれなかったか、何らかの事情で失われたのだろう。

勝頼らの首級が晒されていた場所については、下御霊《しもごりよう》の的場というものと、一条戻り橋の付近に虎落を結いまわし、その中に設《しつら》えられた棚、公卿（檜《ひのき》の白木で作られた台）に三方が三個置かれ、そこにそれぞれ三人の首級が置かれていたという記録に分かれている。この他に、臨済宗妙心寺派の高僧月航《げつこう》の法語に「遂函首洛陽、梟之於六條河原、見者聞者傷心惨目」とあり、六条河原で晒されていたとも記録される。このうち、宇野主水の記述は伝聞であり、実際に見物した勧修寺晴豊、月航の記述が信頼できるだろう。梟首《きようしゆ》の場所は、最初は下御霊神社付近だったが、まもなく六条河原に移されたと思われる。だが、晴豊が見物に訪れた時、武田信豊の首は落下してしまっていたらしい。

ところで、勝頼父子らの首級については、興味深い記録が見られる。『多聞院日記』天正十年三月二十三日条によると「昨夕京へ首三ツ上了、三日サラシテ播州へ可被遣之云々」とあり、『言経卿記《ときつね》』天正十年三月二十二日条にも「廿二日庚辰晴陰、武田左京大夫・同太郎・同右馬頭等首上洛了、獄門ニ被懸之、近日ニ播磨《はりま》国へ被遣之被懸之云々」と記録されている。つまり、勝頼父子と信豊の首級は、京都で三日間晒された後に、播磨国に送られ、そこでさらに晒される予定であったというのである。

ところが、その後、記録を博捜しても、本当に播磨国で梟首されたかは判然としない。信長が勝頼らの首級をなぜ播磨で晒そうとしたというのか。これは想像でしかないが、当時織田氏は毛利氏と対戦中であったので、東国の大国武田氏を滅ぼした武威を毛利氏に示すのが目的ではなかったか。

だが実際には、勝頼らの首級は播磨に送られ、梟首されることはなかったらしい。信長にはその意図があったかも知れないが、沙汰止《さたや》みになったとみられる。それは、京都臨済宗の高僧らが奔走した結果と推察される。それは妙心寺の南化玄興《なんかげんこう》の努力によるものであった。武田氏は、臨済宗を庇護していたことは有名で、武田信玄の号は関山派の祖関山慧玄《かんざんえげん》に由来する。また南化玄興は、武田氏と織田氏の和睦交渉（甲濃和親）に奔走し、信長の帰依も篤《あつ》かったことで知られる。南化玄興は、信長を説得し、勝頼父子と信豊の首級を下賜され、妙心寺に移し、これを埋葬した。それは月航玄津《そうしん》の法語に「洛之令有心乎載之板輿移於西妙心寺、則瘞祖塔艮隅、立祠廟布奠盆」に明記されていることで証明できる（『月航和尚語録』県外記録一四七号）。

かくて勝頼父子と信豊の首級は、南化玄興の努力により、信長の政治的パフォーマンスに利用されることなく、京都妙心寺の一隅に安息の地を得ることができたのであった。

三河の僧可心の霊夢譚と織田信長

武田氏滅亡後の、天正十年三月二十三日、『多聞院日記』は奇妙な逸話を書き留めている。

それは多聞院英俊《えいしゅん》のもとを訪れた仙学房という僧が、彼に思い出して語り聞かせた話であった。仙学房の話は、今から十年ほど前、三河国碧海郡明眼寺（愛知県岡崎市）の僧侶可心が、大和国法隆寺に来て、一年ほど滞在した際に彼からその話を聞いたというものだ。

可心によると、明眼寺は聖徳太子が建立した寺院であるという。昔から乱暴狼藉《ろうぜき》が禁じられた寺で、徳川家康の帰依も篤かった。十年ほど前の正月二日、可心は夢を見た。それは聖徳太子が現れて、可心に「今、天下を取る可能性がある人物は三人いる。それは朝倉義景《あさくらよしかげ》、武田信玄、織田信長だ。だが義景は天下を望んでもその器量がない。信玄は望んでも武はあるが、慈悲がない。結局は信長一人に天下は帰すことだろう。私はかつて源頼朝《みなもとのよりとも》に太刀を授けた。それは今、熱田《あつた》社にある。それを信長に届けよ」といわれ、目が覚めた。可心は不思議に思ったが、夢の出来事だと思い、放っておいた。ところが、一月十五日に再び聖徳太子が夢枕に現れ、「お前はなぜ先日命じた太刀のことを実行しないのか」と厳しく叱責《しっせき》されたという。可心は、それでも夢のことなので実行すべきかを迷っていたところ、二月五日に三度目の夢を見たといい、そこで聖徳太子は「度々申し付けているのに、言うことをきかないならば、お前を成敗するであろう」と言われたので、目覚めると慌てて尾張《おわり》国熱田社まで三里の道程を駆け抜けた。

参詣《さんけい》し申し入れると、確かに頼朝の太刀は実在するという。そこで可心は、その太刀を貰《もら》い受け、その足で織田家臣村井《むらい》貞勝《さだかつ》のもとを訪ね、事情を話したといい、徳川家康にもこのことを語り聞かせたという。すると、信長から召し出され、太刀を献じつつ事情を話すと、信長もまた同じ夢を見ており、実に慶事であると喜んだという。信長は、天下が自分の力で定まったならば、必ず明眼寺を再興すると約束し、この話は内密にするようにと可心に命じたという。可心は、信長に秘密にすることを約束したが、自分が見た不思議な夢のことなので、しばしば人に語って聞かせた。

仙学房は、信長が武田氏を滅ぼし、彼を凌《しの》ぐ勢力がいなくなったことを知ったとき、この印象深い夢物語を思い出したのだという。この可心霊夢譚は、徳川家康周辺が創作したもので、織田信長こそが源頼朝以来の武威を継承する人物で、天下を統べるに相応《ふさわ》しいと喧伝《けんでん》する論理として利用されたとされる（黒田智・二〇〇二年）。

源頼朝の太刀を継承した信長は、「天下」を掴《つか》むだけでなく、それを阻む東国の勢力を討ち平らげるだけの資格を手に入れたというのが、この可心霊夢譚の論理構成である。それは、信長が武田勝頼を打倒することが正当な行為であることを印象づけることに繋《つな》がっていた。

「東夷」「朝敵」勝頼

織田信長は、武田勝頼打倒に向けた準備として、織田の軍事行動が「天下」にとって有益だと印象づけるパフォーマンスの演出を決して忘れることはなかった。信長は出陣に先立ち、朝廷工作を積極的に行い、武田勝頼を「東夷《とうい》」「朝敵」と認定させることに成功した。たとえば、勝頼を「于此甲信両国之主、有武田四郎勝頼者、為年来之朝敵故、秋田城介平朝臣信忠、至信州有出馬」と記す史料もあり（『惟任退治記』）、織田信忠自身も甲斐《かい》から凱旋《がいせん》した直後の四月三日に、万里小路《までのこうじ》充房《あつふさ》に宛てた書状において「就今度東国之儀申付、種々御感之趣被染勅筆之儀、

再三頂戴、無冥加奉承候、抑武田年来対天下可成悪逆造意、甚以不軽其科条、為遂退治、今春向信州令進発、数ヶ城追破候」と記している（『立入左京亮入道隆佐記』）。

信長が勝頼を天下に仇なす敵と朝廷に認定させようとしたのは、彼を侮ってはいなかったからである。当時の人々には、確かに武田氏と上杉氏は、最強の大名という認識があったようだ。奈良の『蓮成院記録《れんじょういん》』には、信長の武田・上杉攻めが始まったとの情報に接し「今度上様東国御出馬付、当国衆自昨日上洛（中略）甲斐・越後《えちご》之弓矢天下一之軍士之由風聞、一大事之陣立也」と記し、武田・上杉軍は天下一の軍団であり、信長軍も警戒しなければならぬ強敵と噂されていたことがわかる。だが、そのように世間に認識されている武田勝頼を打倒できれば、信長の武威は不動のものとなり、「天下一之軍士」の称号は織田に移ることとなる。信長が周到な準備をしていたのは、こうした事情に根ざしていた。

正親町《おおぎまち》天皇は、奈良興福寺などに宣旨を発し、信長の武運を祈禱《きとう》するよう「叡慮《えいりょ》」を伝えた。これを受けて信長の戦勝祈願の祈禱が各地で実施され、誠仁親王は自ら石清水八幡宮《いわしみずはちまんぐう》に行幸し、祈禱を行うとの情報も流れた（『多聞院日記』）。奈良興福寺は「就右府出陣之儀、一寺一同一七ケ日可抽懇祈」との宣旨を受けて、宗派各寺院に祈禱の指示を出した（『蓮成院記録』）。現在確認できるだけでも、京都では石清水八幡宮、吉田神社、三千院、青蓮院《しょうれんいん》、本願寺などであり、この他に伊勢神宮などでも、天皇の宣旨を受けて祈禱が実施されている。このように、朝廷の肝いりによる信長の戦勝祈願は、武田勝頼という「東夷」「朝敵」を「追伐」するために必要なパフォーマンスとなり、織田は天皇の支援と、畿内の寺社の加護を受けているという格好の喧伝材料となった。

かくて信長による武田領侵攻は、単なる戦国大名同士の合戦ではなく、天下安寧のために、「朝敵」たる「東夷」勝頼打倒のための軍事行動（「追伐」）となった（信長一〇一〇・一一三号）。事実、朝廷の戦勝祈願の祈禱とは、「御敵退治御祈禱」「御敵退散」＝天下泰平・国家安全のためと位置づけられている（県外記録八二〜八四号）。

このように勝頼は、信長の朝廷工作によって「御敵」「東夷」「朝敵」と指弾され、天下に仇なす「悪逆」人とのレッテルを貼られたのであった。勝頼はもはや政治的に逃げ道を塞がれ、家臣たちを繋ぎ止める正当性をも喪失した。戦国大名同士の合戦ならまだしも、「朝敵」「東夷」と認定された勝頼を、多くの家臣、国衆そして領民は支えることを躊躇したのではあるまいか。ただでさえ勝頼の政治的権威は、高天神城《たかてんじん》を見捨てたと喧伝されたことで失墜していたのだから、信長はとどめを刺すような演出をしたといえる。

そして天皇を主催者に、畿内の有力寺社が信長の戦勝と「東夷」「朝敵」勝頼の打倒を祈願した成果が、天正十年（一五八二）二月十四日夜に現れた（と多くの人々が信じた）。それは織田軍が信濃に侵入したその時、浅間山が大噴火を起こしたのである。

浅間山噴火について、正親町天皇の祈禱により、信長に敵対する勝頼を守護する神々がすべて払われてしまった結果であり、この噴火は一天一円（世の中）が信長に従うようになる現象だと『多聞院日記』が記したのには、こうした背景があった。信長を支援する畿内寺社の祈祷は、勝頼を支援する武田領国の寺社との呪術戦争でもあったわけで、ここに諏方大社など武田氏に加護を与えると信じられた神仏は敗退したと見なされた。
かくて武田領国では、城に籠城していた家臣、国衆、軍役衆は逃亡し、村々は勝頼を見捨て織田に帰属しようと動いたのだった。

回　向

既述のように、武田勝頼・信勝父子と典廏信豊の首級は、信長の意図で播磨国に運ばれ、梟首されるところであったが、京都妙心寺の南化玄興らの奔走で免れ、同寺に運ばれて供養が行われた。そして南化玄興により戒名が付けられ、時期は判然としないが、法要が営まれた。

ところで本書は、勝頼滅亡の場面で、しばしば『理慶尼記《りけいにき》』を引用してきた。この史料の信《しん》憑性《ぴょうせい》については、現在も議論があり、理慶尼の潤色による想像の物語という意見が根強い。だが同書は、勝頼の新府城移転を類書にない十二月二十四日と正確に記録していることや、小山《おや》田《だ》信茂《のぶしげ》人質の老母に関するやりとり、さらに信茂謀叛《むほん》を三月十日としていることなど、創作とは思えぬ部分もまた多い。しかも重要なのは、京都妙心寺では、勝頼・信勝父子の戒名をつける際に、『理慶尼記』が伝える二人の辞世を参考にしたというのである。（川上孤山・一九七五年）。

それは、「朧なる　月のほのかに　雲かすみ　晴て行衛の　西の山の端」の辞世にある月を玉龍と読み、勝頼の戒名を「玉山龍公大禅定門」、「あだに見よ　誰もあらしの　桜花　咲ちるほどは　春の夜の夢」の桜花を春花として、信勝の戒名を「春山華公大禅定門」と付けたという。なお、信豊は「英叟智雄禅定門」の戒名が付けられた。

このことは、『理慶尼記』の信憑性について、今後も検討の余地があることを示唆する。ではなぜ勝頼・信勝父子らの辞世の句を、京都妙心寺の高僧たちが知り得たのか。それは判然としないが、『甲乱記』の記述はその手掛かりになるかも知れない。臨済宗の乾徳山恵林寺《けんとくざんえりんじ》では、勝頼らの骨を拾い回向したといい、それが織田方に咎《とが》め立てられ、放火された理由の一つであったと記録している。つまり、田野《たの》に赴き、勝頼らの遺骸を埋葬したか、少なくとも供養をすべく、恵林寺の僧侶が参じた可能性は高く、その過程で辞世の句などの情報を得たのではなかろうか。理慶尼もまた、勝頼滅亡直後に田野に入っている。

南化玄興は、三人の下火《あこ》を執り行い、百箇日法要を実施した。なお、百箇日法要は、和泉国堺の人松木善照老という人物が私費を投じて行ったという（『南化玄興遺稿』、県外記録一四八号）。松木氏は、堺の商人とみられ、その名字から駿河国駿府商人の松木氏、甲府商人松木氏の係累と推察される。武田氏の物資調達に大きく関与していた人物なのかも知れない。記して後考をまちたいと思う。

その後、首級は関山慧玄塔の近くに埋葬され、墓碑が建立された（『月航和尚語録』）。勝頼、信勝、信豊の墓石は、妙心寺塔頭《たっちゅう》 玉鳳院《ぎょくほういん》 境内の開山堂近くに現存している（非公開）。玄興は、臨済宗関山派の高僧であったばかりか、織田氏によって殺害された快川国師の高弟でもあった。勝頼父子らの供養を必死に行おうと努力したのは、恩師快川に連なる者としての行動だったのかも知れない。

ところで、妙心寺で勝頼父子、信豊の回向が行われた際、そこに居合わせた甲斐在国の僧侶

図 18　妙心寺玉鳳院 武田家墓地

がいた。甲府法泉寺の快岳宗悦である。快岳は、南化玄興に願い出て、勝頼の遺髪と歯の一部を貰い受け、甲府に帰還し、法泉寺の境内に埋葬して供養を行った。これが、甲府法泉寺に現存する武田勝頼墓所（歯髪塚）である。勝頼は、生前に菩提寺を決めていなかった。そこで、法泉寺が勝頼の菩提寺の一つとなったのである（上野晴朗・一九七八年）。法泉寺では、勝頼は「法泉寺殿泰山安公大居士」、北条夫人は「陽林院殿華庵妙恩大姉」、信勝は「良芳院殿春山花公大禅定門」と法諡された（『国志』人物部第四）。

　筆を甲州に転じよう。勝頼滅亡を知った二人の人物が、田野を秘《ひそ》かに訪れ、古戦場に転がる遺骸の供養を行ったという。

　まず田野に入ったのは、勝沼大善寺の理慶尼である。『理慶尼記』によると、勝頼滅亡後、秘かに古戦場に入り、名号歌（南無阿弥《なむあみ》陀仏《だぶつ》をおりこんだ歌）を詠み、死者の冥福を祈ったという。なお、理慶尼が田野に入ったのは、武田氏滅亡の五日後（三月十六日）であったといい、その時、尼は三科某という侍が号泣しながら遺骸の処理にあたっているのを目撃したという（上野晴朗・一九七八年）。この逸話は信頼性に問題があるものの、各地から織田軍の去った古戦場に供養と遺骸処理のために、武田氏縁《ゆかり》の人々が秘かに訪れたというのは事実なのであろう。

もうひとり、田野に入ったのは、武田氏と縁の深い曹洞《そうとう》宗古刹、中山広厳院《ちゆうざんこうごんいん》住職拈橋 倀因《ねんきようちようゆいん》である。拈橋和尚の兄は、勝頼に殉じた小宮山内膳であるといわれる（これは誤りで、実際には小宮山内膳の叔父の可能性が高い）。拈橋は、勝頼滅亡の翌十二日に田野を訪れ、首のない遺骸の身元の手掛かりを求め、遺品を一心に調べた。幸いなことに、武田方の侍は、太刀の中身に姓名を朱書していたといい、これで身元が確認出来たのだという。拈橋は、それを手掛かりに、勝頼以下の戒名を付けた（『国志』『景徳院寺記』）。

拈橋が付けた戒名は、「景徳院殿頼山勝公大居士」（武田勝頼）、「北条院殿模安妙相大禅定尼」（北条夫人）、「法雲院殿甲巌勝信大居士」（武田信勝）であった。

天正十年六月、本能寺の変が勃発し織田信長・信忠父子は横死した。すると、甲斐・信濃・上野・駿河の旧武田領国は、北条・上杉・徳川三氏の争奪戦の舞台となった（天正壬午《てんしようじんご》の乱）。甲斐に入国を果たした徳川家康は、すぐに勝頼滅亡の地田野に菩提寺を建立することと、織田軍に焼き討ちされ全山滅亡していた武田氏菩提寺恵林寺の再興を布告した。これを知った武田遺臣は、続々と徳川方に味方したという。

家康は、甲斐・信濃の掌握を果たすと、約束どおり田野に勝頼の菩提寺を建立した。これが田野寺（景徳院）である。家康は、寺領として田野村一円を、茶湯料として初鹿野《はじかの》村を寄進し、本堂・庫裡《くり》・御霊屋《おたまや》のほか、三つの山門を持つ壮大な伽藍《がらん》を建立させたと伝わる。田野寺は、天正十六年に完成し、翌十七年には家康より朱印状が井伊直政を奉行として発給された。その際、甲斐衆（武田遺臣）はことごとく寺に参集したといい、伊奈《いな》熊蔵忠次《くまぞうただつぐ》が家康の朱印状を披露し、大久保長安が武田遺臣を代表して拝受したという。この時、小幡景憲《おばたかげのり》（『軍鑑』編者）は十七歳であったが、その場に臨席しており感動したという（『新甲』五〇五号文書、『国志』『景徳院寺記』他）。

　そして田野寺の初代住職には、拈橋和尚が迎えられた。田野寺は、後に勝頼の戒名にちなんで景徳院と改称している。景徳院において使用される戒名は、拈橋和尚に由来する。なお、拈橋和尚が天正十九年十月十五日に八十六歳で示寂《じじやく》すると、寺は無住となってしまい、中山広厳院が兼帯したが、荒れるに任せたといい、やがて天保年間（一八三〇～四四）と弘化二年（一

図 19　武田勝頼妻子像（高野山持明院蔵）

八四五）の大火で全山焼失したという。その後、一部再建されたものの、明治二十七年（一八九四）の大火で山門を残し焼失した（『景徳院寺記』）。

境内に、勝頼・同夫人・信勝と、殉死者の墓所がある（安永四年〈一七七五〉の二百年遠忌の際に建立）。この墓所は、二〇〇八～〇九年度にかけて発掘調査が行われた（甲州市教育委員会『山梨県指定史跡武田勝頼の墓　経石出土に伴う総合調査報告書』による）。墓所には遺骨などはなく、五千二百七十五点に及ぶ経石が納められていたことが判明した。経石に書かれた経文は、ほとんどが法華経であったといい、勝頼夫妻が自刃する際に唱えた経文が法華経であったことと関連するのかも知れない。遺骨の所在は判明しなかったが、それらは地元の伝承では境内にある「没頭地蔵」のところに埋葬されているとも、「甲将殿」（御霊屋）の直下に大きな穴があり、そこに埋められているとの説（荻生徂徠《おぎゅうそらい》『峡中紀行』）があるが、ともに確認されていない。

いずれにせよ、徳川家康の命により、滅亡の地田野に建立された景徳院が、武田勝頼の菩提寺とされたのであった。甲斐には、景徳院と法泉寺の二つが菩提寺とされている。

そして回向は、高野山でも行われた。勝頼は、自らの遺品を一宮の慈眼寺《じげんじ》尊長に託し、これを高野山持明院に納めさせた。そして勝頼自身の供養は、滅亡から七年後の天正十七年三月二十七日、旧臣野村兵部助勝政が「甲州太守武田勝頼公の遺命」により使者として高野山成慶院に参じ、実施された。この時、高野山に伝えられた法名は「法泉寺殿泰山安公大禅定門」であり、甲府法泉寺のものが記録されている（『武田御日牌帳』『武田家過去帳』、県外記録二三六・八号）。

なお武田信勝の供養も行われたが、これは慶長五年のことで、父勝頼とともに供養がなされた。彼の法名は「英材雄公大禅定門」とあり、妙心寺、法泉寺、景徳院のいずれの戒名にも該当しない高野山独自のものである（『武田家過去帳　十輪院』、県外記録二三九号、なお勝頼の法名も同様で「泰山宗安大禅定門」である）。これはもと武川衆米倉六郎右衛門尉種継が実施したもので、それが原因であろう。

また高野山高室院《たかむろいん》（北条氏菩提寺）では、北条夫人の兄氏規（韮山城主）の依頼により、天正十一年に彼女の供養がなされ「桂林院殿本渓宗光」との法名が付けられた（『北条家過去帳』）。日牌供養の扱いとされ、奥之院に卵塔・石塔が建立されたというが現存していない（丸島和洋・二〇一五年）。

慈眼寺尊長に託された、遺品の武田勝頼・北条夫人・信勝肖像画は、武田氏滅亡の災厄を免れ、高野山に伝わり、私たちに永久に失われてしまった彼ら家族の面影を今に伝えている。

主要参考文献

1、史料集（主要なものは略称凡例に掲出したが、それ以外のものを記す）

『上杉三代軍記集成』全三巻／『上杉史料集』／『家忠日記』／『家康史料集』／『石山本願寺日記』全二巻／『甲斐叢書』（復刻版、全一二巻）／『甲斐志料集成』（復刻版、全八巻）／『甲斐国社記・寺記』全四巻／『改定史籍集覧』／『群書類従』／『続群書類従』／『続々群書類従』／『群馬県史料集』第三巻／『謙信公御書集』／『覚上公御書集』／『甲陽軍鑑』全三巻／『甲陽軍鑑大成』全四巻／『真田史料集』／『信濃史料叢書』全三巻／『新編伊那史料叢書』（復刻版、全六巻）／『新編信濃史料叢書』／『信長記』（『甫庵信長記』）全二巻、国民文庫／『信長公記』角川文庫／『諏訪史料叢書』（復刻版、全六巻）／『武田史料集』／『多聞院日記』全五巻／『朝野旧聞裒藁』／『当代記・駿府記』／『蕗原拾葉』全三巻／『武徳編年集成』全二巻／『三河物語・葉隠』（日本思想大系）／丸島和洋「高野山成慶院『甲斐国供養帳』―『過去帳（甲州月牌帳）』―」（『武田氏研究』三四号、二〇〇六年）／同「高野山成慶院『甲斐国供養帳』（二）―『甲州過古帳』―」（『武田氏研究』三八号、二〇〇八年）／同「高野山成慶院『信濃国供養帳』（一）―『信州日牌帳』―」（『信濃』六一巻一二号〈通巻七一九号〉二〇〇九年）／同「高野山成慶院『甲斐国供養帳』（三）―『甲州月牌帳二印』（その1）―」（『武田氏研究』四二号、二〇一〇年）／同「高野山成慶院『駿河国日牌月牌帳（駿州泉州過去帳）』」（『年報三田中世史研究』一七号、二〇一〇年／同「高野山成慶院『甲斐国供養帳』（四）―『甲州月牌帳　二印』（その2）―」（『武田氏研究』四三号、二〇一一年）／同「高野山成慶院『甲斐国供養帳』（五）―『甲州月牌記　五』（その1）―」（『武田氏研究』四四号、二〇一一年）／同「高野山成慶院『信濃国供養帳』（二）―『信州月牌帳　三』―」（『信濃』六四巻一号、二〇一二年）／同「『戦国遺文武田氏編』補遺」（『武田氏研究』四五号、二〇一二年）／同「高野山蓮華定院『真田御一家過去帳』（上）」（『信濃』六四巻一〇号、二〇一二年）／同「高野山蓮華定院『真田御一家過去帳』（下）」（『信濃』六四巻一二号、二〇一二年）／同「高野山成慶院『甲斐国供養帳』（六）―『甲州月牌記　五』（その2）―」（『武田氏研究』四七号、二〇一三年）／同「『戦国遺文武田氏編』補遺（その2）」（『武田氏研究』五〇号、二〇一四年）／松本憲和氏所蔵本『理慶尼乃記』（松本憲和『武田勝頼「死の真相」―理慶尼記の謎を解く―』Ａ・Ｓ・Ｎニルの学舎出版部、二〇〇八年に影印本として収録）

2、編著書

秋山敬『甲斐武田氏と国人の中世』岩田書院、二〇一四年／同『甲斐武田氏と国人の中世』岩田書院、二〇一四年／粟野俊之『織豊政権と東国大名』吉川弘文館、二〇〇一年／池享・矢田俊文編『上杉氏年表　増補改訂版』高志書院、二〇〇七年／池田嘉一『史伝上杉謙信』中村書店、一九七一年／磯貝正義『定本武田信玄』新人物往来社、一九七七年／同『甲斐源氏と武田信玄』岩田書院、二〇〇二年／井上鋭夫『上杉謙信』人物往来社、一九六六年／今福匡『上杉景虎』宮帯出版社、二〇一一年／上野晴朗『甲斐武田氏』新人物往来社、一九七二年／同『定本武田勝頼』新人物往来社、一九七八年／江田郁夫・簗瀬大輔編『北関東の戦国時代』高志書院、二〇一三年／大桑斉『教如　東本願寺への道』法藏館、二〇一三年／大塚勲『駿河国中の中世史』羽衣出版、二〇一三年／岡村守彦『飛驒史考』中世編（私家版、一九七九年、後に『飛彈中世史の研究』と改題し、戎光祥出版より再刊、二〇一三年／小川雄『徳川権力と海上軍事』岩田書院、二〇一六年／奥野高廣『足利義昭』人物叢書、吉川弘文館、一九六〇年／小和田哲男編『高天神城の総合的研究』大東町教育委員会、一九九三年／片桐昭彦『戦国期発給文書の研究』高志書院、二〇〇五年／鴨川達夫『武田信玄と勝頼』岩波新書、二〇〇七年／川上孤山『妙心寺史』思文閣出版、一九七五年／神田千里『一向一揆と石山合戦』戦争の日本史14、吉川弘文館、二〇〇七年／同『織田信長』ちくま新書、二〇一四年／木村康裕『戦国期越後上杉氏の研究』岩田書院、二〇一二年／久野雅司編『足利義昭』シリーズ室町幕府の研究2、戎光祥出版、二〇一五年／久保田昌希編『松平家忠日記と戦国社会』岩田書院、二〇一一年／栗原修『戦国期上杉・武田氏の上野支配』岩田書院、二〇一〇年／黒田基樹・浅倉直美編『北条氏邦と武蔵藤田氏』論集戦国大名と国衆2、岩田書院、二〇一〇年／黒田基樹『戦国北条氏五代』中世武士選書8、戎光祥出版、二〇一二年／同『小田原合戦と北条氏』吉川弘文館、二〇一三年／同編『北条氏年表』高志書院、二〇一三年／同『増補改訂戦国大名と外様国衆』戎光祥出版、二〇一五年（初版は一九九七年）／同『真田昌幸　徳川、北条、上杉、羽柴と渡り合い大名にのぼりつめた戦略の全貌』小学館、二〇一五年／小泉義博『越前一向衆の研究』法藏館、一九九九年／同『本願寺教如の研究』上下、法藏館、二〇〇四・二〇〇七年／小林計一郎『武田軍記』人物往来社、一九六五年／笹本正治・萩原三雄編『定本・武田信玄―21世紀の戦国大名論―』高志書院、二〇〇二年／柴辻俊六『戦国大名領の研究』名著出版、一九八一年／同『武田勝頼』新人物往来社、二〇〇三年／同編『中世末駿東郡域の領主と在地社会』私家版、法政大学大学院柴辻演習・駿東郡域調査報告書、二〇〇四年／同編『新編武田信玄のすべて』新人物往来社、二〇〇八年／同・平山優編『武田勝頼のすべて』新人物往来社、二〇〇七年／同・千葉篤志編『史料集「萬葉荘文庫」所蔵文書』日本史史料研究会研究叢書12、日本史史料研究会、二〇一三年／柴辻俊六他編『武田氏家臣団人名辞典』東京堂出版、二〇一五年／柴裕之『戦国・織豊期大名徳川氏の領国支配』岩田書院、二〇一四年／下山治久『小田原合戦』角川書店、一九九六年／武田氏研究会編『武田氏年表』高志書院、二〇一〇年／谷口克広編著『織田信長家臣人名辞典』第2版、吉川弘文館、二〇一〇年／同『信長と家康―清須同盟の実体』学研新書、二〇一二年／野澤公次郎・城一正編『恵林寺略史』乾徳山恵林寺、一九八〇年／早川春仁『武田氏遺臣の研究』私家版、二〇〇九年／平野明夫『徳川権力の形成と発展』岩田書院、二〇〇六年／平山優『川中島の戦い』学研M文庫、上下巻、二〇〇二年／同『武田信玄』歴史文化ライブラリー、吉川弘文館、二〇〇六年／同『武田遺領をめぐる動乱と秀吉の野望』戎光祥出版、二〇一一年①／同『穴山武田氏』戎光祥出版、二〇一一年②／同『長篠合戦と武田勝頼』吉川弘文館、二〇一四年①／同『検証長篠合戦』歴史文化ライブラリー、吉川弘文館、二〇一四年②／同『天正壬午の乱　増補改訂版』戎光祥出版、二〇一五年①／同『真田信繁』角川選書、二〇一五年②／同『真田信之』ＰＨＰ新書、二〇一六年／藤木久志『戦国の作法』平凡社選書、一九八七年／藤田鶴南『高天神の跡を尋ねて』中島屋、一九八八年／本多隆成『定本徳川家康』吉川弘文館、二〇一〇年／増田又右衛門・増田實編『高天神城戦史』高天神城戦史研究会、一九六九年／丸島和洋『戦国大名武田氏の権力構造』思文閣出版、二〇一一年／同『戦国大名の「外交」』講談社選書メチエ、二〇一三年①／同『郡内小山田氏』中世武士選書19、戎光祥出版、二〇一三年②／同『戦国大名武田氏の家臣団』教育評論社、二〇一六年／宮本勉編著『史料編年井川村史』第一巻、名著出版、一九七八年／盛本昌広『松平家忠日記』角川選書、一九九九年／簗瀬大輔・久保田順一編『戦国史─上州の150年戦争─』上毛新聞社、二〇一二年／山下孝司『戦国期の城と地域─甲斐武田氏領国にみる城館─』岩田書院、二〇一四年／同・平山優編『甲信越の名城を歩く 山梨編』吉川弘文館、二〇一六年／山梨県教育委員会『山梨県の中世城館跡』山梨県教育委員会、一九八六年／山梨郷土研究会『甲州夏草道中記』上下巻、山梨日日新聞社、一九七〇年／山田邦明『戦国のコミュニケーション─情報と通信─』吉川弘文館、二〇〇二年／横山住雄『武田信玄と快川和尚』中世武士選書6、戎光祥出版、二〇一一年

3、論文

秋山敬「武田信玄岩窪墓所の保存をめぐって」（飯田文彌編『中近世甲斐の社会と文化』岩田書院、二〇〇五年所収）／同「府中今井氏の消長」（『武田氏研究』四〇号、二〇〇九年）／同「国人領主栗原氏の武田氏被官化過程」（『戦国大名武田氏と甲斐の中世』岩田書院、二〇一一年所収、後に同著『甲斐武田氏と国人の中世』岩田書院、二〇一四年に収録）／荒川善夫「古文書で見る常陸小河合戦」（江田郁夫・簗瀬大輔編『北関東の戦国時代』高志書院、二〇一三年）／粟野俊之「小笠原貞慶考」（同著『織豊政権と東国大名』吉川弘文館、二〇〇一年所収、初出は一九九〇年）／飯森康広「武田氏の白井城攻略と長尾憲景の動向」（『ぐんま史料研究』七号、一九九六年）／海老沼真治「御館の乱に関わる新出の武田勝頼書状」（『戦国史研究』六五号、二〇一三

年）／小川隆司「穴山信君の「江尻領」支配について」（『武田氏研究』二三号、二〇〇一年）／同「武田氏の駿遠支配と国衆統制」（静岡県地域史研究会編『戦国期の静岡』清文堂出版、二〇〇一年）／大塚勲「武田・徳川、攻防の推移」（『地方史静岡』二六号、一九九八年、後に同著『駿河国中の中世史』羽衣出版、二〇一三年に改訂のうえ収録）／小笠原春香「武田氏の東美濃攻略と遠山氏」（柴辻俊六編『戦国大名武田氏の役と家臣』岩田書院、二〇一一年所収）／小川雄「武田氏の海上軍事」（『戦国大名武田氏の役と家臣』岩田書院、二〇一一年所収、後に同著『徳川権力と海上軍事』岩田書院、二〇一六年に収録）／同「武田氏の駿河領国化と海賊衆」（『戦国大名武田氏と地域社会』岩田書院、二〇一四年所収、後に同著『徳川権力と海上軍事』岩田書院、二〇一六年に収録）／奥野高廣「武田信玄の最後の作戦」（『日本歴史』三九三号、一九八一年）／木下聡「織田権力と織田信忠」（戦国史研究会編『織田権力の領域支配』岩田書院、二〇一一年所収）／栗原修「上杉氏越山と沼田氏」（『戦国史研究』三〇号、一九九五年）／同「沼田城代河田重親と御館の乱」（『武田氏研究』一四号、一九九五年、後に同著『戦国期上杉・武田氏の上野支配』岩田書院、二〇一〇年に収録）／同「上杉氏の勢多地域支配」（『群馬文化』二四五号、一九九六年、後に同著『戦国期上杉・武田氏の上野支配』岩田書院、二〇一〇年所収）／黒田智「信長夢合わせ譚と武威の系譜」（『史学雑誌』第一一一編第六号、二〇〇二年）／黒田基樹「北条氏の上野進出と沼田氏」（同著『戦国大名と外様国衆』文献出版、一九九七年）／同「玉縄北条氏に関する一考察―族縁関係を中心として―」（『鎌倉』六十二号、一九九〇年、後に同著『戦国大名領国の支配構造』岩田書院、一九九七年に収録）／同「戦国大名の経済基盤をめぐって」（『戦国史研究』五七号、二〇〇九年）／同「戦国前期上野沼田氏の動向」（『武田氏研究』四五号、二〇一二年）／小林純子「武田勝頼の諏方社再興政策」（『武田勝頼のすべて』新人物往来社、二〇〇七年所収）／今義博「快川国師の遺偈伝承について」（『第二回テレビ山梨サイエンス振興基金研究報告書』一九九三年）／櫻井真理子「上杉景虎の政治的位置―越相同盟から御館の乱まで―」（『武田氏研究』二八号、二〇〇三年）／柴裕之「戦国大名武田氏の奥三河経略と奥平氏」（『武田氏研究』三五号、二〇〇六年、同著『戦国・織豊期大名徳川氏の領国支配』岩田書院、二〇一四年所収）／同「長篠合戦再考」（『織豊期研究』一二号、二〇一〇年、同著『戦国・織豊期大名徳川氏の領国支配』岩田書院、二〇一四年所収）／同「戦国大名武田氏の遠江・三河侵攻再考」（『武田氏研究』三七号、二〇〇七年、同著『戦国・織豊期大名徳川氏の領国支配』岩田書院、二〇一四年所収）／同「足利義昭政権と武田信玄」（『日本歴史』八一七号、二〇一六年）／鈴木将典「戦国期の北遠地域と遠江天野氏・奥山氏」（同編『論集戦国大名と国衆8　遠江天野氏・奥山氏』岩田書院、二〇一二年所収）／同「戦国大名武田氏の普請役」（『武田氏研究』四十五号、二〇一二年、後に同著『戦国大名武田氏の領国支配』岩田書院、二〇一五年に収録）／新行紀一「徳川家康の時代」（『新編岡崎市史』中世、第四章、一九八九年）／関口宏行「駿河先方衆朝比奈駿河守信置」（『駿河の今川氏』第三集、一九七八年）／高橋浩昭「東上野の地域権力と後北条氏」（『ぐんま史料研究』六号、一九九六年）／谷口克広「信長の兄弟と息子の出生順」（『愛知県史』資料編11織豊1月報、二〇〇三年）／土屋比都司「高天神攻城戦と城郭―天正期徳川氏の付城を中心に―」（『中世城郭研究』二三号、二〇〇九年）／中井均「伊那の一夜の城の謎を探る」（『高遠城の攻防と一夜の城～織田軍の陣城について考える～』ほおずき書籍、二〇一一年）／長野栄俊「西尾宗次の生涯―真田信繁を討った「無名の武士」の実像」（『若越郷土研究』六一巻一号〈三〇二号〉、二〇一六年）／中川治雄「小笠原貞慶の中興をめぐって」（『信濃』二四巻五号、一九七二年、後に花岡康隆編『信濃小笠原氏』シリーズ、中世関東武士の研究第18巻、戎光祥出版、二〇一五年所収）／萩原三雄「新府城とこれからの中世城館跡研究」（網野善彦監修『新府城と武田勝頼』新人物往来社・二〇〇一年所収）／服部治則「武田勝頼家臣の官途名・受領名について」（同著『武田氏家臣団の系譜』岩田書院、二〇〇七年所収、初出は一九七二年）／原田和彦「長野市松代町（倉科）本誓寺文書について」（『市誌研究ながの』三号、一九九六年）／同「信濃における長延寺と真宗寺院」（『武田氏研究』三四号、二〇〇六年）／平山優「甲斐武田氏の興亡―中部地方最大の戦国大名は何故滅んだのか―」（『山梨の文学』一五号、一九九九年）／同「武田勝頼の再評価」（『新府城と武田勝頼』新人物往来社、二〇〇一年）／同「一通の某起請文に関する一考察―武田氏と木曽氏に関するおぼえがき―」（『武田氏研究』二七号、二〇〇三年）／同「織田源三郎信房について」（『山梨県史だより』三〇号、二〇〇五年）／同「同時代史料からみた武田勝頼の評価」（萩原三雄・本中眞編『新府城の歴史学』新人物往来社、二〇〇八年）／藤木久志「村の動員」（同著『村と領主の戦国世界』東京大学出版会、一九九七年所収、初出は一九九三年）／丸島和洋「武田「四郎」勝頼と「大膳大夫」勝頼」（『武田氏研究』二四号、二〇〇一年）／同「里見義頼挙兵の背景」（『房総及び房総人』八一四号、二〇〇三年）／同「向山又七郎と甲相同盟」（『戦国史研究』四七号、二〇〇四年①）／同「武田勝頼と信勝」（『戦国遺文月報』武田氏編第五巻、二〇〇四年②）／同「甲越和与の発掘と越相同盟」（『戦国遺文武田氏編』月報6、二〇〇六年）／同「色川三中旧蔵本『甲乱記』の紹介と史料的検討」（『武田氏研究』四八号、二〇一三年）／同「戦国大名武田氏の西上野支配と箕輪城代」（『地方史研究』三六九号、二〇一四年）／同「桂林院殿――武田勝頼の室」（黒田基樹・浅倉直美編『北条氏康の子供たち』宮帯出版社、二〇一五年所収）／同「高野山子院と東国大名」（『高野文化圏研究会報告書』二〇一四年度、二〇一五年）／同「高野山子院の東国への教線拡大と檀那場争い」（『国文研ニューズ』三九号、二〇一五年）／同「武田・毛利同盟の成立過程と足利義昭の「甲相越三和」調停―すれ違う使者と書状群―」（『武田氏研究』五三号、二〇一六年）／宮本勉「新発見の天正十年徳川家康朱印状について」（『日本歴史』五二三号、一九九一年）／峰岸純夫「金山城とその時代―横瀬・由良氏と一族・家臣」（『金山城と由良氏』太田市教育委員会、一九九六年所収）／村田精悦「戦国期における軍事的「境目」の考察―相模国津久井「敵知行半所務」について―」（『戦国史研究』六二号、二〇一一年）／山内譲「河野通直と武田勝頼」（『伊予史談』二六五号、一九八七年）／山下孝司「戦国大名武田氏の地域防衛と民衆」（『帝京大学山梨文化財研究所研究報告』第五集、一九九四年、後に同著『戦国期の城と地域』岩田書院、二〇一四年に収録）／山田邦明「遠江・三河から見た武田氏」（『武田氏研究』四四号、二〇一一年）／山梨郷土研究会「〝武田落ち〟の道を行く、第二十一回夏草天目道中」（『甲州夏草道中記』下巻、山梨日日新聞社、一九七〇年）

あとがき

私の手元に一冊の古書がある。それは、小林計一郎著『川中島の戦』（春秋社、一九六三年）で、川中島合戦研究では古典的名著として知られるものだ。私はこの著作を、中学一年生の時に近所の古書店で入手し、貪《むさぼ》り読んだ記憶がある。そして巻末に、同社の広告があり、「高柳光壽著 戦国戦記 全八冊書き下ろし新稿」との見出しで、『三方原《みかたがはら》の戦』に始まり『関ヶ原の戦』上下巻で完結するまでの書目一覧が掲載されていた。その中に『武田氏の滅亡』が表示され、「続刊」と記されていた。すでに、『賤《しず》ヶ岳《たけ》の戦』までは刊行済みと記載されていたので、私はすぐにこの著作を探したことを鮮明に記憶している。ところがいくら探せど見つからない。いろいろ調べてみたところ、どうやら高柳氏は『武田氏の滅亡』を完成させることなく逝去されたらしく、私は落胆した。

実は両親の故郷が武田《たけだ》氏滅亡の地田野《たの》で、菩提寺《ぼだいじ》は武田勝頼《かつより》主従の墓所がある景徳院という縁から、地域に伝わる武田氏滅亡の伝説をよく聞かされて育った。その悲しさと切なさは、子供心にも迫るものがあり、私は勝頼という武将に親近感を覚えるようになった。そこで小学校五年生ごろ、夏休みの自由研究で「武田氏滅亡」のことを調べて提出した記憶がある。

それ以後、私は歴史に関心を抱くようになり、少しずつ本を読み始めるようになった。高柳氏の著作を探しまわったのも、ちょうどそのころのことだった。やがて気づくと、自分は将来歴史の勉強をしたいと思うようになっていた。まさか、自由研究「武田氏滅亡」が、自らの進路の決定に影響しようとは夢にも思わなかったが、今日に続く研究者人生の原点はまさにそこにある。

いつしか私は、自らの手で武田勝頼滅亡の軌跡を分析し、なぜ武田氏は滅亡に追い込まれたのかを解き明かしてみたいと思うようになった。そして遂《つい》に、ようやくここにその夢である『武田氏滅亡』を完成することができた。

しかしながら、本書を書き終えて感じることは、武田氏がなぜ滅亡したかという回答の提示は実に困難ということだ。武田氏は、長篠《ながしの》敗戦後も必死に立て直しを行い、御館《おたて》の乱終結直後は、武田信玄《しんげん》時代よりも広大な領国を誇るに至った。とりわけ北条《ほうじょう》氏は、勝頼による北条包囲網に苦しみ、関東の領国を侵食され、悲鳴をあげていた。

天正十年の織田《おだ》軍侵攻が始まった当時、北条氏政は勝頼が滅亡するとはまったく思っておらず、天正十年一月から二月の戦局を誤報だと信じて疑わなかった。織田信長《のぶなが》もまた、勝頼はどこかで乾坤一擲《けんこんいってき》の決戦を挑んで来るに違いないと信じ、息子信忠《のぶただ》では荷が重いと焦慮していた。信長もまた、勝頼があっけなく滅亡するとは思っていなかったのだ。

では武田氏はなぜ滅亡したのか。私は、勝頼が長篠敗戦後、どのような動きをしていたかを詳細に探ることで、彼の成果と蹉跌《さてつ》を見極めようと考えた。その結果、勝頼には幾つかの転機があったと思う。それは大きく甲相越三国和睦《わぼく》構想、御館の乱、高天神《たかてんじん》城攻防戦での対応であろう。それらへの対応が、勝頼の生き残りの可能性を狭めていったといえるだろう。

だが勝頼の対応や判断は、流動的であり、かつ多様さが縺《もつ》れあう当時の情勢に規定されており、彼だけの問題ではなかった。上杉《うえすぎ》、北条、徳川《とくがわ》、織田、毛利《もうり》、本願寺などの大名や中小国衆、足利義昭《あしかがよしあき》らの思惑に規定され、勝頼自身が予想もしなかった展開をもたらしたこともあった。そうした意味で、滅亡の要因を勝頼の個人的資質にすべて押し込めて説明することは出来ないことだけは、はっきりしたであろう。調査、分析を行う過程で私が感じたことは、信長がいみじくも勝頼の首に語りかけたように、彼には「運がなかった」ということである。本書は、その詳細を事実関係をもとに徹底して叙述した。

私は、勝頼の動向について、コメントや評価を記すことを極力避け、事実を検証しそれを詳細に記し、滅亡への流れを読者に見て、考えてもらおうと思った。そのほうが、贅言《ぜいげん》するよりもはるかに訴求力が高まると考えたからである。本書がそれにどれほど成功しているかは、読者の判断に委《ゆだ》ねるしかない。

武田勝頼の事績を調査していくうちに、私は滅び行く勝頼の背中は、外祖父諏方頼重《すわよりしげ》のそれに酷似していると思うようになった。そして、武田勝頼という人物につきまとう諏方氏の影こそに注目しなければならないと常々考えており、このことは、本書の通奏低音となっているといえるだろう。

なお、本書では紙幅の関係から、武田勝頼像に関する世評の変遷について、最終章で叙述することを断念せざるをえなかった。このことについては、拙稿「同時代史料からみた武田勝頼の評価」（平山・二〇〇八年）を参照していただきたい。彼は同時代の人々の間では、有能な人物であり、その滅亡は「運が尽きた」と認識されていた。それが暗愚ゆえと評価が暗転するのは、近世以後のことである。とりわけ近代になって、家を滅ぼした人物と酷評されるようになった。私は歴史上の人物の評価については、常に慎重でありたいと思っている。なぜなら、勝頼と同じように、それぞれの時代の価値判断が刷り込まれているからである。

本書の完成により、長篠合戦二部作（吉川弘文館刊）、さらに『天正壬午《てんしょうじんご》の乱 増補改訂版―本能寺の変と東国戦国史』、『武田遺領をめぐる動乱と秀吉の野望―天正壬午の乱から小田原合戦まで』（以上、戎光祥出版刊）で、武田勝頼の登場から北条氏滅亡までに至る中部戦国史の叙述は完了することとなった。実は私には秘《ひそ》かな企てがある。それは、『川中島の戦い』（学研M文庫）を全面改訂し、さらに武田信玄の駿河《するが》侵攻、関東侵攻、そして西上作戦とその死までの政治・軍事・外交史の叙述を完成させることで、上杉禅秀《ぜんしゅう》の乱を起点とした東国動乱の開始から、北条氏滅亡による戦国終焉《しゅうえん》までの中部戦国史の通史を完成させることである。いつになるかはわからないが、いずれそれを成就させることをこれからの宿願としたい。

本書は、『歴史読本』二〇一二年七月号から、その終刊（二〇一五年三月号）まで全三十三回にわたって連載され、その後、第三十七回までWEB掲載が行われたものを、全面改稿のうえ新稿を加えて仕上げたものである。

WEB連載は、諸事情で中断してしまったが、こうして完成に漕《こ》ぎ着けたことに胸を撫《な》で下ろしている。お世話になった本多秀臣編集長（当時）、石井久恵、聴涛真悠子、田河慶友氏に感謝申しあげたい。また、本書の編集を担当して下さった大林哲也氏に、旧著『真田信繁』の時以上にご迷惑をおかけしたことをお詫《わ》びして、擱筆《かくひつ》する。

二〇一七年一月三日

平山　優

平山 優（ひらやま・ゆう）
1964年東京都生まれ。立教大学大学院文学研究科博士前期課程史学専攻（日本史）修了。専攻は日本中世史。山梨県埋蔵文化財センター文化財主事、山梨県史編さん室主査、山梨大学非常勤講師、山梨県立博物館副主幹を経て、山梨県立中央高等学校教諭。2016年放送のNHK大河ドラマ「真田丸」の時代考証を担当。著書に『真田信繁　幸村と呼ばれた男の真実』（角川選書）、『天正壬午の乱　増補改訂版』（戎光祥出版）、『長篠合戦と武田勝頼』（吉川弘文館）、『真田三代』（ＰＨＰ新書）などがある。

角川選書 580

武田氏滅亡《たけだしめつぼう》

平成29年2月24日　初版発行
令和3年9月20日　5版発行

著　者　平山《ひらやま》 優《ゆう》
発行者　青柳昌行
発　行　株式会社 KADOKAWA
東京都千代田区富士見 2-13-3　〒 102-8177
電話 0570-002-301（ナビダイヤル）
装　丁　片岡忠彦　　帯デザイン　Zapp! 高橋里佳
印刷所　横山印刷株式会社　　製本所　本間製本株式会社

●お問い合わせ
https://www.kadokawa.co.jp/（「お問い合わせ」へお進みください）
※内容によっては、お答えできない場合があります。
※サポートは日本国内のみとさせていただきます。
※Japanese text only

定価はカバーに表示してあります。

ISBN978-4-04-703588-1 C0321